《当代中国人物传记》丛书

书名手迹：邓小平

刘伯承传

《刘伯承传》编写组 著

当代中国出版社
Contemporary China Publishing House

图书在版编目(CIP)数据

刘伯承传 /《刘伯承传》编写组著 . --3 版 . -- 北京 : 当代中国出版社 , 2006.10 (2023.11 重印)
(当代中国人物传记丛书)
ISBN 978-7-80092-101-8

Ⅰ . ①刘… Ⅱ . ①刘… Ⅲ . ①刘伯承 (1892~1986) —传记 Ⅳ . ① K825.2

中国版本图书馆 CIP 数据核字 (2006) 第 114324 号

出 版 人　王　茵
责任编辑　姜楷杰　柯琳芳　于必昌
责任校对　康　莹
责任印务　刘艳平
装帧设计　北京华子图文设计公司
出版发行　当代中国出版社
地　　址　北京市地安门西大街旌勇里 8 号
网　　址　http://www.ddzg.net
邮政编码　100009
编 辑 部　(010) 66572180
市 场 部　(010) 66572281　66572157
印　　刷　北京润田金辉印刷有限公司
开　　本　720 毫米 × 1060 毫米　1/16
印　　张　29.75 印张　6 插页　插图 97 幅　477 千字
版　　次　2015 年 7 月第 3 版
印　　次　2023 年 11 月第 7 次印刷
定　　价　59.00 元

《刘伯承传》编写组

主　编　李曼村　陈　燨　黄玉章

成　员　柯　岗　曾　克　宋　科

陈石平　齐生平　薛洪兴

王文治　刘　蒙

出版说明

1982年，中共中央书记处讨论通过、中共中央宣传部发文布置在全国范围内编写出版《当代中国》丛书。根据编写计划，《当代中国》丛书依内容共分为五类，人物传记是其中之一。由于人物传记涉及方方面面，情况繁杂，且编写时间长，1991年人物传记从《当代中国》丛书中分立出来，确定为《当代中国人物传记》丛书。

《当代中国人物传记》丛书编辑委员会在丛书总序中说：

"二十世纪的中国，是一个风云际会、英杰辈出的时代。正是伟大的时代造就出灿若群星的历史伟人；也正是历史伟人们艰苦卓绝的奋斗历程和忘我建树的光辉业绩，才能充分地体现着潮流之所趋、人心之所向，才最深刻最生动地反映着奔腾前进的伟大时代。他们一生的业绩，恰恰构成了从旧中国到新中国这一旷古未有的历史性大变革的缩影。正因为这样，修撰作为中华人民共和国缔造者的一代杰出历史人物的传记，其意义自是远远超越记述个人身世的范围。这套传记丛书，无疑应当看作是，当代中国千百万爱国志士、革命先驱的杰出代表用毕生的血和汗谱写出的挽救祖国、振兴中华的可歌可泣的历史画卷，它将是永远矗立于世世代代人民心中的革命丰碑。《当代中国人物传记》丛书中的每一部传记，都可读作当代中国的救国史，中华人民共和国的开国史、建国史；每一部传记都可读作结束中国苦难危亡命运的革命史，披荆斩棘建设社会主义的奠基史、创业史。"

"《当代中国人物传记》丛书，首批编撰的是中华人民共和国建国时期的开国元勋和各方面的最杰出人士的传记。这批传记的主人公将包括：党和国家的主要领导人（其中毛泽东、周恩来、刘少奇、朱德、邓小平、陈云的传记，将由中共中央文献研究室编写、出版）、人民军队中功勋卓著的元帅、参与新中国创建大业的各民主党派的领导人和各方面的著名爱国人士、贡献突出的著名科学家、文学家和艺术家，以及为中国民主革命事业和社会主义事业做出重大贡献的国际主义战士，等等。毫无疑问，他们既是当代中国最卓越的代表，同时也是彪炳千秋青史的历史巨人。当然，如同一切历史人物一样，我们时代的杰出代表也不可能不受到历史条件的限制，也必然会具有这样那样的弱点、短处，一生中也不免会发生这样那样的某些过失。但是，所有这些，当如日月之蚀，堂堂正正公之于众亦无损于他们形象的光辉。他们为中华民族创建的功业，他们的革命精神、高尚情操，他们的鸿才睿智、嘉言懿行，无不震古铄今，垂范后世。这是中华民族一份永远值得倍加珍摄的宝贵精神财富。”

“愿人们从这部《当代中国人物传记》丛书中，以这些历史人物的光辉业绩为典范，学习他们的革命献身精神、爱国主义情操和坚定的社会主义信念，为中华民族的历史伟业做出更大的贡献。”

我社有幸承担了《当代中国人物传记》丛书的编辑出版工作，自1991年以来陆续出版了一批中华人民共和国开国元勋的传记，获得很好的社会影响。我们将继续按照丛书的编辑出版方针，把《当代中国人物传记》丛书编辑出版工作做好，以飨读者。

书中图片绝大部分为本书编写组提供，因时间仓促等，有的图片未能注明著作权，特致歉。请相应著作权人知晓后，与当代中国出版社总编室联系（电话：010-66572131），以便我们再版时准确署名及支付稿酬。

当代中国出版社

2021年11月

刘伯承（孟昭瑞摄于 1966 年）

目　录

第一章 “泥脚文人”的爱子

第一节 家 世

1892年12月4日（清光绪十八年十月十六日），刘伯承诞生在四川省开县浦里区赵家场乡张家坝。在两个多月以前，刘伯承的祖母和祖父相继去世。他是在举家服丧的哀痛中呱呱坠地的，所以乳名孝生。后取名刘明昭，字伯承。

据《刘氏家谱》记载，刘家的祖籍原在湖北荆州府江陵县。后来，随着清朝初期“湖广填四川”的移民浪潮，迁到四川省云阳县关口乡定居，世代以农耕为业。到咸丰年间，刘伯承的祖父刘正富（1819—1892）因交不起租佃押金，佃不到土地耕种，被迫从长江边移向川东山区，流落到开县的浦里河畔开荒度日。刘正富体格壮健，精明强干，种田兼做铁匠。经他修理的农具及铁锅、勺铲、钳子、剪子之类，坚固耐用。他还吹得一手好唢呐，乡邻间的婚丧嫁娶少不了要请他去吹奏。多种的生活手段、广博的见闻造成了他开明通达、乐于助人的性格和比较丰富的阅历，使他很快适应新的环境，经济来源也多于一般农户。就这样，刘铁匠立住了脚跟，正式在赵家场对面的张家坝定居下来。他的六个儿子——刘文培、刘文德、刘文瑞、刘文祥、刘文吉、刘文炳，渐渐长大成人，人丁兴旺，日子愈见红火。刘正富和妻子杨氏克勤克俭，儿子们舍力劳作，这一家有些发起来了，先后积

刘伯承的诞生地四川开县浦里区赵家场乡张家坝

攒起一些钱财，购置了一些田产，开设起粉房、榨房。

刘铁匠的小儿子刘文炳（字虎臣，1862—1907）比较幸运，靠着家境殷实读了十多年书。他就是刘伯承的父亲。中国封建时代稍有条件的平民，几乎毫无例外地进行过培养子弟读书入仕以求改换门庭的努力，尽管这种努力往往是徒劳的。正是出于这样的目的，刘正富尽力供刘文炳读书，盼望从儿子一辈起能改变世代农门的地位。刘文炳深知父兄的苦心，寒窗孤灯，年复一年，终于积下了满腹的经书和八股文章，名闻乡里。他憧憬着那种“朝为田舍郎，暮登天子堂”的美妙前程。可是他的梦想很快破灭了。一年秋天，刘文炳满怀希望到县城参加秀才考试，不料被人举发说他家祖辈是吹鼓手，属“倡优”之列，出身微贱，遂被逐出考场。不仅如此，还被控为触犯大清王法，要吃官司。结果花钱疏通，才算了案。从此以后，刘文炳只得弃文务农，成为浦里河畔有名的“泥脚文人”。

1894 年中日战争中清兵大败，1900 年八国联军占领北京，标志着清王朝江河日下。英、美、法、德、俄、日、奥、意等帝国主义列强蜂拥而上，争抢东方这块富饶的土地。清政府接连签订丧权辱国的不平等条约。为了支付给帝国主义的巨额赔款，清政府加紧了对人民的搜刮和压榨。整个中国内忧外患，民不聊生。

在刘伯承刚满三岁这年，也就是父辈们“庐墓三年”服丧期满的日子，父辈的六兄弟分家了。每人获得了十多石谷（当地一石相当于一亩）的田地。同时，也分摊了因疏通官司欠下的 120 两银子的债。兄长们因为债务拖累而心中有气，再添上妯娌们的七嘴八舌，便把往日家庭中的脉脉温情吹刮得荡然无存。刘文炳虽排行最末，非但不受照顾，反而只分到了沈家湾一带土质比较差的坡地田和三间破旧的茅屋。这三间茅屋，就是刘伯承度过童年生活的所在。地面是用泥巴夯实过的，又潮又硬。没有窗户，全靠门里透进光亮。三间屋并列着，门全向南开。其中一间是大人和孩子睡觉的，一间搁置家具和做饭用，剩下一间，按农家习俗辟为堂屋，全家人在里面吃饭或接待客人，雨天和夜晚就在里面干编织筐篓的活计。刘文炳雅趣未灭，在里面挂起几幅发黄的旧字画，又将先辈制订的《齐家规训》，用楷书恭抄，贴在发黑的墙上。这位被摈出科场的“泥脚文人”，别出心裁地把这间破屋命名为“权理堂书室”。

刘文炳虽然刚到中年，考场被逐的刺激和贫困的煎熬使他过早地衰老，性格刻板，心情抑郁。加上身体瘦弱，又常患病，话很少，笑容更难得见。有时说上几句，声急气短，招人不悦。对孩子更偏于严厉。在刘伯承四五岁时，他就捧着《刘氏家谱》教他认字、记事。这本足有五个铜钱厚的谱书，是刘文炳在遭受挫折以后，“敬承先命”，“掩卷而长思”，苦苦修订出来的。他把自己的意愿、主张、愤懑和希望，都倾注在这册小型的“家史”里，期望刘家子弟能“贤哲挺生，簪缨叠起”，“令宗祧生色，谱牒增辉”。

然而，这些封建正统的家庭教育十分枯燥。年幼的刘伯承只喜欢从母亲那里听一些活生生的、有趣的故事。母亲周寅香（1864—1946）是四川云阳县高阳堰湾贫苦农民周源山之女，从小生长在铁峰山，身材比一般的四川婆娘要高大壮实，勤劳俭朴。川东一带的习俗，“土风坐男使女立，男当门户女出入”[1]。她长着一双没有裹住的大脚，是家庭中的主要劳力，不论下田耕作，还是翻场、打、晒，都能摆阖得开。至于洗衣浆衫、缝缝补补，更是得心应手的事儿。她心地善良，处事严谨，忍得气，吃得亏。她虽然是幺媳妇，实际地位却在其他妯娌之上。兄弟们常议论分家，公公婆婆伤感备至，她安慰着说：“老燕衔泥朝朝累，雏燕大了各自飞。”尤其是她脑子里积攒的那些谚语、歇后语，说起来一串串的，像什么“多栽花，少栽刺”“鸡肚哪知鸭肚事”等，常常脱口而出。幼年时的刘伯承最喜欢听母亲摆“龙门阵”，说天地古今，讲人间趣事。像孔融 4 岁让梨、嫦娥偷吃长生药……这些看来有些杂乱的故事，却像滴滴春雨渗入他的心田。这些，与父亲的“之乎者也”“子曰”“诗云”之类，相映成趣，也算是苦中有乐，对刘伯承日后思想的形成和语言的发展，产生了深刻的影响。

20 年代初期，刘伯承与母亲合影

第二节 最初的脚步

“泥脚文人”刘文炳不甘心听凭命运的驱使，他执着地要把自己通往仕途的理想，争取在儿子身上实现。刘文炳自从遭到“厄运”后，就在家管管账，代人写书信，也教过几堂私塾。但在分家后就得以作田为主，忙地里的活计。同时，他也深感“自家教不成子弟”，便把 5 岁多的刘伯承送到本村私塾念书，启蒙老师是任寿田。学了几个月，不尽如人意。刘文炳决心为儿子寻觅一个有真才实学，又能严加管束的老师。

这年夏天，有一位名叫任贤书的下江老头，流落到张家坝一带行乞，自称是个出身微贱、累试不第的秀才。刘文炳见此人谈吐不俗，满腹经纶，颇有些同病相怜，便出面替他邀了一堂学。任贤书也不推辞，慨然扔掉“讨饭棍”，在紧傍刘家老屋的一所房子里，开起一个有二十来个学童的小私塾。刘伯承是学生之一。

虽然进了私塾，却关不住儿童的“天性”。刘伯承跟大多数男孩一样，整天

① 杜甫诗：《负薪行》。

就知道玩耍。春季，他领着伙伴们爬树，掏鸟窝，采桑葚。入夏，光着身子扑到河塘里玩水、戏闹，捕鱼捉虾，拾河螺。有时赌起“狠”来，也敢去捅马蜂窝，用水去灌蛇穴，或是爬到树梢上，比试比试谁个最“关火”[①]。

父亲望子成龙心切，比别的家长更多一层管束。对儿子的淘气行为时常进行干涉，甚或打耳光、用棍棒也是有的。当然，更寄希望于严师的管教。然而任贤书和一般的先生大不一样，总是笑着说：“这是娃儿们的天性啊。天性如同天意，不可违拗，只可疏导。”随后，又大发感叹：“想当年秦皇汉武，华夏武风，赳赳天下。今朝偃武修文，科举取士，武风衰弱，酿至甲午战败……何其悲乎！中国的武士实在是太少了……至于管教之事，我自有道理。”

任贤书不仅熟读诗书，而且精通武术，尤长于拳法和腿功。他在教书之余，还教学生练习武艺。刘伯承在他的指导下，学会了长拳、八卦掌、棍棒和投掷等功夫。为了练出弹子功，他从河滩上拣来几撮箕鹅卵石。每天清早，朝屋后大树上的目标投去几十颗“飞弹”。久而久之，树干上打出一个烧饼大的洞穴。

在功课方面，刘伯承从《三字经》《幼学琼林》等启蒙读物开始，接连读《论语》《孟子》《大学》《中庸》。练习毛笔字，他也一丝不苟，一笔一画地苦练楷书。初学写字时，为了节省笔墨纸张，他以右手食指当笔，往左手手心里写，练笔势、笔锋，揣摩“永字八法”。他用心钻研，临帖写字，进步很快。

看到这些变化，难得一笑的父亲也露出了笑容。刘伯承刚发蒙的时候，有一次放学回家，母亲让他把当天念的书背诵一遍。刘伯承晓得母亲识字不多，便胡乱地背了一遍。不妨被父亲在里屋听到，走出来斥责他说：“我告诉你，我没得南庄田、北庄地，只有一管笔、一锭墨留给你。你不用功，看你日后如何得了！”

也许是这句话深深触动了刘伯承。从此每天他总要最先赶到学堂。有时，家里饭做晚了他宁可饿一顿，也不误上学。一次迟到，中午回家他跟母亲又哭又闹。母亲只好大清早就将他唤醒。起床后，他一面帮着烧火添柴，一面在灶旁看书。夜晚，农家灯火如豆，是供母亲纺纱用的。刘伯承就捧着书，偎在纺车旁，伴着“吱呀吱呀”的声音一直读到深夜。

刘伯承受农家传统的影响，从小就热爱劳动。每天放学回家，他总是帮助家里放牛、割草、砍柴。每当他背起背篓出门，后面总是跟着一群脸上抹着黑泥、挂着鼻涕的放牛娃。因为刘伯承个子高，胆子大，不信邪，有力气，又跟老师学了两手武术，有他在前面开路，孩子们就敢吆喝着，把黑牯牛、老黄牛赶到富人家的荒坡草地上放牧。最吸引人的是在把牛喂饱、草割满篓以后，大家听刘伯承摆“龙门阵”，讲《三国演义》《水浒传》和“长毛”（太平军）的故事，或是在他的摆布下做“占国”“打擂台”等斗智斗力的游戏。有时刘伯承也带领小伙伴们跟邻村的孩子们互相投掷石子，不是把“敌方”打得头破血流，就是自己被打得鼻青脸肿。回到家里，母亲心疼地责备一番，然后照例是塞给一块红苕或是一

① 四川方言，厉害、有本事的意思。

个煮熟的鸡蛋。父亲则是一副严厉的神情，训斥道：“又疯了。忘记家训了么？把家谱读三遍。”

刘伯承知道犯了错，只好规规矩矩地再读那枯燥的家谱：“……子孙惟耕读勤俭为尚，慈善友恭为最”，“量思宏，劳思先，功思让，名思诲，位思卑，退思早……”对于这些家教，年幼的刘伯承当然不能完全领悟。但无数次反复的训教，传统习俗的熏陶，不能不潜移默化地沁入他的心灵，对他以后的思想、道德、性情、修养等方面的发展产生一定的影响。

刘伯承在任贤书门下一直读了 6 年书。1904 年秋天转到灯草坝“汉西书院”就读。“汉西书院”的主持人刘华英是个廪生，同维新派、洋务派人士有广泛交触，受到西方文化和改良主义思潮的影响。他是个“教育救国论”者，设法自筹资金在开县办学。学生主要是他亲房的十多个子弟，也掺进少数成绩优秀的外姓学生。对同姓的穷苦学生，还免费供给膳食、书本和文具。刘伯承就是其中之一。

“汉西书院”设有语文、数学、理化和地理，知识面比私塾要开阔得多，这激起了刘伯承更大的学习兴趣。由于他勤奋好学，才智过人，各个科目的成绩都是第一名，因此，博得了刘华英的喜爱。刘华英常常对学生们谈汉口、上海等地的热闹场景，还讲什么英吉利、法兰西、美利坚、日本国，都是乡间很少听到的新鲜事。刘伯承从这里开始接触到现代科学和时事常识。

1905 年，清廷下诏废除科举。新式学堂成了青少年求学的新出路。设在开县县城的高等小学堂，顺应时势，决定扩大招生。“汉西书院”的学生们闻讯，纷纷报名投考。刘伯承因家中负担重交不起学费，迟迟未去报名。刘华英得知后，立即把刘伯承叫去，关心地说：“学业要紧，事不宜迟，新学堂比我这里要强得多，赶快去报考。一切费用由我支付。”在刘华英的慷慨资助下，刘伯承随即到县高等小学堂报考。考试成绩名列前茅，被正式录取。学生按考试成绩编为甲、乙、丙、丁、戊五个班，刘伯承被编入甲班。学堂开设的课程，除国文、修身两门外，还有外文、数学、理化、史地、体操等项。该校教师大多数水平较高，教自然科学的傅让、朱璜等人毕业于日本弘文师范学校，思想进步，是同盟会会员。傅让还秘密传播一些进步杂志和革命书籍，如雷铁崖、

四川开县高等小学堂旧址

邓洁等在东京出版的《鹃声》以及《四川》杂志等。刘伯承和同窗好友经常从老师那里得到这些刊物，争相传阅。尤其是《四川》杂志，表面看来只是记述蜀地的风土人情、名山大川、闻人掌故之类，实际却是鲜明地反对英、法、日、俄帝国主义侵略中国西藏、云南、东北，揭露清朝政府卖国残民的罪恶行径，鼓励人民起来进行革命斗争，争取铁路等项主权。就连刊物中的诗词小品，也大都是沉痛的忧时爱国之声。刘伯承又读了邹容的《革命军》、赫胥黎的《天演论》等著作。这些，对刘伯承的思想产生了深刻的影响，使他的眼界更为开阔，了解了新的社会生活，看到了世界的潮流，初步认识到清廷的腐败没落和变革的必要。

在开县小学堂毕业以后，刘伯承又到夔府（今奉节）官立中学就读。1907年春，他的父亲因患肺病，又加上劳累和贫困的折磨，不幸离开人世，年仅45岁。他被迫中途辍学，回乡务农。父亲刚去世不久，最小的弟弟（遗腹子）又来到了世间。他的母亲养活有四男三女。“四男”是：明昭（伯承）、明书（仲麟）、明昌（叔禹）、明良（季能）；“三女”是：琼英、瑾兰、怀珍。这时，大姐琼英已经出嫁，家中七口人的生活重担落在母亲和年仅15岁的刘伯承身上。父亲留下的遗产，仅几间茅屋、十几亩塝田。就连买棺材的400铜板，还是向五伯父刘文吉借来的高利贷。

父亲刚入殓不久，刻薄的五伯父就三番五次来讨债，想乘人之危吞并他们赖以活命的田地。一天清早，五伯父找赵家场有名的泼妇赵二娘来逼刘伯承还债。母亲抱着出生不久的弟弟，上前说好话求情。刘伯承抢上去说：“赵二娘，劳你的大驾，给我五伯父回个话。我刘明昭人穷骨头硬，欠他的钱，日后一定如数奉还，分文不会少。”停了一会儿，又说：“你晓得，先父与五伯父是同胞兄弟。如今先父尸骨未寒，他就再三再四逼债。谁不骂他绝情寡义、为富不仁！”赵二娘无言对答，只好悻悻地溜走。

15岁的刘伯承像成年人一样，和母亲、姐姐一道，每日黎明即起，荷锄下地，在贫瘠而又缺水的田地里耕耘。一年到头，只能收四五石毛谷。除去赋税，剩下的根本不够家人糊口，不得已，刘伯承又上山砍柴、割草，或是挑煤、打短工来补贴家用。就这样，长年是红苕杂粮，糠糠菜菜。一到春荒时节，便只好靠挖野菜、剥树皮，掺和红苕杂粮勉强度日，经常吃了上顿没下顿，面黄肌瘦的小弟妹们饿得哇哇直哭。看到这些，母亲的心如同针扎。好心的邻居见刘家日子艰难，来劝母亲把最小的两个细娃送人抚养。母亲思前想后，忍痛决定将小女怀珍和小儿明良送出去。刘伯承得知后，跪在母亲面前哀求：“娘，一家骨肉说什么也不能分离。我打短工、下煤窑再多挣一点，一定让弟弟妹妹活下去……”一番话说得全家人抱哭一团，母亲哽咽着说：“好，不送了，娘娃死活在一起。”

从此以后，刘伯承给人打短工、干零活更勤了。有时挣几个铜板，有时换几升粮食。揽不到活儿的时候，就到十多里外的御河沟煤场去挑煤炭，担到赵家场街上叫卖。每到黄昏时，母亲和弟妹总是站在门前的黄桷树下，远远地等着刘伯承归来。他虽然疲惫不堪，浑身漆黑，但仍装作轻松的样子说：“没事儿，妈想宽些，苦日子总有个头。”全家人就这样相依为命，艰难度日。

沦落到社会的底层，刘伯承的思想发生了急剧的变化。过去，他有条件读书求学，有机会走一条个人飞黄腾达的道路；如今命运把他抛到了最贫贱的民众里面，他必须站在新的角度来观察社会和人生。他切身体会到，千千万万穷苦农民耗尽血汗，难得一家温饱的辛酸，目睹了黑瘦佝背的挖煤汉子，天天提心吊胆地钻矿洞，有时钻进去就永远出不来的惨状。生路在哪里？希望在哪里？他的目光自然地转向了革命的风云。这时候，孙中山领导的同盟会在全国各地开展革命活动，已经有了相当的声势。广东、广西、云南、四川等地接连不断的反清武装起义，震撼着清王朝的反动统治。熊克武等人在川中组织领导的成都起义（1907年）、广安起义（1909年），引起了广泛的反响。革命者不惜抛头颅、洒热血，敢于牺牲个人性命的大无畏精神，给刘伯承以强烈的感染和深刻的影响。他越来越感到自己的理想、抱负，与现存制度格格不入；民众的利益与上层统治集团的巧取豪夺水火不容。不推翻反动、腐朽的清王朝，中华民族就没有光明，下层民众就不能抬头，自己也就没有出路。刘伯承朦胧地意识到，孙中山提出的三民主义，是埋葬帝制、富国强民的救世良方。

当时的上海，是同盟会在国内活动的中心。刘伯承抱着对革命向往的心情和找职业的愿望，于1910年邀集了上高等小学堂时的两位同窗好友前往上海。他们茫然地在上海东撞西碰，既没有遇见革命党，更没有找到孙中山，连谋生的职业也没有着落，只好扫兴地返回故里。

当年年底，刘伯承奉母亲之命与程宜芝结婚。这是一门早年订的娃娃亲。刘伯承虽一直心有不满，但在母亲的坚持下只得同意完婚。后因他在外从事革命活动，双方脱离了关系。

第二章　川中名将

第一节　将校学堂的优等生

1911 年是中国近代史上风云骤变、激烈动荡的年代。清政府以实行铁道国有政策为名，向帝国主义拍卖粤汉、川汉等铁路的主权。这一卖国行径，立即引起广东、四川、湖南、湖北等省各阶层人民的一致反对。四川人民的保路斗争，形成了波澜壮阔的全省规模的群众性的大起义。10 月 10 日，辛亥革命在武昌爆发，以推翻清王朝为目标的革命风潮席卷神州大地。整个四川也沸腾起来。吴玉章、龙剑鸣、王天杰等革命党人先后在荣县、内江起义。11 月 22 日，革命党人张培爵、夏之时率领起义军胜利占领重庆，并建立了蜀军政府，通电全国宣布独立。11 月 27 日，立宪党人在成都成立了大汉四川军政府。不久，两个军政府协议合并，组成四川军政府。辛亥革命让刘伯承看到了光明和希望。他渐渐感到，武力是一种神圣的力量，它能对抗旧的势力，摧毁旧的势力，挽救国家的危亡。于是决心到万县参加反对清政府的起义。

母亲拉住他的手，难舍地说："弟弟妹妹这样多，年纪又小。你的娃儿也刚落地。你走了，家里怎么过啊？"刘伯承劝慰说："妈，你别难过。与其守着穷家破舍过一辈子，不如出去闯一闯，或许是条出路。"

乡间的亲朋好友也好言相劝，说是"好铁不打钉，好男不当兵"。乡人李云伍鼓励他去学经商，试一试做买卖的"生财之道"，莫去闯那"刀丛火海"。

对于这些劝说，刘伯承婉言谢绝，慷慨激昂地说："大丈夫当仗剑拯民于水火，岂顾自己一身之富贵。"他毅然剪掉了辫子，参加了反对清朝政府的学生军。就这样，青年时代的刘伯承，"怀着富国强兵的爱国主义思想和民主改革的思想，投入了孙中山先生领导的民主革命"[①]。

声势浩大的反清斗争在全国各地风起云涌，统治中国 260 多年的清王朝终于被推翻，绵延了 2000 多年的封建君主专制制度终告结束。1912 年元旦，孙中山就任临时大总统，宣告"中华民国"成立。

独立后的各地民国政府纷纷广招兵员，开办军事学堂，以扩充革命势力。重

---

① 朱德：《祝刘师长五十寿辰》（1942 年 12 月 16 日）。

庆蜀军政府开办了将校学堂（后改为将弁学堂），招收革命青年和有志之士入学。刘伯承以文武各科的优异成绩被录取。全学堂共有400多名学生，分编4个队，刘伯承被编入第二队第一排第一班。

将校学堂设在重庆市对面的嘉陵江以北。在学堂内，竖立着一块醒目的牌告：

> 东望幽燕，尚沦异域。
> 以会甘陕，警报频来。
> 得欲整我师旅，贵在将校得人。
> 爰办将校学堂，以为异日北伐之需。

将校学堂所设军事课程，大多是沿用日本陆军部颁发的“典范令”，即《步兵操典》《射击教范》《野外勤务令》。还有初级战术和地形学等。刘伯承对军事学习十分刻苦，操练时一丝不苟，有时为熟练掌握一个动作，要反复练习几十次，甚至上百次。将校学堂的正规生活，使年轻的刘伯承开始养成谨严、周密、勇猛、稳健的性格。除学习本校课程外，他还广泛涉猎古代的兵书，或找其他军校的教材对照参考，以充实自己。诸如《孙子》《吴子》《司马法》和《百战奇略》等著作，更是案头必备，许多章节出口能诵。

在将校学堂，刘伯承是出类拔萃的军人。他不但学业优秀，军事技能出色，而且以举止端正、操守有持闻名全校。他烟酒不沾，牌赌不视，毫无恶习，被同学们称为军中“菩萨”。每月官饷所得，除了买书之外，全部寄给母亲，补贴家用。

1912年底，刘伯承进入熊克武部

经过10个月左右的紧张训练，刘伯承在1912年底以各科目的优异成绩毕业，被分派到熊克武的部队当见习生。熊克武是四川著名的革命党人，同盟会的早期会员之一。辛亥革命后被中华民国临时政府委为蜀军总司令，很快招募到两个团的队伍。由于成都和重庆两个军政府合并为统一的四川军政府，原属两方的军队也统一编组为川军，共有五个师，熊克武所部为第五师。不久，刘伯承由见习生升任司务长、排长。他漫长的军旅生涯就是这样开始的。

第二节　手执青锋卫共和

由于资产阶级的软弱，辛亥革命的成果被窃国大盗袁世凯夺取。袁世凯任临时大总统后，进一步投靠帝国主义国家，实行个人独裁，排斥和打击革命力量。1913 年 3 月，袁世凯指使特务暗杀了国民党著名领袖宋教仁。接着，又向英、法、德、日、俄五国银行团乞取 2500 万英镑的“善后”大借款，大力扩充反动军队，公开镇压革命党人，逐步暴露出反对共和、复辟帝制的反动面目。7 月，孙中山仓促组织力量在江西、安徽、广东等省发动讨袁，被称为“二次革命”，因战事以江西和南京为中心，所以又称为“赣宁之役”。7 月下旬，熊克武等国民党人在重庆密谋响应，8 月 4 日正式组成讨袁军，熊克武任四川讨袁军总司令，并发表讨袁檄文，声讨袁世凯“悖叛共和，大逆不道”。宣称：“本军全体痛愤，万众一心，誓师宣布，共讨袁贼。本拟载兵东下，接应民军，与独立诸省会师北伐，生擒袁逆。惟念胡景伊助桀为虐，毒害川民，狡诈专横，罪不容逭。目前直接讨胡，即所以间接讨袁。”胡景伊原是四川军政府属下的四川陆军军团长，因依附袁世凯被升为四川都督。

讨袁战事从一开始就处于不利的态势。除第五师以外，川军其余四个师都站在胡景伊一边，客居川地的陕军、滇军、黔军约两师兵力也助纣为虐。一些地方民团、土匪受胡景伊拉拢利诱，也趁势蜂起，烧杀抢掠，袭击讨袁军。刘伯承奉命带领一个排先行到达綦江，向土匪的据点发起进攻。这是他第一次参加实战，有勇少谋，在与敌人交火之后，自己奋勇当先猛冲上去，一下跃到敌人阵地前沿。可回头一看，身边只有四五个士兵，后面的队伍没有跟上，只好退下阵来。

四川讨袁军兵分四个支队，采用南北防御，中路进击的部署。刘伯承所在的第一支队西趋泸州，担任主攻。当面之敌为战斗力较强的川军第一师的主力旅。战斗从 8 月 4 日拂晓开始，一连数日，刘伯承率本排随连队参加寒坡场战斗。他吸取了綦江作战的教训，对全排士兵做了很好的组织和动员。他说：“弟兄们，袁贼不除，国难不已。我们要勇敢冲锋，为共和而战！”说罢，就和另一个排长带头冲锋。经过几次拉锯，终于夺下敌人阵地。连长蒲剑鸣怯战怕死，一见情况紧急，伤亡又大，早就跑到营部告急，说是“一连人都打光了，赶快增援”。

刘伯承等两个排在前边打了胜仗，回头却找不着连长，只好直接向营长报捷。营长李遐章不禁愣住了：刚才连长“告急”，现在排长“报捷”，到底是怎么回事？待看到刘伯承将俘虏和战利品押送上来，才弄清个中原委。于是将蒲剑鸣大骂一顿，撤职查办；即令刘伯承代理该连连长，并报请上级正式加委。

8 月 12 日，敌方增派大量援兵疯狂反扑，讨袁军势孤受挫，寒坡场得而复失。第五师重新组织兵力进攻，一鼓作气夺回附近的五里店阵地。双方相持到天黑。敌人一面发起佯攻，一面向后退却。刘伯承等部奉命追击，至石洞镇与右翼部队会合。并绕道袭击敌人侧后，在 13 日占领立石站，进据离泸州 50 里的特凌铺。左翼部队也沿长江左岸，自朱家沱进到合江、王场、白米场、望龙场一带。战事发展顺利。正在这时，讨袁军南边防线被黔军突破，滇、陕两军也东西对进，夹击重庆。熊克武急令攻泸部队回援。刘伯承随部队兼程东返，当赶至重庆西南的白市驿时，得报重庆失守，熊克武等讨袁军领导人出走。部队折回来风驿。讨袁军前敌指挥但懋辛见大势已去，就把饷银分给各营，资遣官兵回乡。历时 50 天的四川“癸丑讨袁之役”终于失败。熊克武事起仓促，发难当日，赣、宁等地的反袁军事行动已纷纷趋于失败，熊克武为免遭胡景伊的吞并才不得不孤注一掷。四川讨袁战争虽然以失败告终，但它英勇地反抗和打击了袁世凯的势力，在近代史上留下了光彩的一页。

在战斗中，刘伯承左脚负伤，他仍以顽强的毅力带领余部撤退，躲避追兵。据他自己回忆，“左遇团练，右遇敌军”，队伍被打得七零八落，处境非常险恶。于是只得把枪支交由当地老百姓保存，各自寻求生路。刘伯承带着伤躲进一座庙里，巧遇原将校学堂一位教地形学的教官，因师生情谊，教官留他暂住。不久，这里风声又紧，刘伯承又潜赴重庆小住一段。后来回到开县老家休息、养伤。

1914 年时的刘伯承

讨袁战争失败以后，四川有 300 多名革命党人被捕杀。袁世凯及其在四川的帮凶胡景伊等人继续大肆搜捕革命党人和讨袁将士。1914 年 1 月 23 日，胡景伊开列了 115 人的黑名单，向袁世凯献媚邀宠。袁世凯即传令各省“都督民政长、各地方长官通饬所属，一律按名严行查拿，务获究办，勿使漏网”。川中许多仁人志士惨遭杀戮，且“籍没家产，株连极广”。侥幸逃出的先后流亡上海，或避居日本、南洋。在讨袁战争中，刘伯承作战英勇，才华初露，已引起反动当局的注意。1914 年春天，刘伯承在家乡也待不住了，便约集军中同事数人顺江东下，到上海避难。

船过三峡，刘伯承伫立甲板，眼观两岸青山对出，前方水天一色，追思往事，瞻念前途，一股豪情从胸间冲腾而起，不觉吟出一首《出益州》的七律来：

> 微服孤行出益州，今春病起强登楼。
> 海潮东去连天涌，江水西来带血流。
> 壮士未埋荒草骨，书生犹剩少年头。
> 手执青锋卫共和，独战饥寒又一秋。

由四川来的流亡者大多藏匿在上海法租界，霞飞路宝康里便是著名的革命党人聚居的地方，刘伯承也住在这里。这时的局势比起几年前更加混乱。逃亡的革命党人，思想也相当复杂，有的失望、彷徨，有的沉沦，有的甚至靠告密卖友为生。这正是软弱的资产阶级和上层小资产阶级在革命失败时的流行病。然而，刘伯承却毫不气馁，对革命前途充满信心。当孙中山先生创立中华革命党的消息传到上海时，他大为振奋，决心追随孙中山先生继续摸索救国救民的道路。1914年秋，他宣誓参加中华革命党，并经常同原熊克武第五师的但懋辛、李蔚如、张冲、李遐章等人在一起开展革命活动。这些人大多是老同盟会员，积极拥护孙中山的革命主张，具有强烈的反袁思想。这段经历对于刘伯承青年时期富国强兵、救国救民思想的形成，有着较大的影响。

第三节　血洒丰都

袁世凯在镇压了“二次革命”之后，于1914年5月悍然废除《临时约法》，炮制了一部所谓“新约法”，后又自封为终身大总统。在日、英帝国主义的支持下，于1915年12月12日公然宣布恢复君主制度，自称为“中华帝国”的洪宪皇帝。为推翻袁世凯的新王朝，保卫辛亥革命的成果，孙中山号召全国人民起来进行反袁斗争，并组织中华革命军，派革命党人到各省组织起义。据《民国川事纪要》记载，孙中山委任卢师谛为中华革命军四川总司令，并派吕超、石青阳、刘伯承等到宜宾、达县、忠县、丰都一带组织讨袁起义。1915年12月，刘伯承和康云程、王旭东等人回川，一行人化装成商人，由上海乘船经武汉至宜昌。因冬季水枯，在宜昌换乘川江小轮。宜昌是入川的重要通道，北洋军在码头戒严检查，搜捕潜往四川的革命党人。

在刘伯承的行李中，有一个装有炸弹的竹篓。同行二人一看岸上军警林立，便示意他把竹篓扔进江里。刘伯承也焦急地思考着对策，忽然，他发现旁边堆有一位参议员的行李。情急生智，他乘人不注意，悄悄将竹篓移入行李堆中。船靠岸后，搬运的苦力前来卸运参议员的行李，问道：“这几件可是参议员的？”刘伯承随口回答：“正是的，快搬走吧。”当行李被运出关卡以后，他从容而出，取回竹篓。正在这时，一个友人匆匆来码头迎接他。刘伯承立即将竹篓递过去。对方以为是赠送的礼物，连忙推谢。刘伯承轻轻踩着对方的脚面，故意高声说道：“小意思，收下吧，浙江的特产。”对方很快明白了他的意思，赶紧接过去。就这样，两人带着装有炸弹的竹篓，在军警面前扬长而去。

完成递送炸弹的任务之后，刘伯承等继续溯江而上，先后到奉节、万县、涪陵等地，联络革命党人、“哥老会”首领和有志之士，广泛地发动、策划武装起义，进行反对袁世凯的斗争。

1915年12月25日，蔡锷等在云南举起了护国讨袁的大旗，组成护国军。蔡锷任第一军总司令，北进四川。李烈钧任第二军总司令，东出两广。唐继尧以云南都督兼任第三军总司令，留守云南，策应各方。

当时，各省军政大权基本上为袁世凯的爪牙亲信所控制，唯有西南川滇黔三省是薄弱环节。反袁的革命势力力图把四川作为一个突破口。而袁世凯早已虑及西南空虚，特派其亲信陈宧为四川军务会办，总揽军政大权，并先后派遣精锐部队曹锟、张敬尧、李长泰（一个旅）约3个师，冯玉祥、伍祥祯、孔繁锦3个混成旅，共六七万人入川震慑。由于蔡锷将军亲自率领云南护国军第一军向川南袁军进攻，于是讨袁护国战争的主要战斗在四川境内展开。

刘伯承回川后，先以涪陵为活动中心，策动涪陵警备队长杨光烈率部起义。该部有俄式枪120支，并得到当地开明士绅李次安等人的协助，又吸收了张子昭部义勇军数十人枪，还有夏仲实、曾江柱等人也率部前来投奔。刘伯承把这些部队集结到邻近的大顺场宣布起义，定番号为四川护国军第四支队。中华革命军四川总司令卢师谛任命王维纲（伯常）为支队长。因王维纲随熊克武绕道昆明、宜宾，此时尚未到达川东，该支队由刘伯承指挥。在此前后，奉节、万县一带会党和农民群众也纷纷起义。这样，四川东部的长江通道便处在护国军的监视之下。刘伯承部署起义军沿忠县、丰都、涪陵、长寿等沿江一带进行游击活动，骚扰和拦截从湖北溯江入川的北洋军，给敌人以沉重打击。冯玉祥在他所著的《我的生活》中说："那时候自重庆以下，宜昌以上一段江面每有船只经过，两岸山上即开枪射击，而忠县一带尤为剧烈。过往军队吃了不少的亏。人们揣测不定，有的说此事是熊克武部队所为，又有说是蔡松坡[①]早先埋伏的奇兵。"这支奇兵，正是刘伯承所带领的川东护国军。

在川东部署就绪后，刘伯承又应革命党人张明安的邀请，前往璧山县帮助整理、指挥民众起义队伍。璧山位于重庆的西面，是从陆路通往泸州的必经之道。这里的农民深受北洋军曹锟部奸淫掳掠之苦，尤其是丁家坳一带农民，常常被北洋军拉夫充苦力。北洋军把抓去的强壮农民关进庙宇里，不但不给饭吃，还打骂虐待。一天，农民们饥饿难忍，群起要求供给饭食，遭到开枪镇压，当场惨死多人，还被戴上"骚乱""暴动"的罪名。愤怒至极的农民们拼死反抗，打死守卫，冲出庙门，全部逃跑。但又不敢回家，便啸聚山林，起义反袁，人数聚集有千余之众。

刘伯承到达后，立即上山和农民首领吴国安、朱建勋等见面，对这支自发的农民武装深表赞誉，晓以反袁大义，欢迎他们投入护国战争。大家听后，一个个摩拳擦掌，纷纷请战，并要求刘伯承留下领导和指挥。刘伯承再三解释，说明涪陵、丰都一带有重任在身，不可能久留璧山，建议由张明安先生出面执掌。张明安是当地的老革命党人，早年任丁家坳小学校长，讨袁战争时与刘伯承相识，后到重庆川东师范学校任教，在这一带颇有声望。前不久，学校被曹锟霸占为行营，师生被赶出校门。张明安对此极为愤慨，密谋用炸弹除掉曹锟，不料被北洋军察觉，便潜回老家避难。经过大家协商，决定成立璧山县义勇军司令部，以张明安为司令。刘伯承常为他们出谋划策，协助张明安领导义勇军抗击北洋军。

据侦察报告，在泸州方面与蔡锷护国军作战的川军周骏师，急需补给5000套军装和一些其他物资，敌人派一名团长率两个连押送，预计次日早晨经过丁家坳。刘伯承赶紧和大家商议，准备设置伏兵，予以拦截。当天晚上，刘伯承带领

---

① 蔡松坡，即蔡锷，松坡是他的字。

两个随从，亲赴丁家坳 10 里外的龙塘勘察地形，确定设伏地点。

次日上午，敌人的运输队果然开来了。敌军团长骑在马上，催促兵丁和挑夫赶路。刚到龙塘，突然两边枪声大作，杀声震天，几个敌兵应声倒地。刘伯承冲在前面，并对敌人喊话：“弟兄们，莫替袁世凯卖命啦！前面义勇军多得很，你们冲不过去，也退不回去，只有缴械投降。我们保障你们的性命。快快派人来交涉。否则……”

敌人遇到这突如其来的打击，又见义勇军漫山遍野，吓得魂飞胆丧，不得不缴械投降。就这样，两个连的枪支，5000 多套军装和一些物资，还有一匹战马，都成了义勇军的战利品。义勇军初战获胜，士气大为振奋，也震动了邻近四乡。璧山县南部十多个场、镇农民群起响应。

刘伯承还协助张明安整顿编制和进行训练，将吴、朱、钟、杨四个首领委为营长，投诚过来的敌方谢克伯连长升为营长，又任命了两位参谋和一个秘书。义勇军也全部换上了新军装，俨然成为正式的军队了。刘伯承治军十分严格，又样样身体力行。他告诫义勇军对人民要公平交易，不准乱拿群众财物，违者严惩不贷，深得农民的拥护。

不久，涪陵、丰都一带军情紧迫，刘伯承又赶回涪陵大顺场。后来，这支义勇军在张明安领导下积极配合护国军，开展游击活动，袭击、骚扰北洋军。

刘伯承返回川东以后，即指挥护国军第四支队大规模地开展游击活动，更加猛烈地打击北洋军的援兵，全力配合川南护国军作战。这支 400 多人的队伍，以突然袭击的战法，将涪陵巡防队的 30 人枪全部俘获。接着，前往攻打邻近的长寿县。长寿县在重庆下游 150 多里处，背山面水，地势十分险要。原来县城警备队长曾约定在四支队攻城时率部起义，作为内应。但当四支队进攻时，城内警备队却没有动作。双方激战两个多小时，城未攻下，刘伯承下令撤出战斗。他对大家说：“凡大军作战，首在将其主力摧破，其余自迎刃而解。现川南决战，正图此举。其次是夺占交通咽喉，断敌后路，使敌在作战上感到非常痛苦，力自不支。现泸、纳吃紧，遮断长江交通刻不容缓！”他提议立即移兵丰都。因为那里敌军较弱，也料不到护国军会从 200 里外突然降临。支队长王维纲刚刚到职，指挥上对刘伯承言听计从。于是，部队快速向丰都运动。当行军到马口垭时，刘伯承和王维纲下令停止前进，并对负责联络的康云程说：“此地离丰城约 30 里，你先进城探明消息，联络党人，再定我军行止。”康云程领受任务后，即携带《讨袁檄文》和四川护国军的布告混进城里侦察。

康云程入城探知敌有两团兵力守御，但恐据实报告会引起指挥官的犹豫动摇，便遣人向刘伯承谎报：“城内只驻有北洋军两个营，望速攻击。静候复命。”

3 月 20 日，丰都攻城战发动。刘伯承奋勇当先，亲临第一线指挥。护国军占据有利地形，居高临下，猛击敌军，毙敌百余人。康云程乘机在城内广贴檄文、布告。敌军不知虚实，便烧民房数千家，一边阻止护国军进城，一边布置退却。

就在率领部众攻打城门时，刘伯承头部连中两弹，一弹擦伤颅顶，另一弹从右边太阳穴射入，透右眼而出。他昏倒在血泊之中。几位士兵在乱尸中找到了他，抬进城里邮局内休息，又请来“恒春茂中药店”老板郑慎之，给以治疗，敷些止血的草药。

护国军因兵力不足，又失去指挥，被迫且战且退。部队转移时没有担架，康云程找来一只箩筐，刘伯承顶着一床棉被，蜷缩在筐里，颠簸在崎岖的山道上。部队退到涪陵鹤游坪（今属垫江县），就地休整。刘伯承忍着剧痛，力主召开“阵亡将士追悼会”。当大家看到他满头缠着绷带出现时，纷纷流下了热泪。

由于条件艰苦，环境恶劣，加上缺医少药，刘伯承的伤势日趋恶化，已不能主持军务。支队长王维纲缺乏统驭部队的能力。四支队内部的杨光烈、张子昭等人看到部队面临困境，感到前途无望，便想拉走队伍，另谋出路。王维纲发现了他们的企图，但又束手无策，独自一人携款奔重庆去了。杨、张二人更加有恃无恐，便各自带些部队走了。四川护国军第四支队遂告瓦解。

部队瓦解以后，刘伯承在鹤游坪也待不住了。为了躲避北洋军的搜捕，康云程等不畏艰险，保护着刘伯承辗转奔走，后来藏在当地一个农民家里。这个农民为人宽厚，给予饭食，代为找药。康云程始终守在刘伯承身边，时常帮助洗伤口、换药，真是患难相依、生死与共。涪陵一带乡亲很爱戴这位反袁战士，纷纷送来鸡蛋和粮食，有的还设法弄来一些药物。一些革命党人也秘密前来探望。当时，北洋军悬赏通缉刘伯承。但乡亲们都冒着风险尽力掩护他，没有一个人贪赏告密。刘伯承在这一带养伤两三个月，身体渐渐得到恢复。

1916 年春夏之交，刘伯承由康云程护送，改名换姓化装潜赴重庆就医。当走到涪陵至长寿间的蔺市镇时，突然遇到匪徒劫场，蔺市镇火光冲天，一片纷乱，雇来的两名抬夫逃得无影无踪。刘伯承只好拖着病体，披着棉被，和康云程一道钻进旁边的豆田里。深夜时分，两人间道而行，到涪陵新妙场李次安家投宿。次日又启程上路，绕南岸渡江进入重庆，藏匿在王旭东、王尔常兄弟家。

在重庆，刘伯承先到宽仁医院治伤。宽仁医院是美国教会在 1897 年设立的，设备和医疗条件比较好。但医院已被曹锟所部占用，住满了从泸州和丰都来的北洋军伤兵。刘伯承在这里治疗一段脑伤以后，就转到临江门一家德国人开的私人诊所治眼伤。诊所的沃医生医术相当高明，外科手术尤为著称。

刘伯承在这家私人诊所先后做了两次手术。第一次先是割去赘肉，理顺血管。沃医生托人回德国专门配制假眼。几个月后，为装假眼进行第二次手术。当时，诊所设备比较简陋，动手术只能施行局部麻醉。沃医生一刀一刀修割赘肉，每一刀都疼痛钻心，难以忍受。刘伯承却一直安然端坐，接受治疗，长达三个多小时。麻醉药作用早已消失，他仍然面色不改，一声不吭。

待包扎完毕，沃医生见他的座椅扶手已被汗水沾湿，便关切地问：“疼得厉害吧？”刘伯承坦然一笑：“才割了 70 余刀，小意思！”沃医生惊异地问他如何知道。刘伯承说：“阁下每割一刀，我就暗记一数，错不了。”

沃医生跷起大拇指，啧啧称赞：“了不起，了不起。你是真正的中国人。”

刘伯承见这位外国医生豪爽、正直，就将自己的经历和处境如实相告。沃医生听后，更为感佩，连称：“你真是军神、军神！”

施行手术后的刘伯承

由于四川反动当局的通缉，刘伯承在重庆不能久住，只得拖着病体急走永川。为了配合蔡锷军在隆昌一带打击北洋军残部，他曾收集旧部，准备夺取永川县城。因军机泄露，没有成功。他便带领部队在重庆、永川间展开游击活动，袭击敌军，屡获胜利。在护国军的沉重打击下，北洋军节节败退，附北川军也纷纷倒戈。但是，旧川军系统对刘伯承恨之入骨，竟指使璧山县的反动分子将刘伯承逮捕，关入监狱，准备杀害他。蔡锷闻讯后，立即发来急电，严令璧山县政府保证刘伯承的安全，反动分子这才不得不将他释放。

在四川人民支援下，滇、川护国军不断取得胜利，给各地反袁斗争以很大支持和鼓舞。广西等华南六省相继声明反对帝制，另有八省拒绝接受“洪宪皇帝”的命令。1916 年 3 月 22 日，袁世凯被迫宣布取消帝制。6 月 6 日，窃国大盗在全国人民的唾骂声中死去。护国战争获得了胜利。蔡锷将军有诗云：“护国之要，惟铁与血，精诚所至，金石为裂。”刘伯承正是这样一位热血护国的壮士。

第四节 护法战争著声威

护国战争胜利后，熊克武被任命为第五师师长兼重庆镇守使。不久刘伯承被熊克武委任为第九旅参谋长。起初，同僚中人以为他五官不全，身有残疾，冷眼相看。但一到实际战斗中，刘伯承的智勇往往令他们折服。在用兵上，他精细、严谨、大胆，常常出奇制胜。其勇敢无畏的精神，更为军人所罕有。每到打起仗来，他总是亲临火线，冲在前头，英勇善战的名声渐渐传开了。

那时，袁世凯虽然被人民革命浪潮吞没，但他留下的北洋军阀势力，在当时中国的政治舞台上仍然起着举足轻重的作用。北洋军阀的各派势力依然在帝国主义的指使下，不断进行着争权夺利的斗争。孙中山继续进行着不屈不挠的斗争。但由于国民党缺乏鲜明的斗争纲领和组织上的涣散，这种斗争不可能取得成功。

1917 年爆发了护法战争。孙中山以恢复民元约法为号召，发起了讨伐北京北洋军阀政府的战争。这年 8 月，他邀集原国会部分议员在广州召开“非常会议”，决定组织军政府，举行北伐。孙中山被推举为中华民国军政府大元帅。但“护法”所依靠的主要是与北洋军阀有利害冲突的南方军阀。

在“护法”的旗帜下，四川各派军阀又开始了新的战争。1918 年 1 月，熊克武与滇、黔军联合，加入由云南都督唐继尧组建的靖国军，讨伐由北京段祺瑞政府任命的四川督军刘存厚。特派刘伯承与任滇军旅长的朱德谈判，结成“军事同盟”，共同对付北洋势力。刘伯承和朱德圆满地完成了各自的使命，推动了护法战争的发展。此后，这两位有着共同抱负和志向的爱国军人，在漫长的革命生涯中成了亲密的战友。

根据谈判协定，熊克武以第九旅旅长吕超为前敌总指挥，率主力向川西前进，直逼成都。刘伯承以旅参谋长名义随部队一起行动。这年除夕下午，当队伍进抵太和镇附近时，遇到了激烈的战斗。太和镇在遂宁、射洪两县之间，是通往成都的要道。属于四川靖国军一方的邱翥双，率 400 多人与敌已交战了 8 天。因守敌利用涪江设防，工事坚固，火力猛烈，一直未能突破。

刘伯承赶到前面，和邱翥双部取得联络，得知当面之敌是江防军张邦本部。吕超西进成都，也急需拿下太和镇。于是两部商议一齐向太和镇之敌发起强攻。当地民军数百人也前来助战。

吕超先派前卫营营长王秀生率部从康家渡强渡涪江，包抄太和镇。康家渡离太和镇十七八里，地势平坦，敌人已占据隔江耸峙的打鼓山予以瞰制，不利部队隐蔽行动。因为渡河点过于暴露，几次强渡未成，部队死伤甚多，营长王秀生急得直哭。

吕超断然将王秀生撤职，任命刘伯承为营长，再次组织渡江。刘伯承把部队稍加整理，厉声宣布：“附北军队，是帝制余孽。我将士当奋勇进击，冲过江去，不能怕死。后退者处以军法！”说完，立即派人调集船只，重新选定渡河点。刘伯承自己乘上第一艘船，冒着敌人的枪弹，向对岸驶去。经过两个多小时激战，抢占了滩头阵地，消灭了打鼓山的守敌。然后直扑太和镇，在邱翥双部和民军的配合下，取得了全胜。随后，刘伯承继续西进，直趋成都。2 月 19 日，吕超部攻入成都北门。刘存厚被迫通电宣言与西南各省一致，收集残部撤往川陕边境。

熊克武占据成都后，被孙中山任命为四川督军。随即着手建立督军署警卫团，以副官长张冲兼任团长，刘伯承任中校副团长。

护法战争在反对北洋军阀政府的目标上是有积极意义的，但在组织上、行动上是涣散而软弱的。它所依靠的主要力量南方军阀势力，只是把护法当作一个幌子，以便利用它来与北洋军阀政府抗衡，达到保存和扩大实力的目的，一旦从北洋军阀那里得到若干让步和妥协，他们就会毫不犹豫地抛弃掉护法的旗帜。1918 年 5 月，孙中山发动护法战争还不到一年，他就被南方军阀逼迫辞去大元帅之职，护法战争也就一蹶不振。尽管 1920 年孙中山再度在护法的旗帜下成立“非常政府”，任“非常大总统”，仍由于广东军阀陈炯明的叛变被迫出走。护法战争最终彻底失败。中国大地上依然上演着军阀间明争暗斗的闹剧。当时，川军有6个师、1个混成旅。客居四川的滇军和黔军也有数万人。他们各自割据一方，称王称霸，横征暴敛，为害人民。其军费陡增一倍以上，达到1300万之巨。北洋军阀又多方挑起川、滇、黔三军之间的矛盾，使四川各派之间的斗争格外的复杂和尖锐。

熊克武以四川督军的名义一统四川后，招致了川军其他派系的忌恨，他们联合滇、黔客军发动了“倒熊”战争。熊克武积极应战。1920年5月22日，熊克武率第一、第三两个师向驻守简阳、资阳一带的滇军大举进攻。刘伯承率督军署警卫团开赴南津驿，在资阳县属的铜钟河、五凰场、狮子山一带，与滇军顾品珍部激战。顾品珍部放弃资中，向南败退，逃到内江。刘伯承又率全团乘胜追击。滇军凭银祥街两侧高地的险要地形进行抵抗，双方相持达5天之久。一天，刘伯承外出开会，滇军突然进攻，前线发生动摇。青年军官文华周心急如火，立即率传令兵数人，手持大刀直奔前沿阵地，大声宣布：“奉刘长官命令，敢于后退者，不论官兵一律砍头！”刘伯承素以治军严格著称，后退官兵闻令各回阵地坚守。刘伯承回部后，对文华周的机断专行大加赞扬，并提升为上尉副官，3个月后又保举他任营长，此时文华周才19岁。刘伯承破格用人，一时传为佳话。

1920年刘伯承（前排左四）与四川督军署警卫团全体军官合影

到了7月中旬，吕超、石青阳率部倒戈，与滇黔军配合向成都进攻，整个战局急转直下。熊克武腹背受敌，被迫向川北阆中撤退。刘伯承随警卫团转移到阆中。

阆中离成都约400里，在这里，熊克武部得到刘存厚补给的粮饷和弹药，进行了扩编，将原警卫团扩编为第二混成旅，由张冲任旅长。原警卫团第二、第三营扩编为第一团，28岁的刘伯承升任团长。

熊克武暂时败退。川军与滇、黔军为争权争地争饷又激发了新的矛盾。熊克武乘机联合刘存厚等部，组成“靖川军”，展开以“驱逐客军，净化四川”为目标的大反攻。9月5日拂晓，刘伯承率第二混成旅第一团在潼南一带作战。黔军两个旅驻守在磨溪镇、花崖场、海青寺、九岭岗一线顽强抵抗。当时正值雨天，道路泥泞，部队行动极为困难。刘伯承率部从右翼猛攻，与敌展开白刃格斗。经过9个多小时的激战，将黔军王天培部击溃。随后，又马不停蹄向合川、重庆方向挺进。10月15日，刘伯承部在友邻的配合下，一举攻占重庆，并在官井巷口击毙滇军旅长、重庆警备司令鲁子才。旅长张冲听说刘伯承获得大胜，喜出望外，致电祝贺，称刘伯承“千里转战，凌厉无前，乘胜追锋，奏此奇捷，劳苦功高，至堪佩慰”。接着，刘伯承又协同友邻，一直沿长江向东追去，于11月中旬占据夔门，将盘踞川东的滇、黔军全部驱逐出四川。

杜甫诗云：“蜀道兵戈有是非。”那是说的1000多年前的四川。此时，在充满着战乱的中国，疮痍满目的四川，军阀长年累月在混战着、厮杀着，并无是非可分。然而，他们都打着“革命”“正义”“自主”的旗号，借以蒙骗其部属和人民。所以，对于每一个参战者来说，并不都真正了解自己所投身的战争的目的。刘伯承从参军起，是满怀救国救民的愿望而战的。他在相当长的时间内，满以为他为之流血拼命的战争都是为民除害的战争，可是，事实上许多战争的实质与他的主观愿望是背道而驰的。

熊克武是依靠同盟会起家的，他一贯标榜自己忠实于同盟会和国民党，站在以孙中山为首的南方政府一边，宣称“北庭命令，在川省无有丝毫效力”。但为了达到称雄四川的目的，他暗中与北京北洋政府联络，以求左右逢源。关于这次驱逐客军战争的理由，熊克武说得十分冠冕堂皇：“此次仗义兴师，驱逐强暴，原以反对联军统治，保持自主资格，建设自治制度为职志。各将士之奋勇争先，前仆后继者，盖为公理牺牲，非为私利牺牲；为主义牺牲，非为党系牺牲；为平民牺牲，非为少数人牺牲。”对于熊克武的“宣言”，刘伯承并不明白个中奥妙，而是信以为真。

1921年夏天，北洋政府湖北督军王占元部属在宜昌哗变，劫杀无辜居民，酿成大乱。湖北人士苦于王占元的虐政和兵变，向四川、湖南两省呼吁，请求派兵制止暴乱。此时，熊克武正想向外扩展，加强自己在四川的主政地位。于是，熊克武在和湖南军阀赵恒惕、川军第二军军长刘湘会商后，即兴师出川，展开“援鄂之战”。

8月28日，四川“援鄂军”先后到达湖北巴东、秭归县境。随后分兵三路：中路沿长江北岸直下宜昌，左路由江北进攻当阳，右路由南岸夺取宜都。三路并进，对宜昌取包围态势。刘伯承率领第二混成旅的第一团附工兵营，共计四个营的兵力，乘船顺江而下，至三斗坪登岸，向安安庙进攻。守敌是北洋军卢金山师张允明旅的段祺澍团。阵地前面是一大片水田，敌人凭借这一有利地形和强大火力，扼守安安庙。刘伯承赶到前沿进行观察后，随即以一部兵力绕道翼侧佯攻，把敌人的兵力大部吸引过去，而以主力从正面水田强攻。一声令下，数千士兵一下冲过水田，将段祺澍团全部包围缴械，俘虏了大批敌军。事后，有的军官不解地问："团长，你向来不主张正面硬攻，为何这一次冒险？"刘伯承回答说："敌人满以为有水田作障碍，我会从侧翼进攻，而侧翼正是敌人硬脑壳，碰不得。正因为敌人以为正面不能过，我偏来它个出其不意。"这一仗，刘伯承更以智勇名播川军内外。

当刘伯承所部扫荡残敌，不断向前推进的时候，川军第二军刘湘的部队却有意保存实力，在北岸缓缓蠕动。当第二军费东明旅抵达宜昌西面铁路坝时，刘伯承便渡江与费部会商进攻宜昌城的军事计划，准备日内发起总攻，一举歼灭驻守宜昌的北洋军。后因刘湘与吴佩孚签订《停战分防条约》，川军陆续撤回。

援鄂战事刚刚结束，四川第一、第二军之间的内战危机又迫在眉睫。第二军军长刘湘，原是护国战争时川军第一师的营长，因善于阿谀奉承，投机钻营，巧于依违于南北政府之间，得以左右逢源，不几年就扶摇直升到军长之职。他的部队是原川军第一师的老底子，属旧军系统，而熊克武的第一军属新军系统，两军矛盾深刻，随时有引发战争的可能。刘湘这时自以为羽翼丰满，又有吴佩孚支持，便企图争霸四川。当时熊克武第一军由湖北退驻万县、忠县一带，占据了第二军原来的"防地"。刘湘便以此为口实，准备大动干戈。为了欺骗世人，刘湘退居幕后操纵，让手下的师长杨森代理第二军军长，向第一军兴师问罪。这就是四川历史上的所谓"一、二军之战"。

1922 年 7 月，杨森从重庆派出 4 个团的先遣部队，攻击忠县的第一军第一师，企图截断该师与驻万县第二混成旅的联系，然后消灭第一师。第一师得知消息后，主动撤到梁山（今梁平），接着经大竹、渠县到蓬安。刘伯承随第二混成旅也星夜转移，经梁山、大竹、渠县，翻过杜家岩到达南充。杨森部第二师、第九师一路跟踪尾追。第二混成旅等回师迎击。两军在杜家岩鏖战。刘伯承这时升任两团制的第二混成旅第一路指挥官，率部与第八混成旅张仲铭团密切配合，一举摧毁了敌人防线，全歼敌第三十六团，并将其团旗缴获。杨森被迫率部从杜家岩全线撤退。刘伯承等部在杜家岩一战扭转战局后，即乘胜追击。

敌军经罗滩场退到中滩桥扼守顽抗。刘伯承率部追至中滩桥附近，与敌隔江对峙。他赶到前沿阵地观察地形后，吩咐连长李际权："快请几个土参谋来问一问，要客客气气。"不一会儿，李际权请来三个当地老乡。刘伯承详细询问中滩桥的地形特征和征求渡江的各种办法。然后制定了佯攻右翼，猛攻左翼的作战方案，决定将主力和预备队全部用上，向敌人左翼发起强攻。战斗打响后，第二混成旅官兵率先奋勇冲杀，会同友邻将第九师主力打垮。正当中滩桥战斗激烈的时候，刘伯承又抽出右翼佯攻的小股部队，绕道穿插，直扑渠县县城，袭击第九师师部。这小股部队潜入渠县后，来了个腹中开花。敌师部顿时乱作一团，四散逃命，大部人员、物资均为第二混成旅俘获。

在渠县取胜后，刘伯承又率部乘势追击，经大竹、梁山、万县，一直追到夔府。杨森企图凭借天险"南天门"死守，无奈手下兵无斗志。当第二混成旅仰攻

"南天门"时，杨部官兵纷纷溃逃，争相渡江，被淹死者不计其数。第二师师长唐式遵抓住一块门板，才逃得一条性命。杨森本人也顺江东遁，出川暂避。刘湘不得已退回大邑老家，称病不出。从此，第二混成旅威名更盛。刘伯承渐渐被人称誉为"川中名将"。

8月中旬，刘伯承随第二混成旅驻扎在万县、夔府一带。他除以小部分兵力担负警戒外，组织部队展开军事训练。他用这样几句话教育部属："唯一服从命令，国事竭尽忠诚，尊敬各级官长，亲爱同胞士兵，保卫人民幸福，临阵杀敌忘身。"

第五节　讨贼战争多磨难

刚刚登上中国政治舞台的中国共产党，提出了联合国民党及其他民主力量，结成革命联盟的主张，并采取许多实际步骤帮助孙中山，筹备改组国民党，组织力量讨伐北洋军阀。1923年2月，孙中山在广州设大元帅府，将所控制和影响的军事力量改称"讨贼军"，并宣称今后进入了讨贼时期。所谓"贼"，就是指控制北京政府的直系军阀曹锟、吴佩孚和南方叛将陈炯明。不久，陈炯明叛乱被平息，讨贼的对象就是曹、吴及其在各省的代理人。孙中山派石青阳入川与熊克武会商，策划四川省的讨贼事宜。随后，熊克武就任四川讨贼军司令，下辖第一军军长兼东防督办但懋辛所属喻培棣、何光烈、余际唐3个师和第二混成旅、三丽中第三混成旅、杨春芳独立第一旅、郑英独立第二旅4个旅；另有川东边防讨贼军总司令石青阳所辖汤子模师、黔军周西成混成旅、湘军贺龙混成旅、周燮卿混成旅；还有川军第三军刘成勋的2个师1个旅、赖心辉部5个混成旅和滇军4个师。这时候，第二混成旅已扩编到万余人。

在北洋军方面，曹锟、吴佩孚任命孙传芳为"援川军"总司令，赵荣华为副总司令，并由赵荣华率鄂军5个混成旅入川。这次刘湘亲自出马，指挥附北川军各师旅，计有杨森的第二军3个师，邓锡侯、唐廷牧、陈国栋、田颂尧、刘季昭各1个师，川边镇守使陈遐龄所辖1个混成旅，刘存厚驻陕南的2个师；黔军袁祖铭的2个师，以及甘肃督军张广建派遣的12个营等5省庞大的军队。战争分东西两个战场展开。在东战场，1923年3月1日，杨森部师长唐式遵率前锋部队，从鄂西利川翻越齐岳山、软耳箐等险隘，偷袭万县。在川鄂交界的卡门一带防守的讨贼军喻培棣的第一师麻痹轻敌，被敌人打了个措手不及，一路向西败退。3月4日拂晓，刘伯承率第二混成旅第一路赶来增援，与敌人在磨刀溪一带激战，昼夜枪声不断。连敌军指挥官唐式遵也惊呼"战争剧烈较前倍甚"。刘伯承数度组织部队反攻，因敌据险坚守，始终未能得手。于是撤退到长岭岗作攻势防御，准备调整部署再行攻击。

正当刘伯承在磨刀溪苦战时，不料后方发生了意外的变化，驻守忠县的杨春芳旅叛变，暗中偷袭万县，威胁到驻万县城内的第二混成旅旅部及直属队的安全。刘伯承得知这一消息，立即决定回援。由于连日激战，官兵们非常疲劳。刘伯承召集营以上军官研究作战方案。他说：“诸位连续作战，确实辛苦得很。要打垮北洋军，完成中山先生交付的讨贼使命，就要有拼死力战的劲头，方能救国保四川。眼下的情况很清楚，如果明日进军，有可能让叛逆杨春芳先入万县据城坚守。而我军立即进行奔袭，杨春芳必然不备。是攻坚城，还是奇袭取胜，请列位选择。”

刘伯承平时就注意听取下属的意见，在紧急关头更是力求上下一致，同心同德。大家一听道理很明白，便不顾疲劳，指挥部队一路急进，从大溪口抢渡长江，迎面发现杨部也正向万县开进。刘伯承指挥部队先敌占领团寨子要地，接着发动进攻。杨春芳万万没想到刘伯承行动如此神速，慌乱中仓促下令应战，结果一触即溃，率部掉头逃窜，计点损失达600余人。

由于杨森兵力强大，第二混成旅孤军难挡。张冲奉命率全旅撤出万县，开往梁山一带。杨森乘虚推进，连占川东各县，沿梁（山）垫（江）大道和沿江之路向重庆进攻。4月2日，重庆告急，但懋辛飞令刘伯承救援。当夜，刘伯承率部直达重庆以北的两路口，准备经关口场、旱土沱、沙坪场进行增援。不料担任这一带防务的第一师李萼旅被敌击败，放弃关口场退往黑石子。刘伯承估计在敌我兵力悬殊的情况下重庆已难守住，自己所率两个团这点儿兵力也难以扭转危局。4月3日深夜，他写信给但懋辛，分析了当前敌集大军兵临重庆城下，本方仅有少数兵力与之对抗，实属独木难支的情势，主张打不赢就走，不能硬拼。建议主动放弃重庆，以集中本方兵力，待机反攻。

次日晨，但懋辛派人送来回函：“适接兄23时半函，具悉一切。此时若退出重庆，则全局瓦解。我兄既到两路口，即请以全力向唐家沱、黑石子方向横击敌人为要。时机万迫，火速进行。千万！千万！”

刘伯承阅过信函，只得服从命令，率领本路向黑石子前进。在寸滩与敌展开激战。无奈敌势强大，友邻第六师一个旅又不肯协同，第一路成了一支孤军。为了避免被敌围歼，刘伯承不得不率部突围到鸳鸯桥，再退合川。

4月6日，重庆失陷，讨贼军中一些人乘机指责和中伤刘伯承，把战争失败的责任推到他身上。这些人有的是出于嫉妒，有的是为了诿过。刘伯承十分沮丧。有功被压制，无过遭非议，这样的事已不是第一次了。种种委屈和愤懑一齐袭上心头，他提笔向但懋辛写了一份辞职报告：

报　告

4月14日于合城商会指挥部

呈　为职请撤差查办、另简贤能、以利前途事。窃昭庸材多病，早甘雌伏，此次奉委斯职，即恐陨越，迭辞未蒙允许，不得已始尽绵薄至于今。兹每念无补时艰，无任内疚。溯此次战事，职路计经三役，除万县团寨子一役系单独动作未遭失败外，磨刀溪、寸滩两役均系奉令协同友军实行任务，卒以当时首当其冲，伤亡过大。厦之将倾，独木难支，以致败北。各方不谅，交相责备，谓昭为令军失败之大罪人。以军人不能致胜疆场，信有罪矣，然视所属官兵伤亡之众，武器损耗之多，神明负过，已属难堪，而败北之咎复集于昭，中心彷徨，莫知所措。往者人地尚可查考，是非不难分别。未来前途关系本军生存，如不另委贤能，以资挽救，则何以收军事之最后胜利，而拯人民于水火。谨恳立予褫职，交旅部看管，静候彻底查办，并简贤能接任指挥官职务，以资进行。明知战时去职，遗羞军界，然计军事前途之利钝，有不容一人留位之痛苦。再四思维，始得出此，临呈无任屏营待命之至。谨呈

督办但

第一路指挥官刘明昭

但懋辛没有接受刘伯承的辞呈。大敌当前，他更需要倚重能征惯战的刘伯承。

但懋辛退出重庆后，率部西移，与在西战场作战的赖心辉、余际唐等会合。4 月 19 日，熊克武、但懋辛、赖心辉、余际唐等在潼南双江镇部署反攻，准备分兵三路，先取成都，然后再图重庆。第一路，由第二混成旅进攻广汉，从北面包围成都；第二路，由赖心辉到隆昌集中边防军，经简阳进逼成都；第三路，由但懋辛率余际唐第六师一部及第一师一部，从遂宁直取成都。刘成勋在新津集中第三军部队，石青阳到涪陵集中川东边防军部队，以为偏师。

战役展开以后，但懋辛率第六师一部由淮口镇间道直趋成都。5 月 5 日，与附北联军在石板滩、廖家场、黄庄一带发生激战。正当但部苦战之际，敌方陈遐龄又率三个旅的精锐赶来增援。双方在川西平原鏖战两昼夜。但部陷入敌军的包围之中，伤亡很大，情况十分危急！

这时，刘伯承正随第二混成旅转战川北，在德阳重创田颂尧师的孙震旅，接着挺进中江、金堂，随后又击败了新都、广汉一带的敌军。当得知但懋辛部告急的消息以后，第二混成旅召开军官会议商议出兵救援。不愿前去的意见占据上风，有的说："我们北路的任务已经完成，上峰只命令我们在此担任警戒。再者，我军长途劳顿，亟待休整。"有的说："我们辗转川北，久战之余，难操必胜。赖心辉近在简阳，以逸待劳，应该由赖部前去增援。"

刘伯承坚决主张应援。他猛然站起，语调激昂："现在，敌军据有省城，又以数万兵力包围了但部，气焰嚣张已极。如果坐等敌人吃掉但部，然后移兵来夹击我们，将如何应付呢？况且会攻成都的计划也就付诸东流，所以我们必须火速援救但部。"说到这里，他话锋一转："如果我们径向石板滩，敌军势众，难以奏效。兵法云：'以迂为直'，不如直抵成都，拊敌腹背。这样就可出其不意，攻其不备。"军官们听后口服心服，一致同意了他的意见。

于是，第二混成旅衔枚南指，直抵成都近郊，一举全歼邓锡侯部第三师 1 个旅，将其旅长刘荫西击毙。随后又直叩蓉城门户。但懋辛见到第二混成旅势如破竹，所向无敌，顿时斗志倍增，马上组织部队进行反击，很快将联军截为东西两段，使其首尾不能相顾。经过一天的激战，将陈遐龄部击溃，全歼其两个团。5 月 13 日，讨贼军夺回成都。

敌军全线崩溃后，邓锡侯部向绵阳方向逃窜。此时，甘军以12个营的兵力，从青川进入江油附近的中坝地区，支援邓锡侯部。刘伯承奉命率领本路部队，急行军赶到中坝，与甘军在丘陵地一带激战。经过几天的较量，将甘军12个营全部包围、缴械。缴械后的甘军官兵，立即遣散回籍，不许在川境停留。这一仗，从成都东门到中坝，往返300多里，从出发之日到胜利回师，只用了12天的时间。刘伯承用兵之神速，震惊了敌对的双方。

北洋军阀吴佩孚并不甘心失败，再次调集兵力，严令赵荣华督率五省军队，向讨贼军进攻。杨森等附北川军则在简阳迅速集结。两军协力进攻省城。讨贼军前敌总指挥赖心辉抵敌不住，节节退却到成都东南龙泉驿。

熊克武急令刘伯承回师投入东路战斗。刘伯承在解决甘军以后，正随但懋辛部追击陈国栋等部，部队极为疲劳。但他深知龙泉驿是成都的东南门户，一旦失陷，省城即遭威胁，势必影响到西南讨贼战争的全局。于是星夜东开。刘伯承赶到龙泉驿以后，立即跟赖心辉部取得联系，迅速接防了龙泉驿、张飞营等一线阵地。他不顾几天几夜没有睡觉的劳顿，亲临前沿观察地形。5月26日，他亲率部队到石盘铺与敌交火，随后将敌人引到茶店子一线，当场击毙敌军团长杨天骅（杨森的侄子）。5月28日，又同敌人在柳铺沟一线进行夜战，打退敌军数十次进攻，击毙、俘获200多名敌人。敌军伤亡过半，溃退下去。

这次龙泉驿之战，刘伯承等部讨贼军鏖战四天四夜，共击毙、击伤、俘虏敌军2000多人，扭转了战局，使讨贼战争再度向有利的方向发展。熊克武听到胜利的消息，极为兴奋，随即发出通电，表彰这次“龙泉驿大捷”。

6月，刘伯承又随第二混成旅追击杨森第二军部队，当到达内江、隆昌一带时，北洋军卢金山、赵荣华和黔军袁祖铭等部，协同杨森部朝隆昌方面反扑，双方在银祥街一带展开了拉锯战，讨贼军英勇作战，重创敌人。第二混成旅也付出了很大的代价，退到内江、资中一带休整。一个月以后，北洋军于学忠、张允明、宋大霈部及杨森的第二军，越过讨贼军在内江、椑木镇、白马庙一带的防线，再次发起攻势。第二混成旅第一路在刘伯承指挥下，迂回到敌后痛击敌军，使敌人一片混乱，北洋军和杨森部官兵争先恐后通过浮桥向大足方向逃窜，致使浮桥堵塞，敌军官兵纷纷落水，淹死者众多。接着，刘伯承率部又穷追猛打，直奔大足。敌军已是闻风丧胆，纷纷缴械投降。

当第二混成旅在夺取大足县城的时候，隆昌方面又告危急。原来吴佩孚令黔军将领袁祖铭接替赵荣华，统一指挥反熊战争。袁祖铭迅速集结重兵进犯位于讨贼军后方的隆昌。熊克武又急调第二混成旅回兵隆昌固守。不几日，敌军气势汹汹攻到城下。刘伯承率部与第二路出城迎战，在土地坡一带将敌前锋击溃，乘胜追到泸州小市背后的五峰顶。敌军据险顽抗，第二混成旅未能攻下。因连月鏖战，部队已经疲惫不堪，于是转移到玉蝉关休整。

袁祖铭调整力量，再度向隆昌发动进攻。刘伯承又率部与第二路回援，在隆昌与荣昌之间的狐林窝与黔军激战。黔军终于抵不住第二混成旅的连续攻击，分别向大足、永川、泸州方向败退。刘伯承率部向大足方向追击，在要隘马颈口遭到袁军王天培部的阻击。刘伯承再次担任主攻。攻击前，刘伯承对部队进行鼓动说："弟兄们，讨贼之役已经苦战半年，我军接连获胜，重庆已在我掌握之中。中山先生统一中国的宏图大业，不日即可变为现实。诸位要拼命向前，英勇作战。"接着，连续向敌军发起两次强攻。激战中，刘伯承不幸中弹，右大腿负重伤，但仍然坚持指挥部队，直到攻克大足城。后因伤势恶化，在军需官王尔常等人护送下，刘伯承前往成都就医。至此，刘伯承在川军中转战十年有余，的确是"遍体弹痕余只眼"。然而富国强兵、救国救民的雄心壮志未酬。内有军阀混战，外有列强欺凌的局面日甚一日。残酷无情的现实，迫使刘伯承在身心交瘁之中不得不检讨既往，探索新的革命道路。

第三章　举义泸顺

第一节　加入中国共产党

1923 年秋冬，刘伯承一直在成都治伤。困扰着他的不仅是身体的创痛，更多的是对前途的忧虑。刘伯承因伤离开部队后，讨贼战事由胜转败，先是重庆得而复失，随后成都也遭到敌人的重兵威胁。这一方面是因为讨贼军在胜利面前产生骄惰心理，领导层各怀私利，只关心自身势力的扩大，不想继续协力作战。前敌总指挥赖心辉属四川边防军系统，不愿看到熊克武第一军势力因战胜而强大，竟在攻占重庆后按兵不动，坐失乘胜进军的良机。另一方面，敌军重新集结力量，吴佩孚任命刘湘为川康善后督办，取代袁祖铭统领所有对讨贼军作战的军队，随即进行了连续的反攻。消息传来，刘伯承既痛心于讨贼军的失利和四川形势的再度逆转，又不得不认真思考今后的归宿。

正在这时，吴玉章给他以极大的关怀。吴玉章是老同盟会员，曾参加辛亥革命推翻清朝政府的斗争，是四川各界很有声望的人物。他与刘伯承的交往十分密切。当时，吴玉章任成都高等师范学校校长，和恽代英、杨闇公等人创办《星期日》等刊物，鼓吹新文化、新思想，热情介绍和宣传马克思主义，还派人深入工人、农民中做宣传和组织工作，在当地具有较大的影响。

吴玉章深知刘伯承的为人，对他的出众学识、高尚情操和忧国忧民的精神十分钦佩。对于他的军事才能，更是格外赏识。吴玉章几乎每隔三五日就要到他的住处，一面探视病情，一面介绍和宣传马克思主义的理论。后来，通过吴玉章的介绍，刘伯承结识了杨闇公。

杨闇公是四川潼南人，早年留学日本。1922 年加入中国社会主义青年团，从事马克思列宁主义的宣传活动，积极投入反帝、反封建的革命斗争，并留心物色优秀人才，酝酿建立共产党组织。

这两位革命者相识以后，交往十分密切。刘伯承曾经回忆说："1924 年我在成都与闇公同志一起，可以说朝夕不离，论说当时局势。"这时在吴玉章、杨闇公二人的影响下，他的思想发生了深刻的变化，在漫长的革命道路上揭开了崭新的一页。

杨闇公在接触中了解到刘伯承十几年来摸索革命道路始终不渝的精神和救国

救民的一片赤忱，以及作为一个革命者的高贵品质和卓越的军事才能。1924 年 1 月 2 日，杨闇公在日记中写道："伯承确是不可多得的人才，于军人中尤其罕见。返川许久，阅人不可谓不多，天才何故如此罕出。" 1 月 4 日，他又在日记中写道："伯承机警过人，并且很勤学的，头脑也异常清晰，不是碌碌者比；又兼有远大志向。得与之交，我心内是很快活的。目前我们虽说不上深厚的感情来，但我已决意与渠长久交好，因他堪当益友之列，并可同行于一个道路。"

刘伯承素以"深思断行"为格言，为人处事喜欢独立思考，绝不随波逐流。对于社会上的各种观点、主义，他都要一一加以认真地思索和研究，决不轻易表示赞同或反对。但是，当他一旦认定了一个目标，他就毅然下定决心，非要走到底不可。他从接触共产主义思想到接受它，直至加入中国共产党，就是这样一个过程。有一次，曾在将校学堂与刘伯承相知，这时已参加社会主义青年团的陈紫舆，热心劝说刘伯承加入中国共产党。他严肃认真地回答说：十几年来的生活经验，使我悟出一条道理，就是无论做什么事情，都要先搞清其中的真谛。我从参加辛亥革命至今，所见所闻已经不少了，川军那里我是决定不回去了。但是，当今的中国应该向何处去，哪一种主义最合乎中国的国情，还应当深思熟虑才稳妥。如果一见旗帜就拜倒，我觉得太不对了。因为我对于各派都没有十分的研究，正准备极力深研，将来才能确定自己的道路。

杨闇公在一旁听后，感慨不已，对刘伯承真诚、坦率的态度肃然起敬。当天，他在日记中赞叹说："这是何等的直切，何等的真诚哟！比起那因情而动、随波而靡的人来，高出万万倍。此后拟设法使其从本方向走。若能达到目的，又多一臂助。"

如果说，在 1923 年末，刘伯承还处于观察、思索、比较、选择的阶段，甚至于还难以割舍旧的生活，那么，到了 1924 年春，在经过反复研究和深入思考之后，他已经自觉、明显地开始向共产主义接近。

当时，四川讨贼战争形势日趋不利，成都危在旦夕。熊克武、但懋辛等人亲自出马，敦促刘伯承带伤上阵，以挽救战局。赖心辉托王尔常传话，说他要请刘伯承担任师长。刘伯承严肃地回答说："尔常，你我相处这么多年，难道还不晓得我的志向么？岳武穆云：'文臣不爱钱，武臣不惜死，天下太平矣！'我从军数年，向来不顾个人性命，家中更无私蓄，遇敌时便可奋不顾身，为的是救国救民。现在的世道，内忧外患，国将不国；官压兵扰，民将不民。我冲锋陷阵十多年，为的是拯民于水火，不是为了博取虚名和显示荣耀啊。这些当权者总是汲汲于一己之私利，我算是看透他们了。顺利时不肯委以重任，一旦时势危急又想以爵禄相诱，真是有眼无珠！"

为了摆脱说客们的纠缠，刘伯承决定赴犍为县五通桥（今属乐山县）张仲铭的家里静养。在这里，刘伯承一面养伤，一面继续深入地研究新的革命理论。1924 年夏末，因熊克武第一军势力被逐出四川后，刘湘、杨森等一手控制了政权，大肆迫害进步人士，吴玉章在成都不能立足，也辗转到了犍为。他告诉刘伯承中国共产党成立和在上海、北京、广州等地开展革命活动的情形。刘伯承听后，心情十分激动，当即表示要随吴玉章出川到外地进行考察，寻找中国共产党。

1924 年秋末，刘伯承和吴玉章等人取道贵州、湖南到达上海。在上海，他看到工人运动的浪潮汹涌澎湃，亲自感受到中国共产党登上政治舞台以后的重大作用，从中看到了中国的希望。此时，国共两党的合作已经开始，共产党人给国民党带来了新的生机，广东革命政府日益巩固，革命局面蒸蒸日上……这一切给刘伯承以极大的鼓舞。

1925 年 2 月，刘伯承随吴玉章由上海赴北京，见到了中国共产党北方区委负责人之一的赵世炎和四川籍中共党员童庸生等人，详细了解到中国共产党成立的经过和活动情况。5 月，刘伯承随吴玉章南返上海，看到了轰动全国的“五卅”运动。当时，中共中央确定吴玉章留在国民党内做统一战线工作，并去广州同国民党中央联系，准备回川后整顿国民党组织。6 月下旬，刘伯承又随吴玉章从上海经香港到广州。离川前，杨闇公曾鼓励刘伯承到黄埔军官学校去当教官，发挥军事方面的特长。经吴玉章的引荐，刘伯承见到了黄埔军校校长蒋介石。这时适逢省港大罢工爆发，英、法帝国主义出动军队镇压，造成著名的“沙基惨案”。他觉得直接参加反对帝国主义和封建军阀的斗争更有意义，于是在 7 月初同吴玉章又返回四川。半年多的考察，从西到东，又从北到南，使刘伯承大开眼界。中国人民在俄国十月革命的影响下迅速地觉醒，反帝怒潮像火山一样爆发，对他的思想产生了极深刻的影响，他初步认定中国共产党是拯救中国的希望所在。

刘伯承以新姿态投入了四川的革命活动。他虽然未参加共产党的组织，但坚决遵从党的指示进行工作，协助吴玉章、杨闇公等人整顿四川的国民党组织，跟国民党中的右派分子进行斗争。同时，利用自己在川军中的关系和影响，在军队和政界的中、上层进行活动。在政治斗争的战场上，表现出坚定的革命立场和顽强的斗争精神。

1926 年 5 月，经杨闇公和吴玉章两人的介绍，刘伯承光荣地加入了中国共产党。至此，他完成了从革命民主主义者向共产主义者的转变，并以实际行动证明，他不愧是一位坚贞的共产党员和卓越的无产阶级战士。

第二节 誓师顺庆

刘伯承加入中国共产党不久，北伐战争揭开了序幕。1926 年 7 月 1 日，广东国民政府军事委员会发布了北伐部队动员令。7 月 9 日，国民革命军出师北伐。多年来与北洋军阀势力进行斗争的实践，使刘伯承认识到，北伐战争是辛亥革命以来讨袁、护国、护法、讨贼等战争的继续和发展，是坚决的反帝、反封建的革命行动。

北伐军迅速向长江流域推进。当时，位于长江上游的四川省是军阀势力比较集中的地方。刘伯承往日的敌对将领刘湘、杨森、邓锡侯、刘文辉、刘存厚，以及曾有过合作的赖心辉等人，都挂着北洋军阀的“五色旗”，拥有近20万军队。四川军阀的向背成为北伐战争能否沿长江流域胜利发展的一个重要因素。中共重庆地委根据中共中央的指示，积极策动四川军阀倒戈易帜，配合北伐进军；同时在军阀军队里开展军事运动。

当时，刘伯承离开川军已经两年多，四川各派军事力量发生了许多变化。熊克武第一军系统在讨贼战争失败后已经瓦解，一部投归刘湘、赖心辉等，主力转去贵州、湖南、广东，分别遭到当地军阀和实力派的收编。这使刘伯承失去了直接利用原部队关系进行活动的条件。为了调查军界的历史和现状，掌握各派军阀的新动态，他和吴玉章、童庸生等，利用多种关系，先后到顺庆（今南充）、合川、泸州、万县等地进行调查，一面在上层活动，一面在下级军官和士兵中开展工作。刘伯承在重庆浮图关的住处，成了进步军人经常聚会的场所。他不但对老部下做工作，就是几度兵戎相见的对手，也不念旧恶，多方联络，耐心劝导他们参加国民革命。1926年8月3日，中共重庆地委向中共中央呈送了《四川军事调查》和《四川各派军阀的动态》两个报告，详细列举了四川军阀各部队的番号、枪支概数、所占防地，并简略注明了各部队主官的派系渊源、参战经历、政治态度、战斗力以及可能争取等情况。

8月上旬，刘伯承随吴玉章途经上海前往广州。在上海，他们向中共中央负责人详细汇报了四川军事运动的情形，商讨关于组织武装起义的设想，即争取在四川建立起自己的军队，或是策动一部分四川部队起义，借以推动四川军阀易帜，参加国民革命。必要时带领起义军会师武汉，或拉到川陕鄂边，北去西安，接应冯玉祥军东进，以配合北伐。

根据中共中央的设想和四川的情况，重庆地委向中共中央提出建议：“在川中若果我们要扶起朱德、刘伯承，造成一系军队是可能的。”① 并提出由刘伯承组织旧部，在泸州、顺庆一带发动武装起义的具体方案。中共中央对此建议十分重视，在回信中指出：“四川工作现在十分可以发展，虽然现时一般军人之左倾是投机的；然而，我们却可利用这个机会迅速扩大民众运动，在各方面建立起一些基础。”事后，中共中央还就派人加强军事运动、组织左倾部队配合起义，和援助饷械等项事宜，做出了具体决定。并且预言：“在军事运动上，我们亦有造成自己的一种局面之可能。”②

8月中旬，刘伯承随吴玉章到达广州，参与研究北伐军事，为准备起义寻求国民政府的支持。同时，负责接洽四川军阀派来广州向国民政府输诚的代表。这期间，在北伐胜利的震撼下，四川军阀惊惶不安，纷纷派遣私人代表到广州活动，做出种种革命姿态。实际上是为了维持自己的统治，并伺机扩展势力。

9月中旬，刘伯承在广州以国民党四川省党部“特务委员会”名义，主持同

---

① 中共重庆地委给中共中央的报告。

②《中央政治通讯》1926年9月15日。

四川各军阀代表谈判，利用矛盾，进行工作，并签订了著名的《六条协定》。其内容是：“一、川军将领为救国计，愿一致加入国民党，共同努力国民革命，服从党纪；二、国民政府对川军将领须应给以相当名义，与其他国民革命军一律待遇；三、为完成国民革命计，川军将领应实行出兵，以共同扫除反革命势力，同时国民政府予以充分之援助与接济；四、川军应一律施行政治训练；五、川当局应予人民以集会、结社、言论、出版之自由；六、本约经双方代表签订，呈送政治会议备案后即为有效。”这《六条协定》标志着四川国民革命进入一个新的阶段，是革命势力在政治上的一次胜利。然而，刘伯承跟四川军阀打了十多年的交道，对军阀们首鼠两端、见利忘义的反动本质看得十分清楚。他清醒地认识到，谈判只是同反动势力作斗争的一种形式，要促进国民革命军的胜利，必须依靠全体国民，必须依靠共产党的领导，必须依靠真正革命的武装。

9 月 20 日中共中央关于最近全国政治情形与党的发展的报告中指出：“我们还要开始注意四川，因为在那个地方的军人既倾向国民政府，故意表示左倾，政治的环境是比较自由，可以容许我们活动。在军队中我们有几个高级军官及一部分国民党左派，也可以发展成一个局面。”

1926 年刘伯承入党后不久，任中共重庆地委军事委员会委员时留念

正当北伐军席卷两湖，直捣武汉三镇的时候，驻在万县的杨森率数万人侧击武汉，对北伐军造成严重威胁。为了钳制四川军阀，保证国民革命军迅速北上，10 月中旬在广州召开的国民党执、监委联席会议，根据吴玉章的建议，决定给刘伯承以“国民党中央党部特派员”的名义，全面负责四川军事运动。10 月下旬，刘伯承离开广州，取道香港乘海轮到达上海，向中共中央汇报了广州方面的情形，以及四川军事近况。并请求派人加强共产党在四川的力量，以支援即将发动的武装起义。中共中央对四川工作更加重视，即派欧阳钦前往协助。

11 月中旬，杨闇公、朱德、刘伯承等人在重庆刘伯承家开紧急会议。会上，根据中共中央的意图，成立了中共重庆地委军事委员会，由杨闇公、朱德、刘伯承组成，地委书记杨闇公兼任军委书记。

第一次军委会，以泸州、顺庆起义为中心议题。首先由刘伯承传达中央关于加强四川军事运动的指示，和利用川军矛盾，组织泸顺起义的战略构思和具体策略。军委会经过反复讨论，确定组织起义的具体计划是：争取驻顺庆和合川的3个旅首先起义，在川中站住脚跟；随即发动驻防泸州的2个旅起义，以相策应；然后把泸州起义军迅速北调，到顺庆会合，扩编为6个师，由刘伯承统一指挥，组建四川国民党左派军队。

11月25日，即泸顺起义前夕，国民党左派莲花池省党部在重庆市中山学校召开国民党四川省第一次代表大会，从政治上造成革命声势，以配合武装起义。在大会上，刘伯承和杨闇公、朱德等人被选为大会主席团成员和省党部执行委员。会议期间，杨闇公先后作了政治报告、工人运动报告、农民运动报告。

11月27日，刘伯承向大会作军事报告，对北伐军在各个战场的形势，作了生动的描绘和深刻的分析，指出："我革命军处处胜利，政府成立，不到两年，竟能将全国三分之二的地面，划入革命势力的范围，这实在是一件大可庆幸的事。"他在总结北伐胜利的经验时强调指出："战争之所以能以席卷之势，长驱直入，连克长沙、岳州（今岳阳），夺取汉口、武昌，在两湖、江西、福建等各个战场击败反动的军阀势力，我们一面不能不归功于革命将士之忠于党国，能将多数敌人，一一打倒；一面却不可忘掉民众的力量，民众予我们党军以巨大的助力。……老实说，此次北伐的胜利，不完全是革命军本身的力量，而是民众拥护本党的力量。"刘伯承的讲话，多次博得与会者的热烈掌声。在那时，正当蒋介石揽北伐胜利之功为己有的时候，刘伯承以如此鲜明的历史唯物主义观点，论述民众力量在北伐中的决定作用，表现出非凡的政治水平。

根据泸顺起义即将爆发，军事问题极为紧迫的形势，刘伯承在报告中详细介绍了四川军阀队伍的复杂政治背景和左右逢迎、专事投机的封建特性，剖析了军阀们的反动本质和目前面临的困境。最后郑重指出："四川在革命军势力包围之中，成了瓮中之鳖。四川将领只有两条路可走：一条是反革命，就立即放弃四川地盘，冲出此包围线，渐而与破裂之奉系联系，以救须臾之死；一条是革命，不但可以保持固有地位，且可以图事业之发展。就是非说，他们自然该革命，就利害说，他们尤其要革命。"并满怀信心地预示："一齐来革命，这种事实，在不久之将来，一定可以实现的。"

一如刘伯承所料，四川军阀在北伐胜利和民众革命情绪的冲击下，为保存原则地位和实力计，纷纷宣布易帜，归入国民革命军序列。杨森、刘湘、赖心辉、刘成勋、刘文辉、邓锡侯、田颂尧，依次被任为第二十、二十一、二十二、二十三、二十四、二十八、二十九军军长。但当国民革命危及他们的根本利益时，他们一个个都暴露出反动的真面目。

在刘伯承作军事报告的3天之后，即1926年12月1日，泸州起义提前爆发。消息飞报重庆。当时，莲花池党部召集的"一大"会议正在进行。刘伯承立即与杨闇公等人紧急磋商。12月3日，顺庆也爆发起义。鉴于顺庆是预定借以依托的根据地，决定按原计划由刘伯承赴合川，率黄慕颜部起义，然后驰援顺庆，主持和指挥整个起义。

5 日傍晚，当刘伯承赶到合川时，黄慕颜部已接到顺庆急电，离开了驻地。于是，刘伯承又拄着手杖，迈出双脚，在滂沱大雨中连夜追奔，终于在大河坝赶上了起义军。深夜，刘伯承和黄慕颜等人就行军路线和部队情况计议了一番。次日清晨，刘伯承率部挥戈北指，直奔顺庆。

顺庆是四川中部出产富庶的地区。该地驻军川军第五师师长何光烈，原属第一军系统，但一贯拥兵自重，自谋发展，不听调遣，讨贼战争中先是与刘湘达成默契，不出一兵一卒；后待熊克武失败离川后，率部投向了刘湘，被刘湘仍委为第五师师长，并保住了原驻地。何部旅长秦汉三和杜伯乾，在刘伯承、吴玉章、童庸生等人的影响下，逐渐靠拢革命。中共党员吴季蕃、黄直峰分别到两个旅当政治部主任。后来，秦汉三也被发展为共产党员。

何光烈对秦汉三、杜伯乾两位旅长日益倾向革命大为不满。对他们提出的响应北伐、拥护国民革命等主张，更是百般反对和压制。他时常越权指挥团、营长，借以架空秦、杜，伺机夺其兵权，以至除掉秦、杜。

在情势越来越紧迫的形势下，秦、杜秘密商定在 12 月 5 日趁何光烈在顺庆土门寺操场检阅时，逼何就范，宣布起义。并派人密告刘伯承。不料，事情泄露，使起义不得不一再提前。

12 月 3 日下午 5 时，秦、杜指挥所部向何光烈的师部进攻，在城内激烈交战。由于起义军英勇作战，何光烈携家眷、弁兵及少数部队仓皇出逃，并放火烧城。当天起义军胜利占领顺庆城，并很快组织了地方临时权力机构。

12 月 9 日，刘伯承率合川起义军到达顺庆，随即召开紧急会议，详细了解起义经过，审视整个局势变化，对巩固和发展起义胜利、处理各部队关系、整肃内部纪律、布置民众生活等做了安排。第二天，刘伯承召集起义军 7 个团另 2 个营，共 7000 多人在果山公园举行誓师大会。会场两边的红柱子上贴着长联：“英吉利、美利坚赶紧缩头；法兰西、小日本各自滚蛋。”会上，刘伯承身穿国民革命军服装，正式宣布就任“国民革命军川军各路总指挥”。并向起义军官兵讲话，号召各路部队团结一致，拥护和参加国民革命，打倒帝国主义，打倒军阀，坚持革命到底。同时，黄慕颜、秦汉三、杜伯乾也分别就任第一、二、三路司令。

在刘伯承总指挥的主持下，起义军设立了总指挥部，采取了坚决的应急措施，使顺庆的混乱局面得到改变，恢复了社会秩序。

然而，四川的反动军阀很快向起义军扑来。而泸州方面的义军，迟迟没有向北运动。面对这一形势，刘伯承提出：迅速撤出顺庆，向川鄂边境前进，发挥起义军的精神优势，吃掉弱小军阀，壮大革命力量，向武汉政府靠拢。正当顺庆的第一、二、三路起义军商议移动之际，从重庆送来杨闇公的紧急密信，告知已严令泸州义军火速北上，并指示顺庆义军原地坚守，等候会合。于是，刘伯承又和黄、秦、杜进行会商，并在兵力部署上做紧急调整，改撤出城防为坚守顺庆。此时，军阀邓锡侯早已派两个团进驻嘉陵江右岸李渡一带，从南面对顺庆取监视状态。紧接着又加派李家钰旅 4 个团，从西面逼近顺庆。逃窜到顺庆北面南部县的何光烈，抓住手下的独立旅和骑兵团，并向邓锡侯部罗泽州师借来 16 个营的援兵，叫嚣着要“杀回顺庆报仇”！

在敌军压城的危急情况下，刘伯承命令秦汉三部第二团团长姚元铎率兵 3 个营，在城西紫云寨、二郎庙、插旗山一带担任警戒，日夜巡逻，防止敌人袭击。

12 月 13、14 两日，敌人以 8 个团的优势兵力，分三路向起义军进攻。刘伯承指挥起义军狠狠打击来犯之敌。但由于泸州义军并未北来会合，寡不敌众，起义部队处于十分不利的地位。他立即召集营以上军官会议，讨论放弃顺庆向东转移的方案，决定起义军全部撤出顺庆。

12 月 15 日晨，为集中兵力攻城西之敌，掩护全军向东转移，他命令起义军第一路出两个营，第二、三路各出 3 个营，共计 8 个营的兵力，由秦汉三任前敌指挥，向李家钰部发起猛攻。因敌人兵力众多，火器精良，起义军多次进攻均未能得手。在战斗最激烈的时刻，刘伯承亲临西山前线督战，鼓励起义军官兵英勇杀敌。敌人一面以“敢死队”猛烈反扑，一面利用何光烈的名义，在阵前乱喊乱叫，进行煽动，致使义军内部的动摇分子弃枪逃走，甚至有的临阵倒戈，对起义军造成极大威胁。形势越来越险恶。

12 月 16 日上午 9 时，双方在小老君进行激烈交火。刘伯承派部队拼死力战。但终因敌众己寡，难以挡住敌人“敢死队”的疯狂进攻。当天下午，顺庆起义军向东北面的灯台场方向转移。到黄昏时，刘伯承和黄慕颜、秦汉三、杜伯乾就地开紧急会议，商讨今后行动，刘伯承提议起义军暂退开江县整顿。

12 月下旬，刘伯承率起义军 2000 多人，由梁山猫儿寨经达县大树坝、葫芦潭到达开江。刘伯承与黄慕颜等人联衔打电报给武汉国民政府，陈述落后、闭塞的四川尤需革命的理由，报告已“于 12 月东、江[①]两日，肃清反动分子，举义泸、顺，响应北伐。并为军事统一计，推选刘伯承同志为总指挥，黄慕颜同志为副总指挥，党国大事，义不容辞……伯承等既为民众利益而兴师，誓当为之奋斗到底！大义所在，矢志不渝。”[②]

此时，杨森由于进攻武汉北伐军遭到惨败，转而伪装倾向革命，表示欢迎起义军，并邀请刘伯承和杨闇公到万县指导工作。于是，刘伯承、杨闇公先后抵达万县，与朱德一起研究时局的变化，商讨顺庆善后和泸州方面的军务，并对杨森进行工作，利用他与刘湘的矛盾来牵制刘湘。

为了迎接新的斗争，应付泸州战局，重庆地委军委陆续调集力量来万县，中共中央从汉口派往泸州义军中做政治工作的人员也相继到达万县。其中许多人对武装斗争缺乏认识，对战争没有经验，大家纷纷要求刘伯承讲军事知识，介绍作战经验。刘伯承便利用早晨和晚上的时间，给大家讲了十来个亲历的战斗故事。他启发大家总结顺庆起义的经验教训，在实践中学习打仗，学会带兵。

---

① 东是指韵目代日期表中的 1 日，江是指 3 日。

②《重庆文史资料选辑》第 2 辑第 7 页。

起义军在开江县纪律严明，深受群众欢迎和称赞。据重庆《新新日报》3月14日报道："刘（伯承）黄（慕颜）部队，军风纪异常严肃，市场交易公平。主客两军及人民俱相亲善。"四川《国民公报》3月15日发表题为《开江民众大有觉悟》的报道："开江民众运动，以有革命军一、二、三路驻扎该县，近来颇形发展。民众方面在回龙场已成立两个农民协会，共四百余人。甘棠乡已成立农民协会三个，区农民协会一个，共五百多人。普安乡已组织两个农民协会，共四百多人。甘棠乡、普安乡各组织商民协会一个，各百余人。"

第三节　苦战泸州

在顺庆起义发动的同时，泸州起义已在紧锣密鼓地进行着。

泸州位于四川省南部长江与沱江的汇合处，地形险要，易守难攻，有"铁打的泸州"之称。起义爆发之前，驻在泸州的3个混成旅都隶属于四川省长兼边防军总司令赖心辉。

第四混成旅是讨贼战争失败后由熊克武部第二混成旅改编的，驻守长江南岸的兰田坝。该旅许多官兵曾在刘伯承指挥下驰骋川中，具有初步的民主主义思想。旅长袁品文曾在刘伯承属下任连、营长，归属赖心辉以后处处受到排挤和歧视，下级官兵粮饷不足，上下都积满了怨愤，在苦闷中寻找新的出路。重庆地委先后派出邓作楷等三名共产党员前往该旅工作。早在上年9月间，共产党员童庸生就向袁品文转交了刘伯承的亲笔信。在信中，刘伯承述说当前时局，教育袁品文积极参加革命，听从国民党莲花池省党部的指挥。袁品文展视着刘伯承的书信，激动不已。几年前跟随刘指挥官南北转战、所向无敌的情景又浮现眼前。反对北洋军阀统治的激情和急于改变自身窘境的强烈愿望，在袁品文心中迸发。他两次与童庸生秉烛长谈，详细询问刘伯承对泸州起义的意图和设想，积极表示"以全部力量听省党部指挥。请向伯承兄转达我的革命决心"。随即派共产党员邓作楷为他的私人代表，到重庆与刘伯承密商泸州起义的方案。刘伯承对袁品文的积极态度表示热情欢迎，又再三嘱咐做好各项准备，等待时机，听统一号令行事。

驻守泸州城内的是第二混成旅，旅长李章甫原是第一军第三混成旅的团长，讨贼战争中敌对双方争夺泸州时拖着全旅投降了刘湘，因与刘湘有师生关系，即被刘湘任为旅长，并派驻财赋充裕的泸州城。后来，他又归隶赖心辉。他为人骄横暴戾，积怨甚多。连年来，他独占泸州粮、油、盐、百货、统捐、护商和一切税收，中饱私囊，横行四乡。对于国民革命，他更是百般阻挠，害怕因此断了他的巨额财赋收入，顽固地维持军阀统治。

第十混成旅驻在沱江北岸的小市，旅长陈兰亭原是绿林出身，被第一军收编后任余际唐部独立旅旅长，讨贼军败退贵州时率部投降刘湘，后也归隶赖心辉。为了分享泸州的盐款、税收，他屡屡与李章甫发生争执，矛盾愈积愈深。鉴于李章甫坚持军阀统治的顽固态度，中共重庆地委军委和国民党莲花池省党部确定以袁品文部为基本队伍，争取吸收陈兰亭参加起义，解决李章甫，摧毁泸州的军阀统治。通过在袁品文那里工作的邓作楷，向袁品文下达了起义的指示。

袁品文接到起义指示后，与邓作楷等进行了商议，确定了联络陈兰亭、铲除李章甫的具体计划。袁品文经与陈兰亭密商，陈兰亭欣然同意，他们又商定借军士训练学校学生毕业的机会，请李章甫来训话，然后乘机起事。12 月 1 日，袁品文、陈兰亭依计行事，将应邀前来的李章甫擒获，竖起国民革命军旗帜，宣布起义。经过一天一夜的激烈战斗，起义军于次日早晨将李章甫旅解决，胜利占领泸州城。

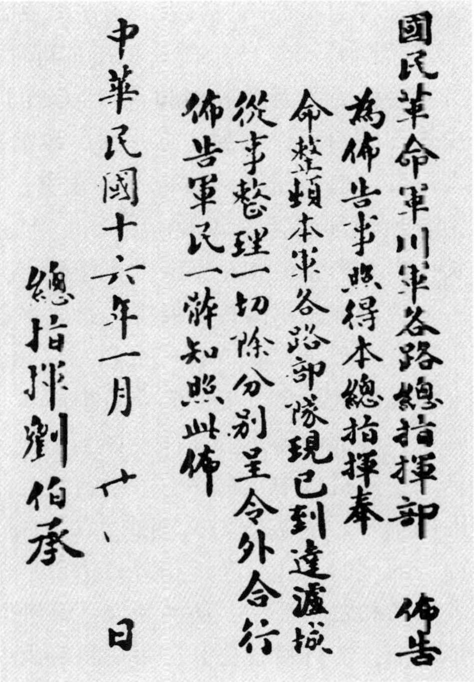
國民革命軍川軍各路總指揮部佈告
為佈告事照得本總指揮奉
命整頓本軍各路部隊現已到達瀘城
從事整理一切除分別呈令外合行
佈告軍民一體知照此佈
中華民國十六年一月十 日
總指揮劉伯承

刘伯承任第二混成旅第一路指挥官时签署的部分命令

在占领泸州以后，起义军内部发生了很大的变化。陈兰亭整天与地方绅士周旋，四处伸手抓钱、抓粮以肥私，并暗中与贵州军阀周西成勾结。袁品文部团长皮光泽自恃起义有功，目中无人，对北去顺庆的命令根本不听，而是热衷于守着地盘吃饱饭，抱着“金泸州”发财。袁品文面对这种局势一筹莫展，致使泸州四面被困，内部日益不稳。

为了巩固和扩大泸州起义的成果，杨闇公、朱德、刘伯承于 1927 年 1 月中旬在万县开了军委会会议，分析研究了当前的局势与发展趋势，商讨了控制泸州的方案。最后决定：由刘伯承即刻到泸州，全权指挥泸州起义军。1 月下旬，刘伯承赶到了泸州城。针对起义军内部涣散不统一的状况，他采取了果断有力的措施，全面进行整顿。他颁布了《国民革命军川军各路总指挥部布告》：“为布告事，照得本总指挥奉命整顿本军各路部队，现已到达泸城，从事整理一切，除分别呈令外，合行布告军民一体知照，此布。总指挥刘伯承。”印刷后广为张贴。

他在原泸县道署建立总指挥部，使泸州城的军政财务大权高度集中，统一指挥。为融洽各路司令，定每日午后，在道署内集体办公。大批任用共产党员和左派人士，以带动和影响整个起义军。2 月中旬，在校场坝举行的大会上，他到会作重要讲话，庄严宣布总指挥部成立，号召大家团结一心，彻底革命，“决不挂羊头卖狗肉”，“要搞三民主义，不能不要民生主义，而搞二民主义”。同时，陈兰亭、袁品文、皮光泽宣布就任国民革命军第四、五、六路司令。

中共中央、重庆地委先后派出的政治工作人员陆续到达泸州。刘伯承将他们分派到各起义部队。第四、五、六路设政治部、党代表，各团设政治指导员，绝大多数由共产党员担任。总指挥部明确规定：部队对上对下公文，须经政工人员签署，方为有效。1927 年 2 月 25 日《国民公报》报道："刘总指挥对陈、袁、皮三部政治工作极为注意，除由政治部进行外，本人随时监督。"刘伯承深入起义军各部进行检阅，检查部队素质，督促训练等各项工作，准备迎接新的斗争。为着培训基层官佐和革命骨干，刘伯承还积极筹办军事政治学校，亲自兼任校长，由共产党员和左派人士充任教员。

泸州本是川南重要商埠，每月单盐税一项就达 8 万元之巨。李章甫占据泸城以后，百般搜刮，弄得民穷财尽，百业凋敝，钱粮款项早已预征到 1931 年。加上泸城兵满为患，更使民众负担倍增。起义爆发，双方交战，又给财政带来新的困难。各部所需军费往往不如实上报，互相之间分派不均，又引起重重矛盾。不良分子乘机从中贪污作弊，制造混乱。为此，财政问题愈显突出，威胁着泸州军民的生计。为克服财政困难，刘伯承令县署及征收局借垫 21 万元以裕陈、袁、皮三部伙饷。并果断运用政权力量，全面改善税收、财政机构，同时积极鼓励发展生产和贸易活动，使泸州经济渐渐复苏，市场也慢慢好转，商民称便。在起义军内部，实行财政公开，每周将收入总数（主要是护商处的收入）开会公布，然后再照各部队实有人数发饷。虽然收入不多，但分配公平，各部尚称满意。

由于刘伯承号令严明，措置得当，在两个来月的时间里，就使混乱的泸城面目为之一新。革命的泸州声威远播，引起川中各界瞩目，吸引着反帝、反军阀的各种力量。四川军政、教育、文化各界人士和人民群众，纷纷发来函电，表示对泸州义军的崇敬和支持，附近地区的许多有志青年也纷纷前来投效。

在泸顺起义之初，刘湘就坐镇重庆，指使川军各部先镇压顺庆起义军，然后荡平泸州。1927 年 3 月 31 日，重庆市民万余人，抗议英、美帝国主义炮击南京，在打枪坝举行大会。刘湘派军警特务进行镇压，当场打死打伤革命群众 1000 多人，随后又派遣刽子手到莲花池党部、省农会、市总工会等处进行搜捕，疯狂残杀共产党人和进步人士，杨闇公等惨遭杀害，制造了骇人听闻的"三三一"惨案。关于这一惨案，1959 年刘伯承在一次谈话中指出："重庆'三三一'惨案是革命力量与反革命势力的一场尖锐剧烈的斗争。它是蒋介石反叛革命，勾结英、美帝国主义，拉拢全国各地军阀、地主反动集团，执行屠杀政策整个计划的一部分。"

刘湘在重庆等地实行大屠杀、大搜捕之后，又派兵向泸州进逼，从 4 月 13 日起，先后占领小市、排山坳、滩场、胡市等地。贵州军阀毛光翔师早已占领泸州东侧沙湾一带。形成了对泸州的包围态势。

"三三一"惨案以后，中共重庆地委被完全破坏，莲花池国民党左派党部被彻底摧毁，紧接着又传来上海"四一二"大屠杀的消息，革命处在极端危急之中。4 月中旬，泸州召开军民大会，愤怒声讨刘湘的反革命罪行。刘伯承在会上讲话指出：单单悲痛是不够的，应当奋发起来，战斗下去。这时的泸州确实变成了四川革命的中流砥柱。重庆地委的领导重担自然落在刘伯承肩上，莲花池省党部的工作实际也转到了泸州。

4 月 21 日，刘伯承以国民革命军川军各路总指挥的名义，率先呈请讨伐与蒋介石进行勾结的四川军阀刘湘，呈文历数刘湘依附北洋军阀荼毒川境，易帜后阳奉阴违，压制爱国民主运动，尤其秉命蒋介石一手制造了“三三一”惨案等罪行，表示：“呈请中央政府，免其军职，明令讨伐，执彼鬼蜮，交民审判，扫除革命魔障，而为死者复仇，职等秉总理之遗志，誓效忠于党国，愿率所部，报命前锋，临阵激昂，无任迫切待命之至。”

泸顺起义战场遗址——古龙透关

5 月 5 日，汉口《民国日报》登载讨伐檄文时加了前言，严正指出：“刘湘与蒋逆勾结，肆意屠杀民众，极反动之能事，业经中央免职，交刘伯承等拿办……刘伯承为川中将领之最革命者，其于刘湘之种种反动行为，早已怒发冲冠，有必讨伐之决心，观其日昨致中央呈文，可见一斑。”

领导泸顺起义是刘伯承参加共产党以后第一次指挥军事行动，泸州守城战则是对他最严峻的考验。在敌人的包围之中，刘伯承审时度势，冷静地分析了敌我友诸方的情况，召集各路司令及营以上指挥官会议，反复讲清利弊，认真进行商议，决定先依托“铁打的泸州”据险防守，等形势发展，再作下一步打算。

这时，除刘湘的第二十一军外，第二十二军马昆山师已进驻兰田坝，第二十四军张仲铭旅也进抵龙透关。围城敌军增至 28 个团，共约 7 万人，比起义军兵力大 10 倍。

刘伯承迅速做出防守部署，他在总指挥部再次召集军事会议，决定第四路陈兰亭部从小关门起向东沿长江岸防守，阻止敌人从两江交会的管驿咀渡河攻城。第五路袁品文部防守沱江沿岸，阻敌从沱江渡河攻城。第六路皮光泽部防守龙透关城墙脚下，阻敌从陆路进攻。河中大小船只二三百艘，均为起义军集中控制，并在大、小河沿岸一带挖掘战壕，安置刃钉。城内各街口用砖石砌成坚固工事，并用柜台做成活动障碍，准备进行巷战。

5 月 8 日成都《民力日报》曾有如下的报道：全城“昼夜警戒极严，不准普人行走，会津门已用铁条封锁；南门澄溪口安设机关枪三尊，大炮一尊；小河枇杷沟安设机关枪两尊，小关门机关枪、大炮各一尊，会津门机关枪一尊，钟山安设大炮五尊。龙透关警戒更严，由该处至钟山不下二十余层”。

当时正是枯水季节，沱江是城防的薄弱部位。袁品文部共产党员许剑霜团在这里布防，从大河街管驿咀至枇杷沟一线构筑了坚固的工事。沿河岸设置散浮木等作障碍物。又在大竹篓中装进石块沉入河底，使敌船无法靠岸。刘伯承在视察阵地后，对许团防务表示满意，同时又指出加强夜间防务的办法，命令征集全市煤气灯，挂在城墙上，在城外堆积木柴多处，必要时点燃，使敌无法靠近。随即又派人找来电影放映机，改作“探照灯”，亲自教该团掌握使用，并在该处加强机关枪 2 挺、迫击炮 3 门。入夜，“探照灯”光柱四射，敌军竟讹传是“苏俄的新式武器”，“照后不死即伤”，一个个望而却步。

龙透关是通往城内的唯一陆地通道，地势极为险峻。敌军先后 20 多次前来抢关，每次都遭到起义军的英勇抗击，溃败而逃。4 月下旬，敌军又组织 2000 多人的“敢死队”，猛攻龙透关，并以数团兵力和肖镇南的民团沿岸佯攻，企图一举攻占龙透关，拿下钟山，敲开泸州大门。刘伯承侦知敌军诡计，遂将预备队移龙透关加强防御。为控制关下的一个“死角”，伏击敌人，他命令夜间派出一个连到关外的隐蔽构筑工事，潜伏等敌。第二天拂晓，当敌人“敢死队”张牙舞爪地攻到关下，起义军营长聂文清率部奋勇出击，与敌肉搏。此时，埋伏在城外的连队纵身而出，夹击敌军，接连三次打垮敌人的冲锋。敌“敢死队”弃尸 200 余具，抱头鼠窜。

赖心辉虽然深知刘伯承用兵厉害，但总以为依仗强大兵力便可攻下泸州，不料接连惨败，弄得十分狼狈。于是，他一面加强攻势，一面派大量奸细混入城内，进行策反。这些奸细混入城内，窜到各部进行秘密活动，先后被起义军揭露和破获。在核实情况之后，总指挥部下令立即镇压。汉口《民国日报》5 月 21 日刊登的刘伯承泸城来信中说:“前赖（心辉)部派来奸细，混进城内，煽惑军民，意图乘机滋扰，已于本（4）月 17 日发觉，将主谋者十余人处决矣。”

4 月 18 日，蒋介石在南京另立国民政府，并纠集反革命武装，企图以武力颠覆武汉国民政府。新旧军阀更紧密地携起手来，把枪口对准共产党和革命人民。蒋介石任命刘湘为第五路总指挥，杨森为第五路前敌总指挥。5 月 22 日《国民公报》报道：“拥蒋各军又认刘伯承为心腹之患，若不消灭亦寝馈不安。”5 月 12 日，刘湘再次发出“讨伐”泸州革命军的《通电》，声言“湘于数月前奉蒋总司令电令讨伐”，对起义军极尽诬蔑之能事，宣称：“刘逆伯承，据险阻兵，私立名义，近复遥应武汉叛徒，共谋篡夺。”“现已同二十二、二十四两军出师讨伐，并知会邻近驻队，一体兜剿。”随即又调集大批部队向泸州增援，妄想一举扑灭泸州义军。为加强进攻火力，刘湘倾出老本，拿出最新的装备法造路易式大炮、重机枪等，对泸州展开猛烈的进攻。

5 月上旬，经过吴玉章的一再努力，武汉国民政府任命刘伯承为国民革命军暂编第十五军军长。刘伯承闻命更感责任重大，继续坚守阵地，指挥起义军英勇作战。中共泸州组织和国民党左派人士也积极动员和组织群众支援守城。市民们行动起来，帮助运送弹药、物资，收治伤员。运输行业被组织起来，分别成立运输队、担架队、木船队、预备船夫队等。城内各团体携带慰问品分赴各部队医院和前线，热情慰问伤病员和前线官兵，鼓舞泸州军民殊死战斗。

泸州已是一座孤城，粮食和弹药极为困难，但由于加强了内部的政治教育，及时粉碎了反动分子的破坏，一直保持着较好的革命秩序。起义军不占民房，不取民众财物，实行公平交易。老百姓说："泸州自古兵如穿梭，没有一次不成灾。只有刘伯承的革命军，不拿、不抢、不抓夫。" 5 月 30 日汉口《国民日报》报道："泸城虽被围困而人心并不惶恐，军民感情，异常融洽。"

不久，刘伯承接到中共中央通知，证实杨森已出兵宜昌，向武汉国民政府进攻。这样，重庆军委会利用杨森牵制刘湘的打算已落空。他随即召开军事会议，讨论撤退方案。但陈兰亭、皮光泽对撤退表示冷淡，因为他们早已与赖心辉运成默契，准备出卖刘伯承和政工人员，换取高官厚禄。

5 月中旬，刘湘又以 5 万元巨款，悬赏通缉刘伯承。陈兰亭等谋叛日急。在泸城的共产党员和左派人士见刘伯承处境危险，一再劝他先行出走。在这种情况下，刘伯承派人与张仲铭疏通后，于 5 月 16 日偕参谋长韩百诚、参谋周国金（均为中共党员），从龙透关脱出包围圈。至富顺时，反动军队搜捕极严。刘伯承见机折回，改向隆昌、荣昌走去。此后，刘伯承等夜行晓宿，旅途极为艰险，恶虎挡道，土匪抢劫，真是九死一生。他们经大足、铜梁至达县，又由达县越过秦岭，到达西安。在两手空空的情况下，幸得陕西军务会办邓宝珊将军接济，又由西安转郑州，于 7 月 11 日抵达汉口。

泸州顺庆起义，是国共合作条件下，中国共产党帮助国民党组建左派军队的一次重大行动。在敌强我弱的不利形势下，坚持战斗 167 天，为北伐战争作出了重大贡献。重庆"三三一"惨案以后，特别是上海"四一二"反革命政变之后的泸州守城战，实际上具有武装反抗国民党反动派反革命屠杀的性质。当时的舆论称泸顺起义"因此而惊破武人之迷梦，唤醒群众之觉悟，影响川局，关系至巨。功之大小，应不能以成败论也"。

第四章　南昌起义的参谋长

第一节　待命武汉

1927 年 7 月 11 日，刘伯承经陕西、河南，辗转来到武汉。在他临时下榻的汉口大智门国民党四川省党部办事处，车水马龙，宾来客往。其中有川军的袍泽故旧，有武汉的党政军要人；有左派，也有右派；有共产党人，也有蒋介石、汪精卫的说客。据 7 月 12 日武汉《民国日报》报道："刘氏为川中革命军事领袖，此来对于川省今后军事，必有伟大之计划。刘抵汉后，各地同志赴寓所慰问者，络绎不绝，刘身御蓝布长衫，态度和蔼可亲。闻刘氏拟于日内亲向中央报告死守泸州经过及出川情形，并闻刘氏对于川事，亦将向中央有所建议云。"这里所说的"中央"，系指武汉国民党中央党部和武汉国民政府。刘伯承向"中央"汇报后，只得到"军委会"一番空洞的"嘉奖"。耳闻目睹，英、美军舰侵入长江者已 100 多艘，对武汉政府施加强大压力；蒋介石与冯玉祥在徐州会晤后，宁汉合流的趋势一天比一天明显。他感到武汉的情况也越来越不对头。汪精卫主张分共，第三十五军军长何键将在武汉捕杀共产党的风声越来越紧。眼看血雨腥风就要降临武汉城头。兼有国民党党籍和共产党党籍的跨党分子都面临着一种抉择：向左还是向右？是继续坚持革命，还是与蒋介石、汪精卫同流合污？留在共产党内，还是留在国民党内？刘伯承密切注视着局势的发展，思考着自己应走的道路。

为求得对于局势的透彻了解，他偕参谋长韩百诚去拜访吴玉章。吴玉章当时是武汉国民政府五人行动委员会委员之一。在国民政府的办公室，刘伯承与自己的入党介绍人促膝长谈。吴玉章告诉他，鉴于陈独秀的右倾投降主义领导已陷入破产，根据第三国际的指示，撤销了陈独秀的总书记职务，改组了中央领导，指定张国焘、周恩来、李维汉、张太雷、李立三五人组成临时中央常务委员会，领导今后的斗争。至于国民党内，虽然宋庆龄等左派力主遵行中山先生的三大政策，但在帝国主义及其走狗蒋介石的威胁利诱下，武汉方面的右翼军人杀机渐露，汪精卫集团的叛变恐怕为期不远，要做好应变的准备。

中共中央一直关注着四川的革命斗争。中共中央军事部部长周恩来得知刘伯承已到武汉，即召集他和吴玉章、黄慕颜、李嘉仲等座谈，听取他们对时局的看法和意见。黄慕颜提出，在目前国共两党的联合战线濒于破裂的情况下，可将共产党所掌握的武装西退四川，徐作良图。周恩来明确表示这种做法不妥。他在深入分析了当前革命正处于转折关头的形势后指出，中国现阶段的革命运动是广大人民群众的事业，目的在于求得中国之自由平等，任务在于推翻国内封建军阀的统治，打倒国际帝国主义的侵略势力。目前革命势力虽有分化，但革命洪流不可阻挡，终会浩荡前进，共产党人不达此目的，誓不终止。革命的武装要向基础较好的广东发展，西退四川是没有出路的。四川的封建军阀力量强大，而且日益反动。重庆“三三一”惨案和泸顺起义的失败就是明证。现在我们一遇挫折，怎能反而退依本欲打倒的对象呢？一席话说得大家豁然开朗，刘伯承对周恩来更是肃然起敬。

7 月 16 日，传来了武汉国民党秘密召开“分共”会议的消息，兼有共产党党籍的吴玉章等国民党中央委员，均被排斥不得参加。在汪精卫主持下通过了“分共”的决议案。至此，国共两党的第一次合作，便以蒋介石和汪精卫为代表的国民党右派的叛变而告结束。

刘伯承心中有底，遇变不惊。他杜门谢客，深居简出，听候党的召唤。他的公开身份是武汉政府委任的暂编第十五军军长，完全是不成问题的。这期间，有人劝他回川，与四川军阀合作，将来或可跨州连郡，雄踞一方；汪蒋派来的说客，各为其主拉他入伙，说凭他的军事才干，高官厚禄真如探囊取物。对于这些来客，刘伯承虚与委蛇，以久战之后身体疲惫，急需休养为由，一一谢绝了。

7 月 19 日，中共中央派李立三、邓中夏到九江联络国民革命军第二方面军左派将领，利用第二方面军总指挥张发奎要把该方面军拉回广东另立“山头”的机会，把左派部队带去广东，重新聚集和组织革命力量，同蒋汪合流的国民党反动派斗争。第二方面军辖第四军、第十一军和第二十军 3 个军，有共产党的秘密组织，有许多左派将领，如叶挺是第十一军第二十四师师长，贺龙是第二十军军长，叶剑英是第四军参谋长。在“东征讨蒋”的名义下，第二方面军各部正由武汉、武穴向九江、南昌集中。先期到九江的谭平山做贺龙的工作，贺龙态度激烈，决心追随中国共产党反蒋反汪。这时张发奎已被汪精卫拉过去，宣布实行“分共”的政策，命令叶挺等著名的共产党员退出军队或脱离共产党。20 日，谭平山、李立三、邓中夏、吴玉章、叶挺、聂荣臻等在九江召开会议。会议分析了面临的政治军事形势，提出：“我们应当抛弃依张（发奎）之政策，而决定一独立的军事行动，逼迫张（发奎）朱（晖日）与我们一致。因此决定在军事上赶快集中南昌，运动二十军与我们一致，实行在南昌暴动，解决三、六、九军在南昌之武装。在政治上反对武汉、南京两政府，建立新的政府来号召。”这个意见，得到了正在庐山的著名共产党人瞿秋白的同意，并由瞿秋白带到武汉交中共中央决定。会后，邓中夏、谭平山、恽代英、李立三等又具体研究了南昌起义的计划、政纲、宣言，以及组织与宁、汉国民党中央党部相对抗的中国国民党革命委员会等问题，决定于当月 28 日举行起义，并急电中共中央请求批准。中共中央常委接到九江的报告后，开会决定在南昌举行武装起义，并确定起义后部队的行动方向：立即南下，占领广东，夺取海口，求得共产国际的援助，再举行第二次北伐。随后，中共中央常委又决定由周恩来、李立三、恽代英、彭湃 4 人组成党的前敌委员会，周恩来任书记，负责领导这次起义。

周恩来临危受命，军事上需要一个得力的助手。这个人既要有秘密组织大规模兵暴的经验，又要有丰富的作战指挥经验。他选中了刘伯承。刘伯承坚决听从共产党的指示，乘江轮前往九江，参与擘画南昌起义。为了迷惑国民党右派，特在武汉《国民日报》发表消息如下："暂编第十五军军长刘伯承、副军长黄慕颜，先后来汉向中央陈述与川中反动军阀奋斗情形，极为中央嘉奖。近刘军长因病，特向军事委员会请假调养，其职务交黄副军长代理，已蒙军委批准。"

第二节　主持参谋团

在九江的吴玉章，主持国民党中央办事处，以接应前往南昌的中共的重要干部和国民党左派人士。刘伯承到九江，也住在这里。对于刘伯承的到来，吴玉章是非常高兴的。他想到一年多以前他和杨闇公介绍刘伯承入党，为党延揽了这样一位不可多得的将才，心中暗暗地感到欣慰。

南昌，江西省的省会，位于赣江下游东岸。"襟三江而带五湖，控蛮荆而引瓯越。"[①] 当时的南昌，不仅在地理上成为军事要冲，而且在政治上牵动着整个中国的形势。1927 年 7 月底，这里群英毕集，周恩来、贺龙、叶挺、朱德、刘伯承，以及李立三、恽代英、彭湃、林伯渠、吴玉章等，都来到了南昌，起义的各项准备工作在秘密而紧张地进行着。

7 月 27 日，周恩来在江西大旅社宴会厅召开前敌委员会会议。周恩来说："我们这次起义是敌人逼出来的，不如此便没有出路。起义只能成功，不能失败。成功的关键在于团结一心，众志成城，在于有周密的准备，出敌不意，攻其不备，一举歼灭南昌的敌人。"接着，按照中共中央的决定，宣布前敌委员会正式成立。周恩来和其他委员详细讨论了起义的有关问题。为了便于准备，决定将起义日期由 28 日推迟到 30 日。

刘伯承根据周恩来的指示，到第二十军军部协助贺龙拟制起义计划。他与贺龙曾在四川讨贼战争中并肩战斗，久已相识，这次在南昌城里重逢，又都汇入了无产阶级的革命队伍之中，两人格外高兴。计划很快就写出来了。周恩来让征求叶挺的意见。刘伯承初会叶挺，两人过去是闻名而未见面。叶挺接过计划，看得很仔细。看完，立即把计划退还给刘伯承，可始终一言不发。刘伯承感到很奇怪，不知叶挺对计划持什么态度，他就去问周恩来。周恩来笑着说："噢，你还不熟悉他，他就是这个样子，要是不说话，就是表示赞成。"刘伯承一听，也不禁笑了。

起义计划详细列举了国民党反动军队在南昌乃至江西地区的兵力部署，其中驻南昌的兵力为 5 个团 3000 余人。起义军方面共有 2 万余人，占有明显的优势。

① 唐·王勃：《滕王阁序》。

但就南昌外围乃至整个江西而言，起义军又处于明显的劣势。

根据起义计划，参加起义的各部队、各将领任务区分如下：

叶挺指挥第二十四师解决敌第六军第五十三团和第三军的第二十三团、第二十四团；贺龙、刘伯承指挥第二十军攻占朱培德的第五方面军总指挥部，并负责解决敌第九军第七十九团和第八十团；聂荣臻向驻马回岭的第二十五师周士第等传达前敌委员会决定并领导该部起义；朱德利用南昌公安局长和第三军军官教育团团长的身份，加强在敌军中的工作，了解南昌敌军的动态。

刘伯承前往中共江西省委所在地三益巷，把中共中央关于南昌起义的计划通知了省委负责人宛希俨、黄道。中共江西省委召开了省市党团员活动分子紧急会议，传达中央的决定，布置工会、农会、学联、妇联等群众团体，积极协助起义军搞好通信、联络、后勤和宣传工作，并组织工人纠察队和农民自卫军配合起义军行动。

正当起义将要进入行动阶段，张国焘以“中央代表”的身份，于7月30日从九江赶到南昌，传达国际和中央指示。周恩来当即召开前敌委员会扩大会议，出席会议的有前委委员李立三、彭湃、恽代英和谭平山、叶挺、周逸群等。张国焘说：“中央意见暴动宜慎重，国际电报，如有成功把握可举行暴动，否则不可动。将在军队中的同志退出，派到各地农民中去。所以目前形势，应极力拉拢张发奎，得到张之同意，否则不可动。”周恩来等都一致反对张国焘的意见，认为暴动断不能推迟，更不可停止，张发奎受汪精卫那一派的包围，决不会同意共产党的计划，共产党应站在独立领导的地位，再不能依赖张发奎了。激烈辩论数小时，因张国焘代表中央，不能用少数服从多数的办法来决定。到31日早晨，会议接着开，又辩论数小时之久，周恩来忍无可忍，愤然以辞职相抗争，说：“国际代表及中央给我的任务是叫我来主持这个运动，现在给你的命令又如此，我不能负责了，我要即刻回汉口向中央报告。”正在这时，得到报告，说张发奎已参加汪精卫在庐山召开的反共会议，决定严令贺龙、叶挺限期将军队撤回九江，在第二方面军实行清共，通缉共产党人廖乾吾、高语罕、恽代英等人。这使张国焘的意见显得十分荒唐可笑，张国焘只得表示服从多数。会议最终决定8月1日凌晨举行武装起义。

8月1日凌晨2时，由周恩来、贺龙、叶挺、朱德、刘伯承等人领导的具有伟大历史意义的南昌起义爆发了。起义军各部按照预定的部署向敌人发起进攻。由于第二十军一名副营长叛变告密，敌军已有严密的警戒，于是发生了激烈的巷战。到清晨6时，驻南昌市区的敌军3000多人停止抵抗，起义军完全控制了南昌。这天，晴空万里，阳光灿烂，社会秩序井然。颈挂红领带的起义军战士威严地守卫着重要机关，巡逻在大街小巷。熙熙攘攘的人群在街头围观起义军的安民告示。中共江西省委组织了“江西民众慰劳前敌革命将士委员会”，各群众团体组织的慰问队，抬着猪肉、西瓜慰问起义军。

8月1日上午9时，在原江西省政府西花厅召开国民党各省党部及特别市党部、海外党部代表联席会议，到会代表共40余人，刘伯承和李嘉仲以四川代表的资格出席。会上选举了革命委员会，委员有谭平山、宋庆龄、恽代英、贺龙、郭沫若、邓演达、周恩来、叶挺等 25 人。又推选出谭平山、宋庆龄、恽代英、贺龙、郭沫若、邓演达、张发奎 7 人组成主席团，实际主持工作的是谭平山。在革命委员会下面，分设秘书厅、农工委员会、宣传委员会、财政委员会、党务委员会、参谋团、总政治部、政治保卫处等机关，以吴玉章为秘书长，张国焘为农工委员会主席，恽代英为宣传委员会主席，林伯渠为财政委员会主席，张曙时为党务委员会主席，刘伯承为参谋团参谋长，郭沫若为总政治部主任，李立三为政治保卫处处长。革命委员会成立后，中共前敌委员会变成了革委的党团，很少开会，在连日行军作战的情况下，参谋团实际上成了起义军的领导中枢。

关于参谋团的组建，据周恩来后来回忆："参谋团当时没有人任主任。后来我就指定刘伯承同志来做参谋长，他起初谦虚，不肯答应；后来我说一定要你来做，他才担任参谋长职务。"[①] 参谋团的委员有周恩来、贺龙、叶挺、蔡廷锴等。

起义后，部队仍沿用国民革命军第二方面军的番号，贺龙为代总指挥，叶挺为代前敌总指挥，编为 3 个军：第二十军军长贺龙（兼），党代表廖乾吾，辖 3 个师：第一师师长贺锦斋，党代表方维夏；第二师师长秦光远，党代表陈恭；第三师（在临川组建）师长周逸群，党代表徐特立。第十一军军长叶挺（兼），党代表聂荣臻，辖 3 个师：第二十四师师长古勋名（会昌委任的），党代表颜昌颐；第二十五师师长周士第，党代表李硕勋；第十师师长蔡廷锴（后在进贤突然脱离起义军，将队伍拉到浙江去了）。另成立第九军，任命朱德为副军长，想争取部分滇军加入起义军，但未获结果，后将第二十五师拨归朱德指挥。从此，一支由共产党独立领导的、敢于抵抗国民党反动派屠杀的革命军队诞生了。刘伯承就以这支军队的缔造者之一而载入史册。

南昌起义时刘伯承的办公室

第三节　随军南征

8 月 1 日下午 7 时，在总指挥部召开参谋团会议，研究南进路线。会议由刘伯承主持，出席会议的有周恩来、贺龙、叶挺、蔡廷锴和苏联顾问纪功。南进的目的地是广东东江地区。东江地区包括惠州、潮州、嘉应州（今梅县）3 州所属 25 县。

①《南昌起义》，中共党史资料出版社 1987 年版，第 571 页。

共产党在那里有群众基础，农民运动还在蓬勃发展着。根据中共中央关于依靠海口取得国际援助，组织力量，重新北伐的决定，参谋团把进军目标放到了那里。由南昌到东江有两条平行的路线：一条是大路，经吉安、赣州、韶关、广州进入惠州地区；一条是小路，经临川、会昌、寻邬进入嘉应州地区。少数军事指挥官主张走大路，认为大路所经地区比较富庶，便于部队接济。刘伯承根据周恩来的意见，宣布走小路，并提出具体理由："吉安、赣州等地对起义军直接构成威胁的敌军达 4 万，而起义军兵力仅有 2 万，发生对抗难操胜算；临川、会昌路上仅有近 3000 弱敌，容易应付，即便敌人从他处调兵过来，山间行军困难，可以各个击破他。"

起义军矛头所向，直指广东。盘踞两广的国民革命军第八路军总指挥李济深大为紧张。他指挥所部 7 个师，全力堵截起义军。当起义军通过广昌，分两路向壬田前进时，钱大钧部约 9000 人已在会昌、瑞金一带，其先头两个团在壬田布防；黄绍竑部约 9000 人，正由赣州经雩都向起义军逼近。

8 月 25 日，贺龙率第二十军经石城击溃钱大钧部进入壬田。叶挺第十一军取道宁都，于次日到达壬田。两军会合后，当日占领瑞金。在瑞金查获敌人文件，得知敌屯重兵于会昌。参谋团开会研究对策。刘伯承建议：第二十军沿瑞金至会昌的大道，从东北面发起进攻，以吸引敌人的注意力，把主攻方向放在敌人的侧后。第十一军经西江市、洛口，从西北面向会昌发起攻击，以防钱大钧由会昌退回雩都溜走。参谋团一致通过了刘伯承的作战方案。

敌军在会昌的兵力部署是：以钱大钧的 3 个师为主力，在会昌城东北地区及城西之岚山岭、寨崃构筑工事防守，环绕会昌城的贡水沿岸也构筑了工事；黄绍竑部 2000 余人集结于白鹅圩一带，与会昌成掎角之势。

起义军于 8 月 30 日早晨向会昌发起进攻，朱德指挥第二十军第三师（由第六团和教导团组成，实力千余人）在城东北展开。叶挺指挥第十一军两个师担任主攻。刘伯承随周恩来到叶挺部队指挥。由于第二十五师夜间行军走错了路，耽误了到达会昌的时间，第十一军第二十四师的攻击一度受挫。叶挺不避危险，一直亲自指挥部队攻打敌军制高点寨崃，刘伯承紧随其旁。一连几次攻击失利，第二十五师终于赶上来了。叶挺立即命令第二十五师坚决拿下寨崃，他指着寨崃敌人的阵地对师长周士第说："那个山上都是敌人占领的，我们没有部队在那里。"刘伯承接着强调一句："如果不把它打掉，它就会抄我们的屁股哩！"说着，抬手从寨崃到指挥部的方向，画了一道弧线。周士第顿时明白了拿下寨崃的意义，他马上率领两个团向寨崃发起猛烈的攻击，经反复冲杀，终于攻下了敌人的阵地。第二十四师同时展开了进攻。第二十军方面也打得很激烈。战至下午 5 时，起义军攻入会昌城，钱大钧部被歼 6000 人，他带着剩下的 3000 人落荒而逃，狼狈得连轿子也顾不上坐了。

入城后，刘伯承翻检敌人遗留的文件和近日报纸，忽然见到第二十军参谋长陈浴新宣布叛变的通电。陈浴新将南昌起义的经过尽其所知向国民党当局作了报告，南征的目的和进军的路线已完全暴露。刘伯承立即向周恩来建议，召开参谋团会议。参谋团鉴于上述情由，一致认为有改变进军路线之必要，遂决定返瑞金，改经长汀、上杭进入东江。其中虽然从会昌到瑞金有90里的回旋路程，但顺汀江而下韩江的水路可船运大批战利品与几百名受伤官兵，这也是原进军路线通过会昌—寻邬山路所无法解决的一个难题。9月2日，驻防洛口的黄绍竑部2000余人突然来攻会昌，遭到第十一军还击后退去。刘伯承认为这是敌人的抑留战术，目的在于引诱起义军向洛口进攻，迟延起义军到达东江的时间，以便在东江调集围攻兵力。起义军为打破敌人的意图，并未与敌纠缠，径直向长汀进发。

9月初，起义军翻越崇山峻岭，向长汀进发。虽逢炎夏酷暑，道路又崎岖难行，但满眼层峦叠翠，溪流蜿蜒，随处都有浓荫遮蔽。每次行军小憩，都是一件乐事。一次部队在竹林里休息，刘伯承到第二十军教导团巡视，立即被军官们围拢起来，有人请他讲述从泸顺起义到南昌起义的经历，他简单地做了介绍，强调说："从刘湘在重庆制造'三三一'惨案，到蒋介石在上海发动'四一二'政变；从许克祥在长沙发动'马日事变'，到汪精卫'七一五'在武汉公开反共；证明了周恩来同志说的一句话：'一切革命都是逼出来的。'我们都是逼上梁山。我从四川被逼出来，现在又从南昌被逼出来，逼到了革命的最前线。"许多仰慕刘伯承的青年军官请他谈谈带兵打仗的经验，刘伯承说："当军人就不能怕打仗，仗总是要打的。要打好仗，首先要带好兵。带好兵的经验千条万条，归结起来就是一条：同甘共苦，以身作则。打仗的经验千条万条，但作为初级指挥官，最主要的就是一条：不惜牺牲，身先士卒。当连长、排长的，只有做到了这一条，就能把队伍带上去。"大家听了，心悦诚服。

瑞金一带的人民在会昌大捷的鼓舞下，在起义军关于土地革命的宣传和实际行动的影响下，积极支援起义军。从会昌经瑞金到长汀，大部分伤病员是民工用担架或竹椅抬送，许多农村妇女也帮助抬伤员，运辎重。民工们穿插于队列之间，和起义军战士并肩而行。人民群众的热情支援，对起义军士气是个很大的鼓舞。

起义军的阶级路线是非常明确的。一路上惩处了30多个土豪劣绅，征收他们的谷物作军粮。国民党新编第十四军军长赖世璜的堂叔横行乡里，作恶多端，是赣东一霸。革命委员会接到许多苦主鸣冤告状的信，经调查属实，立即把他逮捕，召开群众大会，由李立三当审判官，历数他的罪行，然后处决，人心大快。

9月18日，起义军到达广东省大埔县。据各方情报，兴宁、五华在暴动农民占领中，高陂、普宁、揭阳农民暴动失败，汕头工人已炸坏潮汕公路桥梁，海陆丰尚在暴动农民手中，平远、蕉岭皆无敌情，唯梅县方面有钱大钧残部约3000人，潮梅警备司令王俊有4团兵力，广东敌军主力正向河源集中，东江地区的形势还是大有可为的。参谋团研究决定：留第二十五师在大埔县三河坝，由朱德率领，阻扼钱大钧部袭扰起义军主力侧背，监视平远方面黄绍竑部，并做转移兴宁的准备；起义军主力8500人，迅速取得潮汕，不停留地开往揭阳、汤坑，攻击由河源方面开来的敌军，估计只要击破此敌，起义军就可以在东江地区站住脚。

9月23日，起义军占领潮州，24日进入汕头。设革命委员会于大埔会馆，留第三师卫戍潮汕，又从第二十四师派出1个营到普宁县支援农民暴动，这样，能调往前线与敌决战者只 6500 人了，而战斗兵员还要少一些。敌军编组为东路军，以陈济棠为总指挥，辖有 12 团的兵力，约 1.5 万人，在兵力对比上比起义军多 1 倍以上。9 月 28 日上午，起义军在揭阳至丰顺之间的汤坑遇敌，经两昼夜激战，虽有小胜，终未突破敌人阵地，伤亡官兵 2000 余人，无力再战，30 日向揭阳退却。敌人伤亡 3000 余，所以也撤出战斗，并未组织追击。

9 月 30 日，黄绍竑部自九河寨分两路进犯潮州。守在潮州的仅第三师第六团和教导团 1 个中队，还有总部负责筹粮筹款的后勤人员，激战至下午，潮州失守。汕头前面临海，后背失去了保护，处境非常危险。周恩来与刘伯承等领导人商量，决定于 10 月 1 日向普宁撤退。10 月 3 日，周恩来、刘伯承率革命委员会和总指挥部机关到达普宁县流沙镇，贺龙、叶挺率部队随后也到了。在流沙天后庙里，召开最后决策会议。参加会议的有周恩来、李立三、恽代英、彭湃、张国焘、贺龙、叶挺、刘伯承、聂荣臻、郭沫若、吴玉章、林伯渠、廖乾吾、贺昌等，以及国民党左派人士张曙时、彭泽民等。会议决定：重要干部和文职人员经海路撤离，武装人员经云落北去，与当地农民运动结合，坚持长期斗争。至此，震动中外的南昌起义即告失败。根据前敌委员会的决定，10 月 7 日，刘伯承与林伯渠、贺龙、彭湃夫妇等一起到达陆丰县，从神泉港乘船经香港转赴上海。

南昌起义失败后，第二十军和第十一军第二十四师余部 1300 多人到达陆丰，改编为工农革命军第二师，董朗为师长，颜昌颐为党代表，在中共当地组织和人民的支援下，于当年 11 月建立了海陆丰红色政权。第二十五师余部 800 余人，在朱德、陈毅率领下，转战江西、湖南，发动了湘南起义。半年后，于 1928 年 4 月到达井冈山，与毛泽东率领的秋收起义部队会合。

第四节　留学苏联

南昌起义失败后，中共中央决定派刘伯承到苏联学习。1927 年 11 月，刘伯承偕同吴玉章等 30 余人从上海登上了一艘苏联货船，到海参崴上岸，住在一家旅馆里，等了约 1 个星期，第三国际派人来接，又乘火车到莫斯科。吴玉章入中山大学学习，刘伯承则进了高级步兵学校。这所学校在莫斯科东北角的红色兵营，旧名列弗尔道渥。为欢迎参加南昌起义的中国学员，学校举行了隆重的欢迎仪式。入学的那天晚上，礼堂里灯火辉煌，中苏同学济济一堂，首先由学校政治委员致欢迎词，他说："刘伯承是中国著名的军事将领，南昌起义的参谋长，他和一批优秀军官来本校学习，是本校的光荣。"刘伯承代表十多名一起入学的中国同志致答词，感谢校方的热情接待，他说："我国革命事业暂时遭受挫折，党派我们来到列宁的故乡学习，这是极大的荣幸。我们要努力学习，勉作布尔什维克，国内的革命事业在等待着我们。"入学后，中国学员都取了俄国名字，刘伯承取名阿法纳西耶夫，编在第十六班。这个班 30 多人都是中国学员，有中共的组织，唐赤英为支部书记，刘伯承、张西林、陈林为支部委员。

紧张的军校生活开始了。在中国学员中，刘伯承年龄最大，他已经 36 岁了。首先遇到的就是俄文这一关。为了能直接阅读俄文书籍，直接听懂苏联教官讲课，他拼命地学俄文。在俄语中，“P”这个字母的发音是比较难的。刘伯承在刚开始认俄文字母时，有好几天从早到晚一有时间就练“P”的发音。他抓紧一切课余时间背单词或整理笔记。他除自备单词小本外，每日必在左手手心中写满生词，直到完全记熟后才另换新词。同学们常见他一边走路一边背诵单词。他认为在厕所里如不背单词，就是浪费时间。碰到自己弄不懂的地方，就虚心向同学们请教。有的同学看他学俄文实在吃力，就对他说：“我给你翻译吧。”他说：“老弟，那可不行，得自己学。”他看书时间长了，右眼的假眼球把眼眶磨疼了，也不休息，把假眼球摘下来，再接着看。晚上，同学们已熄灯就寝，他还独自在走廊的灯光下，默默地认、记。莫斯科冬天的早晨，气温大都在零下 15 摄氏度左右，每天早晨，刘伯承都提前来到操场上朗读俄语。同学们劝他不要起得太早，他说：“早起一会儿，第一不妨碍别人安宁，第二早晨空气新鲜，容易记忆。”凭这种夜以继日的顽强精神，俄语这一关终于被他攻克了。他在给川军旧友王尔常的信中提到这一段学习生活时说：“余年逾而立，初学外文，未行之时，朋侪皆以为虑。目睹苏联建国之初尤饥馑，今日已能饷我以牛奶面包。每思川民菜色满面，‘豆花’尚不可得，更激余钻研主义、精通军事以报祖国之心。然不过外文这一关，此志何由得达？乃视文法如钱串，视生字如铜钱，汲汲然日夜积累之；视疑难如敌阵，惶惶然日夜攻占之，不数月已能阅读俄文书籍矣。”他这种为革命而勤奋学习的精神，在当时的中苏同学中传为美谈。

苏联高级步兵学校设置的军事课程有战略学、战术学、地形学、射击学，政治课则学苏共党史和哲学。教官每天大约讲授 5 小时，其余时间自修。刘伯承攻克了俄文关，能直接听教官讲课，直接阅读俄文教材，真是如虎添翼，学习有了长足的进步，各科成绩都是优秀，只有实弹射击例外。这是因为他失去了右眼，左眼瞄准，右手握枪，很难配合得好。但他不灰心，不因自己伤残而降低要求，经过一个时期的苦练，射击考核也取得了合格的成绩。学校里有一条标语：“脱离理论的实践是瞎实践，脱离实践的理论是死理论。”他对这条标语非常欣赏，成为他治学的座右铭。

学习中也有一些不愉快的事情。当时的苏联，在斯大林领导下，总的是执行国际主义政策，但有的教官脑子里不免残留着沙皇时代的侵略扩张思想。一位教官讲解什么是边界线，竟然说：“边界线就是实力线，是实际控制线，是战斗线，是侵略目的线，是占领有利地形为自己的战略服务线。”有次学校组织参观莫斯科革命博物馆，里面放着一座雕塑，一个中国人跪着，趾高气扬的俄国人一只手揪着这个中国人的辫子，一只脚踩在中国人的背上。刘伯承看后，心中十分不快。他向教官提出，这不符合国际主义精神，教官却批评他有民族主义情绪。从此，刘伯承埋头读书，很少外出参观。

1928 年 6 月，刘伯承接到中共中央的通知，让他出席在莫斯科召开的中国共产党第六次全国代表大会。大会的会址在塞列布若耶，是莫斯科近郊离兹维尼果罗镇不远的一座乡间别墅。

中共六大会址

大会主要是为了总结大革命时期和“八七”会议以来的经验教训，分析中国革命的性质和政治形势，制定中国共产党今后的政治路线和斗争策略而召开的。大会的主要报告有：共产国际代表布哈林作《中国革命与中共任务》的政治报告，瞿秋白作《中国革命与共产党》的政治报告，周恩来作组织问题和军事问题报告，刘伯承作军事问题的副报告，李立三作农民与土地问题的报告，向忠发作职工运动的报告，并通过了相应的决议。

刘伯承报告分为五个问题：一、帝国主义与豪绅军阀封建制度，南北军阀是代表什么？二、军阀制度本身的矛盾与必然的崩溃；三、军阀军队的成分与其一般的情形；四、对军阀军队工作；五、党员军事化。

在这五个问题中，他系统深入地分析了半殖民地、半封建中国的军阀制度产生的原因、本质及其组成状况，指出由于各帝国主义侵华势力和各军阀集团对民众的残酷剥削、压迫，以及他们之间的倾轧和争斗，造成了农民暴动、士兵暴动的条件。根据这些条件，他详尽地阐述了中国共产党开展兵运工作的意义、方针和办法。他认为，“共产党军事政治工作之一个首要的任务，便是要破坏并夺取统治阶级之武装力量，在陆海军和警察中进行政治与组织的工作”，通过“在军队中成立党的支部，和革命士兵们的组织，以使在该部队中实行军事政治工作，使自己的人散布到军队以便逐渐地扩大自己的影响，且于紧急的时候，把军阀军队吸引到革命方面来”。这就是说，建设武装和开展武装斗争，是中国革命的必由之路。为此，他呼吁全党，“对于军事，人人都要重视它、学习它，武装工农，领导工农夺取政权”，“党员军事化，才能夺取政权，维护政权，巩固政权，才能谈到中国革命的胜利，世界革命的胜利”。

中共第六次代表大会召开期间，为了认真总结中国共产党进行武装斗争的经验，成立了南昌起义、广州起义等专题委员会，刘伯承被指定为南昌起义委员会的委员。他到苏联不久，就写了一份《南昌暴动始末记》的报告。这份报告，详细记述了南昌起义军事活动的全过程，并对起义的得失发表了自己的看法，其中最主要的是总结了四项“根本弱点”和八条“行动的错误”。

这四项弱点是：在发动时间上，没有选择在我党力量上尚未遭到严重破坏的时刻；在起义空间上，没有选择在群众基础广泛的两湖地区；在革命武装数量上，没有把军事力量同群众力量结合起来；在革命武装质量上，没有切实加强起义队伍的政治领导。八条错误是：党的领导不力；未能发动农民一起奋斗；作战指挥不统一；对敌斗争不坚决；对敌我力量估量有错误；财政政策不明确；军事人才准备不足；舆论宣传不够。这些意见，反映了刘伯承对革命武装的高度重视和对中国革命道路问题的比较清醒的认识。

1928 年下半年，刘伯承被调到伏龙芝军事学院学习，这是苏联的最高军事学府，院长是爱迪曼上将。刘伯承一来到这座学院，赫然入目的是一条大标语：“一切战术要适合一定的历史时代，如果新的武器出现了，则军队的组织形式与指挥也要随之改变。”这对他的军事思想有深刻的影响。伏龙芝军事学院中国班共六人，与刘伯承同学的有左权、屈武、陈其科、黄涤洪、刘云。当时六个人都是共产党员，成立一个支部，刘云为支部书记。开设的课程主要有战略、战史（第一次世界大战史、苏联内战史）、军事地理、俄文等。刘伯承学习军事理论，善于和实践结合起来学。每学一门课，他都认真联系过去参加过的战斗，从中总结成功的经验和失败的教训。因此，无论是课堂提问、图上作业或野外演习，他都表现出比别的同学学得扎实，理解得深。紧张的学习生活之余，同学们喜欢看电影，或听听音乐。有一次刘伯承和大家一起看电影，电影的名字是《红色银花》，描写中国人愚昧落后，懦弱麻木。衣衫褴褛、面黄肌瘦的中国人，心甘情愿地跪在地上欢迎侵入新疆的俄国人。这个电影大大刺疼了刘伯承的民族自尊心，当场他就指出：这是对中国人的侮辱。校方再一次批评他有“民族主义情绪”。他深切感到弱国之民无地位，勉励自己更加努力学习，为改变祖国落后、屈辱的命运而奋斗。以后，组织看电影或其他活动，他都不去了，一个人坐在宿舍里看书。同学们叫他，他说：“来这里学习，机会很难得，要争取时间多学点东西。党随时都可能叫我们回去参加战斗，那时就没有这么安定的环境和时间了。”

刘伯承在苏联学习期间，非常关心国内的政治形势。1929 年春的一天，国内来人向在伏龙芝军事学院学习的人介绍了湘赣革命根据地的斗争情况，刘伯承听了感到很受鼓舞。他对同学屈武说，中国的武装斗争已经有了一个好的局面，尽管困难很多，但前途是光明的。我真想现在就回国，上井冈山和毛泽东、朱德同志去一起战斗。他一再向屈武强调：“中国革命同苏联情况不一样，中国一定要依靠农民，武装农民，否则，中国革命是不会成功的。”

第五章　从白区到根据地

第一节　长江局军委书记

1930年，中国共产党已从大革命的失败中恢复过来。红军发展到10万人（7万支枪），建立了包括赣南、闽西、湘赣、湘鄂赣、闽浙赣、鄂豫皖、洪湖、左右江、陕甘、琼崖等十几块革命根据地，在300多个县建立了红色政权，深入进行土地革命和武装斗争。

这年5月，蒋介石同冯玉祥、阎锡山之间发生了大规模的军阀战争。战线东起山东，西至襄樊，南迄长沙，绵延数千里。三方投入兵力共100多万，历时7个月。这场军阀战争严重地削弱了反革命势力，为革命势力的进一步发展提供了有利的条件。

以李立三为代表的中国共产党领导人，夸大了革命的主观力量，对统治阶级内部的矛盾、混乱、动摇，做了不适当的估计，致使党内原就存在的"左"倾思想有了新的发展。6月11日，中共中央政治局在李立三的主持下，通过了《新的革命高潮与一省或几省的首先胜利》的决议，形成了以冒险主义为特征的"立三路线"。

在这样的形势下，刘伯承离苏回国，于8月初到了上海，立即被委任为中共中央军委参谋长，参与策划全国的武装暴动。

7月底，红军第一次打长沙取得了胜利。红三军团乘国民党军中央军和桂系对战湘南衡阳、宝庆地区，长沙空虚的有利时机，集中优势兵力，一举攻克长沙。但在由湘桂边境回师的国民党军何键部主力的反扑下，红三军团被迫仓促转移，遭到较大损失。

虽然长沙得而复失，8月5日被何键夺回，但红军打下像长沙这样较大城市毕竟是第一次。这一胜利冲昏了李立三等中共中央领导人的头脑，他们制订了以武汉为中心的全国总暴动和集中红军进攻中心城市的冒险计划，命令许多大城市立即组织总同盟罢工和武装起义。8月3日，决定组织武汉、南京暴动与上海总同盟罢工，建立全国苏维埃政权，把进攻的重点放到东部国民党统治的中心区域。事先他们征求了刘伯承的意见。

刘伯承刚回到国内，对根据地的力量和白区工作的基础还没有深入的了解，但根据泸顺起义和南昌起义失败的教训，以及中共六大关于争取群众，团结积聚革命力量，做好武装起义准备的方针，他对这种冒险主义的做法是有疑虑的。然而，这是他初次进入中共中央决策机关工作，坚强的组织纪律观念不允许他做出公开反对的表示。他没有在全局上对李立三等提出反对意见，但提醒他们目前进攻的重点不应指向国民党统治的中心区域，而应向国民党统治比较薄弱的北方发展；并指出南京暴动如果成功，据提供的力量计算，仅“可以固守一个月”。

李立三军事上不在行，他需要利用刘伯承这样的军事专家来为他的冒险主义方针壮大声势。因此，他抓住刘伯承的意见大加发挥。在8月3日的中央政治局会议上，先是搬出刘伯承向北发展的意见，提出要用六个军向北进攻，组织发动郑州、开封、北平、天津等大城市的暴动，消灭正与蒋介石混战的冯玉祥和阎锡山的力量，接着又借刘伯承说过的如南京暴动成功可守一个月的话，竟推断出“我们无疑的可以在这一月中发动全国几千万、几万万群众起来拥护南京苏维埃，与帝国主义、国民党决胜负”。

1930年8月，共产国际先后派周恩来和瞿秋白回国，纠正李立三的“左”倾冒险错误。周恩来、瞿秋白决定停止执行南京、武汉暴动计划，但对于第二次打长沙的计划并未停止执行，而是认为应缩短战线，集中兵力，保证二打长沙的胜利。这就没有从根本上纠正“立三路线”，而只是部分地纠正了李立三制订的“左”倾冒险计划。

刘伯承对周恩来素来敬重，通过参加会议和单独交谈之后，深为周恩来的意见所折服，进一步认识到立三主张之非计。这时，中共中央领导的重心逐渐转移到瞿秋白和周恩来身上。周恩来任政治局常委兼军委书记，首先在实际工作中纠正“立三路线”，以减少损失。他代表中共中央派遣刘伯承去长江局任军委书记，贯彻国际指示，停止执行武汉暴动计划。

长江局是8月1日刚成立的，管辖的范围是湖北、湖南、江西、河南、四川5省。中央通告有关方面：“湘鄂赣川的红军及士兵运动过去为中央军委长江办事处指挥者，今后统归长江局军事委员会指挥，各前委、各军委、师委等今后与长江局军委建立直接关系。”刘伯承去长江局，担负着扭转领导机关的“左”倾和停止执行冒险计划的使命。

8月30日，刘伯承穿灰绸长衫，戴墨镜，手执纸扇，化装成大学教授的模样前往武汉，9月2日平安到达。长江局于当天夜里在汉口中山中路一个药房的楼上召开主席团会议。会议由长江局书记项英主持，主席团其他成员关向应、任弼时、顾作霖都到了会。首先由刘伯承传达中共中央指示。他说，在湘鄂赣豫4省，敌人的武力还没有完全解体，还有力量可以暂时镇压某些城市尤其是武汉的革命力量，而我们主要部分的红军与赤卫队的力量还未完全集中指挥与行动一致，武汉的工人群众大多数还未发动与争取过来，工人组织的主力部分也还未建立起来，尤其是武汉共产党的力量还很薄弱，全市党员才150余人，领导还很散漫与隔膜。在这样的条件下，武汉还不能暴动，武汉还不是暴动的前夜。第一步应当是争取长沙、岳州的胜利。我们现时的一切工作布置，应直接间接地帮助这一中心步骤达到目的，不容许我们分散主要力量向着四面八方发展，减弱长沙、岳州胜利的可能。中央认为项英主张在何键主力未瓦解前便分散军力向湘赣两方发展，是不妥的。刘伯承委婉陈述了中共中央指示的主旨后，接着详细地谈了具体的军事行动计划。中心意思是围绕着红一、三军团二打长沙，湘、鄂、赣3省的红军部队应向当面之敌发动攻势和积极截断铁路线，牵制敌军调动，以保证红军主力一、三军团攻占长沙、岳州及株（洲）萍（乡）铁路。最后，他强调指出："必须多着重于三省的配合布置，特别是抓着中心，抓着敌人的弱点来加强工作，以建立与巩固苏维埃根据地，集中与加强红军的领导，广大地发动农民暴动，向着中心城市发展这一方面多用力，以推动与影响城市工作，以争取武汉的胜利。"刘伯承发言完毕，与会人员进行了讨论，表示接受中共中央的指示，按中共中央的指示改变和调整各方面的部署。有人提出：一、三军团如拿下长沙，是否接着打武汉或南昌，实现"会师武汉，饮马长江"的计划？刘伯承力主持重，答以"要看当时情形来定"。

中共中央和长江局的指示传达到红军一、三军团前，两个部队的领导准备再打长沙，认为上次三军团靠自身力量都能攻取长沙，现在是两个军团并肩作战，若鸟张两翼，车行两轮，打下长沙更是不成问题。为了加强作战的领导，8月23日，红一军团和红三军团合编为红一方面军，同时组成红一方面军总前委，朱德任方面军总司令，毛泽东任方面军总政治委员和总前委书记。方面军兵力达到了万余人。29日，红一方面军进抵长沙近郊，准备攻城。经过侦察，发现长沙守敌较多，又抢修了坚固的工事。毛泽东、朱德等决定不做盲目强攻，而采取"诱歼敌军于其工事之外，然后乘胜利攻入长沙"的战法，在城郊待机。但敌军也采取持重不出的方针，仅以小部队出击，主力始终没有脱离坚固阵地。红一方面军组织了两次攻城，均未奏效。这时，中共中央和长江局关于当前军事行动的计划传到了红一方面军。总前委权衡再三，认为根据当面敌情不适宜强攻长沙，于是决定，于9月12日撤长沙之围，转向株洲、醴陵、萍乡、攸县地区，寻机歼敌。这就避免了强攻中心城市可能遭受的损失。

9月24日至28日，中共中央在上海召开了扩大的六届三中全会。会议纠正了李立三对于中国革命形势的"左"倾估计，决定停止组织全国总暴动和集中全国红军进攻中心城市的冒险计划，从而结束了作为"立三路线"主要特征的那些错误。但由于以毛泽东为代表摸索开创的农村包围城市的革命道路还没有为全党所认识和接受，对"左"倾路线不可能彻底地认识和纠正。

刘伯承在川军中历事经年，又曾于南昌起义前夕在武汉公开活动，驻鄂川军有许多人认识他，武汉军界也有许多人跟他见过面，这给他在长江局开展秘密工作带来了极大的困难。项英、任弼时等非常关心刘伯承的安全，不允许他外出活动，只在住处运筹策划。后因出了叛徒，汉口、汉阳、武昌三个区委机关都遭到程度不同的破坏，工作人员不断被捕牺牲。12月17日，中共中央决定长江局工作人员撤退转移，只留少数人员坚持武汉工作。因此，刘伯承于年底回到上海中共中央军委机关。

上海愚园路的一幢二层小楼里，迁来了“林直木教授”一家，这位林教授就是刘伯承。同他一起生活的有他的新婚妻子吴景春、岳母和妻弟。军委工作人员朱瑞也住在这里。吴景春一家三口新从四川万县来上海，没有三亲六故来往，这是很符合秘密工作规定的。吴老太太是个虔诚的佛教徒，经常烧香念经，弄得家里香烟缭绕。在外界看来，这样一户人家，断不会是共产党。别说外界人，就连吴景春，当时也不知道自己的丈夫是共产党员。刘伯承就这样开始了在上海的地下工作。

一天，交通员黄杰穿着花旗袍，打扮成走亲戚的阔小姐模样，提着一筒藏有文件的茶叶来访。抬头一看，系在二楼窗户上的一根红绳子没有了，这表示里面出了问题。黄杰在附近反复观察，虽看不出异常动静，但根据秘密工作纪律，终不敢贸然进入，于是转回成都路军委机关，向军委书记周恩来汇报。周恩来说：“伯承那里没出问题嘛，警号怎么会撤了呢？”正说着，刘伯承来了，周恩来对黄杰说：“你看，他不是来了吗？”黄杰忙问刘伯承：“你家警号呢？”刘伯承问清情由，哈哈大笑，说：“我买了只活鸡，准是吴景春把窗户上那根红绳子解下来拴鸡了，以后我告诉她注意。”

当时中共党内把刘伯承看作无产阶级的孙武。各省来汇报请示军事工作，多由周恩来与刘伯承一起接谈，有时由刘伯承单独接谈。为培养干部，在周恩来的提议和支持下，还办过半月至一月的短期训练班，参加的多为省委、特委的负责人，由周恩来讲苏维埃运动、土地革命、兵运工作，刘伯承讲暴动方略、游击战、运动战。任弼时、关向应、贺昌等都参加过这样的训练班。刘伯承除协助周恩来处理中央军委日常工作外，还用很大精力翻译《苏军步兵战斗条令》。同时，傅钟翻译了一本《苏军政治工作条例》，党必刚翻译了《游击队怎样动作？》，这几本书都是由周恩来主持，刘伯承、聂荣臻、傅钟参加，字斟句酌地定稿。后来带到苏区刊印，对红军的早期建设起到了一定的作用。

第二节　进入中央革命根据地

1932 年 1 月，刘伯承在中共交通员刘筱圃的护送下，由上海经香港、汕头、潮州、大埔（旧县城茶阳）、埔北（青溪）、永定陶坑，来到了中央革命根据地的首府——瑞金。

一天，在叶坪一座简陋的房楼上，毛泽东邀集刘伯承、何长工谈话。何长工是红军学校代理校长。第二十六路军在宁都起义后，组建红五军团，中共苏区中央局决定调何长工到五军团工作，由刘伯承接任红军学校校长兼政委。毛泽东代表中央局分配他们的工作。毛泽东诙谐地对何长工说：“你的工作需要变化一下，宁都起义的部队相信日本士官生、留洋生和保定、黄埔二期的人。因此，我们要搞些假洋鬼子去，否则压不住台。萧劲光去当五军团政委，刘伯坚去当政治部主任，黄火青、左权去十四、十五军当政委，你到十三军当政委。”这时，刘伯承插话说：“毛主席叫我接你的红校工作。我从上海刚到这里不久，对红军的情况还了解不多。”这是刘伯承与何长工初次见面，少不了各叙仰慕之情。刘伯承说：“1930 年 7 月，我和左权在苏联学习时，听共产国际的老头们说，你们打开了长沙。英国记者报道说，红军是一支有组织、有文化、战斗力强的部队。”何长工向刘伯承介绍了红校的现状，交代了工作。毛泽东对办好红校非常重视，他说：“新旧军阀很懂得有权必有军，有军必有校这个道理。蒋介石中央军的构成有几个系统：一是保定系，如陈诚；一是日本士官系，如汤恩伯等；一是他的黄埔系，如胡宗南等。张作霖在东北，蔡锷在云南，程潜在湖南，都抓讲武堂。我们要把红校办成‘红埔’，要镀这个红点子，把红校办成培养干部的基地。”刘伯承表示不辜负党的重托，一定尽力把红校办好。

红军学校校部在瑞金城里谢氏祠堂，各学生连住城南校舍。刘伯承主持的红校第二期于 2 月 1 日开学。政治部主任是周以栗，邓萍主持训练工作，有 15 名专职教员。学校教职学员 1380 人，其中学员 783 人，分三个科：步兵科，编三个连，第一连连长龙云，指导员张华；第二连连长彭绍辉，指导员石衡中；第三连连长粟裕，指导员刘西平。政治科一个连，连长郭耀山，指导员伍修权。特科三个连，即机枪连、工兵连、炮兵连。

在教育方针上，汲取了第一学期成功的经验，强调一切从红军的实际情况出发，反对本本主义。这些宝贵的思想，保存在 1932 年 5 月 25 日经刘伯承指导写成的红军学校给中央的工作报告中。报告中强调：“不能够本本主义全套应用苏联红军的战斗条令和其他军事教程。而反动军队的典范和教程，则更不必说了。”尽管教员少，教员的科学知识、军事理论和作战经验浅弱，又缺乏参考书，刘伯承还是尽可能提高教学质量。他把教员组织起来，亲自领导编写了一批教材。他对教员们说，编写战术教材的根据，是“目前红军的编制，现在的火器装备，红军作战的对象，文化程度，地理条件以及在发挥数年来游击动作中得到的宝贵的经验”。教员们编写出教材初稿，他亲自修改审定。为了不耽误上课使用，他经常加班加点。夜深了，在简陋的校长办公室里，一灯如豆，他坐在桌前，时而圈圈点点，时而奋笔疾书。人们看到他这种工作精神，无不为之感动。在他的带动下，教员和工作人员们都更加勤奋了。在不长的时间里，编写了《步兵教程》《炮兵教程》《坑道教程》《防敌进攻战斗要领》《夜间战斗》《迫击炮讲义》《机关枪班排战斗》《排教程述要》《劈刺教范》《兵器摘要》《爆破摘要》等。仅 3 月就装订出版军事教材 9 种，计 6249 册。

入学的红军干部大多文化很低，据当时统计，不识字的有 30% 以上，少识字的有 40% 以上，能写简单书信账目的不过 20% 左右。针对这个特点，刘伯承采取了一系列的有力措施，把军事知识“从各方面灌注到学生的脑中去”。在教学方法上，他要求教员课前提出纲要发问，课后提出中心问题组织学员讨论；中心段落重复讲解，以加深学员的了解程度和记忆效率。在教学手段上，他因地制宜地提出用图解或模型来配合语言讲解，用沙盘作业和实地演习来加深对所学内容的理解。他特别强调学用一致和知识的连贯性，要求讲完一段课，接着就进行这一段课的沙盘作业和实地演习；所讲的课，所进行的操作，“都要设法帮助学生纵横贯串起来，使其脑力成为有组织的系统化”。

一次教员讲射击原理，讲到弹道是弧形的，而不是直线，有的学员老是理解不了，总觉得弹道应该是一条“直道道”。恰值刘伯承在场听课，就即席举例说：“你们观察过顽童撒尿吗？你看那个‘弹道’是一条直线呢，还是弧形的呢？”这个妙趣横生的例子把大家逗得哈哈大笑，疑难之点也就豁然贯通了。

刘伯承亲自讲地形学，他把学员拉到学校附近的小布脑山上去讲，一面看地形图，一面研究实际的地形地貌，学员理解得快，印象深。他还讲标图的箭头要有力，像是部队杀出去一样。他画箭头的姿势，至今仍保留在听过他讲课的学员的印象中。

刘伯承还根据毛泽东、朱德亲自指挥的一、二、三次反“围剿”取得光辉胜利的战例，给学员讲十六字诀。许多学员是参加实地战斗的，经刘伯承理论上加以概括、分析和说明，不仅提高了学术水平，而且提高了胜利信心。

在 3 个半月的学习期间，制式教练只教两星期，每次 3 小时，总共 31 小时；而夜间战斗教练却用了 102 个小时，演习 10 多次，学员的战术水平有明显的提高。诸如进攻的几个阶段，防御的纵深配备，追击退却的要领，以及侦察警戒的重要，用何种手段才能达成侦察任务，怎样布置警戒才算周密等，都能够应用战术原则。

对于政治教育，刘伯承作为政治委员也是十分重视的，他提出了“三化八点”的政治纲要，即要在“军事化”“国际化”“苏维埃化”的三个目标下，对学员及工作人员进行八个方面的政治教育：阶级觉悟教育、党的领导教育、阶级关系教育、红军宗旨教育、纪律与艰苦奋斗教育、革命理想教育、群众工作教育、革命性质与国际主义教育。这“三化八点”教育，是符合当时干部思想修养要求的，在实际工作中也是行之有效的。红校第二期工作总结中称它是“时时灌输在全部政治教育的实施中的，这一方面也得到了较大的效果”。

政治教育占红军学校全部课程的 4/10。政治课计有八门：帝国主义与中国、中国革命与中国共产党、阶级斗争、土地问题、红军问题、苏维埃问题、政治工作、武装拥护苏联。政治连因是培养政治工作干部的，军政教育比例为倒四六，即军事占 4/10，政治占 6/10，在课程上增学：党的建设、社会形态发展史、党史、国际材料讲演等课程。

文化工作是政治工作的组成部分。尽管红军处在艰苦的战争环境中，红校的文化工作仍是非常活跃的，到处歌声嘹亮，朝气蓬勃。俱乐部成为课外活动的中心地。从上海来的文化人崔音波、石联星、赵品山等主持这方面的工作，留苏的危拱之、李伯钊等也都是文化工作的“里手”，他们做了很多的工作，起了很好的作用。每两周举办一次文娱晚会，由赵品山领导的话剧团演出节目。李伯钊还给大家跳过乌克兰舞。篮球比赛也经常进行。那时条件艰苦到连篮球都买不到，篮球破了，修修补补接着打。补丁多了，球变成了“加重”式的，但照样竞赛激烈，鼓掌声、喝彩声不断。各连都有列宁室，每周出 1 次墙报，发动大家写稿，又学政治，又学文化。10 个单位在 3 个多月的时间里，共出了 130 期墙报，每期平均约百篇稿件，计有 1.1 万篇以上，学员平均每人投稿 10 篇以上。

经过 3 个多月的军政训练，学生达到的水平是：“有 20% 可以当连长、连政治指导员，60% 可以当排长，只能当班长的不上 20%。”5 月 15 日，刘伯承主持了第二期毕业典礼，隆重地举行了阅兵式和分列式。

红军学校第三期于 6 月 9 日开学。这一学期学生增加到 1000 人以上，编了 2 个步兵营、1 个政治营，还有上级干部班和团政治委员训练班。

6 月 26 日，刘伯承被委任为瑞金卫戍司令，负责管辖驻在瑞金的红军部队、红校，瑞金县地方武装，以及警戒事宜。红校的工作加上卫戍司令部的工作，使他更加忙碌了。

10 月上旬，中共苏区中央局召开全体会议，这就是历史上有名的宁都会议。刘伯承列席了会议。

会议围绕着红军的作战方针展开了争论，这个争论是苏区中央局前线同后方负责人分歧的继续。8 月间，红一方面军在周恩来、毛泽东、朱德、王稼祥指挥下，连克乐安、宜黄，取得歼敌 3 个旅的胜利。这时，苏区中央局前线同后方的负责人之间发生了意见分歧。后方负责人要求红一方面军在敌军大举进攻前主动出击，攻城打援，取得速胜。在前线负责指挥的周、毛、朱、王在 9 月下旬连电苏区中央局表示：“在目前敌情与方面军现有力量条件下，攻城打增援部队是无把握的，若因求战心切，鲁莽从事，结果反会费时无功，徒劳兵力，欲速反慢，而造成更不利局面。”10 月上旬，苏区中央局在江西宁都举行全体会议。会议严厉批评前线的部署是“纯粹防御路线”，是“以准备为中心的等待敌人进攻”的右倾方针。对毛泽东是否仍留在前方的问题，会上发生了激烈争论。周、朱、王坚持将毛留在前方，但多数人不同意。刘伯承支持了多数人的意见。会后，中共临时中央以要毛泽东主持中央政府工作为由把他调回后方，随即撤销他的红一方面军总政委的职务，由周恩来兼任。

在这次会议的影响下，刘伯承曾在瑞金报纸上写文章，批评红军第四军中有“游击主义”。反映了他那时对中国革命战争的特点还缺乏全面正确的认识。

宁都会议后，刘伯承立即赶回红军学校，参加 10 月 10 日举行的第三期毕业典礼，并发表了讲话。他说：“第三期学生学习期满，以同志们的努力学习和教职员的殷勤训导，已经得到了很好的成绩。现在正当着鄂豫皖红军和陕甘红军得到伟大的胜利，我们全国全战线上正在积极进攻敌人，粉碎敌人四次‘围剿’，夺取中心城市，争取江西一省首先胜利的时候，第三期红校毕业生出去，红军中又加上这一支生力军，是有非常重大的政治意义的。希望同志们到前方去，为着我们工农阶级的解放，把你们所学的带到红军中去，转变红军中的工作，创造铁的红军，以你们英勇战斗的精神领导红军战士去消灭敌人。”

随后，刘伯承由红军学校校长兼政治委员调任红军总参谋长的职务，协助总司令朱德、总政治委员周恩来在前方指挥作战。

在反“围剿”战争的实践中，刘伯承逐渐加深了对中国革命战争特点的认识，也逐渐认识到毛泽东的主张是正确的，并且使自己的行动日渐步入正确的轨道。

第三节 红军总参谋长

1932年底，蒋介石调集四五十万人的兵力，对中央根据地进行第四次“围剿”。敌人兵分三路：中路军总指挥陈诚指挥“进剿军”12个师为主力，在抚州、浒湾地区集结，向广昌进攻；左路军总指挥蔡廷锴指挥6个师又1个旅，进至光泽、清流地区，向长汀、瑞金方向进攻；右路军总指挥余汉谋指挥6个师又1个旅，进至信丰、寻邬地区，向兴国、雩都、会昌进攻；1个师为总预备队。另有4个师又2个旅分别在南城、南丰、东安、崇仁、永丰等地担任守备。

当时，中央红军第一、三、五军团，第十一、十二、二十一、二十二军，及独立第四、五师，总兵力约7万人，在朱德、周恩来率领下，集结在金溪、黎川地区待机。总参谋长刘伯承带领作战局长张云逸、情报局长曾希圣等，组成精干的指挥机关，随军行动。

1933年2月4日，苏区中央局作出决议，要求红军在敌部署未定之时，实行进攻作战击溃敌人，并命令红一方面军首先围攻南丰。

南丰城东临抚河，位于南北狭长的平原中，为抚河战线国民党军进攻中央苏区的重要据点。红一方面军领导人本来是不愿意强攻南丰坚城的，周恩来并提出这样做至少有五不利：一暴露企图，二易受夹击，三损失大，四不能筹款，五费时日。但苏区中央局决议已下，他们只好部署攻南丰。守敌为毛炳文第八师6个团，担任主攻的是第三军团第三师。2月12日黄昏后开始了攻城战斗。激战一昼夜，仅夺取了城西南、西北的外围工事。红军歼敌不足1营，损失却过300人。敌据城固守待援，使用了强大的火力。城外是一片开阔地，红军无法接近城墙。朱德、周恩来、王稼祥、刘伯承研究后认为，红军被吸于坚城之下，敌增援部队已由乐安、宜黄东来，相持下去红军有被夹击的危险。决定改强攻南丰为佯攻，围城打援，将主力撤至东韶、洛口待机，待查清敌援军行进路线后，采用大规模伏击战法消灭敌人。

来援南丰的是陈诚部第一纵队3个师，罗卓英率第十一师沿宜黄大道开进；第五十二、五十九两师由第五十二师师长李明指挥沿乐安山路东来。李明率本师为右纵队，令第五十九师为左纵队，平行前进，中间有海拔900米的摩罗嶂大山，联络不易，更无法相互救援。情报局长曾希圣弄清援敌行进路线后，立即向刘伯承报告。刘伯承提出了相应的建议，经朱德、周恩来判断商议，决心集中主力，采取各个击破的方针，在固岗、登仙桥以东，河口、黄陂以西地区，伏击第五十二、五十九两个师，随即做了战斗部署，命令林彪、聂荣臻指挥第一、三军团及第二十一军为左翼队，由王兜、苦竹圩之线取平行道路向北前进，侧击敌人。命令董振堂、朱瑞指挥第五军团、第二十二军为右翼队，由东陂进至黄陂向西兜击敌人。根据总部命令，红军左翼队于27日7时进入伏击地域大龙坪。这大龙坪西上5里，东下8里，南北两侧都是高山密林，正是设伏的绝好地形。13时，敌第五十二师进入大龙坪地区，因山路崎岖狭窄，一下子成单行行进，队伍只好排得很长。砰！砰！几声清脆的枪响打破了山谷间的宁静，指挥部发出了总攻的信号。顿时，狭长的山谷两侧枪炮声响成一片。敌人的队伍就像蜿蜒十几里的一条长蛇，首尾不能相顾，很快被截成数段，然后全部归于消灭，师长李明被击毙。第五十九师隔山听到枪炮声，师长陈时骥判断是第五十二师进行实弹演习，14时行至霍源以北地区，与红军右翼队前卫遭遇。陈时骥下令就地占领阵地，与红军对峙到天黑。28时清晨，红军右翼队将第五十九师四面包围。8时发起总攻，激战竟日，至19时，歼敌4个团；陈时骥率残部逃窜，在登仙桥附近被红军左翼队生俘。陈诚遭此重挫，仍图补救邀功。将3个纵队缩编为两个纵队，以吴奇伟指挥3个师为前纵队，以罗卓英指挥3个师为后纵队，前后两纵队重迭行军，由东陂、黄陂经新丰、甘竹直趋广昌；打算得手后，促使蔡廷锴、余汉谋率领的左右两路军前进，达成对红军的合围。

红军主力干脆利落歼敌两个师后，由大龙坪、霍源地区撤回东韶、洛口、南团、小布地区休整待机。红一方面军指挥部设在吴村一个地主宅院里。3月16日，据侦察报告，陈诚部前纵队到达新丰市、侯坊、草台岗一线，后纵队位于东陂、黄陂、蛟湖地区。朱德、周恩来与刘伯承商议，认为如果能使陈诚部前后纵队拉大距离，红军就可以再次集中主力攻歼其一部。为此，他们命令第十一军进到广昌西北地区，伪装主力吸引陈诚部前纵队加快南进，以便伺机攻歼其后纵队。陈诚不知是计，误认为第十一军是红军主力，命令前纵队加速向广昌推进，并将后纵队一个师加到前纵队。一连几天，朱德、周恩来、刘伯承静观敌情变化，随时准备在战机有利时出击。

3月19日夜，红一方面军指挥部里灯火通明，朱德、刘伯承跟张云逸围坐在一张八仙桌旁，凝神注视着铺在桌上的地图，分析判断敌军的进展位置。参谋送来情报局长曾希圣的敌情报告，张云逸接过来念道："敌前纵队第十四师、第十师、第九十师和后纵队第五师经东陂、新丰向甘竹前进；其后纵队第九师在东陂山区占领阵地；其第十一师已进驻黄陂。"朱德说："我们的战略还是各个击破，令第十一军继续钳制和吸引敌先头纵队东进，待其通过四个师后，截击敌人后纵队两个师。"刘伯承拿着放大镜，对着地图仔细看过来看过去，手指不停地在图上量着距离。他见敌后纵队远离前纵队百里左右，已成孤立突出态势，且后纵队第十一师正位于地形复杂的草台岗地区，便向朱德提出在草台岗准备战场的建议。朱德立即采纳，下了打后纵队的决心，叫张云逸起草作战命令。这时，参谋又送来第二份敌情报告，说是今日下午2时敌第十一师前卫部队与本军侦察部队在草台岗遭遇，接触后敌后续部队已停止前进，另据侦听敌人电话，罗卓英令前

反“围剿”中的工农红军

卫第八十三旅连夜撤回五里牌。草台岗距五里牌20余里，敌3个小时即可走到。于是，起草的命令作废，重新研究作战方案。夜深了，外面雨丝夹杂着雪粒，赶走了南国早春的暖意，屋子里显得更加阴冷。警卫员把炭火盆拨旺，炒了一锅黄豆，倒在桌子上，又给每人添上一杯浓茶，这便是红军最高指挥员们的夜餐了。鸡叫头遍，第二份作战方案刚刚形成，正在起草命令，第三份敌情报告又到，说敌第十一师并未北撤，后续部队和辎重行李于天黑前全部到达草台岗，正彻夜构筑工事。刘伯承嘿嘿一笑，幽默地说：“天助我也。总司令，下命令吧。”朱德含笑朝他点点头，又示意参谋：“请恩来同志。”周恩来因与中央局意见不一致，而中央局又叫他军事上负总责，连日来，为统一作战思想和磋商作战部署，文电交驰，疲惫不堪。待周恩来到作战室，命令已经抄写清楚。刘伯承汇报了一夜来敌情的变化和己方的处置，周恩来看过命令，不觉眉头舒展，布满血丝的眼球里闪出了光亮，他欣然表示同意。作战命令交电台发各军团和独立作战单位。这时候已经是晨光熹微了。

由于部队早先已北进就敌，红一方面军指挥部在部署上就方便多了。这个部署是：第五军团、第十二军和宜黄两个独立团为右翼队，主力由东向西进攻侯坊、徐庄、雷公嵊一带之敌，以一部兵力牵制东陂之敌第九师，并向新丰市方向警戒，阻敌前纵队回援；第一军团、第三军团、第二十一军和独立第五师为左翼队，主力由西向东进攻草台岗、徐庄地区之敌，以一部兵力切断敌第九师与第十一师的联系；第二十二军为预备队。

根据命令和部署，20日夜，红军各部先后进入攻击位置。21日拂晓，红军发起了攻击。在草台岗方向，敌第十一师第六十三团团长宋瑞珂正率领营、连长在雷公嵊侦察地形，研究如何配置兵力。忽然，瞭望哨报告：“红军大部队分路来攻。”宋瑞珂举起望远镜观察，只见晨雾中红军从西南方像潮水般涌来，东北方高山顶上也出现了红军的身影，他明白，草台岗已处于大包围的态势。于是宋瑞珂立即向师长萧乾报告。萧乾也发现形势不妙，命令各团坚守草台岗环形阵地，作困兽之斗。红军以猛烈的冲击缩小合围圈，至中午，夺得若干高地。第十一师是受蒋介石宠爱的嫡系王牌，军官顽固反动，驱使士兵作殊死顽抗，一个连打得剩下十几个人，还能继续战斗。过午，第五军团首先突破南面霹雳山敌第六十六团阵地，敌第十一师在草台岗的环形防御体系被打开了个缺口。接着，第三军团也将敌雷母山阵地突破。敌各团侧背受到威胁，遂全线动摇。师长萧乾负伤，敌失去统一指挥，更陷于混乱。至黄昏，蒋介石的这个王牌师全部瓦解。除萧乾外，伤敌旅长 1 人，毙敌团长 3 人，营以下官兵伤亡惨重，被俘 3000 多人。在霍源幸免的敌第五十九师第一七五旅以及第九师的 1 个团，受罗卓英派遣，企图保持东陂与草台岗的交通线，被第一军团歼灭大部。陈诚在抚州听到第十一师被歼的消息，急得吐血，急令吴奇伟率前纵队向南丰撤退，罗卓英率后纵队残部，向宜黄撤退。蒋介石的第四次“围剿”就这样被打破了。

1933 年 9 月，第三国际派遣的军事顾问德国人奥托·布劳恩由上海来到瑞金。为保密和称呼方便，取中国名字李德，又名华夫。在中华苏维埃中央革命军事委员会（简称中革军委）驻地沙洲坝附近，专门修了三间独立的房子，作为李德的住所。刘伯承派伍修权和王智涛作李德的翻译。就第三国际的主观动机来说，是来帮助中国进行革命的，但事与愿违，由于李德主观武断，简单粗暴，军事上瞎指挥，和中共中央的“左”倾教条主义者相结合，实际上帮了一个很大的倒忙，几乎断送了中国革命。

紅色中華
第五十八期
在完全粉碎敵人大舉進攻的前面
在粉碎敵人大舉進攻的決戰中
我紅軍空前光榮偉大的勝利
全部消滅敵五十二師五十九師
敵新編五軍潰不成軍大部消滅
兩天內活捉敵師長兩隻
建黎泰地方武裝配合紅軍偉大勝利
激劇開展着的游擊戰爭
閩西紅軍勝利
擊潰廣東白軍
全部擊潰大禾團匪
紅軍在連南出擊勝利
武平少模隊出擊獲勝

《红色中华》报刊登的红军取得第四次反“围剿”胜利的消息

李德进入中央根据地，第五次反“围剿”战争已经开始。9 月 28 日黎川失守。10 月初，在李德的住处“独立房子”，召开了有党和中革军委的主要负责人出席的军事会议，博古（秦邦宪）、洛甫（张闻天）、项英、毛泽东、刘伯承等到会。朱德、周恩来在前线指挥作战，未参加。会上，由代理军委主席项英作关于前线形势的报告。李德建议：“通过地方武装，以阵地战把敌人牵制在北部赣江和盱江之间，并且如一年前所计划的那样，把五军团（1 个师）放在黎川以南进行防御，命一、三军团继续向东北方面挺进。”[①] 李德这个建议被采纳，并作了相应的决议，成为第五次反“围剿”初期的战略方针。根据李德的意见，10 月中旬，中革军委令第三军团贸然进攻黎川以北敌人的巩固阵地哨石，未获成功。10 月下旬，又令第五军团第十三师去打黎川东北敌人的巩固阵地资溪桥，又遭到挫折。为急于恢复黎川，第三、五军团辗转于敌人堡垒之间，陷入被动。

从 1934 年起，在中共中央主要负责人博古等的支持下，李德掌握了红军的指挥大权，朱德、周恩来实际上被剥夺了军事指挥权。总参谋长刘伯承则成为李德的幕僚。

李德是怎样指挥第五次反“围剿”的呢？不论白天黑夜，只要前方来了电报，都要先送“独立房子”，由翻译译成俄文，并根据电文对照地图查找大体方位，将敌我态势标在地图上，送给李德看。李德阅后提出对策和处置方案，再由翻译译成中文，送中革军委，由中革军委给前方下达作战命令。李德情况不明决心大，又管得很具体，连迫击炮的放列位置都在地图的等高线上标明，强令部队执行。部队调动，不管白天黑夜，山路平路，只按比例尺一标，就下令限时赶到。不问工事坚固程度和兵力兵器如何，下命令死守一地，造成很大伤亡。如此指挥作战，焉得不败！

因为李德越俎代庖，作为总参谋长的刘伯承，在作战指挥方面已无事可做，只好管管红军学校和后方医院一类的事情。刘伯承从一开始就感觉李德的指挥不对头，可李德权威已立，他只得对李德敬而远之。李德五次到前线视察，作为总参谋长兼通俄语的刘伯承一次也没有陪同，总是找个借口避开。5 月间，一次中共中央负责人指定刘伯承陪李德到会昌视察，刘伯承以脑贫血为由请假，荐作战局长张云逸陪李德走了一趟。通过第四次反“围剿”的实践，刘伯承进一步认识到中国革命战争的特殊规律，认识到毛泽东对反“围剿”的战略指导是正确的。对于第五次反“围剿”中李德等的堡垒主义和阵地战、先发制人、御敌于国门之外等战略战术，他心存疑虑，未敢苟同。

从 1933 年 10 月到次年 10 月开始长征，终第五次反“围剿”之局，刘伯承对李德的一套，不参不谋，抓紧时间致力于游击战术经验的总结和推广。1934 年 5 月 10 日，他发表了《现在游击队要解答的问题》，提出：“敌人碉堡构成的封锁线，可以相当限制我们大兵团进行机动。然而，我们游击队确实可以自由出其封锁线碉堡（特别在广东，敌军没有连续的碉堡）的间隙，而进入其后方交通路上，实行穿袭。有些边区游击队就应该留在封锁线外，向敌人远后方，特别向其策源地展开游击战争，以耗散其兵力，破坏其粮弹的运输，乃至造成地方暴动，就更有战略上的意义。”这种用深入敌人后方的办法来打破敌人“围剿”的杰出主张，可以说是他在抗日战争中提出的“敌进我进”思想的最初萌芽。9 月 10 日，他又发表了《到敌人后方开展游击战争的几个教训》一文，强调：“游击

---

① [德] 奥托·布劳恩：《中国纪事》，现代史料编刊社 1980 年版，第 47 页。

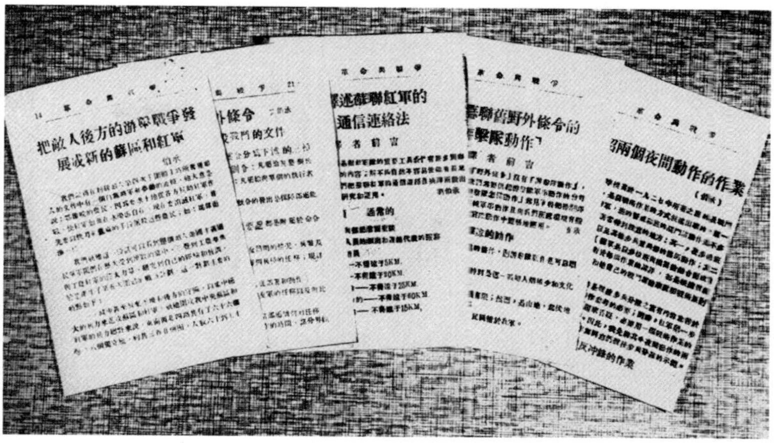

刘伯承撰写的部分军事论文

队在穿过敌人封锁线后的活动，如遭受敌人强烈压迫时，只有勇敢地再延伸，向敌人深远的后方挺进活动，这是容易达到吸引敌人后退的目的，不应企图缩回苏区，折转到封锁线上碉堡地带，恰入敌人陷阱，回旋无地，遭受严重的打击。”进一步发挥了他的上述主张。他一再提出的到敌人深远后方开展游击战争，威胁敌人根本重地，迫敌回援，以打破敌人“围剿”的战略思想，无疑是十分可贵和正确的。这与后来毛泽东提出的，红军主力“应该突进到以浙江为中心的苏浙皖赣地区去”，“将战略防御转变为战略进攻，威胁敌之根本重地，向广大无堡垒地带寻求作战”的主张，可谓互为补充，异曲同工。这也说明刘伯承的思想已升华到了一个新的高度，他已理解和掌握了毛泽东的作战原则和指导方针，为毛泽东军事思想的形成贡献了自己的智慧。

跟毛泽东一样，刘伯承的这些意见并未得到中共中央决策者的重视和采纳，相反，刘伯承因此而招致了李德的嫉恨。有一次，李德到总参谋部谈事情，因话不投机，李德当面训斥他说：“你还不如一个普通的参谋，白在苏联学习了几年。”伍修权怕双方闹僵，只简单地翻译说：“李德同志的意思是说参谋工作做得不周到。”刘伯承哈哈一笑，说：“你是个好人啊！他骂我的话你没有翻译。”又有一次，李德到总参谋部去，几个机要员在路边烧火做饭，挡了他的路，李德的无名火发泄，一脚把饭锅给踢翻了。刘伯承是个民族自尊心非常强的人，李德训斥自己，他看作工作上的争论，李德是共产国际派来的顾问，理应忍让，他也能够忍让。这次发生的事件，在刘伯承心目中是洋人欺负中国人，联想到在苏联学习时受到的大国沙文主义的对待，他终于怒不可遏，当场跟李德吵起来。他用俄语说：“帝国主义分子就是这样欺负中国人的。作为国际派来的顾问，你这种行为是错误的，是帝国主义行为！”李德悻悻而去，到中央局书记博古那里告了一状，说刘伯承不尊重他，这样的总参谋长妨碍他的工作。博古找刘伯承谈话，把刘伯承降到第五军团当参谋长。这是他第一次被撤掉总参谋长的职务。证明这时的刘伯承，已经同当时中共中央的“左”倾教条主义划清了界限，站到正确路线上来了。

第六章　长　征

第一节　智取遵义城

1934 年 10 月初的一天，刘伯承由瑞金红军总部赴第五军团上任。第五军团军团部设在兴国城外五里亭一座山上的庙宇里。军团长董振堂、政治委员李卓然等热烈欢迎刘伯承的到来。虽然中革军委通知明确说刘伯承是来当军团参谋长的，但董振堂、李卓然仍把他当总参谋长看待。第二天下午，在庙宇的大殿里召开营以上干部会议，由刘伯承作部队转移的动员报告。本来应该先跟大家介绍一下刘伯承新任军团参谋长的身份，可主持会议的董振堂却说："现在请刘总参谋长讲话。"刘伯承听董振堂这样介绍，略一迟疑，本想把自己被贬职的经过跟大家说清楚，转念一想，这里面涉及和顾问的争论及中共中央上层的一些事情，不便于讲，于是改了话题："同志们，我们这次反'围剿'，不叫打仗，叫'挡仗'，敌人呢，也不叫打仗，叫'滚仗'。敌人凭着他优势的兵力、现代化的装备，像个大石滚子滚过来，我们还硬用人去挡，当然要吃亏啰。"这一生动的比喻，形象而深刻地概括了第五次反"围剿"战略战术上的失策。大家频频点头，会场顿时活跃起来。他继续说："任何军事家都懂得，知己知彼，才能百战百胜。我们和蒋介石打仗，是弱军对强军的作战。蒋介石几乎控制了全国地盘，有几亿人口、几百万军队；而我们中央革命根据地只有 300 万人口、十几万红军。可是有的人就是不承认这个现实情况，不顾条件地要'御敌于国门之外'，要和人家打正规化的阵地战，这样，实际上把主动权送给敌人，使自己置于被动挨打的地位。一年来的战争事实证明，我们红军的广大干部和战士是英勇善战的，但是我们的战略战术有问题，需要改变。现在，我们要到外线去作战。部队打了这么长时间的仗，本来应该好好休整，但没有时间了，同志们回去要抓紧动员一下，准备很快出发。"这就是刘伯承就任第五军团参谋长的第一席讲话。

10 月 10 日，中央红军开始从中央苏区出动，进行大规模的战略转移。一连几天，中央红军主力第一、三、五、八、九军团和中共中央、中革军委机关共 8.6 万余人，陆续从福建西部的长汀、宁化和江西南部的瑞金、雩都出发，向贡水与信丰河（桃江）之间突围集结地区开进。中央苏区等根据地留下项英、陈毅等，率 1.6 万余武装坚持游击战争。

中央红军突围方向是西进湘西。横亘在面前的第一道障碍，是国民党军陈济棠部沿桃江东岸修筑的碉堡封锁线。21日，红军开始冲击这道封锁线。红一军团、红三军团分左、右两翼展开，红九军团、红八军团分别随后掩护跟进，中共中央和中革军委及直属部队编成的两个纵队居中，红五军团担任后卫。陈济棠原是由广东地方军阀归顺蒋介石的，他一直提防着蒋介石削弱和吞并他的军事力量。在长征开始以前，中央红军利用陈济棠与蒋介石的这种矛盾，曾与他进行过秘密谈判，缓和了双方的关系。因此，红军在第一道封锁线没有遇到大的抵抗，25日，全部顺利渡过桃江。但已暴露出行动迟缓和指挥混乱的严重弱点。本来8万之众的长距离转移，又要对付国民党军沿途的围追堵截，理应作必要的准备和精简，然而红军仓促上路，又缺乏周密的行动计划，还携带了大量笨重物资器材，占用许多人力，影响道路通畅和行军速度。一道布防并不严密的桃江封锁线，竟花费了整整4天时间。这正孕育了前进道路上的危机。

刘伯承积极履行起第五军团参谋长的职责，征得董振堂的同意后，为第五军团制定了严密的行军、作战方案，并切实组织实施。他采取互相掩护、轮番转移的办法，让军团所辖第十三师与第三十四师两个师稳妥地交替前进。又抽出主力第十三师第三十七团担任后卫，以备情况紧急时坚决挡住敌人，使军团能迅速及时部署阻击，确保整个红军的安全。他还派遣军团侦察部队前出与敌人保持接触，迷惑敌人，隐蔽主力行动意图。这些措施，收到了良好的效果。第五军团从兴国城外直到桃江，不仅很好地完成了全军的掩护任务，而且本身没有受到损失，也很少有人掉队。25日，第五军团最后过桃江，人马正沿着浮桥有秩序地行进，忽然远后方传来了密集的枪炮声，据侦察报告，是敌军追上来了。刘伯承当机立断，命令供给、运输等有马匹的单位下水徒涉，浮桥让战斗部队和机关使用。当人马过完，又命令拆除浮桥。敌人追到江边，无桥可过，只得眼睁睁地看着红军大队人马逶迤西去。

蒋介石又令陈济棠、何键在湘粤边境的汝城、仁化和乐昌、宜章、彬县之间设置第二、第三道封锁线。由于蒋介石还不了解红军西进的战略意图，只是采取一般性的防堵措施，敌军各部一时也没能及时到位，尤其是陈济棠唯恐红军进入广东，只派少量部队在汝城、仁化一线虚张声势，主力却撤向新田、安远、大庾、南雄等地布防，所以红军通过这两道封锁线也未遇到多大的麻烦。不过，倒是自己大搬家式的转移和甬道式的行军队形，增加了部队的疲劳和减员，削弱了作战能力，招致了一些损失。

红军通过国民党军的第三道封锁线后，蒋介石终于判明了红军西进的战略企图，于是部署何键以及粤、桂、黔境的部队进行"追剿"和堵截，以求围歼红军于湘江以东地区。形势变得对红军十分不利。

在向湘江前进途中，一天傍晚，刘伯承率司令部及部分战斗部队，在湘桂边界的文市附近，被敌军截断了去路。这时一不明敌情，二不明地形，有人建议乘敌人立足未稳打过去。刘伯承没有采纳，一面让部队隐蔽，一面观察敌人的动静。他看到敌人并未发现自己的部队，立即命令部队继续隐蔽待命。天黑以后，他命令每人左臂扎一条白毛巾，一个接一个鱼贯而进，终于安全脱离了敌人。过后，他对部属说：这样做不仅是为了部队的安全，更重要的是不让中央纵队的后尾暴露。

11 月 25 日，中央红军决定分四个纵队，从兴安、全州之间抢渡湘江，突破国民党军的第四道封锁线。27 日部队开始行动，先头部队一部奋勇穿过湘江，并控制了一段渡江地域，但后续部队因道路狭窄、辎重过多，未能及时赶到渡口。28 日，国民党军赶到湘江两岸前堵后追，双方展开激烈的战斗。红军各部队面对配备有飞机、大炮的优势敌军，浴血奋战，拼死掩护中共中央、中革军委及直属机关于 12 月 1 日渡江。但红军各部队伤亡严重，第五军团作为全军后卫，打得尤其艰苦。第三十四师被阻于湘江东岸，几乎全部壮烈牺牲。渡过湘江后，中央红军已由出发时的 8.6 万余人锐减为 3 万余人。

在激烈的战斗中，刘伯承始终坚持在第一线指挥。董振堂让他先撤过江去，他说：你们都先走，我断后。直到接到总部撤退的命令，他才骑着一匹老白马跨入湘江，他不断招呼司令部的人员快速前进，对紧跟在身后的一位小战士说："来，小鬼，拽紧马尾巴，别让江水冲跑了。"上得岸来，他回身看着大片倒下的烈士，四处散落的机器、装备，满江漂流的文件、钞票，不禁长长地叹了一口气，说："这样下去怎么得了！"后来，他在《回顾长征》一文中描述了他和广大指战员当时的心情："广大干部眼看反五次'围剿'以来，迭次失利，现在又几乎濒于绝境，与四次'围剿'以前的情况对比之下，逐渐觉悟到这是排斥了以毛泽东同志为代表的正确路线，贯彻了错误的路线所致，部队中明显地滋长了怀疑不满和积极要求改变领导的情绪。这种情绪，随着我军的失利，日益显著，湘江战役，达到了顶点。"

中共中央主要负责人本来打算率领红军到湘西与先期到达的红二、六军团会合，但国民党军抢先占领了城步、武冈地区，堵住了中央红军北上的通路。中央红军遂沿西延山脉进入贵州东部。12 月 15 日，前锋红二师击溃黔敌一个团，攻占黎平。军委纵队 17 日入城，在这里休整了 3 天。18 日，中共中央政治局在黎平召开会议，会上采纳了毛泽东的意见，放弃在湘西会合第二、六军团的计划，改向敌人力量薄弱的贵州前进。同时，不顾李德的反对，中革军委任命刘伯承为红军总参谋长，并兼任中央纵队司令员。23 日，博古来到第五军团驻地洪州司，向刘伯承传达了政治局会议精神和中革军委的任命。

黎平会议后，红军准备北渡乌江，西向遵义前进，左、中、右三路直插乌江南岸。中路是由刘伯承统一指挥的中央纵队和红一军团第二师、干部团。刘伯承命令第二师第四团在猪场（珠藏）对岸开辟渡口。他亲自带领红一方面军工兵连和干部团工兵连在江边试验架设浮桥。眼前的乌江约有 250 米宽，水深浪高，对于没有船只和相应器材的红军来说，架桥的任务十分艰巨。刘伯承发动大家献计献策，终于想出了利用竹、石搭浮桥的办法，以竹筐装填重石代替铁锚，以多层重叠的竹筏充当桥墩，中间再以竹筏连接起来，上铺木板作桥面。

猪场是黔军江防司令部所在地，附近派有 2 个团在乌江北岸扼险固守。红四团以强渡结合偷渡的手段，从江界河突到乌江北岸，乘胜攻占猪场。工兵部队在刘伯承的指挥下及时架起了一座宽5米的浮桥。1935年1月3日下午，中央纵队和第五军团等顺利通过了浮桥。毛泽东走上了浮桥，不住声地赞叹："真了不起，我们工兵就地取材，用竹排架起这样的桥。"与此同时，左路纵队第三军团从茶山关强渡，右纵队第一军团、第九军团从回龙场强渡。中央红军胜利地突破了乌江天险。

一过乌江，刘伯承立即率部奔向团溪，行军途中，他向二师第六团政治委员王集成交代夺取遵义的任务：从团溪过新场、龙坪场，离遵义城30公里，有个小镇叫深溪水，驻有敌人1个营，这是遵义的外围据点。你们团的任务，是斩断遵义敌人的触角，还不要让他知道，要秘密，要全歼，不许有一个漏网，否则给遵义守敌通了消息，就会增加我们攻城的困难。他强调说："现在，我们的日子是比较艰难的。既要求仗打得好，又要伤亡少，还要节省子弹。这就需要多用点智慧啰！"

王集成坚定地表示："我们一定以迅雷不及掩耳之势，全歼这股敌人，不使一人漏网。"

谈话间，参谋送来一封十万火急的电报，刘伯承接过一看，是朱德总司令发给他和三军团领导彭德怀、杨尚昆的，命令第三军团渡江后以一个师截断遵义、贵阳间交通，另一个师加入攻占遵义的行动，并暂归他统一指挥。他不禁喜上眉梢，说："这下可更好了。三军团截断了贵阳到遵义的交通，我们就不必顾虑敌人来援兵了。他们还派一个师来跟我们协同作战，可以有把握地攻占遵义。"

王集成说："王家烈的双枪兵我们领教过，一定能拿下来。"

天下着大雨，红六团在刘伯承的率领下出发了。大雨给部队行军增加了困难，但也麻痹了敌人。深溪水的敌人以为大雨之夜不会有情况，尽情地打起了麻将、牌九，午夜过后才放胆入睡。睡意正浓，不料红军突然打进了镇子。许多敌兵被枪声惊醒，来不及穿衣服就当了俘虏，敌营长企图逃窜被打死了。红六团圆满地完成了任务，插到了遵义近郊。

为了详细了解遵义城防的情况，王集成从俘虏中找了一个连长、一个排长和十几个出身贫寒的士兵，向他们讲清红军的俘虏政策，说明红军是打倒军阀地主，为了穷人翻身解放而战斗的。王集成对俘虏说："我们今天就要打遵义，谁了解遵义的情况详细报告，说得对的事后有赏。"那个连长一听，急忙站起身来说："长官，红军对我们这么好，小人哪敢不效劳。"接着他说出了遵义的城防工事和守敌的位置，并画了一张草图。另外的俘虏做了补充，证实连长说的是真的。谈完话，发给他们每人三块银元。他们捧着银元说："我们当官的说你们杀人放火，抓住俘虏挖眼掏心，我们刚被俘时真害怕，没想到你们是这样好的人。"

遵义城的底细摸清楚了，红军手里又掌握着一批俘虏，王集成与团长朱水秋研究后，决定化装成敌人，利用俘虏去诈城，打个便宜仗。他们把这个想法报告了刘伯承，刘伯承听了非常赞同："很好，这就是智慧。不过装敌人一定要装得像，千万不能让遵义守敌看出来。"

很快，第一营第三连和侦察排及全团20多个司号员，都换上了敌军的服装，让那被俘的连长和十几个士兵走在最前面带路。乘着夜色，队伍顺利地到达遵义城门口。城楼上的黔军哨兵尽管盘问得十分细致，因为有俘虏答话，所以守门的士兵毫无戒备地打开了城门。红军战士一拥而入，一下子把城楼上的敌人收拾掉了。20 多个司号员一齐吹起了冲锋号。后续部队像潮水和疾风一般向城内冲去。敌人也搞不清来了多少红军，早已失去抵抗能力，一部被俘，一部从北门逃走。驻守遵义的黔军教导师师长侯之担，几天前就已闻风逃走了。

刘伯承立即将袭占遵义的经过报告朱德。1935 年 1 月 7 日 21 时 10 分，中革军委通告全军："我二师今 2 时已袭占遵义，敌由北门溃退，我正乘胜追击中。"遵义守军北逃的方向是娄山关、桐梓。娄山关离遵义 90 里，是黔北连绵大山中的一道著名险隘，像一把铁锁锁住了遵义通往四川的出路。如果不及时控制娄山关，中央红军下一步的行动将受到极大的限制。想到这一点，刘伯承与聂荣臻立即赶往第二师驻地。第二师进城后正在号房宿营。刘伯承、聂荣臻一到就说："不行不行，四团不能休息，有任务。"第四团团长耿飚、政委杨成武迎上来。刘伯承接着解释说："六团实际上是智取遵义，因此，敌人有三个团的兵力从北门逃走了。这是一股后患。必须歼灭这些敌人。"说着，又指着刚刚展开的地图向耿飚、杨成武下达命令："你们立即出发，去占领娄山关，然后占领桐梓。这个任务很重要。"聂荣臻在一旁补充说："六团昨天比较疲劳，这下该用着你们这个主力团了。怎么样？""坚决完成任务。"耿飚、杨成武齐声回答。刘伯承、聂荣臻微笑着点点头。刘伯承又对战斗做了具体布置，要求第四团"夺关快、伤亡少"。第四团以急行军的速度赶到了板桥镇。根据刘伯承"夺关快、伤亡少"的指示，第四团领导进行了认真的研究和充分的准备。经过侦察和调查，他们认为不宜正面硬攻，而应采取正面佯攻，侧翼抄袭的战术才能奏效。要实行抄袭必须有路。在一位老猎人的帮助下解决了这个难题。这位猎人说，早年间从板桥镇到娄山关，一直靠一条小道通行，后来修了公路，这条小道便无人再走。第四团领导据此作出了战斗部署，以大部兵力担任正面主攻，以侦察队和小部分兵力走小路迂回侧后。1 月 8 日，第四团发起了攻关战斗。守关黔军集中力量进行正面防御时，不妨红军迂回部队从背后杀了上来。在红军前后夹击下，黔军很快被摧垮，残存者慌乱地向北逃窜。第四团一路尾随猛追，于当天占领了桐梓城。第四团的胜利行动实现了红军总部打开入川通路的意图。同一天，朱德下令刘伯承兼任遵义警备司令，由干部团担任遵义警卫工作。并将各军团分别部署到遵义周围和乌江北岸，防备南北两个方向上敌人的可能进攻。

这时蒋介石派空军侦察，得到的报告是红军在遵义、桐梓、仁怀一带集结，动向不明。蒋介石批准"追剿军总指挥"薛岳的请求，令第一纵队吴奇伟部集结在贵阳、清镇一带整训待命，第二纵队周浑元部在乌江南岸对遵义红军警戒。红军获得了宝贵的休整机会。中共中央政治局从 1 月 15 日至 17 日在遵义召开了扩大会议。出席会议的有政治局委员博古、洛甫、周恩来、朱德、毛泽东、陈云，政治局候补委员王稼祥、刘少奇、邓发、凯丰（何克全）。扩大的参加者有总政治部代主任李富春，总参谋长刘伯承，第一军团长林彪，政治委员聂荣臻，第三军团长彭德怀，政治委员杨尚昆，第五军团政治委员李卓然，中共中央秘书长邓小平，军事顾问李德和翻译伍修权。会议由总书记博古主持，他作了关于第五次反“围剿”的总结报告，主要是强调客观原因，强调敌人的强大，作为不能在中央根据地粉碎第五次“围剿”的主要原因。红军总政委周恩来作了副报告。张闻天按照会前与毛泽东、王稼祥共同商量的意见，作了反报告。接着，毛泽东作了长篇发言，系统地批判了博古、李德在军事指挥上的错误，具体地阐述了中国革命战争的战略战术和今后在军事指挥上应采取的正确方针，成为遵义会议决议的基础。会上，朱德、李富春、刘伯承、聂荣臻、彭德怀等都发了言。

遵义会议决议指出：“政治局扩大会议认为一切事实证明我们在军事上的单纯防御路线，是我们不能粉碎敌人五次‘围剿’的主要原因。”“此外，政治局扩大会议认为博古同志特别是华夫同志的领导方式是极端的恶劣，军委的一切工作为华夫同志个人所包办，把军委的集体领导完全取消，惩办主义有了极大的发展，自我批评丝毫没有，对军事上一切不同意见不但完全忽视，而且采取各种压制的方法，下层指挥员的机断专行与创造性是被抹煞了。在转变战略战术的名义之下，把过去革命战斗中许多宝贵的经验与教训完全抛弃，并称之为‘游击主义’，虽是军委内部大多数同志曾经不止一次提出了正常的意见，而且曾经发生过许多剧烈的争论，然而这对于华夫同志与博古同志是徒然的。一切这些，造成了军委内部极不正常的现象。”“政治局扩大会议特别指出博古同志在这方面的严重错误，他代表中央领导军委工作，他对于华夫同志在作战指挥上所犯的路线上的错误以及军委内部不正常的现象，不但没有及时地去纠正，而且积极地拥护了助长了这种错误的发展。”

政治局扩大会议撤销了博古、李德的最高军事指挥权，决定仍由中革军委主要负责人周恩来、朱德指挥军事，推选毛泽东为政治局常委。接着在行军途中，又组成了由毛泽东、周恩来、王稼祥参加的三人小组，代表政治局常委领导军事。从此，无论在政治方面还是军事方面，毛泽东的意见都得到了尊重，事实上确立了以毛泽东为核心的新的中共中央领导，结束了第三次“左”倾路线在中共中央的统治地位。

在遵义会议上，刘伯承和聂荣臻建议，红军应打过长江去，到川西北去建立根据地。他们提出，四川条件要比贵州好得多。一是有第四方面军在川陕根据地做接应；二是那里人稠物丰，利于红军活动和发展；三是四川交通闭塞，当地军阀向来排外，蒋介石想往里大量调兵不易。中共中央采纳了这个意见，并于 1 月 22 日以中共中央政治局及军委名义发出《关于第四方面军配合野战军转入川西的指示》：“为选择优良条件，争取更大发展前途计，决定我野战军转入川西，拟从泸州上游渡江，若无障碍，约 2 月中旬即可渡江北上，预计沿途将有许多激烈的战斗。这一战略方针的实现，与你们的行动有密切关系，为使四方面军与野战军乘蒋敌尚未完全入川实施围剿以前密切的协同作战，先破川敌起见，我们建议，你们应以群众武装与独立师团向东线积极活动，钳制刘湘敌，而集中红军全力向西线进攻。”

第二节　巧渡金沙江

当中央红军经桐梓、习水渡赤水河北上时，立即引起敌人极大的恐慌。四川军阀刘湘急忙抽调兵力至川黔边境布防，派郭勋祺师四处游弋，并封锁长江，防止中央红军北渡与红四方面军会合。中央红军进至滇东北扎西（今威信）时，薛岳的“追剿军”8个师已从乌江南岸赶来。由于土城一仗未能消灭郭勋祺师，敌又大军云集，中革军委遂放弃在泸州渡江的企图，突然甩开敌人，挥戈东指，再渡赤水河，重占桐梓、娄山关，1935年2月27日黄昏占领遵义新城，28日晨占领遵义老城，击溃黔军王家烈部三个团，接着又击溃了国民党中央军吴奇伟部两个师。历经5天的遵义战斗，共毙伤敌2400余人，缴枪1000余支，子弹约10万发，轻重机枪数十挺，是长征以来第一个大胜仗，严重地打击了敌人，极大地鼓舞了红军指战员的士气。为了摆脱敌人的围追堵截，3月初，中央红军自遵义再次西进，占仁怀，由茅台三渡赤水河，作入川姿态，调动敌人至川、黔、滇三省边界地区堵截，随后却突然回头，由川南折回贵州，在茅台附近四渡赤水河，经枫香坝，南渡乌江，直逼贵阳。这时候，蒋介石正在贵阳“督剿”，慌忙调滇军主力6个旅来毕节、大定（今大方）、黔西，以解贵阳之围；又令薛岳的“追剿军”返回余庆、石阡布防，防红军打回湘西与第二、六军团会合。红一军团包围贵阳东南的龙里，虚张声势，迷惑敌人，红军主力穿过湘黔公路，一路往西，直指昆明，与驰援贵阳的滇军东西对进，一天走120里，连克定番（今惠水）、广顺、兴义等县，渡北盘江，4月下旬，攻克沾益、马龙、寻甸、嵩明，逼近昆明。这时滇军主力已全部东调，吓得国民党云南省政府主席龙云胆战心惊，只好调集民团守城。

中央红军佯攻贵阳，调出滇军，这就为北渡金沙江，实现遵义会议决定的转入川西创立新根据地的方针创造了有利条件。4月29日，中革军委发出速渡金沙江的指示。5月2日，朱德命令左纵队第一军团从龙街方向渡江，右纵队第三军团从洪门渡方向渡江，中央纵队和第五军团在皎平渡方向渡江。并命令刘伯承率干部团一个营及总部工兵营一部，于4日上午赶到皎平渡架桥，同时侦察上游各渡河点。

刘伯承受命后，立即来到干部团，与团长陈赓、政治委员宋任穷研究，挑选第三营去完成抢占皎平渡的任务。第三营是政治营，在政治上和军事上都比较强。因陈赓负伤，确定宋任穷随第三营行动。刘伯承说：“任穷啊，限我们4号上午赶到渡口，还有明天一昼夜的时间，要走160里，还要打仗，艰巨的任务啊！不靠党，不靠政治，走不到啊！”根据刘伯承的指示，宋任穷对先遣营进行了深入的政治动员，说明能否抢占渡口关系到北上战略方针能否实现，关系到全军的前途命运。不管多么危险艰难，有刘总参谋长带领我们，我们一定能完成给毛主席、朱总司令和军委纵队开路的任务。他响亮地提出：渡过金沙江，抢占渡口；过了江如大部队过不去，要准备独立作战。刘伯承想到了遵义诈城的经验，叫先遣分队都换上国民党军队的服装，大摇大摆地向江边急进，沿途遇到几股民团，一律不与纠缠，只说："共军要在这里过江，我们去执行任务，封锁渡口。"经小仓、龙海塘、施各拉、石板河、脚纳来到离江30公里的杉落树时，一个大胖子区长出来欢迎。刘伯承与宋任穷带了几个警卫人员来到了区公所。胖区长说："上峰来了命令，要烧船封江。"刘伯承一边喝水一边说："我们也是来执行这个任务的，你把公文拿来看看。"胖区长赶紧从抽屉里取出公文递上来。刘伯承问："船你烧了没有？"胖区长怕受责备，解释还没有烧的原因，"刚接到公文，还没有烧"。刘伯承说："很好，由我们来办吧。"接着又问了河宽、流速、水深、守渡口的兵力等情况，问得非常详细。一一问明之后，才厉声告诉他："我们是红军，你带我们去找船，如果船发生问题，唯你是问。"胖区长吓得大汗淋漓，乖乖前头带路。宋任穷派一个侦察组跟着他。来到江边时，船夫见几个大兵和区长一起来了，以为区长要过江办事，打招呼说："回来啦！"一个侦察员随机应变地回答："回来了。"就这样把两条船控制起来了。

宋任穷政委命令前卫连连长率部先渡。连长令第三排在江边掩护，率第一、二排分乘两只船首批过江，消灭了厘金局30多个保安队人员，控制了渡口。刘伯承和宋任穷过江后，察看了渡口，水深江宽，无法架桥。在当地船民的帮助下，又找到了4只船。刘伯承喜出望外，在江边一山洞里设渡河司令部，制定了《渡河守则》，昼夜不停地组织人马渡江。同时，向朱总司令发报："皎平有船6只，每日夜能渡1万人。军委纵队5日可渡完。"这时第一军团在龙街，因江面太宽，又有敌机低飞骚扰，架桥、漕渡均不成；第三军团在洪门渡，先头第十三团渡过江后，浮桥被激流冲垮。朱德于是下令全军都从皎平渡过江，要求第三军团"必须6号拂晓前赶到河边开始渡河，限6号夜渡完"，"7、8两日为第一、五军团赶来渡河时间"。刘伯承获悉全军都从皎平渡江，立即命令宋任穷，留下工兵连守渡口，带第三营翻山20公里抢占通安镇。第三营连夜出发，翻过山头，在通安北面与敌人遭遇。来敌是川康边防第一旅旅长刘元塘，闻江防有失，带了两个营赶来增援。宋任穷命令吹冲锋号，第三营以锐不可当的气势，一个冲锋就把敌人冲垮了，溃兵满山遍野都是，刘元塘急得大哭，收容残部逃回会理去了。打完仗，指战员们纷纷议论："刘总参谋长指挥真是英明，昨晚要在江边宿营，让敌人翻过山，居高临下压下来，我们不知要付出多大代价呢！"

后卫部队第五军团第三十七团最后一批渡江。指战员们见到了一度曾直接指挥他们作战的刘伯承，格外亲热，纷纷打着招呼。刘伯承也很高兴，大声回答："同志们辛苦了！你们仗打得好，打退了孤军来追的万耀煌部，掩护全军安全渡过金沙江，这是个很大的胜利。你们看，金沙江的惊涛骇浪，也挡不住我们红军，我们全军都安全过来了！"

从5月4日至9日，军委纵队及第一、三、五军团，除第三军团第十三团从洪门渡过江，第一军团一个野战医院在鲁车渡过江外，都从皎平渡渡过了金沙江。

第九军团在完成了迷惑敌人，掩护主力部队行动的任务后，也于云南东川渡过金沙江，在泸沽与主力部队会合。巧渡金沙江的胜利，使中央红军摆脱了几十万敌军的围追堵截，赢得了战略转移中的主动权。当薛岳的“追剿军”从余庆、石阡赶到金沙江边时，已经是 5 月 16 日了，只好望江兴叹，徒唤奈何！

5 月 12 日，在会理城郊的铁厂召开了中共中央政治局扩大会议。会议讨论了渡江后的行动计划，决定继续北上，越过大渡河，夺取西昌，实现在川西北与第四方面军会合的目的。会议并决定刘伯承任先遣司令，运用他在川军中的声望和熟悉地理民情等有利条件，为全军开路。

会议期间，红军攻会理城不克，绕城而过，5 月 16 日抵德昌。守德昌的是川康边防军第十六旅旅长许剑霜，所辖三个团扼守丰站营、八斗冲一带隘口，阻截红军前进。许剑霜是顺泸起义时刘伯承部下的团长，还曾加入共产党。刘伯承写一亲笔信派人送进德昌，追述旧谊，晓以大义，促其勿与红军为敌，使蒋介石坐收渔人之利。许剑霜见信后，派亲信副官将原信送往西昌川康边防司令刘元璋处，主张给红军让路。刘元璋未置可否，许剑霜认为是默许，于 16 日黄昏，在丰站营、八斗冲一带隘口略示抵抗，即下令撤退。红一军团第一师第一团于 17 日 3 时占领德昌。

刘元璋为加强西昌的防守力量，调彝务指挥官邓秀廷率部由冕宁来援。邓秀廷系彝族，有正规军两个团，并能调动附近彝民武装近万人。他率部前出到西昌南面的黄水塘时，收到刘伯承派人送来的亲笔信。他通汉文，在川军中混事多年，知道刘伯承是川中名将。信的内容是：红军路经贵防，不以彝民为敌，彝民打枪我不还击，但路是一定要过的。邓秀廷在打与不打的问题上犹豫不决：打吧，对手是刘伯承，威名久著巴蜀，连刘湘、杨森也当过他的手下败将，何况自己这样的能耐，自知绝不是对手；不打，又怕对刘元璋不好交代。最后的办法是：摆开打的架势，应付刘元璋；但不开枪，免得折了老本。他把彝族军官召集起来训话说：“今天的事情不比往常，要当心些，非有我的命令，不准开枪。”邓秀廷把部队摆在大道两边山上，眼看着红军通过。有一个彝兵走火开了一枪，引起其他人也打了几枪，邓秀廷急忙用彝话制止。红一军团前锋也未还击，大呼“汉彝一家”“汉彝是弟兄”，照样前进。其时有两架蒋介石的飞机来轰炸，邓秀廷部未摆出指示目标的标志，飞机盲目投弹，炸死邓秀廷部官兵几十人。邓秀廷随即把部队由黄水塘高地撤往冕宁地区。

第三节　彝海结盟

1935 年 5 月 20 日上午，中央红军先遣司令刘伯承、政治委员聂荣臻到达泸沽。第一团在团长杨得志、政治委员黎林率领下已先期到达待命，并派出侦察组到前面侦察。

由泸沽到大渡河有两条路：一条经登相营、越西到大树堡，由此渡河对岸就是富林，这是通往雅安的大道；另一是经冕宁、大桥、拖乌到安顺场，是崎岖难行的山路，尤其是要通过一向被汉人视为畏途的彝族聚居区。

当日下午，刘伯承、聂荣臻接朱德来电："据报泸沽、越西均无敌，冕宁有少数敌人。""一军团之第一团随刘、聂明日向登相营、越西前进，无敌情要走20里左右。第五团由左（权）刘（亚楼）指挥，为第二先遣团，亦带电台暂随第一团后跟进。"

晚上，刘伯承、聂荣臻听取了侦察组关于两条行军道路的里程、敌情、居民情况和给养情形的详细汇报，又接见了中共冕宁地下组织派来的人员，基本上把敌情搞清楚了。当面在大渡河布防阻截红军的是刘文辉的第二十四军，其第四旅在左，守泸定桥一带，第五旅在右，守安顺场至富林一带。另据传闻，刘湘部1个旅正向富林开进中，明日可到。刘伯承说："敌人显然判定我军将走西昌至富林的大道，把富林作为防守的重点。我军如从富林渡河，正遇敌军主力，不易成功。是否建议军委改变一下行军路线，走冕宁、安顺场这条小路。不过这条路要经过大凉山彝族区。彝族分黑彝白彝，黑彝是纯粹的彝人血统，白彝是彝汉混血儿，他们内部有矛盾，但生产落后，生活水平都很低，主要矛盾是与汉人的矛盾。由于历史上反动统治阶级的民族压迫政策，他们对汉人疑忌很深，得好好做工作才能通过。"聂荣臻说："不管他黑彝白彝，我们用党的民族政策感动他们，总比刘文辉好说话，我们建议军委改走小路吧。让左权、刘亚楼带第五团往越西方向佯动，迷惑敌人。"刘伯承立即起草了电报，交电台发出。但因中革军委处于行军状态，联系不上。一直到第二天中午，部队已成行军队形，"通司"（翻译）也找好了，电台还在呼叫。刘伯承与聂荣臻商量，决心先遣队第一团先开冕宁，到冕宁后再与中革军委联系。出发前，刘伯承对部队做了动员："今天我们到冕宁，冕宁过去是彝人的城市，后来彝人被反对统治者赶到山上去了。过了冕宁，就是彝族区了。有一种传说，《三国演义》上诸葛亮七擒孟获，就是在这个地区，至今有孔明寨、孟获城等遗址。彝人对汉人疑忌很深，语言又不通，他们会射箭打枪，但他们不是奉蒋介石的命令，他们和国民党军队不是一回事。我们要严格执行党的民族政策，广泛宣传朱总司令安定彝民的布告，争取和平通过彝族区。没有聂政委和我的命令，谁也不许开枪。"说罢，队伍就出发了。20日晚9时，刘伯承和聂荣臻率第一团进入冕宁。中共冕宁地下组织在陈野萍、廖志高的领导下，积极做好了解放冕宁的准备。只见街头贴满花花绿绿的标语，居民门前红灯高悬，洋溢着对红军的一片爱戴和欢迎之情。

刘伯承、聂荣臻入城后，设司令部于天主教堂。聂荣臻亲自召见神职人员，说明共产党和红军保护宗教，并用法语与几位法国修女交谈，劝她们不要惊慌。21日上午，参谋高兴地向刘伯承报告，与军委电台联系上了。刘伯承说："用我和聂政委的名义立即将'侦察报告'上报军委。"中革军委接电后，完全同意刘伯承、聂荣臻的建议，红军主力改经冕宁、安顺场北进。5月21日，朱德向各部队发出了改道的命令，并指示刘伯承、聂荣臻于24日前控制安顺场渡口。

刘伯承、聂荣臻率先遣队由冕宁城来到大桥镇。由大桥镇经额鸡、俄瓦、园包包到俄瓦垭口，这一带是彝汉杂居区。再从俄瓦垭口经一碗水、海子边、北沙村到喇嘛房，便属于拖乌彝族聚居区了。这里山势更加险要，道路崎岖，树木葱茏，野草丛生，便于隐蔽，山涧之上往往只搭有一座独木桥，易守难攻。早晨先遣队前卫连刚到喇嘛房，就被手持棍棒、长矛、弓箭、土枪等各式武器的彝民堵住了去路。他们用彝语大声吆喝着，互相联系，人越聚越多。工作团的冯文彬带着“通司”上去答话。一个小头目说：“娃娃（指白彝）们要点钱让你们通过。”冯文彬问：“要多少？”对方回答：“要 200 块。”马上给了他们 200 块银元。大家一抢而散。一会儿，又来一群彝民要钱，说刚才给的是罗洪家的，我们是沽基家。又给了 200 块。正在交涉之际，后面来人报告：工兵连遭到袭击，被抓去的人，剥光了衣服，放回来了。

前卫连只好停止前进。萧华、冯文彬等出面宣传党的民族政策，说明共产党、红军与国民党“官兵”不同，希望彝民同红军联合起来，打倒汉官，打倒压迫人民的军阀，打倒汉人的财主，分财主的衣服粮食。红军来此，只是借道过路，决不住宿。经过一阵谈话之后，一个小头目说：“我去找爷爷来。”过了一会儿，来了一个高大的汉子，打着赤膊，围着一块麻布，赤足，披头散发，后面跟着十几个背梭镖的青年。来人自我介绍：“我是沽基家的小叶丹，要见你们司令员，我们大家讲和不打。”于是萧华先去向刘伯承、聂荣臻报告，冯文彬陪同小叶丹在后面跟来。

小叶丹等人来到彝家海子边时，刘伯承已经在这里等候了。一见小叶丹，他非常高兴地迎了上去。小叶丹见来者身材魁伟，后面跟着几个士兵，知是红军部队的司令员，连忙取下头上的帕子，准备叩头行礼。刘伯承一把上前扶住，不让他行此大礼。两人在海子边坐定，开始了亲切、诚挚的交谈。小叶丹解释说：“今天在后面打你们的不是我，是罗洪家。听说你们要打刘文辉，主张彝汉平等，我愿与司令员结义为弟兄。”刘伯承说：“那些欺压彝民的汉人，也是红军的敌人，我们结义是为了反对共同的敌人。”接着，进行结盟。仪式按彝家规矩简单而庄重：一位彝民拿来鸡，因为没有带酒，用碗在海子里舀了一碗清水，一手持刀，一手拿鸡，拉破鸡脖，鸡血滴在碗里，清水立即变成了殷红色。然后将“血酒”分作两碗，分别摆在刘伯承和小叶丹面前。几个红军小战士看着有趣，不禁发出了笑声。又见刘伯承面色庄重，谁也不敢笑了。一切准备妥帖之后，刘伯承与小叶丹虔诚地并排跪下，面对着蔚蓝的天空和清澈的池水，刘伯承高高地举起大碗，大声发出誓言：“上有天，下有地，我刘伯承与小叶丹今天在海子边结义为兄弟，如有反复，天诛地灭。”说罢，将“血酒”一饮而尽。小叶丹也端起大碗，同样起誓：“我小叶丹今日与刘司令员结为兄弟，如有三心二意，同此鸡一样死。”说罢，也一饮而尽。这时，夕阳西下，把高高的林梢染成一片青紫，海子里洒满了耀眼的金光。刘伯承请小叶丹等到大桥镇赴晚宴。小叶丹带领一群彝民头领欣然前往。刘伯承素知彝民嗜酒善饮，叫把大桥镇的酒全部买来。晚宴在一个保长的宅院里举行，这里驻着红军先遣队司令部。席间，小叶丹对刘伯承说：“明天我要沽基家

小叶丹的弟弟在讲述当年小叶丹与刘伯承喝“血酒”结盟的情谊

的娃子到山边接应你们过境。罗洪家的人抢了你们的东西，还抓了你们的人。如明天罗洪家再来，你们打正面，我们从山上打过去，打到林子里，把全村都给他烧光。”他这种义气是真诚的，但他们两个部落有宿怨，也有借红军的力量出口气的意思。刘伯承向他解释说：“彝族内部要团结，自己人不打自己人。我们要共同对付镇压你们的反动政府和军阀。”又伸出手比画说：“一个指头没有劲，十个指头捏在一起力量就大了。我们共同的敌人是国民党反动派。”饭后，刘伯承把一面红旗赠给小叶丹，上书“中国彝民红军沽基支队”，任命小叶丹为支队长，他的弟弟古基尔拉为副队长，并当场写了委任状。小叶丹喜形于色，神采飞扬。刘伯承又给他讲了一些革命道理，这个纯朴的汉子把刘伯承的教诲深深记在心头。当晚即住在先遣队司令部。

第二天早饭后，先遣队再次进入彝民区。小叶丹跟着前卫第六连走在前头。爬上头一个山垭时，见十几个沽基家的彝民拿着红旗，背着长枪，齐声欢呼着上了山顶，这是他们村寨的入口。只见他们都排好了队，笑眯眯地表示欢迎。一些青年和儿童还主动接近红军指战员，双手比比画画，配合一些汉话的词句，说明他们的心意。指战员们有的送给他们鞋子，有的送给他们毛巾，得到的人欢呼雀跃，民族团结的气氛非常热烈。刘伯承和聂荣臻来到时，小叶丹有依依不舍之意。他告诉刘伯承说：“我不能再走了，前面不是我管的地方了。我派 4 个人送你们到前面的村寨，另外挑选 20 个人到红军里来学习军事，学会了回来打刘文辉。”刘伯承说：“后面红军大队还多，拜托你一定把全部红军安全送过彝区。红军走后你要打起红旗坚持斗争，将来我们会回来的。临别之前，送你一点薄礼。”这时，警卫员抬过擦得油亮的 10 支步枪。小叶丹大受感动，坚持要把他骑坐的一匹精壮的大黑骡子送给刘伯承。

先遣队继续前进，一路经过雀儿窝、拖乌、鲁坝、铁寨子等，经过彝人交涉，都得顺利通过。过一个村寨换一个带路的彝人向导，交接很有秩序。

小叶丹忠实地执行了刘伯承的嘱托，将彝民组织起来，护送红军后续部队过境。他昼夜奔忙，往返于大桥镇和筲箕湾，经过七天七夜，红军大队一路畅行无阻，安全通过彝民区。

红军走后，小叶丹打起了红军彝民支队的旗帜，在因伤留下的红军某部政治委员的帮助下，与罗洪、洛伍家联合起来，发展到 1000 多人，坚持了 5 年的斗争。1941 年彝族败类邓秀廷在反动军阀的支持下，挑拨离间，分化了三个家支的联盟，镇压了彝民革命，抓住了红军政委。小叶丹倾家荡产凑了 1500 两银子给邓秀廷，把红军政委赎了出来。后来小叶丹和沽基尔拉的委任状被邓秀廷搜去，以“通共有据”，在大桥镇惨遭杀害。小叶丹在被捕前，含着热泪告诉自己的妻子和弟弟沽基尼尔：“只有共产党、红军讲民族平等，把我们彝人当人看。这样有信有义的军队一定会回来的。刘伯承这样有信有义的大人物是绝不会骗人的。万一我死了，你们一定要保护好这面旗帜，将来交给刘司令员。”

第四节　强渡大渡河

通过彝民区，过岔罗，离安顺场渡口还有 70 里。先遣队第一团继续急行军，后面第二、三团已在师长李聚奎、政治委员黄甦的率领下跟上来了。先遣队司令部夹在中间。刘伯承披着他那件从白区带来的方格灰大衣，跨着老白马，匆匆朝前走。走着走着，忽然喃喃自语起来：“有船我就有办法！有船我就有办法！”随行的警卫员看着他消瘦的面容和焦虑的神色，很为他担忧。一个说：“看！总参谋长自己跟自己说话呢。昨天夜里他说梦话，翻来覆去老是这句话，你听见没有？”另一个说：“听见了。他是先遣队司令，挑着千斤重担啊！”

大渡河两岸都是横断山脉，崇山峻岭。在安顺场渡口，河幅有 300 多米宽，流速每秒 4 米，水深 30 米。河底乱石嵯峨，形成无数漩涡，俗称竹筒水，可让鹅毛沉底，水性多好的人也不能泅渡。由于水深流急，不能架桥。船横渡时，要先拉牵到上游 2 里许，放船后，要有经验的艄公掌舵，十余名船工篙橹齐施，与流速形成一种合力，使船体沿一条斜线冲到对岸。对岸渡口有石级，如对不正，碰到两侧石壁上，则船毁人亡。尽管如此凶险，红军必须过渡，最重要的就是要搞到船。

5 月 24 日晚上八九点钟，翻过一座山梁，就听见空隆空隆的响声，这就是令人生畏的大渡河了。从山腰向下望去，有一片星星点点的灯光，那就是先遣队要夺取的渡口安顺场。刘伯承下令部队停下来隐蔽休息。

刘伯承让警卫员去找第一团第一营营长孙继先。根据预定的计划，第一团第一营是主攻部队，第二营向大渡河下游佯动，第三营为预备队。孙继先奉命快步赶来。他刚想请示首长有什么指示，聂荣臻却先问他：“孙继先，你知道石达开吗？”孙继先回答说不知道。聂荣臻继续说：“石达开是太平天国的翼王，率领两万多人来到大渡河边的安顺场，也就是我们今天到的这个地方，可没有渡过去，在清兵的追击下，全军覆没了。现在蒋介石派飞机撒下传单来，说前有大渡河，后有金沙江，国民党有几十万大军围追堵截，朱毛红军插翅难逃。要让我们变成第二个石达开。”孙继先这才明白聂荣臻为什么提起石达开，他干脆地说：“管他十达开、九达开，我们一定能过河，我们一定能胜利。”刘伯承接上话说：“我们会不会成为石达开，这就看你们的了。”“请总参谋长交代任务！”孙继先代表全营请战。刘伯承继续说：“安顺场守敌不多，也是一个营，虽是刘文辉的部队，但只是当地袍哥一类人组成的民团武装。你马上率领一营去完成三个任务：第一，歼灭安顺场的全部敌人，歼灭后，点一堆火，作为信号；第二，部队占了安顺场后，迅速找船，再点一堆火；第三，把一切渡河工作准备好后，再点一堆火，我们后续部队马上就到。明白吗？”“明白了。”孙继先知道这先头营任务的无上光荣和无比艰巨，找船和渡河的成败关系着全军的命运，浑身的血液都沸腾起来了，恨不得一步就奔回去，组织全营行动。

孙继先回到营部，把各连干部都找来了，扼要地传达了刘伯承、聂荣臻交给的任务，研究了各连的战斗分工：第一连攻正面，从安顺场南面冲；第三连从西南冲；第二连和营部重机枪排从东南沿河边冲，第二连并负责找船。晚上 10 点钟，部队开始行动。

守在安顺场的是刘文辉第二十四军第五旅的韩槐阶营。他毫无防备，满以为红军会从大树堡过河。因为在前一天，红一军团参谋长左权、第二师政治委员刘亚楼，奉命率第二师第五团攻占了离安顺场 20 余里的大树堡，造船扎筏，大造在那里渡河的声势，并扬言要打到雅安、成都。这就有力地掩护了红一团的行动。当第一营冲入街心的时候，敌哨所里还传出胡琴和唱戏声。第一营指战员顺利地解决了敌人的哨兵，包围了营部，敌人非死即逃。忽然河边响起了一阵枪声。第二连的一个战士跑到营部报告：“营长，找到了一只船。”孙继先闻言连忙跟着向河边跑去。只见月光下一只小船漂在水面上，几个战士正紧张地用手拉住它。船边有几个俘虏狼狈地站在水中。原来这是南岸唯一的船，是从西昌逃回家来的一个敌营长留下来的，准备风声一紧就乘着它逃到北岸去。孙继先想：找到了船，接下来的任务就是把船弄到上游一二里处，做好渡河的准备。于是他指挥战士们推船，谁知逆水推船，一推转一个圈，急得他满头大汗。不知不觉，到了 25 日凌晨 3 点多钟了。

刘伯承和聂荣臻心急如焚，一次又一次派警卫员站在山坡上看信号，一直等了大半夜，听到了枪声，但不见火光。派人侦察了一下，说敌人已被消灭，一营占领了渡口。于是，他们亲自赶到了河边。刘伯承一边走一边喊：“孙继先！孙继先到哪里去了？”孙继先听见叫他，赶紧答：“我在这里。”刘伯承说：“孙继先啊！你该死！你为什么不发信号？”孙继先这才省悟过来：光顾推船了，忘了点火，叫首长着这么大的急，心里非常不安。听孙继先汇报了战斗和找船的经过，刘伯承焦躁的心情平静下来了。他从内心里喜欢这些下级指挥员和战士们，甚至流露出感激他们的心情。是他们的勇敢、机智，歼灭了敌人，占领了渡口，找到了船，是他们在创造红军万里长征的历史。他做梦、走路都想的一只船，终于搞到手了。“有了船我就有办法。”这个意念又浮上脑际。转念及此，他马上变了口气，慈祥地说：“好吧！一营睡觉，等天亮时，把全街能买到的好吃的东西都给你们吃，早饭以后强渡。”

旭日东升，雾气蒸腾，一向沉寂的大渡河畔显出了生气。一位 40 多岁的老船夫带着 20 多名身强力壮的小伙子来受领任务。原来，刘伯承一到安顺场，就派参谋去找一个有经验的船夫来，先了解河宽、水深、流速、敌情等，又问全村有多少只船，有多少船夫，最后给他讲多串联一些船夫，帮助红军渡河。报酬是优厚的，连万一发生不幸的后事都做了安排。那船夫说：“村里的船都被抢到对岸去了，刘家军[①]还要强迫老百姓搬家，要把安顺场烧光，所以各屋附近都堆着柴。大家都恨刘家军，愿意帮助红军，只是没有船。”刘伯承说：“船我们想办法，你去串联同行吧。”当老船夫听说红军找到了船，一清早起来就带着人来了。他带领大家把船拉到上游起渡点系好，把水手分成两班，做好了渡河的准备工作。

7 点多钟，一营在岸边集合了。干部、战士们争当突击队，争坐第一只船，闹嚷嚷吵个不休，以致任务分不下去。当然，大家心里全明白：这不是游山玩水，不是龙舟竞渡，这是战斗，是九死一生的战斗。在对岸敌人的火力封锁下，从礁石错列、水深流急的大渡河强渡，这要冒多大的危险！红军指战员却要争，要抢，要争坐第一只船。在争执不下的情况下，聂荣臻发话了：“算了，不要争了。由你们营长下命令吧，叫谁去谁去。”这时全营才安静下来，几百双眼睛一齐盯着孙继先。孙继先跟团长杨得志小声交谈了几句，宣布二连组织突击队。二连三个排又是一番争执，最后由连长点名，挑选了 17 个人，他们是：连长熊尚林，二排长罗会明，三班长刘长发，副班长张表克，战士张桂成、萧汉尧、王华亭、廖洪山、赖秋发、曾先吉，四班长郭世苍，副班长张成球，战士萧桂兰、朱祥云、谢良明、丁流明、陈万清。人员挑选完毕，给每人装备一支驳壳枪、一挺花机关（冲锋枪）、一把马刀，还有 8 颗手榴弹。在熊尚林的带领下，登上了第一船。这就是著名的强渡大渡河的“十七勇士”。

刘伯承举着他那单筒望远镜仔细观察对岸敌人的工事和火力点，看过来又看过去。待突击队准备完毕，他转头问参谋：“赵章成来了没有？”参谋回答：“迫击炮已经架好了。”刘伯承说：“叫赵章成瞄准对岸那两个碉堡。我们就几发炮弹了，听命令，一定要打准。”他取出怀表看了看，正好 9 点整，抬头对杨得志说：“开始！”杨得志命令：“轻重机枪掩护，强渡开始！”嘹亮的冲锋号吹响了。轻重机枪火力一齐向对岸敌人进行压制射击。系在岸上的船缆解开了。小船一颠一簸地向河心斜漂过去。敌人的机枪弹在小船四周“簌簌”落水，溅起朵朵浪花。大家的心情一阵紧似一阵。这时，刘伯承、聂荣臻都走出了工事，站在岸边。为了首长的安全，冲锋号停止了。刘伯承说：“号音为什么停了呢？继续吹！”这时，萧华

① 指刘文辉的军队。

几步跑上去，从司号员手里夺下号来，甩了两甩，挺起胸膛吹起来。团里的冲锋号响了，各连的司号员也跟着吹起来。刘伯承与聂荣臻不顾个人安危，故意暴露目标，目的在分散敌人火力。岸上的干部战士们情绪激昂，都争着朝前站，把刘伯承和聂荣臻挤到后边去。此时，大家都是一样的心情：打吧，向我们打吧，只要别打中我们的船就行。红军 6 挺重机枪，几十挺轻机枪从不同的角度向敌人密集射击，压得敌人趴在工事里抬不起头来。

船靠岸了。登陆点有 40 多级石阶，只有这个地方可以上岸。17 名勇士飞身下船。敌人的手榴弹、滚雷从上面甩下来。勇士们利用石阶的死角隐蔽，竟没有伤亡。然后，登上石阶，一排手榴弹夺取了岸边的工事，向敌人的碉堡靠近。敌人欺红军人少，一个军官指挥着 200 余人从碉堡里和散兵壕里钻出来反冲锋。刘伯承举着望远镜一边观察一边说："叫赵章成开炮。"赵章成真不愧为神炮手，第一炮就打在敌人碉堡顶上，接着两炮打在敌人的队伍中。敌人死伤很多，顿时大乱。勇士们乘势冲锋，占领了主要工事，残敌向后溃退。

后续部队一船一船昼夜不停地渡。船的最大容量可坐 40 人，往返一次要一个多小时，直至 26 日上午 10 点，第一团才全部过河。刘伯承一计算，照这种渡法，全军过河要一个多月。这是敌情所不允许的。据总部通报，敌薛岳纵队 26 日已进抵西昌以北的礼州，杨森的第二十军先头部队，已达峨边以西的金口河，离安顺场只有几天的路程。刘伯承又陷入了深深的焦虑中。他指示工兵连，千方百计地架桥，同时令各连千方百计地找船。工兵连根据他的指示立即劈竹扎排，作架桥的探索，搞了几次都失败了。用 8 根二号铁丝绳缆，只系上 3 个竹排，放入水中，即被激流冲断。刘伯承得报后，自言自语地说："看来架桥是不可能了……"

中午时分，参谋报告："毛主席、朱总司令、周副主席来了。"刘伯承亲自到村头迎接，陪同到先遣司令部休息。午饭时，用缴获的米酒招待中央领导。毛泽东端起大碗米酒高兴地说："祝贺先遣司令和干部战士们！"接着幽默地问起刘伯承："诸葛亮七擒七纵才使孟获心服，你怎么一下子就说服了小叶丹呢？"刘伯承谦虚地说："主要的是我们严格执行了党的民族政策。"毛泽东又问："你跟小叶丹结拜真的跪在地上起誓吗？"刘伯承说："那当然，彝人最讲义气，他看我诚心诚意，才信任我们。"毛泽东又问："那彝人下跪是先跪左腿呢，还是先跪右腿呢？"这下把刘伯承给问住了。周恩来岔开话题说："后续部队通过彝族区时，小叶丹打着'中国彝民红军沽基支队'的旗帜出来欢迎，伯承、荣臻他们简直把彝区赤化了。"朱德说："先遣队逢山开路，遇水搭桥，功劳不小。"听到这里，刘伯承答话："总司令先别论功行赏，我正为这大渡河架不起桥来犯愁呢。"接着详细汇报了过渡和架桥的情况。经过研究，毛泽东归纳大家的意见说："好吧，我们兵分两路。一师和干部团在这里渡河，为右纵队，归刘、聂指挥，循大渡河左岸前进；林彪率一军团二师和五军团为左纵队，循大渡河右岸前进。两岸部队互相策应，溯河而上，夺取泸定桥。军委纵队和其余部队从泸定桥过河。假如两路不能会合，被分割了，刘、聂就率部队单独走，到四川去搞个局面。"大家均无异议，以军委主席朱德的

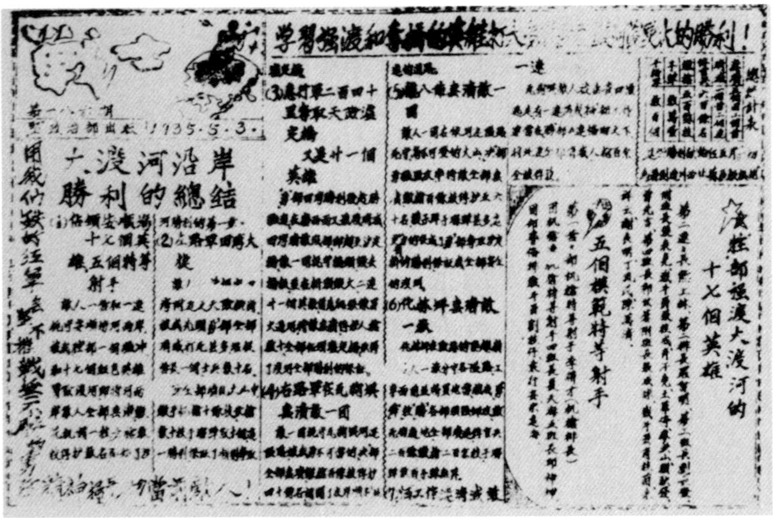
大渡河沿岸
勝利的總結

五個模範特等射手

強渡大渡河的十七個英雄

报道红军强渡大渡河胜利的油印报

名义给各军团发出了相应的电报。

刘伯承和聂荣臻率领右纵队于 27 日出发，向泸定城急进。前方瓦坝有刘文辉部一个团，是先一天到的，派一个营前出 20 里向安顺场方向警戒，连哨又伸出 5 里。午后，邓华指挥先头第一师第二团与敌连哨接触。沿途只有一路可行，时而傍河，时而翻山。敌人凭险据隘，节节抗击。第二团不顾一切往前冲，打到瓦坝附近，已是黄昏时候。敌凭既设阵地，又抗击了几个小时，才向富林方向逃窜。当晚，右纵队在瓦坝宿营。28 日，行 100 多里，中间翻过一座上下 60 里路的大山，到了德妥。这是个小圩场，有几十户人家，相传诸葛亮南征，曾在此住过。该地有民团与瓦坝溃散敌人约百人，经半小时战斗，将其歼灭。时大雨如注，天色已晚，遂在德妥宿营。第三天，行至铁丝沟。这铁丝沟左边是波涛汹涌的大渡河，右边是峭壁千仞的高山。敌第二十四军第四旅由旅长袁国瑞统领在龙八布驻防，这里离泸定城 50 里。袁国瑞派第三十八团扼守泸定桥，第十一团前出到铁丝沟向安顺场方面警戒。刘伯承命邓华率第二营由路右山腰绕至敌人翼侧，第一、三营由萧华率领从正面攻击。敌只顾守住正面，侧背一挨打就乱了套，争相向龙八布逃命。此时，红四团政委杨成武率领该团已向泸定桥发起总攻。守桥之敌第三十八团团长李全山向袁国瑞告急，袁国瑞答："我这里也很紧张。"匆匆挂了电话。李全山知道桥西桥东都来了红军，完全失去了守桥的信心，率残部向天全逃窜。红四团于 29 日 17 时攻占泸定桥。刘伯承和聂荣臻进入泸定城时，已是 5 月 30 日凌晨两点钟了。

刘伯承和聂荣臻不顾鞍马劳顿，坚持要去看看泸定桥。杨成武提着马灯，陪着两位首长从桥东走到桥西。刘伯承对每根铁索甚至铁环都看得十分仔细，好像要把整个泸定桥印在自己的脑海里。当他从桥西折回桥中央的时候，停住脚步，扶着桥栏，俯视大渡河里咆哮翻滚的激流，着力地在桥板上连跺三脚，感慨地说："泸定桥！泸定桥！我们为你花了多少精力，费了多少心血！现在，我们胜利了！我们胜利了！"

至此，强渡天险大渡河的战斗胜利结束。红军第一、四方面军会合的时刻已经不远了。

第五节　与张国焘的斗争

中央红军渡过大渡河以后，经天全、芦山、宝兴，翻越终年积雪的夹金山，向懋功前进。1935 年 6 月 12 日，红一方面军的先头团——第二师第四团与红四方面军的先头部队，在夹金山北麓胜利会师。

6 月 25 日，中共中央领导人毛泽东、朱德、周恩来、洛甫、博古等和总参谋长刘伯承从抚边赶到两河口，欢迎中共中央政治局委员、第四方面军领导人张国焘。张国焘在一个警卫排的保护之下，从茂县赶来会晤。在大雨滂沱中举行了欢迎会，朱德、张国焘讲了话。26 日上午 9 时，召开中央政治局会议，出席会议的有政治局委员毛泽东、朱德、周恩来、洛甫、博古、张国焘。因讨论两军会合后的战略问题，刘伯承以军委总参谋长的身份列席。会议开了 3 天，28 日作出了《中共中央政治局关于一、四方面军会合后战略方针的决定》，指出当前的战略方针是集中主力向北发展，在运动中大量消灭敌人，首先取得甘肃南部，以创造川陕甘苏区。在战役上必须集中主力消灭与打击胡宗南军，夺取松潘与控制松潘以北地区，使主力能够胜利地向甘南前进。

7 月 6 日，中共中央派刘伯承、李富春、林伯渠、李维汉等组成中央慰问团，到第四方面军进行慰问，帮助传达贯彻两河口会议决定，统一战略思想。张国焘指使中共川康省委出面，向中共中央提出改组军委和红军总司令部的建议，由张国焘任军委主席，否则就“不能集中领导”，“无法顺利灭敌”。这完全暴露了张国焘的政治野心。他自恃第四方面军有 8 万之众，不把 1 万余中央红军放在眼里，企图先把红军的指挥权控制在手里，然后再篡夺党和军队的最高领导权。中共中央为团结张国焘，7 月 18 日任命他为红军总政治委员。

8 月 1 日，中共中央发表了具有重大历史意义的“八一宣言”——《为抗日救国告全体同胞书》，提出：“停止内战，以便集中一切国力（人力、物力、财力、武力等）去为抗日救国的神圣事业而奋斗。”

为了北上，中革军委改变了原定的松潘战役计划，于 8 月 3 日重新制订了《夏（河）洮（河）战役计划》，决定第一、四方面军在中央军委统一指挥下，分左右两路北上：以一方面军的第一、三军团和四方面军的第四军、三十军组成右路军，由毛泽东、周恩来率领，以毛儿盖为中心集结，向班佑、巴西地区开进；以一方面军的第五、九军团和四方面军的第九军、三十一军、三十三军组成左路军，由朱德、张国焘率领，以马塘、卓克基为中心集结，向阿坝地区开进。到阿坝后再东进，到班佑地区向右路军靠拢，共同向甘肃南部进军，占领夏河、洮河流域广大地区，在洮河以东建立以岷州为中心的川陕甘革命根据地。8 月 20 日，中共中央政治局在毛儿盖召开会议，以决议的形式肯定了上述方针。

8 月下旬，左右两路军通过了渺无人烟的水草地。右路军到达班佑、巴西、阿西地区，左路军主力到达阿坝地区。刘伯承随左路军行动。26 日，右路军进行了上包座战斗，歼灭胡宗南部 5000 余人，缴获大批武器和物资。

9 月 3 日，张国焘借口噶曲河涨水不能通过，命令已进到嘎曲河附近的部队返回阿坝。同时致电中共中央，公开反对党的北上方针，提出“右路军乘胜回击松潘之敌，左路军备粮后亦向松潘前进”。他还命令已东进到墨洼附近的红五军部队返回阿坝，准备南下。9 月 8 日，他又致电徐向前、陈昌浩，命令“一、三军暂停向罗达前进，右路军即准备南下”。当天，中共中央致电张国焘，明确指出：“左路军如果向南行动，则前途极不利。”隔了一天，中共中央再次致电张国焘：“目前方针只有北上是出路，向南则敌情、地形、居民、给养都对我极端不利，将要使红军受空前未有之困难环境。”9 月 11 日又发出命令：“中央为贯彻自己的战略方针，再一次指令张总政委立刻率左路军向班佑、巴西开进，不得违误。”张国焘竟置之不理，下令右路军中第四方面军部队随他南下，从而分裂了党，分裂了红军。

9 月中旬，张国焘在阿坝召开了中共川康省委扩大会议，会议在一个喇嘛庙里举行。会场上挂着一条横幅：“反对毛周张博北上逃跑！”省委、省苏维埃、法院、保卫局、妇女和儿童团的负责人都到了会，以壮声势。张国焘在会上说：“毛儿盖会议是错误的，北上是行不通的，还是要南下，建立天（全）芦（山）雅（安）根据地，相机向四川发展。”一些受蒙蔽的与会者，在张国焘的蛊惑下，吵吵嚷嚷，围攻朱德、刘伯承，并逼他们表态。朱德从容不迫、大义凛然地说：“我是共产党员，中央北上的决定，我认为是正确的。北上才有出路，你们一定要南下，我也没办法，但南下是没有出路的。”接着，刘伯承说：“我同意北上，从全国形势来看，北上有利，南下是要碰钉子的。薛岳、李抱冰并没有走，向南走，就会碰到薛岳和川军，打得好可以蹲一段，打不好还得转移北上。”会议在张国焘的操纵下，通过了“决议”，污蔑北上是“右倾逃跑”“机会主义”，鼓吹南下才是“进攻路线”。会后，大批调换甚至逮捕、杀害拥护中央北上路线的干部，然后，南下再过草地，9 月下旬，到达台塘、松冈、党坝一带。

张国焘的政治野心恶性膨胀，10 月 5 日在松冈附近的卓木碉，公然另立“中央”，宣布开除毛泽东、周恩来、张闻天、博古的党籍，致电中共中央宣称：“此间已用党中央、少共中央、中央政府、中央军委、总司令部等名义对外发表文件，并和你们发生关系。”为了支撑“中央”的门面，张国焘强加给朱德、刘伯承许多头衔。但朱德、刘伯承临大节而不辱，拒绝承认张国焘的“中央”，呼吁红军要团结一致，党要团结一致，共同打击敌人。张国焘对刘伯承怀恨在心，不久，就将刘伯承的总参谋长职务免去，调任第四方面军红军大学校长。这是刘伯承第二次被撤掉总参谋长职务，算上南昌起义自然失掉参谋长职务那一次，已有三次之多。后来他曾总结说：“三参总戎幕，一败两罢官。”

10 月 24 日，张国焘发起天（全）芦（山）名（山）雅（安）战役，还扬言要占领成都。刘湘为阻止红军入川危及他的统治，在蒋介石的支持下，倾全力对抗。

他调集王瓒绪、唐式遵、李家钰等部，集中80个团于名山及其以北夹门关、太和场、百丈等地区。两军展开连续激战。其中百丈之战最为惨烈，历时7昼夜，虽给敌以重大打击，红军也付出了极大的代价，伤亡四五千人。百丈战斗之后，四川军阀主力集中于东面名山、邛崃地区，薛岳部6个师在南面雅安和天全以南地区，第五十三师李抱冰部在西南面康定、泸定地区，分别加紧封锁，准备大举进攻。南下红军这时东进南下均不可能，处境转入被动。所控制的懋功、丹巴、宝兴、天全、芦山等县多为藏族聚居区，人口不过数十万，物产不丰，粮食、被服补给发生极大困难，战士一日两稀一干，都难乎为继。藏族上层反动分子纠集武装，不时与红军筹粮部队发生冲突。在这样的地区建立根据地显然是不可能的。这时候，不断传来陕北的胜利消息：毛泽东、周恩来率领第一、三军团在陕北与红二十五、二十六、二十七军会合，粉碎敌人对陕北根据地的第三次“围剿”，歼敌1个师又1个团，陕北根据地发展到20多个县，红军亦有壮大。许多指战员听到这些消息后窃窃私议：“还是中央路线胜利了。”1936年1月22日，中共中央电令张国焘取消非法组织，迅速率部北上。24日，共产国际代表张浩（林育英）也致电张国焘，说明“国际完全同意中央政治路线”，不承认他另立的“中央”。张国焘在走投无路的情况下，被迫于27日致电中央，表示“原则上同意”中共中央的路线，并放出“急谋党内统一”的空气。

2月，第四方面军红军大学在天全红岩坝开学。由于部队的大量伤亡和非战斗减员，官多兵少，许多干部只好放在学校里保存起来。刘伯承利用一切机会，宣传北上抗日的正确性，用中央红军北上发展与第四方面军南下受损做对比，用第四方面军南下前后的情况做对比，耐心地说服干部。许多干部在正反两方面经验的教育下，逐渐觉悟起来，感到再这样下去非把部队拖垮不可。北上的呼声越来越高。

3月初，红四方面军由天全、芦山、宝兴等地区撤退，重新北上，三过夹金山。刘伯承随第三十一军第九十三师第二十四团翻越雪山。他边走边对干部、战士们说：“若是第一次跟随党中央、毛主席过了草地，别再南下，那就不会受第三次过雪山草地的苦了。这次北上，我们将和第二、六军团会合，再不能重复上次第一、四方面军会师后闹不团结的错误。”

6月初，朱德率第三十二军（原九军团）到甘孜迎接第二、六军团。刘伯承任先遣队司令，与先遣队工作团主任刘志坚一起在前面为部队开路。两人骑马并辔而行。刘伯承对刘志坚说：你出身好，在关键时刻要坚持共产党员的立场。南下打了败仗，西边是大草地、大雪山，往西康去也站不住脚，张国焘的路线不对。我们要多做工作，说服他们北上。到了罗锅梁子，有个觉日喇嘛寺。刘伯承先派人送信，然后与刘志坚一起，到寺庙去说明红军是过路北上，对宗教和寺庙采取保护政策，与大喇嘛谈得非常融洽。大喇嘛答应帮助红军，并派人到甘孜的寺庙传信，告诉那里的喇嘛不要逃避。7月2日，第二、六军团经过长途跋涉，从湘鄂川黔边界来到甘孜，与第四方面军胜利会师。这时，根据中共中央指示，第二、六军团和第三十二军组成红二方面军，以贺龙为总指挥，任弼时为政治委员，萧克为副总指挥，关向应为副政委。张国焘虽已于 6 月 6 日被迫取消第二“中央”，但并没有改变同中央对抗的立场。在第二、四方面军领导人举行的甘孜会议上，朱德、任弼时、贺龙、刘伯承、关向应等经过坚决的斗争，终于迫使张国焘同意第二、四方面军一起北上与中共中央会合的行动方针，取消了他另立的“中央”。7 月 27 日，中共中央批准成立西北局，以张国焘为书记，任弼时为副书记。

当时红军缺乏与骑兵作战的经验，为了过草地时与敌人的骑兵作战，奉朱德的指示，刘伯承到第二方面军讲打骑兵的战术。7 月初的一天，第二方面军的干部集合在甘孜方面军司令部，萧克宣布了会议的主旨。广大干部，对于刘伯承多数是闻名而未谋面，今日见到了这位老成持重、从容大度的总参谋长，觉得与心目中的军事家形象非常吻合。在热烈的掌声中，刘伯承开始了他的战术报告，他说：“在我们今后的北进中及通过广大的草原地域时，必然会遇到敌人的骑兵。我们的指战员过去主要是习惯于森林、山地作战，很少甚至完全不了解骑兵，因此，很易于过分估量骑兵对于我们的危险性，遇见骑兵时，很易发生惊慌，以致受到不应有的损失。现在我们应来了解新的敌人和消灭他的最好的战术。”

接着，他详尽地讲述了对骑兵作战的四项基本原则：一要提高战胜敌人骑兵的信心，二要严格估计部队从准备到进入战斗的时间，三要经常研究和充分利用地形，四要利用各种武器在一定的距离上组成密集而有效的火力。最后，他讲解了打骑兵的队形、追击、有组织的后移以及平时进行实际演习等问题。

在这以后，第二方面军广大指战员由于有了对付敌人骑兵的精神准备和战术训练，在遭到骑兵的几次袭击中都没有吃亏。

第二、四方面军会师后，任弼时和他的夫人陈琮英对刘伯承非常关心。当他们知道刘伯承早与前妻失去联系，伤残的身体又无人照顾时，就介绍汪荣华与刘伯承结婚。从此，这位 1931 年参加革命、从鄂豫皖长征到川陕、19 岁的红军女干

刘伯承（左）与汪荣华在长征结束后的合影

部，就成了刘伯承的亲密战友和终身伴侣。

7月下旬，第二、四方面军由甘孜北上。刘伯承随第二方面军行动，任第二方面军红军大学校长。

驻防川北阻挡红军北上的是川军第二十九军。上年4月2日，蒋介石以“玩忽命令”，“作战不力”，连失苍溪、阆中、南部、理番为由，手令：“兼川陕边防督办、第十二路总指挥、四川剿匪第二路总指挥、二十九军军长田颂尧，着即撤职查办。其副军长孙震辅助不力，记大过一次。著令孙震暂率二十九军，戴罪图功。”田颂尧、孙震受处分后，对蒋介石深怀不满。刘伯承探悉此情，于8月7日给孙震送去一函，内称：

德操吾兄麾下：

我军抗日北上，道出川边，接近贵防，而不克与吾兄晤谈，至为歉仄。昔者川军混战，吾辈时或并辔杀敌，时或相对交绥，事迹虽是英勇，究属同室操戈。如留兹精力以抗击日本帝国主义及卖国贼，岂不较为荣幸，言念至此，想当同慨。日本并吞中国，蒋贼为其清道夫，中国北部已非我有。举国血气之士，莫不相谋团结与之为敌。两广事变[①]其一斑也。现在伯南[②]出走香港，李（宗仁）白（崇禧）自治广西，实由于抗日组织团结不坚，使蒋贼得以遂其扫除黔王（家烈）之故伎，西南将士可以前鉴。吾兄英俊卓绝，爱国有素，而又防接陕甘，毗邻红军。联盟抗日，形势顺利，此敝总司令所望于麾下相邀赞同，如吾兄一时不便为此，则甚盼互不侵犯，以保国防实力，切勿为蒋贼离间，自相残杀。临颍无任盼复之至。

孙震见信，作战行动更加消极，只是虚张声势，不与红军进行实际的对抗。

第六节 援西军司令员

1936年10月中旬，红军三大主力在甘肃会宁会师后，刘伯承率领第二方面军红军大学从甘肃成县向环县曲子镇转移。中间翻越一座大山时，遭敌机空袭，刘伯承和汪荣华都负了伤。警卫人员赶忙上前救护。刘伯承说：“没得要紧，闹革命，负伤是常事，哪有不流血的革命？红军就是从血泊里爬出来的。现在我们得想办法继续前进，停久了就危险。”刘伯承被弹片炸伤了臀部，失血较多。但一时既找不到担架，又无马匹，只好简单包扎一下，几个人搀扶着他慢慢走。汪荣华伤在小腿上，包扎了一下，也坚持跟着行军。

---

① 又称“六一事变”。1936年6月1日，广东陈济棠和广西李宗仁、白崇禧通电北上抗日，企图出兵联合各地方势力与蒋介石争夺中央政权，后蒋介石以收买手段，使陈济棠部下的余汉谋及空军倒戈。陈济棠下野，李宗仁、白崇禧与蒋介石妥协。

② 陈济棠，字伯南。

12月7日，中革军委进行了新的调整，以毛泽东、朱德、周恩来、张国焘、彭德怀、任弼时、贺龙7人组成主席团，毛泽东为主席。刘伯承被任命为军委委员、总参谋长、红军大学副校长。

还在10月下旬，为了打通与苏联的直接联系，占领宁夏，根据中革军委的命令，红四方面军总部率2.1万余人，从甘肃靖远县虎豹口西渡黄河，击溃了马步青骑兵第五师马禄旅的河防部队，节节向前推进。11月11日，中共中央及中革军委决定红四方面军河西部队改称西路军，任命陈昌浩为西路军军政委员会主席、徐向前为副主席。西路军将士英勇进击，连克古浪、永昌、山丹、临泽等城镇，到1937年1月，已打到高台县境。但孤军远征，消耗难以补充，又正逢冬季，给养、被装更为困难，一路上损失很大。国民党地方军阀马步芳、马步青唯恐自己的领地甘肃、青海有失，调集10余万兵力来围攻西路军。西路军将士浴血奋战，给敌人以重大杀伤，然而自己也损失惨重。至1937年1月底，全军仅剩下八九千人，退守到张掖县的倪家营子。

1937年2月27日，中革军委获悉西路军危急，决定组织援西军，准备前往援救。任命刘伯承为司令员，张浩为政治委员，下辖第四军、三十一军、二十八军、三十二军。刘伯承、张浩受命后，率所部集中到甘肃庆阳西南的镇原地区待命。不久，奉命向西开进。

1937年春，刘伯承在甘肃镇原留影

这时候，西路军在倪家营子一带与优势的国民党军连续苦战，终因弹尽粮绝，至3月中旬遭到失败。西路军的失败，使援西军的援救行动未能实现，援西军中止西进，在西峰、镇原、固原地域停留下来休整。

6月初，西路军幸存的一些将士，经过千辛万苦，陆续跑回来。他们得到了援西军政治部的热情接待。一天下午，刘伯承、张浩和政治部主任宋任穷来到招待所看望大家。刘伯承在热烈的掌声中讲话，他说：“同志们，你们辛苦啦。我代表党中央，代表毛主席、朱总司令、周副主席向同志们问好，热烈欢迎同志们归队。西路军的失败，使数以万计的优秀指战员牺牲了，使许多同志被敌人抓去了，他们受尽了人间的苦难与屈辱。可是，我们的同志们就在这样险恶的环境中，在十分困难的条件下，仍然采取了各种方法，坚持斗争。回来的同志，都冒着生命危险，才逃出敌人的魔掌，是好样的，是我们的好同志，是党的宝贵财富，组织上完全给予信任。”这一番话说得大家热泪纵横，好像失散了的孩子又回到了母亲的怀抱一样。

6 月 14 日，刘伯承亲自主持了西路军干部座谈会。参加座谈会的有军、师、团各级领导干部和红四方面军机关干部。刘伯承仔细倾听大家的发言，并且亲笔做了记录。他特别注意发言中提到的西路军被俘或失散人员的下落，一一写入笔记本内，准备提供给中共中央进行营救。这些线索主要有：马禄手下有四五百人，韩起禄部有 300 多人，凉州有一批干部被押着修马路，甘州、凉州、兰州一带有不少人散失，还有女同志身强者有 300 多人到了青海。

与此同时，刘伯承、张浩领导援西军，开展了清算张国焘路线的斗争。他们坚持以教育为主，不开批斗会，不采取简单的处分办法，而是大会小会作报告，与干部个别谈话，反复宣传《中共中央政治局关于张国焘错误的决定》，把张国焘的错误与第四方面军广大干部区别开来，一再强调：张国焘始终对于北上与中央会合是迟疑的，对于中央的路线的正确性是不了解的。对于西路军回归的人员，他们指示宋任穷主持的援西军审查委员会，迅速审查甄别，作出结论。除个别人之外，都很快恢复了党的生活，重新分配了工作。

7 月 12 日，第四军写了《四、五、六三个月政治工作状况的报告》，总结反国焘战线斗争的经过，大体上反映了援西军清算国焘路线的情况。《报告》中说：“四军在党中央绝对正确路线领导与援西军首长指导的直接帮助之下，到达镇原之后，开始了反国焘路线的斗争……在经过了军第一次党的活动分子会议开始反国焘路线斗争之后，四军接着于 4 月 7 日举行第一次全军党代表大会，比较具体地联系到四军本身许多实际问题，这样进一步检查了国焘路线在四军的实质。到 4 月 25 日，又经过全援西军第二次党的活动分子会议，任政委[①]传达中央政治局扩大会议的决议，更深刻、更彻底地揭发了国焘路线，同时又在部队中经过干部特别小组会议、团为单位党的活动分子会议、支部大会、小组会等的传达讨论，并联系实际工作的检查，在部队中不断地开展了一些具体斗争（如反单纯军事观点、本位主义、贪污腐化、农民意识、锦标主义等），把许多具体的错误观点、意识联系国焘路线，进行了一些党的原则理论教育……其进步表现在：（一）对国焘路线的恶果有了深刻的认识；（二）认识到党中央路线的正确，对党中央与军委的信任提高了；（三）通过军事训练建立了正规化红军的基础。”

在批判清算张国焘路线的基础上，刘伯承、张浩等团结教育了第四方面军广大指战员，为投入抗日战争做好了思想上和组织上的准备。

---

① 指任弼时。

第七章　到敌人后方去

第一节　抗日誓师

1937 年 7 月 7 日夜，北平城西南卢沟桥头炮声震地，火光烛天。中国国民革命军第二十九军所部英勇抗击日本华北驻屯军的突然进攻。全国性的抗日战争从此揭开了序幕。

在这场民族解放战争爆发之后，中国举国上下表现出了同仇敌忾的气概。

7 月 8 日，中国共产党发出通电，疾呼："平津危急！华北危急！中华民族危急！"号召全国人民、政府和军人团结起来，筑成民族统一战线的坚固长城，抵抗日寇的侵略。9 日，刘伯承与毛泽东、朱德、彭德怀、林彪、贺龙等中国工农红军将领联名致电蒋介石和第二十九军，要求实行全国总动员，策励第二十九军为保卫平津而战，同时请缨杀敌，愿为国效命，与日寇决一死战，誓将侵略者赶出中国去。

在中国共产党和全国人民的推动下，蒋介石被迫逐步表明了对日抵抗的方针和立场，9 月 23 日发表了承认共产党合法地位的谈话。至此，国共两党之间的第二次合作得以实现，中国共产党倡导的抗日民族统一战线宣告正式建立。中国人民的抗日战争有了一个广泛而可靠的基础。

形势的巨大变化给刘伯承带来了新的使命，他与其他领导人一起，加紧进行着党和红军的许多决策活动。7 月 22 日至 25 日，红军前敌总指挥部在陕西三原县云阳镇召开高级干部会议。刘伯承和张浩、陈赓、郭述申从甘肃镇原县屯子镇援西军司令部驻地前往出席。总指挥彭德怀、政治委员任弼时听说刘伯承一行到达，出来迎接。会议室里，聂荣臻、邓小平、左权、黄克诚、王震、陆定一等人已先期到达。

刘伯承打开他的黑色笔记本，像拿毛笔一样，捏起一支铅笔，准备做记录。张浩知他惯用毛笔，小声说："善使刀者不善使枪，还是找管毛笔吧。"刘伯承改变握法，微微一笑："胡服骑射，时移事异，不得不改了。"

任弼时宣布会议宗旨："今天的会，是讨论红军改编以及开赴抗日前线等问题。"接着他就卢沟桥事变阐述了当前形势：卢沟桥是控制平汉路、北宁路的枢纽。日军去年占领丰台，现在又突然占领卢沟桥，显然是早已策划好了的。日军已包围北平，天津去年就修好了飞机场，平津共集结了3万人。日本动员了40万兵、400架飞机，准备陆续开到中国来。日军的意图，以大军威胁南京、平津，进而占领华北。

他边讲边翻着稿子：“二十九军打了一下，目前已退到永定河以西。华北当局动摇。但二十九军下级官兵自动起来抗日，是可以拉到抗日阵营里来的。美、英、法从维护在华利益出发，都表示反对日本侵占华北，但并无实际行动。蒋介石调10个师到保定、石家庄一带，想求得和平解决，而无抗日决心。蒋介石的宣言，态度还比较强硬，但行动很使人担心。估计有两种前途：一是愿和平解决，无最大的抗日决心；二是在抗日运动的压力下提出抗战到底。我们党和红军只有抗战才有出路，党中央号召全国抗战，武装保卫平津。现在正处于争取实际抗战的阶段。”

任弼时讲完，由彭德怀作报告。他指出红军改编的意义，是改变目前庞大的不统一的编制和加强部队抗日的战斗力，是为了便利于结成抗日民族统一战线，发动大规模的抗日战争。改编后的中心问题是保证共产党的单一领导。他强调指出，改编以后选择与教育干部是最重要的环节。提出要保存红军固有的特长，改正缺点，要反对在红军实际生活中日益增长的右倾机会主义倾向。

与会者相继发言。轮到刘伯承发言时，他的话有条理、有节奏，使人听得明白、清晰。他分析说，卢沟桥事变有世界大战的性质，往北直接构成对苏联的威胁，往南已严重损害了英、美的殖民利益。日本陆军的重点是对付苏联，海军则是针对美国的。蒋介石搞中庸之道，实行投机政策。他这个亲英美派一方面依靠英、美的支持来牵制日本，一方面想利用日苏冲突来坐收渔利。看他17日的谈话，软话对日本，不肯关闭和谈的大门；硬话对民众，对民众抗日运动提出种种限制。然而日军重兵已临华北，危及他的统治地位，因此又不得不对日本也说几句硬话。不这样，他就控制不住抗日运动，担心被我们所利用。

刘伯承强调，我们应该按照党中央7月21日关于目前形势的指示去努力，争取发展到积极抗战、全国性的抗战。国共合作、联蒋的目的是一致抗日。从国际国内矛盾来分析，蒋介石是有可能抗日的。如果他不抗日，则毫不留情地批评、揭露他，促进国民党内部的分化。归结到一点，中心在抗日，同时中心也在我们自己，我们必须立足于自己的努力。我们有不少有利条件，特别是我们代表社会进步力量，有国际性党的组织，我们是抗日力量的核心。我们为了抗日才建立民族统一战线，否则就变成了无目的的行动。我们与国民党联合，是两党平等地位，为抗日而合作，而不是依附于国民党的无条件的合作。大革命时期蒋介石倒到了帝国主义的怀抱，这个历史会不会重演呢？这在很大程度上取决于我们的工作，我们要把工作重心放在争取民众上面。当前只有抗日才能挽救民族的灭亡，才能争取民众，才能在蒋介石一旦倒向帝国主义时不致被出卖。为着达到这样有利的目标，红军改编有重大的意义。但我们要有名正言顺的指挥机关，对国民党的让步不能超过这个限度。

会议中间，周恩来、朱德、博古等赶来参加，会议发言愈加踊跃。会议一致通过彭德怀的报告及有关决定。

会议召开前的7月14日，中共中央军委发布命令，要求红军以10日为限，以军为单位改编为国民革命军编制，同时搞好出征前的军政训练。25日会议结束时，军委的命令期限已满，军以下部队都顺利完成了改编任务。会议于是要求与会将领回去继续抓好全面改编和军政训练，待命出征。

8月7日，援西军奉命移防。刘伯承、张浩率部由镇原出发，途经甘肃的西峰镇、宁县，陕西的旬邑、淳化等地，于8月下旬到达红军新的集结地陕西三原县，他们把司令部设在石桥镇以西的小磨村。

8月22日，刘伯承和张浩前往陕北洛川冯家村，参加中共中央召开的政治局扩大会议。会议是为了使全党和红军适应全国性抗战开始后，国内出现的复杂的新形势，制定正确的抗战路线和战略方针而召开的。会上，毛泽东作了国共两党关系问题和军事问题的报告。刘伯承与朱德、林伯渠、任弼时、彭德怀、周恩来等先后发言，着重围绕军事战略问题发表了意见。毛泽东对会议情况作了总结。会议通过了《关于目前形势与党的任务的决定》《抗日救国十大纲领》和《为动员一切力量争取抗战胜利而斗争》等决议和文件。会议确定了中国共产党在抗日战争中的行动路线和基本任务，指出争取胜利的关键，在于使已经发动的抗战发展为全面的全民族的抗战。明确红军必须实行军事战略转变，由国内革命战争的正规战向抗日民族解放战争的游击战转变，实行独立自主的山地游击战的方针，使游击战争担负配合正面战场，建立敌后抗日根据地的战略任务。

会议于25日结束。当天，为了加强中国共产党对军事工作的领导，决定成立由11人组成的中共中央革命军事委员会。刘伯承被列为委员。其他10名委员是：毛泽东、朱德、周恩来、张闻天、彭德怀、任弼时、叶剑英、林彪、贺龙、徐向前。毛泽东任主席，朱德、周恩来任副主席。

中共中央军委刚一成立，立即发布《关于红军改编为国民革命军第八路军的命令》，宣布将前敌总指挥部改为第八路军总指挥部，以朱德为总指挥，彭德怀为副总指挥，叶剑英为参谋长，左权为副参谋长，任弼时为政治部主任，邓小平为副主任。下辖3个师，林彪为第一一五师师长，聂荣臻为副师长；贺龙为第一二〇师师长，萧克为副师长；刘伯承为第一二九师师长，徐向前为副师长。不久，南方红军和红军游击队也改编为国民革命军新编第四军。

8月27日，刘伯承出席中共中央政治局召开的座谈会，讨论在抗日民族统一战线中共产党和国民党谁吸引谁的问题。

8月29日，中共中央决定成立中央军委前方分会，负责由红军改编的八路军出师华北前线后的领导工作。刘伯承被任为委员。其他委员是：朱德、彭德怀、任弼时、张浩、林彪、聂荣臻、贺龙、关向应。朱德任书记，彭德怀任副书记。同时决定成立各师军政委员会，刘伯承被委任为第一二九师军政委员会书记。

9月1日，刘伯承与张浩马不停蹄地赶回援西军驻地。第二天一早，他们就召开领导干部座谈会，传达洛川会议精神。9月4日，在连以上干部会议上继续作了传达，并宣布了改编的组织。以援西军为主改编为第一二九师，红四军的第十、第十二师改编为第三八五旅的第七六九、七七〇团。红三十一军的第九十一、九十三师改编为第三八六旅的第七七一、七七二团。陕北红军的第二十九、三十军，独立第一、二、三、四团和第十五军团骑兵团改编为师直特务营、工兵营、炮兵营、辎重营、骑兵营。另有一部分干部组成了教导团。全师共1.3万余人。按照中央军委的命令，第三八五旅旅部和第七七〇团，连同特务营、工兵营、炮兵营、辎重营，脱离第一二九师建制，留防陕甘宁边区。第一二九师准备出征的人数是9160余人。随后，宣布了干部名单，除刘伯承、徐向前的职务已明确外，张浩任政训处主任，倪志亮任参谋长，宋任穷任政训处副主任。

刘伯承认为，当前的中心任务是完成改编，在改编过程中抓好思想教育和必要的训练，以保证部队顺利出师。他和张浩为实现这个中心任务而日夜忙碌着。

把红军改编到国民党军队的统一序列中去，相当一部分红军干部、战士从感情上接受不了。他们从鄂豫皖打到川陕边，又历尽艰险长征到陕北，几乎个个都是九死一生。多年来眼看着许多亲人、战友倒在国民党的屠刀和枪炮下。改编的消息刚一传开，红军内部就产生出一股怨恨、困惑、沮丧、委屈的情绪。

一连几天，刘伯承和张浩召开各种会议，反复向干部战士宣讲形势转变关头党和红军的战略方针和基本任务，解释改编的意义和策略。一次，刘伯承在机关直属队作动员报告。有位干部站起来，冲动地说："我宁可回家当农民，也不穿国民党军装，戴青天白日帽子！"刘伯承让他坐下，启发大家说："我也不愿穿国民党的军装，但是，大敌当前，我们必须齐心协力抗日。不把日本侵略者赶走，我们就不能生存。要懂得民族解放就是阶级解放。都闹回家，谁去抗日？革命多年，应该有起码的觉悟。要识大局，不能因个人的好恶，而置国家、民族的利益于不顾。"

刘伯承还发动大家学习、讨论，通过干部战士自己的教育来辨明是非。讨论中，有人联系到半年多前的西安事变。当时听说张（学良）杨（虎城）两将军活捉了蒋介石，红军人人兴高采烈。后来又听说中共中央派周恩来参加谈判，和平解决事变，放掉了蒋介石，许多人感到不解与气馁。经过教育和讨论，终于明白放蒋介石是为了促成抗日民族统一战线的建立，是党的一个英明决策。刘伯承及时抓住了这个突出的认识事例，把它同怎样正确对待改编联系起来，收到了明显的效果。许多干部战士深有体会地说："相信党中央不能全凭感情，还要不断提高政策和策略水平，否则会跟不上形势。"

刘伯承在紧张的工作之余，还抓紧时间读了一些有关的书。内容涉及共产国际七大的报告及决议、辩证法、政治经济学大纲，还有日本大本营有关侵华方针、策略的材料。他对人说，面对形势的巨大转变，急需用革命的理论充实自己，同时要赶紧研究一下日本将如何进行战争。

刘伯承、张浩见干部战士认识趋向一致，决定举行改编和出征誓师大会。会前刘伯承指定第三八六旅旅长陈赓担任誓师大会总指挥，参谋处长李达协助。他把两人找来，嘱咐说：“这是我们改编后的第一次阅兵，也是我们开赴前线抗日的第一次誓师大会，会场要布置得简单、朴实，但要庄严。主要是把部队组织好，要造成抗日救国、杀敌立功，为挽救民族危亡不惜牺牲个人一切的气氛。”

9 月 6 日，正是西北黄土高原秋高气爽的季节，可这一天却显得有点儿特别，清晨，天低云浓，细雨点点。援西军所属部队陆续向设在石桥镇的会场开进。不一会儿，雨点密起来，滴在人们脸上，感到冷飕飕的。陈赓和李达商量，打算请示师长，大会等天晴了再开。他们刚商量妥，就见刘伯承、张浩带着一群人骑着马来了，军装已被淋湿。

刘伯承问：“你们干什么去？”

“报告师长，雨越下越大，是否——”陈赓正要提出请示。

“不行！”刘伯承神情严肃，一下子打断了他的话，“军人嘛，就是要风雨无阻，决定了的就不能随便改。今天是我们改编和出征的誓师大会，更不能改，必须按时举行！”

“是！”陈赓和李达拨马回头，执行命令去了。

雨点成串地落下来。部队迈着整齐的步伐进入会场。随着一连串此起彼伏的口令声，队伍迅速地移动、调整着，刹那间，近万人面向检阅台，列成了一个庞大的方阵。

检阅台很简陋，野地里竖起四根立柱，上架几块木板，立柱外侧贴上了标语。刘伯承、张浩等立在检阅台上，无遮无盖，任凭风吹雨打。一位参谋找来雨衣给刘伯承披上。刘伯承说：“你知道为将者应当‘冬不衣裘，夏不张盖’吗？”参谋赶紧将雨衣收起来了。

陈赓宣布誓师大会开始，请刘师长讲话。刘伯承高声宣布：“今天是我们的改编和出征誓师大会，也是我们八路军第一二九师宣告诞生的日子。”随后，他谈到了改编的意义。他先简要概述了全国和华北抗日的形势，指出：卢沟桥事变后掀起了全民族抗战的热潮，国民党政府在我们共产党和民众的推动下也已投入了抗战。目前上海方面正在激战。华北方面日军于 7 月底攻占平津后，正分三路急进，一路沿平绥路西犯晋察绥，一路沿平汉路南犯河北，一路沿津浦路进窥山东。华北是敌我势在必争的战略要地，恶战是免不了的。紧接着，他又说：“经

1937 年中国工农红军主力改编为国民革命军第八路军，刘伯承任第一二九师师长

过我们共产党的努力，抗日民族统一战线建立起来了。我们共产党人要把祖国和人民的利益看作最高的利益。现在大敌当前，国家民族危在旦夕，我们要把主要矛头指向日本帝国主义。为了抗日救国，挽救国家民族的危亡，我们要把阶级的仇恨埋在心里，跟国民党合作抗日。”说到这里，他加重了语气：“同志们，对改编这件事需从这样的高度来认识，换帽子算不了什么，那不过是形式，我们人民军队的本质是不会变的，红军的优良传统不会变，我们解放全中国的意志也不会动摇！”他拿出一顶军帽，指着青天白日帽徽说：“这顶军帽上的帽徽是白的，可我们的心永远是红的。同志们，为了救中国，暂时跟红军帽告别吧！”说罢，他把那顶黄军帽戴在头上，然后发出命令：“现在换帽子。”随着他的话音，全师人员一齐戴上了黄军帽，把换下来的红军帽仔细折叠起来，揣进怀里。换帽之后，举行了授旗仪式。刘伯承一一拿起各旅、团的大旗，授到指挥员们的手里。

阅兵仪式开始了。部队顷刻间变换了队形，分列广场四周准备受阅。刘伯承和张浩、宋任穷乘马绕场一周，一一检阅了第一二九师的各支部队。这时候徐向前、倪志亮还在延安，没有到任。干部战士看到刘伯承全身湿透，两腿紧夹马身，腰板挺直，右手标准地行着举手礼，一副精神抖擞的样子，不禁产生由衷的敬意。刘伯承已经 45 岁了，从投身辛亥革命起，出生入死几十年，带着一身创伤。如今肩负师长重任，还是那样一丝不苟，处处率先垂范。联想到他在长征中率部一路过关夺隘，到左路军、援西军后带兵、练兵等样样受人称道，大家对今后在他领导下进行对日作战，充满了胜利的信心。

阅兵完毕，刘伯承回到检阅台上，带领大家宣誓，誓词是：

> 日本帝国主义，它是中华民族的死敌，它要亡我国家，灭我种族，杀害我们父母兄弟，奸淫我们母妻姐妹，烧我们的庄稼房屋，毁我们的耕具牲口。为了民族，为了国家，为了同胞，为了子孙，我们只有抗战到底！
>
> 为了抗日救国，我们已经奋斗了六年。现在民族统一战线已经成功。我们改名为国民革命军，上前线去杀敌。我们拥护国民政府及蒋委员长领导全国抗日，服从军事委员会统一指挥，严守纪律，勇敢作战，不把日本强盗赶出中国，不把汉奸完全肃清，誓不回家！
>
> 我们是工农出身，不侵犯群众一针一线，替民众谋利益，对友军要友爱，对革命要忠实，如果违犯民族利益，愿受革命的纪律制裁，同志的指责，谨此宣誓。

刘伯承领读一句，近万个声音复诵一句。这气壮山河的声浪，回荡在会场上空，显示了第一二九师全体将士誓死抗日救国的钢铁意志。

誓师大会后，全师转入紧张的教育和训练，准备出征抗日前线。在师党代表大会上，刘伯承总结了组建援西军以来的工作，着重总结了抗战以来部队的政治思想教育和军事训练情况。党代表大会选举产生了师第一届党的委员会，并召开了第一次党委会，明确了党委委员的分工，张浩任师党委书记，刘伯承任副书记。为了使各项工作迅速走上轨道，刘伯承主持召开了一系列业务会议。在师参谋会议上，他作了关于司令部工作和参谋职责的报告，宣布了师司令部的组织编制，在参谋长之下设立机要、作战、侦察、通信、队务、训练、管理七个科，一一规定了各科科长和参谋的职责。作战科负责整理与估量当前情况，多方准备材料，以做首长定下作战决心的基础，并依首长的指示，编拟战斗战役计划和命令，还应组织好部队的行军宿营、警卫、通信和作战行动。侦察科应多方搜集关于敌人的情报，并将所得的情报，加以必要的整理，报告给参谋长和首长，据此标绘出当日情况图。机要科必须把下属部队发来的请示电报，先送有关部门主管参谋，由该参谋标出“晓示图”提出处理意见，一并报首长审阅。他指示司令部在援西军的基础上尽快把机构健全起来，选调一些有一定文化和军事素养的年轻干部充实参谋队伍。要求参谋除按照分工各负其责外，人人都要坚持天天练字、天天记日记，通过日积月累，迅速提高文字和业务水平。他强调参谋都要学会测绘知识，能勘察地形，会标图、识图和用图。他重申了严格司令部作战科的值班制度，规定了必须逐日记好阵中日记。记载的顺序是：敌情、本部及下属各部位置、上级指示；本部首长指示及处置，友邻及其他。在师卫生会议上，他指示师、旅、团卫生部门要全力治好伤病员，保证出征的战斗力。在师侦察会议上，他提出侦察是军队的耳目，是取得战争胜利的重要手段，并指示师司令部侦察科组织力量，侦察出师行动地域的道路、地形及社会经济概况，调制兵要地志。

9 月 16 日，刘伯承奉已由八路军更名的第十八集团军总指挥部的命令，率第一二九师进驻富平县庄里镇地区，准备出师山西抗日前线。20 日，刘伯承接到毛泽东的电令，要第一二九师进入晋东南地区，依托太行山开辟根据地。同时得知已先期东渡黄河出师山西的第一一五师和第一二〇师，改变原定的部署于冀察晋绥 4 省交界地区的计划，分别依托晋北恒山和晋西北管涔山开展斗争。这时候，沿平绥路西犯山西的日军已占领大同，前锋直逼平型关、雁门关、神池一线内长城，企图夺取太原，尔后与沿平汉路南犯的另一路日军东西夹击，长驱山西腹地，控制平汉路，进而占领黄河以北。刘伯承对着地图审视着敌我态势，他十分佩服毛泽东及时改变战略部署的决策。他知道，日军正采取迂回战略，八路军主力如还集中在 4 省交界的狭小地域，有被兜击或隔绝的危险，而 3 个师呈鼎足之势分置于山西的 3 块山地，就一下子进到了日军的侧翼，进退有据，便于互相策应、支援，更有利于发动敌后游击战争。他也估计到由于日军步步进逼太原，国民党第二战区司令长官阎锡山指挥的太原会战会认真打一下的，民气、士气不允许他们一退再退了。这样，第一二九师出征的日子不会太远了。于是，他进一步加紧了各项准备工作。他组织部队进行投弹、射击、土工作业和夜间战术等应急训练，成立先遣队，布置侦察，搜集华北地区的兵要地志和了解该地的风俗习惯。

正在这时，国民党陕西省绥靖公署主任蒋鼎文派了一个叫乔茂才的高级参议来到第一二九师，声称要面见刘师长，一来访故叙旧，二来有公事相商。刘伯承把李达找来，对他说："乔茂才我在川军供职时认识，多年没有来往，这些年的情况不清楚。你先去接待一下。"

李达按照刘伯承的意图会见了乔茂才，彼此互通姓名，略事寒暄后，乔茂才就急着说出了自己的使命，是前来递交蒋介石亲笔签署的一项命令，指令第一二九师不必东渡黄河进入山西，而是经陇海路转平汉路北上，加入石家庄方向的作战。李达感到事关重大，便把信交还给乔茂才，对他说："乔参议，这个命令理当由你亲手交给刘师长为好。你先在这里休息，等我请示刘师长再来告诉你。"

李达立即把这些情况向刘伯承作了汇报，刘伯承说："来者不善，善者不来。找我叙旧是借口，分明是想分化我们八路军，他好向蒋介石邀功请赏。"说着，走到地图跟前，"第一一五师已经到了灵丘、广灵、阜平、行唐一线，第一二〇师正活动在神池、宁武、朔县一带。北路日军正跟国民党友军在内长城激战，东路日军旨在夺取石家庄，然后沿正太路西犯，威胁晋北友军侧背。我们师如果按照蒋介石的命令，加入石家庄方向作战，不但对大局无补，而且很容易被日军隔在井陉要隘以东，失去与第一一五、第一二〇师的联系，形成孤军失险之势"。

沉思片刻，他又说："这是个大阴谋，蒋介石想借日本人的刀杀我们，老子不上这个当啊！"李达问："这个乔茂才怎么打发呢？""他想给蒋介石当诱饵，乘机除掉我们一个师。我们不理睬他。国共谈判的时候，已经定了的，对八路军的指挥一定要通过八路军总部，谁也无权越级下命令。蒋介石这么干，不符合这个协议嘛！让他等着，等得不耐烦，他就回去了。"

乔茂才一连等了几天，一直见不到刘伯承，只好灰溜溜地向李达告辞走了。

第二节　东征途中

1937 年 9 月中旬，刘伯承接到中央军委的命令，要他率第一二九师东渡黄河，到晋东南建立以太行山为依托的抗日根据地。他决定率先遣队先行，以便在师主力到达前了解和掌握敌、我、友三方的情况，保证及时进行作战和开展工作。先遣队由师前方指挥所和第七六九团组成。鉴于参谋长倪志亮还未到职，他把参谋处长李达留在后梯队协助张浩工作，师前方指挥所只有几名年轻的科长和参谋。

出发前，他抓紧时间给师司令部干部上军事课，讲战车、装甲车防御法。他从战车、装甲车的一般性能、作用讲起，讲到利用地形地物、破坏道路、埋设地雷以及伏击等防御方法。他强调指出：日军的优势主要在武器，它是资产阶级的唯武器论。我们要树立敢打敢胜的思想。有了勇敢精神还要讲战术，敌人的东西只要我们把它研究透了，总会有办法对付的。

部队出征的消息传开后，引起了人民群众强烈的反响。他们热切盼望八路军到前线狠狠地打击日军，杀杀日军狂妄的气焰，阻止日军长驱直进。那些天，前来第一二九师驻地的老百姓络绎不绝。有送鞋、袜、毛巾、食物等慰问品的，有带牲口主动要求为部队驮行李的，有送锦旗表示钦佩和鼓励的。西峰附近一位年过八旬的老先生，亲自带着一个写有“万民之师”的“万民匾”，外加烟、酒和鸡蛋等物，专程到第一二九师师部求见刘师长。刘伯承热情地接待了他。老先生一见刘伯承布衣布鞋，裤子上还打着一个大补丁，按捺不住内心的激动，伸出双手紧紧握住刘伯承的手，连声说：“你们真是秋毫无犯，堪称‘万军之师’，真可谓尧舜之师不如也。”

刘伯承抓住这些感人的事例教育部队，一方面以此激励指战员们的抗战热情，一方面要求大家继承和发扬红军的优良传统，做好宣传鼓动和助民工作，进一步密切军民关系。他明确指出“走也要走得老百姓满意”。各部队采取与驻地老百姓谈心、贴标语、召开群众大会等方法，向群众宣传共产党、八路军抗日救国的纲领和主张。指战员们争相为群众做好事，扫院子、打水、干农活等。所有这一切，使八路军更受到人民群众的爱戴。一位老大娘查看部队住过的房子，见满屋光亮，门板上得规规正正，地面扫得干干净净，桌椅板凳归放得整整齐齐，连喝水打碎的粗瓷碗也留下了道歉的字条和赔款，她十分欣喜，逢人便说：“你看看，这样的军队能不打胜仗吗？”

9 月 30 日，刘伯承骑在一匹杂色大马上，率领先遣队从庄里镇出发，踏上了出师抗日的千里征途。战马或许是闲得太久了，出得镇来一溜小跑，马蹄“嘚嘚”，发出很有节奏的撞击声。两名警卫人员纵马紧随在后面。再往后，十几匹牲口成一路纵队急驰着，上面有的骑着人，有的驮着行李。这就是第一二九师前方指挥所的全部人马。第七六九团的尖兵早已派出去了，负责侦察和警戒。团指挥所在团长陈锡联的率领下正从后面赶上来，他们将随刘伯承行动，团直和 3 个营按梯次跟进。

秋风拂面，令人心旷神怡。田野里黄色正浓，翠色将尽。三三两两的马匹和成堆的羊群欢快地啃着牧草。长空澄碧，淡云悠悠，雁声阵阵，不断传向南天。

刘伯承无心观赏沿途的田园风光，晋北前线的战火已占据了他的思绪。日军突破内长城多处隘口，进逼忻口，太原会战将要进入艰苦阶段。第一二九师必须争取尽早到达正太路南北，担负起侧击日军的任务。开展晋东南的游击战争，也必须赶在日军侵占以前，以争先机。

经过 5 天的夜宿晓行，过澄城，穿合阳，10 月 5 日，刘伯承率先遣队到达黄河西岸的韩城县芝川镇。这期间，陈赓率第三八六旅于 10 月 1 日出发跟进，由政训处主任恢复政委职务的张浩率师后梯队于 10 月 2 日启程。

芝川镇渡口是秦晋黄河的一处要津，八路军总部和第一一五、第一二〇师不久前都是从这里渡河的。刘伯承带着参谋到渡口察看，只见河面约有 5 里宽，湍急的水流夹带着泥沙翻滚直下，发出惊天动地的咆哮声，仿佛是一条怒不可遏的黄色巨龙。他命令参谋去找船。几个参谋顺着河岸跑了好远，连一条船的影子也没见着。刘伯承让参谋去把芝川镇的国民党地方官找来。参谋从赌场里找到两个管渡口事务的官员。进得门来，这两个官员嘴里嘟嘟囔囔的，显出一副很不情愿的样子。刘伯承劈头就问：“你们这里为什么不备好船？”两人支支吾吾地回答：

1937年9月，第一二九师出征，向太行挺进

“我们不知道贵军今天要过河，实在抱歉。明天一定想办法。”

刘伯承本来就痛恨这帮作威作福、为霸一方的国民党官吏，见他们国难当头，仍一味醉生梦死，不由得火冒三丈，便使劲一拍桌子，厉声喝问：“你们认识我吗？”

两人不明所以，忙说：“不认识，不认识。”

“他就是国民革命军第八路军第一二九师师长刘伯承。”一位参谋从旁介绍。

“知道，知道。刘伯承将军大名，我们早有耳闻，今日得见，非常荣幸。”两人连忙点头哈腰地恭维着。

“啪！”刘伯承又狠狠地拍了一下桌子，声色俱厉地说：“什么荣幸不荣幸的，别给我来这一套。告诉你们，我们是奉了蒋委员长、阎司令长官的命令，要渡过河去晋北前线抗日的。我们大队人马必须明天上午全部过河，限你们两个小时内把船给我调齐。要是贻误了军机大事，我就把你们两个当汉奸论处！”

“是，是，是。我们一定照办，一定照办。”

船按时找来了，刘伯承连夜安排渡河。根据船只数目和两岸渡口的容量，他决定先遣队分两批过河，第一批由陈锡联带第七六九团两个营先渡，余下人员由他亲自率领第二批渡。他还规定了各部队上下船的次序，严令不准丢弃任何装具器材。

一位参谋问正在指挥渡河的刘伯承：“师长，我可从来没见你发过昨夜那么大的火呀？”

刘伯承说：“你看到了吧，国民党政权腐败成这个样子，还能不失民心？还能不打败仗？我在旧军队里待过，知道国民党的作风。他们欺软怕硬，媚上压下，看势头办事。何况这次是故意刁难我们，吓唬他几下子，他就知道八路军不是好惹的了，这就叫以其人之道，还治其人之身。”说罢，便放声大笑起来。

一位参谋跑来报告：附近的老百姓听说八路军要渡河，不少人扛着羊反袭来要求帮忙。刘伯承感慨地说："有民如此，何愁日寇不灭？"他交代参谋：向群众表示感谢，告诉他们船已够用了，动员他们回去。

第一批过渡的船只从东岸返回来了。刘伯承赶紧指挥第二批人马渡河。当人马快要全部装完的时候，刘伯承才健步上船。

船到中流，刘伯承指着两岸耸峙的大山，对大家说："祖国的大好河山，岂容日寇的铁蹄来践踏！我们出师就是要狠狠打击他们！"

先遣队全部渡河后，刘伯承率领部队继续前进。一踏上山西的大地，指战员们有了一种新奇感。这里山势连绵，一座连着一座，仿佛大海里远去的波涛，一眼望不到尽头。居民几乎都住窑洞，山上的依坡而建，露头藏尾的，上圆下方的门洞沿着山边展开，显得错落有致。平川里的村落大多住户众多，窑洞则由人工砌成，有的多孔，有的单孔，有的砖墙砖顶，有的泥墙泥顶，显示着主人的贫富差异。

部队受到了山西人民群众的热烈欢迎。逢村过寨，人们一窝蜂地拥上来，有递开水的，有送糖块和油炸果子的，更有的一个劲儿地往指战员的口袋里塞着鸡蛋、馒头。一到城镇，欢迎的规模更大，活动也有了组织。部队经过荣河、通化和翟店等城镇时，街道两边整齐地站满了欢迎的人群，学生们手执红红绿绿的小旗，上面写着"热烈欢迎八路军！""誓死抗日！""打倒日本帝国主义！"等字样。同样内容的口号声此起彼伏，激越昂扬的抗日歌曲响成一片。指战员受到感染，一面挥手向群众致意，一面唱起了《上前线》歌：

> 炮火连天响战号频吹，决战在今朝。我们抗日先锋军英勇的武装上前线。用我们的刺刀枪炮头颅和热血！嗳，用我们的刺刀枪炮头颅和热血，坚决与敌决死战。
>
> 四十余年的国耻，血债要用血来还。中华民族好男儿们响应祖国的号召。用我们的刺刀枪炮头颅和热血，坚决与敌决死战！
>
> 保卫华北，收复东北，统一我中华，人类和平与幸福不容野兽们来蹂躏。驱逐日本帝国主义强盗出中国！嗳，驱逐日本帝国主义强盗出中国，誓死不做亡国奴！

一路上，刘伯承反复思考如何迅速提高干部的战术素养，特别是游击战的战术水平。他很了解自己手下这支主要由红四方面军改编过来的队伍，富有英勇果敢和坚决执行命令的战斗作风，但战术上比较粗糙，而且习惯于运动战和阵地战。要使部队尽快转变到游击战争的轨道上来，掌握基本的是游击战，不放松有利条件下运动战的一套战术，非花一番大气力不可。他利用宿营、行军间隙等机会，召集师前方指挥所和第七六九团的干部谈话或讲课。他指出：战略方针是根据形势和任务来确定的，现在日寇发动全面侵华战争，中国国内的阶级矛盾让位于中日之间的民族矛盾，中国革命的形势发生了根本变化。中国革命的任务因此由推翻国民党统治转变为打败日本帝国主义。作战对象与过去不同，作战形式也就有所不同。敌强我弱，决定了我们必须采取以游击战争为主的战略方针。他的讲解，使先遣队干部对军事战略转变有了初步的认识。

一次，他跟干部们说：今天，我专门来讲一讲今后如何适应新的斗争形势，对付新的敌人的问题。大家听了很高兴。他接着说："孙子兵法中有'知彼知己，百战不殆'这句话，大家想来是知道的，我就用它来破题。知己，就是熟悉自己部队的状况。新形势下的知己，就是坚持党对军队的领导，做好政治思想工作，发扬三大民主，搞好军事训练。对部队光熟悉还不够，还要迅速提高它。游击战怎么打，运动战又怎么打，二者的关系怎么摆，又怎样互相配合，解决了这一切，才算是真正做到了知己。知彼，就是了解敌人、研究敌人。目前要把敌人的装备、编制、训练、战术都了解清楚，他擅长什么，弱点何在，有何习惯，士气怎样，都要一一弄明白，不然今后作战要吃亏。日本侵略军是武装到牙齿的军国主义军队，他们除了有飞机、大炮外，还有战车、装甲车，甚至可能施放毒剂。敌人的本质是虚弱的，会无所不用其极，这一点应该充分估计到。我们到太原领到防毒面具后，我来教你们使用。我在苏联学习时练习过，不过第一次我没戴好，气被憋得出不来，眼泪直流，可是吃了苦头。"

一席话说得深入浅出，形象、生动、通俗、易记，干部们愉快地接受了。

又有一次，刘伯承把干部召到村头，说："我来跟大家讲一讲沙盘作业。"他用泥沙塑成山包，用绳子做道路，又用眼镜代替"敌人"，用茶缸当"部队"，结合地形讲解伏击战术：我们下一步跟鬼子作战，主要是在山地打游击战、运动战，伏击将是最基本的战斗方式。部署和指挥伏击战，地形要选险，如隘口、崖底、洼地等；进攻队形要横宽，不要摆纵深；火力要集中，纵射、侧射交叉使用；时机要选准，出敌不意，攻敌不备。讲完后，他强调指出："千万不要小看沙盘作业，小范围的作战预先用它摆一摆，可以做到心中有数，打起仗来把握就大得多。即使是一般性的训练，结合战例摆一摆也大有好处。"

10 月 9 日，刘伯承率领先遣队到达侯马。一进城就受到了山西牺牲救国同盟会（简称"牺盟会"）中心区委及其组织的民众的热烈欢迎。牺盟会是中共山西省公开工作委员会书记薄一波等人，通过与国民党山西地方军阀阎锡山建立特殊形式的统一战线关系，而逐步组织形成的一个革命团体，是领导山西抗日救亡运动的重要力量。牺盟会组织了多种形式的欢迎会、报告会、联欢会，表示对八路军第一二九师的热诚拥护和鼓励。大街上的情况同样令人高兴。墙壁上、电线杆上写满或贴满抗战标语，佩着"民族英雄"臂章的应征青年昂首阔步地来来往往，戴着少年先锋队红色符号的学生们排着队，唱着歌，威武地行进着。侯马城里的一番新气象，显示出民众发动起来的强大力量。

侯马是同蒲铁路线上的一个大站。几经交涉，阎锡山拨来了一列火车，并发给了一批给养和被装，还有几十支旧枪和少量子弹。

当天夜里，刘伯承率领部队乘上了火车。刘伯承总喜欢把自己的指挥位置往前靠，上了火车，他坐到第一节车厢里，第七六九团分坐在后面几节车厢里。刘伯承指示陈锡联从车头到车尾拉上电话线，而且要设复线，以确保电话畅通。他对身边的干部说：“火车上要不搞好前后的联系，后面的车厢掉了还不知道，车厢掉了被后面开上来的机车撞上，那就要坏大事。我们就这么点儿本钱，每一个人都是宝贝疙瘩，容不得半点儿疏忽。”

这时候，太原会战的忻口防御战即将开始，日军正集结5万重兵做攻击准备。中国方面第二战区副司令长官兼前敌总指挥卫立煌率8万军队进行防御。一场恶战迫在眉睫。由于战事频繁，同蒲路上的秩序显得很混乱，直等到第二天破晓列车才启动。开出不一会儿，列车就渐渐慢了下来。刘伯承问司机是怎么回事，司机说是水箱里的水漏光了。刘伯承心想，同蒲路的列车大多调到正太路往晋东北运兵去了，这趟列车还是费了不少劲才交涉来的，短时间内要想在现地换车头是不可能的，刚领来的给养被装不能轻易丢弃，可军情紧急，部队不可久滞在这里。他思考片刻，对参谋们说：“俗话说：‘牛皮不是吹的，火车不是推的。’我们今天硬是要推一推火车哟。快派人把火车头推到离汾河近的地方，组织人往水箱灌水，好歹让它往前开，我们的人跟在上面，看前方哪个站上有车头，就换一个开回来。部队先在原地休息。”

按照刘伯承的命令，让车头与后面的列车脱了钩，调了一批战士来推。战士们鼓足了劲，齐声呐喊着，笨重的车头由不动到动，由慢到快地跑起来，到了离汾河最近的地方停下来。

战士们一起提水、灌水，脸盆、水桶、牲口料桶，凡能盛水的用具都使上了。铁路工人和附近的老百姓闻讯，也纷纷赶来帮忙。车头灌满水能开动了，司机把机车开到霍县车站，换了一个好车头，又开着它返回侯马，挂上刘伯承等人乘坐的列车。

为了抢时间，刘伯承大手一挥，下令说：“连夜出发。”列车载着3000名八路军健儿，一路呼啸着，冲破夜暗，向太原进发。

第三节　首战告捷

1937年10月11日中午，刘伯承率先遣队到达太原。列车运行途中，遭到日本飞机的空袭，不得不组织部队疏散隐蔽，又耽误了半天时间。

太原城里已弥漫着浓厚的战争气氛。

先遣队刚刚住下，刘伯承就去见阎锡山，交涉粮、弹补充等事宜。阎锡山的副官把刘伯承引到阎锡山的办公室。阎锡山起身相迎，说：“伯承兄，我正等你来商谈军务呢。”刘伯承说：“阎长官，本师奉调到你麾下来抗日，这次北上路过太原，特来拜访。”

“欢迎你师加入晋东北战线，忻口形势紧张，外围支撑点崞县8日已失，原平也于昨日陷落，我们正面防御的部队受到日军很大的压力，希望你师能配合我们打几仗。”“本师赶来前线，就是要配合友军作战的，只是我们武器太少，又很陈旧，弹药也奇缺，每人平均还不足十发子弹。请阎长官能给我们补充一些枪械弹药。”

“伯承兄，对不起得很，我的武器弹药都发完了，部队都在打仗，抽也没法抽。”阎锡山回答说。

“阎长官一点也不给补充，太说不过去了吧，这恐怕有违军队按系统补充的规定吧，对本师作战也不利呀。”

阎锡山装出一脸苦相，辩解说：“伯承兄不要误会。不瞒你说，我们眼下也很吃紧哪，我们在阳坊口的军械库让日本人给端了，枪弹也难以为继，希望伯承兄多多体谅我的苦衷。”

刘伯承又说：“阎长官，本师初到山西作战，总得有个后方基地，请在昔阳划一块山地供我们安置伤兵。”

阎锡山回答：“这件事我还定不了，昔阳归娘子关方向前敌总指挥黄绍竑管辖，到时候你去跟他商量吧。”

刘伯承步出阎公馆的大门。随从参谋走拢来，报告说：“去省府秘书处要华北军用地图，他们答复说都被前线拿走了，只给找了几张省版的地形图。这分明是故意刁难……”刘伯承说：“阎锡山这个老滑头，真是拔毛也要过秤。靠他们靠不住，还是靠我们自己。”

回到驻地，值班参谋报告：张浩率师后梯队已到侯马，与陈赓率领的第三八六旅会合。刘伯承立即指示：向张政委发报，告诉他总部已令师前方指挥所率第七六九团向太原东北山地挺进，执行侧击敌人近后方的任务。我们明天即向目的地开进。

第二天，刘伯承率师前方指挥所和第七六九团继续乘火车前进。在火车上，他把陈锡联找来，对他说：“虽然国民党仍在执行太原会战的计划，但看形势，太原是很难保住的了。日军北沿同蒲路攻忻口，东沿正太路攻娘子关，显然是两面会攻太原。国民党军队两线防御兵力略占优势，两位前敌总指挥卫立煌、黄绍竑指挥上也不弱，然而友军装备比敌人差，火力也弱，加上作战指导上惯用一线硬顶的阵地战，不知因时变通，采取大纵深多梯次的防御，适时组织反击，所以最终是守不住的。阎锡山已经准备向黄河西岸搬家，说明他们自己也没有信心。”

顿了一顿，他又说：“朱总司令已率一一五、一二〇师开到忻口战线的右翼，在滹沱河南岸依托五台山组织防御，他已命令我们赶到原平东北投入战斗。”

“我们团的具体任务呢？”陈锡联问。

“你们团的任务是在原平东北侧击雁门关向忻口进击的敌人。到我们第一个集结点东冶后，我要去总部开会，部队归你指挥。我们师抗日的第一仗就看你的了。第一仗可打小一点，但第一炮一定要打响，出师的首战胜利特别重要。”

“在什么情况下动手比较合适呢？”陈锡联又问。

“情况不清楚可以发电报来，但部队单独行动，你们要独立自主，机断行事，也就是说在上级总的意图下，根据千变万化的情况，抓住战机，主动歼敌。可以一边打一边上报，也可以打了再报。否则就要坐失良机，不但消灭不了敌人，反而使自己陷入被动。”

陈锡联神情专注地点着头，表示已经理解他的指示。

刘伯承最后叮嘱说：“太原失守总是不利，你们要做好克服困难的准备，既要大胆，又要慎重。只要指挥得好，把部队组织好，上下同心协力，又有广大人民的支援，日本军队是可以打败的。”

陈锡联根据刘伯承的指示，率第七六九团于次日清晨向指定地点开进，两天后到达目的地代县以南的苏龙口一带。苏龙口南距忻口百余里，位于忻口至大同公路的东侧，是侧击日军的理想地点。陈锡联通过侦察发现附近的代县、阳明堡等地已被日军占领，日军的汽车整天在这一带公路上运输兵员、辎重。飞机从阳明堡方向轮番起飞，轰炸忻口友军防御阵地。他判断飞机场就在阳明堡周围，于是带着第二营营长孔庆德、第三营营长赵崇德，爬到滹沱河南岸的一个山头上观察。三人抬眼一看，对岸日军机场历历在目：机场位置在阳明堡镇以南，机场里准备起飞的飞机正在加油、装弹，刚刚降落的飞机则由汽车牵引到停机坪的一角检修，机场里活动的人员并不多。走下山来，他们又设法找到阳明堡附近的群众进行了解，证实机场守卫兵力不强，只有 200 人左右，警戒也比较松懈。因日军初到中国战场，还没有重视后方戒备。但阳明堡镇驻有不少敌人。

阳明堡旧址

经过研究，陈锡联决定夜袭机场。他想起刘伯承一路上的指示：注重影响，抓住战机，机断专行，首战必胜，心里更充满了信心。10 月 19 日夜，陈锡联率第七六九团开始行动，由第三营袭击机场，第一营袭扰崞县，牵制驻在该县的敌人，第二营为预备队。

第三营突击队的指战员们在夜幕的掩护下悄悄摸向机场，爬过了铁丝网，飞机的庞大身影隐约可见。他们压抑住内心的激动，继续向飞机接近。100 米、80

米、50 米、30 米……眼看着手指快要触到机身了，突然，日军哨兵的枪响了，守卫机场的日军慌乱地射击起来，有几个坐在机舱里的飞行员也被惊醒，连忙打开机头上的机枪，盲目地放起来。指战员们毫不迟疑，一部分人冲上去，对付日军的警卫部队，进行了短促的射击后，接着开始了肉搏；一部分扑到了飞机旁。

“快往飞机肚子里甩手榴弹！”赵崇德及时下达命令。战士们把一颗颗手榴弹扔进机舱，端起枪“砰砰”地朝机身扫射。顷刻间，许多架飞机被击中起火，火势腾空而起，很快燃成了一片火海。

这一仗，烧毁飞机 20 余架，歼敌百余人，摧毁了忻口日军重要的空中支援力量，减弱了它的攻势，有力地配合了国民党友军的防御作战，在全国产生了巨大影响。第七六九团付出了伤亡 10 余人的代价，年仅 23 岁的第三营营长赵崇德不幸光荣殉国。

刘伯承接到陈锡联夜袭阳明堡机场的捷报，异常兴奋，赞不绝口：“首战告捷，打得好，打得好！”

后来，刘伯承对这次战斗作了总结，指出其优点是：侦察清楚，部署周密，行动秘密而迅速，动作突然而坚决。特别是担任主攻的第三营，以坚决英勇的格斗，不惜牺牲，故能在 1 个小时内完全烧毁敌机。缺点是：次要方向分配兵力过多，只有 1 个营用于突击方向，其余部队没有用上，殊为可惜。另外，预定的夜间联络记号未严格运用，在与敌混战时无法识别。

第四节　重叠的待伏

1937 年 10 月 19 日阳明堡战斗打响的当天，刘伯承赶到平定县城以东的马山村，与前一天开到的第三八六旅会合。他准备率该旅侧击进犯娘子关的日军，支援防御娘子关正面的国民党友军作战。

刘伯承立即召集营以上干部开会。他首先简要介绍了太原会战东西两个方向的战况：忻口友军顽强坚守，日军攻势受挫；娘子关外日军正集结重兵，企图一举突破。接着，他交代了第三八六旅的任务是在娘子关以南待机，准备侧击可能从右翼迂回的日军。他通俗地解释了“侧击”的意义和方法：“日本鬼子人多装备好，很愿意跟我们硬拼。可我们偏不这样干，而是打它的侧背。大家一定都懂得这样的道理，对付大人的欺侮，小孩子只有找机会躲在门背后，等他过来，就乘其不备地给他迎头一棍。我们目前就是用的这一打法。”他还结合平型关战斗讲到了作战的组织指挥：秘密而周到的准备，迅速而突然的动作，侦察清楚，地形选择好，抓住日军狂妄、疏于戒备的弱点，采用伏击方法，兵力部署和运用都要恰当，发挥近战和英勇果敢的特长，就可以克敌制胜。

21 日，刘伯承赶到娘子关以南的柏井国民党友军第三军指挥所。军长曾万钟向他介绍说：“沿正太路西犯的是日军第二十师团，另有第一〇九师团从营邑向昔阳迂回。娘子关一线进行防御的是国民党军第二十六、第二十七路军和第三军。本日日军第二十师团避开娘子关正面阵地，集中兵力和火炮向右翼的新关猛攻。新关守军凭借窑洞式半永久性工事和钢骨水泥永久性火力点进行防御，予敌以重大杀伤，娘子关的守军随时准备出击支援。这样部署，日军是难以从娘子关突破的。刘伯承对曾万钟说："日军不攻娘子关而攻新关，看来它是研究了娘子关倚壁临渊、易守难攻的特点的，想来个避实击虚。现在既然发现新关也不易得手，它很可能还会往南迂回。新关以南的石门，位于防御主阵地的右翼警戒线上，必须火速派兵占领，严防日军偷袭。"

曾万钟并没有接受刘伯承的建议。

果然不出刘伯承所料，日军在新关攻击失利后，派出第四十旅团 5 个大队进行右翼迂回，从井陉方向迅速占领了石门。当晚，日军发现了集结在附近的第三八六旅第七七一团，他们故意避开大路，从谷底小沟秘密通过，绕过第七七一团的警戒线，然后突然袭入第七七一团的阵地。第七七一团仓促应战，且战且退，被迫分散撤出了阵地。

刘伯承恰好赶到，立即指挥随带的部队投入战斗。日军受到意外打击，停止了攻击。

第二天，第七七一团夜间被冲散的人员陆续返回来了。刘伯承严肃批评了他们疏于警戒、遇袭失措的缺点，同时指出了他们的强韧性好，尽管被敌袭击溃乱不堪，但仍能于一天之内迅速收拢起来。并指示他们开到营庄、马山一带集结，准备配合第七七二团伏击敌人。

安顿好第七七一团后，刘伯承交代李达："部队遭敌突袭，这是一个教训，责任应该由我们承担。你再把情况核实一下，我要给周恩来副主席写检讨。"

日军在娘子关右翼的迂回行动，震动了国民党娘子关防御前敌总指挥部，他们马上派出第二十六路军一部到东、西回村一带阻击日军。日军从石门一线发起猛攻，25 日突破东回村南北一线阵地，国民党守军溃散。曾万钟见形势危殆，率第三军指挥所撤回旧关。娘子关的侧背完全暴露在日军的攻击矛头之下。

刘伯承判断：日军为了切实控制正太路南的平行大道，必然加紧从井陉至平定的小路运兵运粮。他决定按原计划在七亘村打一仗，钳制日军的迂回进攻，掩护娘子关友军。七亘村是理想的伏击战场，它是井（陉）平（定）小道的必经之地，从七亘村往东到石门，正好是 10 里峡谷，谷深数十米，底宽不足 3 米，地势十分险峻。刘伯承经过实地调查，选中了这个伏击阵地，随即命令第七七二团第三营进至七亘村附近待机。

次日拂晓，测鱼镇日军的辎重部队在 200 多步兵的掩护下，向西开进。9 时许，日军进入伏击区。第七七二团第三营放过敌人的前卫部队，向它的本队突然发起火力袭击。地形选得实在太便利了，陡坡顶上的机枪、步枪"哗哗"地往日军的人堆里倾泻着子弹，手榴弹只消打开保险盖，垂直往下放。日军顿时像炸了窝的马蜂似的乱碰乱撞，死的死，伤的伤，有不少被挤下了深沟。一阵短促猛烈的火力袭击后，战士们随着一片喊杀声，奋勇跳入敌群，跟日军展开了白刃战。

有几名日军被战士们压到了断崖边，战士们边喊边示意他们缴枪投降，日军竟不理睬，端着刺刀反扑上来。战士们毫不留情地击毙了他们。两个多小时后，枪声、喊杀声渐渐沉寂下来。日军除少数逃回测鱼镇外，其余全部被歼。

战士们兴高采烈地打扫着战场。枪支弹药最先成为他们手中的战利品，机枪、步枪、长枪、短枪、好枪、坏枪，统统收拢起来。武器是战士的第二生命，严酷的战争实践使他们懂得了这个真理。也有不少人迫不及待地穿上皮靴，戴上钢盔，身上披上了黄呢大衣，有的嘴里还学着叽里咕噜的日本话。

八路军打胜仗的消息很快在七亘村一带传开。附近的孔氏村、南泉村、北泉村推派代表抬着大肥猪，送到第三八六旅旅部，给八路军庆贺胜利。

当天，刘伯承得到情报：正太路西段的日军正向东运动，娘子关右翼的日军也正继续向旧关抄袭。他很清楚日军的意图是急于打通正太路，从背后威胁太原。据此，他判断七亘村仍然会是日军进军的必由之路，因为舍此别无通道。再从日军目前的作战特点来分析，他们屡胜之后骄横得很，通常发一股牛劲，向预定的目标执拗地突进，毫不理会一些小的损失。况且根据“用兵不复”的原则，他们万万想不到八路军会在同一地点重复设伏。于是，断然决定还在七亘村给日军一个突然打击。

为了迷惑日军，当27日日军派兵到七亘村来收尸时，刘伯承让第七七二团主力当着日军的面佯装撤退，造成七亘村无兵把守的假象。实际上第七七二团第三营绕了一圈又返了回来，集结在七亘村西改道庙公路南侧山地里。

28日晨，敌人的辎重部队果然循原路过来了，前后有100多骑兵、300多步兵作掩护。他们毕竟吃过亏，一路加强了搜索警戒，遇有可疑处便发炮轰击。到了七亘村附近，他们更加小心翼翼，朝村里村外进行了反复的炮击。第七七二团第三营的指战员们隐蔽在灌木、草丛和石洞里，沉着镇定，不发一枪。

11时许，日军进入了伏击地域。第七七二团第三营的机枪、步枪一齐响了起来，组成了严密的火网。这次日军已有精神准备，一遇打击便就地组织抵抗。第三营在兵力不占优势的情况下，仍英勇出击，将日军截成两段。由于负责增援的第二营因天雨路滑，没能按时赶到，因此第三营没能将敌全歼。战至黄昏，敌人乘夜色朦胧，突围而出，一部向西逃往平定，大部向东退回测鱼镇。

这次伏击，击毙日军百余名，缴获骡马几十匹。

这次战斗牵制了敌人，使困在旧关以南的曾万钟部1000余人，从敌人的包围中被解救了出来。

在战利品中，找到了一份山西省地图和华北军用地图。刘伯承想起在阎锡山那里碰钉子的事，愤然地说：“没想到日本人用中国印的地图打中国人。怪不得阎锡山那里说没有地图了，原来是跑到日本人手里了。”

第一二九师的两个团毕竟无法挡住数万日军的强大攻势，他们的积极战斗只能最大限度地起到牵制、迟滞敌人的作用。就在七亘村第一次伏击战同一天，日军攻占柏井，威胁娘子关与旧关国民党守军的侧背。娘子关防线上的国民党13

个师惧怕后路被切断，争相撤退。日军乘势尾追，29 日占领平定，30 日占领阳泉，11 月 2 日占领寿阳。娘子关的陷落，使忻口守军陷于腹背受敌的困难。坚守了 23 天的忻口，于 11 月 1 日放弃。晋北、晋东战局陡然恶化。

10 月底，八路军总部为了加强打击沿正太路及其南侧西犯敌人的力量，率第一一五师主力和第一二九师第七六九团由五台地区南下，进至寿阳以南地区。

10 月 30 日，刘伯承率第三八六旅进至昔阳以东地区，准备侧击经九龙关西犯昔阳的日军第二十师团。第二天，刘伯承在师指挥所作战室里正翻看着敌情通报和友军位置图，参谋处长李达进来报告：日军第二十师团正沿九龙关大路进犯昔阳，它属下第一三六联队的一个大队将从南侧小路迂回策应。刘伯承查对着地图，目光停在昔阳以南的南界都、北界都和黄崖底一带。他对李达说："这一带地形复杂，正是伏击的好阵地，特别是黄崖底，它的位置正卡在河谷里，离大路很远，敌人又只有一个大队……"李达心领神会，说："师长说让哪个团担任主攻吧。"刘伯承说："让第七七一团打吧。自从上次遭袭击挨批评后，他们还没正经打过一仗呢，指战员们早憋不住了。"说完他又交代李达："先别忙通知部队，情报、地形要搞准确，情报叫侦察科再去核实一下，地形叫作战科实地去勘察一下，然后来向我报告。"

不久，侦察敌情和勘察地形的人员回来报告：敌情无变化，地形跟地图一致，利于伏击。刘伯承于是下令：第七七一团主攻，第七七二团掩护，准备向伏击地域开进。

11 月 1 日，刘伯承把师指挥所开设到黄崖底附近一个山顶的后侧，他拿起单筒望远镜朝伏击地域看去：一座小庙和十几孔窑洞紧挨道路。小路和小河在这里交汇，河水半涸，露出满是鹅卵石的河滩。路和河的两边是长长的斜坡，现出一个大漏斗的形状。在这里伏击，视野廓大，射界开阔，既便于隐蔽，又利于防守。相反，敌人在狭窄的沟底无法展开队形和火器，只能被动挨打。

他要参谋接通第七七一团和第七七二团的电话。按照作战部署，第七七一团将占领黄崖底以南的凤居村一线阵地，尔后派出小分队与敌保持接触，把敌人引诱到黄崖底予以歼灭。第七七二团则隐蔽集结在黄崖底以东的巩家庄待机，准备协同第七七一团聚歼敌人。

电话接通后，他分别向第七七一团团长徐深吉和第七七二团团长叶成焕询问了准备情况和部队士气。刘伯承表扬他们动作迅速坚决，叮嘱他们明晨 6 时前一定要进入伏击位置，打响前要沉着耐心，打响后要注意协同。

第二天，太阳刚刚露头，日军的纵长队形从南界都方向出现了。

第七七一团按预定计划，派出一个小分队向日军突然射击，吸引日军。小分队打一阵，走一阵，直把日军引到凤居村前，自己则退到村西北高地扼守。日军恼羞成怒，组织力量轮番攻击，但都被打了回来。日军久攻受挫，变得十分沮丧和疲惫，午饭时分，他们撤到黄崖底河滩集结，休息吃饭。

刘伯承见时机已到，下令开火。全线的枪炮一齐轰鸣起来，第七七一团正面纵射，第七七二团侧面斜射，铺天盖地的交叉火网罩向敌群，正端着饭盒的日军被打得蒙头转向。

不一会儿，日军集结全部人马和火炮发动反击。暴雨般的炮弹倾泻在第七七一团前沿阵地上，黄土都全部翻了过来。第七七一团的战士们机灵地疏散到一旁。日军以为前沿阵地上的八路军都打光了，步兵嗷嗷叫着往坡上冲。战士们跳到被炮火毁坏的掩体里，甩出一排排手榴弹，被炸得鬼哭狼嚎的日军又退回了沟底。

敌人连续反击失败，就利用土坎和依托窑洞抢修工事，准备固守待援。

由于直上直下的陡坡不利于出击，加之兵力对比上第三八六旅也不占绝对优势，用近战手段彻底消灭黄崖底的日军已不可能，但给日军以最大限度的打击是完全必要的。刘伯承下令："集中全部火力，猛烈杀伤敌人！"坡顶上两个团的迫击炮、轻重机枪重又交错着响起来，组成了一阵急促的弹雨，打得敌人抱头鼠窜。20 分钟后，刘伯承下令停止射击，部队迅速撤出了战斗。

这一仗，共毙伤日军 300 余人，骡马 200 余匹，第三八六旅仅伤亡 30 余人。这是一个以小的代价换取大的胜利的典型战例，刘伯承以后在总结作战经验时曾多次提到它。

日军对这一仗所受到的打击异常惊恐，谈虎色变。一个日军随军记者曾为这一仗写过专题报道，他用"过天险黄崖底"这样醒目的标题进行了描述。

日军第一〇九师团按照由平定、昔阳迂回榆次、太原侧后的计划，继续西犯。黄崖底战斗的当天，第一〇九师团进到了昔阳以西的马道岭地区。八路军第一一五师主力决定在日军前进方向的广阳设伏。11 月 4 日，第一一五师主力在广阳伏击第一〇九师团的辎重部队，经 4 小时激战，歼敌近千人，缴获骡马 700 余匹，步枪 300 余支及大批军需物资。

这时候，徐向前副师长率第七六九团开到昔阳附近，第一二九师的 3 个团胜利会师，刘伯承、张浩跟徐向前高兴地握手、交谈，互相诉说着分别几个月来的见闻和感想。

11 月 7 日，刘伯承和徐向前、张浩率第一二九师到广阳以东的户封村附近设伏，给由沾尚镇西进之敌一个联队以沉重打击，歼敌 250 名。日军第一〇九师团不得不改变行动路线，转向北去，取道龙泉河河谷，经上龙泉转去寿阳。

从七亘村到户封村，刘伯承指挥第一二九师接连进行了 4 次胜利的伏击战。以后，他把这些战斗称之为"重叠的待伏"。

第一二九师和第一一五师在广阳、户封等地的伏击战，予敌以严重打击，迟滞日军第一〇九师团的行动达一周之久，从而援助和掩护了防守娘子关和忻口地区的国民党友军安全撤退到榆社、平遥和汾河西岸。刘伯承的出色指挥受到国民党友军的钦佩和赞赏。由豫北急调来山西准备布置榆次防御阵地的国民党第二十军团司令汤恩伯，途中见到大批溃散败兵南下，风闻日军已兵临太原城下，率部开到榆社就不敢前进了。11 月 4 日，他专门打电话给刘伯承："刘师长，你们那里的情况怎么样？沁州方向、西河底有敌人来，对我们左侧背威胁很大呀！"

"我们师的司令部就设在西河底，你的左侧背很安全。"刘伯承回答。

“我的右侧背有没有情况呢？”

“你尽管放心，右侧背也没有敌情。从六河沟到石家庄，从石家庄到太原，都有我们的部队。”

“刘师长，目前战局混乱，我想听听你的高见，能否请你到榆社来一叙。”

“好的，我一定前来请教汤将军。”

11 月 18 日，刘伯承和张浩到榆社会见汤恩伯。一见面，汤恩伯就欣喜地说：“你们的游击战打得好啊！日本人吃不消，它的攻势被挡住了。”

“只要大家齐心协力，日本人是可以打败的。”刘伯承话中有音。

晚饭后，刘伯承、张浩向汤恩伯介绍了八路军出师以来的作战情况和初步经验，剀切剖析了举国一致、全民动员是战胜日本的根本之途，力劝他尽守土之责，要打不要退。汤恩伯口里只是说：“承教，承教。”第三天，就率部退到长治、晋城去了。

几天后，宋任穷到浮山、沁源一带去扩兵和发动游击战争，刘伯承、张浩委托他去长治拜访汤恩伯。见面后，汤恩伯向他提出问题说：“你是做政治工作的。我们的部队，用什么法子，也能跟你们一样，打不烂，拖不垮，打散了还可以回来呢？”宋任穷说：“这好办，照我们八路军的样子，在连队建立党支部，发展共产党，包你打不散。”

宋任穷将此向刘伯承作了汇报，刘伯承爆发出爽朗洪亮的笑声，称赞说：“妙！妙！你答得实在妙极了。”

第五节　扎根在晋冀豫边

1937 年 11 月 8 日太原失守后，在华北，以国民党为主体的正规战争已经结束，以共产党为主体的游击战争进入主要地位。

华北日军主力转向平汉路南犯，一部调往上海战场，正太路和同蒲路平遥以北仅留有第二十师团和第一〇九师团的第三十一旅团进行守备。退入太行、太岳的国民党军队忙于收缩整理，汤恩伯部移向晋城，卫立煌部移至隰县、吉县地区，准备退守黄河；阎锡山部聚集在晋西北和晋西南；晋东南只驻有西北军冯钦哉、川军李家钰、滇军曾万钟等残部。

刘伯承和张浩抓住了这个有利时机，按照中央军委和八路军总部的部署，迅速分兵发动群众，坚决开展敌后游击战争，开创以太行山为依托的晋冀豫抗日根据地。

11 月 11 日，刘伯承到和顺以西的仪城镇，参加八路军总部召开的高级干部会议，会上传达了毛泽东关于八路军各师开展游击战争的指示。指示要求除控制一部为袭击队外，大部尽量分散于各要地，组织民兵武装放手发动人民，扩大部队，打击汉奸，进一步发挥独立自主精神，以便准备充分力量对付敌向内线之进攻。根据这个重要指示，总部决定，第一一五师以一部巩固和扩大晋察冀根据地，主力转向汾河流域和晋西；第一二〇师仍留在太原附近，相机向晋西北发展；第一二九师深入晋东南，迅速建立起四个战略支点。

11月13、14两日，第一二九师在和顺县右拐镇召开全师党员、干部会议，进行坚持华北抗战的动员，刘伯承在会上作了动员报告。他传达了毛泽东和八路军总部的指示和决定，并部署了第一二九师和部队的行动方向与任务。

对于毛泽东的指示和总部的决定，他强调了必须结合实际理解它们的重要意义。指出：开展敌后游击战争，抗战以来我们一直在强调，现在到了全面执行的时候了。目前日寇正忙于正面战场的进攻，但是他们占领的只有点和线，广大乡村尤其是山区还是“真空”地带。国民党军队几乎全面撤退，无力他顾。人民群众迫切要求对日作战和收拾那些趁火打劫的散兵、土匪和压榨百姓的汉奸，建立一个较为安定的抗日的社会秩序。我们共产党的抗日救国十大纲领和我们八路军的英勇抗战行动，模范的群众纪律，特别是第一二九师出征以来连续取得了阳明堡、七亘村、广阳等战斗的胜利，受到了群众的拥护，这就使我们具备了大力发展游击战争的条件和时机。

关于第一二九师各部队的行动方向和任务，他宣布了师军政委员会的决定：全师化整为零，分散到各地活动，每个团的各个营都抽出一个连，组成工作团或游击支队，到指定地点同中共地方组织、游击队一起工作。

这次会议是第一二九师开辟太行山抗日根据地的一次具有开创意义的重要会议，史称“石拐会议”。

石拐会议后，刘伯承、张浩率师部移驻辽县（今左权县），跟晋冀豫省委商量了在开展游击战争过程中，军队与中共地方组织如何配合和协调行动等问题。随后，全师的主力部队分别在同蒲路东侧、正太路南侧和平汉路石家庄至磁县段以西的地区展开。

在这以前，当第一二九师主力刚到平定的时候，刘伯承就电令师参谋长倪志亮派遣秦基伟、赖际发等率领9个工作队，每队5至10人，到正太路南侧太谷、寿阳、昔阳、和顺等地，同中共当地组织相结合，组织起平定、榆次、太谷、寿阳等多支游击队。11月初，又派骑兵营挺进赞皇、临城地区，协同杨秀峰领导的“冀西游击队”（简称“冀游”），开展冀西地区的游击战争。

11月16日以后，各路部队纷纷出动。师政治部副主任宋任穷、组织部长王新亭、宣传部长刘志坚等，率领工作团和步兵分队，分别到晋东南地区的沁县、长治、陵川、晋城、武乡、襄垣、平顺、沁源、安泽、屯留等县开展工作。这一带属山西省第三、第五行政区，薄一波任第三行政区主任，另一位共产党员戎伍胜不久也到第五行政区任主任。这两个行政区分属牺盟会沁县、长治两个中心区，抗日救亡运动开展普遍，群众基础较好。桂干生、张贻祥率领由教导团30多个干部组成的游击支队，到平（定）和（顺）公路以东、正太路以南、平汉路石家庄至内邱段以西的晋冀地区活动。张贤约、张南生率领由第七七一团、教导团各1个连组成的先遣支队，到辽县以南、平汉路邢台至磁县段以西及漳河以北的冀豫地区活动。赵基梅、涂锡和率领由第七七一团一个步兵连及教导团部分干部组成的赵涂支队，到白（圭）晋（城）公路以东、漳河以南、平汉路以西的太（行）南地区活动。11 月 18 日，秦基伟、赖际发率领的几支游击队与阳泉工人游击队会合，组成晋冀豫抗日义勇军第一纵队（后称“八路军独立支队”或“秦赖支队”）。不久，谢家庆、张国传率领教导团部分干部组成谢张大队，到榆社、武乡、襄垣、黎城地区活动。各游击支队在活动中都与中共当地的工委或特委组织互相合作，密切配合。

除此之外，豫北地区由唐天际率领直属八路军总部的晋豫边八路军游击支队开辟。同蒲路以东、白晋公路以西、曲（沃）高（平）公路以北的太岳地区，由决死纵队进行开辟。

刘伯承不仅抓紧游击战争的组织工作，为各工作团和游击支队区分任务，划定地域，挑选和指定负责人，而且及时进行具体的指导。一天，他把第七六九团副团长汪乃贵找来，说：“听说你在昔阳西寨搞起了一个党支部，抓党的组织和基层政权建设，不错嘛！看来你还是个粗中有细的人物哩。现在，师里决定由你去成立一个游击支队，你当支队司令员，怎么样？”

汪乃贵连忙说：“哎呀！师长，这可不成。您是知道的，叫我带兵打仗还凑合，让我去拉队伍扩地盘非砸锅不可。西寨毕竟只是个村庄，群众基础也好，抓起来并不太难。一个支队管一大片，党、政、军、民，样样齐全，我大字不识几个，记个指示看个文件都成问题，怎么挑得了这副担子呢？”

“嗨，一不是叫你去当山大王，二不是前清考秀才，”刘伯承神情严肃地说，“是闹革命，打日本，你是专家嘛！宣传群众、武装群众，我们的老传统嘛！没有文化要抓紧学习，不能老当睁眼瞎，这个我讲过不知多少回了。暂时你不会记笔记，开会时你带一根绳子来，我说一件事，你用绳子挽一个疙瘩，‘结绳记事’总会吧。现在党和人民需要你去当司令员，你就坚决去当，还要想办法当好。怎么样？你还有意见吗？”

“没有意见了，我服从分配。”汪乃贵回答。

“这才是嘛！你去找李处长，叫他给你一些人，你带着去发展。”刘伯承口气变得缓和了。

就这样，12 月 12 日，直接隶属于第一二九师的汪乃贵支队宣告成立。

各工作团、游击支队在中共地方组织的支持下，同牺盟会等结合起来，大力宣传、发动群众，组织战地动员委员会、中华民族解放先锋队等各种抗日救亡团体，建立抗日县区政府，繁殖城镇工人游击队和乡村农民游击队，造成了游击战争蓬勃兴起的大好局面。太行山区各县几乎都建起了游击队。各支队的人数，由开始的几十人至二百人逐步发展到几百人，乃至千余人，有的甚至变成战斗旅或军分区的主力。第一二九师的主力兵团，到 1938 年初，在原有 3 个团的基础上，又新建和扩建了补充团、独立团和骑兵团，总共有了 6 个团。

1937 年 12 月，刘伯承、张浩派孙继先、胥光义率领由教导团部分干部组成的挺进支队，越过平汉路进到冀南地区，了解社会情况并与中共冀南地方组织取得联系，准备发动和开展游击战争。

1938 年 1、2 月间，中共晋冀豫省委和第一二九师分别召开活动分子会议和团以上干部会议，总结了在太行山地区开展游击战争的经验，并就根据地的武装、政权、群众、统一战线和党的组织等各项工作进行了讨论，推动了根据地各项工作的全面开展。

到 1938 年 2 月，西起同蒲路，北界正太路，东至平汉路，南达黄河北岸的晋冀豫区的游击战争已全面开展。

随着游击战争的展开和抗日游击支队的普遍建立，晋冀豫军区建设的问题提到第一二九师的日程上来了。

早在 1937 年 10 月底，刘伯承就拟订了一个晋冀豫区建立军区的方案。他设想把军区划分为 6 个军分区，地域范围依次为晋冀、晋中、冀豫、（太）岳北、晋豫和（太）岳南。

他认为军区的职能，一方面要依照自愿原则组织自卫队、游击队，补充兵员，征集资材，安置伤病员，成为积蓄武装力量的机关；另一方面还要指挥军区的基干纵队、支队、游击队、自卫队等独立作战，或者配合正规军作战，又成为使用武力的机关。

由于后来敌情变化和国民党军队南撤以及决死第一纵队进入太岳地区，刘伯承对军区建设方案做了部分调整，决定按第一二九师各游击支队活动的地域和方向，重新划分军分区，同时成立军区。

1938 年 4 月，晋冀豫军区正式成立，对外称第一二九师后方司令部，由倪志亮兼任司令员，黄镇任政治委员。下辖 5 个军分区：晋中秦赖支队编为第一军分区，晋豫八路军游击支队为第二军区，冀豫先遣支队为第三军分区，浊漳河流域谢张大队为第四军分区，太南赵涂支队为第五军分区。至此，晋冀豫军区的基干武装已由原来的几千人发展到 2 万人，并且由初期分散的小游击队扩大、提高为游击兵团。

11 月 24 日至 12 月 21 日，日军第一〇九师团和第六师团一部向晋察冀根据地进行“八路围攻”，晋察冀军区司令员聂荣臻指挥根据地军民展开了反围攻作战。根据八路军总部的统一部署，在第一二〇师破袭北同蒲路的同时，刘伯承指挥第七六九团对正太路进行了连续不断的袭击，有力地支援了晋察冀根据地的反围攻作战。

遭受打击的日军第二十师团师团长川岸文三郎，决心对第一二九师实行报复。12 月 22 日，他指挥步骑 5000 余人，从正太路各大据点向松塔、昔阳、沾尚、广阳、阔郊、范村，进行六路围攻。正面松塔一路约 2000 人以上，配飞机 2 架，炮 10 门，其余各路，各有 500 至 1000 人不等。

前一天，日军飞机到第七七二团驻地松塔附近进行低空侦察，并派出一支便衣队到松塔西北的羊头崖，伪装警戒疏忽的样子，有意引诱第七七二团出击，以便让主力侧击第七七二团。

刘伯承得到报告，结合对平定、昔阳、榆次、太谷等据点日军动向的侦察情况，判断日军要对第一二九师部队进行围攻，决定采取内外线结合的战术来对付。以第七七二团在松塔一线吸引日军分进合击，伺机转到合围圈外或一路日军的侧背进行打击，第七六九团、秦赖支队和汪支队在外线积极配合。

给第七七二团、第七六九团、秦赖支队等的命令发出去后，他拿起电话要通了汪乃贵，先向汪乃贵简要介绍了敌情和一般部署，然后说，这次敌人是分进合击，我们必须集结主力在外线，找机会歼灭它一路，围攻也就粉碎了。

“师长，我们支队的任务呢？”

“你负责对付昔阳出动的敌人。你兵力少，硬顶是不行的，要用正面假打背后真打的办法。你的正面布置在关帝庙，跟敌人接触后边打边退，吸引敌人前进，主力插到昔阳去狠狠地打它的后方。大姑娘的屁股摸不得，这样敌人势必回头，你再设法打它的伏击。”

日军的围攻开始了，正面一路很快从寿阳进到羊头崖，以一部沿松塔向第七七二团驻地华泉村正面进攻，主力向华泉村南面迂回。第七七二团以有力一部扼守华泉村东南高地，阻击日军的迂回部队，而以主力进入村西北高地，抗击日军。日军在猛烈炮火的掩护下，一次又一次地发起冲锋。第七七二团的指战员们沉着应战，利用有利地形有效地发挥着火力，阵地前渐渐积满了敌人苍黄色的尸体。日军屡攻不克，只得收兵。

天空飘起了雪花，彤云密布，暮色四合。第七七二团团长叶成焕见第一步的阻击任务已完成，便乘夜暗向马坊转移。连翻了 9 个小山头，部队进到了马坊。但发觉马坊西边已到了日军，于是部队立即转向马坊东面的独堆。在独堆还未驻定，忽然谍报又到了：独堆东面 10 里也到了日军。部队再次踏上了征途。一气走了 20 多里，到了南军城，才宿下了营。

第二天，松塔、阔郊、独堆三路日军在马坊会合，向南军城进犯。第七七二团仍以小部队据险抗击，用火力杀伤日军，主力悄然转移。入夜，第七七二团召回阻击小部队，派一部绕到马坊以北游击，主力移驻北岭、榆林枰一带，完全跳出了日军的合围圈。

当第七七二团在华泉村打响的时候，由昔阳出和顺的一路日军按计划赶去合围。汪乃贵派一部在关帝庙节节抵抗，迟滞日军，主力却猛然袭入昔阳，打营房，烧仓库，闹了个底翻天。日军慌忙回头救援。汪乃贵率部在关帝庙进行伏击，打得敌人狼狈而逃。第七六九团和秦赖支队也在沾尚给由平定出动的敌人以重大打击。

敌人合击第七七二团扑空，外线又受到连续的打击，不得不全线撤退。第一二九师主力部队结合游击队、自卫队展开侧击和尾击，又增加了敌人的损失。各路敌人在凛冽的寒风中踏着积雪垂头丧气地撤回据点。26 日，寿阳以南的敌人完全撤走，第一二九师反六路围攻胜利结束。

反六路围攻的胜利，是刘伯承指挥第一二九师和一部分游击队、自卫队取得的一次具有重大意义的对日作战的胜利，它取得了反围攻的初步经验，有力地保卫了新生的晋冀豫根据地，使第一二九师开始在太行山区立住了脚跟。

第八章　厉马太行

第一节　日军的“伤心岭”

进入 1938 年，随着山西战局日趋紧张、激烈，刘伯承指挥第一二九师辗转机动，连续创造出有利战机，给日军以沉重的打击。

1938 年 1 月 5 日，中央军委任命邓小平为第一二九师政治委员，张浩因病回延安另行安排。1 月 8 日，邓小平到达第一二九师，刘伯承紧紧握住邓小平的手，热忱欢迎他到第一二九师来工作。从此，这两位战友统率着一支英勇无敌的钢铁大军，开始了长达 13 年的共同战斗生活。

1 月 14 日，刘伯承赴洛阳参加蒋介石召集的第一、二战区将领会议。1 月 17 日，刘伯承与朱德、彭德怀、林彪、贺龙等应召面见蒋介石。蒋介石对八路军出师以来积极支援正面战场，屡创日军的行动慰勉一番，并一一称赞了朱德等 5 人，说林彪在平型关打得好，刘伯承智计过人，不愧是军事家。

1938 年 2 月，日军大本营鉴于侵华战争并不像预想的那样顺利，决心改变战略部署，首先集中兵力解决华北问题。它从其他方向调来好几个师团，使日军

1938 年，刘伯承师长（右）和邓小平政委合影

总兵力陡然增加到11个半师团，而且又置重点于山西，计划发动山西南部作战。

日军的作战部署是：首先以第十四师团、第一〇八师团分别攻占新乡、长治两地，然后第一〇八师团转攻临汾，第十四师团转攻侯马、临汾；第二十师团沿同蒲路正面推进；第一〇九师团沿汾（阳）离（石）公路西进，掩护另两路军队的右侧背的安全。

八路军总部令第一一五师主力位于汾阳、石楼地区；第一二〇师一部进至汾离公路，与第一一五师遥相呼应；第一二九师的第三八六旅位于长治以北地区，第七六九团进至介休、灵石之间的汾河左岸。另国民党第九十八军、第四十七军和第三军布防长治一线，阎锡山部位于吕梁山区，卫立煌部位于临汾、运城地区。

日军于12月11日出动，三路并进，攻势猛烈。国民党军除第九十八军在子洪口、第四十七军在长治做了抵抗外，其余全线败退。日军连占隰县、长治、沁阳等地，2月底从东、南、北三面会合攻占了临汾，3月初又分兵进犯晋西和晋南黄河渡口。八路军第一一五师先后在兑九峪、楼底、田家铺三次伏击日军，毙敌近400人。第一二〇师积极出扰日军后方，牵制、迟滞了敌人的行动。

2月初，阎锡山提出了反攻太原的计划。由于日军进展很快，这个计划没有能够实现。

根据阎锡山反攻太原的计划，刘伯承率第一二九师进到正太路，负责阻击石家庄方面的援敌。

他令陈锡联、孔庆德等化装侦察井陉方向敌情，准备在这里寻找战机。侦察结果，发现井陉西南20余里的旧关据点驻有日军200余人，属井陉警备队管辖。刘伯承决心采用“攻其所必救”的战术，以第七六九团袭击旧关，但不切断敌人的电话线，让其呼喊井陉警备队出援，以第三八六旅设伏于井陉至旧关间的长生口，歼灭援敌。随后作了具体部署。

22日凌晨，按照预定的部署，第七六九团和第三八六旅开始行动。为了保证战斗的秘密性和突然性，部队特地从远纵深开进。拂晓，第七六九团和第三八六旅各进入预定位置，4时许，旧关据点枪声大作，第七六九团一部奋勇突入，守敌一面依托坚固的碉堡顽抗，一面通过电话向井陉呼救。井陉警备队长荒井丰吉少佐于7时率快速部队200余人，分乘8辆汽车出援。车队经过长生口，遭到预伏在这里的第三八六旅的两个团的猛烈袭击。遭突然打击的日军惊恐万状，狼狈逃窜。战士们端着刺刀、矛子冲了上去。30分钟后，日军被击毙100余人（包括荒井丰吉本人在内），毁汽车5辆。其余3辆没命般地向井陉逃去，后头跟着一批来不及登车的步兵。第三八六旅一部展开追击，一直追到井陉城西。整个战斗持续了5个小时左右。

长生口战斗结束的当天，刘伯承奉命率部南返，准备将主力集结到邯（郸）长（治）大道以北的襄垣、武乡地区，寻机打击邯长大道上的日军，破坏其交通补给线，以钳制日军向黄河河防的进攻，策应第一一五、第一二〇师在晋西和晋西北作战。第一一五师第三四四旅及曾国华第五支队也同时跨越正太路南下，加强正太路以南的斗争力量。

3月上旬，晋南日军第二十师团和第十四师团一部攻占了风陵渡到河南温县之间的各渡河点，晋西日军第一〇九师团也控制了离石周围的河岸，准备往南往西渡过黄河，配合津浦作战，进攻西安、陕甘宁边区。刘伯承积极寻找战机打击日军，以钳制它的战略行动。

3月14日，刘伯承率第一二九师主力进到襄垣以东的浊漳河畔，设师指挥所于杨家庄。以第三八六旅的第七七一、第七七二、补充团3个团位于强计、渠村、石板村地域，以第七六九团位于东、西宁静。师指挥所的作战室里，墙壁上悬挂着缴自日军的五万分之一军用地图，邯长大道被红笔醒目地勾了出来。刘伯承翻阅着来自各方的敌情通报和本师部队的侦察报告，不时用放大镜审视着墙上的地图。作战室里别无旁人，邓小平、徐向前到八路军总部开会去了，倪志亮留在后方管理师直属队。不多长时间，一个作战方案在他心中形成了。

他立刻把李达和有关参谋找来，讲了他的方案：总部令我师进攻东阳关至潞城一线敌人。我打算袭击黎城，吸引潞城和涉县的敌人出援而予以伏击。部署上以第七六九团为左翼队，其一部于16日拂晓前袭击黎城，主力则伏击涉县出援之敌；以第三八六旅3个团为右翼队，在神头村附近伏击潞城出援之敌。

神头村是潞城东北20余里外的一个小山村，周围冈峦起伏。从地图上看，村子依坡而建，一条公路从村西的神头岭下穿过。把伏击部队摆在岭上，居高临下，确实很便利。“地形是很理想，可3个团的兵力如何部署呢？”“还是到现场勘察一下再下决心。”刘伯承连续地思考着。于是，他带着李达等人一起去看地形。到神头岭一看，发现公路并不在岭下，而是在岭上。他不禁长叹一声：“粗枝大叶可要害死人哪！”

神头岭确切点说应称它为山梁，光秃秃的只有一二百米宽，公路在中间蜿蜒而过。路面比两旁的土坎略低，离公路不远，有过去国民党军队修的一些工事。猛一看，这里地形很难埋伏大部队。一位参谋就说这个山梁狭窄崎岖，不便于部队展开。其他人有的反对，有的附和。刘伯承没有表态，他围着山梁绕了一圈，察看了四周的山峰、沟壑和道路。回到原地，他决然地说：我的意见是原计划不变。理由有三：（一）兵法上说“兵者诡道，去留不定，见机而作，不得遵常”。当敌人以为地形对我不利而疏于防范时，我偏偏一反常态，可收出敌意外之效。（二）利用公路旁的旧工事来解决部队的潜伏问题。工事离公路近只20米，远则不过百米，敌人天天往来于山梁上，对此早已司空见惯。只要部队严密隐蔽，不会暴露。（三）此处地形狭窄，我方兵力确实难以展开，但敌人的技术兵器更难展开，骑兵也没法左右机动。总之一句话，权衡战场地形的利弊，不能光从单方面看，而应综合敌我双方的因素。假如这个伏击点的地形开阔平坦，利于我方部队展开，而敌方也同样便于展开，结果是由于敌方技术占优势，反会陷我于被动。

刘伯承的分析入情入理，大家表示心悦诚服，设伏神头岭的决心就这样定下来了。

图为神头岭伏击战前的动员大会

在返回的路上，刘伯承又谈到了这次伏击战的战术问题。他说："这次采用'吸打敌援'的战术。袭击黎城驻止之敌，以吸引涉县、潞城两地敌人来援，在必经之路东、西黄须和神头村予以伏击。袭击是手段，伏击才是目的。我之所以把这种战术叫'吸打敌援'，是因为要使人一见就知道重点在打援。这一战术的关键是吸援地点的选定。这要侦察和估计敌人驻军布防的系统，哪里是敌人驻军的本队，哪些是敌人驻军的分支，哪一分支又是敌人驻军最关痛痒，十分爱护的环节。这环节就是我们吸援的地点，黎城正是符合了这个原则的。"

3 月 16 日 4 时许，左翼第七六九团第一营按预定计划，一举袭入黎城城关。日军一时不明情况，固守在房子里盲目还击，同时向相邻据点求援。

涉县、潞城守敌接到求援信号后，从东、西两个方向向黎城驰援。

设伏在东、西黄须的第七六九团主力与涉县方向的援敌刚一接触，狡猾的日军发觉有中伏危险，慌忙退缩回去。

潞城敌第十六师团辎重部队林清队和第一〇八师团辎重部队屉尾队，以及自卫队、骑兵共 1500 余人，随带骡马 1000 余匹，出城向黎城增援。刚过完浊漳桥，第七七一团特务连焚桥断路。日军并未警觉，认为不过是游击队破毁交通的惯伎，仍然趾高气扬地往前走。

9 时许，日军到神头村休息。突然，日军队伍先头响起了枪声，紧接着，神头村东、西、北三面的枪炮一齐吐出了愤怒的火焰。刹那间，日军像枯草遇到利刃一样，倒下了一大片。残存者有的抱枪而逃，有的在军官的指挥下就地顽抗。队长屉尾中尉抽出指挥刀，狂叫着督促士兵反扑。一颗炮弹打在他头顶上，他一头栽倒，再也起不来了。

冲锋号吹响了，指战员们从工事里、沟坎边奋勇跃起，冲进敌群里，与敌人展开了白刃格斗。埋伏在纵深的指战员们源源不断地冲上神头岭。

战前，刘伯承指导战士们打仗要分三部动作：用枪打头，用刀矛刺胸，用手榴弹炸屁股。这回大家全用上了。特等射手和投弹能手们更是大显神通。

两个多小时激战以后，日军基本被歼灭。神头岭上，到处是被打倒的敌尸和骡马，还有成捆成箱的辎重和散落一地的文件。有百余名日军突围逃回了潞城。这是由于参加伏击的一个团撤离过早，另一个团的一部迂回较迟。这说明第一二九师有的部队协同动作和纪律观念较差，对此刘伯承在战后提出了批评。

这一仗，共毙伤日军1400余人，缴获长短枪300余支，击毙与缴获骡马600余匹，还抓了80多名俘虏。

一名从战地侥幸逃脱的日本《东奥日报》的随军记者，回去后写了一篇题为《脱险记》的通讯，称神头岭之战是第一二九师的"典型游击战术"。

战后不几天，日军汽车部队的一名伍长在日记里写道："第一〇八师团这样的损失是从来没有的，潞安到黎城的道上鲜血这边那边流着，我们的部队通过其间，真觉难过，禁不住流下滚滚的热泪。"

神头岭，成了日军丧魂落魄的"伤心岭"。

第二节　急袭长乐村

神头岭伏击战使邯长大道一时变得冷清起来，日军过往的运输部队明显地减少了，这就有力地牵制、迟滞了日军在晋南和晋西的行动。与此同时，刘伯承派第一二九师补充团南下道（口）清（化）铁路，协同赵涂支队、晋豫边游击支队开辟太南及道清铁路沿线的工作，并袭扰晋南日军的后方。晋西的第一一五师和晋西北的第一二〇师也积极袭击、伏击日军。黄河沿岸的日军行动受阻，旷日持久，消耗增大，严令后方加快补充。邯长大道上又变得忙碌起来。

刘伯承决心再给日军一次打击，进一步破坏它的战略计划。经过侦察，敌人多用汽车运输，一次几十辆上百辆地集队通过，沿路的警戒也加强了，显然是害怕再次被袭。邯长大道各主要据点的兵力部署是：黎城2000余人，东阳关150余人，涉县400余人，武安1500余人。

他和副师长徐向前、政委邓小平仔细研究了这些情报，认为可以在东阳关和涉县之间的响堂铺一带再组织一次伏击。这里地形比神头岭更理想，公路几乎就是一条小河的河滩，碎石满地，汽车不便行驶。路南是高山，多悬崖峭壁，不易攀登。路北为起伏高地，多谷口，利于隐蔽和出击。在这里伏击，兵力好展开，进退两便。

3月21日，刘伯承到沁县小东岭八路军总部开会，接着参加东路军将领会议。因此决定伏击战由徐向前指挥。

3月30日夜，徐向前、邓小平率师主力3个团在响堂铺周围设好了伏击圈。次日晨6时，第七七二团接到下属部队报告：后方马家峪、苏家峧两地突然出现敌情。第七七二团以为敌人发觉了伏击企图，这是派兵来迂回伏击部队侧背截断退路的，于是立即报告给第三八六旅。第三八六旅一面转报师前方指挥所，一面准备转移。

后路被截的消息报到师前方指挥所，人们不免有点儿惊慌，气氛立即变得紧张起来。

徐向前端坐在一张长方形的小桌前，没有说话，略略思索了一会儿，转身跟邓小平说："我看先不忙撤退，进一步核实一下敌情再说。"邓小平点点头："好！就按你的意见办。"徐向前对作战参谋说："通知各部队继续隐蔽待命，令第七七二团派一个营进到马家峪监视敌人，并火速查明当面敌情，敌人兵力多大，有无后续部队，查明后立刻报来。"

徐向前又让作战科副科长邓仕俊化装，赶往东阳关，了解关内日军的动态。

7时许，第七七二团的报告来了。说经查证，苏家峧并未失守，前来进攻的敌人已被击退，撤回东阳关去了，看来没有发现我方伏击企图。马家峪方向的敌情属误传，马家峪至东阳关的道路上没有日军开来。第一营正在马家峪一带警戒。

邓仕俊也赶回来报告：通过内线得知，关内敌人没有出动迹象，汽车未集中，弹药未出库，也未见到翻译官到日军队部去。

徐向前放心了，对参谋下令："通知各部按原计划行动。"

9时，日军第十四师团辎重部队森本、山田两个汽车中队从东阳关开到了响堂铺。他们分属黎城、涉县两个兵站，前一天才会合到黎城。

日军的汽车开到碎石路上，不得不减慢速度，200余辆汽车足足拉了10里长，活像一条缓缓蠕动着的长蛇。埋伏在右翼的第七七一团等车队过去一半，突然向它的后尾射击，激烈的战斗就此开始。紧接着，全线的枪声响成一片，机关枪、步枪喷吐出一股股火柱，迫击炮弹带着一道道弧线飞向汽车，手榴弹成堆地甩进敌群。日军毫无防备，被这突如其来的打击吓得手足无措，有的连枪栓都没来得及打开就一命呜呼了。一部分日军慌乱地跳下车来，或钻到车底下，或卧在公路边，举枪还击。汽车组成的长蛇瘫痪了，有的汽车油箱中弹起火，大火迅速蔓延，滚滚浓烟随风升腾，公路上霎时形成了一条火龙。

战士们乘势冲上了公路，端着刺刀、矛子对日军猛刺。日军持枪对抗，很快就招架不住了。

战斗进行了两个小时，公路上的日军就全部被消灭了，有30余个敌人在混乱中死命攀上路南崖壁，狼狈逃逸。

伏击战打响后，西边敌人由黎城出动步骑兵300余人，通过东阳关前来增援，第七七二团第三营候个正着，在关外一顿猛揍，把日军打得掉头而逃。东边日军由涉县乘着6辆汽车，倾巢出援，走到椿树岭，第七六九团打援部队实施密集火力拦击，打中1辆汽车，其余5辆吓得缩了回去。

当天中午，已经从八路军总部返回师后方指挥所的刘伯承接到徐向前、邓小平发来的电报：

黎城敌汽车共有30辆，涉县敌汽车百余辆已被我截击，烧毁者约180

辆，约计缴获步枪300支以上，轻机枪10挺以上，迫炮4门，弹药甚多。我伤亡200人左右，现正解决敌之增援队。

请刘速动员至少400以上民夫、驮驴赶来秋树垣搬运胜利品及伤员。

刘伯承看完电报，立即令司令部和供给部的干部带领战士、民夫赶去打扫战场。

徐向前、邓小平回到师后方指挥所，刘伯承笑着迎了上去，“我们刚一分开，你们就打胜仗啊！”他由衷地赞扬着。随后，徐向前谈起了有关战况：

“大约有400多鬼子被打死，森本少佐也在里面。活捉了3个日本兵。可惜有30多个鬼子钻了我们路南山地没有伏兵的空子，突围逃走了。这次我们炸毁的汽车，加上椿树岭打援时击毁的那一辆，一共是181辆。”

“这次战斗击毁汽车181辆，这可是破天荒头一回！伤亡情况怎样？”刘伯承边赞叹边关切地问。

“阵亡了两位连长和一位排长，负伤的有营长、教导员各一，还有几名连排干部。政工干部表现得很勇敢，带头冲锋，打得很顽强，牺牲6人，挂彩5人。战士的伤亡数是292名，加上干部，总共317名。这次伏击总的打得不错，可是也出了一点差错，炮兵和步兵没有配合好。由于战斗过程进展很快，第七七一团炮兵在开始向预定目标射击之后，没有及时前移阵地，因此误打了自己的步兵，造成20余人伤亡。”

“这是炮兵缺乏经验，要让他们认真总结一下。”

刘伯承给响堂铺伏击战以很高的评价，认为它是伏击战斗的典型范例之一，并在战斗总结中概括出了五条经验：侦察判断正确，伏击地区良好，伏击布置妥当，出击突然猛烈干脆，撤退敏捷严整。同时专门称赞了徐向前：“当时风传在我后路上苏家峧有敌人到来，但我们老练的高级指挥员能沉着判断其不确，因而未放弃这一胜利的战斗。”

神头岭、响堂铺连续两次伏击战和八路军在晋东南、晋西的作战，使晋南日军痛感后方不稳，交通运输受到严重威胁，向黄河对岸的进攻有后顾之忧，于是决定调整部署，回过头来先对付八路军。

3月中、下旬，日军第一〇八师团在晋西南向八路军第一一五师进攻。第一一五师第三四三旅等部队英勇抗击，采取先疲后打、袭扰诱歼、奇袭猛攻的战术，前后歼敌近2000名，陷敌于惊恐不安之中，迫使敌人退缩同蒲路沿线，转攻为守。第一一五师乘势分兵发动群众，创立晋西抗日根据地。

4月初，日军转向晋东南用兵，华北方面军第一军司令官香月清司，在分兵津浦路的情况下，仍倾全力抽调了所属各师团步兵8个联队，骑、炮、工、辎重兵各一至两个联队，共计3万余人，对第一二九师和太行根据地发动了九路围攻。

日军从东、南、西、北四面进犯。东南驻邯郸地区的第十六师团一部由邯郸、邢台分两路西进；南面驻临汾、长治地区的第一〇八师团作为主力，由沁源、沁县、长治分三路北进；西面驻太原地区的第一〇九师团一部由榆次、太谷分两路东进；北面驻石家庄地区的第一一四师团一部由阳泉、赞皇分两路南进。合击目标是清漳、浊漳两河之间的武乡、榆社、辽县地区，企图围歼八路军总部及第一二九师主力，预定4月8日开始行动。

刘伯承与徐向前、邓小平早就获得了敌人要进行围攻的情报。在缴获的日军文件和士兵的家信里，载有“4月上旬进行大攻击”的内容；铁路沿线的游击队和自卫队不断送来敌人频繁调动、集结的情报；第一一五师通报晋西日军向东收缩。他们据此判断敌人这次围攻规模较大，来势很猛。第一二九师应预有准备，与八路军其他部队和国民党友军密切配合，发动根据地群众广泛开展游击战争，为主力兵团相机歼敌创造条件，各方团结一致地粉碎日军的围攻。

他们及时向八路军总部报告了自己的判断和准备采取的措施，总部表示同意，并制定了以一部兵力钳制日军其他各路，集中主力击破其一路的作战方针。

4月2日，刘伯承与徐向前、邓小平率第一二九师主力进驻辽县以南的西井，南、北委泉，源泉一带。4月5日，他们在一起商量反围攻问题。刘伯承提出：这次日军围攻是四面合击，第一二九师作为反围攻的主力要实现击破一路的目的，不能化整为零地在合击圈内与敌周旋，因为两条漳河之间的活动余地较小，根据地又是初创，群众尚未完全发动起来，这样做的结果将会陷入被动。应该立即转到合击圈外去，在武（安）涉（县）间活动，保持强有力的突击力，打击日军的后方和补给线，错乱日军的作战步骤，当日军因疲惫混乱撤退时，抓住它薄弱的一路予以猛袭，一定会收到奇效。

徐向前、邓小平一致同意刘伯承的意见。经三人商定，刘、徐率师主力东移，在武涉大道西戌一带寻机歼敌，邓小平次日回辽县城师后方指挥所，整顿各游击支队及地方武装党组织，准备对付敌人的进攻。

邓小平赶回辽县城后，在帮助督促各游击支队及地方武装建立健全党组织的同时，迅速布置和落实根据地反围攻的准备工作。派出政治工作干部协同县政府组织了反围攻总动员实施委员会，召集各抗日救亡团体举行联席会议，讨论和制定具体的反围攻计划。在许多村庄里召开了民众大会，宣讲反围攻的意义，树立胜利信心，戳穿日军“消灭八路，安抚百姓”的欺骗宣传，控诉日寇奸掳烧杀的残暴罪行。在此基础上，动员游击队、自卫队带领群众实行“空舍清野”和抗日戒严，赶走牲口，运走或掩埋好粮食、生活用具，掩埋水井，使敌人进入根据地后没吃没喝，无法立足。消灭混入根据地的敌探、汉奸，破坏道路，改造地形，提供情报，骚扰敌人，增加敌人行动的困难，配合主力兵团粉碎敌人的围攻。

从4月7日起，刘伯承、徐向前率部连续向东运动，10日凌晨到达偏店、鸡鸣铺地区。一路上，村庄几乎被日军烧光了，满目焦土瓦砾，有的还在冒着余烟；场院里散扔着鸡骨头和被割去臀部的猪、羊；村头树干上吊着一具具男尸，地下横躺着老人和小孩的尸体，还有被剥光了身子的女尸……刘伯承和指战员们莫不义愤填膺。刘伯承指示部队掩埋好老百姓的尸体，帮助群众修补窑洞和房舍，尽可能给予粮食和生活用品的救济。

1938 年时的刘伯承

刘伯承和徐向前利用这些活教材，对部队进行紧急动员，讲明反围攻的形势和任务，号召指战员化悲愤为力量，坚决打破敌人的围攻，以实际行动保卫根据地，为老百姓报仇。他们还指示师政治部编印了“临时紧急教材”和“日军厌战材料”，发到连队。“日军厌战材料”大部分是翻译的日军士兵的信件。日军士兵在信中告诉家人：八路军“利用天险施行游击战，实在难战之极，同时又善于宣传，甚至村民也反抗我们，所以在这里非时刻留神不可”。他们还哀叹交通和给养上的困难，说从国内寄来的贺年片，在长治“快到 4 月了才收到”；农村里找不到粮食，“常常饿着肚子行军”，3 月 14 日日本陆军纪念节“只吃到了小米饭和豆瓣酱汤”。第一〇八师团第一〇四旅团旅团长苫米地 3 月 26 日的家信中也自称“食粟吞泥”。因此，士兵感到“好不被乡情所恼”，早晨一起来就是说“凯旋的话和女人的话”，晚上一睡觉就是做“樱花的梦”。这些材料使指战员们认识了日军外强中干的虚弱本质，更增强了战斗胜利的信心。各部队先后举行了粉碎敌人围攻的誓师大会，并普遍开展了“看谁最能够执行命令、坚决勇敢、节省子弹、多抓俘虏、多缴枪炮、严守战场纪律”的竞赛。

刘伯承在偏店、鸡鸣铺地区设好伏兵，打算在邯长大道上再给日军后方补给线一次打击，以打破日军的围攻。日军在邯长大道上连遭挫折，变得小心谨慎起来，一连几天没有派较大部队通过。

这时候，南面由长治出犯的一路日军，分由襄垣、下良进占西营，由屯留、虒亭进占沁县。北面由阳泉出犯的一路日军，分由平定经昔阳到和顺，由昔阳经皋落抵芹泉，深入到根据地腹心。其余各路，被预置于内线的八路军部队和国民党友军阻击和迟滞住了，没有能够实现敌人九路合围的计划。东面两路日军，被第一二九师一部和国民党骑兵第四师阻止在麻田。南面另两路日军，被第一一五师第三四三旅和国民党第十七军挡在沁源。西面两路日军，被秦赖支队和国民党第九十八军牵制在东西团城、马坊地区。北面赞皇一路日军，被冀西游击支队袭扰后不能前进。

刘伯承见敌人围攻态势已形紊乱，决心出动主力，迂回到北路日军的左翼侧，伺机予以打击。4 月 11 日，他率部进至辽县以南的桐峪镇地区，师前方指挥所驻下截村。当晚，邓小平从师后方指挥所赶来，与刘伯承、徐向前共同指挥反围攻作战。

4 月 12 日，国民党骑兵第四师一部在麻田被围，刘伯承当即命令第七七一团派 1 个连前往救援。第七七一团这个连队突然出现在日军的后路，一阵猛打猛冲，打得日军混乱不堪，落荒而逃。骑兵第四师部队安全脱出了包围。

4 月 14 日，南面由长治出犯的日军继续东进。右翼苫米地亲率第一〇四旅团第一〇五联队等部经蟠龙、墨碇进占辽县，左翼由配属苫米地指挥的第二十五旅团第一一七联队经段村攻占武乡，并于 15 日进占榆社。苫米地是日军中一位凶狠毒辣、刚愎自用的将领。在 2 月底日军三路会攻临汾的作战中，他抢先攻进了临汾城，获得了日军大本营颁发的一枚勋章。从此他更加狂妄骄纵，自诩精通八路军的游击战术，叫嚣要打垮八路军的主力部队。他根据八路军“敌退我追”的原则，发明了一种所谓“拖刀计”的战法：在作战中烧民房后假装撤退，当八路军游击队尾随追击时，突然进行伏击或围攻。这种战法开始曾让一些游击队吃了亏。他越发自鸣得意，目空一切。

刘伯承见苫米地一味孤军深入，不与友邻协调行动，根本不顾忌自己侧背暴露，判断苫米地又犯了好大喜功的老毛病，企图独占九路围攻的头功，不禁对身旁的参谋说：“苫米地这家伙，竟敢犯兵家之忌，以为我们八路军好欺侮，看他疯狂到几时？”他决定将计就计，把苫米地放到武乡、辽县之间来打。这一带地形有利，山高路险，蟠龙、墨碇一带是很好的伏击战场；群众深受日寇蹂躏，又经过发动，积极要求帮助八路军消灭日军。

12 日至 14 日，他率部秘密西移，经石瓮、石门到达李庄、贾豁。当日军左右两翼分向辽县、武乡进犯时，刘伯承发现如果单独吃掉左翼一路更为有利，因为左翼第一一七联队兵力较弱，西面有第一一五师第三四四旅旅长徐海东率该旅在沁县小东岭策应，右翼苫米地回援也较易阻击。于是，他故意放苫米地北去辽县，派出部队密切监视第一一七联队的行动，等候最有利的战机。

14 日，刘伯承与徐向前、邓小平商定了一个作战方案，上报总部：“我师与徐旅协同动作，配合曾（万钟）军围困段村，打击增援，或配合朱怀冰师，或出辽县。”总部朱德总司令、彭德怀副总司令立即复电批准打段村。

当夜，刘伯承率部经东方山涉过浊漳河，到达段村以北的西黄岩、马牧地区，转到了第一一七联队的左翼侧，造成了歼灭这股日军的极为有利的态势。

第二天，侦察参谋报告：武乡日军进到榆社后，因城中经群众“空舍清野”，无法获得粮秣给养，去辽县的道路又遭严重毁坏，大部队难以通行，所以又返回来了。

刘伯承听完报告，“腾”地站了起来，高兴地说：“鸟入笼，鳖入瓮，这下可有大仗打了，先让第七七一团派两个连，严密监视这股敌人。”

“鬼子一天之内，从武乡到榆社，跑了一个来回，足有 150 里路，够他们受的。”徐向前接过话茬。

“我们的动员工作搞得好，榆社给鬼子摆了一个‘空城计’，让鬼子饿着肚子跑路，”邓小平对榆社群众的“空舍清野”十分满意，“鬼子扑来扑去，搞不清我们在哪里，我们却一直盯着它呢。看它还能往哪里逃？”

晚 10 时，陈赓旅长电话报告：据监视部队报告，段村和武乡城里的敌人向东撤退，其后卫部队尚在马庄停留。

“追！”刘伯承毫不犹豫地对陈赓下令，“第六八九团归你指挥，同第七七二团为左纵队，沿浊漳河北岸追击。第七七一团为右纵队，沿着南岸追击．第七六九团为后续部队，沿武乡至襄垣大道跟进。”

追击部队火速地出发了，刘伯承率师前方指挥所在部队后面跟进。

陈赓率第七七二团、第七七一团向东猛追。日军在他们的左前侧，人数有 3000，携有山炮、机枪，一旦反扑过来还是够厉害的。但他们毫不畏惧，他们知道日军一路困饿，已成疲惫之师，现在是乘夜逃跑。

翌日清晨 7 时，第三八六旅追到长乐村附近，日军正行进在狭窄的河谷里，一面是浊漳河，一面是山崖。第七七一、第七七二团左右两路部队形成了极好的夹击之势。

这时，第六八九团和第七六九团因接到通知较晚还未赶来。陈赓见敌人一部已走出河谷，袭击机会稍纵即逝，当即下定进攻决心，命令第七七一、第七七二团向日军开火。

随着陈赓一声令下，长乐村急袭战打响了。指战员们高呼着“粉碎敌人的新围攻”“打胜仗与友军比赛”“坚决消灭敌人”等口号，运用各种武器狠狠地打击日军。日军本来处于心惊胆战之中，遭到突然猛烈的打击后更是慌作一团。指战员们乘机发起了冲锋。第七七二团第三营从山上冲下去，到了山边发现是高三丈左右的断崖，营长雷绍康带头奋不顾身地滚了下去，干部战士一个接一个地跟着滚下去，紧接着特务连也冲了下去。

指战员们冲入敌群，左刺右砍，勇猛异常，杀得日军人仰马翻，一下子把河谷里的 1500 多日军截成了三段。

山坡上第七七二团的重机枪欢快地叫起来，这种刚刚准备的苏式机枪，射击的声音浑厚响亮，盖过了日军九二式机枪的声响。迫击炮接连打出 20 多发炮弹，落入敌群后发出巨大的炸裂声和回响。

已经走过长乐村的日军，集中千余人掉头来解救被围部队。他们向第七七二团阵地左翼戴家垴进攻，企图从这里打开一个缺口，接应被围的后队。戴家垴本应有第六八九团防守，但该团尚未赶到战场，情况十分危急！刘伯承接到报告，命令陈赓抽调一个连守住戴家垴，坚决不让敌人突破。第七七二团第十连奉命开上戴家垴，同 10 倍于己的日军浴血奋战，顽强坚守了四个多小时，全连人员全部壮烈牺牲，阵地终于失守。

正在这时，第六八九团赶上来了，他们连脚步都没有停，一个勇猛的冲锋，就把阵地夺回来了。日本组织力量进行了一次又一次的反击。第六八九团的指战员们沉着应战，日军实施炮火准备，他们隐蔽在工事里；敌人步兵冲锋，他们用手榴弹炸；敌人冲到阵地前沿，他们端着刺刀跃出工事，高呼着“杀”声把敌人赶下去。

刘伯承通过望远镜注视着戴家垴阵地的战况，深为第六八九团指战员们的大无畏气概所感动，情不自禁地说：“六八九团打得多英勇啊！”

“真是好样的，”在一旁观察的徐向前深有同感，“一一五师的战士有一股子顽强劲。”

长乐村口英勇的阻击战有力地保障了河谷里的歼灭战。第七七一、第七七二团和后来赶上来的第七六九团一部，集中力量朝分割开来的敌人反复冲杀。敌人一开始还指望前队掉头救援，抵抗比较顽强，后来发现援兵迟迟不到，便变得沮丧了。第一二九师的指战员们越战越勇，渐渐把敌人大部分消灭了。

下午 3 时，师前方指挥所得到报告：从蟠龙方向来了一股援敌。这个方向本来是国民党第三军负责打援的，可是日军的援兵竟毫无阻挡地过来了。刘伯承皱起眉头：“曾万钟搞的啥子名堂嘛！”急令第七七二团派一支小部队以侧翼抄袭的战法扭住它。下午 5 时许，辽县方向又增来千余敌人，全线战况空前激烈。

刘伯承认为继续消灭援敌已无把握，巩固胜利成为必要，于是命令第七六九团和第六八九团各抽 1 个连，分散开来，形成游击网，从侧翼扭击、迷惑日军，掩护主力撤退。

在撤退中，第七七二团团长叶成焕不幸中弹负了重伤。

长乐村急袭战，毙伤日军 2200 余人，缴获步马枪 100 余支和大批军用物资。第一二九师连同第六八九团共伤亡 800 余人。

长乐村战斗胜利后，各路日军被迫纷纷回窜。八路军各部和国民党友军乘胜追击，又在沁源以南及沁县、沁源间，辽县、和顺间，高平以北的张店、张度岭间，给了败退敌人以有力的打击，八路军克复了晋东南的 18 座县城。敌人的九路围攻被彻底粉碎了。

4 月 18 日，叶成焕伤重牺牲，时年 24 岁。临终前，他面含笑容，对周围的战友们说：“我是一个共产党员，我已完成了我的任务，你们要好好的干！”刘伯承闻讯赶来，抓起他的手连连摇晃着，痛呼：“成焕，成焕……”热泪顺着脸颊滚落了下来。

第一二九师为叶成焕等阵亡将士举行了简朴而庄严的追悼大会，刘伯承致悼词。他悲痛地说：“叶成焕等烈士的死，是光荣的死，永垂不朽的死。这种光荣是怎么得来的呢？像叶团长，他原来不过是一个种庄稼的农民，如果鄂豫皖不闹革命，他最多是在贫穷的日子里熬死。革命爆发了，叶成焕觉悟了，参加了革命。在以后的战斗中，党培养了他。他没有辜负党的教育，进步了，发展了，终于成为一个很好的布尔什维克！”“在我们纪念牺牲烈士的时候，我们更应该向烈

图为在粉碎敌人的九路围攻中缴获的日军武器

士学习，为烈士报仇，向着他们未完成的事业突击，征服一切艰险和困难。”

日军的九路围攻被粉碎后，原来占领晋东南腹地的敌人也跟着退缩到铁路沿线据点。国民党军顾忌远离津浦路和西安方面的主力，害怕在敌后继续遭到日军的围攻，大部分向豫北和中条山地区转移。刘伯承、邓小平开创的晋冀豫根据地得到了切实的巩固，成为进一步发展的晋冀鲁豫根据地的可靠基地。

第三节　兵出平原

在八路军粉碎九路围攻的同时，国民党正面战场取得了台儿庄大捷。日军大本营为了挽回鲁南的败局，决定集中兵力进攻徐州，从华北调走了两个多师团，华北日军的机动兵力大为减少，晋冀豫根据地周围平汉、同蒲、正太、道清铁路沿线的敌人转入守势，与它相毗连的冀南、豫北、鲁西等平原地区也形成相对空虚的局面。

中共中央和毛泽东抓住了这个有利时机，指示八路军总部和第一二九师及时向平原分兵，广泛深入地发动游击战争。4 月 21 日，毛泽东、张闻天、刘少奇联名致电朱德、彭德怀和刘伯承、徐向前、邓小平：“在河北、山东平原地区应坚决采取尽量广泛发展游击战争的方针，尽量发动最广大的群众走上公开的武装斗争。”

4 月 22 日，八路军总部令第一二九师主力及第三四四旅一部迅速从太行山向冀南、豫北平原及各铁路沿线展开。

根据中共中央的指示和八路军总部的命令，刘伯承和徐向前、邓小平进行了认真的研究，对新区开辟工作作了具体的分工和规划。并决定加强主力兵团，成立新的第三八五旅，由陈锡联任旅长，谢富治任政治委员，汪乃贵任副旅长，下辖第七六九团、独立团和汪乃贵支队。

4 月 23 日，他们召开了团以上干部会议，传达中共中央和八路军总部的指示，布置部队的展开行动。刘伯承在会上宣布：由副师长徐向前率第七六九团、第六八九团和曾国华第五支队开赴冀南。陈赓率第三八六旅主力进至平汉路西侧的冀豫地区，并相机向豫北发展，旅政委王新亭率第七七一团两个营进至平汉东侧的永年、肥乡、成安一带。陈锡联、谢富治率第三八五旅主力继续活动在正太路以南、平汉路以西地区，并相机分兵向石家庄以东发展。

刘伯承讲完部署，指着挂图上的南宫、邯郸、新乡和石家庄，接着说："我们这是一个中央突进，两翼配合的部署。背靠太行山，脚踩大平原，三个方向共同努力，加上冀南已有的力量，一定会很快打开一个新局面的。"

接着，邓小平进一步鼓励大家："我们只要坚决按中央的方针去办，广泛发展游击战争，发动群众参加抗日武装斗争，建立抗日民主政权，安定社会秩序，就能够得到各阶层人民的拥护和支持，实现平原大发展的目标。"

冀南地区的开辟，刘伯承、邓小平早就投入了一定的力量，也打下了一定的基础。

本年初，他们派陈再道、李菁玉率500余人组成的"八路军东进抗日游击纵队"（简称"东纵"）开赴冀南。东纵到达冀南后，与先期进入的挺进队会合，又与中共冀南地方组织取得了联系。针对日军重兵集结徐州、津浦路，冀南暂时主要由国民党游杂武装和伪军控制的局面，遵照刘伯承、邓小平的指示，东纵一手抓群众发动，一手抓非八路军武装的团结和收编，很快形成了敌后抗战的有利形势。

第一步棋是正确解决"巨鹿事件"，在冀南打开了一个缺口。巨鹿是邢（台）德（州）公路上的一个重要城镇，也是八路军进入冀南平原的一个门户，这里日军势力未到，由县保安团和土匪刘磨头两股势力在统治着。双方为了争权夺地，正摆开各千余人的队伍进行火并。东纵以实力为后盾，主动为双方调解。陈再道、李菁玉陈说利害，晓以大义，冲突双方接受了他们提出的三项条件：一、团结起来共同抗日；二、接受共产党和八路军的领导；三、对两部进行改编。在东纵主持下，成立了"巨鹿县战地总动员委员会"，全面开展抗日救亡工作。

"巨鹿事件"解决后，东纵声威大振，各地土匪、游杂武装和伪军纷纷接受改编，计有：冀县土匪金庆江部改编为"东进纵队第二支队"，丘县土匪李景隆部改编为"东进纵队游击第一师"，威县伪军"警备第一旅"改编为"冀南抗日游击独立第二师"等。

东纵以冀南腹地威县为中心，西向平汉，东达津浦，发展十分顺利。陈再道、李菁玉接着移兵北上，与赵云祥、段海洲两部建立了统战关系。赵云祥部号称"河北民军二路"，段海洲部名为"青年抗日义勇军团"，分别盘踞在武邑、衡水、冀县、景县和武强、安平、交河一带，各有人枪1万左右，是冀南地区实力最大的两支游杂武装。陈再道等利用他们吞并和反吞并的矛盾，反复做工作，申明共产党、八路军各方团结，一致对外的主张，促使他们同意由三方组成"冀南军政委员会"，接受共产党、八路军的领导。从此，东纵确立了在冀南各色武装中的领导地位，初步稳定了冀南的局面。

东纵的一连串胜利提高了共产党、八路军的威望，鼓舞了民众的抗日情绪，青壮年纷纷前来投军。东纵以两个老连队为骨干组成了东纵第一团，另以一个老连队为基础扩编成津浦支队，骑兵连扩大为骑兵队。

3 月，宋任穷率第一二九师骑兵团进入冀南，加强了冀南的领导和斗争力量。为了巩固与太行山的联系，宋任穷与陈再道合力在平汉路沿线展开，连克宁晋、赵县、藁城、束鹿、新河和广宗、平乡、南和、曲周等县。所到之处，解散伪组织，建立抗日民主政权和战委会，改编保安团队，组织民众游击队。稍后，津浦支队和第五支队东向山东发展，进到高唐、夏津、恩县一带。

短短几个月里，第一二九师东进部队协助中共冀南组织建立了 20 多个县的抗日政权，正式成立了冀南抗日军政委员会，建立了 5 个军分区，部队人数由 500 余发展到 1 万多。

徐向前的到来，使冀南的游击战争发展到了一个新的阶段。5 月 2 日，徐向前率部进抵南宫，与东纵会合。他听取了东纵司令员陈再道和政治委员宋任穷的汇报，并跟他们研究了下一步的行动。他认为进一步打开冀南局面的关键，是要乘第一二九师主力到来的有利时机，把打击的矛头直接指向日军，拔除南宫以南交通线上的几个日军据点，打开向南发展的通路，提高共产党和八路军的威望，激励民众的抗日热情，促进各色游杂武装和伪军的分化瓦解，加速收编部队的整顿、改造工作。

第一个攻击目标选定为威县。威县距南宫仅 70 余里，占据该城的日伪军是冀南根据地中心的最大威胁。据侦察查明，威县驻有日军清水大队的一个中队，另有两个中队驻在平乡、南和等地。威县正东百余里外的临清驻有日军高桥大队。徐向前决定：以第六八九团袭击威县，第七六九团和第五支队位于平乡、威县间的高阜镇地区，准备伏击由平乡向威县增援之敌。骑兵团、独立团和东纵一团，伏击可能由临清出援之敌，并相机袭占临清城。

5 月 9 日夜，第六八九团隐蔽接近威县城墙，乘敌人不备，近一个营的兵力用梯子爬进了城。敌人发觉后，仓促射击，双方在城内展开激烈的巷战。战至次日中午，第六八九团毙伤日伪军百余人，随后撤出战斗。

威县一战，大大震慑了敌人。威县、临清、南和、平乡据点的日军，纷纷逃向邢台，冀南腹地的日伪军很快被肃清了。

5 月 11 日，发生了“六离会”袭击八路军津浦支队，杀害支队政治委员等 24 人的严重事件。“六离会”是南宫、清河一带的封建迷信组织，首领李耀庭，多次拒绝八路军团结抗日的建议，操纵、裹胁会众与八路军为敌。当天，徐向前向刘伯承、邓小平和朱德、彭德怀发电报告了事件经过和分化瓦解、孤立、严惩首恶分子的对策。刘伯承、邓小平接到电报后，立即商量回电。“冀南会道门的问题很复杂，向前同志对这个问题抓得很准，我们就是要‘枪打出头鸟’。”刘伯承说。

“这个‘六离会’，肯定有反动背景。他们不抗日，却来打八路军。向前同志这个意见很好，抓住‘六离会’的头头，开公审大会，枪毙他几个，以儆效尤。”邓小平表示完全同意。

刘伯承拟了一个回电，发给了徐向前。电报指出：同意你们的措施，必须坚决打击、严惩首恶分子，对被裹胁参加的群众，着重于教育争取。你们可做好准备，待总部答复后，立即行动。

第二天，朱德、彭德怀复电同意采取争取和打击相结合的方针。

徐向前根据第一二九师和总部的指示，派人对“六离会”进行了反复、耐心的争取。但“六离会”上层分子执迷不悟，竟纠集万余会众向八路军部队进攻。徐向前下令反击。“六离会”本来是一群乌合之众，一经八路军痛击，顷刻土崩瓦解。徐向前指示部队展开政治争取工作，绝大多数会众觉醒过来，认清了少数反动头目的真面目。徐向前通过政权机关出面，镇压了一批首恶分子，揭露了他们利用封建会门组织反对八路军、破坏抗战的阴谋。“六离会”事件的正确处理，在人民群众中产生了良好的影响。

由于进入冀南后连日紧张工作，徐向前病倒了。刘伯承得到报告，立即派师卫生部长钱信忠前往冀南，他交代钱信忠说：“你现在就出发去冀南，负责把徐副师长的病治好。鬼子在平汉路封锁得很严，我派部队送你过路，为了防止万一，给你一部电台，有情况随时与师部联系。”钱信忠应命去了。到冀南后，他精心医治，徐向前很快恢复了健康。

“六离会”事件解决后，徐向前挥师向东、向南发展，连克临清、高唐、夏津、枣强、永年、成安、肥乡等县城，开辟了卫河两岸和漳河以北广大地区，沿途消灭伪军 2000 多人。

刘伯承、邓小平见出兵平原的中路突进十分顺利，就及时把两翼的部队派出去。6 月上旬，王新亭率第七七一团由太行进到邯郸外围，谢富治率汪乃贵支队进到石家庄外围。三支队伍纵横驰骋，互相配合，完全展开在冀南地区，实现了中共中央开展河北游击战争的构想。

冀南局势的巨大变化，促使了伪军、游杂武装进一步的动荡和分化瓦解。5 月 9 日，邢台伪治安第一中队中队长李学孔，带领 12 名士兵，携枪 9 支，向活动在邢台一带的先遣支队投诚。5 月 24 日，邢台城里又发生了日伪军火并事件，日军歧视伪军，不让伪军进城驻扎，伪军不服，双方由争吵发展到动武。

刘伯承密切注意着伪军的这些动向，他认为，现代战争是政治力和技术力的结合，共产党、八路军应发挥政治上的优势，求得从思想上影响和瓦解敌人，伪军的争取工作是可以取得成效的。伪军里愿意死心塌地当汉奸的，毕竟是少数，其中的大多数，尤其是下级军官和士兵，经常要受日本人的窝囊气，打仗被推到前边当炮灰，平时非打即骂，伪军里只要有一点儿民族气节的人，总有一天要反正的。即使是日军士兵，随着日军的困难增多和伤亡增大，也会有不少人从厌战、反战发展到临战投降甚至投诚的。

为了推动瓦解伪军的工作，他亲自起草了《争取伪军的几项办法》，要求部队进行“民族教育……使每一个公民认识当伪军是出卖民族的勾当”，“从多方面尤其是利用亲友关系打入伪军内部……逐步启发他们公开反正”，“对于顽固的伪军给以消灭性的打击，但对于被俘的人员，即使是官长也不予杀害和侮辱，而应加以优待和教育，以昭示于其他伪军尚有出路”。

各部队根据这个指示加强了伪军工作，取得了明显的效果。冀南和豫北等地的伪军反正的日益增多，日军防不胜防。到9月底为止，先后有十几批近万人脱离日伪军阵营，改编为八路军游击部队。

8月7日，水治据点发生了“皇协军”第一军部分官兵击毙军长李福和集体反正的事件。李福和本是土匪出身，曾归附东北军任骑兵师长，抗战爆发后在太行山东麓武安、涉县一带拉起了3000余人的队伍，被蒋介石委任为第一战区第三游击纵队司令。1938年3月，他胁迫部众和邻近的游杂武装5000余人投降日军，成为抗战开始后中国军队第一个投敌的将级军官。李福和的投降使日军喜出望外，华北派遣军加委他为“皇协军”第一军军长。日本方面和德国、意大利驻北平武官称之为“东方佛朗哥”，把他同当时西班牙的法西斯反共头子佛朗哥相提并论。李福和无耻的叛国行径遭到了“皇协军”内广大爱国官兵的反对。师长黄宇宙、吴朝翰和军参谋长徐靖远等积极准备反正，并主动与第一二九师取得了联系。5月间，陈赓率第三八六旅到达武安、涉县，派旅敌工股长潜入黄宇宙部帮助策划起义。7月下旬，刘伯承到达林县第三八六旅旅部。敌工股长带着黄宇宙等指派的代表晋见刘伯承，汇报了起义的打算，请示行动方针和起义后的出路等问题。刘伯承向他们指出：目前起义的时机已经成熟，日军正加紧利用李福和进一步策反平汉路两侧的国民党游杂武装，扩大“皇协军”实力。举行起义可以有力地挫败日军的这个阴谋。第一二九师第三八六旅主力正集结在林县、邯郸一带，对黄宇宙等在水治驻地起事可以进行策应。起义在行动上要大胆谨慎，关键是把力量组织好，以多对少，以有备对无备，突然发动，一举成功。至于出路问题，完全不必担心。共产党、八路军欢迎一切爱国人士共同一致抗日，部队起义后即可改编到八路军序列中来，一些不愿留下的还可发路费遣返。

黄宇宙等听了刘伯承的指示，深受鼓舞，决心加快起义的行动。8月7日，李福和陪同日军华北派遣军司令部少将高参和“皇协军”日方高级顾问等30余人到水治阅兵，企图进一步笼络军心。黄宇宙等趁机率众举事，击毙了李福和及日军高级军官等，当即宣布投向八路军。

刘伯承得到“皇协军”起义胜利的消息，非常高兴，称赞起义机会把握得好，在日伪中产生了极大影响。随后，他就此写了专题报告，上报八路军总部和中央军委。

对各色游杂武装的收编工作也有了更大的发展。冀南八路军部队的扩大，从一开始就注意大力吸收有抗日热情的农村青年入伍，但主要还是通过争取改造游杂武装和土匪部队来实现的。河北民军第二路司令赵云祥接受冀南军政委员会领导后，不久又反悔，勾结冀察挺进军司令胡和道，挑拨和怂恿已被八路军改编的游杂武装叛乱，公然与八路军为敌。徐向前指挥部队予以坚决打击，歼其大部，其所部葛贵斋等接受改编，大大削弱了反动游杂武装的实力。

5月14日，青年抗日义勇军司令段海洲，慑于赵云祥遭打击的压力，主动要求徐向前收编。徐向前拟将其编为“八路军青年游击纵队”（简称“青纵”），并派李聚奎去担任政委。刘伯承收到徐向前的电报后，赞叹说：“向前有办法，去了不到半个月，就有了两个捷报，增加了4000的抗日力量。”当即回电：“同意段海洲部编为八路军青年游击纵队，以聚奎为政委，可以朱、彭电令委任，让其宣布显明旗帜，并受一二九师直接领导。”

6月21日，活动在束鹿、晋县、藁城、赵县地区的民众抗日自卫军司令赵辉楼要求第一二九师改编。刘伯承接到徐向前的报告后，当即回电同意赵辉楼部3000多人改编为“冀豫游击支队”，纳入第三八五旅序列，赵辉楼任副旅长兼支队司令员。后来，他成为一名光荣的共产党员。

到6月底，冀南地区先后收编和改编了大小数十股土匪、游杂武装和20余县的民团、保安队，总计2万多人。

7月5日，邓小平来到冀南。他立即抓紧进行部队的整编工作和政权建设。整编中，把老部队与新收编的部队混编，老部队作骨干，以老带新。把老部队的副职和机关干部派到新部队中去担任指挥员和政工干部，以便从政治上、组织上加以掌握。由于新编部队很多，干部不够分派的矛盾十分突出，邓小平果断地决定：把班长拿出一大批来，集训后放到新部队中去当干部。

这些措施使新改编部队各级领导权尤其是基层领导权控制在共产党和八路军手里。随后在广大士兵中进行政治教育，提高群众觉悟，培养积极分子，发展党员，同时团结争取上层军官。经过一番整编，冀南的部队在大发展的基础上得到了巩固。

政权建设方面，7月上旬抽调大批共产党员到各县进行改造政权的工作，至8月初，基本上掌握了冀南县一级的政权。8月中旬召开了各县代表会议，改组冀南抗日军政委员会为冀南行政主任公署，杨秀峰当选为主任，宋任穷当选为副主任。

7月下旬，刘伯承来到活动在辉县境内的第三八六旅，直接领导平原游击战争。第三八六旅主力在陈赓率领下，于5月上旬进到平汉路西侧的冀豫地区，就地指挥先遣支队等部，由北向南横扫邢台、沙河、武安、磁县以西山区的日伪军，消灭了大小十几股汉奸、土匪和反动会道门武装，连克峰峰、西佐、彭城等伪军据点，澄清了这个联结山区与平原的纽带地区的局面。6月以后，第三八六旅主力转到豫北地区，又指挥补充团、赵涂支队等部，相继攻克观台、水治，袭入汤阴、辉县等城镇，消灭日伪军近千人。同时配合中共地方组织发动群众、组织武装、建立政权，在安阳、林县、辉县的山区建立了抗日根据地，在道清路两侧的平原地区开辟了广大游击区。

刘伯承见到陈赓，称赞他所向披靡，战绩卓著。陈赓笑着说：师长，还不是你和邓政委筹策有方啊！真可比得上当年的诸葛亮安居平五路。这几个月的发展真是迅速，冀南、豫北差不多已成了我们的天下。

刘伯承说：我们开辟平原的斗争是很顺利，形势确实令人鼓舞，可没有远虑，必有近失。日军5月份攻陷徐州，现在正忙着进攻武汉和陇海中段，对华北后方暂时只好放弃。武汉、陇海战事结束后，它会回过头来对付我们的，国民党也不会坐视我们发展壮大，这些都必须有思想准备。我这次来，一方面是想了解一下第三八六旅的情况，另一方面是带了任务来的，总部要我师配合国民党第一战区部队作战，阻止日军向洛阳、潼关运送部队和物资。第三八六旅正在平汉、道清路的交叉口上，所以决定这个任务由你来担负。

一连几天，刘伯承指挥第三八六旅主力破击平汉、道清两路，拆除铁轨，锯断电线杆，中断了敌人的运输。敌人派兵押着民工来抢修，第三八六旅分散进行袭扰，敌人十分恼火又无可奈何。

8月下旬，刘伯承奉总部指示，令陈再道、王新亭率青年纵队、东进纵队、第六八九团、新一团等，发动了漳（河）南战役，攻克了回隆、楚旺等城镇，消灭伪军4000余人。接着又以青年纵队、新一团和第六八八团、第六八九团组成漳南兵团，由王新亭和第三四四旅代旅长杨得志统一指挥，继续南进，连下滑县、道口，歼伪军1400余人。这两次行动，基本肃清了平汉路东的漳河以南、卫河以西，南北近百里地区的伪军。至此，西起平汉路，东至津浦路，北起沧石路，南跨漳河、卫河的冀南抗日根据地基本形成了。

11月，鲁西北局势突趋严重。鲁西北抗日工作的基础本来是较好的，共产党鲁西特委早就同倾向抗日和进步的国民党山东省第六专区专员兼保安司令范筑先建立了统战关系，帮助范筑先组建了三十几个支队，在支队里建立了政治部，并在其中的十几个支队中建立了共产党的组织，特别是第十支队，逐步成为一支由共产党独立领导的革命武装。

国民党顽固势力蓄意破坏了鲁西北的大好抗战局面。国民党鲁西行署主任李树椿，勾结第六专区保安司令部参谋长王金祥，用金钱、官位收买拉拢各支队负责人，瓦解抗日队伍。又施展阴谋手段打击共产党抗日力量，撤销由共产党员担任的县长职务，暗杀支队里的共产党干部。李树椿、王金祥的倒行逆施，受到了鲁西特委和范筑先的严正警告。他们非但不思悔改，反而丧心病狂地勾引东阿日军来袭击聊城。11月5日，聊城失守，范筑先殉国。李树椿等趁机解散抗日组织，捕杀共产党员。范筑先部的各支队迅即分化瓦解，一部分投降日寇，一部分投靠李树椿、王金祥，一部分汇集到第十支队。鲁西北陷入混乱中。

这时候，冀南的斗争也变得激烈起来，国民党顽固势力十分忌恨共产党、八路军在冀南的发展，企图利用“正统”政府的身份重新统治这个地区。9月间，国民党河北民军总指挥张荫梧、河北省政府主席鹿钟麟先后进入冀南，他们公然进攻八路军部队，撤换根据地民选的抗日县长，杀害共产党地方工作人员。被打垮的国民党游杂武装、土匪部队趁机东山再起，不断向八路军挑衅，冀南根据地掀起了一股反动逆流。

日军也妄想趁火打劫，11月15日，驻津浦路的日军第三混成旅团和第一一四师团纠集了3700余人，对冀南区进行第一次全面“扫荡”，占领了隆平、故城、武城、恩县等县城。徐向前指挥根据地部队进行了反“扫荡”，经过16天28次战斗，毙伤敌600余人，取得了反“扫荡”的胜利。

为了应付这个复杂的局面，刘伯承决定再次下山，直接指导平原地区的斗争。12 月 7 日，他来到第三八六旅驻地，指示陈赓率第六八八团到鲁西北扭转那里的局势。

陈赓率第六八八团进入鲁西北后，与鲁西特委取得了联系，着手恢复与开展鲁西北地区的工作。不久，刘伯承派遣新建的先遣纵队归陈赓指挥。陈赓协助鲁西特委发动群众，组织群众，掌握政权，发展游击队，并以第十支队为基础，团结争取了范筑先部其他支队的进步力量，合编为筑先抗日游击纵队，逐步恢复了鲁西北的抗日局面。

鲁西北地区的开辟和津浦支队的东进，使第一二九师开展的平原游击战争推进到了山东地区。刘伯承、邓小平开始创建了华北最大的一块根据地——晋冀鲁豫抗日根据地。

第四节　诱伏香城固

12 月 21 日，刘伯承率师直属队及第三八六旅补充团到达南宫落户张庄，与徐向前会合。

第三天，刘伯承前往南宫县城与鹿钟麟会谈，他向鹿钟麟严肃列举国民党在冀南制造的一系列摩擦事件，指出这是使亲者痛仇者快的蠢举，严正要求鹿钟麟立即停止对共产党、八路军的挑衅。鹿钟麟闪烁其词，推托有些情况他本人并不了解，谈判未得结果。

接着，刘伯承又连续两次会见鹿钟麟，劝告他要以大局为重，在日军回兵“扫荡”的情况下，如果鹿钟麟仍坚持制造冲突，行为实与汉奸无异，八路军将给予严厉制裁。鹿钟麟被迫表示不会跟日军一致行动。

1939 年 1 月 3 日，邓小平从延安回到落户张庄师部，他是于上年 8 月间赴延安参加中共六届六中全会的。随后，与刚由鲁南进入冀南的国民党第六十九军军长石友三进行了会谈，使石友三保持中立态度。

在暂时制止了国民党顽固势力的摩擦行动后，刘伯承与徐向前、邓小平专力领导冀南根据地军民反“扫荡”。

日军在 1938 年 10 月占领武汉、广州后，果然不出刘伯承所料，痛感八路军、新四军开辟的敌后战场是他们的“盲肠炎”，因此停止了对正面战场的进攻，回过头来对付抗日根据地，抗日战争进入了相持阶段。华北是敌后游击战争发展最迅速最广泛的地区，日军把它作为进攻的重点。从 11 月起，华中、华南战场的日军陆续调来华北，在晋冀鲁豫根据地周围一下子增加到 11 个师团，计有津浦线上的第一一四师团一部，陇海线上的第十四师团、骑兵第一旅团及第二十一师团一部，平汉线上的第十、第三十五师团，正太线上的独立第四混成旅团，同蒲线上的第二十、第三十七、第一〇八师团及第三十六、第一〇九师团、独立第九混成旅团各一部。日军稍事休整，就开始对各抗日根据地进行“扫荡”。

1939 年 1 月，日军依据其先控制平原、后进攻山地的方针，以第十师团主力，第一一〇师团、第十四师团、第二十七师团、第一一四师团各一部，共 3 万余人，分 11 路对冀南进行大规模“扫荡”。

刘伯承与徐向前、邓小平根据平原地形便于敌人快速部队行动，不便集中兵力与其硬顶的新情况，确定将主力划分为第三八五旅、第三八六旅、青纵、东纵、先纵 5 个集团，结合地方部队分区作战。

日军采取东西夹击、稳步推进的战术。西线石家庄、邢台、邯郸、大名等据点的敌人首先于 1 月上旬出动，一路占领城镇要点，留置守备部队，边进边大肆烧杀，建立伪政权，逐渐向冀南中心区进犯。东线泊头、德州、聊城等据点跟着于 2 月初出动，与西线日军成夹击之势。2 月 9 日，敌主力占据了冀南中心区的各个县城。

冀南各集团在刘伯承、徐向前、邓小平的指挥下，集结主力保持机动，分遣小部队与敌保持接触，迟滞消耗日军，把日军限制在点线内，取得了一些战果。1 月 14 日，东纵一团在曲周安儿寨袭击日军侧背，毙敌 50 余人。1 月 25 日，冀豫支队 1 个营在东纵 1 个营的配合下，夜袭宁晋大杨庄，毙伤敌人 60 余。

针对敌主力合击冀南中心区后的形势，冀南各集团主力即转至日军侧后，打击敌人的补给线及守备部队。

刘伯承等决心给日军一个严重的打击，彻底粉碎它的“扫荡”。1 月 22 日，陈赓到第一二九师师部与刘伯承、徐向前、邓小平商讨反“扫荡”作战问题。陈赓建议：“鬼子在平原作战气焰非常嚣张，仗着它有汽车和机枪、小炮，一发现八路军的部队就追，特别是受袭后更是穷追不舍，我看可以利用它这个特点搞个伏击。”

“这个想法很好，鬼子是势利的东西，这是日本法西斯狂妄独尊的必然表现。他根本看不起我们，受了袭击当然就不服气，争于报复。日军大本营不是说要利用我们退避的心理，奋勇进击，穷追而消灭吗？是可以用伏击打它一个冷不防，但关键是地形要选好。”刘伯承表示赞成。

经过研究，大家决定把伏击地点定在威县以南的香域固。

2 月 4 日，第三八六旅奉命进驻香城固。副旅长韩东山和旅参谋长周希汉对香城固周围的地形进行了勘察，发现这里果然是理想的伏击战场：一条干涸的河道在香城固穿过，河道两边是大片的灌木草丛，公路就修在河道里；香城固西侧不远处有一道几十米高、1000 多米长的沙岗，岗边有个叫张家庄的村庄，东北 3 里外的庄头村，地势也是隆起的；整个地形两边高中间低，日军进得来出去难。

陈赓根据地形做了战斗部署：第六八八团位于张家主，负责西边侧击，抽一部兵力担任正面阻击任务；补充团位于庄头村，负责东边侧击；新一团以一部钳制曲周可能出援的敌人，主力在香城固北面断敌退路；骑兵连为诱敌部队；整个战斗由副旅长许世友指挥。

2 月 8、9 日两天，第六八八团连续袭击威县城，引得鬼子暴跳如雷。2 月 10 日午后，威县日军第十师团第四十联队一个大队长率一个加强中队分乘 8 辆汽车出城报复。第三八六旅骑兵连以小部兵力诱敌前进，主力突然从路边杀出，当场击伤敌大队长，击毙翻译官。接替指挥的敌中队长安田恼羞成怒，带队跟着骑兵连猛追。骑兵连且战且退，一步步把敌人引进了香城固伏击圈。14 时，许世友一声令下，战斗打响了。伏击圈外东、西、南三面一阵急射，打得日军措手不及。安田见地形很不利，附近没有房屋和沟坎可以利用，便命令汽车掉头突围。

担任封底任务的新一团事先没法在公路上构筑工事，这时冒着日军的弹雨，勇猛地冲上公路，一面向日军射击，一面进行近迫作业，迅速构筑起阻击阵地。

安田见势不妙，命令部队下车，集中力量向北突围。小炮、机枪、步枪，所有轻重火器全用上了，射出的炮弹、子弹形成了一道火墙。新一团的勇士们沉着应战，依托临时挖成的掩体，交替使用着步枪和手榴弹，牢牢守住阵地。

安田下令用白刃格斗突围。百余名日军端着刺刀狂叫着冲上来，新一团战士们扔出一串手榴弹，然后乘着烟幕跃上去跟敌人肉搏，日军丢下 20 多具尸体退回去了。

日军一次又一次的冲锋被打退了。丧心病狂的日军竟施放了毒气，新一团指战员很多人中毒，但他们毫不退缩，继续打枪、甩手榴弹，硬是把敌人封死在洼地里。

午夜时分，合围部队发起总攻。指战员高呼着“为牺牲的战友报仇”的口号，朝日军猛扑了过去。不一会儿，战场沉寂下来，日军全部遭到歼灭。

刘伯承对这次战斗非常赞赏，指出：“这次战斗敌我伤亡的比例是四比一，我们的代价是小的，是赚钱的生意。这是个模范的诱伏战。”并为这次战斗总结了三条基本经验：一是善于示弱诱敌，特别是激发了敌人轻视八路军的骄纵心理；二是善于把敌人诱导到便于八路军机动的围攻位置，而且把附近的房屋都占领了，让日军没有办法固守，也没有办法逃脱；三是善于协同动作。

香城固一战，沉重地打击了日军的全面“扫荡”计划。日军被迫放弃跟八路军主力决战的计划，分兵广占城镇，增设据点，然后进行反复的分区“扫荡”，妄图摧毁八路军活动的条件。冀南部队在刘伯承、徐向前、邓小平的指挥下，适时化整为零，深入农村活动，带领地方武装，组织游击队，不断袭扰敌人，断敌交通，打敌出扰部队，结合人民群众坚持平原游击战争。

1 至 3 月，刘伯承与徐向前、邓小平，领导冀南军民艰苦斗争，进行较大战斗 100 余次，毙伤日伪军 30000 余人，粉碎了日军控制冀南平原的计划，坚持了平原游击战争。

3 月以后，敌我斗争逐步转向山地。刘伯承、邓小平总结了平原反“扫荡”经验，安排了冀南的全面工作，率领第一二九师主力返回太行山。徐向前继续留在冀南指挥平原的对敌斗争。6 月，他奉调到山东工作。

第九章 虎狼夹击的岁月

第一节 前门打虎

日军对冀南平原进行大“扫荡”，占领了主要点线后，就把进攻的重点移向太行山区。1941 年 6 月以前，日军为大“扫荡”作准备，分别从正太、平汉、同蒲、道清各线向根据地进犯，占据和顺、翼城、浮山、安泽及白晋路上的南关等重要城镇，并逐步向外延伸据点，在周围进行小规模“扫荡”，以建立大“扫荡”的前哨阵地。

刘伯承、邓小平率第一二九师主力返回太行区后，及时了解掌握敌人的动向，搜集分析有关情报，识破了敌人准备大“扫荡”的阴谋。他们在中共晋冀豫省委、地方抗日政府的协助下，对根据地军民进行了应付日军长期残酷“扫荡”的思想教育和备战动员。广大军民破坏可能被日军利用的城垣、寨墙、道路，在要点设置擂木、滚石等，全面改造地形。普遍进行空室清野，组织运输队、担架队、情报网、带路小组等，在村寨站岗放哨，防奸防谍。一部分基干军队结合游击队、自卫队，对平汉、正太、道清各线进行破击，并袭击了邢台皇寺镇、武安伯延镇、磁县彭城镇等据点，打乱了敌人大“扫荡”的部署。

7 月初，日军集中 5 万余重兵，在第一军司令官梅津美治郎的指挥下，同时从同蒲、正太、平汉、道清等沿线各县出发，分九路对晋冀豫根据地进行大规模“扫荡”，即所谓“第二次九路围攻”。日军企图依托前一阶段深入根据地的点线，合击八路军主力于辽县、榆社、武乡地区，打通白晋路及临屯、邯长公路，控制主要城镇，把由平汉、正太、同蒲、道清四条铁路形成“口”字形包围的晋冀豫区，从中间再画出一个“十字”，造成“田”字分割，逐步压缩八路军主力的活动地域，摧毁根据地。

刘伯承奉总部命令，指挥第一二九师主力及第一一五师第三四四旅，协同晋豫支队，决死第一、三纵队，进行反“扫荡”作战。他针对日军步步推进，着重夺取城镇的特点，指示各部队分遣游击，避敌锋芒，待敌深入后，再打其侧背和分割围歼。7 月 6 日，西面由同蒲路出犯的日军在占领沁县、武乡、辽县等城后，分路向榆社地区合击。同时，东面由平汉线出犯的敌人经武安向涉县前进。

7月9日以后，连降暴雨。刘伯承抓住日军雨天行动不便的弱点，下令部队冒雨出击。

各部队按照刘伯承的命令纷纷投入战斗。第三八六旅在榆社以西云簇镇夜袭西路日军第一〇九师团第一〇七联队，毙伤180余人。第三八五旅先后在辽县寒王镇、石匣村袭击北路日军，共毙伤350余人。师特务团在大雨滂沱的深夜摸到涉县以西的河南店，战士们爬上房顶揭开盖瓦往下扔手榴弹，把鬼子炸得死伤大半，活着的夺门逃命，又被早已布置好的机枪、步枪打个正着，几乎全部报销，敌人损失100余人。

就在反“扫荡”作战激烈进行的时候，一位记者来找刘伯承采访。记者刚说完来意，他便兴致勃勃地谈了起来：“敌人原先那一套所谓的堂堂之阵的进攻作战，即突贯攻击，分进合击，它发现不灵了，现在又改成分散配置，灵活进剿，想以游击对游击呢！大部队仍是稳扎稳打，却开始利用小部队出击，行军走小路，还在夜间出动来打我们哩！”记者边听边记。

“这哪里行嘛！”他边笑边摇着头，“兵力不够，兵力不够！要分散配置，又要守据点，这里几百，那里几百，那它一条线就得摆多少兵！在和顺、辽县一带，他们正在修堡垒，但是相隔十里二十里，起不了大作用。”记者唰唰地记录着。“不过，有一点值得我们注意，敌人开始重视征服民心了，在占领区教日语，提倡会门佛道，改编学校教材，尤其是给青年开训练班，进行奴化教育。”“这当

第一二九师主要领导和记者合影，左起：李达、刘伯承、邓小平、蔡树藩。右一为到第一二九师采访的记者

然也没有用。”他用坚决的语气加以否定。“民族矛盾它解决不了，它要统治中国地方，要掠夺人力、物力、财力，只有靠烧杀抢掳，这就必然露出它的法西斯狰狞面目。不过，针对它的奴化教育，我们也应该多做点宣传教育工作，揭穿它的阴谋。”刘伯承不仅指挥着对敌军事斗争，而且同时关心和指导着政治、经济、文化等诸方面的斗争。

第一二九师主力和其他八路军部队结合游击队、自卫队，不断地打击、围困日军，日军伤亡累累，疲惫不堪。8月下旬，日军留置部分兵力加强邯长大道、平辽路和白晋路北段的守备，其余纷纷撤回铁路沿线据点。晋冀豫根据地反“扫荡”胜利结束。近两个月中，第一二九师部队进行大小战斗70余次，歼日伪军2000余人，收复了榆社、武乡、沁源、高平等县城。

在频繁的作战间隙，刘伯承特别注意总结“现实战术”，以便有效地指导部队的作战行动。这年7月，他撰写了《抗战二周年的战术报告》。这个报告全面总结了敌后游击战争的成功经验，强调指出要战胜现代装备的日本强盗，必须加强部队的政治工作与动员广大群众参战。同时，把基干军队与游击队、自卫队配合作战的一般组织形式，提高到以基干军队为骨干结合游击队、自卫队组成的游击集团，发展为全面游击战争的高级组织形式。第一二九师的实践经验，科学地阐明了游击战与运动战的辩证关系，详细论述了袭击、伏击、急袭、吸打敌援、扼敌交通等主要游击战术手段的运用，并在理论上多有发挥和创造。在这以前，他还写下了《游击战与运动战》《抗战第一周年战术总结》《在我们今天击退正太路南进敌人的战术观察》等军事论文，分析了日军的作战特点，提出了适宜的对策，大大促进了部队的战术素养。

12月，刘伯承奉总部命令，指挥第一二九师和第三四四旅等部队进行了邯长战役，目的是打断这条日军分割太南、太北的封锁线，巩固根据地，改变日顽夹击的不利形势。

战役是乘日军换防的时机发动的。日军驻平汉路的第十师团调返日本，守备白晋路南段的第二十师团大部调走，一部移驻邯长大道东段，白晋路及邯长大道西段由原在同蒲路的第三十六师团接防。敌换防后，兵力减少，情况不熟，战斗力大大削弱。

根据刘伯承的命令，游击部队从12月8日起，向邯长大道全线展开破袭，消耗与疲惫敌人，掩护主力展开。14日起，主力一部结合地方部队，在邯长大道中段，连续袭击了赵店、黎城、停河铺、东阳关、涉县等据点，隔断了各据点间的联系。22日，主力利用日军两支部队的接合部，首先进攻赵店镇，然后由西向东展开攻击。当晚，师特务团、第三四四旅两个团各一部攻入赵店镇。次日，特务团、第七六九团分别袭入黎城和戚里店，敌被迫出逃。第一二九师部队展开追击，乘胜连克东阳关、响堂铺、河南店、涉县、井店等城镇。至26日战役胜利结束，共毙伤日伪军700余人，收复了邯长大道黎、涉段的大部分据点，实现了战役的预期目的。

第二节 后门拒狼

在对日军斗争日趋紧张、激烈的同时，国民党顽固派的摩擦活动也愈演愈烈。1939年1月，国民党五届五中全会确定了溶共、防共、限共、反共的方针，在全国各地蓄意制造摩擦，流血惨案不断发生。

3月以后，鹿钟麟、石友三和张荫梧等在冀南、冀西依靠土豪劣绅、地痞流氓，扩展他们所盘踞的地区，继续设立与人民对立的“第二政府”，横征暴敛，欺压人民，屠杀八路军和共产党地方工作人员、家属，摧残抗日民主政权、人民团体。

鹿钟麟一开始就是晋冀豫地区国民党顽固派的一个首脑人物。他原是西北军的一名失意军阀，1938年5月，蒋介石为了利用他跟共产党、八路军争夺河北，任命他为河北省政府主席，12月又让他兼任冀察战区总司令兼河北保安司令。鹿钟麟自知缺乏实力，难以在河北和察哈尔两省立足，因此想凭自己的老资格，纠集原西北军的人马，组成一股与共产党、八路军相对抗的势力。他积极联络石友三、庞炳勋、孙殿英、高树勋、孙良诚等原西北军的将领，组成进攻晋冀豫根据地的阵营。同时，他又要求蒋介石把这些原西北军的部队调给他。蒋介石允其所请，下令石友三第六十九军、孙殿英新编第五军等隶属鹿钟麟，又乘机调进国民党中央系朱怀冰第九十七军，任命石、朱为冀察战区副总司令。石友三、朱怀冰也都心怀鬼胎，各有打算。石友三原是西北军里的一名高级将领，二三十年代在中国新旧军阀混战中数度倒戈，反复无常，深为各方憎恨，因而失势。抗战爆发后东山再起，先任第一八一师师长，后因部队扩编升任第六十九军军长。他从鲁南山区奉调来冀南，一心想取鹿而代之，独霸一方。朱怀冰自恃与蒋介石同属保定系出身，又握有装备精良的一个军，企图通过摩擦扩地增兵，自成局面。

1939年8月12日，鹿钟麟所属的河北民军总指挥张荫梧率3000余人在赞皇中马峪进攻第一二九师所属独立支队一部。第二天，刘伯承在一次报告中专门讲到了这件事，他说：“统一战线是阶段的联合，既要团结，又要斗争。我们的干部要学会对付摩擦，叫作‘硬不破裂统一战线，软不失去政治立场’。对张荫梧之流疯狂反共的顽固派，如果不给他们一点儿颜色看看，他们就会得寸进尺。毛主席说：‘这样的事如果不加制止，中国就会在这些反动派手里灭亡。’太行山是战略据点，敌人和顽固分子都重视它、争夺它，我们一定不能让步。目前，我们要孤立、打击的是张荫梧这位专搞摩擦的‘英雄’，为我们被杀害的阶级兄弟报仇！”

这时候，石友三已升任第三十九集团军司令，他设法把鹿钟麟手下的冀察游击总指挥孙良诚及其部下赵金祥、胡和道等收买、拉拢过去，架空鹿钟麟，成为晋冀豫区顽固派新的实力人物。

刘伯承跟邓小平分析了国民党顽固派内部的种种矛盾，认为顽固派部队的广大官兵是有爱国心、愿意抗日的，是团结争取的主要对象。顽固派里存在着派系斗争，可加以利用，争取他们大部中立或暂时中立，一部向八路军靠拢，集中力量打击反共顽固分子、特务分子。在当前，鹿钟麟势孤力薄，所部张荫梧又是反共最积极的家伙，应首先予以打击。

8月下旬，刘伯承、邓小平令第三八五旅主力及青年抗日纵队、独立支队、冀西游击队各一部，对张荫梧进行反击。反击部队采取分进合击的战术，从各方向进到元氏、赞皇地区，突然发起猛烈的打击。张荫梧部大部被歼，残部逃向冀南赵县、栾城地区，又遭到东纵主力痛击，全部被歼，张荫梧只身逃脱。张荫梧所属民军独立旅王子耀部，在任县邢家湾被青年抗日纵队一部消灭。晋冀豫根据地取得了反顽斗争的一次较大胜利，大大鼓舞了人民群众的斗争热情。

在打击国民党顽固派的同时，刘伯承还积极团结、争取国民党地方武装的上层人物，使他们加入共同抗日的行列里来。

张荫梧属下的河北民军第四团团长朱程具有抗日救国的思想，不满张荫梧的反共行为，对张荫梧的摩擦活动消极对抗，常常借故不参加。刘伯承掌握到这个情况后，指示师参议室派人去做朱程的工作。经过八路军工作人员的反复说服，朱程认清了跟着国民党顽固派不可能真正抗日，只有跟着八路军才能实现救国救民的理想。6月，他乘张荫梧北上冀中搞摩擦的机会，毅然脱离了张荫梧，率部参加了八路军。以后，朱程在对敌斗争中立场坚定、屡立战功，曾任冀鲁豫军区第五分区司令员。1943年9月在山东曹县作战时壮烈牺牲。

在冀西武安县平汉路沿线，活跃着一支抗日的队伍，它就是国民党冀察游击第二纵队第二师。该师师长范子侠，江苏丰县人，自幼家境贫寒，为生计所迫投到军阀部队当兵，后转到孙殿英部，随孙归入西北军，历任连长、营长、团长。孙殿英在宁夏垮台后，他被编入中央军。他不愿打内战，于是就脱离了部队，回到蚌埠当公安局长。抗战前打入察北伪军金宪章部，在内部策动反正，不料反正后却被当作危险分子遭到软禁。获释后，他在晋县、藁城一带组织了百十人的一支队伍，隶属冀察游击第二纵队夏维礼部。他有很强烈的民族意识，常率部在德石路沿线袭击日伪军。1939年4月，夏维礼活埋了中共冀西特委派去做统战工作的赵平、叶子青夫妇。范子侠对此十分气愤，于是设计脱离了夏维礼，他借口到井陉打游击，越过铁路到了冀西赞皇，辗转到达武安。由于他积极打击日军，受到老百姓的拥护，队伍发展到4000余人。

刘伯承派人与范子侠联络，并亲自动员他加入八路军的行列。当范子侠部遭受日伪军攻击时，刘伯承指示独立支队、平汉支队等予以支援。经过不断的争取和事实的教育，范子侠于1939年11月20日率部参加八路军，改番号为第一二九师平汉抗日游击纵队，范子侠任司令员。1940年平汉纵队与晋冀豫边区纵队、决死第一纵队等部合编为新编第十旅，范子侠任旅长。他参加八路军后努力学习，英勇作战，积极工作，受到指战员的好评，很快就加入了共产党。

1939年11月，国民党在五届六中全会上进一步确定以军事反共为主、政治反共为辅的方针，并发出进攻八路军、新四军的密令。12月，胡宗南部进攻中共中央所在地陕甘宁边区，阎锡山进攻晋西地区的山西新军和八路军，掀起了第一次反共高潮。

山西新军，是“七七”事变后中共山西省工作委员会书记薄一波等利用跟阎锡山建立的特殊形式的统一战线关系，组建起来的一支抗日武装，它包括决死队第一、二、三、四纵队和工卫队（太原工人武装自卫队）、政卫队（随营学校组成）等。八路军出师山西抗日后，大力帮助新军进行整训和充实领导力量，使新军逐步成为共产党领导的队伍。

山西新军的迅速进步和发展，引起了阎锡山的仇视。他按照国民党中央制定的反共方针，命令所属部队向驻晋西的新军决死第二纵队和第一一五师晋西独立支队发动进攻，摧残抗日民主政权和抗日群众团体，制造了“十二月事变”。

新军和第一一五师部队在第一二〇师的支持下，对阎锡山军队进行了有力的还击。

与晋西的进攻相配合，阎锡山在晋东南令第八集团军总司令孙楚进攻决死队第一、第三纵队，破坏抗日民主政权，杀害共产党员和其他进步分子；又令第十九军所辖的暂编第二旅、新编第二师分由晋西北、晋察冀边区南下，加强晋东南的攻势。1940 年 1 月，蒋介石令国民党第九十三军和第二十七军由晋南向北进攻晋冀豫根据地，配合阎锡山的反共活动。

刘伯承和邓小平认真分析了国民党顽固派进攻晋东南的形势，认为：国民党顽固派的企图是以非嫡系作先锋，以嫡系压住阵脚，共同向北推进，建立反共的联盟，夺取太行山根据地，把第一二九师驱逐到正太、沧石路以北。他们又认为，蒋阎之间的这种联盟是貌合神离的，彼此有着不可克服的矛盾，阎锡山想利用蒋介石的力量恢复他在晋东南的统治，而蒋介石却想乘机把阎锡山的势力排挤出去，用中央军取而代之。正因为二者利害不同，所以行动不会一致。基于这样的分析，他们确定了集中打击孙楚，暂时中立太南蒋军，巩固太岳，逐步恢复太南的方针。他们对本身的力量做了调整，把反顽斗争分成两步走，先是令陈赓率第三八六旅及总部特务团等部队进入太岳区，统一指挥该区内的决死纵队等部队，集中兵力给予进攻八路军的第二十七军以严重打击，接着又主动派人去谈判，迫使第二十七军退回原地。这就制止了国民党嫡系军队向临屯路北的进攻，巩固了太岳区阵地。然后指挥太南地区的第三四四旅、晋豫边支队、独立游击支队、决死第三纵队及民军第四团等，给予孙楚所部以连续打击，恢复了太南已失的部分阵地。

孙楚被打，国民党嫡系部队果然按兵不动。刘伯承决定乘胜出击。他令陈锡联率第三八五旅，并指挥独立支队及第三八六旅一部，在榆次东南地区将阎锡山暂编第二旅全部歼灭。令独立支队及第三八六旅一部，结合榆社游击队等，在榆社以北地区将新编第二师大部歼灭。

经过这一连串的打击，阎锡山发觉蒋介石违背诺言，并不同他一致行动，有意牺牲他的实力，于是集合他的军队西撤，暂时脱离进攻八路军的联盟。

驻在冀西的鹿钟麟，上年 11 月被撤销了河北省政府主席的职务，仅剩下冀察战区总司令的空名，他为了维持自己岌岌可危的地位，要求刚兼任冀察战区政治部主任及河北省民政厅长的朱怀冰北上。朱怀冰欣然同意。朱怀冰取代了张荫梧的位子，有了抢占河北省地盘的合法名义，冀西和太行山北部还没有国民党的正规军队，这正是他扩张的大好机会。

12 月初，他率部进入冀西赞皇地区，到处派兵抢占八路军的要点，包围青年抗日纵队、冀西游击队等部，疯狂地摧残抗日民主政权，抢劫八路军的粮食物资，公开叫嚣“驱逐八路军”，气焰十分嚣张。

为了把范子侠部从赞皇地区挤走，12 月下旬，朱怀冰指使河北别动第四纵队侯如墉部和河北民军乔明礼部从平汉路东西夹击平流纵队。刘伯承乘冀中警备旅和晋察冀南进支队奉调来支持晋冀豫反顽的机会，要他们赶赴赞皇地区，另调第三八五旅、冀西游击队等部，集中兵力，给予侯、乔两部以歼灭性打击，剪除了朱怀冰的爪牙。

刘伯承觉得冀西阵地必须坚决保卫，这里是联结太行山、冀南平原和晋察冀的中间地带，如果被朱怀冰占据，根据地东西两边将被隔绝，太行山也将失去可靠的屏障。为了集中力量打击朱怀冰，必须暂时中立鹿钟麟。他决定到冀西走一遭，跟鹿钟麟、朱怀冰两个系统的人普遍谈一谈，争取他们停止摩擦，至少争取鹿钟麟中立。

1940 年 1 月下旬，刘伯承依次与鹿钟麟、夏维礼、张东凯、朱怀冰会谈。鹿钟麟、夏维礼因实力有限，惧怕闹起摩擦来遭到八路军的打击，表示一旦发生冲突保持中立。张东凯是朱怀冰下属的新编第二十四师师长，该师系东北军底子。刘伯承

1939 年夏，刘伯承（右）与彭德怀（左）同国民党第九十七军军长朱怀冰合影

告诫张东凯不要替朱怀冰卖命打内战，要顾念东三省沦陷区的父老兄弟，打回老家去。张东凯推说军人以服从命令为天职，只要朱怀冰不搞摩擦，他决不会单独进攻八路军。刘伯承劝他要当民族的英雄，不要做民族的罪人。张东凯语塞。

刘伯承见了朱怀冰，严正指出："老实告诉你，我们创建的抗日根据地是八路军和人民用鲜血从日寇手里夺回来的，我们以大局为重，一让再让，已经是退避三舍了，实在无地可退了。你们总得让我们抗日有地吧？我们一二九师一个师抵御了十万日军和十几万伪军，并不是怕你们，我们为了团结抗战，不忍同胞自相残杀，要是逼我们太甚，我们是有人民作后盾的。"

由于侯如墉、乔明礼的被歼和刘伯承的警告，朱怀冰不敢孤零零地驻扎在太行山北部，于2月初退回武涉公路以南、漳河以北地区。但他并不甘心失去向蒋介石请功邀赏和自我扩展的机会，仍然坚持与八路军为敌。他在驻地层层筑堡挖沟，包围压迫八路军小部队，断绝根据地的交通补给。并派出两个团，围攻驻磁县以西北贾壁、大湾村一带的第一二九师先遣支队和青年纵队各一部，杀伤百余人，迫使他们撤走。

石友三也渐渐露出了坚决反共的真面目。他初到冀南时，因立足未稳，表示愿意同八路军和平相处。冀南根据地负责人为了团结争取石友三共同抗日，多次主动拜访，热情交谈。并在物质上竭力相助，宁肯自己的部队吃杂粮，穿单衣，把节省下来的白面、棉衣送给他的部队。1940年初，石友三自以为羽毛已丰，急于充当晋冀豫地区国民党军队的反共首脑，就加快了摩擦的步伐。1月下旬，他指使部下活埋东进抗日纵队第二团一个排，围攻东进抗日纵队第三团，策动东进抗日纵队特务营大部和冀南第五分区司令员葛贵斋率一部叛变，还到处捕杀根据地游击队和八路军地方工作人员，甚至勾结日寇，公开配合日军"扫荡"。

刘伯承、邓小平根据八路军总部的部署，令程子华、宋任穷发起冀南反顽战役。

战役原定2月11日开始，由于石友三9日突然秘密南窜，程子华、宋任穷命令部队进行猛烈追击与堵截，战役就此发起。经连日作战，歼石友三、孙良诚各一部，将石友三主力堵截在曲周东北的南、北龙堂。这时，日军突然出动3000余人进到广平、丘县一带，侧击冀南八路军部队，掩护石友三部从大名、临漳间渡过漳河，逃向清丰、濮阳地区。八路军部队停止追击，战役结束。

朱怀冰、石友三相继被逐出太行、冀南根据地的腹心地区，有力地打击了国民党顽固派的反共步骤。蒋介石恼羞成怒，于2月初命令朱怀冰、鹿钟麟、孙殿英、石友三与国民党山东省主席沈鸿烈及丁树本等连成一片，再次向太行、冀南大举进攻。同时增调第四十一、七十一军由黄河以南向太南开进，作为朱怀冰、石友三等的后援。

国民党顽固派两面进逼，刘伯承、邓小平决心同时出击。经过计算，太行、冀南部队和前来增援的晋察冀、冀中等部队，数量上超过顽军，而且国民党第四十一、七十一军尚未渡过黄河，总形势对八路军有利。于是，他们主持制订了磁（县）武（安）涉（县）林（县）战役和卫（河）东战役计划。在研究战役计划时，邓小平说：“朱怀冰是进攻我们的急先锋，根据目前顽军的态势，我们的作战意图应该是集中主力歼灭朱怀冰部，监视鹿钟麟和孙殿英部，尽可能争取他们中立。”刘伯承说：“我们这13个团的兵力是朱怀冰部队的三倍左右，这次全用上。除了独立支队作为别动支队外，其他部队编成左、中、右三个纵队，分三路进攻，采取包围穿插战术，插入朱怀冰部的纵深，直捣他的心脏。关键是在于迅速，叫朱怀冰来不及跑掉，其他顽军也来不及救援。这次作战的成败，关系整个华北的抗战局面。各部队要加强政治动员，讲清这次作战的重大意义，要不怕疲劳，不顾一切消灭他们！”

2月下旬，两个战役计划分别下达到部队。

磁武涉林战役发起前，朱怀冰部主力第九十四师在泽布峧、崔炉至岭底、石步槽、贾壁一带，位于朱军的东部。新编第二十四师在石泊镇以南张家庄、禅房至台北、关防、东西达城一带，位于朱军的西部。军补充团位于两师之间的启庄至前、后牧牛池一带。军部及直属队在两师以南的东、西花园。

按照刘伯承的指示，八路军部队分左、中、右三个纵队。左翼队由先遣支队一大队组成，由王树声指挥；中央队由青年纵队、晋察冀挺进支队、冀中警备旅等部队组成，由李达指挥；右翼队由第三八六旅新编第一团一部和独立支队、师特务团组成，由桂干生、周希汉指挥。三个纵队由邓小平统一指挥。

3月5日2时，邓小平一声令下，战役发起。中央队按预定路线突击。敌人两个师的接合部果然防御薄弱，他们在猛烈的炮火下纷纷逃窜。中央队当晚插到前牧牛池，攻占沿途全部碉堡，歼灭其补充团大部，迫使顽军主力退集于岭底、两岔口、花园、贾壁地区。

右翼队由进攻出发地攻击前进，途中遇到了孙殿英的部队。周希汉上前说明八路军专打朱怀冰，该部军官立即命令让开道路。右翼队迅速攻占南王庄、齐家岭，打退了顽军多次反扑，关住了顽军突围的大门。

次日晨，中央队、左翼队从南北两面夹击顽军，顽军抵挡不住，遗弃全部辎重及后方机关，急渡漳河，向林县方向溃逃。

邓小平下令全线追击。右翼队新编第一团一部甩开大步向南疾进，先敌插到漳河以南的芦家寨，卡住了敌人的退路。中央队也陆续赶到林县以北的姚村地区。途中，中央队因两日两夜未得休息，追击速度减慢。刘伯承发去电报鼓励部队：“现在双方都很疲劳，谁能坚持到最后，谁就能获得胜利！”李达立即把刘伯承的鼓励传达给指战员，行军队列中发出阵阵呼声：“响应刘师长号召，坚决消灭朱怀冰！”

经两日激战，歼灭了朱怀冰第九十七军及其他游杂武装1万余人，其中生俘7000余人。朱怀冰率残部3000余人继续逃往林县以南，遭到预伏在这里的别动支队截击，仅剩2000余人逃入修武县境内。

3月9日，国民党第一战区司令长官卫立煌出面要求八路军停止追击。朱德总司令以抗日大局为重，同意了卫立煌的要求。双方经过谈判，划定了两军边界，以临屯公路和长治、平顺、磁县之线为界，北面为八路军的活动地区，南面为国民党军队的驻扎范围，彼此不得越界侵犯。

根据八路军总部的决定，邓小平率领追击部队后撤，并把俘虏全部释放归还国民党军。磁武涉林战役胜利结束。

东线的卫东战役也在顺利地进行着。程子华、宋任穷总结了冀南反顽战役的经验和教训，认为对照刘伯承、邓小平的指示，上次战役在兵力使用和部署上有不当之处，没有贯彻好刘、邓首长关于“咬一口算一口”“一口一口吃”的要求，有的方向上口子开得过大，形成“咬不动”的局面。因此他们在部署卫东战役时，注意突出重点，从顽军薄弱处开刀。他们共调集了 17 个团的兵力。具体部署是：以冀鲁豫支队为豫北支队，由清丰以南向东进攻柳格集、黄城地区的石友三部。以先遣纵队、范筑先纵队为鲁西北支队，以东进纵队、冀中刘（子奇）支队、赵（承金）谭（冠三）支队为中央队，以第一一五师独立旅、挺进纵队第五支队为鲁西支队，分别消灭观城、六塔集、濮县等地高树勋部，尔后协同豫北支队围歼石友三部。

3 月 4 日凌晨 1 时，战役开始。一支精锐小部队潜入顽军六塔集阵地，采用了中心开花、由里往外打的战术。顽军惊慌不堪，顿时乱了阵脚。各路攻击部队乘机猛烈揳入。顽军散成数路南逃。攻击部队猛追，在濮阳以东及东南、东明等地连续予以打击。11 日，顽军逃到民权以东陇海路两侧，暂获喘息。15 日，丁树本部也南撤到封丘一带。顽军终于全部被赶出直南[①]地区。

4 月 5 日，石友三、丁树本在日军支持下回军反扑，企图重占直南，攻击部队坚决予以还击。4 月 6 日，在小韩集一带重创丁树本部，丁树本仅率残部千余人逃往豫西。4 月 8 日，又对石友三部发起猛攻，歼其一部，石友三率残部仓皇逃到曹县、定陶地区。

卫东战役至此胜利结束，共歼石友三等部 6000 余人。这一仗，把顽军赶到根据地边沿地区，巩固了冀南、冀鲁豫抗日阵地。同时与西线磁武涉林战役相配合，粉碎了国民党顽固派联结太行、直南、鲁西反动势力，隔断八路军南北联系的阴谋，改变了虎狼夹击的严重形势。

划界以后，国民党第二十七军等部经常违约北进，向八路军挑衅。刘伯承决定找第二十七军军长范汉杰进行谈判，解决越界纠纷。

一天，他把师参议室参议李新农找来，让他去找范汉杰联系谈判。李新农问：“师长，你让我带多少部队呢？”因为最近为了越界纠纷，八路军方面已有不少人死在国民党军队的黑枪之下了。

“你当谈判代表，不能带部队。带了部队准会打起来，事情就办不成了。我知道你是担心过不去。这样吧，我替你出个主意，打着送礼的旗号去，怎么样？”不等李新农回答，刘伯承又对作战科科长邓仕俊说：“你给供给部打个电话，问一问我们有什么东西好当礼品的。”

---

① 指旧直隶省南部地区，包括今河北省南部和山东省、河南省小部。

邓仕俊打完电话，报告说，供给部仓库里存着总部发来的自制毛毯。

刘伯承“嗯”地答了一声，然后对李新农说：“这就好办了，拿八条毯子，再加些别的东西，配成八份礼，带着去见范汉杰。俗话说，恶汉不打送礼人，保管你过得去。”

“八份礼是不是太多了？咱们物资很缺，连您也老用着那条苏联带回来的破毛毯呢。”李新农有些舍不得。

“你跟国民党军队打了这么长时间的交道，难道连这一点也不了解吗？国民党军队就讲究个名分尊卑，给军长送礼，副军长、正副师长是不可缺的，二四得八，不能再少了。”

李新农带着礼物，顺利地到了第二十七军司令部。范汉杰听说是刘伯承派人来送礼，亲自迎到会客室里。李新农交代完礼品，马上转达刘伯承要求谈判停止越界的建议，并说：“刘师长说范军长曾参加过福建人民政府，对国共合作理应有更多的认识。如今国难当头，不要再现十年内战的历史。我们要以大局为重，团结抗日。搞摩擦祸国殃民，是万世遗骂的事，希望为范军长所不取。我们是采取忍让态度的，这次朱怀冰、石友三无理进攻，我们的反击也是适可而止。但忍让总是有限度的，刘师长再三嘱咐我说，他不愿意被逼得与范军长兵戎相见。”

范汉杰沉思了一会儿，说：“请李参议稍待几日，容我考虑一下。”

这几天里，刘伯承派三个团到壶关周围活动，故意泄露出众多番号，并让俘获的范汉杰部越界人员带回口头警告：八路军信守协定，不越界活动；国民党军再敢越界侵犯，将决不客气。

在刘伯承文武结合的斗争面前，范汉杰自知理亏，终于同意谈判。他派一名副师长和军部参谋处长当代表，到第一二九师正式谈判。经过反复协商，双方按划定的界线规定一个缓冲区，哪一方违约进入，对方有权阻击。此后，国民党军有计划的越界行动明显减少，太北根据地南部边沿的斗争形势得到了暂时的缓和，使根据地军民可以腾出力量来对付日军的进攻。

第三节　交通斗争

日军在大规模扫荡平原、山区失败以后，要弄新的花招，以强化交通为手段，对晋冀豫根据地进行分割和封锁，企图达到扼杀和摧毁的目的。1940 年初，敌人的这个阴谋开始全面实行，他们加紧修筑铁路、公路，从内外两个方向压迫根据地，周边严密包围，腹地步步楔入。在冀南平原，依托平汉路向东扩张，相继筑成石家庄至南宫、内丘至巨鹿、邢台至威县、邯郸至大名等公路干线及许多支线，把冀南分割成许多小块。敌人还计划修筑德石和邯济两条铁路，以联结平汉、津浦两大交通动脉。在太行、太岳山区，抢修白晋铁路，准备修筑临（汾）邯（郸）铁路，以便把太行、太岳两区分割成四块。同时在平汉路两侧积极增筑据点和公路，封锁太行与冀南之间的交通。

在这些地方，敌人广拉民夫，搜罗筑路材料，从山海关外等占领区源源运来铁轨和筑路机械，集中人力、物力赶修着铁路、公路。

敌人全面强化交通的情报接连不断地汇集到第一二九师指挥所。刘伯承、邓小平一连几天进行着深入的思考和研究，准备拿出一个有效的对策。

一天，他们召集有关人员开会，商量对付敌人强化交通的办法。

“日军全面强化交通，是企图解决对华战争地宽兵少矛盾的必然方针，但这也给我们提出了新的斗争课题。”刘伯承一下子切入了问题的要害。

“交通斗争，本来就是我们对敌作战的一种主要形式。由于我们的游击战和运动战是灵动、秘密、突然袭击，干脆决战的，日军无论是袭击我军或是增援它被我袭击的部队，都非有飞快灵敏的交通工具，适时调集相当兵力不可，这就需要处心积虑维护和整备它的铁路和公路。而我军为了迟滞和牵制敌人的行动，创造敌人的弱点，就要千方百计破坏它的铁路和公路，这是敌我交通斗争的主要内容。”①

“敌人原来占据的铁路、公路，不论它由点线而带地进展，都在我们广大面积的抗战根据地的包围与打击中，它现在反企图对我们大块根据地，用据点、铁路、公路构成网状，把抗战军民缠绕起来。打一个比喻来说，敌人要用铁路作柱、公路作链、据点作锁，来造成一个囚笼，想把我们军民装进里边去，凌迟处死。它的这个‘囚笼政策’，确实是够阴险毒辣的，需要我们认真对付。”②他透辟地分析着交通斗争对敌我双方的意义。

“敌人目前推行的‘囚笼政策’，是从战略的角度来考虑的，带有‘国家总力战’的性质，其企图不仅在军事上，而且表现在政治、经济、文化等各方面。政治上，敌人防共治安政策也依靠交通，无交通既无治安，也无法防共。经济上，敌人对占领区域先施以怀柔政策，继而实行最残酷的剥削，对根据地给以经济上的最大摧残。敌人以铁路为大血管，公路为小血管，以中国的骨榨中国的油。文化上，敌人依靠交通运送报纸、课本及神像等，来麻醉中国人的民族意识。铁路起着大毒素管的作用，公路是小毒素管，据点则是打毒针。总而言之，就是它要造成交通的囚笼依托，来展开它的总力战，也就是依托交通网来实现转移重兵与反复‘扫荡’的武力战，镇压与离间的政治战，榨取、封锁与摧毁的经济战，麻醉、奴化的宣传战、思想战。”③

他全面地分析着日军交通战的战略目的。

“即以其人之道，还治其人之身。我们要积极开展交通斗争的总力战，来对付日寇的‘囚笼政策’。这就必须强化全面的、全力的、一元化的斗争，以军事为核心，以政治进攻为主，结合党政军民的力量，正确执行政策，将日寇孤立起来。这里面的关键是把群众充分动员起来，抗战军民人人深刻认识到了交通斗争

① 采访原第一二九师司令部参谋许剑等谈话记录。
② 采访原第一二九师司令部参谋许剑等谈话记录。
③ 采访原第一二九师司令部参谋许剑等谈话记录。

的重要性，就能坚决、彻底地破毁敌人的铁路、公路，也就能使它的血管不能流通，手脚不能动弹，而直到困死。”①

刘伯承胸有成竹地指出了抗战军民开展交通斗争的方针和策略。

刘伯承说完，邓小平接着发言。他神情严肃，一字一顿地说：“形势虽然是严重的，但只要我们根据地军民同心同德，团结一致地进行斗争，日寇的‘囚笼政策’是完全能够挫败的。从现在起，我们提出一个口号：面向交通线。主力军、地方军和广大人民群众相结合，重点破击与全面破击、大破击与经常性的小破击相结合，广泛、深入地展开交通斗争，反击日寇的‘囚笼政策’。”②

从此以后，晋冀豫根据地的对敌斗争转到以交通斗争为中心的阶段上来了。

在这以前，刘伯承、邓小平领导根据地军民已进行了一系列较大规模的交通斗争，取得了许多胜利，积累了不少经验，为开展全面全力的交通斗争创造了条件。

1938 年 5 月 13 日夜，为了配合国民党正面战场的徐州会战，策应徐向前在冀南展开，刘伯承调动石家庄至邯郸铁路两旁的部队和民众，对平汉路进行第一次总破击。这次破击，尽管没有炸药，只是靠手工操作，但破击部队和民众努力作战，毁坏铁路 2800 米，烧掉全部枕木，搬走全部铁轨，砍电线杆 400 余根，烧毁车站两处，颠覆火车一列。此外，还击溃敌人援兵百余人。结果使平汉路的运行中断了 3 天。

总破击结束后，刘伯承在小道沟师指挥所很快写出了《平汉铁路总破击的经验教训》一文。在回顾过去的交通斗争时，他不无遗憾地写道：“我们对于敌人主要运输线平汉和正太两铁路零破坏和总破坏，拆路、断桥、塞洞、翻车、袭车、消灭部队、劫毁辎重，总不下一百回。但是这些经验教训，总是没有整理，确实是埋没了好些成绩无从发挥，可惜！可惜！”字里行间表露出他对交通斗争的高度重视和热切期望。

他从八个方面系统地总结了这次总破击的经验：从政治上进行动员，使军民认识截断铁路的重要作用，提高破击铁路的自觉性；有领导有组织的总破坏与随时的零碎的小破坏相结合；基干军队与游击队、自卫队密切配合，发挥最大的破坏效果；破击前要有精细的侦察和准备，破击时要有秘密和果断的动作；破击的重点要尽量选在桥梁与隧道等要害部位，或者努力扩大破击的幅度，使敌人难以修复；推广使火车出轨这个费力小收效大的好办法；派部队伏击、袭击和扰乱赶来抢修破毁铁路的敌人，迟滞敌人交通的恢复；加强破击铁路的政治工作，争取瓦解守备的日伪军和解救被强迫护路的民众。

其中，他特地为部队提出了颠覆火车的技术和战术的指导，包括拆轨方法、拆轨地点和时间的选择等。这种具体、明确的指导，对于缺乏交通斗争有关知识和经验的广大指战员来说，无疑是十分必要的，也表现了刘伯承指挥作风的严

① 采访原第一二九师司令部参谋许剑等谈话记录。

② 采访原第一二九师司令部参谋许剑等谈话记录。

谨、细微。

这些用血汗换来的经验，对晋冀豫根据地后来日益深入的交通斗争，产生了巨大的指导作用。

从1938年6月16日至1939年1月1日，刘伯承又相继组织指挥晋冀豫根据地军民，对平汉、正太、道清铁路进行了12次总破击。连同第一次对平汉路的总破击，一共是13次铁路总破击。1939年内又有多次大的破击。

1939年8月17日至9月22日，陈赓指挥第三八六旅及赵涂支队等对道清铁路进行了6次大破击。

这期间，晋冀豫根据地内开展的小破击更是不计其数。

在这些大大小小的破击战中，广大军民拆铁轨、烧枕木、掘路基、翻火车、炸桥梁、毁隧道、捣车站，伏击、袭击敌人的护路部队和援兵，解放修路民工，在铁路沿线闹得天翻地覆。敌人顾此失彼，穷于应付，不得不增加守备兵力，减少了机动作战的兵力，而且后方交通运输陷入了时断时续的半瘫痪状态。这就有力地支援和配合了根据地内外的对敌作战。

进入1940年，交通斗争以更大的规模，更有计划、有组织地开展起来了。

冀南军民在打退石友三的进攻之后，集中力量展开破击交通的斗争。4月7日至20日，军区部队在2万余群众配合下，对平汉路及由该线伸展到冀南腹地的几条公路进行了全面的破坏。先后破毁内丘、邢台间的铁路10余里，石家庄至南宫、邢台至威县、内丘至巨鹿、大名至邯郸等公路干线200余里，取得了全面破击战的胜利。

冀南军区及时总结了破击战的经验，在军民中进行了深入的动员，逐渐形成劳力与武力相结合的经常性的破路运动。往往在日落以后，成千成万的群众有组织地奔向各主要公路干线，在军队和地方干部的带领下，按照预先的分工，紧张而有步骤地投入破路行动。挖土的、运土的、拆桥的……组成了一幅壮阔的人民战争图画。基干军队结合游击队、自卫队，一部出动袭击敌人的据点，转移敌人的注意力；一部担任警戒，负责阻击可能出犯的敌人；其余人员都投入了破路的行列。

日伪军即使发觉了根据地军民的破路行动，在夜间也轻易不敢出动，只是盲目地往外打枪打炮。天明后，他们气急败坏地赶到破路现场，面对毁坏的公路，只有徒唤奈何。他们强迫民工来修复，民工们在枪托刺刀和皮鞭的监督下仍千方百计磨着洋工。公路的恢复自然要比破坏的速度慢得多。好不容易修好能通行了，突然某个夜晚又遭到了破坏。就这样破了又修，修了又破，冀南平原上的交通斗争愈演愈烈，严重地威胁着日伪军的行动，大大便利了根据地军民的斗争。

刘伯承及时总结各部队破击作战的经验，制定了新的斗争原则。7月16日，他给冀南、太行、太岳三个军区和各旅发出破击指示：

一、各团分遣一个或两个营担任破击，由团分派政工干部并附以工兵、迫击炮、担架，加强政治领导和机动力；

二、各破击营在各地游击队掩护与自卫队、民众协助下，大踏步乘虚破击，先着重破路而不胶着于据点，不作无把握的强袭，尤其不要怕走远路；

三、在纵深进行整训的团、营，加紧军政教育，建立制度，当敌人饿困或扫荡时给以有力的痛击；

四、破敌公路切不可忘掉转到敌后破击基本铁路，特别要注意解放修路民众；

五、配合各地党、政领导机关，大力开展敌占区与敌伪军工作，坚决揭露敌人的欺骗，激发抗战必胜的信心。

根据刘伯承的指示，从平原到山区，交通斗争更加广泛深入地开展起来。

1940 年 5 月，刘伯承与邓小平组织指挥了白晋战役，集中力量打击敌人强化铁路交通的计划。

4 月下旬，日军为了加快修通白晋铁路，置重兵于南段，进攻国民党军队驻守的高平、晋城、陵川一带，以解除侧背威胁。在北段，仅以第三十六师团两个联队各一部守备已修好的白圭至沁县段。刘伯承与邓小平决心乘隙发起破击战役。

1940 年时的刘伯承

5 月 2 日，刘伯承、邓小平向各参战部队下达了战役计划。

计划规定的战役纲领是：

一、协同民众连续破毁铁路，搬完铁轨，烧完枕木，炸毁桥梁涵洞，打断敌人修通白晋铁路的企图；

二、坚决消灭大队以下由据点出击之敌；

三、夺取与烧毁敌人军用品，救出和争取修路工人。

各部队的任务是，师特务团结合地方游击队，破击东观至来远段；第三八五旅、平汉纵队主力与边区纵队第一、三团，破击来远至权店段，并夺取来远、南关敌人的军用物资；第三八六旅及决死第一纵队破击权店至柳村段。各部队并动员广大群众协助破路。

与此同时，冀南、冀西部队和新编第一旅、青年纵队、决死第三纵队、总部特务团、冀中警备旅、晋察冀挺进支队等部，纷纷向有关交通线和据点之敌积极破袭，配合白晋战役。

5 月 5 日，刘伯承、邓小平率师指挥部西移榆社以西的周庄。当天，白晋战役发起。各破击部队在 2 万余群众协助下，在南北 200 余里的铁路线上，展开了声势浩大的破击作战，猛烈地袭击了白晋沿线沁县、固亦、漳源、权店、南关及来远各据点的敌人。

当晚，第七六九团攻入白晋线上的重要据点南关。这是一次见智见勇的出色战斗。战前，第三八五旅旅长陈锡联带领团、营干部化装侦察了南关的敌情，勘察了地形，果断决定把攻击的重点由来远转到南关。南关位于白圭至沁县的中间，地处武乡、祁县、平遥3个县交界的峡谷里。四周山峦环抱，铁路从该镇南北曲折延伸而去，是白晋线北段的一个重要补给站，存有大量炸药等军用物资，关押着日军从河北、山东抓来的1000余名修路民工。日军为了守住南关据点，驻有一个200余人的加强中队，另有伪军200余人。镇口筑有两座坚固的碉堡，镇内沿街房屋经过改造，设有密集的火力点。

陈锡联认为，南关虽然易守难攻，但如果突破这一点，将把已修建的白晋铁路北段拦腰切断，有利于整个破击战的进行；而且南关这个险要地段经过彻底破坏，将会大大增加敌人修复的困难。于是，他调整了原先的部署，把攻打南关的任务交给了第七六九团。

第七六九团团长郑国仲、政委鲍先志，发动营里的干部动脑筋想办法，制定了“腹地开花”和里外结合的作战计划。战斗发起前，派第三营在内线人员的接应下潜入镇内，令第二营钳制外围碉堡里的敌人，以第一营为预备队。第三营在夜色掩护下一直摸到镇内的大街上才被敌人发觉，第三营先敌开火，战斗就此展开。战士们勇猛地向日伪军发起冲击，沿大街逐屋争夺，渐渐把敌人压缩到司令部的一所房子里。第二营在第一营的掩护下从碉堡夹道中冲入镇内，然后会合第三营攻克了日军司令部。团指挥员令工兵利用缴获的炸药炸毁了镇口那两座碉堡。

第二天早晨，战斗胜利结束。除少数日军从地道逃走外，其余敌人全部被歼，日军中队长峰正荣也被击毙，缴获黄色炸药近2000箱和大批军用物资。此外，还解救了被关押的民工。

南关战斗打得正激烈的时候，权店敌人出动增援，平汉纵队和第三八五旅独立第二团坚决扼守分水岭、来沙堰，击退了敌人。

南关战斗结束前，刘伯承、邓小平率师指挥所又前出到南关以东10余公里处的前庄，指挥参战军民展开全面的破路运动。人们扒的扒、挖的挖、搬的搬、抬的抬、烧的烧……敌人苦心经营一年多的白晋铁路，很快被严重破毁了。

南段破击队中的决死第一纵队第四十二团，乘敌人的注意力被吸引到白晋线上的机会，奔袭同蒲路赵城车站东北的刘家庄，一举歼灭日军40余人，缴获枪支弹药一批。

白晋战役，经一日两夜作战，破坏铁路100余里，毁大小桥梁50多座，火车1列，毙伤敌350余人。这是沉重打击日寇“囚笼政策”的一次重要战役，取得了破击作战的宝贵经验，鼓舞了广大军民开展交通斗争的胜利信心。

白晋战役结束后，刘伯承、邓小平率部东返。5月20日，第一二九师在榆社以南的谭村召开营以上干部会议。会上，刘伯承作了白晋战役战术总结。他按惯例讲了敌情和战役一般收获，然后进行了战术讲评、作战部署检查和讲述了破击战的几个技术问题。

战术讲评，他对参战部队分别指出了战术运用的优缺点，着重强调了各自最突出的特点。对第三八五旅，他称赞他们“在战术上值得发扬的就是‘英勇的机动’，‘机动’就是趋利避害的军事行动。趋利要扩大到完全消灭敌人，避害要扩大到不遭敌人丝毫意外的损害，那就要靠指挥员切合时机的调动，特别是勇于消灭敌人的调动。这一部队在这次作战中有几件切合时机的英勇的机动：一就是把战役的突击重点由来远转到南关；二就是在战斗中第七六九团自动扩大南关战果，第十三团敏捷增援来沙堰友邻，击败敌人出援部队”。对决死一纵队第四十二团，表扬他们在刘家庄战斗中采取了“眼快手快，抓到敌人弱点，给以痛击的战术”，要求把这种主动精神“在全军中发扬起来，以使日寇陷于顾此失彼的窘状”。

在作战部署的检查中，他总结了打击日军“囚笼政策”的三种作战方式：一破击，二反“扫荡”，三遭遇作战。对破击战的编成，又区分了破路队、掩护队、预备队、工兵队四种。这些，为尔后日益频繁的破击作战规定了组织指挥的方法。

白晋战役结束后，刘伯承、邓小平对部队进行了整编。全师除原有的第三八五、三八六旅外，增加了新编第一旅、四旅、七旅至十一旅等 7 个旅，师特务团改为第三十四团。这时，全师主力共有 9 个旅和 1 个团。此外，成立了太行、太岳军区。

8 月，冀南、太行、太岳三区成立了行政联合办事处，杨秀峰任主任，薄一波、戎伍胜任副主任。晋冀豫根据地又有了统一的政权机构。

6 月中旬，刘伯承指挥太行部队主力转至平汉路西侧进行武沙战役。武安、沙河地区，年初敌人已修成邢台至羊范、沙河至公司窑等公路。在刘石岗、范下曹构筑据点，分派伪军高德林部两个营守备。目的是切断太行与冀南两个根据地之间的主要交通联系，为打破敌人的封锁，他调集第三八五旅、新编第十一旅等部 5 个团，攻击刘石岗、范下曹，经两天作战，第三八五旅等部队攻克了这两个据点，共毙伤俘伪军 700 余人，破坏铁路、公路各一段，实现了打通太行、冀南间交通的目的。

从 4 月至 8 月，刘伯承、邓小平领导晋冀豫根据地军民积极展开交通斗争，使敌临邯铁路被迫停修，计划修筑的邯济铁路无法动工，白晋铁路费时一年多仅修至夏店镇，打破了敌原拟修至晋城，再南接道清铁路的企图，迟滞了德石铁路的修筑进度。粉碎了敌修筑公路网，扩大平汉路两侧占领区，分割封锁山区与平原的阴谋，从而全面地打击了日寇的“囚笼政策”。

第四节　鏖兵正太路

在 1940 年春夏的交通斗争中，日军边遭打击边竭力恢复、强化铁路、公路和据点，继续推行“囚笼政策”。他们加强了平汉、正太两条铁路的守备，沿线严密封

一二九师和晋察冀军区主要领导合影，左起：李达、聂荣臻、邓小平、刘伯承、吕正操、蔡树藩

锁，割断了太行山区与冀南平原、晋察冀战略区之间的联系。在冀南，修复和扩展了公路网，增设了据点，造成根据地军民“出门走公路，抬头见碉堡”的状况。

刘伯承觉得要根本改变这种被动局面，光靠晋冀豫根据地本身的力量还不够，最好有华北各大战略区共同组织一次破击作战，对正太、平汉、同蒲、津浦各铁路干线进行全面、彻底的破毁，使日军陷入战略上的被动。

白晋战役结束后，聂荣臻率晋察冀挺进支队北返。行前，彭德怀、左权在总部设便宴为聂荣臻送行，刘伯承与邓小平、李达、陈赓、陈锡联等出席作陪。吃饭时，大家谈起华北战局和两区的配合作战，认为横贯在两区间的正太路是日军控制山西、河北的交通命脉，也是阻隔两区联系的重大障碍。要是切断正太路，既可使日军在山西的运输补给失去可靠的保障，又有利于两区在军事、经济等方面的互相支持和帮助。于是，大家一致认为，应在适当时机对正太路进行大规模的破袭。

这以后，日军积极准备实行南进政策，在正面战场集结兵力，扬言向重庆、昆明、西安发动进攻，企图用军事压迫和政治诱降的双重手段，促使国民党政府投降，以便抽出兵力加入太平洋战场作战。6 月 15 日，日军攻占宜昌，扼据入川的咽喉，接着又大举轰炸重庆；同时通过所谓“谋略工作”，秘密向蒋介石展开“和谈”活动，并利用已降日的汪精卫集团在国民党阵营内进行宣传和策反。国民党在这种形势面前更加动摇，妥协投降的危险空前严重。

蒋介石指使胡宗南、阎锡山、朱怀冰、石友三等掀起的第一次反共高潮被粉碎后，国民党顽固派大肆造谣，胡说什么“八路军游而不击”“专打友军，不打日本”，使一部分不明真相的人对八路军产生了怀疑。

山西敌情，守备正太路的日军以一部派往华中地区，参加宜昌作战，其警戒力量有所削弱。

在这种情况下，彭德怀跟左权研究决定，为了争取华北战局更有利的发展，并影响全国的抗战局势，克服国民党投降的危险，有必要向华北敌占交通线和据点发动一次大规模的进攻战役。

7 月中旬，左权来到第一二九师师部，传达彭德怀的上述设想。他对刘伯承、邓小平说，为了粉碎日寇的“囚笼政策”，振奋、坚定敌后根据地和全国军民的胜利信心，制止国民党的投降活动，牵制日军的南进和西犯，彭副总司令准备组织发动一次破袭日军交通干线和据点的进攻战役，主要目标定在正太路，由第一二九师和晋察冀军区共同负责实施；平汉、同蒲、白晋、平绥、津浦、北宁各线配合行动。第一二〇师和各铁路沿线的部队都参加作战。

刘伯承师长（右）和八路军副总参谋长左权

刘伯承、邓小平欣然表示赞同。

随后，刘伯承、邓小平召集师司令部和政治部的首长研究战役的准备工作。

7 月 22 日，八路军总部下达了《战役预备命令》，同时上报中共中央军委。

同日，刘伯承和邓小平联名下达了关于准备进行正太战役的指示，要求部队“注意休养体力，加强军事教育”，“在休养 30 天内每人增加 5 分菜金”，“设法求得相当的充实，并注意鞋子、干粮”。

刘伯承还专门对司令部的人员作了交代：这次本师进行大规模的破袭战役，首先是对据点的战斗，不可避免地要进行强袭和攻坚，应把困难设想得多一点，把准备工作考虑得更周到一点。准备工作要突出侦察、防谍和技术战术三个方面。侦察不仅要广泛收集整理情报和有关材料，通过游击队、自卫队等监视敌人的行动，而且必须组织各级首长、司令部机关实地勘察，确实掌握各该部队攻击目标的地形和敌情，增加胜利的把握。师司令部要派人直接作战役侦察。防谍要加以十二分的注意，战役企图绝对不得过早暴露。作战计划严格按级传达，部分集结、开进要适时，尽量采取夜间行动。在一般居民中可散布我们将南下对付国民党顽固派，以迷惑敌人。技术、战术要组织一些应急训练，熟练武器、工具的使用，搞好步兵、炮兵等的协同动作。可以把白晋战役以来各部队的破路经验收集一下，整理成文件，发给部队。

师参谋长李达向参谋们做了具体布置，把刘伯承的指示一一落实下去。8 月

2 日，《关于破路经验通报》下发给了部队。

8 月 5 日，刘伯承、邓小平就作战指导思想给各部队发了个指示。指示分析了日军的铁路、公路和据点的各自作用和相互关系，揭露了日军的“拐骗术”，在于把八路军的注意力引向“伸出的公路和据点”，以达到其保护铁路的目的。指出基干军队因为“忽视了铁路的重点”，所以处于被动地位，要求“坚决地向着敌占区和铁道交通线。对敌深入之据点，则应以小部队坚决地、经常地、真正地接敌活动；对敌延伸之公路，以小部队掩护自卫队破袭，特别不准敌人修成由南到北与铁路平行的汽车路，而将基干军队和游击队不断地轮流辗转破袭平汉路。这样就可使敌被动，阻敌向内延伸，又可开展敌占区工作，解决粮食特别是铁路东西交通问题”。

各部队接到刘伯承、邓小平的这个指示，进一步认识到破击铁路是交通斗争的中心环节，扭转了存在于部分干部中的破击铁路不如打据点光彩的情绪，思想一致地投入到正太路破击战役中去。

8 月 18 日晚，刘伯承、邓小平在和顺县石拐镇师前方指挥所召开作战会议，向参战部队指挥员布置作战任务。

刘伯承首先传达八路军总部的指示：“总部命令，这次正太路破击战役，我师跟晋察冀军区共同进行，他们在东段，我们负责西段，彼此以阳泉为界。我们准备投入十个团的兵力，其他部队，已分布在平汉、白晋、同蒲诸线，进行广泛的破路袭敌，以策应正太路的作战。担任正太路主要作战任务的十个团，拟分成三个纵队，请大家把师部发的晋东南情报图打开，由李参谋长来介绍敌情和说明本师任务。”

李达按照情报图介绍敌情：“我师当面之敌为片山第四混成旅团所辖四个步兵大队，并各附骑兵、炮兵、工兵、辎重兵及通信兵。分布于正太路盘石至段廷段的是德江光第十五大队。另三个大队以阳泉为中心，向铁路南北延伸：北伸盂县的是第十二大队，南面昔阳、和顺两县驻的是铃木第十三大队，辽县、榆社驻的是板津第十四大队。另外，守备北同蒲路的第九旅团所属吉野大队，则分布于榆次、太谷、徐沟及其附近地区。”然后说到第一二九师的作战任务：“总部决定于 8 月 20 日起，我参战部队同时向正太路、平汉路、同蒲路，开始进行连日大破击。晋察冀部队破击正太路阳泉（不含）以东段，我们师主力破击正太路阳泉至榆次段（均含）及平辽公路。估计我们师的主要敌人是片山第四混成旅团驻铁路部队。我军开始破击后，敌人将会以装甲火车辗转射击，以火车转移其预备队，加强各据点战斗的出击，空军也会有一部参战。敌人伸入平辽的部队，也将抽兵由平（定）和（顺）段进击我右侧背。驻守同蒲路的吉野大队，也有可能调兵经长凝袭击我左侧背。”①

刘伯承接着说明战役部署：“根据以上的估计，我们这次战役的纲领：第一，

① 李达：《抗日战争中的八路军一二九师》，人民出版社 1985 年版，第 191 页。

主要是对正太路阳泉至榆次段的铁路和建筑物，进行连日的彻底的破毁，特别对于桑掌至晓庄和马首至芦家庄两段铁路的技术工物，要着重破毁。第二，各破击队为了保障铁路确实破毁，应兼用专门的便衣队或有力部队，突然潜入铁路线上的必要据点，破毁其要害，烧夷其建筑物。对于路侧远伸的据点，只用少数部队监视，不要强攻，也不要被其抑留。第三，当片山部队由阳泉、平辽公路向我右侧背迂回时，就将其各个消灭之，保障我破路顺利进行，造成收复辽县、榆社的基本条件。对榆次方面来援之敌则进行牵制。”[①]然后他对战役作出具体部署：战役由陈赓、陈锡联、谢富治统一指挥，部队分为三个纵队：右翼纵队由范子侠、赖际发率两个团，担负阳泉、寿阳间的破袭任务，先集中兵力攻下坡头和张净车站，得手后，再向西扩大战果。中央纵队由陈赓、陈锡联、谢富治率四个团，主力隐蔽集结，为师的总预备队；以一部兵力攻占敌冶西据点，牵制平定之敌，另以一部兵力占领阳泉西南狮垴山，阻击阳泉可能出援之敌。左翼纵队由周希汉率三个团，担负寿阳至榆次间的破袭任务，先集中兵力攻下芦家庄、上湖、马首等车站，得手后，视情况向北、向西扩大战果。平和支队由汪乃贵率一个团结合地方武装，分途破毁平定至和顺、寒王镇公路，牵制平辽公路之敌。

最后，邓小平又强调了这次战役的有利条件和应注意的事项。他特别告诫大家：参战的地方武装和民兵很多，要派得力干部去组织带领，关心他们的生活和安全，调动他们的积极性。他并要求大家回去把任务向部队交代清楚，进一步做好战斗动员。

8 月 20 日，刘伯承、邓小平率师前方指挥所进至广阳以南的明水头，设前方联络所于上龙泉以南的马鞍桥。

当晚 20 时，声势浩大的正太路破击战役打响了。随着一道道划破夜空的红色信号弹醒目的闪光，各路破击部队以神速的动作扑向铁路沿线的车站和据点。在同一时刻，同蒲、白晋、平汉、津浦、北宁等铁路和许多公路干线上都燃起了战火，日军的华北交通线陷入全面被攻击之中。八路军参战部队先后达到 100 多个团，所以以后就把以正太路为主的破击战役称为“百团大战”。第一二九师参战部队共有 46 个团。

由于事先进行了成功的保密和佯动，正太路上的日军全然不觉八路军发起战役进攻。开始阶段，日军惊慌失措，一片混乱，沿线车站和据点处处受攻，自顾不暇，无法互援。石家庄、阳泉、太原等各日军旅团司令部，一时也来不及调集兵力，显得十分被动。但日军惊魂稍定，就展开了顽强的抵抗。破击部队发动了更勇猛的攻击，战斗异常激烈。正太路西段 200 多里的地面上，枪炮声、炸药爆破声响成一片，夜空中火光闪耀，连绵不断。

战线左翼芦家庄的战斗进行得紧张而激烈。该据点驻守着日军原田大队的一个中队，有日军 40 人和伪军 20 余人。担任攻击任务的是左翼纵队第三八六旅第十六

① 李达：《抗日战争中的八路军一二九师》，人民出版社 1985 年版，第 191 页。

团。战斗开始，第十六团一举突入庄内，连续攻占了车站外围的 4 个碉堡，将守敌大部消灭。残敌 10 余人向西溃退，遭到第十六团预伏部队迎击，敌复转向东窜，又与第十六团攻车站的部队遭遇，敌见无法逃出，则占领车站高房死守。第十六团组织强攻，未能攻下。次日拂晓，第十六团实行火攻，并以炮火猛轰，引爆了高房附近的火药库，仅剩的几个敌人仓皇逃出高房，退到一间独立房屋固守。

刘伯承、邓小平在师指挥所里彻夜未眠，等待着破击战的战报，首先传来的是右翼纵队新编第十旅第三十团攻克桑掌据点的捷报。他们经过一个半小时连续 3 次攻击，就拿下了该据点，并彻底破坏了桑掌大桥。第二天，芦家庄、上潮、和尚足、马首等据点被攻克的报告陆续送来。左翼纵队决死第一纵第二十五团反击前来偷袭的一个日军小队，将敌大部歼灭，缴获轻机枪一挺。刘伯承、邓小平立即通报表扬，同时指示各破击部队加强翼侧警戒，防敌袭击。

21 日突然天降大雨。刘伯承、邓小平命令部队不要松懈，继续按计划行动。三路破击纵队不畏恶劣的气候条件，仍然努力攻击。至 25 日，又相继攻克燕子沟、坡头、狼峪、张净、赛鱼、晓庄等据点，同时攻克了平定西南的外围据点冶西。正太路西段 20 个据点，除寿阳等少数几个外，已全部攻占。

正太路全线被袭的消息传到阳泉日军第四混成旅团司令部，片山旅团长惊得目瞪口呆。据守狮垴山的第七六九团派出两个连夜袭阳泉，牵制阳泉日军出援。片山草木皆兵，判断八路军至少有 2000 人，慌忙把城里日军 600 余人全部集中起来抵抗，并将侨民 500 余人也武装起来，强迫他们投入战斗。侨民中不少人吓得六神无主，有的特地穿上了新衣服，准备以身殉战。

狮垴山战役中的我军机枪阵地

为了援救寿阳等残存据点里的日军和扰乱八路军进行破路，片山连续组织重兵猛攻狮垴山，并以大炮、飞机助战。第三八五旅主力依托阵地坚决抗击，打退了敌人多次冲击。

26 日午后，中央纵队为避免与敌决战，令守卫狮垴山的部队主动撤离。

在连续攻占正太路西段的车站和据点的同时，刘伯承、邓小平令部队抓紧破路。各部队按照分工，除一部兵力担负警戒外，其余的部队，结合游击队、自卫队、民工和当地群众、铁路员工，迅速地投入战斗。寿阳东西重要地段上，聚集着成千上万的人。人们按照“不留一个车站，不留一座水塔，不留一座桥梁，不留一根铁轨，不留一根枕木，不留一根电杆，彻底破坏路基”和“破一里铁路等于消灭一连敌人”的口号，夜以继日地进行破路作业。

由于战前专门进行了破路教育，参战军民不但破路热情高，而且边干边总结，创造出了许多好办法、好经验。铁轨卸下后一部分运回根据地用作军工原料，大部分一时难以处理，以往大多是搬离铁路进行深埋，既费时又费力。这次有人建议将铁轨跟枕木架在一起烧，经试验果然效果很好，一堆枕木烧完，架在上面的铁轨也烧弯报废了。

5 月间在白晋路南关据点缴获的近 2000 箱炸药大显神威。在一声声“轰隆隆”的巨响声中，正太路西段的车站、水塔、桥梁、隧道等纷纷倒塌了下来。

刘伯承十分关心破路的进展和毁坏程度，反复告诫部队：“对正太路破坏得越彻底，我们就越主动。”他还抓紧了督促检查工作，派出专人沿铁路线具体检查破毁情形，随时指出不足和提出改进意见。要求各破路纵队负责人必须亲自察看重要设施的破毁，不合格者重复进行，务求彻底。

经过 10 个昼夜的大规模破毁，正太路许多地段被夷为平地。几个残存据点里的日军龟缩不出，惶惶不可终日。这条被日军视为命脉的“钢铁封锁线”终于彻底瘫痪了。

8 月底，华北、山西的日军才从全面被攻的态势中恢复过来，他们急欲向八路军报复。驻守白晋、同蒲南段的第三十六、三十七师团各一部开到太谷、榆次等地，阳泉第四混成旅团也陆续调回了平定、昔阳等地的驻军，准备袭击第一二九师破击部队的后方。31 日，榆次、寿阳、阳泉以及和顺、辽县的日军，分路向马坊、安丰进行合击。

刘伯承、邓小平下令部队停止破击，转入反“扫荡”作战。

破击部队和群众纷纷撤离正太路向南退去，广阳至沾尚以南的山沟里一下子聚集了数万人。

第一二九师前方指挥所和北方局、八路军总部机关，也都设置在安丰以南的卷峪沟一带山谷里，西距道坪、东距石拐都不到 40 里。如果日军一旦突进来，后果将会很严重。刘伯承立即命令周希汉率左翼纵队坚守高坪、道坪阵地，命令陈锡联率中央纵队的第三八五旅阻击石拐方向的日军。

日军指挥官通过飞机侦察发现了卷峪沟一带八路军后方的动静，命令榆次、寿阳两路部队加紧攻击。周希汉率第十六团死守高坪，以第二十五团向北阻击河底村之敌，令第三十八团占领高坪附近的柳村坪、松凹一线高地，坚决不让日军突进。战斗进行得异常激烈。日军 500 余人在飞机、大炮的掩护下，拼命向高坪阵地正面进攻。第十六团英勇抵抗，不断组织部队进行反冲击，牢牢守住了阵地。

第三八五旅迅速赶到翟家庄一线山地设防，挡住了石拐日军的前进道路。日军发动连续的冲击，第三八五旅依托有利地形不断杀伤日军，日军的攻势渐渐减弱了。

9月1日，高坪、道坪一带的日军集结得越来越多，攻势更加猛烈。周希汉指挥第十六、三十八团交替掩护，节节抗击，迟滞日军的行动。

9月2日凌晨，日军占领了羊儿岭制高点，形势对第一二九师左翼纵队很不利。这时，刘伯承派师部警卫营长从卷峪沟赶到羊儿岭下，向周希汉传达命令："要死守阵地，没有命令不准撤退。"

周希汉迅速部署防御，令第十六团守卫羊儿岭主阵地，第三十八团守卫附近的红崖阵地作策应。

6时，日军开始反扑，企图夺取羊儿岭。第十六、三十八团沉着应战。他们以三分之一的兵力在前沿抗击，主力疏散隐蔽作预备队。日军逐次增加兵力，调集飞机、大炮轮番轰炸。指战员们越战越勇，始终坚守在阵地上。

当夜21时30分，刘伯承令周希汉撤退，告诉他机关和群众已全部撤走。周希汉率领部队撤出战斗，一算时间，整整打了15个小时。

9月3日，日军一个大队进犯和顺以西的张建村，刘伯承令陈锡联率第三八五旅伏击。经两日激战，毙伤日军200余人。残存的日军逃回辽县。

9月5日，日军第三十六师团永野大队600余人由太谷向榆社以北的双峰镇进犯。刘伯承命令陈赓率第七七二、二十五团，由北向南，周希汉率第十六、三十八团，由南向北，夹击歼灭该敌。陈赓、周希汉分别率部与日军激战两昼夜，至7日拂晓将敌大部歼灭，毙永野大队长以下400余人。

通过这三次打击和基干军队结合民兵、自卫队的广泛袭扰，日军被迫回撤，破击部队的反"扫荡"胜利结束。至此，百团大战第一阶段的正太路破击战役也就胜利结束。9月20日，刘伯承在榆社以南的宋家庄师前方指挥所，给营以上干部作了《百团大战第一阶段战役总结》报告。他着重从交通斗争的角度分析了正太路破击战的作用，指出敌我在相持阶段中的交通斗争是争取战略优势的主要手段，并以百团大战第一阶段的胜利，来说明开展交通战的必要性和可能性。

在谈到战役的重大意义时，他指出：一是提高了全国军民的抗战信心；二是振奋了敌占区民众，推动了瓦解敌伪军的工作；三是团结了友军，取得了威信；四是打击了敌人的南进计划；五是在国际上产生了积极的影响；六是锻炼了军民，积累了作战经验。

第五节　激战关家垴

1940年9月23日，根据八路军总部的统一部署，刘伯承、邓小平率部进行百团大战第二阶段的榆辽战役，拔除榆社至辽县公路沿线的日伪军据点，相机收复榆社、辽县两城。

榆辽公路是日军深入太行根据地修筑的平辽公路的前锋段，他们企图把这条公路再由榆社向西南伸展，经武乡与白晋铁路连接，以达到其既分割太北根据地，又能灵活调动正太、白晋两线兵力的目的。

前一天，刘伯承、邓小平在讲堂镇设立了前方联络所，在宋家庄师指挥所颁发了榆辽战役作战基本命令。决定以第三八六旅、决死第一纵队各两个团为左翼队，攻取榆社、沿壁、王景3个据点；以第三八五旅并指挥新编第十一旅第三十二团为右翼队，主力攻取管头、铺上、小岭底等据点，一部扼守辽县以西的狼牙山，阻击辽县可能西援的日军；以新编第十旅分布于和辽线上破路袭敌，牵制并阻击昔阳、和顺等地出援的日军，配合作战。

鉴于这次战役主要是攻坚战斗，命令强调指出："如某些据点之敌较久顽抗时，则以各种必要手段，如强袭、坑道作业等，力求克复之。"

23日23时，左翼队和右翼队同时向预定目标发起攻击。指战员冒着日军据点的密集火力猛攻，很快攻克沿壁、王景、小岭底、铺上4个据点。

百团大战中，刘伯承（后排左四穿浅色大衣者）带领各旅旅长到前沿阵地视察

榆社、管头两处，是榆辽公路上的主要据点，各有日军一个加强中队守备，工事构筑、兵器配备也都很强。左翼队第七七二、十六团第一次强攻榆社城失利。指挥员们进行阵前总结，认为火力没有运用好是主要原因。他们重新组织了火力，把敌人的火力点、射孔一一编号，安排轻、重机枪和特等射手分工压制；把山炮拖到距西门50多米的一座楼上实行抵近射击。这些办法立即见效，第二次强攻一下子突到了城内，但残存的日军利用修在中学里的核心碉堡继续顽抗，第三次强攻又未能奏效。指挥员们决定照刘伯承的指示进行坑道作业。经一昼夜努力，战士们把坑道挖到了中心碉堡底下。随着一阵强烈的爆炸，中心碉堡崩塌了，里面的日军大部被炸死，活着的当了俘虏。榆社城终于被攻占了。

右翼队第十三团进攻管头，由于地形所限，在占领一个碉堡后，未获进展。右翼队除以一部兵力对管头敌人围困外，集中兵力攻击石匣，经一昼夜激战，于28日攻克石匣。

榆辽战役刚一发动，辽县日军立即出动西援。第一二九师右翼队第三十二团依托狼牙山阵地，将来援的日军击退。24日以后，日军又多次发动进攻，第三十二团英勇抗击，始终阻击住了日军，保障了榆辽公路上的攻坚战斗。

28日，和顺、武乡日军分别向辽县、管头增援，刘伯承、邓小平根据总部指示，改变原定攻击辽县的计划，转移主力于红崖头、关地垴地区，准备歼灭由武乡东援管头的日军。对和顺南援的日军，则以一部兵力进行牵制。

为了吸引东援日军急进，29日夜，第十三团再攻管头。工兵在据点一角设置地雷，部队乘引爆后墙塌烟起之际，一举突入据点，又以手榴弹连续猛炸，炸得敌尸枕藉，终将管头攻克。

30日，由武乡东援的日军进入第一二九师预伏地区。第三八五、三八六旅、决死第一纵队展开了围歼战。指战员们冒雨连续发动10次猛攻，歼敌过半，逐渐将残存的日军压缩到两三个山头上。

日军指挥部一面令红崖头的部队固守待援，一面令武乡、和顺的部队火速增援。31日晨，辽县日军400余人猛攻狼牙山，遭到第三十二团的坚决抵抗。日军正面攻击不成，就派兵迂回到狼牙山主阵地的侧后，上午10时，突破了狼牙山阵地，沿辽榆公路急进。和顺日军也集中兵力攻占了塞王镇，向辽县急进。

在这种情况下，红崖头、关地垴地区的第三八五旅等部队，于当天中午再次发起强攻，争取在日军援兵到达之前歼灭被围的日军。由于日军守卫部队利用抢修的工事顽抗，攻击未能成功。

刘伯承认为部队久攻之后已很疲惫，再坚持攻击已无取胜把握，且武乡、和顺出援的日军正在接近，继续胶着有腹背受敌之虞，遂报告八路军总部撤出战斗，总部予以批准。刘伯承下令撤退。至此百团大战第二阶段榆辽战役结束。

冀南、太行、太岳军区部队，积极配合百团大战第一、第二阶段的正太、榆辽战役，也取得了很大的成绩。冀南军区部队与太行军民联合行动，对平汉路元氏、安阳段做了严重破坏，炸毁了该段的大部分桥梁，并一度攻克邢台车站。在冀南根据地内，对正在修筑的德石铁路和将要修筑的邯济铁路的路基进行了连续大破击。新编第九旅一部在东、西高村战斗中，歼灭日军1个中队，缴获野炮1门及机枪数挺。在太行区，新编第一旅对安阳、磁县间铁路和长治、壶关、潞城等地公路辗转破击。该旅第二团一部结合游击队袭入长治日军飞机场，焚毁飞机3架，击伤1架，烧毁仓库两座。该旅第一团在安阳同治桥战斗中，歼灭日军一个中队，俘日军10人。太岳军区部队对白晋、同蒲两铁路，进行了反复破击。王新亭率领沁北支队在温家山顽强阻击由沁县出犯的日军500余人，有力地保障了榆社攻坚战的胜利进行。

榆辽战役之后，部队获得了短暂的休息。刘伯承忙着总结作战经验，同时准备反击敌人的报复“扫荡”。

10月4日，他打电话通知第三十二团团长宗书阁、政委李震、副团长周明国到师部汇报作战情况。宗书阁原是“皇协军”的营长，率部起义加入八路军已有一年，一年来经过实战锻炼在指挥上有了很大进步，可这一次狼牙山阻击战最后关头没有打好，让辽县日军越过狼牙山西援，妨碍了红崖头、关地垴地区围歼战的彻底胜利。因此，他接到电话后，心情十分沉重，心想任务没有完成，怎么向师长交代呢？李震和周明国的心里同样忐忑不安。

次日，他们三人骑马赶到师部。刘伯承热情地招呼他们坐下，宗书阁简要汇报了狼牙山阻击战的经过，表示愿意接受师首长的处分，李震和周明国也争着要求承担责任。

刘伯承笑着说："我今天找你们来，一不是处分，二不是追究责任，而是跟你们一起总结作战经验。"三个人紧张的心情顿时放松下来。

"你们仗打得还是不错的，不是扛住了敌人的多次进攻吗？部队打得很顽强。最后没有守住，一是敌人兵力大，二是你们吃了不懂战术的亏。我总是强调我们师的干部战术素养差，跟日本鬼子打了三年，应该说这方面有进步，但离实战要求还差得很远。你们三个人，宗书阁和李震是知识分子，作战经验少，周明国是红军，仗打了不少，可战术上的道道也不多。"① 三个人觉得刘伯承的分析完全符合他们的实际。

"打阻击战，我们很多干部只知道死守，不知道它就是运动防御战，目的在于迟滞敌人，限制敌人的行动。因此，应采取节节抗击的办法，尽量拖延敌人的时间，为主力赢得机动的时间。你们在狼牙山正面跟敌人牛抵角，是一种单纯防御，也是消极防御，不是积极防御。"② 刘伯承耐心地给三位部属讲解着。

"阻击战一般有两种打法，一种是部队占领阵地，摆开与敌人决战的架势，大量杀伤敌人，迫使他展开主力，与我决战，待敌主力展开后，我则迅速转移阵地，在新阵地上再阻击杀伤敌人。这样反复多次，节节抗击，达到杀伤和迟滞敌人的目的。另一种是一面组织正面防御，大量杀伤敌人；一面派出部队迂回侧击敌人，迫使敌人后退，同我侧击部队作战，使敌人主力无法迅速前进。这两种打法才是积极防御。"③

宗书阁等连连点头，他们的心头一下子豁亮了。

中午，刘伯承陪他们三人吃饭，在饭桌上，又嘱咐说："你们回去把我的话告诉部队，部队打得很好，要多鼓励，不要轻易批评。干部间要讲团结，共同总结经验教训，不要互相埋怨。你们都还年轻，不要因为一仗没打好就背包袱，来日方长，努力学习军事知识，钻研战略战术，这对团以上的指挥员来说尤为重要。"

10月上旬，日军开始进行大规模的报复"扫荡"，百团大战进入第三阶段的反"扫荡"作战。

"扫荡"首先从太行区开始。10月6日，武安日军800余人，进犯武安、阳邑一带；10日，辽县、武乡、潞城、襄垣等地日军3000余人，分多路会犯榆、辽、武之间的浊漳河两岸地区。

刘伯承指挥第三八五、三八六旅、决死第一纵队等部队，结合地方武装和

---

① 采访宗书阁谈话记录。

② 采访宗书阁谈话记录。

③ 采访宗书阁谈话记录。

自卫队，在内线节节抗击，粉碎了日军企图寻找八路军主力决战的阴谋。新编第十旅一部乘虚在和辽公路上的弓家沟设伏，歼灭了日军一支运输部队，击毁汽车40余辆，迫使日军“扫荡”部队分途撤退。

20日，日伪军出动近万人，“扫荡”清漳河东北地区，重点是北方局、八路军总部机关及第一二九师直属队与边区党政机关所在地麻田、左会之间及涉县、偏城一带。

刘伯承指挥第一二九师部队辗转于峰峦沟谷之间，进行坚决抗击。第三八五旅第十四团在桥上、人家岩阻击辽县进犯麻田的日军，掩护北方局和总部机关安全转移。第三八五、三八六旅分别于辽县、温城以南及武乡东田、韩壁一带阻击由辽县、武乡外出“扫荡”的日军。

26日，日军岗崎大队500余人由黄烟洞西犯左会、刘家咀。总部令第一二九师集中主力歼灭该敌。29日夜，刘伯承指挥第三八五、三八六旅、新编第一旅及决死一纵队等部队，将日军包围在关家垴高地。在总攻发起前，被围日军突然以一个中队的兵力攻占了关家垴西南凤垴顶高地。次日晨，总攻开始，激烈的战斗同时在关家垴、凤垴顶展开。在关家垴地区，日军飞机多架轮番轰炸扫射，第一二九师部队进行了异常勇猛的攻击，迅速突破日军的防御阵地，将日军压缩到一个狭小的地区。经多次白刃搏斗，将日军大部歼灭。少数残存的日军逃到一个突出孤立的台地上，据险固守。台地四周平坦开阔，台地边沿峭岩壁立，日军在壁沿挖了不少猫耳洞藏身。第一二九师部队发动多次攻击，未能成功。刘伯承命令部队：把炸弹捆成一团，朝着洞里掷，或用石灰罐扔进去呛，用柴禾烧烟熏，人员冲上去用铡刀进洞去砍，采用一切办法消灭日军。凤垴顶日军组织了猛烈的侧射火力，严重威胁着关家垴的攻击部队。第一二九师被迫增兵攻凤垴顶，一日内连续进行10次猛攻，予日军重大杀伤，扼制了日军的火力，但阵地终未攻克。31日下午4时，日军2000余人从黄烟洞方向赶来增援。第一二九师奉命撤出战斗。关家垴、凤垴顶两地残存的日军在援军接应下，遗尸280余具，仓皇撤走。

几天以后，刘伯承率领第一二九师部分干部，到关家垴实地总结攻坚战经验。他仔细察看日军在台地的四周所挖的许多“猫耳洞”，人藏在里面确实很安全。他指着“猫耳洞”告诉干部们：“别小看这小小的招式，凭我们现有的武器还真难对付。这个办法我们也可以学习嘛。”

11月17日，日军转而“扫荡”太岳区。日军出动7000余人，分多路向太岳腹地进犯，沁源县及其以北的郭道镇地区为其主要合击目标。日军沿途大烧、大抢、大杀，肆意摧残根据地。太岳军区以地方武装节节阻击，军区机关和主力适时转到日军的合击圈外，伺机打击日军的清剿部队。第四十二团一部，在权店附近伏击日军，杀伤百余人。第四十二团及第五十九团各一部，又在胡汉坪、马背一带与日军激战，杀伤敌人160余名。同日，第十七团在龙佛寺杀伤日军百余人。日军合击扑空，又屡遭打击，且不断受到地方武装和游击队的袭扰，不得不于12月上旬分途撤退。至此，反“扫荡”作战胜利结束，整个百团大战也就胜利结束了。

百团大战在晋冀豫区取得了巨大的战绩，三个阶段共毙伤日伪军 8000 余人，缴获大批武器弹药。但第一二九师也付出了重大的代价，前后有 7000 多人伤亡。

百团大战胜利的消息传开后，举国上下一片欢腾。报社、电台相继发表社论、社评，各抗日救亡组织和群众团体纷纷举行祝捷会和庆功会。百团大战的伟大作用和它产生的深远影响，是不可磨灭的。

群众热烈欢迎百团大战凯旋的英雄们

刘伯承曾对百团大战做出正确的评价，后来在中共七大的发言中，又中肯地指出了当时八路军方面对华北战场敌强我弱的形势和敌我斗争的长期性认识不足，指挥上带有某种盲目性，尤其是第二、三阶段更多地采用了阵地战的形式，增大了部队的伤亡，伤了自己的元气。

第十章　敌进我进

第一节　无规律对有规律

八路军在华北发动的百团大战，极大地震惊了日本侵略军。日本中国派遣军迅速调整了作战部署，重新集结重兵进攻华北敌后根据地。在晋冀豫根据地周围，1941 年 3 月和 7 月，日军相继推行了第一、第二次“治安强化”运动，加紧整顿内部、发展伪军、增设据点、封锁交通，对平汉路、白晋路两侧进行蚕食，并在平汉路西侧修筑了第二道封锁沟墙；对太行、冀南加强了奔袭和“扫荡”。通过增修大量公路、据点和碉堡，局部侵占和分割各根据地。驻守在中条山、豫北、冀鲁边等地的国民党军，与皖南事变相呼应，乘国民党掀起第二次反共高潮的机会，一再向根据地军民寻衅摩擦。第二十七军范汉杰部越界侵犯太行平顺地区。庞炳勋部积极策划东越平汉路，进入冀鲁豫濮县、范县、观城地区，企图隔断华北与华中两大根据地的联系。晋冀豫根据地进入了严重困难的时期。

为了扭转这种不利的局面，刘伯承、邓小平根据中共中央军委、北方局和八路军总部的指示，采取了一系列措施，整训主力兵团，加强军区建设，发展地方武装和人民武装，坚决进行反蚕食、反“扫荡”斗争。

主力兵团整训，从 1940 年 12 月下旬开始，至 1941 年 6 月底结束，分两期进行，每期两个月。针对百团大战后部队减员很多，基层组织不够健全，指战员战斗动作不够熟练，射击等军事技术不精等情况，规定了整训的基本方针：迅速提高部队战术技术，深入政治教育，加强连队支部建设，进一步从政治上、思想上、组织上加强部队，提高部队战斗力。

战术训练，进行了小分队袭取据点、野战进攻及伏击、遭遇战斗等的演习，进一步提高了部队游击战的战术水平。同时，举办了各级轮训队，增强干部的组织指挥能力。技术训练，着重刺杀、投弹和射击三项练习。一面有组织地发动群众性的练兵热潮，一面开办连、排、班基层干部集训班，培养师资和骨干。

政治教育，以时事教育和政策教育为主要内容，使指战员具有应付严重艰苦困难的思想准备和开展全面全力对敌斗争的政策水平。通过大量发展共产党员，集训基层党组织骨干，健全政治工作制度，加强了党的建设和政治工作。

加强地方武装建设方面，健全了军区、军分区组织机构，充实了分区基干武装。先后将新编第九旅、新编第十一旅、决死第三纵队和新编第十旅等主力兵团与冀南、太行有关军分区合并，所隶各团改为军分区的基干团。到 1941 年底，晋冀豫根据地大多数军分区都已有一至三个基干团（太岳各分区为基干营）。同时，恢复、建立和健全了县、区游击队，县游击队少者数十人，多者二三百人，区游击队少者十几人，多者百余人。整个根据地地方武装迅速发展到 5.6 万人。

人民武装建设方面，狠抓了发展与壮大民兵的工作。民兵是不脱离生产的武装骨干，执行比自卫队更高级的任务，即农忙时从事生产，农闲时进行训练，敌军来犯时参加作战。晋冀豫区的民兵是 1940 年秋百团大战前夕创建的。太行军区在 1941 年 1 月底召开了武装干部会议，制定了全年发展民兵的工作和要求。3 月 18 日，军区及各分区分别举行了民兵检阅大会。4 月，冀南、太行、太岳联合办事处和太行军区联合颁布晋冀豫军区《人民武装抗日自卫队暂行条例》。接着，通过民主选举，成立了军分区以下各级人民武装抗日自卫委员会，以便领导人民武装进行群众性游击战争，配合抗日军队作战，维持社会治安，担任后勤任务。

在此基础上，刘伯承从 5 月起连续发布命令，要求健全与强化游击集团，对敌展开全面、全力的斗争。游击集团是地方武装与人民武装相结合，广泛、经常地开展游击战争，配合正规军作战的组织形式。村级以民兵的游击小组为干队，自卫队和其他民兵为支队；区级以区游击队为干队，各村人民武装为支队；县级以县独立营为干队，各级游击集团为支队。分区基干团、营分遣到县，即是该县游击集团的干队。这个日趋完善的地区性游击战争的组织形式，是对敌斗争的一个创举，在尔后的反“扫荡”作战中起到了重要的作用。

政权建设和军事斗争从来是相辅相成的，与军事斗争的同时加强了政权建设。7 月，在冀南太行，太岳联合办事处的基础上成立了晋冀鲁豫边区政府，杨秀峰任主席，薄一波、戎伍胜任副主席。边区政府辖有太行、太岳、冀南、冀鲁豫四个行政区。在军事上，冀鲁豫军区归八路军总部领导，第一二九师兼晋冀豫军区，下辖太行、太岳、冀南三个军区。

上述一系列工作任务的完成，为晋冀豫根据地的反蚕食、反“扫荡”斗争创造了极为有利的条件。

10 月，日军又推行了第三次“治安强化”运动，对晋冀豫根据地实行经济封锁。与此相配合，从 9 月开始，日军对太岳、太行根据地进行了大“扫荡”。

这次大扫荡首先从太岳南部新区开始。岳南原由国民党军队驻守。5 月间日军发动中条山战役，国民党 25 万大军不战而溃，中条及岳南大部地区沦入日军之手。8 月初，第三八六旅和决死第一纵队各一部组成太岳南进支队，进入临屯公路以南、沁河以西地区，创建岳南根据地。9 月 22 日，日军企图趁岳南八路军立足未稳，一举予以驱逐，于是集中 2 万余人进入岳南“扫荡”。太岳南进支队在新区极为困难的条件下，采取了以小部队与日军保持接触，主力避免与日军拼消耗的方针，使日伪军合击屡次扑空，不得不于 10 月初放弃对岳南的“扫荡”。

10 月 13 日，“扫荡”岳南的日军和岳北周围的日军结合，集中 3 万余人，对岳北开始了所谓“铁壁合围”“反转电击”的大“扫荡”，企图以合击和捕捉的手段，消灭太岳领导机关和部队主力。岳北军民预有准备，进行了空舍清野，分遣基干军队干部领导人民武装开展游击战争。日军进入根据地腹地时，游击队、民兵、自卫队进行广泛的袭扰。主力实施分遣作战，适时转至外线，击敌侧后，在安泽疙瘩沟、沁源将军沟，连续给敌人以重大杀伤。地方武装对同蒲路大力进行破击，在平遥、灵石间毁日军机车 3 辆。通过岳北军民的一连串打击，日军被迫退出岳北根据地。

刘伯承充分估计到日军将移兵“扫荡”太行区，预先进行了各种准备。10 月初，他签署颁发了太行军区和晋冀鲁豫边区政府的联合布告，号召全区党政军民，立即投入反对日军秋季大“扫荡”的斗争，做好空舍清野，开展地雷战、麻雀战，铲除汉奸、特务，巩固根据地内部。

从 10 月 15 日开始，刘伯承下令太行全区实行戒严：乡村要道分别派出自卫队、青年抗日先锋队等组织的青壮年代替儿童团站岗放哨，日夜盘查行人。凡未带通行证，携枪而不带武装证及形迹可疑者，立即扣押。对武装间谍、汉奸立即逮捕，遇有抵抗者即行击毙。凡可能为敌利用又为根据地必需的粮、棉、油、盐及器材，一律妥善隐藏。一切政治动摇分子、有资敌可能的嫌疑分子，予以严密监视和看管。

16 日，刘伯承颁发了《反对敌人大“扫荡”的战术指示》。文中指出：现敌人常集结最大兵力“扫荡”一个区域，强化其总力战，连续一月甚至两月之久，以图彻底摧毁抗战的人力、物力、财力，特别是寻求与消灭我军有生力量。文章具体分析了日军实行佯动迷惑、铁壁合围、夜行晓袭、辗转清剿、搜劫资材等活动的战术特点，详尽地规定了正规军、游击集团的行动要领和通信、侦察、防谍、防空、夜战、保密及注意节省弹药等一系列要求。

对于正规军的行动，指出一方面应分遣必要的兵力和干部，领导地方武装和人民武装，强化全面的游击集团的顽强斗争；另一方面要在游击集团的掩护下，进行机动作战，适时分遣集结，灵活地出入于根据地内外线，分遣以牵动敌人，错乱其合击阵势，集结以有力地突击敌人。

对于游击集团的行动，要求活动在敌人背后者，大肆破袭敌人交通和补给线，使敌人大军无法补给粮秣、弹药、油料，无法持续“扫荡”；活动在根据地腹地者，积极配合基干军队作战，运用地雷战、麻雀战和破路、改造地形等各种手段，袭扰、牵制敌人，随时侦报敌情，掩护基干军队的活动。

23 日，刘伯承与邓小平召开了太行区各旅和各军分区干部会议，具体布置反“扫荡”作战。要求各级领导进一步落实“战术指示”，建立和健全县、区、村各级临时指挥部，统一领导各该地域内的游击集团和其他力量作战，加紧备战演习，彻底空舍清野，以高度的警觉准备反“扫荡”。

31 日，日军 7000 余人对太行区的“扫荡”开始了。他们分南北两路行动，南路第三十六师团 4000 余人，由潞城、襄垣等地出动，进犯黎城、赤岸、西井等地。北路独立混成第四旅团 2000 余人，由辽县、武乡出动，进犯大有、贾豁等地。这时第一二九师机关驻赤岸，八路军总部机关驻西井。日军的企图是捕歼这两个首脑机关。

当夜，南路日军分三路直扑黎城县城。驻守黎城的第一二九师部队及时转移，日军扑了个空。日军占领黎城后，11 月 1 日又进占了东阳关。接着，日军采取夜间行动，向赤岸、王堡急进。

日军沿途不断遭到游击集团地雷战、麻雀战的袭扰。一路走走停停，两夜之中，不过前进了 30 多里，行动完全丧失了突然性。

刘伯承指挥着第一二九师部队和机关严阵以待。师前方指挥所早已组织起来，司令部人员按工作性质暂编为三个班——作战机要班、通信情报班、后勤管理班，加上警卫部队两个排，全部人员不过一个连的规模，相当精干。

11 月 1 日深夜，刘伯承神态自若地站在作战室的地图跟前，不时查问着日军的前进位置和本师主力部队的动态。师侦察队的便衣侦察员们来去匆匆，不断报告着师部附近的敌情。师前方指挥所和师直属队整装待发。在精确计算了日军可能到达赤岸的时间后，刘伯承把师部转移的时间定在 2 日凌晨 1 时。

时间到了，李达请示是否立即出发，刘伯承掏出怀表看了看，又抬头把目光移向地图，说:“鬼子离得还远，先不要动，免得鬼子过早发现我们的行动方向。”

又过了两个小时，敌人尖兵占领了赤岸村以南一里处的高地。刘伯承下令转移：“按计划北过清漳河，所有人员一律不准喧哗，不准抽烟，不准咳嗽，不准弄出声响，静肃前进。”队伍刚出村口，后卫部队就跟日军接上火了。转移的人们不由得加快了脚步。夜间不便骑马，刘伯承也跟着大家一起步行。

队伍一口气走出去 10 多里，背后的枪声始终未断，回头还可以看到日军焚烧村庄的火光。便衣侦察员气喘吁吁地从后面赶上来，向刘伯承报告说，日军大部队已从河南店、涉县到了赤岸、王堡，一时摸不清我们的去向，正分兵在附近搜索。据地方游击队通报，北面偏城方向没有日军，比较安全。

人们正准备继续北进，刘伯承突然下令：回头向南，朝西岗方向前进。不少人一路走一路心里直犯嘀咕：明明北面无敌情，南面是日军的大部队，怎么反倒往南走呢？队伍快到西岗时，刘伯承又下令东折，向邯长路前进。队伍越过了邯长公路，经北岗、更乐，转入了涉县东部的大山谷。这里高山绵亘，峭壁错列，山间几乎无路径可寻。这时大家才明白是真正转移到了安全地带。

休息时，有人跟刘伯承说起行军途中一度产生的困惑，又问为什么不从赤岸东行直奔这里，却往北绕一个大圈子呢？刘伯承回答：日军“扫荡”开始时，他们是抓着主动权来的。而我们必须出其不意，攻其不备，才能在反“扫荡”中摆脱被动。日军对八路军部队的行动及规律，已经做过周密的侦察研究，针对我们行止的规律，确定合击的目标，布置各路“铁环合围”的步骤。而我们的真实行止，首先是要不使敌人知道，或它知道也是过了时的。其次，最主要的就是我们的行动，不让敌人摸到规律，神出鬼没，不入圈套，不碰硬壁。

他看着对方渐渐明朗的脸色，继续解释：我们如果从赤岸直接东移，有被敌人在邯长路以东堵截或尾击的危险，因为他们也很了解涉县东部地势险峻，我方会加以利用的。先北行一段，把敌人的注意力吸引过去，然后突然向南向东，等他们发现我们的行动时已来不及阻拦了，这就是《孙子兵法》上所说的“形人而我无形”。以无规律对有规律，是我们反“扫荡”的一条重要原则。

一番话说得周围的人们恍然大悟，大家更加佩服刘伯承的谋算和指挥。

11 月 9 日，日军第三十六师团又集中 5000 余人，奔袭黄崖洞、水窑地区，企图摧毁八路军总部设在那里的兵工厂。八路军总部特务团凭借有利地形和既设阵地，与敌展开了激烈的战斗。日军集中火炮猛轰，步兵一次又一次地发动强攻。特务团指战员沉着应战，大量杀伤日军。日军猛攻不逞，恼羞成怒，极其凶残地使用燃烧弹、毒气和喷火器，特务团的勇士们前仆后继，始终坚守在阵地上。其时雪花飞扬，周围的山峰很快布满了白色，地面上的积雪越来越厚。可黄崖洞阵地前一片焦黑，硝烟散了又起。经八昼夜苦战，特务团击毙日伪军 800 余人，完成阻击掩护任务后主动撤离。

刘伯承指挥第三八五旅、新编第一旅等四个主力团，猛击敌人的侧后，积极配合黄崖洞保卫战。第三八五旅第十三团夜袭黎城，奋勇突入城内，埋设地雷百余颗。日军出动时触发了许多地雷，造成较大伤亡。各地游击集团也不断出击，袭扰、牵制日军。日军到处挨打，不得不在风雪交加中仓皇撤到西井。

刘伯承判断日军归巢心切，斗志已衰，且有恶劣的气候条件可资利用，决心组织一次较大规模的伏击战。他把伏击地点设在三十亩、曹庄、长畛背一线谷地里。这里是日军从西井回窜黎城的必经之路，从三十亩到长畛背，相距十余里，唯一的一条通路就延伸在低谷里。道路两侧，近处是平地，稍远处则是连绵的山坡，山坡上陡下缓，便于部队伏击时隐蔽和发扬火力。刘伯承令第三八五、三八六旅、新编第一旅的五个团埋伏在曹庄至长畛背道路两侧的山坡上。

19 日 9 时，日军先头部队进入曹庄，伏击部队把它放过去未打。过了半小时，日军大队人马进入了伏击圈。霎时，激烈的枪声响彻山谷，两侧山坡上的火力一齐射入敌群，紧接着战士们端着刺刀冲了下去。日军遭到突然打击，惊慌失措，收拾起 400 多具死尸，狼狈逃回黎城、潞城。

反“扫荡”胜利结束后，新华社记者采访了刘伯承。在回答记者关于粉碎日军这次秋季“扫荡”有何意义的提问时，他指出：一、缩短了日军“扫荡”的持续时间，敌人原定“扫荡”一个月，结果 20 天即被粉碎；二、打破了日军在黎城建立据点，长久盘踞的企图；三、打破了日军打通邯长大道的企图，日军于侵占东阳关后，公路路标已插至响堂铺，足见他们修路的决心，但此种企图完全被粉碎；四、打破了日军破坏根据地经济建设，摧毁有生力量，大批捕捉壮丁的阴谋。

第二节　突破铁桶阵

1941 年 12 月，日军发动了太平洋战争。为了保障扩大侵略的需要，日军急于巩固在华统治和掠夺大量的人力、物力、财力。因此，他们提出了“变华北为大东亚作战兵站基地”“建立华北参战体制”的新方针。为了实现这个方针，日军从1942年2月开始，对东起冀鲁边、西至晋西北的各抗日根据地展开空前激烈、残酷的“扫荡”。同时加强对占领区的劫夺榨取和对根据地的经济封锁，并强化傀儡政权，大力发展伪军，培植利用会匪道门，增强特务工作。

2月3日，日军发动了对太行、太岳区的春季“扫荡”。

当天拂晓，日军采取奔袭手段，分三路进攻太行区第二、三、四军分区，一路由辽县北犯石拐，一路由武乡东犯王家峪，另一路由长治、襄垣合击黎城，企图一举摧毁分区领导机关或基干武装。由于根据地军民预有准备，日军沿途遭到正规部队和游击集团的伏击、袭击，行动受阻。各分区机关和基干部队及时转移，日军的奔袭全部扑空。

当晚，三路日军共同转向桐峪、麻田，对八路军总部实行“铁环合围”。刘伯承令新编第一旅在东阳关、潞城一线，分遣部队结合游击集团，以袭击、侧击的手段坚决扭住日军，掩护领导机关撤退。又令第三八五旅第十四团前出到涉县以北清漳河沿岸地区，迎击深入“扫荡”的日军。新编第一旅等部队对日军展开猛烈的伏击、袭击，有力地牵制和迟滞了日军的行动。日军进到桐峪、麻田附近时，总部机关已安全转移到了麻田以东的郭家峪。

日军因两步奔袭计划均告失败，遂转而进行“辗转清剿”。在和顺县的羊蹄凹、龙王庙尖，辽县的左会、黄漳，武乡县的蟠龙、石板等地，到处捕捉壮丁，抢劫耕牛等牲畜，恣意烧杀抢掠，撒布糜烂性毒剂残害群众，对根据地进行灭绝人性的摧残。为了支援太平洋战争，日军特别注意搜刮资材，凡对战争有用的东西，一律装车运走，连破铜烂铁也不放过。

刘伯承令第三八五旅、新编第一旅等部队强化游击战争，以营、连为单位分散活动，大胆宽大机动，用伏击、奔袭、急袭、骚扰等手段，摧毁日军的运输补给线，打击日军的“清剿”部队。并派干部帮助县、区指挥部工作，开展全面的对敌斗争。

各部队迅速分遣出若干分队，结合游击集团和民兵，进行坚决的反“清剿”作战。日军遭受打击后，不敢分散配置，只得集中兵力改作“反转电击”。

一连几天，日军以较大兵力来回运动，二次合击麻田、桐峪总部机关，五次合击第二分区基干武装。总部机关在特务团掩护下，每次都巧妙地转移到安全地带。

26日，黎城日军在潞城日军配合下，“扫荡”太南地区。27日，刘伯承率师指挥所越过邯长路进至涉县以东王金庄，指挥反“扫荡”作战。他令新编第一旅、第三八五旅主力迅速开到太南，利用太南的险要地形，实行据险机动的伏击、阻击，杀伤日军有生力量。当天，日军进犯石城地区的先头部队百余人行经烟驮村，新编第一旅第二团一部采取伏击手段，给日军以突然、猛烈的打击，日军除10余人逃脱外，其余全部被歼。该旅与第四分区第三十二团结合游击集团、民兵，依托虹梯关、老马岭等要隘，节节抗击，前后歼灭日军百余人。3月1日，日军聚集在平顺地区，有撤退迹象。

刘伯承判断日军经过大山深谷中的连日行军，已经疲惫不堪，又屡遭打击，士气衰落，现在急于归巢，阵势必乱，正是进行伏击和追击的好机会。于是，他迅速做出了打击撤退日军的部署：派第十四团第一营袭击微子镇，牵制该地日军不使南援。令新编第一旅、第三八五旅、第四分区部队以主力置于平顺以南，打击向长治撤退的日军。另以一部置于平顺以北，防日军向微子镇撤退。2日，日军果然西退长治。新编第一旅、第三八五旅集中4个营设伏于南寨里。日军进入伏击地域，伏击部队展开了猛烈的攻击，各种武器射出的子弹和掷出的手榴弹暴风骤雨般落入敌群里，打得他们鬼哭狼嚎，死伤200余人。日军仗着武器的优势，拼命突围逃跑。伏击部队乘胜追击，一部向东追到杨威，对着日军的尾部一阵猛打。主力则乘胜西进到长治、潞城、壶关一带敌占区，乘势袭击日伪，摧垮维持会，大大震惊了日伪军。至此，太行区反“扫荡”结束。

太岳区在太行部分部队的支持下，以小部队结合游击集团、民兵接敌，主力及时转到外线，打击日军侧后，袭击交通线，也粉碎了日军的“扫荡”。

这次春季反“扫荡”，军民同命艰苦奋战，太行、太岳两区共毙伤日伪军3000余人，日军原定两个月的扫荡计划只一个月就被粉碎。但根据地遭受的破坏和损失也很大。太行第三分区司令员郭国言、第六分区司令员范子侠等数百人在作战中英勇牺牲。仅4个分区统计即被劫走牲口6000余头、粮食近万石。

刘伯承对二月反“扫荡”进行了及时的总结，系统地分析了日军在太平洋战争后采取的新战术，有所谓捕捉奇袭、铁环合围、纵横“扫荡”、辗转驻剿、反转电击、三角阵势、夜行晓袭等多种形式。同时对反“扫荡”的组织、战斗勤务、主要战斗动作和主要战术等方面，提出了一系列对策。特别指明了对付日军合击、辗转清剿、反转电击的办法，为今后的反“扫荡”作战提供了战术指导。

5月9日，据内线和侦察报告，长治、潞城、襄垣日军正在调集兵力，紧急征集粮草，强征民间骡马，召集伪组织开会，向老爷岭等地抢修公路，部署纵深兵力，准备出动“扫荡”。又据临汾敌工站消息：日军第四十一师团近日调赴德州，行前准备对太岳区进行“扫荡”。11日，八路军总部转来豫北办事处的通报：平汉路近日运输繁忙，大批日军南来安阳、新乡后，正在补充粮弹，扬言有大行动。与此同时，太行、太岳两区发现有许多敌特、汉奸进入根据地，探查进军路线和八路军领导机关及主力兵团的位置。潜伏在根据地内部的间谍也纷纷出动，与外来的敌特、汉奸联络和互通情报。

种种迹象表明，日军新的大“扫荡”即将发动。12日，刘伯承、邓小平正式向各旅、分区下达了反“扫荡”命令。

两天以后，所谓的“第二期驻晋日军总进攻”发起，首先由第三十六师团7000余人“扫荡”太岳区。15日，日军奔袭合击东、西峪地区，企图捕歼太岳军区领导机关和基干武装。第三八六旅主力和军区机关及时转出外线，内线第十六团及第七七二团一部带领腹地游击集团、民兵不断打击搜山“清剿”的日军。

18 日，刘伯承又接到阳城方面送来的情报：日军盛传调集 7 个师团准备 40 天给养，“扫荡”晋东南。他立即发电督促太行区各旅、各分区做好应急准备，令第三八五旅掩护总部行动。

第二天，日军集中第三十六师团、第四十一师团及独立第一、三、四、八混成旅团等共 2.5 万人，“扫荡”太北区。东线从平定、昔阳、井陉、元氏、赞皇等地同时出发，分向测鱼镇、黄北坪、浆水、将军墓一带进行局部合击。第一分区机关和基干军队避敌锋芒，适时转移。日军一一扑空。西线长治、潞城等地日军向东兜击。

21 日晚 8 时，刘伯承率师指挥所从赤岸以南的会里村出发转移，师政治部主任蔡树藩率师直属队随后跟进。次日晨，师指挥所到达太南区固新镇。刘伯承立即电令各旅和各分区：

日军正开始对太行区实施夏季新的全面的大“扫荡”，各部应即：

一、分若干精干小部队深入敌之“扫荡”基地，接敌侦察；

二、派得力干部带小部深入下层领导县、区、村指挥部；

三、基干团加强便衣活动乘机进行机动；

四、各领导机关力求短小精干，派干部帮助下层。

一连 3 天，刘伯承一直守在作战室里，及时掌握敌情，不断下达指示。新编第一旅、太北各分区源源不断地报告敌人的动向和进止位置。机要科的参谋们接连不断地向刘伯承呈送电报。到 24 日，东线平汉路的日军折向西南，一部控制了太北制高点峻极关。武安日军合击阳邑后继续西进。平定、昔阳日军会合和顺日军合击松烟、拐儿镇后进至上庄、下庄地区。西线长治、武乡、辽县日军合击黎城、砖壁、桐峪等地后，也不断向腹地深入。

刘伯承指着标好最新情况的示意图，对李达和参谋们说，这次敌人判断我们主力是缩入腹地中心作战，会重演敌进我退、诱敌深入的老办法。所以从各个方面齐向腹地中心来一个铁桶大合击。我们基干军队如果能够不与合击敌人作被迫的战斗，即能转到合击圈外背击敌人，摧击补给线，袭击敌占区据点，这是上策。如不可能时，则仅与一方来的敌人略为战斗，即转出合击圈外，进行上述的作战，这是中策。如被敌人越压越缩，钻入四面八方来的大合击圈圈心，不管我们如何打击，是很难得出好结果来的，这是下策。

他端起用太行山土产茶叶泡的浓茶猛喝了一口，提了提神，接着说，基干军队能否及时跳出合击圈，关键在于掌握好利害变换线。敌人在制订合围计划时用的是“圆规划法”，即以预想的某一合击目标为圆心，依据它的兵力和各路可能会合的时间划定一定范围的合击圆周。这个合击圆周形成的那一刻，就是利害变换线。基干军队要确实掌握好这个利害变换线，及时转到合击圈外机动。只要干部能够经常查明敌情、隐蔽自己，平时对地形熟悉，预见战斗复杂，就能使自己在游击集团佯动掩护之下，实现这一点。

当天，发现有一股日军的侦探在紧挨邯长大道的王堡、会里一带活动，企图侦察第一二九师指挥所的动向。刘伯承率师指挥所和师直属队移到合漳。

25日，刘伯承接连发出三道命令，要新编第一旅和太行第四分区乘长治空虚，到长治附近迅速、勇猛地打击日军，摧毁伪组织与补给线；太行第一分区部队利用太行山横谷东西机动，或打圈游击，或打击日军补给线；冀南第三分区派基干团主力向营井、武安出击，一部到武邯路西段积极破袭，以有力的外线活动配合太北腹地反“扫荡”。

同一天，东、西两线日军构成了对窑门口、南艾铺、青塔、偏城地区的合围圈。八路军总部、北方局机关一部分及担任掩护的第三八五旅第七六九团等部队未及撤出。万余日军从四面压缩，进行合击，猛烈的炮火和飞机投下的炸弹在南艾铺山头上不停地爆炸，步兵跟着多波次地发动冲击。被围部队英勇抗击，掩护机关人员从西、北、南三面奋力突围。激战竟日，日军伤亡300余，黄昏后占领了南艾铺。被围人员大部突出重围。八路军副参谋长左权在十字岭指挥突围战斗中光荣牺牲。

当夜21时，第三八五旅来电报告白天的战况和部队突围后的位置。当刘伯承看到电报中“左副参谋长不幸殉国”的字样时，一下子惊呆了，眼泪随即止不住地掉了下来。他脑海中一下子浮现出许多往事：在苏联伏龙芝军事学院，两人朝夕相处，相互切磋；在中央苏区和长征路上，频繁接触，互相关怀；抗战以来共赴国难，并肩战斗，尤其是合作翻译苏军《步兵战斗条令》《合同战术》等，书信往还，字斟句酌。没想到如今左权竟捐躯疆场，共产党、八路军痛失一英才，自己痛失一挚友……他的心像刀绞一样疼痛。过了一会儿，他强抑住悲痛，

1942年10月10日，刘伯承（高台上站立前排左一）与十八集团军司令部全体工作人员在左权将军墓前合影

接着看电报。他得知总部机关率第十三团第一营移到了南艾铺以西的尖庙，第七六九团第一营在青塔，第三八五旅旅部在麻田以南的苏家庄，都已经脱离了危险，心里稍稍得到了一点儿宽慰。

刘伯承又向参谋询问太岳反“扫荡”的情况。邓小平3月间赴太岳检查指导工作，这时正随太岳南进支队行动。刘伯承十分关心邓小平和部队的安危，发电向陈赓询问。第二天收到陈赓的复电，说敌人24日再次合击东、西峪，毫无所获。太岳军区正指挥主力部队袭击敌后城镇，破毁同蒲和白晋铁路，领导腹地小部队和游击集团、民兵反“清剿”。邓政委待岳南“扫荡”结束后即回太岳。他感到又松了口气。

5月27日，刘伯承迅速总结出太北反“扫荡”的经验，指示部队参照执行。这些经验的要点是：

一、日军这次“扫荡”的重点是针对八路军高级统率机关和根据地集体资材，所以造成的损失大，这就要求机关必须实行战斗化和严密隐蔽资材；

二、被围到合击圈内的部队，只要指挥员意志坚强、富于机动，很易突围而出，即使是统率机关，也只要能够做到灵动分遣、隐蔽转移，同样不难脱出危险；

三、基干部队应在日军未构成合击圈前靠近他们的一路，乘隙转出，或配合圈内游击队反合围，或突入敌后城镇活动；

四、在作战要线上设立秘密情报通信机关，积极搜集传递情报，组织便衣队打击日伪间谍和别动队，除掉日军的耳目；

五、县、区、村指挥部切实发挥作用，领导群众保护自身利益，帮助军队作战。

太行、太岳两区部队和游击集团、民兵，分向日军补给线及敌占区铁路干线、城镇、据点实施全面有力的破袭。辽县至黄漳、潞城至黎城、武安至偏店等日军的主要补给线，不断路毁车翻，迫使日军不得不分派重兵掩护运输。第三八五旅1个排配合民兵40余人在辽县苏亭伏击敌辎亘部队，利用地雷、滚石等毙伤日伪军140余人，本方仅伤、亡各1人。新编第一旅副旅长黄新友率突击营乘虚袭入长治飞机场，烧飞机3架，汽车14辆，汽油库两座。第三八五旅一部攻克虒亭、五阳、黄碾等据点。

日军后方屡遭袭击，在根据地腹地“清剿”又受到小部队和游击集团、民兵的不断打击，加上根据地空舍清野，粮、弹等难以补充，不得不于6月9日匆匆结束太北“扫荡”。但大部分日军集结到邯长路沿线及清漳河两岸地区，准备继续“扫荡”太南区。

6月7日，据侦察报告，日军已在涉县、黎城、潞城调齐了人马，补充粮弹，即将出动南犯。南面林县日军也做好了配合的准备。

刘伯承命令第三八五旅和新编第一旅主力进到邯长路附近，在日军“扫荡”开始后迅速转到外线，袭击日军侧后，掩护师指挥所和直属队转移。指定第三八五旅分派两个有力支队在黎城、涉县间和潞城、微子间破袭，另以一部控制桂花西北山地；新编第一旅主力则在黎潞段东侧活动，与第三八五旅相互策应。

6月8日，刘伯承跟李达、蔡树藩研究部署了反“扫荡”的各项工作。根据机关战斗化的要求，决定师指挥所与直属队分成前、后两个梯队。前梯队组织精干，主要担负指挥任务。后梯队加强警卫力量，保证安全转移。前梯队由刘伯承、李达率领，后梯队由蔡树藩率领。

刘伯承强调指出，根据太岳和太北的经验，日军这次夏季“扫荡”有一个新的特点，各路部队在前进中尚未构成合击圈之前，即在我们可能转移的要路上，留置一个小队或一个中队，构筑临时的封锁点，这就是他们所谓的残置封锁队。这些残置封锁队，或附以无线电台，或附以军鸽，随时可向指挥部提供情报。日间上山，夜间下山，多方进行佯动，意在将我们的部队压进合击圈内，它是要起那种吓鱼入网的响子作用。这一点应当引起我们特别的警惕。

李达立即让参谋起草成指示下达各部队。

这时候，刘伯承的妻子汪荣华怀胎多月，即将生第三个孩子了。前面的儿子“太行”和女儿“华北”，也都是在抗日战地出生的。汪荣华是师供给处的党支部书记，这次须随后梯队行动。行前，刘伯承跟妻子握别，并递给她5元边币，怀着歉疚说：“这是我这个月的津贴，你产后设法买点儿吃的。我要指挥作战，无法照顾你。”①

9日晨，日军开始了大“扫荡”的行动。在涉县至黎城五六十里的正面上，万余日军组成20余路的梳篦队形，步步向南推进。日军满以为使用这么密集的兵力，一定可以捕捉住第一二九师的指挥机关。

第一二九师前、后梯队驻在涉县以南的黄贝坪一带按兵不动。刘伯承认为过早行动反而会暴露目标；这里离邯长路仅30里，日军一般意想不到第一二九师指挥部竟敢待在它的眼皮底下。为了转移日军的注意力和牵制他们的行动，刘伯承命令第三八五旅加强对邯长路的袭击，特别要注意消灭公路附近的残置封锁队，随时准备掩护指挥机关突围。

中午，北面一路日军进到了黄贝坪以西20里处的宋家庄，担任警戒的新编第一旅第一团一部进行阻击。激烈的枪炮声传到了师指挥所，人们不由得紧张起来。这时，侦察员前来报告：西面敌人正沿着王曲、安乐村向石城急进。

下午1时，刘伯承下令转移。前进的方向是经黄岩西、杨家庄，从响堂铺以东的神头村一带穿过邯长路，尔后进入佛堂沟山地。前、后两个梯队拉开距离，静肃地往北疾行。队伍避开大道，专走偏僻的小路。山路崎岖，刘伯承时而骑马，时而步行，李达和参谋、警卫员紧紧围在他的前后。新编第一旅政委唐天际带着第一团第二营担任警卫。

黄昏时分，前、后梯队先后到达杨家庄西南大山沟里的一个小村庄。村庄里空无一人。人们不停地走了半天，个个感到又饥又渴，但找遍了村子周围，也没发现可喝的水。有人跑到村头的一个凹坑边舀脏水喝。

---

① 黄镇：《痛失良师》，《人民日报》1986年11月6日。

刘伯承见了，急忙大声阻止："不要喝，不要喝，这样会拉肚子的，里面有细菌。"他边说边取出一条毛巾，走到水坑边，招呼大家："来，用毛巾过滤一下再喝。"于是，人们都取出毛巾当过滤器，慢慢地滤着脏水喝。

几个战士从老乡屋里找出了一瓦罐酸菜水，跟随刘伯承的警卫员想把瓦罐端过来，好让刘伯承先喝上一口，刘伯承制止说："战士们最辛苦，最需要水，我们还是先忍一忍吧。"

战士们走过来，从瓦罐里倒出一杯酸菜水，请刘伯承喝。"我不能喝，这水是你们找到的，应该由你们大家喝。"刘伯承婉言谢绝。战士们坚持要他先喝。他接过杯子喝了一小口，然后把杯子交还给战士，说："谢谢你们，你们快分着喝吧，先润润口，等走出合击圈，就有水了。"

入夜，部队继续转移。刘伯承对李达交代说："鬼子搜山的队形很密，一旦遭遇，他们马上会进行向心合击，那我们的处境将万分危险。现在千万不能让鬼子发现我们的行踪。夜间行军不易观察，你要多派侦察员出去，一边直接侦察，一边与沿途的秘密情报通信所联络，随时掌握确实情报，免得陷入被动。"李达遵命做了布置。

为了缩小行军目标，刘伯承令前、后梯队加大距离。一连翻过了几道山梁，估计快接近杨家庄附近的大路了。忽然，侦察员跑来报告："前面杨家庄已被敌人占领，一股敌人正沿着大路向南搜索。"刘伯承忙令队伍折向西行。走了一会儿，左前方山上火光闪亮，隐约传来人叫马嘶声。一连绕了几个弯，却与后梯队失去了联系。

刘伯承让前梯队暂时休息，他和李达、唐天际等登上一个山头，向四周观察。刚才见到火光的地方是左侧约 3 里以外的王家庄。王家庄往西往北，到处散落着星星点点的火光。再往东北方看去，杨家庄、申家岸、北水直到神头村，连绵的大山间灯火闪烁、高低明灭。刘伯承迅速作出判断：敌人已从东、西、北三面进行了严密的封锁，企图把第一二九师指挥机关合围在黄花、石城地区。按原计划循杨家庄、北水出神头的路线已走不通了。好在预先已在西面作了布置，下一步可以利用陈锡联的掩护，从黎城、东阳关之间突出去。想到这里，他转身问唐天际："你们常在这一带活动，地形熟悉，你说说，改往响堂铺以西突围走哪条道好？"

"师长，从西北这条大岭过去，就到了宋家庄的北山，再向北翻过香炉峧，往西直插石盆凹，一过邯长路就是东、西黄须，离三八五旅控制的上、下桂花很近。这条路是牧羊人走出来的，不少地段很险要，不过安全有保障，就怕后面后梯队这么一大摊子过不去。"

"是啊，这是个问题。虽然经过了精简，但直属队仍有好几百号人，行起军来一长串，真像是背着电灯泡子赶场，怕挤怕撞啊！"刘伯承颇有感触地说。

"转移的方向就这么定了。难走一点不要紧，最重要的是安全、保险。从前俄军统帅苏沃洛夫有一句名言：'凡是鹿能走的地方，人就能通过。'我想，在今天我们也可以说，凡是羊能走的地方，人就能通过。”刘伯承断然下了决心。

为了联络上后梯队，刘伯承坚持在原地等候。李达怕耽误过久危及刘伯承及指挥所的安全，便对新编第一旅第二团参谋长陈皓说：“你叫部队集合，做好战斗准备，上好刺刀，准备用排子手榴弹杀开一条血路，保护师长和指挥所突出去！”

“不要贸然疲劳部队，不到万不得已不准打枪！”刘伯承予以阻止。

“那我们快走吧，还有三四个钟头天就要亮了。”李达十分焦急。

“一定要等后梯队上来，不能丢下他们不管。”刘伯承的口气不容商量。李达十分理解刘伯承的心情，他要为党的事业和根据地人民负责，要为后梯队 700 多人的生命负责。他再次请求：“师长，请你率领前梯队先走，我带一个排回去找后梯队。”

“太危险了，找不到怎么办？”刘伯承不忍心让自己的助手去冒险。

“不能再耽搁了，部队需要你指挥。我会尽一切努力找到后梯队的，万一找不到就钻山沟打游击。”李达恳切地说。

刘伯承紧紧握住李达的手，动情地说：“好，你去吧，千万要小心！”

李达走后，刘伯承率领师指挥所走向西北方的大岭。农历四月末没有月亮，周围漆黑一团，伸手不见五指。一踏上那条牧羊道，果然十分难走。人们手脚并用，或抓住树枝向上攀缘，或斜着身子往下蹬滑。牲口经过前拉后拽才肯朝前移动。

刘伯承拄着根树棍，在警卫员的搀扶下跌跌撞撞地行进着。一连几天的劳累，加上紧张，他的脑伤又犯了，头皮发胀，右边太阳穴阵阵作痛。他竭力稳住脚步，不让周围的人察觉出来。

过了一段几乎是直上直下的陡坡，路变得较为平坦些了，人们觉得缓了口气。蓦地，只听得“咕——咚！”一声，一个沉重的物体坠下了山崖。黑暗中有人报告：“师长的大黑骡子掉下去了。”大黑骡子驮的马褡子里，装着刘伯承的行李和书籍文件，其中有他的《合同战术》译稿，那是苏军系统论述诸兵种和空军各自的战斗性能及其协同动作的一部军事学术著作，是刘伯承着眼于人民军队未来战术的发展而在战斗间隙中精心翻译出来的。陈皓立即派侦察班班长带两名战士下山寻找。

队伍走了半夜，拂晓时抵达香炉峧。这里已远离敌人的合围中心。刘伯承让部队原地休息。一夜奔波，人们疲劳已极，许多人一进房子就倒头睡着了。刘伯承顾不上睡觉，刚坐定，马上命令电台与第三八五旅联络。

接着又问陈皓：“侦察派出去了没有？”

“派出去了。据找民兵了解，周围 15 里以内没有敌人。”

“敌情要切实搞清楚，警戒要放远一点。在胜利的时候更要防止麻痹，在疲劳的时候尤其应加倍警惕。长征中有些部队常常强调战士疲劳而忽视了侦察警戒，结果屡遭敌人袭击。抗战以来我们师受袭的教训也不少。今晚指挥所驻地不要放在公路附近。”

“好，我立即就去布置。”

“你告诉唐政委，把二营派出去，到宋家庄一带去找后梯队和李参谋长，要想尽办法完成任务。”

“是。”陈皓答应着照办去了。

这时，参谋前来报告：跟第三八五旅的电台联络上了，陈锡联回电说，已按照师长昨天的指示，控制了黎城至东阳关之间的公路和上、下桂花的山地，保证指挥所安全通过。

刘伯承看过电报后签了字，说：“再给陈锡联发个报，告诉他后梯队和李参谋长可能在宋家庄、王家庄一带，令他注意联络，并以一部侧击响堂铺、神头，进行策应。”

早饭过后，侦察班班长和两名战士赶回来了，他们找回了刘伯承的全部行李和书籍文件。刘伯承挨个握着三位战士的手，连声称赞说：“好同志，谢谢你们！谢谢你们！你们辛苦了！”

黄昏，刘伯承率师前梯队从枣畔村越过邯长公路，到达东黄须。历时 1 昼夜，行程 50 里的难险突围胜利结束了。为了更加安全起见，队伍连夜赶到北社村。疲劳的人们很快进入了梦乡。刘伯承辗转反侧，难以入睡，他心里总惦念着后梯队和李达等人的安危：“后梯队会不会遭到损失呢？李达和二营找到他们了吗？”作为晋冀豫根据地军队的主要负责人，他无时不为第一二九师直属队、区党委和边区政府的几百号人的生命担心。因为这里面几乎包括了根据地党、政、军的全部精华啊。

一连两天，后梯队毫无消息。刘伯承寝食不安。13 日晨，第三八五旅来电报告，李达、蔡树藩率后梯队安全转到了响堂铺以南山地。当天下午，后梯队到达北社。杨秀峰紧紧握住刘伯承的手，感动地说：“感谢师长派人来接应我们，见到你，心里才踏实了。”

一二九师领导合影。左起：李达、邓小平、刘伯承、蔡树藩

至此，刘伯承心中的一块石头才算落了地，脑部的伤痛似乎也减轻了许多。

李达、蔡树藩向刘伯承简要地汇报了后梯队与前梯队失散及脱险的经过。原来9日夜间，在杨家庄东南的大路边，后梯队被日军的一股搜索队挡住了去路，不得已回缩到山沟里，再出来时已找不到前梯队了。队伍转了两天，一直未能跳出日军的合围圈。为了缩小目标，队伍不得不分散行动。12日夜，在李达的统一指挥下，后梯队才安全转移出来。

6月9日开始的第三阶段反“扫荡”，至20日胜利结束。

6月16日，“扫荡”太南的日军转向陵川、辉县、林县地区，对国民党军队进行第四期“扫荡”。刘伯承令新编第一旅及太行军区第四、五分区策应友军作战。国民党第二十七、四十军和新编第五军，由于缺乏反“扫荡”准备和不善进行游击战争，损失惨重。7月8日，日军收兵回营。1942年太行、太岳等区的夏季反“扫荡”终于全部结束。

冀南平原同样经历了残酷激烈的反“扫荡”斗争。1942年1月，刘伯承、邓小平向冀南军区发出指示，要求他们在敌分割、封锁日益严重的情况下，广泛分遣部队，结合民众，在敌前后左右广泛开展游击战争，以配合和强化群众反掠夺、反压迫的斗争，并贯彻以政治斗争为主，以军事斗争为骨干的方针，以适应严重斗争的需要。冀南军区按照这个指示，将新编第四、七、八旅和6个军分区的基干团大部分分遣，组成班、排为单位的小部队深入日军占领的格子网内，辗转游击，打击日军。

4月29日，敌人纠集万余人突然“扫荡”冀南第四分区和第六分区。冀南军区直属队、区党委、行署机关、分区机关等，在战斗部队的掩护下奋勇突围，大部跳出包围圈，一部被冲散，受到了损失。

6月11日，日军又调集1.2万余人，对枣（强）南地区进行了一次大规模的铁壁合围。冀南区军政领导机关经过精兵简政，组织较前精干，侦察、情报工作得到加强，及时发现和掌握日军动向，完全转移，日军的合围扑了空。

8月间，刘伯承写出了《太行军区1942年夏季反“扫荡”的军事总结》，系统地分析了日军“扫荡”所实施的压缩合击、抉剔“扫荡”、分道撤退三个步骤的不同特点和战术，总结了根据地军民反“扫荡”的一系列作战原则，主要包括：基干军队和腹地游击集团的行动方针；用兵的分遣和集结及运用；始终注意抓住敌人的弱点，变被动为主动等问题。此外，还分别讲述了反“扫荡”作战要旨、战斗活动、群众性游击战争的组织和指挥、统率机关与集体资材的转移、情报与侦察、通信联络等问题。这个浸透着刘伯承心血，对反“扫荡”具有重大指导作用的总结，曾被晋冀鲁豫根据地一位领导人誉为“太行山的‘论持久战’”。

第三节　庆祝五十寿辰

正当敌后抗日根据地的斗争空前残酷的时候，1942年12月，中共中央决定在太行山抗日根据地为刘伯承五十诞辰举行庆祝活动，以表彰他的革命功绩，鼓舞敌后军民的士气。

为此，第一二九师《战场报》和太行山《新华日报》（华北版）编辑部各派一人，前往师部采访刘伯承。

迎接他们的参谋首先说："首长非常尊重政治工作，他早就在等候你们了，现在你们来晚了！"他们一迈进办公室，立正敬礼，然后抱歉地说："师长！我们来迟了！"

刘伯承站起来，以长者风度说："时间观念对于军人极端重要，有时胜败在于分秒之间。因此行动的时间一定要准确。好了，你们要向我采访些什么呢？谈吧！"

"请首长谈一下自己简略的经历，我们想在您的生日公布您的年谱，让大家了解学习。"

"算了！算了！"刘伯承挥着手说，"莫谈这些好不好？你们都晓得，粉碎九路围攻过后，有个记者来访我，我先对他说：你只能写战士，不准写我。要不，我不同你谈。即使你写出来，我也要把你的稿子撕掉！这也就是我今天要跟你们谈的'略历'。你们要是没有别的事，就回去吧。我还有事哩，害得我等了半天！"

两个来访者被这一瓢冷水泼愣怔了。犹豫一刹，然后说："师长，不是给您庆贺五十寿辰嘛！这是我们的工作呀！"

"庆啥子寿嘛！我不晓得。你们无事找事，不要这样搞好不好？群众都还没有吃饱肚皮嘛！去吧！去吧！"刘伯承再次加以拒绝。

来访者奈何不得，只好去请邓小平政委来劝说。

"师长，我看您还是要讲啊！这是党的决定，没得略历，咋个祝寿嘛。再说，这也是工作。"邓小平简短地说了几句，朝一言不发的刘伯承看了一眼，转身走了。

刘伯承坐下来，沉默片刻说：

"要说这也是工作，我是无条件服从党组织的决定的。我这人没得啥本事，是被旧社会逼上'梁山'的。那时候，国际国内，弱肉强食，清王朝腐朽败落，民不聊生，使人不得不立志仗剑拯民于水火，于是富国强兵的念头，自然而然产生了。1912 年，考入重庆蜀军政府将校学堂，从此投笔从戎，距今整整 30 年了。我是 1926 年参加中国共产党的。现在回想起来，在此以前，我在川军熊克武部队打了不少的仗，流了不少的血，其中除开讨袁、护国、护法、讨贼等战争外，大都是打'烂仗'嘛！"他停下来，眉头缓缓聚拢，然后舒展开来，把 30 年的战斗经历尽力浓缩，扼要地讲了一番。最后颇有感慨地说："我深切地感觉到：像我这样的人，如果不听党的话，势必一事无成！总起来说一句话，我也是从旧社会来的，出淤泥而不染是很不容易的。我也没有改造好，没有为党为人民做什么工作，愿和同志们共同努力做个好党员。我的生日已经过去了，政治委员既然说这也是党的工作，那就不必管它是哪一天啰！"①

① 柯岗：《刘帅印象记》，载《刘伯承回忆录》（二），上海文艺出版社 1985 年版，第 49 页。

1942年12月16日，清漳河畔锣鼓喧天，彩旗招展。第一二九师宾客如云，函电似雪。除本师各部队、晋冀豫各军区及根据地党政领导机关均派代表参加外，总部彭德怀、罗瑞卿、滕代远和晋冀鲁豫边区政府杨秀峰等领导人，都亲自参加了庆祝大会，发表了热情的祝词。他们大力赞扬抗战5年以来，刘伯承率第一二九师深入敌后的辉煌战绩。号召全师指战员百尺竿头，更进一步，争取两年打败日本帝国主义。

《解放日报》刊登的刘伯承五十寿辰的相片

这一天，延安《解放日报》公布了中共中央为转战千里、威震幽燕的刘伯承将军祝贺五十寿辰的新闻。第一二九师《战场报》和《新华日报》（华北版）公布了刘伯承将军的略历及其亲笔题词："勉作布尔什维克必须永远与群众站在一起。"还发表了邓小平、蔡树藩等许多领导干部的祝词和诗文。

邓小平的贺文说：

> 热爱国家，热爱人民，热爱自己的党，是一个共产党员必须具备的优良品质，我们的伯承同志，不仅具备这些品质，而且把生平的精力献给了国家、人民和自己的党。在30年的革命生活中，他忘记了个人的生死、荣辱和健康，没有一天停止过自己的工作。他常常担任着最艰苦、最危险的革命工作，而每次都是排除万难完成自己的任务。他为国家和人民的解放事业，负伤达九处之多，除了国家和人民的福利，除了为党的事业而工作，简直忘记了一切，在整个革命过程中，树立了不可磨灭的功绩。
>
> 我同伯承同志认识是在1931年，那时我们都在江西中央苏区。都参加了长征。而我们共事是在抗战以后。五年来我们生活在一块，工作在一块，我们之间感情是很融洽的，工作关系是非常协调的。我们偶尔也有争论，但从来没有哪个固执己见，哪个意见比较对，就一致做去。我们每每听到某些同志对上下，对同级发生意气之争，遇事总认为自己对，人家不对，总想压倒别人，提高自己，一味逞英雄，充山大王，结果弄出错误，害党误事。假如这些同志以国家、人民和党的利益为出发点，而不以个人荣誉、地位为出发点，那又怎么会犯这样的错误呢？伯承同志便是不断以这样的精神去说服教育同志的。
>
> 伯承同志对于自己的使命，是兢兢业业以求实现的。过去的事情不用谈它，单以最近五年来说，奉命坚持敌后抗战，遵行三民主义、抗战建国纲领

和党的政策，未尝逾越一步。他对上级命令和指示，从未粗枝大叶，总是读了又读，研究了又研究，力求适应自己的工作环境而加以实现。在实行中，且时时注意着检查，务使贯彻“海底”。“深入海底”，差不多是他日常教育同志的口语。

伯承同志热爱我们的同胞，每闻敌人奸淫烧杀的恶行，必愤慨于颜色；听到敌人抓壮丁，便马上写出保护壮丁的指示；听到敌人抢粮食，马上考虑保护民食的方法；听到敌人烧房子，马上提倡挖窑洞，解决人民居住问题；听到有同志不关心群众利益，便马上打电话或电报加以责备。还是不久以前的事，他看到驻村外面的道路被水冲坏，行人把麦田变成了道路，他马上督促把道路修好，麦田得到了保全。这类的事在他身上太多了。他不仅率领自己的部队，从大小数千次的流血战斗中，来保护国家的土地和人民的生命财产，而且在日常生活中，处处体现着共产党员热爱国家和人民的本色。

伯承同志热爱自己的同志，对干部总是循循善诱，谆谆教诲，期其进步。他和同志的谈话时间很多，甚至发现同志写错了一个字，也要帮助改正。在他感召下得到转变和发展的干部，何止万千。

伯承同志是勤读不倦的模范，他不特重视理论的研究，尤其重视理论与实际相结合。他常常指导同志们向下层、向群众学习。他自己就是这样做的。

伯承同志可供同志们学习的地方太多了，这些不过是其中的一枝一叶。他的模范作用，他的道德修养，他的伟大贡献，是不可能在这篇短文中一一介绍的。

假如有人问伯承同志有无缺点呢？我想只有一个，就是他的一生，除掉工作读书之外，没有一点娱乐的生活。他没有烟酒等不良嗜好，他不会下棋打球，闲时只有散散步、谈谈天。他常常批评自己，对于时间太“势利”了。难道果真这是他的缺点吗？只能说是同志们对他健康的关心罢了。

在伯承同志五十寿辰的时候，我只有祝愿他的健康，祝愿我们共同努力的事业的胜利。

朱德总司令在延安《解放日报》发表《祝刘师长五十寿辰》一文，文中写道：“……护国、护法两役，伯承同志虽然尚为青年军人，但已以骁勇善战、足智多谋，成为川中名将。在此复杂激烈的战斗中，表现出他追求民族解放的革命意志，坚持不懈。……十年苏维埃运动中，伯承同志曾任军委参谋长、红大校长，襄助党中央及军委擘画军事，培植干部。在红军万里长征中，伯承同志指挥五军团，有时任先遣，有时作殿后，所负任务，无不完成，尤以乌江、金沙江、大渡河诸役为著，更表现了艰苦卓绝，坚决执行命令的精神和军事奇才。……在军事理论上造诣很深，创造很多。具有仁、信、智、勇、严的军人品质，有古名将风，为国家不可多得的将材……”朱德还挥笔题诗，表达他对刘伯承抗战功绩的高度赞扬：

戎马生涯五十年，凭歼日寇镇幽燕。
将军猿臂依然健，还我山河任仔肩。

中共中央军委参谋长叶剑英也从延安发来祝寿诗两首：

一

太行游击费纠缠，撑住平辽半壁山。
遍体弹痕余只眼，寿君高唱凯歌旋。

二

细柳营中寂不哗，枪垣炮堵即吾家。
将军五十人称健，斩得倭酋不自夸。

林伯渠、吴玉章两位老革命家共同致电祝贺：

伯承同志，你率数十万健儿，在敌后坚持了五年。常常出奇制胜，维护亿兆人民，撑住半壁河山。恭逢五十寿辰，特致如下祝词：

敌后苦撑持，百战英名惊日寇；
太行齐庆祝，万家生佛拜将军。

新四军代军长陈毅遥寄《祝刘伯承将军五十寿辰》的贺诗：

将军老益壮，戎马三十年。
论兵新孙吴，守土古范韩。
苦学入梦寐，劳生历艰难。
弹触一目眇，枪伤遍体瘢。
斗争更坚决，冬青耐岁寒。
君在黄河北，我在淮泗南。
军前专征伐，敌后拯黎元。
举杯祝远道，康强慎食眠。

这一天，还有杨尚昆、陆定一、张际春等许许多多领导干部和群众热诚祝贺的诗文，朝庆祝大会飞来。在祝寿大会上，刘伯承将军走上讲台，向大家深深致谢之后说："我自己的一生，如果有一点点成就，那是党和毛主席的领导所给我的。离开党，像我们这些人，都不会搞出什么名堂来的。因此，我愿意在党的领导下，做毛主席的小学生，为中国人民尽力。如果我一旦死了，能在我的墓碑上题上'中国布尔什维克刘伯承之墓'十二个大字，那就是我最大的光荣。"

已经到万家灯火时分。台下黑压压的军民，忽然异口同声唱起了歌："红日照遍了东方，自由之神在纵情歌唱……我们在太行山上……敌人从哪里进攻，我们就要他在哪里灭亡……"歌声越唱越响亮，会同千山万谷的回声扩散到四方。

第四节 勇渡难关

晋冀豫抗日根据地，由于日军频繁、残酷的"扫荡"、吞食，国民党顽固派连续发动的反共高潮，形成日伪顽两面夹击的严峻局势。与此同时，严重的自然灾害也无情地袭来。从1941年秋天起，太行、太岳、冀南各区旱涝交替，蝗灾猖獗，不少地区还流行霍乱、疟疾等疫病，造成根据地严重的财政、经济困难和人口锐减。

面对一系列严重困难，刘伯承并没有退缩，他跟邓小平一道，根据中共中央、中共中央军委和北方局的指示，依靠晋冀鲁豫边区政府，领导根据地军民进行了艰苦的斗争，通过精兵简政、大生产运动等，逐步渡过了难关。

精兵简政是中共中央在敌后抗日根据地普遍遇到较大困难时，于1941年12月提出的一项重要政策。中心点在充分估量根据地对抗日军队和政府的负担能力，坚决防止和纠正民力过快消耗、人民负担过重的倾向，以使根据地既能支持长期战争，又利于准备将来反攻。

晋冀豫根据地的精兵简政首先是从思想发动开始的。1942年1月7日，第一二九师召开精兵简政动员大会，师直属队、第三八五旅、新编第一旅的干部参加。刘伯承到会作了《如何贯彻中央精兵简政政策》的报告。他首先阐述了开展这项工作的意义，指出：太平洋战争的爆发，是我们准备反攻的最好时机，今天我们一方面要坚持敌后长期的游击战争，开展敌占区工作，争取瓦解敌伪军，保卫和建设根据地。另一方面，我们要实行"精兵主义"，提高部队质量，积极准备反攻。接着又进行了具体的部署：实行整编，紧缩领导机关，充实战斗连队。老弱战士与荣誉军人，应慎重地、适当地安置到地方。实行部队抽训和轮训制度，工农干部多学习，知识干部多实习。抽调强有力的部队干部参加民兵工作，参加游击队，加强人民武装。体念人民疾苦，加紧生产节约，与贪污浪费展开无情的斗争。要发挥我们党吃苦耐劳的光荣传统，咬紧牙关克服困难，度过接近胜利的两年。

动员会后，师直属队组织排以上干部进行讨论，着重找出过去在组织机构上、工作上及领导作风上的问题，进一步明确精兵简政的意义和作用，研究具体落实措施。

直属队的讨论十分热烈，大家畅所欲言，大胆揭露矛盾，提出改进办法，一些干部发言，谈到百团大战后正规军发展过猛、地方武装大量升级，影响了游击战争的正常开展和群众保卫家乡的热情。刘伯承插话："这个意见提得好。正规军没有地方武装、人民武装配合，等于是'裸体跳舞'。"干部中也有认识模糊的，特别是那些年大体弱者担心被裁掉，认为当兵吃粮自古皆然，何况八路军打鬼子还不是为了老百姓？刘伯承耐心地引导大家算了一笔账：太行区的负担人口共150万，按照中共中央规定的脱产人员不超过负担人口的百分之三（其中军二政一）的比例，应负担3万军队、1.5万地方干部，而实际上全区军队现有4万、地方干部2万多。

通过简单的计算，他因势利导地说："大家可以明显看出，太行区脱产的军队和政府人员大大超出了民力负担的正常比例。太行区本来是贫瘠之地，眼下又逢灾荒年头，老百姓确实太苦了，我们能坐视不顾吗？"

然后，他进一步分析："脱产人员，又以上层机关为多，本师机关和直属队达2600余人，边区政府机关人员达540余人，而下级机关和基层连队则严重缺额。"他继续开导大家："这种状况，不但是'鱼大水小'，而且成了'头重脚轻'，再不加以改变，那就必然像中央指示指出的那样：'假若民力很快消耗，假若老百姓因负担过重而消极，而与我们脱离，那么不管我们其他政策怎样正确也无济于事。'你们说，我们能让这样的危机出现吗？"

"不能！"人们异口同声地回答。

讨论中，邓小平也反复对干部们讲述精兵简政的必要性和迫切性。他指出："比较起来，我们根据地的同胞比敌占区同胞的负担要轻得多。但是，由于长年不断的战争和日本强盗的掠夺，天灾人祸，生活也是困难的。我们是人民的军队，就应特别关心民间疾苦。厉行精兵简政，减轻人民的负担，人民才能更好地支援我们最后打败日本侵略者。"

讨论结束时，刘伯承作了总结。他说："我们这次精兵，是体念人民疾苦，减轻人民负担，积极提高干部质量，而决非消极的裁员。这次精兵简政，要依靠群众，爱惜民力，帮助人民武装的发展。加强学习步骤，适当调剂干部。开展生产节省运动，进行组织上的整理。克服官僚主义，采用科学民主的管理办法。"

精兵简政的组织工作随之顺利开展。1月15日，刘伯承和邓小平颁发了《一二九师关于实施精兵建设的命令》。同时，指示司令部下达了新的编制表。命令规定，要紧缩统率机关，减少指挥层级与重叠机构，充实战斗连队；有计划地抽出大批干部及一部分优秀的老战士与文化水平较高的新战士，送考"抗大"及其附设的陆军中学，长期学习，使其锻炼成有真才实学的、在战略反攻时期称职的干部。

新编制表中，特地提出了精简整编的主要原则：

一、调整编制减缩机关，减少人员马匹，认真充实战斗连队，旅以上直属队与战斗部队的比例应为一比七，团直属队与战斗人员为一比五；

二、有计划地抽调一批有相当能力的本地干部到地方武装与各级武委会，加强地方武装建设，开展群众游击战争；

三、经营生产事业，以安置老弱战士和荣誉军人从事学艺生产，半工半读。

为了加强对精兵简政工作的领导，刘伯承、邓小平指示第一二九师和各军区按级成立了整编委员会。各级整编委员会普遍展开了自上而下的思想动员，印发教材，召开座谈会和开展个别谈话，帮助干部战士解开思想疙瘩，教育他们认清精兵简政对克服困难、积蓄力量、争取胜利的意义。

从1月至5月，第一二九师进行了第一期精简，仅仅3个多月的时间，第一二九师和各军区的精简整编工作就实现了预定的目标。在充实基层方面，按照编制表，正规军的每个班达到了9人以上，每连编9个班，员额由原来的50余人增加到100余人。凡够4个连的编为丙种团，够6个连的编为两营制的乙种团，够9个连的编为3营制的甲种团。第一二九师在太行、太岳两区的部队，共编成4个甲种团、7个乙种团、11个丙种团。保留了第三八五旅、新编第一旅、决死第一旅的番号。在充实人员的同时，还统一调配了武器。各战斗单位的枪支口径较前统一，自动火器也较前集中。

在精简机关方面，除抽出一批年轻力壮的战士补入战斗连队外，还采取了编并的办法。师直从41个伙食单位减到19个。太行各分区和第三八五旅、新编第一旅共减少156个伙食单位。

5月以后，刘伯承、邓小平根据北方局的统一部署，领导第一二九师进行了第二期精简。重点是进一步整编机关，改变机关庞大不适应频繁转战的状况。太行军区的旅和军分区以上机关重新建立了集体办公制度，继续合并了一些性质相近的部门。作战与训练、侦察与情报、宣传与教育、统战与群众，纷纷合二为一。这样，一改过去领导机关层次多、会议多、公文繁缛的情形，使组织十分精干，行动更加灵便。

冀南军区处在平原斗争的特殊环境，精简工作略与山区不同。根据平原游击战争不便于大部队集中行动，而适合于小部队分散、灵活地机动的特点，刘伯承、邓小平指示冀南军区在精简整编中，应坚持野战兵团地方化的方针。

在整编中，妥善处理了编余人员，保证了部队的稳定和将来发展的需要。太行、冀南两区共调出干部2000余名，一部分派到地方武装和区级以上武委会中，一部分送延安、抗大和陆军中学深造。同时将660多名年老体弱的干部交地方政府安置。太行、太岳、冀南3个军区共安排了6000余名战士退伍，家在根据地的即回原籍，不在根据地的则介绍到地方安家落户。转业和退伍军人一般都转到民兵、游击队等人民武装组织，发挥作战和训练的骨干作用。

军队的精兵带动了地方简政。晋冀鲁豫区党委、边区政府根据民力负担对政府脱产人员的限额，规定了简政方案。精简中，贯彻了多减上层，加强下层；调整干部，加强领导干部；多减事务人员，加强区对村的领导等原则。对县、区、村各级政权机构进行了调整或合并，减少了机关，精干了人员，大大提高了工作效率。仅太行区在8月以前，县级以上政府工作人员就减少了18%，节省经费38%。

晋冀鲁豫根据地和第一二九师系统的精兵简政工作进行得普遍而彻底，取得了显著成效。9月7日，毛泽东在为延安《解放日报》撰写的社论《一个极其重要的政策》中，称赞晋冀鲁豫边区“做出了精兵简政的模范例子”。

在精兵简政的同时，刘伯承、邓小平与边区政府负责人一起，领导根据地军民积极开展了大生产运动。大生产运动，是中共中央为打破日伪顽的经济封锁，克服解放区严重的经济、财政困难，而倡导的一项大规模的群众性的迅速发展生产的运动。1942年底毛泽东发出的“发展经济、保障供给”的号召，是解放区全面开展大生产运动的标志。晋冀豫太行、太岳、冀南根据地，由于连年遭受严重的自然灾害，大生产运动是与抗灾救灾、生产度荒结合进行的。

太行、太岳区山地起伏，水源奇缺，历来易闹旱灾，但像1942年和1943年那样持续两年的大旱，是多年所仅见的。

当1942年春旱情刚露头的时候，刘伯承、邓小平就十分重视进行抗灾救灾，指示师部制定了一个帮助群众春耕和部队生产的规定，立即下达执行。规定的主要内容为：

一、旅、军分区设指导和帮助春耕的组织，团设领导助耕的组织，连成立助耕队，排以下为助耕小组，要做到不荒一亩地；

二、切实帮助群众警戒，解决牲口、农具等问题；

三、春耕期间停止群众支差，严禁强迫租地、强借农具、欠租不还等现象。

此外，规定还要求助耕部队必须做到：一不吃群众饭食，不要报酬，严守群众纪律；二不遗失损坏农具；三要创造助耕英雄；四要随时对群众宣传。

规定并下达了部队各级的生产指标：旅以上每人当年生产达到120元，团以下每人60元。

规定发布后，部队各级成立起助耕组织，组织指战员帮助群众抗旱春耕。为了不违农时，师直属队在李达参谋长的带领下，突击运肥送粪、构筑漳河堤坝和平整河滩地。师政治部主任蔡树藩不顾一臂残疾，坚持参加锄地。在他的带动下，政治部的工作人员个个奋勇当先，百十号人一星期就整修好河滩地50多亩。春耕结束，第一二九师机关和直属队跟群众一起整修了1000多亩河滩地，修筑了用工1.9万多个的堤坝。

进入1943年，太行、太岳、冀南3个地区旱情更加严重，自春至夏未下过一场透雨，田地干得寸草不生。

刘伯承、邓小平以更大的精力率领部队帮助群众生产度荒。4月1日，他们令政治部发出“关于帮助群众春耕生产”的指示，号召全体指战员“与民同命，战胜灾荒”。他们率先垂范，带领身边工作人员包片开垦荒地。在驻地赤岸村旁的清漳河畔乱石滩上，移石填土，围堰打埂，浇水点种，硬是造出了一块5亩多的田地，并及时种上了玉米和蔬菜。

刘伯承、邓小平带头垦荒的模范行动传到各部队，指战员们群起响应。他们纷纷奔向田间地头，帮助群众耕作。春夏两季，太行、太岳军区部队共耕地、锄地、收割庄稼达2.9万多亩，其他出工5万多个。冀南军区部队在耕牛大批被敌人抢掠、民间畜力严重缺乏的情况下，用人力拉犁耕地，帮助群众解了燃眉之急。

秋后，刘伯承、邓小平领导军民全力转到修河筑堤、兴修水利的工程中，以从根本上加强根据地的抗灾和夺丰收的能力，争取经济和财政的全面好转，为根据地的恢复和发展打下良好的基础。冀南军区部队协助群众堵筑河流缺口，培修残堤险岸，修复和开挖新旧河道，总长达934里，打井1万余眼。太岳军区仅第二军分区部队就帮助群众开渠 40 里，浇地 4000 亩。太行军区部队帮助群众修筑成了漳河三渠，共长 37 里，可灌溉土地 9800 余亩。

这漳河三渠，在 1942 年冬就开始修筑了，太行区政府通过“以工代赈”的方式，组织灾民进行施工。其中位于赤岸村附近的“漳南大渠”，直接凝聚着刘伯承、邓小平的心血。修渠方案，是他们会同有关人员，利用工作之余熬夜赶订出来的。随后，他们又会同地方政府，召开各种会议，研究确定了施工方案和经费问题。为了解决施工中的技术问题，他们派人从石匠之乡——河南林县请来几十名打石好手。还派人从敌占区购来一台测量仪器，指定师政治部两名懂行的干部用它专司测量。开工那天，刘伯承、邓小平一大早就来到工地。邓小平对民工们当场宣布：“为保证大家有充足的体力干活，每人每天由部队发 3 斤小米。”这大大鼓舞了民工的劳动热情。刘伯承、邓小平拿起工具，加入了抬石头、垒石堰的行列。以后，他俩常常深入施工现场，边参加劳动、边解决各方面的难题。全长 27 里，途经 8 个村庄的“漳南大渠”修成后，清清的渠水流向田间，淌入村头。老百姓饮水不忘开渠人，满怀感激地称它为“将军渠”，以永久纪念刘伯承、邓小平的功绩。

漳南大渠的修建，启发和推动了晋冀豫根据地军民治水抗灾的积极性，把抗灾救灾、生产度荒的斗争引向了更高的层次。太行、太岳、冀南迅速掀起了修河筑堤、兴修水利的热潮。到 1943 年夏秋，抓住雨水充沛和根据地军事斗争形势好转的有利时机，军民共同奋战，水利工程的规模更大，质量更好，许多设施并已初见成效。这有力地鼓舞了根据地军民生产度荒和对敌斗争的信心，成为根据地恢复和发展的一个明显的转机。

一灾刚平，一灾又起。1943 年，豫北、冀西相继发生了严重的蝗灾。刘伯承、邓小平又指挥部队投入了虫口夺粮的战斗。各级指战员配合地方政府和群众，群策群力，采用多种办法灭蝗，有的组织剿蝗队，集中人力对蝗虫进行分割包围，捕捉扑杀，且多利用早晨露重蝗虫飞进不易的有利时机出动。有的黑夜大张灯火，下设水缸水盆，引诱蝗虫飞扑灯火，落水而亡。有的在荒芜的田野里放置干柴禾，吸引蝗虫钻入避寒，然后火烧。更有的挖掘虫卵，断绝蝗虫的生长繁衍。军民协力灭蝗，捷报频传。一次军民出动 3000 余人捕杀蝗虫 8.4 万余斤。另一次一夜火攻，烧死蝗虫无数，仅落到纵横十几里长的“封锁沟”里的虫尸，竟达 7 寸厚。挖卵灭种的工作也大见成效。边区政府因势利导，发布了挖 1 斤虫卵换 1 斤小米的奖励措施，动员了千家万户，老老少少一齐上阵灭蝗。

除了发展生产外，节约也是根据地党政军民抗灾救灾、渡过难关的一项重要措施。刘伯承身体力行，带头紧缩开支和节约粮食，掀起和推动了第一二九师上下的节约运动。

从 1943 年 7 月起，刘伯承、邓小平连续发出指示，要求第一二九师和各军区所属部队必须坚决节食节用。粮食方面，基于军队由每日 1 斤半小米逐步减为 1 斤，地方武装由 1 斤 1 两减为 15 两（16 两制），机关由 1 斤减为 13 两。普遍以野菜代粮，一日三餐以稀为主。每人每日 1 角 2 分的菜金，每人每月 1 元 5 角到 5 元的津贴费，每个连队每月近百元的办公费从 10 月开始一律停发，由各单位从生产中自行解决。

刘伯承坚持在师司令部机关吃大灶，天天跟大家一起啃又黑又硬的“赛砖头”。这是一种用红高粱或豆面加野菜、树叶，混合后蒸成的菜馍馍。因其坚硬难咬，有人戏称它为“赛砖头”。刘伯承年过半百，身有多处创伤，又要为作战、工作日夜操劳，加上营养不足，脸颊日见消瘦。李达怕这样下去会把他拖垮，就劝他：“你是一师之长，要是躺下了，对工作损失就太大了。为了革命利益和抗战事业，你应该吃点儿好的，加强点儿营养，这是全师同志的心愿啊！”

刘伯承摇了摇头，诚挚地说：“我个人哪有这么大的作用？可是，在这种时候，以身作则的作用就大了。你看我的身体不好，我的适应性可强呢。我这个人哪，也怪得很，条件好，能过；条件差，也照样能过。我在四川时，打瞎了一只眼睛，头顶也受了伤，后来腿又受了伤。我这身上的血不知道换了几次。天晓得，我还是活下来了！在苏联学习时，整天面包、香肠、牛奶，回到上海，组织上千方百计地给我弄药。后来到了苏区，哪里去弄补药，这不是也过来了吗！现在能吃到南瓜汤、菜馍馍，就蛮不错了嘛。我们还是不要一点特殊化。”①

为了尽可能节约开支，日用品的消耗降到了最低限度。灯油比以前节省了三分之二。司令部有位参谋提出了一个口号，叫作“白天多做事，夜晚少点灯”。刘伯承听了大为赞赏，指示宣扬、推广。他惜纸如金，笔记本仍沿用内战时期存下来的那种黑皮本，封皮是软的，纸张黑而粗糙，他已用到第五本了。文电用稿，他提倡一纸四用，即先用铅笔写，再用毛笔写，写完一面，翻过来再用。连信封也是就地取材，用旧报纸糊，或用旧信封翻过来再用。他的模范行动，带动全师上下养成了节约的风气。

在刘伯承、邓小平等的领导下，晋冀豫根据地的大生产运动不断地向前发展，创造出越来越多的物质财富，有力地支援了战略反攻和夺取抗日战争的最后胜利。

第五节 开创敌后武工队

根据地建设和对敌斗争是相辅相成、互为作用、密不可分的两大环节。晋冀豫根据地开展精兵简政、大生产运动的重大胜利，大大增强了政治、军事、经济等各方面的实力，也把对敌斗争推向了新的阶段。从 1943 年起，根据地进入了恢复与再发展的时期。

刘伯承、邓小平不失时机，全面、深入地贯彻敌进我进方针，组织和派遣大批武装工作队、小部队向敌后挺进，广泛发动群众，开展游击战争，彻底扭转了主要依托根据地反“扫荡”、反蚕食的被动局面。

---

① 李达：《抗日战争中的八路军一二九师》，人民出版社 1985 年版，第 282 页。

晋冀豫根据地贯彻敌进我进方针，经历了一个逐步提高、发展的过程。早在 1940 年 4 月，北方局黎城高干会上，刘伯承作《党军建设报告》，就明确提出：“现在对‘囚笼’的粉碎，一退再退，退到何处？现在就是敌进我进，打磨盘应摸敌人的屁股。”这就是说，针对异族侵略军的重兵“扫荡”，再不能光用敌进我退的老方针了，应改变为与敌对进，用深入敌后之敌后的办法来打破敌人的合围。这也是他 1934 年提出的用游击队深入敌人后方打破敌人“围剿”的思想，在新的条件下的发展。1940 年 12 月，他主持编写《一二九师百团大战总结》，又专门列出了“敌进我进”一项，并做了具体的说明：“如在根据地内无消灭敌人机会时，小部分部队应积极打击敌人，主力应迂回或转移至敌后积极活动，夺取敌据点，截断敌运输线，并趁敌归巢时打击其一路或二路。”

1942 年 3 月，刘伯承总结了 2 月反“扫荡”的经验，再次提出要执行敌进我进方针，指出：必须派遣武装工作队、武装便衣队，不断浸透到敌占区活动，一方面配合根据地军民的反“扫荡”、反蚕食斗争，阻止敌人向根据地发展；一方面则鼓动敌占区民众的抗日情绪，领导和帮助他们展开反抓壮丁、反配给制度的斗争，广泛发动和繁殖那里的游击战争，变敌人的后方为我们的后方。这是把敌进我进方针又大大向前推进一步，包括了政治、军事等全面对敌斗争的内容，对根据地的反“扫荡”、反蚕食斗争具有根本的、全局性的指导意义。中共中央北方局和八路军总部肯定了这一创见，并指示华北的晋西北、晋察冀、山东、冀鲁豫等根据地也照此办理，普遍开展武工队工作。

1942 年 3 月，刘伯承在阳谷县团以上干部大会上作军事工作总结报告

方针既定，刘伯承、邓小平毫不松懈地抓好武工队的组织工作。他们拟定了关于武工队的组织及任务，作为组建和派遣武工队、小部队的依据。他们采取

办集训队的办法，训练出一批批骨干，分派下去组建武工队。集训队成员，是从各部队挑选的军政素质好、战斗经验丰富、工作能力强的干部，加上太行抗大六分校的毕业学员。集训队按工作区域划分成若干组。训练内容主要是了解研究社情、敌情和各阶层的民情，明确敌后工作的任务与原则，熟悉相应的战术，并通过必要的演习加以熟练，制订出行动计划。

参加集训的干部大多数对开展武工队工作是积极热情的，他们在第一二九师司令部、政治部的具体指导下，认真进行着政治、军事等各方面的学习和训练。但部分人员认识上有偏差，有的担心光凭几支武工队在敌占区闹不出大名堂，况且孤悬敌后，处境险恶。有的认为在武工队里限制束缚太多，群众条件和后勤供给差，不如在正规军和根据地里干得痛快。刘伯承、邓小平多次来到集训队跟大家讲形势，讲武工队的作用和意义，讲开展工作的方法和战术，帮助大家端正态度，提高信心，消除一些疑虑。

3 月里的一天，刘伯承由赤岸村出发，专程赶到虎头山下的集训队，布置武工队初次出动到敌占区的工作。集训队负责人向他简要汇报了集训情况，接着请他作指示。他开门见山地宣布："你们要我来讲一讲武工队初次出动到敌占区的工作问题，今天我就来讲几条原则，点点题，文章还是要靠你们去做。搞武工队是件新鲜事，经验要等你们去创造。"

"干武工队和干别的工作一样，必须明确工作任务、组织要求和工作方法，当然，我还要着重讲一讲战术。"

按着自己的思路，他有条不紊地讲起来：

"武工队初次出动应着重于简单的政治宣传，或兼侦察，任务不可过重，距离不可过远，最多走出去一昼两夜的路程，在敌占区不要久留，次日晚间至少应回到敌我相持的游击区，必要时秘密通知就近游击队接应。这是为了求得初次出动的胜利，以便提高信心。"

"武工队的组织、派遣由军分区负责。人员依需要可多可少，少者十几，多则几十。因为是深入敌占区独立活动，环境困难，所以领导要配强。队里的指挥、政治干部都是要政治坚强、大胆机敏而有威信者。这一点关系活动成效很大。你们分派下去后要听从分区首长的安排，但要协助分区首长组织出动前的训练，就像我们这里做的一样。"他是属于那种讲究语言艺术、重视表达效果的人，声音本来就清脆响亮，再加上抑扬缓急，节奏控制有度，巧妙地弥补了川音难懂的缺陷。

"武工队要突出政治进攻，应以政策和革命的两面策略；运用宣传与组织的方法，察明敌人欺骗、配给与压制的情形，尤其是秘密爪牙的分布。并乘机进行集会，团结群众，而本身特别应严格遵守纪律。敌占区的秘密工作与公开工作应有必要的配合，但两者必须严格分开，以免暴露力量，遭到破坏，这点要十分注意。"

他具体地阐述了武工队工作中极为重要的政治内容：

"武工队的战斗应根据政治工作任务的需要与否来决定，不进行任何与之相违背的战斗。战术一般采用避实击虚的奔袭动作，使得敌人措手不及，无法捕捉。在突然与敌人遭遇时，小敌可捕捉击杀，大敌则避开。当敌人来合击时，以麻雀战分遣撤退，但预先应确定第一、第二集合场，便于收拢部队。行动应利用隐蔽地形和昏暗天气，声东击西，神出鬼没，散布谣言，曲折运动，以迷惑敌人。行军不重复一路，宿营、休息不久停一地，即使暂时停止也应在四通八达之处，一切使敌人不意。放警戒不宜过远，以免过早暴露。全部活动必须严守秘密，不露动向，依靠居民作潜伏地探，通信也极应秘密，不落痕迹。对敌人要特别注意捕击它的侦察与通信机关，使它耳目手足麻痹失知，摸不着我方规律，而利于我方抓住它的弱点进行袭击和合击。”

他详尽地讲解了武工队应该采用的各种战术。

看着学员们兴奋活跃的面孔，刘伯承满意地笑了。他做了一个手势，示意大家集中注意力。接着发问：“听说你们有人看不起武工队，怪话连篇，说什么‘一条长虫两个蛋，敌人窝里难动弹’，有这么回事吗？”[①] 会场里立即响起一片哄笑声。

“别小看这一条枪两个手榴弹，发挥得好威力可大了。武工队深入敌后独立活动，任务艰巨、困难，危险在所难免。但它的作用和意义十分巨大，是扼制敌人向根据地‘扫荡’、蚕食的战略性行动。武工队斗争内容复杂，包括政治、军事斗争。形式多样，有隐蔽斗争，也有公开合法斗争。既要使自己站住脚，又要打击敌人，配合根据地的斗争。正因为这样，所以才把你们这些骨干拿出来，去挑这副重担。我们还想了办法，在目前经济极困难的情况下给你们提高待遇，每人加发 5 元钱、一套军装、一套便衣。为便于你们独立行动，特地规定武工队对一些重大问题可以先斩后奏。当然你们应谨慎行事，不能乱来。”[②]

一番话把大家的情绪更高地鼓动了起来。刘伯承最后鼓励大家：“武工队是创造、发展游击战争及其政治工作的发动机，希望你们通过一次又一次的实际斗争闯出新经验、做出新成绩，成为带动我师和各军区武工队工作的先驱者！”

刘伯承、邓小平还分别情况，对一些重点地区的武工队工作做了具体指导。太行第二军分区，楔入正太、同蒲、白晋三条铁路交通线之间，从北面屏障着整个根据地，被称为“太北的门户”，首当其冲地成为敌人进攻的重点。敌人反复用重兵“扫荡”，以政治结合军事、经济、文化等的综合手段进行蚕食。到 1942 年初，全分区纵横 9 个县境被割裂成互不相连的条、块，完全变成了“格子网”，成为太行根据地斗争形势最严峻的地区。武工队方针刚一确定，刘伯承、邓小平就把第二分区的领导成员召到赤岸。邓小平说：“党中央、毛主席对国际国内形势做了科学的分析，给我们指明了前进的方向。全世界反法西斯战争的大好局势即将到来，我们要争取两三年内打败日寇。目前是接近着胜利，但又极端困难，这叫‘黎明前的黑暗’。我们一定要有清醒的头脑，不能为当前暂时的严重形势所左右。”[③]

---

① 1980 年 11 月采访李天茂谈话记录。

② 1980 年 11 月采访李天茂谈话记录。

③ 1980 年 11 月采访李天茂谈话记录。

“对！”刘伯承接着补充，“认清了形势与前途，才能有胜利的信心和斗争的办法。敌人不是向我们根据地前进吗？不怕！我们也要向敌人前进。要轻装，放下包袱，改变过去单纯以主力与敌人周旋的战术，组织起许多支精干的武工队，钻到敌人的心脏里去，繁殖敌后之敌后的游击战争。这样，不仅可以粉碎敌人的‘扫荡’、蚕食，而且能够扩大我们的阵地。”

武工队很快在各地组织起来了。仅仅几个月时间，太行、太岳、冀南三区就派出42支武工队，1400余人。武工队像一支支利箭，飞插到根据地的“格子网”或边沿敌占区内。为了加强武工队的威力和便于掩护，各分区还相应组织了一批武装宣传队、侦察队等小部队，随武工队一起行动。这些武工队、小部队采取灵活多变的办法和战术，宣传群众，组织群众，打击日伪武装和政权，瓦解和争取伪军，开展和繁殖游击战争，逐步站住了脚跟。

保护群众利益，解除群众对敌负担，是在敌占区发动群众的关键。武工队通过建立村、户联络，贴标语，散传单，召开小型群众会等，唤起了群众的抗日热情，有了活动的基础。但敌人随即采取了相应的对策，通过伪保甲系统，向群众发出威胁：“谁家墙上有八路军的传单标语，就烧谁家的房子。”“谁参加八路军召开的会，听八路军的宣传，一次割耳、二次断腿、三次杀头。”于是，群众恐慌起来，有意躲避武工队。武工队遵照刘伯承、邓小平关于“依靠群众，团结群众”的指示，一方面继续向群众作宣传，揭露敌人割裂八路军与人民血肉相连的阴谋；另一方面改换斗争策略，想方设法免使群众受害。标语不再贴到老百姓的墙上，而专贴到伪政权机关的屋墙上，或是日军的布告栏里以及庙墙、大树、电杆等上面。开会，不把群众召集到一块儿，而是利用晚间，选择村头高地，通过喇叭筒向村民“广播”。春耕时节，老乡们下地生产，武工队员便深入田间，一边帮助干活，一边做发动工作。日伪组织向群众强迫征壮丁和征粮，武工队就替群众出主意、想办法，或抗或拖；非办不可的，武工队采取半路“伏击”的办法，救出壮丁，抢下粮食，发还群众。武工队又适时集中力量摧毁了日伪军组织的“棒棒队”和“肉电杆”等特务组织，解除群众的痛苦和顾虑。经过一番艰苦细致的工作，群众终于认识到共产党、八路军不但坚决抗日，而且处处为老百姓着想，是国家、民族、人民的救星，因而纷纷自动投入抗日活动，真心诚意地掩护和帮助武工队。武工队有了老百姓的支持，如鱼得水，各项工作得以顺利地开展起来。一批批游击小队、游击小组相继建立起来了，割电线、通情报、除汉奸，配合武工队打击日伪军，动摇了敌占区的统治基础。瓦解伪政权、伪组织的工作也有了进展。武工队正确执行争取伪军的政策，致力于团结一切可以团结的力量，采用多种方式向伪军、伪组织展开政治进攻，或喊话，或散传单，或上课，宣传抗战快要胜利的形势和唤醒伪军的民族意识。又利用伪军、伪组织成员大多是本地人的特点，发动群众村串村、亲串亲、友串友，深入进行瓦解工作。一些伪军开始跟武工队拉关系，愿做内线，逐步酝酿反正。一些伪组织主动找武工队接头，有的从原来一面应付日军，变为两面应付；有的从两面应付，发展到更多地倾向八路军；有的甚至完全靠拢八路军，为武工队所掌握和利用。

武工队在敌占区纵横出没，大显神威，日军惊呼出现了“心腹之患”，不得不抽出部分兵力加以对付，这就减轻了根据地的压力，有效地支援了反“扫荡”、反蚕食斗争。这年夏季太行反“扫荡”中，武工队、小部队领导游击队、游击组乘虚攻击日伪军的后方运输线和据点，并引导和协同跳到外线的主力部队突出日伪军的弱点，直接配合了腹地的反“扫荡”。武乡段村、辽县苏亭、襄垣王阳、潞城黄碾等地成功的伏击、袭击战，长治机场威震敌胆的奔袭战，都包含着武工队、小部队的功绩。

经过半年的实践，刘伯承、邓小平于 9 月主持制定了《关于武装工作队的几项决定》，明确规定武工队的政治领导由军分区政治部负责。武工队的队长必须是营以上干部，政委必须是县（团）级以上干部，地方政府应派驻代表。并进一步确定了武工队的任务和行动准则：切实照顾和保护群众利益，发动群众，依靠群众进行斗争；要由武装作依托，包括部队的武装支持和武工队本身的武装，以坚持斗争，保持优势；惩治死心塌地的汉奸、特务；加强武工队自身的思想建设和组织建设。这样，以武工队形式贯彻的敌进我进方针，就更加完备、具体了。

晋冀豫根据地不断加强武工队工作，以敌进我进的坚决手段与敌人斗智斗力，逐步取得了成效。至 1943 年上半年，冀南恢复和扩展了 10 个县，约占全区面积的十分之一，太行被日伪军严重蚕食的平汉路西侧广大地区，大都恢复为游击根据地。太岳打开了高平、长子、沁水、沁县等边沿区的工作局面。自 10 月起改隶第一二九师的冀鲁豫军区，北端形势最严重的第一分区，恢复了原有的基本区，并在紧靠津浦铁路的敌占区，开辟了一块纵横六七十里的游击根据地。纵观整个晋冀鲁豫根据地，武工队、小部队恢复和扩展的面积及增加的人口，约占全年恢复扩展和增加总数的五分之三。敌进我进方针取得了战略性的伟大胜利。

7 月以后，刘伯承接连写出《敌后抗战的战术问题》和《武工队在敌后活动的战术问题》，对敌进我进方针做了科学的概括，指出敌进我进是共产党领导的人民军队敢于脱离自己的后方，进入敌人的后方，与广大民众结合作斗争的行动。这种产生和运用于人民解放斗争的方针，只能为人民军队所独有，而为日本侵略军以及中国其他军队所无法采用。八路军运用敌进我进方针挺进华北敌后，建立起一个个抗日民主根据地，在日军回兵“扫荡”、蚕食的情况下，八路军又依靠敌进我进方针，分兵深入敌后之敌后，巩固和扩大了抗日根据地。

敌进我进，作为刘伯承的军事思想的一项重要内容，已经在中国革命战争的历史上留下了光辉的记录。

第六节　在延安

9 月，刘伯承接到中共中央的通知，要他跟彭德怀一起去延安参加整风运动。整风运动，是中国共产党从 1942 年起开展的一次思想解放运动，也是一次马克思列宁主义、毛泽东思想的教育运动。目的在于通过普遍深入的学习和研究，总结党的历史经验，克服和反对各种非无产阶级思想，从根本上提高全党的马克思列宁主义水平，为抗日战争的最后胜利奠定思想基础。

根据中共中央的统一部署，刘伯承与邓小平一起，已经领导开展了晋冀鲁豫区的整风运动。从1942年5月到8月，完成了整风第一阶段的任务。他们带领广大干部学习了整顿“三风”的文件，对照检查了思想、工作和作风方面的问题，对主观主义、宗派主义、党八股进行了初步的批判和斗争。9月以后，他们将整风运动转入第二个阶段，发动干部对自己的政治立场、思想意识、思想方法、工作作风等方面，进一步进行检查，分析产生这些问题的原因，明确自己改造的方向。在思想问题基本解决的基础上，展开坦白运动，审查干部。

延安方面，这时候已经完成了普遍整风的任务，正准备从10月开始组织高级干部重新学习和研究党的历史。刘伯承作为晋冀鲁豫根据地军队的主要负责人，中共中央需要他来参与总结和研究这一地区的历史经验。到延安参加整风，刘伯承内心是十分高兴的。多年来，他虽然在戎马倥偬中始终不忘抓紧学习马克思、恩格斯、列宁、斯大林和毛泽东的论著，用以提高自己的思想和工作水平，但毕竟受环境和条件的限制，这种学习缺乏连续性和系统性。他所领导的晋冀鲁豫区的抗战，已经过了6年有余，各方面的工作也需要认真地做一番总结，以指导今后的工作。从个人的角度来说，他参加革命近20年，思想、工作无愧于党和人民的希望和期待，但也走过一些弯路，同样需要进行仔细的清理和总结。再就斗争形势而论，1943年后晋冀鲁豫区的敌情有所缓和，允许他暂时离开工作岗位。因此，他愉快地踏上了通往延安的道路。

9月底的一天，刘伯承偕同爱人汪荣华，来到太谷县的一个秘密交通站，在这里等候彭德怀一起出发。这是太行根据地通往晋绥根据地和延安的西线地下交通线。太行区通向其他根据地的交通线共有两条，除这条西线外，另一条是从安阳经冀鲁豫到山东、华中根据地的南线地下交通线。彭德怀来与刘伯承会合后，担负西线交通任务的同蒲支队派出一个连护送。因要通过敌占区，彭德怀和刘伯承都化了装。虽然换上了农民的衣服，头上包了条白毛巾，但两人的气质和举止让人看着不太像。护送连的连长为了安全起见，安排夜间行路，白天隐蔽休息。到了同蒲路东边的一个村子里，住下来做过路准备。忽然情报人员来报告，说附近炮楼的日军要到村里来，连长连忙安排两位领导人到村外青纱帐里躲避一下。彭德怀一听生气，说：“我走我的路，老这么东躲西藏干什么！”连长无法，只好向刘伯承报告。刘伯承带着连长来到彭德怀的住处，说：“彭总，在这里他们是指挥员，得听他们指挥。叫我们去躲一下，我们就去吧。”彭德怀笑了，对连长说：“你把刘师长搬来，我只好服从。”就这样，一路夜行晓宿，来到了延安。

刘伯承在杨家岭的一间窑洞里住下来，他与中共中央和其他战略区的领导人互相拜访。留守陕甘宁边区的第一二九师部队的干部和先期到达延安的晋冀鲁豫根据地的干部，也纷纷前来看望他。应酬之余，他就如饥似渴地阅读有关无产阶级革命导师的经典著作和整风文件，领会中共中央关于整风的指导思想和要求。从这年冬到次年春，他一面参加中共中央组织的对党的路线和历史的学习、研究，一面查阅过去的总结、报告，统计必要的数字，着手起草晋冀鲁豫根据地的工作总结，准备在中共中央安排的会议上作报告。

刘伯承身在延安，心系太行。他时时关心着晋冀鲁豫根据地各方面的情况，记挂着战斗在前线的邓小平、李达等战友和部属。每逢前方有人来延安，他总要找他们详细交谈，了解敌我斗争态势和根据地的现状。同时用来充实他报告的内容。1944 年 2 月 13 日，他找到中共太岳区党委书记薄一波，听取关于太岳区工作情况的汇报。2 月 19 日，接邓小平来信，信中向他介绍了晋冀鲁豫区的生产以及整个经济的最新发展情况。他高兴地在笔记中记下了这件事。

从 1944 年 4 月起，中共中央在前一阶段组织高级干部深入学习、研究党的路线和历史的基础上，开始按地区或军队系统召开座谈会，总结历史经验，检讨工作，开展批评与自我批评。4 月 12 日，毛泽东在高级干部会上作了《学习和时局》的报告，为这次总结和研究确定了正确的方针原则，指明了应该采取的态度和方法。4 月 30 日，在晋冀鲁豫区和相关军队系统的座谈会上，刘伯承作了《晋冀鲁豫抗日民主根据地现状的报告》，全面、系统地总结了晋冀鲁豫区抗战近 7 年来的工作。他把本区的发展划分为三个阶段：从抗战开始到武汉失守为第一阶段，从武汉失守到百团大战为第二阶段，百团大战至今为第三阶段。他详细分析了三个阶段中敌、友、己三方的基本状况、基本战略和斗争结果，着重总结了根据地军民不断取得胜利的经验。在第一阶段，他指出，第一二九师结合中共晋东南地方组织、抗日组织和人民群众，一方面积极配合国民党正面战场作战，取得了阳明堡、七亘村、神头岭、响堂铺、长乐村等八战连捷，同时依靠与阎锡山结成的特殊统战关系，以合法方式大力发展抗日组织与工作；另一方面及时分遣部队，发

1945 年，刘伯承（中）与陈毅（左）、聂荣臻在延安窑洞前

动群众开展游击战争，开辟了晋冀豫根据地。通过这些正确而有效的工作，取得友军信服，尤其是人民的拥护，使共产党、八路军起到了抗日先导的作用。

在第二阶段，他总结为“军民结合，一面是对敌进行十次大的反‘扫荡’与不断的交通斗争，另一面是对反共派进行多样反摩擦。正如前门拒虎，后门进狼一样，局势十分严重”。但由于根据地党、政、军、民共同奋斗，打开了虎狼夹击的严重局面，抑平了反共高潮，举行了百团大战，还进行了建军建政建党工作，坚持和巩固了抗日民主根据地。

在第三阶段，他的结论是，坚持执行了中共中央、北方局关于着重发展地方部队与人民武装的正确武装政策和对敌斗争策略；逐次执行了十大政策，尤其是土地政策，发动了基本群众；精兵简政，开展大生产运动，减轻了人民负担。在对敌斗争上，以武工队深入敌占区，保护群众利益，推行革命的两面派政策，合法与非法斗争相结合，发动政治攻势，瓦解和争取日伪势力，繁殖了敌占区内的游击根据地，有力地配合了根据地的反“扫荡”、反蚕食斗争。通过这些，“将根据地退缩局面转为开展局面，而在敌占区、游击区的工作也开展起来”。

报告既肯定了成绩，也毫不隐讳地指出了缺点。他认为在百团大战前后，由于对“从内战转到抗日游击战之舵掌握不紧，过分强调正规军，犯了编并与放任地方武装的错误”，一度影响了根据地的建设。此外，本着从严要求自己的原则，对减租减息、敌占区工作等方面也作了检讨。他这种勇于自我批评的精神，深为与会的部属和其他方面人员所称道，也促进了整风中那种实事求是、严于律己作风的发扬光大。

1944 年 5 月 21 日至次年 4 月 20 日，分八次召开了中共六届七中全会，主要讨论和通过党的《关于若干历史问题的决议》，以及讨论关于召开中共七大的准备工作等问题。刘伯承以晋冀鲁豫根据地负责人的身份列席了会议。在讨论和通过上述“决议”的过程中，刘伯承联系自己的切身经历和体验，回顾了党内历次右的和“左”的错误，尤其是以王明为代表的第三次“左”倾错误对中国革命所造成的巨大危害；畅谈了毛泽东从井冈山斗争开始，特别是长征中的遵义会议以后，对中国革命的胜利发展所作出的巨大贡献。对于“决议”肯定以毛泽东为代表的把马克思列宁主义普遍真理与中国革命实践相结合的方向和路线，确定毛泽东思想作为全党的指导思想，他感到由衷的高兴和鼓舞。他深信，在以毛泽东为首的党中央的正确领导下，不但抗日战争将很快取得胜利，而且人民革命事业也将出现光辉灿烂的美好前景。

1945 年 4 月 23 日至 6 月 11 日，中国共产党在延安召开了具有重大历史意义的第七次全国代表大会。刘伯承出席了大会，任晋冀鲁豫区代表团团长。会议的主要内容，是由毛泽东、朱德、周恩来、刘少奇分别作了政治、军事、统战和修改党章的报告，中共中央有关方面负责人和各解放区的领导人进行大会发言。5 月 10 日，刘伯承作大会发言。他主要讲述了晋冀鲁豫根据地的发展，其中着重讲的是军事斗争。在斗争阶段划分上，他仍然一分为三，但与 4 月 30 日的报告略有不同，把第

二、三阶段的分界时间定在 1942 年 5 月。他提出，第一阶段是开辟发展时期，第二阶段是巩固、退缩时期，第三阶段是重新发展时期。在第一阶段，打法上是配合友军作战，打击敌人的侧背，并且就势转到敌后去，繁殖游击战争。在第二阶段，反“扫荡”是以部分兵力坚持内线，主力转到外线，打击敌人的侧翼并切断补给线；反蚕食是正面坚持，敌后尾击与繁殖游击。在第三阶段，“进入敌后之敌后”，“以武工队的组织形式到敌占区去活动”，把军事斗争和群众斗争紧密结合起来，改变了以往正面大打、硬打的局面，真正实现了在敌后开展群众性游击战争的预想结果。

关于军事工作中的教训，除继续检讨了过分编并地方武装的错误外，他主要讲了百团大战中的问题。他认为作战中轻视了日军的技术——铁路技术和技术装备：“我们把正太路摧毁了以后，以为敌人三个月不能修复，可是它 20 天就通车了。”“其次就是轻视了它的装甲火车，轻视了它的新式武器。”因此，表现在战术指导上，较多地采用阵地战甚至是阵地防御战的形式，脱离了八路军当时的条件，招致了不必要的损失。他认为这一个教训是应该记取的。

他还以整风精神严格地解剖了自己在军事工作和军事思想上的偏差。一个是关于“运动游击战”问题。他说：“在我自己认识说来，我是不了解毛主席讲的，基本上应以游击战为主，而不放松有利条件下的运动战这个方针。我的错误就在于不了解游击战为主，运动战为辅。后来军分会那个小册子①，又把运动战放在前头，游击战放在后头，叫作‘运动游击战’。所以说对于毛主席的思想的了解是不清楚的，说把运动战放在前头就放在前头……可以说没有从战略眼光来分析问题，而是单纯的从战术上来看事。”尽管他在这个问题上没有造成什么过失，正如他自己一再总结的，抗战以来一贯坚决贯彻执行毛泽东提出的以游击战为主导地位的战略方针，即使是抗战初期处在敌、友、己三方混杂的复杂情况下，他恰当地

刘伯承（前排左一）在中共“七大”会场上

① 指 1937 年 10 月 8 日中共中央军委华北分会发出的《对目前华北战争形势与我军任务的指示》。

运用运动战配合国民党正面战场作战，并及时分遣部队，深入敌后繁殖游击战争，又正确地利用统战成果合法地发展抗日力量，迅速创建了晋冀豫根据地。而且在他一系列的战术报告和军事论文中，已经充分论述过游击战的战略地位，以及游击战与运动战的辩证关系。尽管如此，他并不放过哪怕只是认识上的一时偏差，主动暴露出来进行自我批评，这充分说明他对党的忠诚和磊落的人品。

再一个是关于 1932 年 10 月宁都会议上错误的表态。他说："从我本身上来说，我自己反省我的历史，我自入党那天起，就叫我'听招呼'。因为我是从旧军队里出来的，我自己晓得，我不是'既不能令，又不能受命'的那样一种人……我在党内将近 20 年了，犯了一次严重的错误，就是宁都会议（四次'围剿'前中央召集的）。由于我政治上落后，单纯从军事观点，从战术上看问题，所以对于当时的中央局的负责同志起了支援作用……这个错误促使我自己反省。"反省的结果，他很快认识到"左"倾教条主义的危害，转而不满和反对李德等的错误指挥，在中央苏区第五次反"围剿"中提出了深入敌人后方打破"围剿"的方针，站到了以毛泽东为代表的正确路线和正确思想的一边。可他并没有因为后来的彻底转变而原谅自己所犯过的错误，这次在庄严的党代表大会上自我揭短，再次作深刻的检讨，真可谓达到了"责己也重以周"的崇高境界。

在中共七大上，刘伯承当选为中共中央委员。

这年 7 月，发生了一件使刘伯承十分痛心的事，他在延安中央保育院里的二女儿华北被坏人暗害致死。面对劝慰他的部属和保育院的工作人员，他坚定地说，同志们，不要太为我难过了。敌人以为暗杀我刘伯承的女儿，我就会五心不定对他们手软，这是痴心妄想！孩子的惨死是有贡献的。它要我们永远不能麻痹，不能忘记阶级斗争，只要敌人不投降，就坚定把他们彻底消灭！他的坚强意志和坚定的革命信念，使在场的人异常感动。

7 月上旬，邓小平来到延安。刘伯承跟邓小平一起，研究和部署夺取晋冀鲁豫区抗战的全面胜利，以及开展抗战胜利后新的斗争。8 月 20 日，中共中央决定，正式成立晋冀鲁豫军区，由刘伯承任司令员，邓小平任政治委员，滕代远、王宏坤任副司令员，薄一波任副政治委员，张际春任副政治委员兼政治部主任，李达任参谋长。下辖太行、太岳、冀南、冀鲁豫 4 个军区。这样，以太行根据地为开端的晋冀鲁豫解放区终于正式形成，地域北起正太路与德石路，南至黄河，西迄同蒲路，东抵津浦路，面积达 18 万多平方公里，拥有人口 2400 余万，军队近 30 万，民兵 40 余万，成为全国 7 大抗日根据地之一。依托着这块强大的根据地，刘伯承与邓小平挥师投入了伟大的人民解放战争。

第十一章　针锋相对

第一节　上党雄风

1945年8月25日，太行山腹地黎城县长宁村外。一架美制运输机带着巨大的轰响降落在这里的临时机场上。从飞机里缓步走出了面带笑容的晋冀鲁豫军区司令员刘伯承和政治委员邓小平。跟他们同机到达的，有副司令员滕代远、副政治委员薄一波、副政治委员兼政治部主任张际春，以及他们的部属陈赓、陈锡联、陈再道、王近山等，还有准备转道奔赴其他战略区的负责人陈毅、林彪、萧劲光等，总共21人。

刘伯承、邓小平采取不寻常的方式从延安急返太行，为的是组织指挥即将进行的上党战役。

晋冀鲁豫军区领导人在黎城长宁村外的临时机场合影，后排右四为刘伯承

抗日战争的烽火刚刚停熄，国民党、蒋介石就迫不及待地向人民抢夺胜利果实。他们以同中共进行和平谈判为掩护，从大后方西南、西北调动大军，向华北、华中、华南各解放区陆续开进。对华北，他们指使第一战区胡宗南、第十一战区孙连仲、第十二战区傅作义和第十战区李品仙等部，分别沿同蒲路及正太路、平汉路、平绥路和津浦路四个方向逼进。企图夺取华北各大城市、铁路干线和战略要点，进而占据东北，并以此迫使中共在即将举行的重庆谈判中做出更大让步。与此相策应，第二战区阎锡山部第十九军军长史泽波率四个师及一个挺进纵队（相当于师）陆续侵入了晋冀鲁豫根据地的腹地长治地区（古称上党郡），占据了长治及其周围的襄垣、屯留、长子、潞城、壶关六城。企图以此为插入晋冀鲁豫根据地的一个楔子，尔后把晋冀鲁豫军区主力逼到山区予以消灭。

中共中央及时识破了国民党、蒋介石的阴谋。在准备与蒋介石进行和平谈判的同时，提出了坚决反对内战和切实做好相应准备的方针。根据这个方针，中共中央军委和晋冀鲁豫军区决定组织上党战役，消灭入侵长治地区的阎锡山部队。战情紧急，一切都在快节奏中进行着。下了飞机，刘伯承、邓小平径直赶回赤岸晋冀鲁豫军区司令部驻地。见到阔别两年的村庄、院落和熟悉的人们，刘伯承心里不免涌起一种亲切和喜悦的感觉。可一想到肩负的重任，他又不由得加快了步伐，急奔作战室。参谋们围拢过来，向他简要汇报了长治地区的敌我态势。阎部史泽波以军部率第六十八、六十九师主力及暂编第三十八师一部守备长治，兵力万余人；以挺进纵队一部结合部分保安部队守备长子、屯留，兵力分别为2000余和1000余，襄垣、潞城、壶关则以保安部队守备，兵力都在千人以下。太行、太岳、冀南各军区一面攻击当面之敌，一面集结主力准备参加上党作战。

听完汇报，刘伯承要通了李达参谋长的电话。李达正在武乡段村指挥攻打日伪据点。刘伯承要他继续指挥部队攻下襄垣，在北面打开一个缺口，并就地集结太行军区部队主力，以便会合太岳、冀南军区部队进行上党作战。

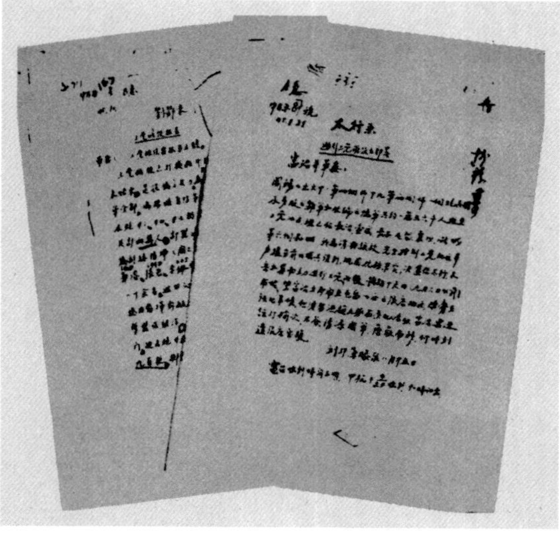

刘伯承等发给中央军委的关于上党战役部署的电文

第三天，刘伯承、邓小平召开会议，部署上党作战。邓小平说，根本问题是抗战胜利果实落到谁手里的问题。蒋介石、阎锡山伸手来抢，决不能让他们抢走。刘伯承说，国民党军队沿铁路四路开进，四个爪子伸开向我们扑来了。人家的足球向我们华北解放区的大门踢过来了，我们要守住大门，保卫华北解放区，掩护东北部队作战略展开。本战略区的主要任务是粉碎国民党军队在平汉、同蒲两个方向上的进攻。但敌人入侵上党，我们如芒在背，背上有一把刀子，背脊就发凉嘛。如不迅速歼灭上党之敌，待国民党军主力南来时，我们将腹背受敌。说着，他手指陈赓、陈锡联、陈再道：你们“三陈”都在这里，这就是本次战役的基本力量。邓小平接着说，你们马上回到部队进行战斗动员。上党战役的决心就此定下。

29日，刘伯承与邓小平、滕代远、张际春致电中共中央军委，报告上党战役的决心与部署：阎军1.6万人，深入上党，非集结重兵予以消灭不可。已令太行主力、陈赓部及冀南的8000人共约2.8万人进行上党战役，坚决消灭该敌。

为了保障战役成功和阻扼国民党军沿平汉路、同蒲路北犯，他们同时令冀鲁豫军区主力由陇海路转向平汉路，肃清新乡以北的伪军，控制一段铁路；太岳军区沿同蒲路的部队加紧破路，为太岳军区下一步转用主力于该方向作准备；太行军区一部配合晋察冀军区部队破击正太路，另一部协同太岳军区部队控制道清路，扫清沿线伪军。

上党战役是晋冀鲁豫军区部队处于战略转变关头的第一个大战役。由于作战对象和作战任务的变化，刘伯承面对的不再是分散守备和集中“扫荡”的日伪军，而是大规模进犯的蒋介石、阎锡山的军队；也不能再采用分散的游击战的作战形式，而必须转换成集中的运动战的作战形式。这种以作战形式的转变为主要内容的军事战略转变，又一次摆在了他的面前。他十分清楚地知道，只有顺利实现这个战略转变，才能有把握地取得上党战役的胜利；反过来说，上党战役的胜利实施，也就是战略转变的顺利完成。因此，他是把上党战役的计划、部署同实现军事战略转变结合起来进行的。

首先是扩充部队，编组野战军。还在延安时，刘伯承就接连电示太行、太岳、冀南、冀鲁豫各军区，要求他们迅速扩充兵力，立即加以集中，组建野战兵团。到达赤岸司令部的当天，他又发出指示：“当前最急迫的任务是快集中分散作战的部队。要看谁集中得快，集中起来了，形成拳头了就是胜利。”根据他的指示，各军区最大限度地集中力量，采取边打、边建、边练的办法，快速编组成太行、太岳、冀南3个野战纵队，保证了上党战役力量上的需要。

部队兵员的扩充，采取了个人直接动员和民兵集体动员等多种方式。短短一个多月的时间，太行区的兵员扩充2.5万，太岳区扩充1万。村、区、县各级武装逐级上升，有的改个番号就成了正规部队。经历了八年抗战的根据地人民是有觉悟的。太行区武乡县一位60多岁的老汉，听了干部的扩兵宣传，当即表示要让他的独生子报名参军，说：“这还有啥说的，老刘、老邓捎来话，要兵，总是遇到大事了。要一百，不能给九十九个半。”那种在抗战初期父送子、妻送郎当八路的热烈情景再一次在晋冀鲁豫根据地重现。刘伯承后来回忆起这些动人的场景，充满感情地说：“几万游击武装还穿着五颜六色的便服就集合起来开上前线去了，成千上万的民兵排成整齐的行列参加了战勤工作。连十一二岁的小姑娘、小学生也和大人一起修路送粮，救护伤员。”

得到人民群众真心实意拥护和支持的战争是必然要胜利的。

再就是政治动员和应急训练。苦战苦熬了 8 个年头的根据地军民，十分珍惜用鲜血和生命换来的胜利成果，不少人盼着过和平生活。在一些干部中，因为有打败日军的经验，存在着蒋阎军总比日本军好打的轻敌情绪。刘伯承有针对性地作政治动员和部署训练。在司令部，他亲自召集直属机关干部大会，讲述上党战役的战略意义。他指出，当前我们所面临的形势，是两个命运、两种前途的新的生死搏斗。中国共产党和中国人民要建立一个民主、富强的新中国，国民党、蒋介石在美帝国主义的支持下，却要恢复独裁、专制的旧中国的统治。由于他们的力量还没有调整好，所以蒋介石玩弄反革命的两手：一手是向我们发动军事进攻。在晋冀鲁豫，一面让阎锡山抢占我们的上党六城，一面又叫孙连仲、胡宗南打通平汉路和同蒲路，妄想席卷华北抗战的胜利果实，南北夹击，驱逐晋冀鲁豫部队。另一手是假意邀请毛泽东主席到重庆进行和平谈判。我们党和毛主席已经识破了蒋介石的阴谋，决心以革命的两手反对反革命的两手。针锋相对，寸土必争。立足于打，不放弃有利条件的谈判。现在毛主席、周恩来副主席等已赴重庆去跟国民党、蒋介石谈判，为的是表明我们的和平诚意，我们还准备作一些必要的让步和妥协。但我们决不能对谈判存在不切实际的幻想。上党这一仗非打不可，而且必须打好。我们在这里打得越好，对毛主席在重庆的谈判就越有利。

训练特别是战术训练，刘伯承花费了更多的精力。晋冀鲁豫军区主力部队，多年来全部分遣，进行游击战争，马上集结起来，进行大规模运动战，是有困难的。人员不充实，装备不足，每团不过千人，全军区仅有山炮 6 门，仅半数的团有迫击炮 2 至 4 门，重机枪 3 至 4 挺。新战士多数使用大刀长矛。弹药奇缺，每人只有几发子弹。统一指挥、战斗作风也有不少问题。9 月 1 日，李达指挥太行军区部队解放了襄垣城。刘伯承立即抓住这一战例，认真总结经验教训，随即主持起草了《晋冀鲁豫军区关于上党战役中某些战术问题的指示》。这个指示，准确地分析了阎锡山军的作战特点，“长于防御，构筑品字形的据点碉堡，控制强大的预备队，实行反突击”，“配置有外围据点，形成犄角之势”；野战（运动战）中，“采取三只老虎爪子的战术（正面钳制左包右抄）”。为此，刘伯承指出：必须采用连续的城市战斗（村落战）和若干野外的运动战才能达成战役的胜利。前者“是一种精细而不痛快的技巧战斗，决不能粗枝大叶用密集队伍一冲了事”，后者又“是有组织而机动的战斗，应以全部精力组织战斗，勇敢地实施之”。

为了使各级指挥员切实掌握战术要领，刘伯承不厌其烦地规定了“城市战斗的战术指导”和“野战（运动战）的战术指导”，对攻城战斗的准备、接城运动、登城战斗、破城后的街市战斗等，对野战（运动战）中的诱敌、设伏、围攻方法以及追击、截击、阻击等，一一做了详尽而具体的说明。

这个战术指示于 9 月 5 日发到部队，引起了各级指挥员的强烈反响。有的指挥员高兴地说：“不要嫌对高级指挥员在战术上规定得这么细，我们有了这些，战斗前心里就踏实。”

刘伯承还深入各部队进行具体的检查指导。9月4日，他来到太行军区第十四团。这是原第三八五旅的一个主力团，在抗战中立下了诸多战功。这个团的武器装备算是较好的，战士们手里好歹都有支枪，但子弹严重不足。刘伯承看到有的战士只有两三发子弹，便问他们有没有信心打好这一仗。战士们齐声回答："有！刺刀和手榴弹都是极有效的武器。"刘伯承满意地笑了。他从来认为作战制胜的主观因素，一靠士气二靠打法。如今二者兼备，怎么不使他感到由衷的高兴呢！

9月7日，刘伯承与邓小平下达了《晋冀鲁豫军区作战字第一号命令》。9月10日，上党战役正式发起。刘伯承与邓小平把指挥所设到屯留与潞城之间的故县镇，以便靠前指挥。在充分估量敌我态势、兵力对比、战术优劣和战场条件等基础上，刘伯承与邓小平决定采取首先逐个夺取长治外围各城，吸引长治敌人主力出援，力求在运动中歼灭援敌，而后攻取长治的方针。并确定在逐个夺取外围各县城时，以主力兵团一部担任攻城，以地方兵团、游击队和民兵围困其余各城，不让敌向长治集中；主力兵团大部集结于机动位置，准备歼灭长治出援之敌。在攻城顺序上，为防止敌人利用白晋路与沁县以北的日军相策应，决定按先北后南、由西到东的方向来打。从9月7日到17日，刘伯承与邓小平连续下达了四个命令，依次让部队攻击屯留、长子、潞城、壶关。

长治外围四城的攻坚战紧张而有序地进行着。陈锡联、陈赓、谢富治、陈再道分别指挥太行、太岳、冀南纵队英勇作战。为了克服攻坚战武器装备上的困难，各纵队遵照刘伯承的指示，普遍采用夜战、近战，以避开敌人火力优势。炮兵运用抵近射击，步兵利用长梯爬城，时间许可时还采用坑道作业，运送炸药轰城。这些大大提高了攻城的效果。12日攻克屯留，17日攻克潞城，19日攻克长子、壶关。在攻击屯留时，长治守敌曾出动6000余人救援，因害怕被歼，与打援部队刚一接触即仓皇回缩。以后三城被攻，长治守敌始终不敢迈出一步。

刘伯承见战役第一阶段的目标已经实现，就立即部署第二阶段作战。20日，他与邓小平发布第五号作战命令，指示部队"以勇猛、速决之作战夺取长治城，最后歼灭侵入上党区之敌"。部署上由城东、南、西三面同时攻击，同时放开北关至城东北角，引诱敌军外窜，而于野战中坚决以歼灭。随后，他们将指挥所移至长治南郊北天河，直接指挥攻城战斗。

三个纵队主力齐集长治城下，按照分工分别向东、南、西三个方向攻击。长治是上党地区的首府，是过去日军设防的重点，城高壕深，工事坚固。守敌万余人是阎军主力，因一直龟缩不出未有损耗，装备也较齐全。这时天气也变得很不利，阴雨连绵，道路泥泞，城墙湿滑。这些都给攻城带来了困难。刘伯承十分了解和体谅部队的处境。当天，他特地致电各纵队，指示他们备足梯子、跳板等登城器材，必要时用煤油、汽油火攻，要求战士、民兵多带镐头以便挖掘城墙和交通沟，并强调要"多方研究敌方守城战法准备对策，尤应准备打击其逆袭"。21日，他来到冀南纵队，检查指导攻城部署。因为他知道，冀南部队长期从事分散性的平原游击战争，对城市攻坚战更为生疏一些。经过刘伯承的帮助指导，各部队普遍重视了攻城的技术和战术，有组织地向城垣展开了连续的攻击。至 24 日，攻克北关等城关据点多处。

27 日，刘伯承与邓小平下达第六号作战命令，专门对各部队协同动作、炮火准备、城墙爆破、登城后的纵深战斗及后梯队使用等有关战术问题做了具体规定，以进一步加强攻城的指导。

这时，刘伯承通过内线获悉，阎锡山拟派重兵增援长治，3 个师约 7000 人已到沁县，其先头部队分两股伸向夏店和南里村。刘伯承当机立断，决心以攻城打援的战法，在野战中歼灭援敌。28 日，他与邓小平发出第七号命令，做了攻城打援的具体部署。令陈再道指挥冀南纵队和太行、太岳围城部队伪装主力，继续佯攻长治，以吸敌来援，并准备打击长治突围之敌；令陈锡联、陈赓率太行、太岳纵队主力北上打援，结合监视白晋路的第十七师等部队，设伏于白晋路虒亭以南的常隆、上村镇一带。

从 29 日起，刘伯承与邓小平的指挥所一再前移，以掌握部队的行动。

援敌指挥官第七集团军副总司令彭毓斌预定沿白晋路前进。阎锡山唯恐长治失守，连电催促彭毓斌急进。彭毓斌只得临时决定走捷径，在虒亭率部渡过漳河，改沿虒亭、屯留间大道开进。

30 日，刘伯承得报援敌已脱离白晋路改道，立即变更部署，令打援主力依次向虒屯大道两侧转移，并增派第十七师尾敌前进。10 月 2 日，打援主力与敌预期遭遇在屯留西北王家渠、白龙坡至井道上一线。按计划一部正面诱敌继续前进，主力向敌两侧展开迂回，第十七师由敌后向南展开攻击，将援敌合围于老爷岭、西窳、磨盘垴至榆林镇地区。

一连几天，彭毓斌并未察觉刘伯承已改重点为打援，还是一味严令部队火速南进。等到发现被围，为时已晚，只得下令部队就地构筑工事转入防御。刘伯承下令力求割裂敌人，各个歼灭。激战数昼夜，歼灭部分敌人，敌被迫收缩阵地，最后猬集磨盘垴、老爷岭地区，缺水，缺粮，疲惫不堪。

此时，刘伯承发现原先情报不确，援敌不只 3 个师 7000 余人，而是第七集团军副总司令彭毓斌率第二十三、八十三军及省防军等 8 个师、两个重炮团，共 2 万余人。为了加强兵力优势，刘伯承决定冀南纵队也北上投入打援。刘伯承在电话里跟陈再道说："长治这块骨头先不啃它，咱们先吃掉眼前这块肥肉。陈赓在老爷岭，陈锡联在磨盘垴已经按住了敌人的两条大腿，你赶快从中间大道往北插，掏敌人的卵子。援敌已陷入我四面包围，很快要发动总攻，你尽快准备出击。"

为避免敌人作困兽斗，故意在北面给敌人留了一个缺口。10 月 5 日，左翼部队攻克老爷岭主峰。援敌在火力打击和政治攻势下，不少士兵纷纷放下武器。

当夜阎军向北突围，迂回部队已先敌占领了虒亭以北之土落村一带高地，截断了敌军退敌。刘伯承指挥主力部队从两侧展开平行追击，敌溃不成军。至 6 日，除 2000 余人逃脱外，悉被歼灭。彭毓斌被击毙，数十名高级军官就擒。至此，战役攻城打援的第二阶段胜利结束。

长治守敌待援无望，向西突围，企图横穿太岳解放区，逃回浮山、翼城。战役转入追歼逃敌的第三阶段。刘伯承除以围城部队跟踪追击外，又令太岳纵队从虒亭日夜兼程，直出沁河两岸的马壁、桃川地区，控制沁河，进行兜击。经太岳军区人民武装沿途截击，各追击部队密切协同作战，10 月 12 日，在沁河以东的将军岭、桃川地区，把逃窜的阎军第十九军全歼。军长史泽波被俘。

此役，阎锡山的 13 个师 3.8 万人，除逃散 3000 人外，全部被歼。生俘了 3.1 万人，缴获山炮 24 门，轻重机枪 2000 余挺，长短枪 1.6 万余支。这一巨大胜利，给进犯的国民党军以迎头痛击，鼓舞了解放区军民打败蒋军的信心，加强了中共在重庆谈判中的地位。晋冀鲁豫军区部队的兵员装备也得到补充，战斗力有了明显提高，从而加速了向正规兵团前进的步伐。

第二节　邯郸胜算

1945 年 10 月 10 日，上党战役尚未结束，刘伯承与邓小平率晋冀鲁豫军区指挥所回到赤岸，着手组织即将发动的平汉战役。几天后，他们又移到离邯郸不远的峰峰矿区。

制止和迟滞华北国民党军北上集结，不让他们及早投入东北战场，是当时中共中央“向北发展，向南防御”战略方针中极其重要的一环。中共中央要求晋冀鲁豫军区歼击沿平汉路北进的国民党军主力，以挫败蒋介石的战略计划。

刘伯承十分清楚平汉路这一仗的重要意义。上党战役发动前，8 月 29 日他给中央军委的电报中，就提出在上党战役结束后，“拟将太行、冀南主力转向平汉线，结合冀鲁豫主力及太行七、八分区部队控制平汉线更长一段，扫清伪军，相机夺取新乡或迎击蒋军北上部队”。10 月 10 日回到赤岸的当天，他与邓小平向晋冀鲁豫军区第一、二纵队下达了关于平汉路作战的部署，开始了战役的具体行动。早在这三天前，他们已将冀鲁豫军区主力部队和晋南、太行、太岳各纵队依次编为第一、二、三、四纵队，每纵队 1.2 万至 1.5 万人，进一步加强了野战兵团的力量。在 10 日的部署中，刘伯承与邓小平指示“为适时组织平汉战役”，所有平汉路沿线部队应打破区域界限，实行统一指挥。同时命令部队控制邯郸南北的汤阴和临洺关一带，以“准备在漳河北消灭敌人”。他们还告诫冀鲁豫、冀南军区“应放松次要方向，抽出大军使用于平汉线有决定意义的方向，不可处处顾虑，兵力分散，到处无力”。由此可见，他们已决心集中主要兵力于主要方向，在预设战场歼灭沿平汉路北进的国民党军。

把战场预设在漳河以北、邯郸以南地区，刘伯承是经过了周密考虑的。这里西有太行山作屏障，东面是漳河和滏阳河两水之间的河套地带，地势平坦，土质多沙，除村落外，敌人难以构筑有效的防御工事。这里又是太行、冀南、冀鲁豫三块根据地的交汇之处，战前便于三区主力向心开进，战中利于地方武装和民兵支援配合，后勤供应和战场准备工作也易于在根据地内就近筹划。从敌我斗争态势看，这里还是阻扼国民党军的最后防线，如果让他们顺利越过邯郸，与石家庄方面的敌人会合，晋冀鲁豫军区部队将难以完成堵击任务。

为了创造更好的战场条件，刘伯承先期已派第二纵队等部队攻占了邯郸、临漳、临洺关等城镇，控制了若干要点。同时指示他们结合地方武装和人民群众夺占铁路两侧的敌军据点，肃清铁路沿线的敌人，平毁岗楼、碉堡，拆除敌军可能利用的村围寨墙，破坏其通行的道路，在敌军可能进入的地区坚壁清野，堵塞水井，尽可能增加敌军的困难，为己方军队行动创造便利条件。

10月16日，刘伯承与邓小平下达了平汉战役的基本命令，并扼要报告了中共中央军委。这时候，北犯华北的国民党军正沿同蒲、平汉、津浦铁路三路并进，深入了华北的腹地。中路平汉路的敌军分为两个梯队行动。第一梯队第四十、三十军和新编第八军及河北民军一部已进到新乡以北，先头到达汤阴。第二梯队第三十二、八十五军等已到新乡一线。刘伯承、邓小平在基本命令中提出，集中冀鲁豫、冀南、太行主力，歼击上述敌军第一梯队。规定参战部队区分为路东军和路西军，以第一纵队及冀鲁豫军区部队为路东军，以第二、第三纵队及冀南、太行军区部队为路西军，对敌实施东西钳击。另以太行军区第七分区3个团组成独立支队，负责骚扰敌人，待战役开始后控制漳河渡口，切断后续敌军的通路。命令还规定了各个部队的具体任务、开进要求及后勤、通信联络等。

中共中央军委、毛泽东十分赞赏刘伯承、邓小平的计划，第二天即来电指示“由刘伯承、邓小平亲临指挥，精密组织各个战斗，取得第二个上党战役的胜利”。

平汉战役将在野战条件下与国民党正规军作战，平原村落战斗是可以预计到的主要作战方式。刘伯承了解部队在上党战捷后士气高昂，武器装备通过缴获补充也已大大改善，最为欠缺的仍是战术问题。10月17日，即平汉战役基本命令下达的次日，他发出了《关于平汉战役战术上某些问题的指示》。这个指示针对交战敌军装备优越，善于阵地战；斗志不坚，不善于运动战，害怕夜战、白刃战等特点，提出了关于野战特别是村落战的作战原则及方法。其中最突出的是提出了兵力运用的原则：“攻弱则强者也弱，攻强则弱者也强。”即以少数兵力钳制其他方面，借此腾出数量多、质量高的部队，攻击敌人最弱的地方，得手后以破竹之势扩展战果。对平原村落实施进攻，要求在指挥中应隐蔽接敌，突然攻击，求得一举突破。如不可能，即应注意纵深部署，设法破坏障碍物与工事，进行有组织的攻击。在突破的队形上，要求采用有重点的多路攻击，以分散敌人的兵力、火力，求得至少有两处突破，然后对敌纵深钳击，并要做反复突击和持续突击的准备。在突击点的选择上，强调善于选择突击部队易于接近并易于向纵深发展的村角或突出部，要使火力、爆破与突击紧密结合。在纵深战斗中要注意夺取和控制制高点与坚固建筑，要逐屋挖通墙壁前进，割裂包围敌人。要注意保持战斗中的通信联络。

这些战术原则和方法，有力地指导了平汉战役中一系列战斗，成为战役胜利的重要因素。

10月20日以后，刘伯承与邓小平又连续向各军区、各纵队发出指示，要求进一步加强动员和战场准备工作，加速主力兵团的扩充，强调“集中意志，集中大军是争取胜利的关键”。

沿平汉路北犯敌军三个军都是原西北军的部队，但几经内战、抗战的周折、变迁，各军状况又有所不同。第三十军是第十一战区司令长官孙连仲的基干部队，因孙连仲积极投靠蒋介石已成为半嫡系，这次是由湖北宜昌远道赶来的，重炮等辎重留置后方，战斗力有所削弱。第四十军由战区副司令长官马法五兼任军长，抗战中与日军多次交手，战绩颇佳。该军是北犯军的主力。新八军由战区另一副司令长官高树勋兼任军长，战斗力较弱。孙连仲因忙于在北平接受日军投降，没有随军行动，派他的亲信、战区司令部参谋长宋肯堂代行指挥，可表面上又不得不让两位副司令长官主事。高树勋、马法五长期以来受到国民党中央系和孙连仲等的排挤，心怀不满。高树勋更是存有离心倾向，不愿充当新的内战的急先锋，暗中已与共产党方面有了联系。马法五原任的河北省省长不久前被孙连仲取代，敢怒而不敢言。孙连仲当然明白高、马的这些心思，因此竭力采取一些拉拢、诱骗的办法，他许诺让马法五到石家庄对日军受降，高树勋到保定受降，使他们觉得北上有扩充部队和发财的机会。

孙连仲以为自己的安排很妥帖，加上又有盲目的轻敌心理，于是于10月18日命令部队迅速向北开进。部队出发前，他狂妄地对部属说：“平汉路几个土八路有什么了不起，想当年日本人在台儿庄、襄河还不是被我打得落花流水？”长官司令部提出的目标是：两天到安阳，五天下邯郸，十天打到石家庄。

敌军开进中采取梯次行军的方式，以左右两个纵队并列，两纵队又区分为前后两个梯团，交替掩护前进。左纵队第一梯团，是新八军的两个师附河北民军，第二梯团是第三十军的两个师。右纵队第三梯团是第四十军两个师，第四梯团是长官部及第三十军一个师。

北犯之敌，虽然沿途遭受袭击，但未接触晋冀鲁豫军区部队主力，因而进展较快。10月20日，先头部队已占漳河南岸岳镇、丰乐镇，掩护架桥。这时路西军主力和冀鲁豫军区部队尚未赶到，第二纵队正在肃清战场附近的伪军据点，只有路东军第一纵队赶到了临漳及南东方村。为了争取时间，集中主力，刘伯承当即命令第一纵队先行扭击敌人，迟滞其前进。21日夜，第一纵队一部奔袭岳镇敌人，给敌以杀伤后，主动撤出战斗。22日，国民党军主力北渡漳河，沿铁路东侧前进，进占磁县，并向南东方村进攻。第一纵队留1个团在临漳以北阻击敌人，主力赶到邯郸以南的屯庄、崔曲、夹堤到东西向阳地区组织防御，坚决不让敌人进入邯郸。23日，国民党军第三十军超越新编第八军、第四十军，进占滏阳河东侧的中马头、高木营以南地区，向第一纵队第一旅阵地进攻。24日，国民党军3个军全部渡过漳河，第三十军原地掩护，第四十军和新编第八军超越第三十军前进，第四十军进至南北文庄、秦家营地区；新编第八军进至马头镇、南北左良、阎家浅一带。第四十军第一〇六师担任主攻，在猛烈炮火掩护下，向第一纵队第一旅阵地攻击。黄昏，敌集中兵力从崔曲、夹堤之间突入第一纵队阵地，进到高庄、南泊子之线。

第一纵队的顽强阻击为战役赢得了宝贵的机动时间。这时候，各主力兵团已大部赶到，第二纵队两个旅及太行第一支队控制了邯郸及其以南的罗城头、张庄桥、陈家岗地区，第三纵队全部集结于车骑关、光禄镇以西地区，独立支队和太行第五支队集结于磁县以西地区，对敌人形成了三面包围的态势。

峰峰矿区晋冀鲁豫野战军指挥所作战室里，刘伯承与邓小平、薄一波、张际春、李达正密切注视着前线的战况，当得知参战各部已将敌人合围在预定地域时，刘伯承十分兴奋，随手摘下眼镜，说："现在态势非常之好，敌人钻进牛角尖了，进也进不得，退也退不得。"

前线前队合围后的出击收效不大，问题在于敌人毕竟是训练有素的正规部队，兵力、兵器尚未受到大的损耗，且善于依托村落组织防御。这正是刘伯承事先料到和担心的。他决定暂缓攻击，采用猫捕老鼠、盘软了再吃的战法。26 日，他给第一、二、三纵队发出了待机总攻的指示："在敌精力尚未大大耗散、疲惫与挫折，我后续力量尚未到达前，我决暂不与敌决战，拟围困之于现地滏阳河河套沙漠地带，以局部消灭手段来实现大部消耗，借此争取时间最后消灭敌之主力。"指示并规定了相应的围困办法和战术，要求部队以少数兵力不断与敌接触，选敌弱点，以几路向心合击一点；分派精干小队于夜间揳入敌人纵深，突击其心脏部队和首脑机关；控制或破坏敌人可能利用的桥梁、船只，断绝其逃路，使敌完全困于河套之内。

刘伯承把这个部署同时报告给了中共中央军委。隔了一天，毛泽东主席的复电来了，表示"部署甚当"。

至 28 日，各部队采用小规模的攻击手段，消灭国民党军一部，并耗散了国民党军的注意力，总攻的力量和部署也得到了调整。后续冀鲁豫、太行军区部队和太岳军区第十七师一部先后赶到战场。

当晚，刘伯承见总攻的时机已经成熟，下令部队发起总攻。主要攻击目标选定为第四十军第一〇六师。该师本是敌人的强点，但遭第一纵队第一旅的阻止消耗，战斗力大大减弱，而它又处在包围圈中西北角的突出位置上，这不仅利于攻击部队就地转用兵力，而且容易分割和围歼。

攻歼第一〇六师的任务仍然落到第一纵队身上。第一纵队司令员杨得志对攻击做了周密的部署和确当的指挥。在友邻部队的配合下，先是把第一〇六师从敌防御阵势中割裂出来，然后以三个旅从三个方向作向心攻击。攻击时又把敌人割裂成块，对每一块敌人实施围歼。尽管敌人的抵抗十分顽强，但经两日激战，到 30 日基本歼灭了第一〇六师。

一点成功，全线震动。对第一〇六师的攻击收到了"攻弱则强者也弱"的效果。

与此同时，第三十军和第四十军第三十九师也受到第二、三纵队和其他部队的严重打击。

这时候，新八军及河北民军一万余人在高树勋率领下宣布战场起义，使敌人更加动摇和混乱。

高树勋起义是刘伯承和邓小平在军事打击的同时执行政治争取政策的结果。早在 9 月间高树勋部开赴平汉路前，刘伯承和邓小平就布置派在高树勋部队的中共地下党员王定南，抓紧做好争取高树勋的工作。刘伯承亲笔写了给高树勋的信，希望他不断进步，为革命、为人民作出贡献。高树勋部随北犯国民党军沿平汉路开进后，派人与刘伯承、邓小平取得联系，表示了不愿打内战的意向。刘伯承、邓小平抓住时机，又设法召见了王定南。邓小平告诉王定南："情况变化很快，高树勋的新八军和河北民军，已经离开新乡，到达了磁县马头镇。党中央和毛主席指示我们，不惜一切代价拦阻国民党这三个军北进。这是我们当前严重的战略任务。"

刘伯承说："蒋介石的意图，是要第十一战区这三个军进到北平，使北平的国民党军侵占东北，因此我们必须守住南大门，掩护我们东北的部队。"

"现在你就回去对高树勋将军讲，根据形势的需要，他要就地起义，配合我们完成阻止国民党军北上的战略任务。"邓小平明确地交代了任务。

"这正是高树勋将军走向革命的大好时机，要他当机立断！"刘伯承进一步要王定南促使高树勋痛下决心。

王定南又到了马头镇。他把刘伯承和邓小平的话对高树勋转告后，高树勋显得思想准备不足，忙问："现在？"

王定南回答："对。当前正是关键时刻，机不可失，时不再来呀！"

高树勋长吁一口气说："多年以来和我同甘共苦的妻子，以及本军的其他家属，目前还在徐州，我们在这儿马上起义，国民党岂不要迫害他们？"

"这正是一个实际问题，我可以马上去请示刘司令员、邓政委设法解决。"

10 月 28 日凌晨，王定南再次赶到峰峰，向刘伯承、邓小平汇报了同高树勋谈话的结果。

邓小平说："他现在起义，作用重大，时机很重要啊！"

刘伯承说："当断不断，反受其乱。至于高夫人和其他军官家属的安全问题，我们可以请示中央设法解决。"说着，随即签发了给中共中央的电报。

高树勋得知刘伯承、邓小平电请中共中央设法接应他们的家属，非常感激。于是，他下定了决心，对王定南说："好了，我立即起义，走革命的道路！"

当晚，刘伯承、邓小平委派李达赴马头镇，代表他俩与高树勋接洽起义事宜。李达是 1931 年宁都起义时由西北军部队参加工农红军的，与高树勋是老相识，由他担任联络是最适当的。李达向高树勋转达了刘伯承、邓小平对他起义的欢迎之意，激励他发扬西北军冯玉祥、赵博生等的光荣传统，坚决投入人民的阵营。

30 日，高树勋正式宣布起义。

31 日，刘伯承偕同薄一波等人，乘坐一辆卡车来到马头镇，会晤了高树勋。

一见面，刘伯承就对高树勋说："毛泽东主席和朱德总司令刚才来电，对高先生高举义旗，反对内战，主张和平，非常欢迎。我们今天特地到此代表他们向你和全体官兵表示欢迎和慰问。”

高树勋说：“毛先生、朱总司令如此关注我们，真是不胜感激。”

“中国人民经过八年抗战，渴望和平民主生活。现在蒋介石背弃‘双十协定’，内战危机十分严重。高先生能在此时高举和平民主的义旗，与人民合作，共同为和平民主斗争，乃是国民党所有爱国军人的楷模，不知高先生还有什么困难需要我们帮助的？”刘伯承予以鼓励，并关切地询问。

高树勋说：“我考虑需要给全国发一个通电。”

刘伯承说：“发个通电非常必要，意义很大。”

高树勋的通电稿拟好后，当天就由新华社播发了。

高树勋的起义，加上石家庄和新乡方面的国民党军分别被远阻在高邑、漳河以南，使马法五等失去了固守的信心。

刘伯承预料敌人必然向南突围，于是故意网开一面，将主力先敌转到漳河以北敌退路的两侧。30 日夜，第三十军 1 个师退至西玉曹，组织掩护阵地，其主力于 31 日黎明，以逐村掩护的办法向南突围。当国民党军脱离阵地后，各纵队立即多路出击，另以人民武装密布各要道捕捉溃散之敌。

当天下午，马法五率残部约 2 万人，窜至南北旗杆樟、辛庄、马营一带。刘伯承当即集中第一、二纵队主力猛攻旗杆樟，第三纵队等部主力向东西玉曹、冢王进攻。11 月 1 日，敌失去指挥，溃不成军。各部奋起追堵散逃之敌。11 月 2 日，向南突围之敌除少数漏网外，全部被歼灭。此役，俘马法五以下 1.7 万余人，缴获大量美式装备和弹药。

邯郸战役中我军缴获大量蒋军武器

几天以后，当高树勋得到晋冀鲁豫野战军司令部的通知，新四军第四师张爱萍师长已经派人把他的夫人刘秀珍等新八军的起义军官的家属，从徐州接到解放区时，感激地说："共产党办事，真是言必信，行必果，实在了不起啊！"

孙连仲得到高树勋起义和邯郸失败的消息，懊恼地说："前边有个董振堂，今天又出了个高树勋，真是该我倒霉。"

上党战役和邯郸战役的大捷，打乱了蒋介石的内战部署，进一步鼓舞了全国人民反内战、反独裁斗争的勇气，迫使国民党反动派不得不乞求美国出面干预，玩弄新的阴谋。

第三节　新乡的唇枪舌剑

上党、平汉的接连失败，加上傅作义在平绥路西段的挫折，蒋介石深感战争的步伐不宜过快，必须有一个调整、部署力量的过程。经过美蒋合谋之后，一个新的缓兵之计出现了。

国民党、蒋介石被迫口头上接受共产党和各民主党派的要求，答应召开政治协商会议，装出一副爱好和平、民主的姿态。然后，美帝国主义派出了他们的全权代表马歇尔，到中国来进行调处。与此同时，美国的飞机、舰船，继续昼夜不停地替蒋介石调兵遣将，运送武器弹药，重新部署全面的内战。

1946 年 1 月 7 日，蒋介石命令国民党军在停战令下达以前，应秘密迅速抢占要点。1 月 13 日停战令生效。可是，自 1 月 14 日到 4 月底，国民党正规军、地方团队和特务武装向晋冀鲁豫地区的进攻，竟达 927 次，其中万人以上的 4 次，千人以上的 40 次，百人以上的 112 次。捕杀解放区边沿村干部多人，逐步扩大其控制区。为此，刘伯承和邓小平把大部主力兵团集结于机动位置，利用时机进行练兵；以一部主力及广大地方武装、民兵，在边沿地区坚持反袭击、反蚕食，掩护群众建立区村联防。对国民党正规军的进攻，则本着有理有利有节的原则，予以歼灭性打击。

在军事斗争的同时，积极配合谈判，发动群众控诉国民党勾结日伪，违反停战令，进攻解放区，残害革命人民的罪行，教育解放区人民丢掉幻想，准备斗争。

1946 年 2 月，由中共和国民党、美国三方代表周恩来、张治中、马歇尔组成的三人小组，到新乡军事调处执行小组开会，谈判晋鲁冀豫地区执行停战令的问题，同时谈判中共释放马法五等及国民党释放新四军军长叶挺问题。马歇尔提出，此次谈判意义重大，除执行小组内国共双方代表外，应扩大双方驻军最高将领到会，希望刘伯承将军亦能参加会谈。

2 月 28 日，刘伯承带着若干随员到了安阳，打算逗留一天，次日去新乡。不料到达不久，有人来住所通报："平汉执行小组美国代表卡尔来访。"

问："来访何意？"

答："纯礼节性拜访。"

刘伯承司令员（左四）、邓小平政委（左一）等欢送马法五（穿长衫者）回新乡时的合影

刘伯承略作考虑，告诉来人："一小时后接见卡尔先生。"同时，向随员指出："此人肯定是来试探我们对恢复交通的看法。我们的方针是'针锋相对'，但交谈态度，应和对国民党有所不同。"

卡尔按时来了，高个儿，黄头发，四十上下年岁，态度和蔼。他一开口就说："我是中国人的朋友，也是八路军的朋友。久闻刘将军大名，特以朋友身份拜会将军。"

刘伯承略事寒暄后，卡尔故意说："将军何时动身？途中走了多少时间？"

随员答："骑马走了大半天！"

卡尔马上借题发挥："百多华里，走了这么多时间，如坐火车就快多了。现代文明与古代之不同，就在交通。在美国，铁路已不算先进，汽车和飞机尤其方便。当然，中国受战争破坏，情况有所不同。"他停下来，看了看刘伯承，见刘伯承默不作声，便直截了当地说：

"作为朋友，我很希望中国交通发达，便于物资交流，便于游览。可是遗憾得很，这么长的平汉铁路中断了。看来目前只有恢复交通，才能实现和平，才能提高人民生活。我们的目的就是劝说国共双方，恢复交通，实现和平。相信刘将军会有同感。"

刘伯承开口回答，但语气坚定："我深信人民迫切需要和平，也深信交通正常，人民生活才能提高。我们来跟国民党谈判，就是为了和平。抗战八年之后，华北的人民是多么希望和平啊！"

卡尔马上接着说："刘将军，对极了，对极了！"

刘伯承微笑着说："卡尔先生，可惜你只说了一半。目前恢复交通，只能给华北人民带来痛苦和灾难。铁路固然运人快，可运兵也快。破坏铁路，是人民要求和平的举动。人民担心恢复交通，会加快运兵。"

卡尔急忙说："不会的，不会的。"

刘伯承反问："你能够保证国民党不运兵进攻解放区吗？"

卡尔神色变得很不自然，连连说："不，不，不，本人只管交通问题，停战的事由新乡执行小组负责。"

刘伯承脸色转为严肃："我们对于三人小组委员会一切命令是忠实执行的，停战命令是一个基本的命令，双方尤应信守勿渝，但国民党内少数主战阴谋分子，想制造冲突，继续挑动内战，致使障碍丛生。"

卡尔脸上一阵红一阵白，支吾着无话可说。

刘伯承笑笑："那我们新乡再谈吧！"

至此，卡尔一无所得，只得起身告辞。

刘伯承边送客边反复说："我很高兴见到卡尔先生，只要你保证国民党不利用铁路运兵，我敢说华北人民是会欢迎的。"

卡尔又连声说："不，不。"狼狈而去。

刘伯承乘汽车从安阳出发，到辉县以南一个小火车站上，改乘火车。3小时后，到达新乡。为了商谈移交马法五等的问题，刘伯承拜访了国民党豫北驻军最高指挥官王仲廉。

此人傲气十足。刘伯承一进屋坐下，他便趾高气扬地夸夸其谈。一场针锋相对的舌战开始了。

王仲廉说："此次刘将军亲自前来共商和平大计，鄙人十分欢迎。有美国朋友帮助，对执行协议、实现和平很有好处。"接着他问："刘将军到过美国吗？"

刘伯承说："没有。"

王仲廉说："我刚从美国考察回来，多次参观过美军的演习。据我看美国的战术也没有什么大学问。人家就是富，有东西，大炮和炮弹多的是。作战方法，就是先用各种火炮轰几十分钟，什么时候侦察机报告敌方工事已被摧毁，什么时候停止炮击，否则再轰一阵。这一手真厉害！什么东西都能炸平。他们对国军也是教这一套，供给足够的大炮和弹药。上阵先轰大炮，轰完再进攻。美国人秉性爽直，说到做到。刘将军参加会谈，就会知道了。"

刘伯承一直沉默不语，至此才慢悠悠地开了腔。他说："美国究竟怎么样，我没有去过，也没有跟它交过手。不过我记得美军曾在珍珠港遭到惨败。要说是偶然吧，后来在太平洋各岛的争夺战中，美军还是吃了不少亏。在日本人眼里，美国人简直不值一打。美国历来好吹牛，我们不吃它这一套。八年抗战，尽管华北根据地又穷又破，还不是把日本人赶跑了？可是美国被日本追得往南直逃。这有什么可吹的呢？如果今天美国为了中国人民的和平，就应该支持'双十协定'。不管他嘴里说得多好听，行动才说明问题。他要搞假和平、真战争，就是想跟中国人民较量，那我有什么办法呢？只好奉陪，打多久就奉陪多久。八路军没有像样的兵工厂，不过老百姓都说，八路军虽然没有兵工厂，武器却越来越多，新武器也越来越多。这跟过去十年内战一样，是谁给我们的装备？我想阁下一定是知道的。八年抗战，日本给我们装备。如果美国也想来装备，我们只好敬领。当然，我不希望历史重演。王将军又谈和平，又谈美国，现在要用事实来回答和平是真是假。如王将军真有诚意，我们当然是欢迎的，美国究竟怎样我们也不去管它。”

王仲廉越听越气，脸色惨白。他想反驳，又自知理亏，只好起身送客。

在同马歇尔会谈时，唇枪舌剑又开始了。马歇尔对刘伯承说：“你仗打得很好啊！特别是邯郸战役打得好！可是为着中国的繁荣，我们要帮助你们修复石家庄到新乡的平汉铁路……”

刘伯承说：“谢谢马歇尔先生的好意。说什么‘繁荣’，还不是战争工具，你们要帮助蒋介石进行现代化的战争，消灭共产党，没有铁路不行！我是四川人，懂得‘金牛道’①不能进行现代化战争。”

马歇尔说：“我从来没有见过铁路遭到这样的破坏！”

刘伯承说：“这是真的。因为华北人民看到了，你们要帮蒋介石的军队沿平汉铁路北进，抢夺华北人民抗战的胜利果实。要想三个月解决中国问题。那样，对人民生命财产的破坏，要比现在破坏一段平汉路严重百倍！”

在邯郸东北不远的地方，有个永年县城，那里盘踞着汉奸兼土匪铁磨头的部队。这家伙多年以来，专门聚集恶霸地主、地痞流氓、杀人犯，效忠日寇，死心塌地反共反人民。冀南军区部队已将其包围围困。可是马歇尔竟然提出要冀南军区部队退后 60 里，以“避免接触”。

刘伯承断然拒绝。

国民党郑州绥靖公署主任刘峙，通过黄河小组美国小组长范树德提出，要与刘伯承谈黄河问题，指责共产党不同意黄河归故。刘伯承反问道：“你们何所见而云？黄河归故我们一向是赞成的，只是有几个问题必须首先解决：第一是疏通河道，第二是 1938 年决口所造成的难民要救济，第三是国共双方都派代表参加工作。”

可是，美蒋方面坚持不让共产党参加治黄工作，不修河道，不救灾民，一味坚持要放水，使谈判无法取得进展。

---

① 系指从陕西汉中进入四川广元、剑阁的通道。相传战国时秦惠公琢石为牛，置金牛尾，佯言石牛拉金，诈骗蜀人。蜀侯贪利，命神人五丁开路，秦即通过此路灭蜀。这条道路后世因此称为“金牛道”。

第十二章　鏖战冀鲁豫

第一节　一出陇海路

“砰！砰！砰！”三声清脆的枪响过后，刘伯承从地上敏捷地撑立起来，顺手扑打掉沾在衣服上的泥土，扭头对张际春、李达等人说：“我年纪大了，又是一只眼睛，打的成绩不算理想。但今天打靶既是技术上打靶，也是政治上打靶。我们要打掉一些干部特别是高级干部头脑里的和平麻痹思想。”接着他批评了几名打靶成绩过差的纵队和旅级干部，说这是斗志松懈、备战观念淡薄的表现，跟不上即将发生的大战形势。

这是发生在1946年6月举行的晋冀鲁豫军区练兵会议上的事。

国共两党签订停战协定以后，国民党军并没有真正停止敌对的军事行动，除不断挑起与各解放区的冲突外，还明里暗里加紧调运军队和武器装备，抢占战略要点，积极准备发动全国性的内战。

刘伯承、邓小平始终没有丧失对国民党军的警惕，他们坚决执行中共中央、毛泽东主席关于练兵问题的指示，认真部署和领导了晋冀鲁豫部队的整军练兵运动，深入进行了备战教育和技术战术训练。刘伯承于6月2日在《人民的军队》

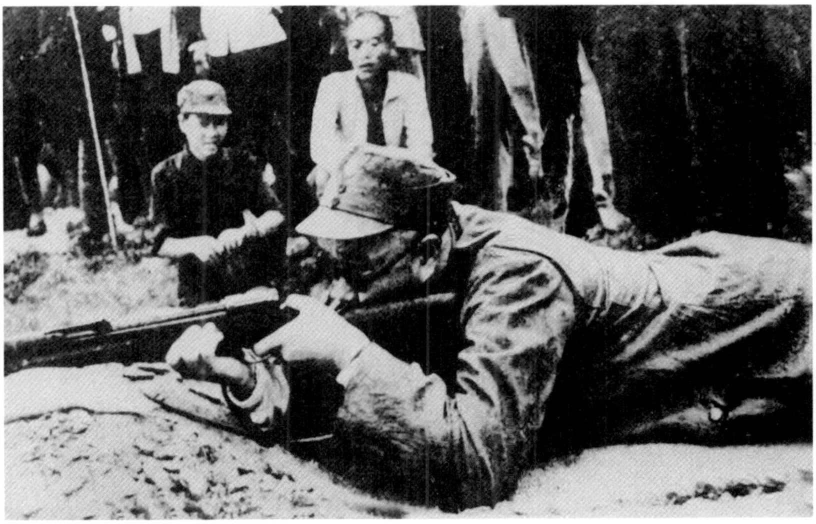

1946年6月，刘伯承司令员为指战员做射击示范

报上发表了《大家发奋整军练兵》的文章，又于6月15日为晋冀鲁豫《人民日报》创刊号题词："力争和平民主团结，反对内战独裁分裂，乃人民的呼声"，号召广大军民以实际行动准备应付国民党军的全面进攻。

召开高级干部练兵会议，刘伯承就是为了更好地统一领导层的思想，明确内战必打的观念和今后的作战方法问题。在解决了备战方面的模糊认识后，他转而着重解决战术方面的问题。6月25日，他综合会议的讨论情况和大家提出的问题，作了一个精彩的战术报告。

报告分八个部分：作战必须有充分的准备；重点主义；寻找弱点，创造弱点；出敌不意，争取主动；抓住主动权，消灭敌人有生力量；消灭敌人，保存自己；协同动作；游击战争几个问题。

在报告中，他创造性地发挥毛泽东军事思想，总结了人民军队历年来的作战经验，针对即将开始的爱国自卫战争，系统地提出了对国民党军作战的战术原则。在作战形式上，他根据敌强我弱的特点，认为"运动战是消灭敌人有生力量的最好办法"，并指出应采用外线、速决、进攻的方式来实现，在战术手段上则必须做到多样化。在作战指导上，他围绕着打敌弱点问题，详尽地讲述了理由、方法及其对实现战争、战斗目的的作用。在作战部署上，强调突出重点，集中优势力量，狠打敌人弱点，"抓住弱点加上用重点主义办法来打"。形成重点，包括数量质量在内，都必须精而多，"打胜仗要领即在此"。但重点又不等于唯一点，还有其他方面。主要方面是攻击，其他方面还有防御。集中兵力、火力对付一点，以次要兵力放在其他方面，钳制敌人，达到重点方向的胜利。次要方向服从重点，如果次要方向胜利了，即重点选择不适当，可以改变重点的方向。在作战指挥上，要求大家注意协同动作，指出这是指挥员的指挥艺术，也是游击战发展到运动战的必然要求。佯攻与主攻、工兵与步兵、炮兵与步兵，都应协同动作。

练兵会议以后，这个战术报告很快下发到部队，成为晋冀鲁豫军区各级指挥员的作战指导思想，在尔后的爱国自卫战争中起了极大的作用。

就在刘伯承报告后的第二天，6月26日，中国大地上爆发了全面内战。蒋介石悍然撕毁了国共两党签订的"双十协定"和"停战令"，集中25个旅的兵力，向中原解放区大举进犯，企图先完成中间突破，然后再逐个攻占其他解放区。国民党军依仗兵力和武器装备上的优势，气焰十分嚣张，竟扬言3个月到6个月消灭人民解放军。

中共中央、中共中央军委和毛泽东主席，坚定地领导和指挥了这场伟大的爱国自卫的人民解放战争。战争爆发前，中共中央军委和毛泽东就预见到国民党军的进攻企图，及时拟订了南、北两线的作战计划。在给刘伯承、邓小平、薄一波等下达的指示中，要求晋冀鲁豫野战军以一部配合晋察冀和晋绥野战军在北线作战，使三部所在的解放区连成一片；以主力与山东、华中野战军在南线协同作战，主要指向豫东和津浦路徐（州）蚌（埠）段，着重在野战中歼灭敌军有生力量。并强调指出："这一计划的精神着重向南，与蒋介石的精神着重向北相反，可将很大一部分蒋军抛在北面，处于被动地位。”不久，根据国民党军同时进攻南线各解放区的新动向，中共中央军委和毛泽东适时调整了上述南线作战计划，指示晋冀鲁豫等野战军先在内线打几个胜仗再转到外线，以取得政治上的有利形势。

刘伯承与邓小平根据中共中央军委和毛泽东的指示，计划把晋冀鲁豫野战军的作战重点放到豫东方向的陇海路徐州、开封段，胁迫围追中原军区部队的国民党军回援，以配合苏皖地区的山东、华中野战军作战。这个计划得到了中共中央军委、毛泽东的批准。

7、8月间，刘伯承、邓小平率领晋冀鲁豫野战军第三、六、七纵队由邯郸、磁县地区进到鲁西南菏泽和豫北濮阳一带，准备发动陇海战役。为保障侧后安全，令第二纵队在安阳地区进行牵制、掩护。晋冀鲁豫军区副司令员滕代远、王宏坤，副政治委员薄一波留在邯郸，指挥各军区武装。按照中共中央军委的统一部署，陈赓、谢富治率第四纵队及太岳军区武装，坚持在晋南作战，执行北线作战任务。

8月4日，刘伯承下达了陇海战役基本命令。命令正确估计了敌情，指出国民党军为了围追中原军区部队和进攻苏皖和晋南，其陇海沿线的主力已几乎抽调一空，徐州、开封间及两侧地区只有整编第五十五、六十八师及若干地方团队防守，有利于晋冀鲁豫野战军集中主力，发动攻势作战。确定的作战目标是，第一阶段袭取徐州、开封线上一切守备薄弱的城镇据点，彻底破坏与控制铁路，同时控制足够兵力，准备打援。得手后进入战役第二阶段，以一部兵力扼守铁路要点，而以主力向南再向西北卷击，解放陇海路以南广大地区。作战部署，以第七纵队、冀鲁豫军区独立旅等为左路军，以黄口、砀山为攻击重点；以第三、六纵队及冀鲁豫军区一部为右路军，以兰封、民权为攻击重点；以地方武装和人民武装监视主力开进途中的长垣、考城、虞城等国民党军的前锋据点，并特别要求主力乘敌不备，秘密、突然发动攻击，以取得初战成功。命令规定战役于8月10日发起。

刘伯承（左一）、薄一波（左二）、李达（右一）在陇海战役前的动员大会上

从8月5日起，左右两路大军分别由菏泽、濮阳地区向攻击地域开进。为了达成“秘密、突然”、出敌不意的效果，攻击部队夜行晓宿，避开公路、村落，在荒野间静肃行进，大胆撇开或以小的兵力监视敌前沿据点城镇，毅然透过，向目的地挺进，行程200余里。在考城至虞城西北的敌警戒线上，密布据点和封锁沟墙，攻击部队只对考城等主要据点进行佯攻和监视，对其他大多数据点未作理睬，一下子就悄然到达攻击出发地。

8月10日夜，陇海战役突然发起。左右两路大军按照预定的计划向徐汴段敌人猛攻。左路军第六纵队第十六、十七旅，在炮火掩护下，攻击兰封车站和县城，经数小时激烈巷战，全歼守敌，缴获军运列车1列和坦克11辆。由第六纵队指挥的第三纵队第八旅，攻克三个寨、罗王车站，第三纵队主力对民权等据点发起攻击。左路军第七纵队，当夜攻克砀山等据点。广大群众在部队带领下，对铁路展开破击。经过10、11日两天的战斗，又先后攻克李庄集、杨集、刘堤圈、柳河集、李坝、野鸡岗等车站，歼敌5000余人，控制并破毁铁路300余里。初战告捷，为尔后机动作战开辟了战场，创造了条件。

13日，敌整编第五十五师和整编第六十八师各一部分别由商丘、开封出动，东西对进进行增援。蒋介石被迫从豫西、陕南等围追中原军区部队的兵力中抽调整编第三、四十一、四十七师三个师向开封急进。为了进一步调动敌人，创造运动中歼敌的条件，中共中央军委指示晋冀鲁豫野战军在第一步计划实现后，迅速占领豫东诸城，迫使援敌主力三个师向新黄河布防。

8月14日，刘伯承下达了陇海战役第二阶段作战基本命令。根据中共中央军委的指示，命令各纵队南下夺取杞县、太康、淮阳等10个县城，创造直迫淮河北岸的战场，相机歼灭分散的敌人。各纵队奋勇进击，至15日，第六纵队等攻克杞县、通许，虞城守敌经争取后起义，第三纵队包围并发动了对敌整编第五十五师第一八一旅的攻击。17日，西路援敌三个师中先头两个旅到达阳武、封丘地区，迫近第六纵队一部据守的兰封城，东路敌徐州绥靖公署的部队也开始向西增援。刘伯承发布的第二阶段作战命令被敌截获，作战企图暴露。

不利的消息传到野战军指挥部，刘伯承审时度势，迅速改变了部署，就近将第七纵队加入围歼第一八一旅的战斗，调第二纵队到东明地区集结，掩护主力侧背的安全。至21日，终将第一八一旅及第二十九旅一个团歼灭。这时南北两路的援敌大量增加，并且越来越逼近陇海战场。刘伯承决定结束战斗。22日，晋冀鲁豫野战军主力向陇海路北转移，陇海战役结束。刘伯承令第七纵队一部继续留在陇海路以南活动。他始终记着中共中央军委、毛泽东关于“着重向南”的指示，这次陇海战役向南突破的任务并没有完结，今后新的战略突破仍要从这里着手。

第一次出击陇海路，作战13天，歼灭敌人正规军两个旅，五个保安团，共1.6万余人，解放砀山、虞城、兰封（旧名，今属兰考县）、杞县、通许县城5座，占领火车站13处，破坏铁路200余里。这次战役，实现了预期的目标，歼灭了国民党军的大量有生力量，切断了他们的东西交通干线，使其陷入被动，不得不从追堵中原解放军和向华东进攻的兵力中抽调出 5 个多整编师增援陇海路汴徐段，从而打乱了蒋介石的南线进攻计划，减轻了中原解放军的负担，配合了华东解放军的作战，使人民解放军南线作战形势发生了有利的变化。

与此同时，第四纵队和太岳军区部队进行了同蒲战役，连克洪洞、赵城、霍县、灵石、汾西 5 城，歼灭敌人 1.2 万余人。南北两线，共同给发动内战的国民党军以严重的打击。

第二节　定陶大捷

晋冀鲁豫野战军主力第一次腰斩陇海路，解放豫东广大地区，打乱了国民党军南线进攻的部署。蒋介石急忙改变计划，令从豫西、陕南北援陇海路的 3 个整编师留置不动，又从淮北抽调两个整编师，投入冀鲁豫战场，连同原在郑州、新乡、开封、商丘等地的 9 个整编师，共有 14 个整编师，32 个旅，共 30 余万人。到 8 月下旬，国民党军在郑州、新乡、开封、商丘等地完成了集结，准备向冀鲁豫根据地腹地发动进攻。国民党军对这次进攻期望很大，力图在南线战场打开一个缺口。敌国防部长白崇禧、参谋总长陈诚亲自到开封部署，郑州绥靖公署主任刘峙也亲自到考城、民权前线督战。

8 月 28 日，东面敌第五军和整编第十一师、第八十八师从砀山、虞城一带，向成武、单县、鱼台进攻；西面敌人整编第三师、第四十一师、第四十七师全部，整编第五十五师、第六十八师各一个旅，从封丘、开封、考城一线，向东明、定陶、曹县进攻。

根据冀鲁豫战场国民党军的新动向，中共中央军委作出了集中优势兵力，打击整编第三师的决策。8 月 29 日，中共中央致电刘伯承、邓小平："俟第三师两个旅进至适当位置时，集中全力歼灭其一个旅，尔后相机再歼其一个旅。该师系中央军，如能歼灭影响必大，望按实情处理。"刘伯承、邓小平接到中共中央军委的指示后，决心克服困难，创造战机，歼灭整编第三师，粉碎敌人的合击计划。他们细致地分析了敌我力量对比，认为，敌第一线兵力虽有 10 万之众，但在其分进合击时，每路至多只有 1 至 2 个师，而且指挥不统一，有嫡系与杂牌的矛盾。自己部队虽然只有 5 万余人，装备也差，人员又很疲劳，但士气却很高涨，并有根据地作依托，有广大群众支援，有地方武装配合。只要按照中共中央军委和毛泽东的指示，充分利用敌人的弱点，充分发挥自己的有利条件，集中优势兵力，寻歼整编第三师，以致打破敌人的合击是完全可能的。他们根据国民党军东西对进的态势，决定对东线徐州方向的国民党军实施监视、阻击，而置重点于西线。为了求得顺利歼灭整编第三师，他们又对西线郑州方向的国民党军进行了分析：东路整编第三师和第四十七师并进，其间仍有 15 至 20 里的间隙，左路整编第四十一师离它更远，便于割裂与围歼。整编第三师是郑州出犯之敌中唯一的嫡系部队，如遭打击，杂牌部队川军和原西北军的部队不会积极增援。整编第三师是从追击中原部队的途中调来的，在中原作战中伤亡较大，是疲惫之师。因此，把整编第三师选为主要打击目标是切实可行的。

为了集中优势兵力，刘伯承将第三、六、七纵队的主力集结于定陶西南地区，令第二纵队仍在东明、考城一线集结待命。

8 月 31 日，刘伯承下达了定陶战役基本命令。决心“置重点于消灭第三师”，确定下“采取南北钳击以求各个消灭”的战法。战场预定设在定陶以西安陵集、韩集地区。在部署上，以第六纵队和第二纵队共 5 个旅为右集团，主力由北向南，一部由西向东攻击；第三纵队和第七纵队 4 个旅为左集团，主力由南向北或由东向西攻击。两集团均对整编第四十七师实行钳制，而集中优势兵力攻歼整编第三师。

为了消耗、疲惫、迷惑敌人，掩护主力争取短暂休整，完成战役准备，刘伯承特令第六纵队抽出 2 个团，对整编第三师作运动防御，按计划诱敌至预定战场。从第三纵队抽出 1 个团，配合冀鲁豫军区 1 个团，阻击敌整编第四十七师，扩大其与整编第三师的间隔。冀南军区独立旅钳制敌整编第四十一师；第三纵队两个团和冀鲁豫军区第五分区 1 个团，钳制敌整编第五十五、六十八师；冀鲁豫军区独立旅和第三分区武装，钳制第五军、整编第十一、八十八师。战役开始后，坚决阻击各路国民党军对整编第三师的增援。另以留置陇海路南的第七纵队第二十一旅，打击敌人后方，进行牵制。

到 9 月 2 日，晋冀鲁豫野战军主力已休整了 4 天，敌整编第三师与第四十七师已受到杀伤和消耗，仍然缓缓前进。整编第三师进到秦寨、桃园地区，整编第四十七师到了水口、吕寨地区。

这里，刘伯承获悉刘峙突然将整编第三师和第四十七师会攻定陶的计划，改为整编第三师单独攻菏泽。两师的间隔从 20 里扩大到 25 里，而且越往西间隔越大。于是决定调整部署，把战场西移到韩集、安陵集以西的大、小杨湖地区。经过各阻击部队的积极作战，徐州来犯的敌主力第五军、整编第十一师被阻于单县以东，距整编第三师 200 余里。郑州出犯的整编第四十一师，被阻于东明西南地区，距整编第三师 80 余里。整编第五十五、六十八师被阻于曹县以南，距整编第四十七师 40 余里。围歼整编第三师的条件已趋成熟。

9 月 3 日晨，刘伯承命令放手诱敌整编第三师冒进，争取使它三日夜到达大、小杨湖预定战场，然后两集团按计划攻歼该敌。

当天下午，整编第三师果然被牵引到了预定战场。其第三旅进至大黄集、周集地区，第二十旅进入阎寨，大、小杨湖，方车王地区，师部进抵天爷庙。师长赵锡田自恃是蒋介石的嫡系，兵精弹足，装备优良，根本看不起晋冀鲁豫野战军，狂妄吹嘘“不用两星期，占领鲁西南”。又仗着是陆军总司令顾祝同的外甥，认为郑州绥靖公署和左右两翼的整编第四十一、四十七师不敢不支援他，所以一味孤军深入。

当夜 23 时 30 分，刘伯承抓住战机，下令对整编第三师发起进攻。当获悉敌

大杨湖战斗中我军的机枪阵地

第二十旅在前进中伤亡较大，两个团长都被击毙的情况后，他又决定先把攻击重点放在第二十旅。两集团各歼其1个团后，再攻歼其师部和第三旅。这样，双方兵力对比上，达到了四比一的绝对优势。

敌人在飞机、坦克配合下顽强抵抗。经两日激战，仅歼敌约3个营。这时，赵锡田方知陷入绝境，拼命向郑州呼救。刘峙严令整编第四十七师增援，被阻援的第三纵队击退。敌整编第四十一、五十五、六十八师亦分别由东明、曹县奉命赶来增援。在此千钧一发之际，刘伯承除严令各路阻击部队坚决阻击，不准敌人前进外，于9月5日夜，亲自到第六纵队司令部，召集纵队首长开会，提出坚决歼灭整编第三师，再次强调了集中兵力、火力等战术问题。随后，即下令再次向整编第三师发起攻击。

刘伯承在第六纵队司令部接到的第一个电话，是已经前进到距大杨湖只有一里路的第六纵队司令员王近山打来的。他说："报告刘司令员，请你放心，我们准备好了一切，坚决歼灭整三师。六纵队即使打剩一个连，我当连长，杜义德当指导员，决不放弃战斗！我要求战士们把自己的子弹、手榴弹统统打到敌人身上去，最后就是用牙齿咬也要把敌人咬死。"

刘伯承鼓励他："近山同志，你的决心很好！这一仗如若我们打不好，冀鲁豫平原我们就站不住！还要背起包袱回太行山啊！你们今晚上的任务很艰巨，只要消灭大杨湖的敌人，战役将有很大的变化。"

然后，他又拿起电话，听了第七纵队杨勇司令员的汇报之后说："杨勇同志，冀鲁豫解放区，是你们亲自创建的，是你们用血汗从敌人手中夺过来的。现在敌人要侵占它，假若我们不把这股敌人消灭，这里的人民就要遭殃，你们就前功尽弃！"杨勇非常激动地大声说："刘司令员，我懂了，我们一定要彻底消灭整三师！"

最后，他又同第二、三纵队的陈再道、陈锡联两位司令员一一通了电话，指示他们要不惜一切代价，向整编第三师展开猛攻，并特别告诫陈锡联，要集中兵力狠打整编第三师师部，以先摧毁敌首脑机关。他强调指出，这一仗要是打不赢，第二、三纵队只好回冀南、太行打游击。两位司令员也表示了坚决完成歼敌任务的决心。

当夜 23 时 30 分，刘伯承下令全线总攻击。左右两集团随即投入了激烈的战斗。第六纵队打得最为残酷、艰苦。他们负责攻歼的整编第三师第二十旅第五十九团是该师的主力，抵抗十分顽强。各种武器射出的子弹形成一道道严密的火网，阻挡着攻击部队进入大杨湖村。第六纵队指战员发扬了大无畏的英雄气概，连续发起攻击，失利一次，再攻一次。有的连队打得仅剩十多人，仍坚守阵地不退。战况最紧张的时候，连旅、团的机关干部和勤杂人员也投入了战斗。

刘伯承亲赴第六纵队指挥的行动，给指战员们增添了无比的力量。“刘司令员指挥我们！”“看谁是无产阶级硬骨头！”等激动人心的口号，在一片火海之中喊起来。团长、政委也都端起机枪干起来。9 月 6 日晨 5 时，王近山决心倾全力给敌人以最后一击，下令纵队预备队加入战斗。战至 8 时，终于攻进大杨湖村，全歼了守敌。

这时，第二、三、七纵队，也胜利地歼灭了敌人，逼近了敌人的师部。敌第二十旅被全部歼灭，第三旅遭沉重打击。到中午，赵锡田率师部及其第三旅残部，开始突围南逃。正当敌脱离工事，惊慌逃命之际，刘伯承一声令下，攻击部队全线出击，整编第三师全部覆灭。

9 月 7 日，郑州出犯之敌纷纷向兰封、考城方向撤退，刘伯承当即以主力向敌整编第四十七师侧背施行猛烈卷击。经一天激战，该师第一二七旅及整编第四十一师第一二二旅被全歼。遂命展开追击，8 日上午，又歼灭约 1 个团，收复东明县城。定陶战役至此结束，经 5 日苦战，共歼敌整编第三师全部，整编第四十七、四十一师各 1 个旅，活捉整编第三师师长赵锡田中将以下 1.2 万余人，缴获坦克 6 辆，枪炮弹药及其他军用物资甚多。

刘伯承在战地俘虏收容所对赵锡田说：“赵先生东奔西跑，很疲惫了，还负了伤，到解放区可以安心休养了，不要有任何顾虑，生活上我们尽力而为。”

赵锡田对刘伯承的关怀表示感激。

定陶战役的胜利对敌人的震动极大。蒋介石为了穷追责任，于 9 月 15 日撤了刘峙的职，改以顾祝同兼任郑州绥靖公署主任。

定陶战役是刘伯承、邓小平指挥晋冀鲁豫野战军主力在内线打的第一仗。它打垮了国民党军大规模钳形攻势的西路钳头，粉碎了国民党军钳击歼灭解放军的计划，严重地打击了国民党军全面进攻的疯狂气焰，提高了晋冀鲁豫解放区党政军民战胜国民党军进攻的胜利信心。正如《解放日报》1946 年 9 月 12 日在题为《蒋军必败》的社论中所指出的：“这是继中原我军突围胜利与苏中大捷之后又一次大胜利，这三个胜利，对于整个解放区南方战线，起了扭转局势的作用。蒋军必败，我军必胜的局面是定下了。”

第三节　从“牛抵角”到“回马枪”

9月10日，刘伯承、邓小平在定陶以西的安陵集召开了纵队领导干部会议，总结经验，以利再战。他俩春风满面，与相继到达的各纵队负责人一一握手，连声称赞他们打得好。会上，他们总结了定陶战役在创造主力决战的有利条件、正确选择作战对象、兵力运用等方面的成功经验。刘伯承特别强调，战术上以兵力重点打敌弱点而各个歼灭，最易收效。他们也指出了在协同动作、集中兵力、群众纪律和因胜致骄等方面的不足之处。要求大家认真总结经验教训，迎接新的战斗。会后，野战军主力集结到东明、菏泽地区休整。

陇海、定陶两战使国民党军对晋冀鲁豫野战军开始重视起来，在进攻部署上作了调整，以所谓五大主力之中的第五军和整编第十一师打头阵。9月中旬，该两部在整编第八十八、五十五、六十八、四十一师等部的配合下，连陷定陶、菏泽、东明等城。9月下旬又继续东犯，第五军沿菏（泽）巨（野）公路逼近巨野以西的龙固集地区，整编第十一师沿洙水河南岸公路向巨野以西的张凤集推进。

刘伯承、邓小平决心给敌人以新的打击。为避敌锋芒，确保主动，他们率部边撤边考虑作战方案。当第五军、整编第十一师成分进态势，其他敌军相距尚远时，他们定下了举行巨野战役的决心。29日，战役基本命令拟定并下达到部队，计划以第二纵队对第五军实施阻击，而集中第三、六、七纵队钳击整编第十一师。

初次跟国民党军的两支王牌军同时作战，刘伯承深知任务的艰巨。他尤其关心龙固集方向的阵地防御战，因为自己部队打惯了游击战和运动战，对阵地战这种作战形式比较生疏，况且武器装备又差，困难是可想而知的。28日22时，他赶到正在龙固集地区设防的第二纵队第五旅，进行指导和检查。第五旅位于主要防御方向上，他们防守的结果对张凤集的攻歼战有至关重要的影响。刘伯承一到旅司令部，立即向营以上干部讲述战役意义和战术要领。他说，全面内战爆发以来，我们两战两胜，第一仗出击陇海路歼敌1.6万，第二仗歼灭整编第三师等部1.7万，现在要打的是第三仗，不要求歼灭那么多敌人，主要是打它的威风，摸清它的底细。接着，他从两支王牌军特别是第五军的战斗力、战术特点讲到了如何打好防御战的问题。他指出，第五军的主要特点是炮火强，编成内有榴弹炮、山炮等多种火炮，且讲究步炮协同，这一点要引起我们的足够重视。第二纵队尤其是第五旅，执行的是阻击任务，对第五军这样的强敌要搞运动防御。战场是游动的，不是死守，但也不能轻易放弃阵地。要一步步阻击它、消耗它、钳制它，最后守住龙固集，坚持到10月3日，保障第三、六、七纵队在张凤集地区钳击整编第十一师。他鼓励大家要有信心把蒋介石的头等主力打它个头破血流。在旅部讲完话，他又前往前沿第十四团第三营，就阻击战术及兵力配置作了详细指示，并给排以上干部作了动员讲话。

从29日起，第二纵队英勇阻击敌第五军的猛烈进攻，利用既设阵地节节抗击，钳制敌人，迫敌展开，逐步予以消耗。在部署上，以一部坚守，另一部插入敌后，切断敌人的补给线，里外配合作战。防御兵力配备上，一般以三分之二的兵力分布前沿，三分之一兵力位于纵深实施反突击。又注意避开了敌人的炮火准备与飞机轰炸，等到步兵冲锋抵近时，才突发短促火力予以杀伤，并抓住时机在阵地前沿进行反突击。至 10 月 7 日，第二纵队一直坚守住了龙固集阵地，10 天内使敌前进不到 10 里，毙伤敌 2000 余人，有力地保障了张凤集方面的钳击作战。战后，刘伯承深情地赞扬了坚守龙固集的第二纵队的指战员们："他们以寡敌众，敌人进攻的火力虽有如一片火海，而他们坚守阵地达 11 昼夜，始终未后退一步，完成了上级给予的任务。"

10 月 3 日，张凤集地区的钳击战发起。由于整编第十一师行动狡诈，昼间搜索前进，入夜主力退缩集结，加上雨后洼地积水，影响了部队的适时机动，因此各个攻击方向未获重大战果。5 日，刘伯承调整部署，以第七纵队在张凤集围住了敌主力第十一旅第三十二团。守敌依托快速抢修的村内核心工事，结合优势火力顽抗；援敌在强大炮火与飞机掩护下进逼接应。战斗的激烈程度大大超过了前两次战役。第七纵队等部队浴血奋战，战至 7 日，终将敌第三十二团及附属的特种兵歼灭，毙伤其 3000 余人。整编第十一师急忙将主力收缩成集团，第五师也向东靠拢过来。这样，继续歼灭整编第十一师已不可能，刘伯承遂命令部队撤出，结束战斗。

巨野战役，晋冀鲁豫野战军歼敌整编第十一师一个建制团，重创第五军，严重地打击了敌王牌军的疯狂气焰，并取得了对强敌作战的经验。

战后，整编第十一师师长胡琏对丧失一个主力团感到十分恼怒，在一次宴会上指责第五军军长邱清泉援救不力，邱清泉反唇相讥，说胡琏打仗总想靠别人支援，太没魄力，不配当黄埔学生。一番唇枪舌剑，两人不欢而散。

刘伯承认为战役未取得预期效果，在指挥上是有教训的。他反复检讨"与敌陷于牛犄角僵持的笨拙状态"，是因为未能大踏步进退调动迷惑敌人使其暴露弱点，结果"反陷于被动"。他指出，这种"牛犄角"式的打法，"甚为不智"。

这次战役，连敌人也承认是失败了，可刘伯承以歼灭战的标准严格要求自己，虚心吸取教训。这表现了他一贯坚持的求实和进取的精神。吃一堑，长一智，他很快用教训换取了新的胜利与经验。

敌人判断晋冀鲁豫野战军久战已疲，继续集结重兵逼迫刘伯承与它连续作战，以便把晋冀鲁豫野战军击败并赶过老黄河以北。10 月中旬，敌整编第二十七军军长王敬久统一指挥第五军和整编第十一、七十五、八十八师，仍然由红沙窝至金乡之线北犯巨野、嘉祥、郓城，郑州绥靖公署第四绥靖区司令刘汝明所辖的整编第五十五、六十八师一部由菏泽北犯郓城，郑州绥靖公署第五绥靖区司令孙震所辖的整编第四十一、四十七师残部由滑县地区北犯濮阳。敌人为了避免兵力分散遭到刘伯承的各个击破，采取谨慎行动，向巨野、嘉祥、郓城进攻的王敬久一路，六七个旅前后紧靠，交替掩护前进。

鉴于巨野战役"牛犄角"的教训，刘伯承决心实施大踏步进退，调动敌人，避强击弱。于是率主力第二、三、六纵队，撇开王敬久集团，秘密西进濮阳、滑县地区，寻机歼灭突出于北面的孙震部队。为了迷惑和钳制王敬久集团，刘伯承令第七纵队结合冀鲁豫军区部队假充主力，在郓城西南地区拆寨墙、平壕沟，准备战场，扬言要与第五军决战。

28 日晨，刘伯承率部刚到鄄城以北的濮县至董口一线，突然接到侦察报告，刘汝明一部向鄄城伸出，兵力为第一一九旅及第二十九旅第八十六团，另附部分炮兵，由第一一九旅旅长刘广信统率。刘伯承判断这股敌人是企图与整编第十一师协同攻占鄄城，可以乘机集中兵力吃掉它。他迅速做出了部署，令第二、三、七纵队回师向南，以绝对优势兵力兜击刘广信，又令第七纵队就地钳制住第五军、整编第十一师。为了纵敌深入，他指示供给部门把存放在鄄城的辎重向北转移，沿途又制造弃粮翻车仓皇撤退的假象。正在鄄城一带打着“救济总署”旗号进行情报活动的美国人韩逊，立即将这些情况报告给了国民党军。刘广信得知鄄城空虚，遂放胆前进，当晚宿营在鄄城以南的苏屯、高魁庄、任庄地区。

刘伯承见歼敌时机成熟，下令发起攻击。当夜 21 时 30 分，3 个纵队从各个方向向刘广信部展开了猛烈进攻。经两个日夜战斗，将被围敌人干净、利索地全部歼灭，毙伤俘敌 9000 余人，缴获榴弹炮 8 门、山炮 7 门及大批枪支弹药。刘伯承见到被俘的炮兵技术人员，分外高兴，说：“人家把人才送上门来了，我们不知利用，岂不是愚蠢？只有装备，没有人才，就像叫花子捡了个金饭碗，没用场。”这些技术人员很快被编入炮兵部队，担任技术骨干。

在俘虏收容所里，刘广信满怀冤屈地说，出发前从上级那里获得消息，说鄄城一带没有八路军，第五军和整编第十一师又说他们已占领鄄城以东的红船口。我以为有了美国的飞机火炮，进攻鄄城又是乘虚而入，一定胜利。谁知一到苏屯、高魁庄，八路军就打过来了。打了两天，第五军、整编第十一师嫡系部队也不积极救援，我们遭到了全军覆灭。

刘广信的一番话，倒像是为刘伯承在鄄南战役中的巧妙指挥作了一个绝好的总结。

战前，一些指战员对大踏步秘密北撤不理解，责怪为什么不跟敌人明刀明枪地干。经过了一个痛快淋漓的歼灭战，这些人思想开了窍，由衷地称赞：刘司令员真是神机妙算，这个“回马枪”杀得太好了。

第四节　猛虎掏心

刘伯承、邓小平率领晋冀鲁豫野战军经过 4 个月的作战，扭转了冀鲁豫和豫北战场的局势。他们贯彻毛泽东提出的以歼灭敌人有生力量为主而不是以保守地方为主的积极防御作战方针，主动放弃了一些城市和地方，集中兵力打歼灭战，歼敌约 10 个旅，占敌人进攻总兵力 32 个旅的 31% 多，大大削弱了敌人的力量。而本身的力量越战越强，军队由战争开始时的 27 万人增加到 31 万人，民兵由

60 万人发展到 74 万人，武器装备、军事技术都有了较大的改善和提高。国民党军虽然侵占了冀鲁豫、豫北的若干城镇，但军事力量不断遭到歼灭和消耗，又被迫分兵守备，机动兵力大大减少。这样，晋冀鲁豫野战军与全国其他野战军和部队一起，促使战局朝着有利于人民解放军、不利于国民党军的方向迅速发展。

刘伯承在鄄城大捷后，曾对记者精辟地论述了这种有利的战争形势："三个多月来，我们以冀鲁豫 17 座空城，换得蒋介石 6 万多人。据说蒋介石认为这是一个好买卖，还要坚持做下去。好吧，让他做下去吧！在不久的将来就会算出总账来的。"他还指出："战争的胜负，决定于主力之保存或丧失，存人失地，地仍可得；存地失人，必将人地皆失。"

冀鲁豫战场的敌王敬久集团和豫北战场的王仲廉集团，仍然坚持确保鲁西南，打通平汉路，寻歼人民解放军主力于黄河故道以北的计划。11 月初，两集团分别由鲁西南的鄄城、郓城地区和豫北的安阳地区出动，准备合击大名，然后直趋邢台、邯郸。孙震所部整编第四十一、四十七师及河北保安第十二纵队守备滑县、浚县、封丘、长垣地区，刘汝明所部整编第六十八、五十五师守备东明、菏泽地区。

11 月 2 日、3 日，刘伯承、邓小平接连收到中共中央军委的电报，要他们在 11 月份"打两三个大仗，打孙震、刘汝明两集团，收复大片失地，孤立邱（清泉）胡（琏）"，"以拖住邱胡不使加入鲁南为原则"。他们决心遵照中央军委的指示，再打一个歼灭战，粉碎"二王"集团打通平汉路的计划，钳制住第五军、整编第十一师不能东调鲁南，减轻陈毅率领的山东野战军的压力。经过分析研究，把打击对象选在孙震集团身上。因该集团战斗力弱，远处豫北，比较麻痹，布势分散，便于分割围歼。歼灭该敌，既可孤立和抑留王敬久集团，又可威胁开封、新乡，调动"二王"部队增援，容易收到上述的双重效果。

战役发起前，晋冀鲁豫野战军在鄄城西北地区获得了半个月的休整。在休整期间，刘伯承、邓小平于 11 月 4 日在濮县白衣阁召开了团以上干部会，刘伯承总结了 4 个月作战经验，对如何进一步贯彻毛泽东主席的作战原则和方法作了明确指示，其中尤其是详细阐述了运动战辅以游击战的一系列战法。邓小平作了政治报告。号召打几个大胜仗来显示人民力量，以打击蒋介石准备召开的旨在欺骗舆论的伪国民代表大会。会后，各部队进一步作了战斗动员，介绍了杀敌经验，并根据孙震集团的守备特点进行了夜间村落进攻战斗的演习。

11 月 12 日，刘伯承、邓小平签发了滑县战役基本命令。为了贯彻以兵力重点打弱敌而各个歼灭的原则，确定以一个纵队攻歼敌一个旅，由第三纵队主力攻击敌整编第四十七师第一二五旅，第六纵队主力攻击整编第四十一师第一〇四旅。同时令第二纵队主力为第二梯队，担任左右策应第三、六纵队的任务。后来，又令第七纵队主力进攻位于朱楼的河北保安第十二纵队何冠三部。为了隐蔽攻击部队的行动，刘伯承布置第七纵队一部结合冀鲁豫军区部队积极佯动，吸引和钳制王敬久集团。

11 月 14 日，刘伯承、邓小平召开了纵队领导干部会议，部署战役行动。刘伯承指出，为了出其不意地给孙震集团以突然打击，决心采取猛虎掏心的战法，对敌实施远距离奔袭，即避开它的前锋据点，果断突入它的防御纵深，先打它的指挥中枢，吸敌来援或迫其出巢，以便在运动中予以歼灭。他还要求各部队在开进途中要秘密迅速，途中遇有敌人骚扰也不要理会，直插敌人心脏。

第二天，四个纵队主力由濮阳、濮县地区出发，向滑县东南孙震部队驻地开进。为了达成秘密突然的效果，攻击部队昼伏夜行，撇开孙震部队的前卫警戒和第一线据点，从其两旅一保安纵队的接合部进入他们的配备纵深。18 日，各部队分别开到了孙震部队驻地外围，随即轻装接敌。部队运动前，人马、装具都进行了严密的伪装和整理，马蹄用棉花或布包裹起来，然后静肃急进。就这样，第三纵队主力直扑第一二五旅驻地邵耳寨，第六纵队主力直捣第一〇四旅驻地上官村，第七纵队主力直插何冠三部驻地朱楼。19 日，刘伯承令全线发动攻击。敌突然遭到打击，被迫仓促应战。经 4 日战斗，至 22 日黄昏，将三部国民党军全歼。这时，由东、西两面赶来救援的王敬久、王仲廉部都只距半日行程。刘伯承指挥部队从容撤退，援敌鞭长莫及。

滑县战役后，刘伯承（前左）、李达（前右）接见被我军俘虏的敌军一〇四旅旅长杨显明（前中）等

战役临结束前，刘伯承对前来采访的新华社记者说：“我们的打法也怪，我们不理会那些伸出来的手，我们从他们的手边擦过，穿过他们的小据点，一下子抱住了他们的腰，猛虎掏心，打他的根根朱楼、邵耳寨、上官村，一下子消灭他们的旅部和纵队部，俘虏了旅长杨显明、副旅长李克派和纵队长何冠三。”

滑县战役，以歼敌 2 个旅 1 个保安纵队共 1.2 万人胜利结束，完全实现了抑留王敬久集团，打破敌北进计划的预定目的。

战役结束后，新华社记者又来采访刘伯承。刘伯承侃侃而谈："企图于 11 月内打通平汉线之蒋军已完全丧失主动，陇海线蒋军攻势亦已达到顶点，无能力继续展开。"这是他对冀鲁豫、豫北战场形势所作的一个生动而准确的概括。

第五节 二出陇海路

滑县战役结束后，晋冀鲁豫野战军主力集结于鄄城地区休整。由于连续作战百余天，部队迅速扩大，俘虏成分增加，干部中也有少数人被胜利冲昏头脑，群众纪律有些松懈。邓小平把政治部群工部长穰明德找来，说："三大纪律八项注意，是我军优良传统，我们一定要把军纪整顿好……"他的话尚未说完，刘伯承已经提笔写了一张任命书："兹任命穰明德同志为纪律检查团团长，对违犯纪律者，营以上干部先扣留，后报告，经批准后处理。连以下人员有就地处决之权，然后报请备案。此令！"他把命令交给穰明德说："大胆干，我们做你的后盾，不要顾虑！"

这时候，敌王敬久集团将其整编第十一师调往苏北，把第五军留守湖南的第二〇〇师调来冀鲁豫战场。陆军总司令兼郑州绥靖公署主任顾祝同，仍一意要寻找晋冀鲁豫野战军主力决战，实现其打通平汉路的计划。于是以王敬久集团第五军和整编第七十五师 1 个旅、王仲廉集团的整编第八十五师和第三十二师各两个旅，附孙震、刘汝明两集团各一部，约 9 个旅，于 11 月 28 日，由滑县地区并肩北进，30 日进占濮阳；另以整编第四十师 1 个旅和暂编第三纵队孙殿英部向临漳、大名进犯。老黄河以南广大地区仅留整编第八十八师 2 个旅、第七十五师 1 个旅和刘汝明残部守备。

刘伯承考虑：若能给当面进犯之敌王敬久集团以有力打击，歼灭其一两个旅，则既可转变战局，又可抑留该敌不能东调投入鲁南战场；如果乘虚向徐州以北之敌后出击，逼近陇海路，威胁徐州，亦可调敌回援，在运动中寻机歼灭。考虑到所部胜利之师，兵员得到补充，斗志高昂，又有根据地广大群众支援，首先给王敬久集团第五军以歼灭性打击较为有利。于是决心持重待机，诱歼第五军。但经过 20 多天的周旋，几次准备战场，均由于该敌狡猾谨慎，总以数旅密集并进，不易割歼，而未能如愿。正在这时，12 月 18 日，毛泽东电示："如果你们西面之敌不好打，似以南下寻歼八十八师，恢复嘉、巨、金、鱼、城、单各地，调动邱清泉东进即歼灭较为有利。"

据此，刘伯承决定"你打你的，我打我的"，实施敌进我进，不顾敌人向根据地腹地进攻，率主力大踏步前进，又一次向徐州、开封间的陇海路挺进。

他迅速部署了巨（野）金（乡）鱼（台）战役，于 12 月 20 日下达了战役基本命令。决心首先以第三纵队攻歼巨野、嘉祥的敌人，第六纵队并指挥第七纵队第二十旅攻歼城武的敌人，冀鲁豫独立旅相机攻取单县或鱼台，而后视情况扩大战果。另以第七纵队（欠1个旅）和冀南军区一部，在主力南进之前夺取聊城，而后南下参加主力作战。以第二纵队指挥冀南军区部队，在濮县、观城、清丰、大名地区伪装野战军主力，迷惑敌人，并阻击王敬久部继续北犯，如第五军主力南下，则第二纵队沿敌左侧尾敌扭击。刚从冀热辽军区归建、回到南宫的第一纵队，迅速到广平东南地区，虚张声势，使敌王仲廉部不敢轻举妄动。

为了使攻击顺利进行，刘伯承布置部队进行了大踏步机动的教育和攻坚训练，组织干部带电台，对进攻目标作了详细侦察。

12月22日，第七纵队向聊城发起攻击。26日野战军主力从观城、朝城地区出发，越过黄河，前进200里，于30日夜突然向巨野、金乡、鱼台地区的敌人发起攻击。至1947年元旦，第七纵队解放聊城，歼敌一部。第三纵队攻克巨野，全歼守敌河南保安暂编第四纵队张岚峰部2个团及5个县保安团，毙俘敌4000余人，截歼逃敌一部。第六纵队向城武进军途中，得知金乡守敌整编第八十八师第二十一旅已被冀鲁豫独立旅吸引到金乡以南地区，城为只有第六十三团守备，随即改变决心，转攻金乡。当晚攻占金乡四关，1月1日夜再攻，未克。4日夜，加上第三纵队，强攻仍未克。这时敌整编第八十八师师长方先觉率其第六十二旅及整编第七十师第一四〇旅，从徐州赶来增援，郑州绥靖公署也令张岚峰、刘汝珍两部分从定陶、菏泽来援。

敌变我变。刘伯承见出现了运动歼敌的有利战机，断然改变部署，决定采取“攻其所必救，歼其救者”的战法，运用主力歼灭援敌。鉴于整编第八十八师系蒋军嫡系，歼灭该敌对徐州威胁较大，所以确定首先歼灭方先觉，尔后歼灭定陶、菏泽来援之敌。新的部署是除留第三纵队第九旅继续围攻金乡外，该纵队主力位于金乡东地魏家楼地区；第六纵队附第七纵队二十旅，位于金乡西南寨里地区。冀鲁豫独立旅位于金乡东南双庙集地区。同时令第七纵队主力以5日行程，赶到张凤集一带，抑留张岚峰、刘汝珍的援军，尔后会同主力予以歼灭。

1月7日，敌整编第八十八师师长方先觉率部进到金乡东南的胡子楼，遭到晋冀鲁豫野战军预伏部队的攻击，先头部队被歼灭一个营，急忙掉头回窜。第二天，在蒋介石的严令下再次西开金乡。刘伯承指挥部队突然以堵击、兜击手段将其包围于鱼台西北的杨庄、胡海子一带。当夜大雪纷飞，天寒地冻。第三纵队和冀鲁豫军区独立旅，向敌第六十二旅猛攻；第六纵队和第七纵队第二十旅向敌第一四〇旅发起猛攻。激战两天一夜，将敌基本歼灭。10日，张岚峰率三个团，由定陶进到南鲁集以东的田集地区，刘汝珍率三个团，由菏泽进到沙土集地区。王敬久集团主力一部攻占范县，企图逼刘伯承回顾，并以其整编第七十五师由濮阳经董口、菏泽向鲁西南增援。

刘伯承权衡战场动态，决心集中第三、六纵队，首先歼灭张岚峰部，尔后协同第七纵队歼灭刘汝珍部，并令第一、二纵队向郓城红船口急进，准备在董口歼灭来援之敌整编第七十五师。

12日，第三、六纵队将张岚峰部包围于白浮图东北地区。13日将其大部歼灭，张岚峰就擒。

这时侦悉，敌整编第七十五师改由豫北乘火车，转陇海路回援。刘伯承即令第二纵队一个旅监视第五军，第一纵队和第二纵队主力急速南下，协同第七纵队歼灭刘汝珍部。14 日，刘汝珍在飞机掩护下，向西回窜。第七纵队一部兼程西进，断敌后路。第一、二纵队主力跟踪追击，当天黄昏，除刘汝珍带百余人乘汽车逃走外，全被包围在定陶以东的西台集。从 15 日 21 时战至 16 日下午，该敌 6000 余人全部被歼灭于野战中。

至此，增援金乡的国民党军全部被歼灭，敌王敬久及王仲廉集团一部只好被迫从平汉路转陇海路回援。巨金鱼战役胜利结束，共歼敌正规军 3 个半旅，连同地方团队 1.4 万余人，生俘敌旅长谢懋权、纵队司令张岚峰以下 1 万余人。

巨金鱼战役和山东、华中野战军取得的鲁南战役的胜利，极大地打击了国民党军，蒋介石急派陈诚到徐、郑部署新的作战行动。

1 月 18、19 两日，毛泽东两次电示刘伯承、邓小平，要利用敌王敬久、王仲廉两集团还在黄河以北的时机，攻取陇海路南北可能攻克的城镇，尽量歼灭一切可能歼灭的敌人，将陇海路南北创造为人民解放军机动的战场，以便吸引郑、徐两绥靖公署敌人的主力来援而歼灭之。

刘伯承、邓小平坚决执行毛泽东的指示，为抑留王敬久集团使其不能东调，开辟陇海路南北战场，决定进行豫皖边战役。确定路南路北为两个作战地区。以第一、二、三纵队为路北作战集团，由刘伯承率领，夺取定陶、单县、曹县等广大地区；以第六、第七纵队，豫皖苏地方兵团为路南作战集团，由邓小平率领，利用俘虏张岚峰，以军事打击结合政治争取，解放张岚峰老巢柘城。待敌王敬久集团沿陇海路东援时，寻找战机，两集团向心合击，歼灭该敌。

战役于 1 月 24 日发起，到 2 月 4 日，北集团连克定陶、单县、曹县等城，并破坏和控制民权至商丘铁路 70 里。南集团连克柘城、太康、鹿邑、杞县及皖北重镇亳州。刚刚赶到商丘的敌整编第七十五师，急忙派其第十六旅乘汽车驰援亳州，被第六纵队包围于亳州城外的丁大庄。经一日激战，该敌在飞机掩护下突围，除旅长率 400 余残兵逃脱外，皆被歼灭。

陇海路南北的胜利，震撼了南京。蒋介石果然急调豫北战场王敬久集团的第五军，王仲廉集团的整编第八十五师和武汉的第七十二师驰援陇海路。

此时，中共中央军委电令刘伯承、邓小平一定要拖住敌王敬久集团，不使其东调，减轻山东野战军的压力。

刘伯承、邓小平决定南北两集团集中攻歼敌一部，吸引王敬久所部第五军、整编第七十五师等回顾。2 月 10 日，刘伯承赶到第二纵队，布置作战任务。他对纵队领导说，第五军已过商丘，我们是追不上了，现在要用打敌所必救的战法，把第五军拉回来。我们决心集中南北集团主力打敌整编第八十五师，你们第二纵队打敌师部。要打得猛，打得狠，打得快。否则，不仅第五军拉不回来，整编第八十五师等也要投入山东战场，那就麻烦了。

2月11日夜，南北两集团向民权以西敌整编第八十五师发起攻击。第二纵队第十六团英勇果敢，一举突入郑庄寨内敌军师部，但因通信联络不好，后续部队被切断，第十六团遭受重大损失。这一坚决、无畏的行动，给了敌人以严重威胁与震撼，有力地拖住了王敬久集团，破坏了它加入山东战场的计划。

第六节 豫北反攻

从1946年6月到1947年2月、3月间，人民解放军虽然暂时放弃了一些城镇和地方，却已经歼灭了国民党军65个旅，连同地方团队共约71万人，制止了敌人的全面进攻，壮大了自己的力量。国民党政府尽管已经处在全民的包围之中，但其卖国、内战、独裁的反动政策丝毫未变，并且继续召开伪国民代表大会，制订伪宪法，疯狂镇压爱国民主运动，下令进犯延安，最后堵死了和谈的大门。在军事上改全面进攻为重点进攻，以解放区东西两翼的陕北和山东为其攻势的重点。妄想将陕北解放军和中共中央赶到黄河以东，将山东解放军赶到黄河以北，然后再调动兵力进攻华北。他们集中60个旅45万人于山东，34个旅23万人于陕北。在中央地带，则利用蓄谋已久的“黄河战略”，于3月9日，悍然将黄河引归故道，构成从晋南风陵渡到鲁中济南敌2000里正面上的所谓“黄河防线”。他们吹嘘黄河防线可抵40万大军，妄图将晋冀鲁豫野战军阻拦在黄河以北，以便抽调兵力加强其两翼的重点进攻。

对于国民党军这种战略上的重点攻势和重点防势，刘伯承把它比作钳铰和哑铃。他曾多次对部属说，蒋介石对山东和陕北实施的重点钳形攻势，它的“钳铰”就在豫北、晋南。“钳铰”是钳子的关键所在和弱点，一经砸开，钳子也就散了。豫北、晋南是蒋介石黄河防线上伸过北岸来的两个支撑点，在这里实行反攻，就将切中他防线的要害，使他不得不向中间收缩，那它的重点进攻也就难以支持了。就蒋介石两翼进攻中间用黄河作防线的整个态势来看，就像是一个哑铃，两头粗，中间细，只要把哑铃把子打断，两边的两个铊铊就不中用了。

他就是用这种砸“钳铰”和打断哑铃把子的思想来指导和指挥豫北反攻的。晋南的反攻是由中共中央军委直接指挥晋冀鲁豫野战军的陈谢集团实施的。

国民党军的重点进攻开始后，中共中央军委要求晋冀鲁豫和华东野战军，以3月份全部时间进行整训，4月上旬或中旬开始作战，准备以两个月的主动进攻，大量歼灭敌人，收复一切可能收复的失地，以更大的胜利回击敌人的重点进攻。另指示各战略区，尤其是晋冀鲁豫区，必须积极准备实施战略进攻。

8个月来，刘伯承、邓小平指挥的晋冀鲁豫野战军已经歼灭国民党进犯军25个旅，连同其地方团队约23万人，自己的实力已超过40万人。2月、3月的群众性练兵，使部队的军事素质有所提高。部队进行了保卫党中央、保卫陕甘宁边区的思想动员，战士们斗志昂扬，求战心切。同时，由于土地改革，千百万翻身农民保卫胜利果实的积极性更高。形成了军民团结，准备战略反攻的大好形势。

这时，晋冀鲁豫区敌人尚有31个旅，连同地方团队共有30多万人。他们依仗其“黄河防线”和各交通要道进行防御。其中王仲廉的4个整编师和暂编第三纵队孙殿英等地方团队共约7万人，守备平汉、道清线及沁阳、济源、孟县等地区；孙震的两个整编师及部分地方团队约2.5万人，守备平汉路以东、黄河以北的浚县、滑县、濮阳、长垣地区。

刘伯承、邓小平决心以野战军主力和太行、冀南军区主力及冀鲁豫军区一部，进行豫北战役。同时，要求各纵队和军区，从思想上组织上做好连续作战两个月的准备，以便统一行动，歼灭敌人，收复一切可以收复的失地，配合山东、陕北粉碎敌人的重点进攻。陈赓、谢富治指挥第四纵队和太岳军区主力同时举行晋南战役。

这时，中共中央军委指示：晋冀鲁豫野战军主力应在晋南反击的同时向平汉线实施进攻，专打王仲廉集团。刘伯承、邓小平根据新乡以北敌人防御工事较强，回避野战，生怕黄河交通被切断的特点，确定集中优势兵力，向敌人纵深辗转机动，调动敌人，力争在运动中歼灭王仲廉部，相机夺取城镇据点。打击重点放在新乡、黄河之间，视情况向新乡以北扩大战果。第一步的任务是破坏黄河铁桥及其以北的平汉、道清铁路，肢解敌人防御体系，逼近新乡，调动敌人，歼灭王仲廉部有生力量。

为了培养和提高地方武装的战斗力，刘伯承、邓小平决定集中四个纵队和太行、冀南、冀鲁豫军区部队混合编为四个集团。第一纵队和冀鲁豫军区一部为第一集团；第二纵队和冀南军区两个独立旅为第二集团；第三、六纵队为第三集团；太行军区两个独立旅和第四、第五分区部队及第十七师为第四集团。共约60个团的部队和10万余民兵、20万支前群众参战。刘伯承为各集团明确了分工：第一集团攻歼黄河铁桥守敌，炸毁铁桥，破坏坑村驿以南的铁路，夺取阳武、原武；第三集团攻取小冀、获嘉，主力集结小冀附近，准备打击由新乡南援之敌；第四集团切断新乡、汲县间铁路，围攻潞王坟，主力打辉县、汲县增援新乡之敌。另以有力一部和10万民兵，分别向道清铁路，平汉铁路汤阴、汲县段积极破击。第二集团除以1个旅佯攻滑县、道口外，主力进至新乡东南张店附近待机。

各集团于3月21日开始行动。到28日，分别解放濮阳、封丘、延津、原武、阳武等城镇、据点多处，歼敌地方团队一部。29日夜，第一集团拟袭击黄河铁桥，因狂风大作，飞沙走石，摧折树木，人马行进困难，延误了时间，攻击未成。这时，内线关系报知，汲县守敌整编第三十二师，在解放军进攻策应下，有一部或全部起义的可能。刘伯承看到敌第六十六师和第九师已从河南来援，王仲廉龟缩新乡不动，断然改变决心，首先利用内线关系，围攻汲县整编第三十二师。4月1日夜，围攻开始，2日夜占领东关及外围据点多处。不料内线工作遭敌破坏，该敌主力退守城内，攻击受阻。同时发现王仲廉已将整编第六十六师、第九师、第三师、第四十一师等5个整编师猬集新乡地区，并有增援汲县模样，于是停止作战，以避开优势之敌，另寻战机。

4 月 3 日夜，刘伯承令各集团分路急速北进，连克淇县城、回隆、楚旺、宜沟、鹤壁等数十据点，歼灭陆军暂编第三纵队第五总队及河南保安司令部第三专署第四纵队、人民自卫纵队第一总队等部，彻底破坏了安阳、汲县段平汉铁路，主力逼近安阳，围攻汤阴，吸敌来援。

果然，王仲廉率整编第六十六师 2 个旅、第四十一师 1 个旅、第四十师 1 个团和第二快速纵队，沿平汉路东侧来援，第三十二师随后跟进。援敌进至宜沟，发现晋冀鲁豫野战军主力后，立即缩回。刘伯承判断：在继续围攻汤阴、威胁安阳的情况下，敌人仍可能来援。即令第六纵队 1 个旅和冀南军区 2 个独立旅，加紧强攻汤阴和崔桥，主力集中准备打援。第一、二集团主力合组为路东集团，第三、四集团主力合组为路西集团，以便于打援时向心突击。13 日，敌陆军总司令顾祝同严令王仲廉率 14 个半旅为第一梯队，分三路北援汤阴；以第三十二师为第二梯队，在卫河岸掩护。刘伯承以小部队作运动防御，诱敌前进。15 日，将敌诱至宜沟、屯子册地区。16 日夜，集中主力两面夹击，将敌第一、二梯队割裂，把第一梯队包围在卫河以北、淇河以东地区。经 16、17 两昼夜激战，歼敌第二快速纵队全部，整编第四十一、六十六师各一部，俘第二快速纵队司令李守正以下 9000 余人，缴获其全部坦克和汽车，收复淇县、滑县、浚县三城。

王仲廉遭受歼灭性打击后，退缩新乡。汤阴之敌更加孤立恐慌。刘伯承决心以第三集团攻汤阴，第二集团攻崔桥，第四集团一部在淇县地区侦察敌情，主力集结休整备战。

4 月下旬打清汤阴外围据点，5 月 1 日发起总攻。首先以滑县战役所缴获的榴弹炮进行破坏性射击，结合坑道作业，为步兵打开了突破口。经彻夜激战，5 月 2 日上午全歼守敌孙殿英部近万人，俘国民党暂编第三纵队司令孙殿英以下 7000 余人。17 日克崔桥，歼顽匪王自全部 2000 余人。

为了扩大战果，相机攻取安阳并再诱歼援敌，刘伯承指挥部队，于 5 月 9 日发起对安阳外围据点的围攻，经 16 天战斗，攻克据点多处，歼守敌整编第四十师两个团和地方团队共 6000 余人，豫北战役胜利结束，野战军转入休整。豫北反攻，连续作战近两月，共歼敌 4 万余人，收复大片解放区。与此同时，第四纵队和太岳军区部队歼敌 1.8 万余人，收复县城 20 座。豫北、晋南反攻战役的胜利，标志着南线人民解放军的战略性反攻已经开始，而蒋介石的重点进攻已濒临失败。

豫北反攻战役结束后，晋冀鲁豫野战军就地休整，进行转入战略进攻的准备工作。6 月上旬，冀南行署的领导人代表冀南党、政、群各界，向刘伯承赠送了一块横匾，上书“常胜将军”四个大字。刘伯承接过匾，说：“说我是常胜将军，我不敢当。不会是常胜，多数胜就不错了。在党中央、中央军委和毛主席、朱总司令的领导下，在后方人民的帮助下，我们尽了自己的责任。是党的功，人民的功，我不敢‘贪天之功’，我只是人民的勤务员。没有人民给吃给穿给人，军队就不能打仗。我们感谢冀南人民的大力支援，咱们前后方要更加团结一致，把敌人尽快消灭干净！”

第十三章　千里跃进大别山

第一节　“狼山战捷复羊山”

1947年7月4日，鲁西南寿张以南黄河河面上，一艘普通木船负载着刘伯承、邓小平等人向南岸驶去。突然，两架敌机飞临上空，扔下一串照明弹。霎时，河面上一片通明。警卫人员立刻紧张起来，纷纷举枪瞄向空中。邓小平笑着对刘伯承说，敌人怕我们渡河寂寞，给点了天灯。刘伯承也面露喜色说，是啊，他们已来迟了，哪知道我们是明修栈道，暗度陈仓呢?

4天前的6月30日夜，晋冀鲁豫野战军从张秋镇至临濮集300里正面上成功地实施渡河作战，一举突破了国民党军自以为可抵40万大军的“黄河防线”，揭开了人民解放战争战略进攻的序幕。从这时候起，为了把刘伯承、邓小平领导的部队与留在后方的晋冀鲁豫其他部队以及活动在晋南的陈谢部队区别开来，也为了对外宣传的需要，毛泽东开始将晋冀鲁豫野战军称作“刘邓大军”。这一光辉、响亮的名称，一直持续到解放战争结束。这几天来，刘邓大军主力第一、二、三、六纵队正按计划实施鲁西南战役。刘伯承、邓小平率野战军指挥部迅速渡河跟进到鲁西南，就是为了直接指挥部队的作战行动。

1947年6月，刘伯承、邓小平指挥晋冀鲁豫野战军10万大军成功强渡黄河

刘邓大军南渡黄河，由内线转入外线作战，充当把战争引向国民党统治区去的战略突击队，这是中共中央和毛泽东的英明决策。人民解放军经过一年的作战，使自己的力量接近敌人的力量，并且造成了军事、政治、经济等全面的有利形势。据此，中共

中央、毛泽东果断作出了由战略防御转入战略进攻的决策，并把“大举出击，经略中原”的开路任务交给了晋冀鲁豫野战军。早在4月27日，中共中央军委即令晋冀鲁豫野战军在晋南方向预备船只，准备渡过黄河转入反攻。5月4日，中共中央军委指示刘伯承、邓小平，在6月10日前渡河，向冀鲁豫和豫皖苏区之敌进击，第二步向中原进击。6月3日，中共中央军委要求刘伯承、邓小平把渡河时间定在6月底。于是，就有了上述刘邓大军渡河南进的壮举。

刘伯承深知渡河作战是实现南进任务的首要环节，因此进行了精心的准备和指导。首先是准确掌握敌情。通过对敌纵深的战略侦察和对敌河防的战役侦察，获知黄河以南国民党军的主要兵力集中在鲁南跟华东野战军作战，鲁西南黄河只有刘汝明集团两个师进行防守，另有整编第七师位于嘉祥地区准备机动。邻近的豫皖苏有国民党军一个师另两个旅，豫北有七个师，由于受当地战事的牵扯，到时只能抽出部分前来增援，估计豫皖苏可能来一个师，豫北可能来三个师，况且他们距鲁西南河防都有一定路程，难以很快达到援救目的。根据敌河防薄弱的情况，刘伯承决定以四个纵队分八路渡河，求得以强击弱，分散敌人，一举成功。其次是隐蔽企图和佯动惑敌。豫北反攻战役结束后，晋冀鲁豫野战军主力一直在汤阴、安阳地区按兵不动，使敌人不明他们下一步的动向。又以太行、冀南、冀鲁豫军区部队伪装主力，在豫北发动攻势；以豫皖苏军区部队，向开封以南地区佯施攻势，造成敌人郑州、开封受威胁的错觉。渡河作战临发起前，才下令部队向渡河点秘密开进。刘伯承特别向部队强调：“必须保证不泄露秘密，在出发地、宿营地多方防谍，切勿暴露动向，做到这一点特别重要。”再就是规定了渡河战术。6月5日，刘伯承起草并随后下发了《敌前渡河战术指导》，详尽地提出了敌前侦察、火力编成、成渡后的处置、强化通信联络、加强协同以及炮兵运用等原则，使各级便于实施渡河指挥。

1947年7月1日至28日，晋冀鲁豫野战军成功发动了鲁西南战役，这是参战部队整装待发

在这一系列严密而周到的安排下，6月30日夜的渡河作战实现了预期的目标：出敌不意，势如破竹。在先期渡河的冀鲁豫军区独立第一旅和原在南岸的独立第二旅的接应下，第一批部队只用5分钟就到达对岸。当刘邓大军渡河的消息传到徐州的国民党陆军总部徐州司令部，他们急忙打电话到郑州询问刘汝明。

刘汝明竟回答：只知道共军向河南岸发射了百余发炮弹，渡不渡河还不了解。

一到达鲁西南，刘伯承、邓小平设指挥部于郓城以南的郑家庄。随着敌人不断变更的部署，刘伯承开始了紧张的指挥。刘邓大军渡过黄河，蒋介石发觉他的中央防御体系被撕开了一个口子，他在华东战场上的几十万军队的左翼及后方受到了严重威胁。为了挽救这个危局，他急忙调兵遣将来对付刘邓大军。以原在河防线上的刘汝明集团整编第五十五师退守郓城，又以整编第六十八师的两个旅和第五十五师第一八一旅，共守菏泽，调来第六十五师第一五三旅守定陶，这四个旅，分守两座城，组成西集团。另从豫皖苏调来整编第五十八师，豫北调来整编第三十二、六十六师，加上原在嘉祥的整编第七十师，共四个整编师，组成东集团。两集团统归第二兵团司令官王敬久指挥。

刘伯承看出这是敌人吸引自己屯兵坚城、拊击侧背的诡计。他冷静地分析了敌情：敌人分东西两路北进，西弱东强，如集中兵力先吃掉西路弱敌，再对付其东路，就可将敌各个歼灭。于是，他决定采取“攻敌一点，吸其来援；啃其一边，各个击破”的战法，命第一纵队积极攻郓城；以第二、六纵队迅速从敌人东西两路之间插出去，直取定陶、曹县，乘敌第一五三旅立足未稳，将其消灭，并清除曹县土顽；以第三纵队进至定陶以东的冉固集、汶上集地区，以便在攻歼定陶、郓城之敌后，及时割歼东路援敌。

这个部署，体现了“集中优势兵力，各个歼灭敌人”的原则。第一纵队是3月间与第七纵队合编而成的，有四个旅，加上临时配属的冀鲁豫独一旅，共五个旅，打郓城守敌两个旅；第六纵队是以三个旅打敌一个旅，都是在局部上优势对敌。

7日黄昏，第一纵队集中兵力、火炮，攻击敌薄弱环节，经一夜激战，全歼郓城守敌整编第五十五师。10日夜，第六纵队攻定陶，激战5小时，全歼守敌第一五三旅，曹县土顽逃窜。至此，按照预定计划，在北起黄河、南到陇海路的广阔战场上，刘伯承完全掌握了主动权。敌整编第七十师一个半旅、第三十二师两个旅、第六十六师两个旅，于7月8日分别进抵六营集、独山集和羊山集。在巨野东南约80里处，从南向北，摆成了一字长蛇阵，全然陷于被动挨打的局面。

这时，毛泽东电示刘伯承、邓小平：“要放手消灭敌人，歼敌越多，对山东粉碎敌人重点攻势，乃至尔后跃进大别山均极为有利。”遵此，刘伯承决心在“啃敌一边”的基础上，进一步对敌东集团实施“各个击破”。于是他令第二、三、六纵队远距离向东奔袭，会合第一纵队，立即向敌进攻，不给敌人调整部署的时间，连续作战扩大战果。具体部署是：第一纵队由郓城地区于13日进到巨野东南，拊敌右侧背，割歼敌整编第三十二师，尔后攻击整编第七十师。第六纵队经张凤集向东，一部切断整编第三十二师与第六十六师的联系，主力于14日赶到薛扶集，协同第一纵队歼灭整编第三十二师。第二纵队由曹县向东，首先歼灭谢家集的整编第六十六师一部，尔后协同第三纵队割歼羊山集敌军。另以冀鲁豫军区独立第一、二旅在万福河北岸阻击金乡可能北援之敌。

7月13日拂晓，第一纵队主力进抵六营集、独山集以东的狼山屯地区，切断了敌整编第三十二师与整编第七十师的联系。其第二十旅进到嘉祥以西之马官屯，切断了该敌退路，并准备阻击可能由济宁来援的国民党军。第二纵队当天中午歼灭谢家集敌军一个团之后，向东协同第三纵队包围了羊山集之敌整编第六十六师。

王敬久发现其部队被分割包围后，举棋不定，先命整编第七十师向南，整编第六十六师向北，靠拢独山集之整编第三十二师；后又改令整编第三十二师向北到六营集接整编第七十师，一起到羊山集靠拢第六十六师。第一纵队抓住整编第三十二师向北运动的机会，展开追击，歼敌一个旅。敌整编第三十二师师部仅带一个旅逃入六营集。

14日，第六纵队赶到薛扶集地区，开始对六营集紧缩包围圈，并决心当夜总攻。这样，六营集地区形成了七个旅打敌两个半旅的优势。六营集仅仅有坐落在沙土地带的二百来户人家，既无粮，又缺水，酷暑季节，敌军两师人马挤在这里作困兽斗是很难设想的。刘伯承根据第一纵队杨勇司令员的建议，决定采用“围三缺一，虚留生路”的战法，由第六纵队强攻六营集，三面攻击，东面虚留生路，由第一纵队在六营集以东通往济宁的纸坊街以西的开阔地上，布成袋形阵地，准备围歼逃敌。当夜20时，敌遭猛攻之后，果然利用夜色和青纱帐作掩护，以整编第三十二师为左翼，整编第七十师为右翼，向济宁方向突围逃跑。一出六营集便争相夺路逃命，正好钻入第一纵队的袋形阵地之内，遭四面围攻，立刻溃不成军，迅速被全歼于六营集东南的洼地里。

六营集歼灭战的枪声方才终止，第二、三纵队就对羊山集的敌整编第六十六师发起了进攻。羊山集是一个上千户人家的大庄子，坐落在微山湖西金乡县的低洼地带。庄子北面是一座平地突起的小山，形状很像一只坐西北面东南、昂头蜷卧的大公羊，庄子西北波状起伏的小山包，构成“羊尾”，从这里可以通上“羊背”，东面的“羊头”、北面的“羊身”都是高低不等的断崖。南面傍山是一条从西向东的大街。敌军利用天然地形构筑了坚固的工事，加之连日大雨，三面环水，第二、三纵队事先没有认真侦察地形，即于15、16两日进行攻击。结果在敌人制高点火力压制下，伤亡不小，未能奏效。

7月19日，蒋介石急飞开封亲自指挥，从安阳、西安、潼关调整编第四十师、第十师、骑兵第一旅，从洛阳调第二〇六师，编入王仲廉的第四兵团。又从豫皖苏调整编第五十二师，从山东抽出整编第七师、第四十八师、第八十五师、整编第五师等主力部队，一齐驰援羊山集。同时严令王敬久就近指挥整编第五十八师及整编第六十六师第一九九旅，立即北渡万福河，解羊山之围。刘伯承闻讯，又安排了另一个口袋阵，等候敌人钻进来。他令冀鲁豫军区部队首先在万福河北岸阻击，杀伤北援之敌，在正面留一缺口，诱敌第一九九旅过河后，切断其与整编第五十八师的联系，在运动中予以歼灭。

20日，敌第一九九旅果然渡过万福河向北挺进，羊山集守敌也派出一个团向南迎接该旅。第三纵队及冀鲁豫军区部队，冒着倾盆大雨，突然将敌人包围于野外。22日经两小时激战，全歼第一九九旅及羊山集派出接应的一个团。第一九九旅旅长王仕翘被生擒。他满身泥水，高举双手，很认真地说："昨晚我算了卦，知道今天不吉利！"

第一九九旅的覆灭，使敌人各路援军畏缩不前。第四兵团司令官王仲廉借口道路泥泞，率部连日徘徊于冉固集、城武地区。

23日，中共中央军委和毛泽东电令："为迅速扩大已取得的主动权，应即短期休整，速向大别山跃进。羊山之敌如能迅速歼灭，则歼灭之，否则即转入休整。"

刘伯承与邓小平研究后认为，各路援敌尚在行进途中，金乡之敌已无力北援。主力可以全部集中，完全有迅速歼灭羊山守敌的把握，于是决定继续攻歼据守羊山的整编第六十六师。他们指示攻击部队重新组织侦察，并调整了部署，以第二纵队一部由西向东攻击，第三纵队第七旅、第六纵队第十六旅从北向南攻击，第三纵队一部由东向西攻击。各部加强炮火，着重夺取制高点。兵力上达到了10 ：3的优势。

部署已毕，刘伯承、邓小平前往羊山集前线，向纵队领导传达了中共中央军委的指示精神，然后问他们到前沿察看了地形没有，几个纵队指挥员都说没有。刘伯承说：越是胜利越要细心谨慎，不能疏忽大意，更不能急躁。你们要亲自到前沿看地形，了解一下为什么攻不下来，跟下边指战员研究如何打法。总之，不能再拖了，必须尽快把羊山集的敌人歼灭。各纵队指挥员应命而去。第二纵队司令员陈再道、第三纵队司令员陈锡联都直接到阵地前沿勘察。陈锡联一下子跳进齐胸深的水壕里，测量壕沟的宽度和深度，布置部队备好过壕器材，并制定了具体的进攻方案。

经过细密的准备工作，27日晚对羊山之敌发动总攻。激战一昼夜，28日晚全歼羊山守敌整编第六十六师。

至此，晋冀鲁豫野战军主力，在鲁西南连续作战28天，歼灭国民党军4个整编师师部，9个半旅，共5.6万余人。俘敌整编第六十六师师长宋瑞珂、第七十师师长陈颐鼎、第三十二师副师长理明亚以下4.3万余人，收复了鲁西南解放区，从而打开了千里跃进大别山的大门。

羊山集失守的消息传到开封，蒋介石恼怒异常。为了推卸责任，他以"行动迟缓，贻误戎机，纵敌殃民，陷害友军"的罪状判处第四兵团司令官王仲廉8年有期徒刑，遗职由罗广文接任。26日赶到商丘指挥的陆军总司令顾祝同，也灰溜溜地退回到徐州总司令部。

昼夜奋战28天的刘伯承，满怀胜利的喜悦和豪情，写下了他的著名诗篇：

狼山战捷复羊山，炮火雷鸣烟雾间。
千万居民齐拍手，欣看子弟夺城关。

第二节　提前跃进

正当全军指战员争相传诵刘伯承为羊山战斗胜利作的战斗诗篇时，新华社8月2日公布了中共中央通令嘉奖刘邓南下大军的消息。嘉奖令说："自卫战争第二年第一个月作战，除我山东及各战场均歼灭敌人一部外，刘邓自七月二日到七月二十八日在郓城、巨野、定陶地区以连续不停作战，歼灭敌人正规军九个半旅及四个师部，毙伤俘敌六万余人，战绩甚大，特此通令嘉奖。"同日，新华社冀鲁豫前线又发出刘伯承向该社记者谈鲁西南大捷重要意义的报道。刘伯承指出重要意义有二："第一是解放了数万人民，恢复了黄河两岸广大地区，武装掩护了修复河堤；第二是粉碎了蒋介石的'黄河战略'，开辟了鲁西南广大战场。给蒋介石进犯军准备了更好的坟墓。"

20多天的连阴雨停了，太阳从逐渐散开的雾气中露出了笑脸，鸟雀恢复了往日的喧噪。大河南北、梁山左右的解放区军民，都在庆贺人民自卫战争的伟大胜利。

自从6月30日夜晚开始，一个月来，刘伯承、邓小平一直没有好好休息过。特别是年过半百的刘伯承，不知度过了多少不眠之夜。近来，他那独存的左眼更红，他的睡眠更少了。邓小平、张际春、李达和司令部的参谋们，关心体恤他，除特别重大或中央指定由他本人回复的事，都不打扰他，让他安静地休息。但是，热情似火、心细如发的刘伯承，晨起后还是习惯地问参谋、警卫员：今天天气怎么样？晴天还是阴天？风向如何？听到准确的回答后，他才洗漱、吃早餐，接着就开始工作。

"常胜将军刘伯承"的盛名，已经传遍全国。可是，他一点也没有沉浸在胜利的喜悦中。过黄河后，因为新华社记者的一则报道中，用了刘邓"常胜军"的标题，他严肃地批评说："世界上没有常胜将军和常胜军。我们是人民的军队，依靠党和人民以及正义的战争性质，争取多打胜仗是应该的。"现在，他满心想的只是怎样担起千里跃进大别山的战略重任。他借用四川民间流传的嘉州"鬼门关"的故事，来比喻南进任务的艰险：自古人们只知三峡为川江的天险，我们四川人却还知道天险外还有一个险关。它位于嘉州（即乐山）岷江下游80公里的地方，两道陡直的高山把江水夹起来，水流飞泻直下，冲击着岩石又打回来。船行到这里，只有瞄准向峡里冲，稍一歪斜，就有船覆人亡的危险。在峡上面突出的山岩上，刻着"冲我来"三个大字，人称此处为"鬼门关"。任何一个船夫，都必须通过它才算胜利通过岷江。"鬼门关"像专门与川江勇士挑战的恶魔，每时每刻向过往的水手呼喊着："冲我来！"勇敢者朝着它冲过去，平安无事。怯懦者稍一犹豫，调转船头的念头尚未形成，就被激流漩涡吞没了！现在，中国人民与大地主大资产阶级的代表蒋介石的决斗，已经到了成败关头，真像传说的冲"鬼门关"一样，只准向前，不准退后，半点犹豫都不能有。

7月23日，毛泽东的部署确定了；以刘邓领导的晋冀鲁豫野战军主力，千里跃进大别山；华东野战军和陈谢集团配合向中原推进，共同实施战略进攻的任务，并规定陈谢集团挺进豫西后归刘邓指挥。毛泽东充分考虑到南进后的困难，要求刘伯承、邓小平“立即集中全军休整十天左右，除扫清过路小敌及民团外，不打陇海，不打黄河以东，也不打平汉路，下决心不要后方，以半月行程直出大别山，占领大别山为中心的数十县，肃清民团，发动群众，建立根据地，吸引敌人向我进攻打运动战”。

久战疲惫的晋冀鲁豫野战军急需休整补充。鲁西南战役结束的当天，刘伯承、邓小平致电中央军委：因南渡后连续作战，损耗甚大，伤亡约 1.3 万，炮弹消耗殆尽，新兵没有来源，俘虏至少需 20 天教育争取方可补充，以补足伤亡；当前敌人现有 17 个旅，除整编第四十师外，战斗力均不强，山东敌人又难西调，仍有内线歼敌之机会，故积极做南进准备立即休整半个月，第一步依托豫皖苏，保持后方接济。第二天，毛泽东电复，同意刘邓全军休整半个月和第一步依托豫皖苏的计划，两个月后看情况，或有依托地逐步向南发展，或直出大别山。

但敌情很快发生了变化。蒋介石决心暂缓山东方向的进攻，改集大军于鲁西南，企图与刘邓大军进行决战。8 月初，他从山东、洛阳、郑州、西安等地连续抽调大批兵力，加上原在鲁西南的部队，拼凑成 5 个集团共 30 个旅，分 5 路向郓城、巨野地区扑来。蒋介石想沿用过去“围剿”红军的所谓“分进合击”的老战术，一举把刘邓大军歼灭在黄河与陇海路之间，或逐回黄河以北。此举不成，他还准备决堤开坝，用滔滔黄河水来淹刘邓大军。

8 月 1 日起，鲁西南又是连日大雨，黄河猛涨。在金乡县赵家楼村的晋冀鲁豫南征野战军的指挥部里，刘伯承焦虑不安地注视着敌情和水情的变化。戎马倥偬，他仍不忘及时提高指挥员的战术素养，利用作战间隙校译了苏军《合同战术》一书，并撰写了《重校前言》，在这个前言中，他预见到实行战略进攻后将要面临的大兵团作战，提出了下决心的基础、进行主动的灵活的机动、协同动作与通信联络三项重要的作战原则，以指导部队尔后的作战行动。

8 月 2 日水情报告：黄河滦口水位由 2 米增至 30.3 米，每秒流量达 2034 立方米。同日的敌情报告：张淦集团整编第七、四十八师已由鲁南车运抵达商丘、砀山地区；王敬久集团整编第三、五十八、八十五师和邱清泉第五军进犯郓城；罗广文第四兵团整编第三、四十师及骑兵第一旅进犯新集，刘汝明集团整编第五十五、六十八师随后跟进。敌人摆出一副数路钳击的态势。

军情紧急，水情逼人。刘伯承、邓小平决心提前实施跃进，率领大军直插大别山。

就在这一天，刘伯承、邓小平召集各纵队和冀鲁豫、豫皖苏军区负责人开会讨论和部署南进行动。会议讨论阶段的气氛很热烈。不少人主张在鲁西南或豫皖苏再打一个大仗，理由是依托根据地作战有利条件很多，有人民群众的支援，物资弹药补充以及地形也都便利；加上华东野战军外线兵团的五个纵队已到达郓城、巨野地区，力量上更加强大；部队虽经连续作战，消耗较大也很疲劳，但在连战连捷的鼓舞下，士气旺盛，求战情绪很高。而且如能再给敌人一个大的打击，歼敌越多，对战略跃进就越有利，南下的包袱也就减轻了许多。

刘伯承、邓小平全神贯注地倾听着大家的议论，脸上时而微笑，时而严肃，人们的不同认识牵动着他们的思绪。刘伯承间或拿起放大镜，走到墙上的地图跟前查看着什么，思考中张开手掌，用拇指和中指在地图上上下左右计量着。

讨论完毕，刘伯承对大家讲话。他说：我和小平同志一致认为，跃进大别山，是党中央、中央军委赋予我们的战略任务，是我们考虑一切问题的出发点和立足点。把战争引向蒋管区，彻底粉碎敌人的重点进攻，有利于扭转全国的战略局势，因此困难再大也要克服。当前敌集重点于鲁西南和陇海路，企图与我决战。我们也曾考虑在鲁西南再打一仗，再歼灭它几万人。但当前陇海路南至长江边广大地区，敌兵力薄弱，后方空虚，正是我跃进大别山的大好时机，所以要当机立断，抓紧时间，越早越好，越快越好，以发挥战略突然性的奇效。机不可失，时不我待，党中央要求我们一定要先敌进入大别山，先敌在大别山展开。他一口气讲述了提前跃进的道理，最后讲到两个“先敌”时，特别加重了语气，表明了把跃进提前的关键所在。

刘伯承在干部大会上作进军大别山的动员讲话

邓小平接着讲话，他说，毛泽东对我军千里跃进大别山估计了三个前途：一是付了代价站不住脚准备回来；二是付了代价站不稳脚，在周围坚持打游击；三是付了代价站稳了脚跟。我们要从最困难方面着想，坚决勇敢地战胜一切困难，争取最好的前途。当然我们马上行动，会有很多困难，但在党中央正确领导下，在全国各战略区特别是陈粟、陈谢大军的有力配合下，有广大指战员的艰苦奋斗，任何困难都是可以克服的。

随后，刘伯承讲了跃进大别山的部署。他说，为了保持行动的隐蔽突然，造成敌人的错觉和不意，确定野战军主力分三路南进：以第一纵队指挥中原独立旅为西路，沿曹县、宁陵、拓城、项城之线以西南进，直插豫南；以第三纵队为东路，沿城武、虞城、鹿邑、界首之线以东南进，直插皖西；中原局、野战军指挥部和第二、六纵队为中路，沿单县、虞城、界首、临泉之线以西南进。5000余名地方干部随各纵队行进，以便于迅速开辟地方工作。

会议要求大家从速完成南进的各项准备工作。

8月6日，刘伯承、邓小平在指挥部作战室又召集了一个会议。司令部处、科干部都参加了，张际春副政委、李达参谋长、郭天民副参谋长都出席了会议。

会议一开始，刘伯承就说：今天咱们开会打破点常规，到会的人多点。过去，确定作战计划，虽然也征求部门工作人员的意见，但多半只是少数有关领导同志参加。我们下一步的作战，是战略性的行动，需要充分发扬军事民主，集思广益，慎重对待，正确处理，所以开个范围稍大的会议，以求处理得更好些。

接着，由情报处参谋先汇报日内敌情和水情。

然后，刘伯承又针对司令部工作人员的思想实际、工作特点，讲了一些意见。他说：关于是否提前行动的利弊，大家已经细致地考虑过了，现在是领导决心已下，要大家更集中地讨论各自的准备工作了。千里跃进是无后方的行动，各种物质准备要抓紧做。说着，他走到地图跟前，手持放大镜，边看边向参谋人员询问敌军的新情况，最后，他着重叮咛说："你们都是做参谋工作的，参谋参谋，就是要参与谋划，要多谋善断啊！当前就是要抓紧时间，想一切办法，加强对当面敌情（包括黄河水位）的了解，掌握它的变化，要确切弄清陇海路以南，淮河以北，津浦路徐州、蚌埠段以西，平汉路郑州、信阳段以东地区的地形、河流、交通、道路情况，把这些情况都在地图上醒目地标志出来。越快越好！机不可失，时不我待，我们要立即行动了！"

司令部的机器开动了。他们把刘邓的意图，给中共中央的报告，给各纵队的指示，用地图、密码、电文等手段分送出去。

向中共中央的请示是："我决心提前于8月7日全军开始战略跃进！"

中共中央军委于8月9日、10日连续复电刘伯承、邓小平指出："决心完全正确。""情况紧急不及请示时，一切由你们机断处理。"

刘邓大军提前跃进的战略性行动就这样确定下来了。

第三节　三出陇海路

1947年8月6日，刘伯承、邓小平下达了挺进大别山的预备命令。命令规定了3路开进的路线和目标。为着更利于主力隐蔽地突然实施跃进，又令第十一纵队和冀鲁豫军区部队，在鲁西南地区积极开展攻势活动，并到黄河渡口佯动，造成野战军主力渡河北返的声势假象，以迷惑吸引敌人继续合围；豫皖苏军区部队破击平汉路，断敌交通，待主力跨过陇海路后，中原独立旅即西越平汉路，直趋信阳以西，做出挺进桐柏山的姿态，以迷惑武汉、信阳方面的国民党军。

在命令的后面着重写明两点：

一、暂归野战军指挥的华野外线兵团五个纵队，于鲁南、鲁西地区，寻机歼敌，掩护晋冀鲁豫野战军主力南进。

二、为着迅速开展大别山根据地的开辟、重建工作，晋冀鲁豫中央局所组织的南征工作团，随中路野战军直属队和第二、六纵队行动。要充分发挥他们的战斗作用，并全力保证他们安全。

接到命令后迅速准备，决定明天晚上开始行动。

刘伯承一遍遍地校正了电报稿，然后才和邓小平、李达一同签署。

当命令下达之后，刘伯承又来到作战室。他严肃地对李达和作战科的参谋说："决心定了，部署有了，命令也下达了，你们做参谋工作的同志现在就应该研究我军到达大别山以后的战略展开问题。"他擦了擦被热气朦胧了的眼镜，又继续说，"我进军大别山，东瞰合肥、南京，西逼武汉三镇，威胁敌人长江防线，蒋介石当然不会罢休，还会纠集重兵，包围、进攻我军，企图乘我立足未稳之际，各个击破。因此，我们不仅要考虑到战略进军本身的问题，还必须部署好到大别山的战略展开。总的原则是既要分兵一部消灭分散的守敌，发动群众，建立根据地；又要集中一定兵力，打中小型运动战，粉碎敌人的进攻"。他越说越铿锵有力，"总之，我们不仅要考虑大别山根据地的建立和巩固，还应该考虑和研究夺取整个中原的步骤"。

根据刘伯承的意图，司令部制定的部队战略展开的部署是：以一个纵队向合肥、芜湖之线以西的皖西地区实施展开；以一个纵队向信阳、武汉之线以东的豫东南、鄂东地区展开；另两个纵队主力位于大别山北麓的商城、罗山地区，主要任务是掩护战略展开，同时分遣一部分兵力，扫清大别山腹地数十县的国民党地方武装，帮助地方干部开展新区工作，建立根据地。

听着李达参谋长的部署汇报，刘伯承充满信心地说："好！请邓政委过目一下，咱们就这么干！'中原逐鹿，鹿死谁手？'只要我们坚决贯彻党中央的指示，把毛泽东军事思想和具体情况紧密结合，灵活运用，就一定能够取得胜利，'鹿'肯定要死于中国人民之手！"

连阴雨仍然昼夜不停地下着，指挥部的院子里又涨满了水。刘伯承守候在厢房负责水情的参谋那儿，专心注视着展开的河图，倾听着黄河水利委员会的工程人员报告阿城至东明一段河堤的情况。

刺向蒋介石心脏的利剑就要出鞘了！

刘伯承周密的安排完全迷惑了敌人。8 月 6 日，蒋介石判断刘邓大军将由鲁西南越陇海路"南窜"，下令部队迅速南进追击。在徐州指挥的陆军总司令顾祝同接到"黄河边有共军主力活动"的情报，判断刘邓大军将渡河"北退"，下令部队北进堵截。8 日，顾祝同发现刘邓大军向南移动，下令部队南返，蒋介石却又判断刘邓大军渡河北撤，下令部队尾追。真是朝令夕变，弄得部属们无所适从。

出发前，已来不及同华野外线兵团领导面谈，但是刘伯承同他们通了一次电话。

“我们上马了。”刘伯承说。

“牌怎么打法？”对方请示。

“打一张鹅牌[①]。”刘伯承用密语作了简明的回答。意思要他们以少数兵力寻机歼灭敌人，掩护刘邓大军南进的战略行动。

8月7日夜，正当坐镇开封的蒋介石以30个旅，分路向鲁西南合击时，刘邓大军12万人以破釜沉舟的决心，突然甩开敌人，开始了向大别山挺进的战略性行动。

从11日夜起，横贯中原的大动脉陇海铁路，第三次被刘邓大军的脚步声震动了。连续三天，各路部队大都没有遇到敌人像样的阻击。偶然听到几声凄厉的枪响，那是几个被迫护路的国民党军士兵逃跑时虚放的。不愿再受国民党军欺凌压榨的铁路员工，自动留下来，协助工兵破路，并为辎重部队过路铺设便道。一时火光冲天，拉大炮的卡车的轰隆声、大车轮子的咕噜声、步兵飞速的脚步声，响彻原野。

1947年8月11日，刘邓大军跨过陇海铁路，向大别山跃进

刘伯承、邓小平走在中原局和野战军指挥部所率的第二、六纵队中间。13日晚，当月亮迟迟冲出云层的时候，他俩在虞城古心王集附近，跨过了陇海路。

天气阴晴不定，有时小雨，有时又烈日当顶，暑气蒸人。大军人马日夜浸泡在汗水、泥泞之中。有人开玩笑说：“当年唐僧西天取经过火焰山，也比不上咱们这阵儿。”部队严格遵守群众纪律，休息时不进村，尽可能吃干粮、喝冷水就大蒜。即使被熟透的西瓜绊倒，也无人拾起来吃；偶尔为救伤病员摘一个来，也要把应付的钱连同致谢的短信，挂在无人的瓜棚里。

---

① 牌九中的一张牌，一边1点，一边3点。

刘伯承、邓小平每次从因病掉队的战士身边经过，总是把身边极少的急救药品、水或者自己头上的草帽留给他们。

14 日，部队按预定计划在豫皖苏解放区的大牛岭、吴台庙、杨蔡园作一天的休息。

就在这天，部队突然改善了生活，指战员们从经验出发，还以为是休息的安排，不料顿顿餐餐都有提高。很快，大家都知道了缘由，原来是刘伯承、邓小平的建议：给远征的指战员增加粮食和菜金。

刘伯承十分关心野战军直属队的行动，他担心他们在艰苦的长距离行军中能否跟上大部队。当他得知野战军政治部及其所属的各部门都安全到达宿营地，并听到各路大军中政治机关干部大都随连队行动，在艰苦的行军中创造性地发明了形式多样的宣传、鼓动工作时，连连称赞，并一一询问中原局、南下工作团、卫生队、文工团、新华社野战记者团的情况。

24 小时的休息过去了。战士晾晒的衣服还没干，刘伯承、邓小平又下达了新的紧急命令："16 日上午 11 时半，向黄泛区开进，行程 180 里。"

又是一个暑日黎明。阳光从窗户里射进来，刘伯承照例先听取参谋对天气、敌情的汇报。参谋报告说：预报今天是个大晴天。敌人仍未判明我们的行动目标，黄泛区内未发现敌人，沙河方面敌保安团队有控制船只模样。接着，他细致询问向黄泛区进军命令发布后，部队情绪如何，有人回答说：部队情绪很高。还有不少人说："黄河都过了，还在乎这些水沟水坑？只要天上的'小红头'① '黑寡妇'② 不来下蛋，呼呼啦啦不就蹚过去了吗？"

"这是危险的情绪！它绝不是一坑黄水，而是一只张着血口的老虎……现在我们要从虎口中冲过去！"刘伯承声色严肃地说。

第四节　第二个"草地"

刘邓大军已经穿越了陇海路，深入国民党军战略纵深 200 多里，在阴雨、溽暑中度过了整整五个昼夜。但蒋介石仍然认定他们是"向南逃窜"。因此，仅以整编第四十六师一部自蚌埠西进太和，纠合地方团队在沙河布防；而以主力罗广文兵团和张淦兵团的 12 个旅编为第一梯队，王敬久集团的 18 个旅为第二梯队，分路南追；并以整编第五十二、五十六、十五、二〇六师各 1 个旅在平汉路侧击，妄图把刘邓大军一举歼灭在黄泛区。

对于敌人的错误判断和兵力部署，刘伯承、邓小平同样是十分重视并认真对待的。因为十几万人马，要突破四五十里布满泥水的天然障碍，绝不是轻而易举之事。

17 日，各路部队以日行至少 80 里的速度，先后进入黄泛区。野战军指挥部

---

① 国民党军的侦察战斗机。

② 国民党军的轰炸机。

所在的中路纵队离开古心王集，冒着烈日向南挺进，到周堂口一路还可以通车，过涡河也没费力气，但到了郸城集进入黄泛区的边沿时，情况就不一样了。

这儿，是一眼望不到边的汪洋。要不是尚有一些民房的屋脊和树木的顶梢露出水面，谁也不会想到这里原来是一片沃野和居民地。

刘伯承、邓小平一面命令部队设法通过黄泛区，一面指示各级指挥员，抓紧时间向战士再次介绍黄泛区形成的历史，使大家不要忘记蒋介石在郑州花园口掘开黄河大堤，毁了 32 万人民生命的罪恶。

步兵、骑兵、炮兵、辎重、担架、大车一齐下水了，像潮汐过后赶海的人群一样拥挤、热闹。有的地方，明明看着水已干涸，但一脚下去，却是稀烂的胶泥。前脚起后脚陷，使劲愈大，陷得愈深，甚至拔不出来。马匹的驮鞍早就卸下了，各种炮也都尽可能地拆散，扛着涉渡。马匹吼叫着，越挣扎，越下沉。炮车轮越旋转，越往下钻。无法隐蔽和伪装的目标，被敌人的“小红头”和“黑寡妇”轮番扫射轰炸。战士们用步枪、机枪仰射。这古今中外战争史上罕见的场面，使参加过万里长征的老红军，都异口同声地说：“这是第二个草地。”

刘伯承、邓小平命令部队尽量隐蔽，彻底轻装。学习当地群众的经验，利用木板、干草，甚至破棉被，把陷在泥里的人马救出来。熟悉黄泛区地形的老乡，主动设置路标，铺垫什物，帮助部队尽快通过。

当刘伯承发现后勤的大车超出了规定的数目，特别是看见有的车上竟装着太行山的小米、山西的陈醋、山东的大葱，他的脸色很少见地沉下来，对车队领导说：“我的好同志们！咱们一再宣誓要破釜沉舟打天下，要舍得甩掉坛坛罐罐，乃至准备随时牺牲自己的生命，要节省民力，让他们的力量更有效地用于革命战争。这些鸡毛蒜皮值得装上大车吗？红军北上抗日，是吃皮带、草根、树皮过来的。哪个干部到大别山吃这些东西，不脸红吗？”

没待他说完，管理人员齐声检讨说：“是我们错了……”并立即吩咐重新调配，把大车尽量放回。

大军继续前进。刘伯承、邓小平也夹在满身沾着泥浆的人们中间，吃力地走着。刘伯承边走边观察，发现榴弹炮渡黄泛区确实困难，就命令炮兵指挥员将它隐藏起来或者炸毁。炮手们一面执行命令，一面却抱着这些用生命换来的武器，不忍释手，有的竟放声痛哭。

18 日夜，部队通过了黄泛区，急行军 30 多里，直奔沙河。豫皖苏军区部队已预先搭好了浮桥，指挥部得以顺利通过，天明到达安徽沈丘县贾寨。

部队都抓紧时间休息了，人马都疲倦得像一摊泥。刘伯承还是没有休息，在李达陪同下四下走动着，怜恤地看着酣睡的战士，同时吩咐：“得赶紧布置防空警戒。”

军政处长杨国宇正要请示下一步行动，刘伯承吩咐说：“后勤人员还没有过河。河水猛涨无法架浮桥，船少，又不断被敌机炸毁，我们要争取时间抢渡。你协助参谋长立即乘吉普车到沙河渡口，动员船夫，用最有效的办法，快速渡河！耽误一分钟，就是对人民犯罪！”

1947 年 8 月 18 日夜，刘邓大军通过黄泛区

挺进大别山的部队夜渡沙河

由于加强了组织和指挥，后勤部门的渡河行动变得有条不紊。部队分两个渡口渡河，一个渡人员，一个渡车辆，有经验的驭手牵着牲口徒涉，很快顺利地渡过了沙河。

直到这时候，蒋介石才如梦初醒，发觉刘邓所部并不是“向南流窜”，而是有目的地挺进大别山，威胁他的战略后方。本来他已派出几十部电台在陇海路以南侦听刘邓部队的电台讯号，以判明刘邓部队的去向，刘伯承早已料到这一着，命令所有部队一律停止使用电台。因此，蒋介石对刘伯承的行动始终不明底细。

过沙河后，刘伯承、邓小平立即指示各纵队领导做以下部署：

一、敌已判明我到大别山，正部署堵击中。王敬久率第三师、五十八师，17日由砀山经夏邑向亳州前进。罗广文率第十师、二〇六师似沿平汉路运动。16日，柘城北之远襄集到敌百余，可能是桂系。吴绍周之第八十五师、五十七师仍在单县地区。第五军仍在郓城地区。刘汝明仍在菏、鄄地区。敌人兵力分散，我军务于19日渡河完毕，以争取先机。

二、过河后部署如下：

（一）第一纵队占领商水，主力集结商水以东、以西，休息二三天，派1先头旅，占领上蔡。第二步，主力占领汝南，派1个旅占领正阳，尔后该旅即在上蔡、汝南、正阳之线待机。但应以骑兵团和张才千旅，进至平汉线，由北向南破路。同时，由上蔡之旅1个营附电台，留置商水，向北游侦警戒。如能更早点占领汝南、正阳，更为有利。

（二）第六纵队占领项城，休息两天，以先头旅控制洪河，尔后留置1个旅在新蔡及其以南。派1个营附电台，留沈丘东西地区，游侦警戒。主力南进，占领潢川、光山、商城3城待机。

（三）第三纵队在颍州（阜阳）以西地区，休息两天，以先头旅控制三河尖东西地区，尔后除留置1个营附电台，在三河尖游侦警戒外，全部自择道路，或经霍丘、砚蛮，迅速占领六安、霍山、立煌[①]3城。

（四）本部在第二、六纵队之间行进。

胜利渡过沙河之后，刘伯承、邓小平向全军指战员正式宣布了跃进大别山的任务。为了快速前进，战胜敌人的追堵，刘伯承、邓小平命令各部队再次实行轻装，埋藏和炸毁一些笨重武器和车辆，提出“走到大别山就是胜利”的响亮口号。

部队斗志昂扬，前进的速度更快了。8月19日，刘伯承、邓小平率指挥部从新蔡县杨埠渡过洪河。于是，涡河、黄泛区、沙河、洪河都被刘邓大军远远抛在后面，反而变成了国民党军追兵的障碍。

第五节　狭路相逢勇者胜

刘邓大军3路前进。8月23日，东路第三纵队到达淮河北岸；西路第一纵队到达汝南城附近汝河北岸；中路第二纵队主力在新蔡东南渡过了洪河，刘伯

① 即金寨县。1932年国民党占领鄂豫皖根据地后，蒋介石以其将领卫立煌的名字命名。

承、邓小平率野战军指挥部随第六纵队抵达汝河北岸黄刘营附近。

经过侦察，南岸汝南埠驻有国民党的地方保安部队，河内船只，已被搜砸一空。担任先遣任务的第六纵队第十八旅，牢记他们的任务是逢山开路、遇水搭桥，为后续部队扫清障碍，开辟进军道路。他们一刻也不迟疑，立即分头寻找船只，搜集渡河器材。

24 日上午，汝河上空出现了国民党军的“红头”飞机，在先遣部队的头上盘旋低飞。12 时左右，汝河南岸西边的公路上，突然烟尘滚滚，人喊马嘶。黑压压的队伍沿公路由西向油坊店、汝南埠一带运动。眼看着国民党军在河对岸晋冀鲁豫南征野战军正面布防，形成对峙状态。有经验的指挥员感到情况严重了。

汝河岸边出现的敌情，刘伯承是早有预料的。他已获悉：在刘邓大军南下之后，蒋介石一怒之下，撤销了陈诚的参谋总长职务，降为东北行政长官，怒斥追击刘邓军的国民党军：“追兵迟出早归，形似旅次行军。”哀叹“似此何以挽救党国于危亡？”并严令加紧追击，部署堵截。蒋介石本人则自兼参谋总长，飞至前线上空督战。

天刚落黑，刘伯承、邓小平等已经赶到汝河边。河对岸十几公里的地方，满天通红，一片火光，这是敌人在村庄里放的火。

刘伯承、邓小平迅速进入离渡口 100 多米处的小草房里，第六纵队政委杜义德、副司令员韦杰，第十六旅旅长尤太忠，第十八旅旅长肖永银也先后跟进来。大家都还未坐下，刘伯承就严肃地问：“你们了解情况吗？”

“报告司令员、政委：12 点钟以后，敌整编第八十五师吴绍周部进入了油坊店、汝南埠一线，挡住了我们前进的道路。我第五十二团占领了河南岸大雷岗，工兵架起了浮桥。现在敌人正集中火力轰击北岸，封锁浮桥。我旅其他各团已集结河北岸待命。”先头旅肖永银旅长回答。

李达参谋长把地图在桌子上铺开，报告最新情况：“我过沙河后，敌人发现了我们的战略意图，开始派部队向我追击，企图拦住我军主力，在洪河、汝河之间进行决战，以打乱我进军大别山的战略计划。现在敌整编第八十五师和第十五师一个旅，约 3 万人，已赶到汝河南岸，后面追击我们的罗广文兵团整编第五十八、四十八等三个师，已离我们只有 50 里路了。”

屋里的人们全都集中注意力看着地图，只在参谋长的话被近处爆炸的炮弹声打断时，有人才拉正了门窗上的布帘，挑亮了油灯，大家准备接受刘伯承和邓小平的命令。

一直凝神静听的刘伯承，微微抬起了头，用他分外沉着、安详的眼光巡视着每一张焦急的面孔，他开了口：“同志们！情况确实是严重的，我们已经听到追击我们的敌人的炮声了！如果让后面敌人赶到，把我们夹在中间，不但影响战略跃进，而且还有全军覆灭的危险！”说到这里，他的声调变了，坚毅有力、如金石坠地：“自古狭路相逢勇者胜！”他用拳头撞击着桌面，更高声地重复着：“狭路相逢勇者胜啊！同志们，明白吧？从现在起，不管白天黑夜，不管敌人的飞机大炮，我们要以进攻的手段对付进攻的敌人，从敌人的阵地上打开一条血路冲过去！只要我们坚决勇敢，不怕牺牲，就一定能打过去。这次战斗考验着我们每一个共产党员，看你这党员够不够分量！野司要从这里渡河！”

邓小平接着说：“情况就是这样，千钧一发啊！现在除了坚决打过去以外，没有别的出路。桥断了，再修！敌人不让路，就打！今天过不去汝河，后面敌人明天就赶到了。我们决不给敌人以时间！过不去就得分散打游击，或者转回去，这就是说我们完不成党中央和毛主席赋予的战略任务！在最紧急的关头，正是考验我们共产党和革命军人的时候，我们要不惜一切代价和牺牲，坚决打过去！”

人们的心在剧烈跳动，血已沸腾，脑子里萦回着司令员、政委的命令：“狭路相逢勇者胜！”“坚决杀出一条血路，打过汝河去！”“看你这共产党员够不够分量！”

刘伯承又打破紧张、沉默的气氛说：“时间不多了，咱们马上行动，强渡！五十二团的勇士们，已经勇敢、机动地冒着敌人炮击和轰炸，强渡到汝河南岸从敌人手中夺取了第一个桥头堡大雷岗。这是对敌人防守的南岸楔进了第一个楔子！十八旅工兵连又冒着重重封锁，积极搜索船只架设浮桥，这都好得很！命令部队，保护好浮桥，我们要从上面杀过去！”

“河南岸有五十二团防守，桥头上有两个战斗力很强的工兵连，敌人一再炮击、轰炸，他们一再修复。桥，决不会丢失！”肖永银旅长的话刚说完，工兵连派通信员来报告：“刚才的枪声，是敌人第四次抢桥，约有一个连的兵力，已被击退。”

“只要桥在我们手中就好办！”刘伯承自语般地说着，又让李达把地图铺在地上，蹲下来，将放大镜罩在左眼上。周围的人也都蹲下来，注视着刘伯承手指的移动。他又一次重复说：“十八旅从中间杀出一条路，抗住两边敌人，作为野司、纵直的前卫，奋力攻击前进！十六旅接替五十二团防务，固守大、小雷岗，保护浮桥，保护大军安全渡河！十七旅继续在左翼迟滞敌军西援。立即执行！”

一颗炮弹在近处爆炸，弹片震落的尘土撒满了地图。有人扑向刘伯承、邓小平，去掩护他俩；有人劝他们还是离开，隐蔽些好。他们却分外镇静，刘伯承用手将地图上的尘土拂掉，并且催促大家说：“不要管我们，快执行任务，打你们的仗去！”

几位旅长跑步回到部队传达了刘伯承、邓小平的命令。“狭路相逢勇者胜”的壮语，像电流一样传到了每一个指战员的心里。

接着，刘伯承和邓小平也从浮桥上跑步来到汝河南岸，进入了肖永银给他们安排的指挥部——姚官屯。这儿虽然离敌人更近了，但和自己的战士也更近了。

刘伯承、邓小平立即派人送命令给北岸的张际春。命令：“明天不管飞机如何轰炸，大炮、机枪如何封锁，均应坚决强渡！”并嘱部队要再次轻装，把所有机密文件烧掉，不给敌人留下片纸只字。

“刘邓首长已在我们身边，他们要和我们一同打过汝河去！”大家互相传送着这一鼓舞人心的消息。

这时候，纵队领导到了旅指挥所；旅、团长到最前面去指挥营、连；战士们争当开路先锋。

第五十二、五十三团做前卫，并肩从大雷岗向南攻击前进。第五十四团为第二梯队紧跟，各连均以四路纵队前进，步枪上刺刀，揭开手榴弹盖，不管遇见任何顽抗的敌人，都立即消灭。

整整一夜的拼杀，部队浴血向前，胜利的捷报一个接一个报到野战军指挥部。

通道打开了，血路杀出来了！汝河南岸横宽六七里的地区，已看不到敌人的踪影。为着使数万大军安全通过，先头旅更加警惕地布置兵力，准备打退两边敌人的反扑，用生命守卫着每一块已经占领的阵地。

天渐破晓，野战军指挥部和中原局、南下工作团都过河来了。肖永银带 1 个营掩护刘伯承、邓小平离开指挥部继续向南挺进。他们没有骑马，同大家一起轻快地步行。他们的身后，是浩浩荡荡的大军奔驰南下。他们的行动，证明了“狭路相逢勇者胜”！

第六节　探水涉淮河

在强渡汝河的战斗尚未全部结束时，刘伯承就看好了跃进征途上的最后一着棋——抢渡淮河。

8 月 25 日下午 2 时左右，刘伯承、邓小平风尘仆仆地赶到预先给部队指定的集合点息县彭店。天空飘着毛毛雨。在村口，刘伯承见到了肖永银旅长。他笑着问：

“肖永银同志，你的指挥所在哪里呀？”

“在野外。”肖永银回答。

刘伯承还是笑着说：“找个房子吧，天还落雨啊！”

“敌人情况还没摸清，又急着布置警戒，还没有顾到找房子。”肖永银恳切地汇报。

刘伯承又问：“今晚你去打息县怎么样？”

“没问题，坚决执行命令。”肖永银立正作答。

正在这时，第十八旅司令部的作战参谋来接刘伯承、邓小平等首长先到一个老乡家里去休息。

刘伯承、邓小平一进屋，看见第六纵队和各旅的领导干部都在，用十分满意的口气表扬汝河战斗“打得好”。接着，刘伯承感叹地说：“我们这次能突出敌人的重围，主要靠我们向敌人采取了坚决的进攻，迫使进攻的敌人变成防御，主动变成被动。打仗就是这样，在关键时候只有勇猛才能战胜敌人。”稍停，他又下达了命令：“同志们，我晓得部队是疲劳的。可是，胜利只能在战胜疲劳之后才能得到！敌人希望疲劳捆住我们的手脚。因此，我们一秒钟都不能停步，必须立即出发，向淮河进军。明天拂晓前要攻下息县，夺下淮河渡口，夺下咱们战略跃进途中的最后一个关口！”听的人都激动得屏住了呼吸。刘伯承又重复他常讲的话：“打仗就是这样，要抓关键。在关键性的地方要勇、要猛，才能战胜敌人。敌人想把我们消灭在汝河岸边，但是在我们的勇士面前，他们的企图完全被粉碎了！现在，敌人肯定是要在汝、淮之间挫我跃进的锋芒，想使我们功亏一篑，这又是一关啊！大家还是要牢记，决不和敌人纠缠，恋战就正中敌人之计，只能抢先渡过淮河！”

当晚，野战军指挥部和第六纵队进到淮河北岸息县、临河一线。邓小平提出由他指挥阻击尾追之敌，李达参谋长指挥渡河，刘伯承和张际春副政委先行渡河，指挥进入大别山的部队。大家一致同意他的意见。刘伯承说：“政治委员说了就是决定，立即执行。”于是，李达亲率第十八旅赶到淮河渡口。这儿本来可以徒涉，不料，当部队到达时，上游却突然涨水。渡口上的船只，也多被敌人破坏，只剩下十来只小木船。敌情十分紧急，据可靠的情报：敌整编第四十八、第七、第五十八、第十、第三、第六十五、第五十二师、骑兵第一旅等，已经紧追而来，其中整编第六十五师已接近刘邓野战军中路纵队，其先头部队已到彭店，和后卫部队接上了火，离淮河渡口只有 30 多里了。

担任先头的第十八旅，奉命必须在 26 日 12 时之前渡完。

旅指挥员分头在渡口指挥监督十几只木船进行抢渡。但依眼前的实际情况，今明两日渡完一个旅也是困难的，怎么办呢？

屋漏偏遇连阴雨，船破又遭顶头风。淮河上忽地巨风突起，小船在风浪中打旋。困难增加了，摆渡的速度减慢了。

李达参谋长镇定地指挥着部队抢渡。先头旅的领导一面抓紧一分一秒的时间按计划让部队上船，一面和参谋长核计着当夜完成任务的实际困难。这些，刘伯承全都看到了眼里。他比所有的人想得更多，他让旅政委李震留在渡口加紧指挥抢渡，带着李达和肖永银回到他的临时指挥所去，商讨加速渡河的紧急措施。小屋塞得满满的，近 40 摄氏度的高温使人几乎窒息。在一阵沉默后，刘伯承向肖永银发问了：

“河水真的不能徒涉吗？”

“河水很深，不能徒涉。”肖永银根据实地了解的情况，作了肯定的回答。

“到处都一样，都不能徒涉吗？”刘伯承又认真地追问道。

“淮河忽涨忽落，现在涨得很深。河边老百姓说，从来没人敢在这样的季节涉水。”肖永银作了进一步的回答。

刘伯承继续细心周密地向肖永银等提出一系列问题：

“你们是不是亲自侦察过？试过徒涉？亲自找向导查了没有？找过几个老乡？他们怎么说的？能架桥吗？”

肖永银等旅的领导虽一一回答了他的所有提问，但他心里仍然觉得不够踏实，决定要先和野战军指挥部的人员渡过一部分去。

说着，刘伯承拄着一根长过身高的竹竿，带着两个手提马灯的警卫员来到了渡口。他不要人搀扶，登上了一只小舢板。

小船顶风破浪向南划去。岸边的同志都向刘伯承投以敬仰、关怀的目光，默祝他安然、快速地抵达南岸。已经是天将黎明的时刻，下弦月的微光紧紧跟着他的小船，北岸的人们一直看着他高大的身影在船边摆动。忽然，从河心传来了熟

南征部队涉渡淮河

悉的声音："能架桥呀！我试了许多地方，河水都不太深！"

这时岸边的指战员才明白，刘伯承原来是在亲自测量水的深度。小舢板经过水浅之处，他还让警卫员插上了标杆。

"告诉李参谋长，叫他坚决架桥！"刘伯承的命令继续传到北岸。他怕呼喊听不清楚，又派人送来了亲笔书写的命令："河水不深，流速甚缓，速告李参谋长可以架桥！"

李达在北岸正按刘伯承的命令布置架桥，忽然，刘伯承又派人送来了信："我亲眼看见上游有人牵马过河，证明完全可以徒涉，立即转告李参谋长，不要架桥了，叫部队迅速徒涉！"

李达下达了部队徒涉的命令。好多路纵队，成千上万的人马，浩浩荡荡地从淮河上徒涉过去了。8月27日，刘邓大军终于战胜了南征途中最后一个险关，进入了大别山区。人民解放战争的车轮，已经不可逆转地开到蒋介石统治区来了。

第十四章　战略展开三回合

第一节　立足生根

“刘司令员骑上了马，邓政委笑了。”

这是部队胜利渡过淮河后，像闪电一样在广大指战员中传开的“新闻”。没有人去追索“新闻”的来源，但是，人们对于这两句话，都在形象地、有声有色地描绘着。不言而喻地理解这个时候“上马”和“笑”意味着什么。

在这用生命和鲜血开辟的大别山上，刘伯承和邓小平相偕安步缓行，不时相互会心地看着，不断重复着一句话：“蒋介石输了他第三步棋啰！”

敌人溃逃或者隐匿了，群众还没敢露面。山野虽然还是茂林修竹，松杉蔽日，金桂和幽兰飘香，桐果和木梓交映，但是，村镇里到处房屋倒塌，没有炊烟，也没有鸡犬之声。偶尔在山涧石壁和庙宇、祠堂已经斑驳的墙上，留有当年红军、赤卫队等书写的标语：“苏维埃政府是人民的政府”“巩固苏区”“打土豪，分田地”“没收地主豪绅土地，分配给穷人耕种”。表明这里曾经有过的土地革命的峥

1947 年 8 月 27 日，晋冀鲁豫野战军胜利到达大别山麓

嵘岁月。

曾在这块土地上拼搏过的老红军，不由得引起了血泪的回忆。刘伯承对他们说：“这些都是阶级父老兄弟用生命和鲜血留下的历史印证，要把它们保存下来，作为对子孙后代最珍贵的教科书。这是拿金子都买不到的！血债要用血来还！大家把仇恨变成战斗的力量。”说着，他就让摄影记者尽可能拍摄下来。

经过几天的宣传动员，群众陆陆续续回了家，一传十，十传百，奔走相告：“当年的红军回来了！”

各纵队报告：部队每天都有来访的白发父母、望穿秋水的妻子和儿女，打听亲人的音信，诉说他们十多年来的苦难和斗争；老军人怀念着鄂豫皖根据地的开创者董必武、徐向前、李先念、徐海东及坚持在大别山打游击的张体学、刘昌毅、桂林栖、钟大湖等；妇女们亲切地呼喊着“陈少敏大姐又回来了”。

当地游击队都得到了武器弹药的补充，他们扬眉吐气，如虎添翼，为大军筹集柴草、米粮，积极完成一切新任务。

刘伯承、邓小平开始研究战略展开的新任务：“分兵发动群众，集中以应付敌人”，“义无反顾，重建大别山根据地”。

每天夜晚，如豆的木梓油灯下，刘伯承用放大镜，刻苦阅读、精心体会毛主席在《解放战争第二年的战略方针》中的指示：“到国民党区域作战争取胜利的关键，第一是在善于捕捉战机，勇敢坚决，多打胜仗；第二是在坚决执行争取群众的政策，使广大群众获得利益，站在我军方面。只要这两点做到了，我们就胜利了。”同时，着手草拟创造巩固的大别山根据地的计划和部署。

8 月 30 日，刘伯承、邓小平向部队发出指示，号召全体指战员“全心全意、义无反顾地创建大别山根据地”，指示说：

“一、我军已胜利地完成渡过淮河、进入大别山的任务。敌人的追截计划完全失败。今后任务是：全心全意地、义无反顾地创建巩固的大别山根据地，并与友邻兵团配合，全部控制可能点。

“二、实现此历史任务，要经过一个艰难困苦过程。没有半年以上时间，如不大量歼灭敌人，充分发动群众，要想站住脚是不可能的。因此，我们应切戒骄躁，兢兢业业，上下一心，达成每一个具体任务。

“三、向全军说明，我们完全有胜利把握。首先是有陈谢兵团在伏牛山、豫西、豫南广大地区和华东大军在陇海路南北互为配合。其次是我们当面敌人只有 23 个旅，兵力分散，战斗意志薄弱，此次尾我南下失败，战略上愈显被动。再次是大别山还有长期的革命传统，有游击战争基础。我们有许多本地干部。特别是党中央、毛主席的英明领导，全军上下一致的决心和信心，胜利是有把握的。虽有困难，也是能够克服的。

“四、应向全区群众说明，我们是鄂豫皖子弟兵的大回家，他们的子弟兵在华北空前胜利了，壮大十倍。说明蒋军必败，我军必胜的条件。说明我军决不再走。我们的口号是：‘与鄂豫皖人民共存亡，使鄂豫皖人民获得解放’。

“五、在军事上，我们在最初一个月内，不求打大仗，而是占领一切可能占领的城镇，肃清土顽，争取打些小胜仗（一两个团，一次一次的歼灭战）。同时，特别注意引导大家熟悉地形，习惯生活，学习山地战，为大歼灭战准备条件。但是必须了解，如果我们不在半年内歼灭 10 个旅以上的敌人，就无法使群众相信我们不会再走，而敢于起来斗争，我们也就会遇到更多的困难。因此，任何时候，全军都必须有高度的战斗意志和战斗的准备。

“六、充分发动群众及其游击战争，同我们一块斗争，是实现我们战略任务的决定条件。而我军严格三大纪律八项注意，严格军风纪，是树立良好影响使群众敢于接近的先决条件。各部必须专门检查实现，万勿忽视。”

第二天，他们召开了直属部队连以上干部会，进行扎根大别山的动员，会上，邓小平作了题为《目前形势和任务》的报告。他满怀豪情地宣布：

“我们已到大别山，完成了战略任务的第一步，把蒋介石逼退了一条线……党中央说我们是英勇的行动。我陈谢兵团已挺进陇海西线，向伏牛山前进。这样，便以大别山、伏牛山、鲁西南（陈粟）形成一个掎角之势。在这战略态势下，我们解放中原，把蒋介石逼退一条线，是有充分根据与条件的。”

在分析了胜利条件和困难，明确提出了任务后，他号召大家：

“重建鄂豫皖解放区的任务是非常光荣的，是中国近代史上重要的一页。我们的决心是十分坚定的，解放区一定要建立起来，困难一定要克服。共产党员的特点是越困难越有劲、越团结。我们要有信心克服困难，我们一定要站住脚、生下根。”

为了完成上述的战略任务，刘伯承和邓小平决定乘敌主力被甩在淮河以北，大别山区极为空虚的有利时机，迅速实施战略展开。命令第三纵队三个旅在皖西、第六纵队两个旅在鄂东，迅速抢占中心地区的数十县，肃清民团，发动群众，开创根据地。第一、二纵队，中原独立旅和第六纵队的一个旅，共九个旅的兵力，在大别山北麓的商城、罗山地区，一面牵制敌人，掩护展开；一面就地铺开摊子，开展地方工作。同时，将全区划分为豫东南、鄂皖、皖西、鄂东四个工作地区，组成共产党的工作委员会，分别由各纵队抽调部队和干部，结合随军南下的地方干部，在统一领导下，开展地方工作。估计到新区斗争的复杂性和艰苦性，坚决进行了第四次精简机关，减轻装备、牲口，再次隐蔽一批辎重，并积极训练部队迅速熟悉南方作战条件和生活习惯，以适应新的斗争环境。

在刘邓大军实行展开时，蒋介石慌忙以 23 个旅的兵力跟过淮河，尾随直追，妄图乘刘邓立足未稳之际来争夺大别山这个战略要地。9 月初，国民党军第八绥靖区（合肥）夏威所指挥的整编第四十六师进到六安、霍山地区，整编第五十八师进到固始、商城地区；郑州前进指挥所（信阳）张轸所指挥的整编第八十五师进到罗山、信阳地区，整编第十师、四十师经宣化店沿公路向黄安、麻城前进；武汉行辕程潜所指挥的整编第六十五师，经平汉路进到黄安，整编第五十二、五十六师在信阳以南的平汉线和武汉外围就地分散，摧毁地方政权和后方机关。战斗力较强的桂系整编第七师和第四十八师，沿经扶（新县）、麻城公路向南寻找刘邓主力作战。

刘伯承、邓小平针对这些情况，遵照毛泽东的最新电示，决心在目前几个月内，避开桂系主力整编第七师、第四十八师，集中力量歼灭中央系及滇军。他们确定先打战斗力较强且比较孤立的滇军整编第五十八师，牵制桂系，掩护展开。9月上旬，第一、二两个纵队主力和第六纵队一个旅，在商城以北河凤集地区打了第一仗，原准备消灭整编第五十八师一部，由于部队还不熟悉山地、水田作战，未能达到预期目的。但是，打击了敌人，调动了敌整编第四十八师和第十师从新县、宣化店地区回援，掩护了展开。

商城作战后，国民党军整编第四十八师又转向皖西，整编第七师、第四十师、第六十五师仍在黄安、麻城地区。为了打击敌人气焰，继续吸引敌人向北，刘伯承、邓小平集中第一、二、三纵队主力和第六纵队一个旅，仍以歼灭商城附近的整编第五十八师为目标。9 月 19 日，在商城以西的中铺歼灭其新编第一旅第二十九团，因而又调动了敌整编第八十五师自光山、潢川地区东援，整编第四十八师一部自六安西援，错乱了敌人的进攻部署。

接着，以第一、二纵队主力和第六纵队一个旅，于 9 月 25 日，在光山斛山寨打了第三仗，击退了敌增援部队整编第八十五师的进攻。

经过这 3 次作战，刘伯承、邓小平把敌人的机动兵力全部调到大别山以北地区，保障了在大别山南部的鄂东、皖西地区的展开。

但是，这三仗都打得不够理想，歼敌有生力量不多。因为部队初到大别山，缺乏在无后方条件下和山地、水田地带作战的经验，加之生活上北方战士普遍吃不惯大米，穿不惯草鞋，对南方气候、水土不适。这些，都给部队带来了不利的方面。从敌情方面来说，国民党军不但纠集大量主力，实施“追剿”，而且利用当地的反动统治机构如保甲、特务组织及保安团队等进行破坏骚扰，在暗地里威胁和控制群众，四处打黑枪，暗杀积极分子，致使部队给养难筹，休整无安全之地，伤员无处安置。因此，部分指战员较多地看到局部的暂时困难，对全国的胜利形势及本身所执行任务的意义认识不足，克服困难的思想准备不足，对重建大别山根据地的战略作用和艰巨性认识不足，甚至在部队中出现了一些消极避战情绪和纪律松弛的现象。

野战军指挥部在经扶县白雀园暂住下来。刘伯承在小油灯下，用放大镜仔细看着各方面的报告，仔细寻思着解决这些思想问题的办法。

他和邓小平决定先找各纵队领导开会，和大家共同研究解决部队出现的这些思想问题。9 月 27 日，他们在光山以南的王大湾召开了旅以上高级干部会议。

当各纵队的领导干部相继赶到会场时，刘伯承、邓小平没有像往常那样亲热地跟大家打招呼，而是紧绷着脸端坐不动。会议开始，邓小平首先讲话，他说，今天开会不拉手，原因大家应该明白。接着，他就创建大别山根据地的任务，谈到部队作战和工作的现状，严肃指出：越是在困难的时候，高级干部越要以身作则，鼓励部队勇敢地歼灭敌人。我们既反对在条件不可能的时候轻率地去作战，更反对在条件可能的时候不敢勇敢地去作战。他还强调部队必须认真执行三大纪律八项注意。

指出能否坚决执行三大纪律八项注意，关系到我们在大别山能否站得住脚。他要求全体指战员一定要牢固树立起以大别山为家的思想，坚决克服怕打硬仗、纪律松弛等错误思想情绪。他特别要求领导干部必须带好头。邓小平讲完后，刘伯承接着讲。他说，创立大别山解放区是我党我军正确的战略方针和确定不移的政治任务。要创立解放区，必须打胜仗歼灭敌人，发动群众实行土地改革。这两个轮子是颠扑不破的真理；而推动这两个轮子转动的原动力，则是提高信心、加强斗志。全党全军愈认识自己的政治任务和光明前途，信心就愈高，斗志就愈强，这两个轮子的转动就愈快、愈顺畅，而创立解放区的进程就愈是突飞猛进。他又说，勇敢的“勇”字，就是男子头上有一顶光荣的花冠。我们有的干部打起仗来缺乏勇气，“没卵子”，不像男子汉，这是不允许的。今后一定要坚决克服。否则，我们就完不成党中央赋予我们的光荣任务。大家要按小平同志讲话的精神办。我们进到大别山，处于无后方作战，困难重重，但要有勇气战胜困难，特别是要打好仗。

最后，刘伯承、邓小平共同表扬了群众创作的歌颂跃进、鼓舞斗志的歌曲、快板，刘伯承一再肯定说：“我们部队就是要唱这样的歌：‘大别山好比一把剑，直插到蒋介石的心里面！’”

这次重要会议，对坚持大别山的斗争，迅速实施战略进攻，起了重大的作用。从此以后，各级政权和县、区武装逐渐建立起来，部队的歌声在行军中此起彼伏地响起来。

坚定的信念，昂扬的斗志，加速了战略展开。到 9 月底，已解放了县城 23 座，歼灭国民党正规军 6000 人，土顽 800 余人。在霍山、岳西、六安、舒城、潜山、太湖、庐江、罗田、商城、光山、罗山、经扶县、潢川等县建立了 17 个民主县政权，从而打开了局面，安置了后方，调动和牵制了大量敌军，配合全国各战场转入进攻，实现了毛泽东主席将战争引向国民党区域的战略计划，并为晋冀鲁豫南征野战军大量歼灭敌人，发动群众，创立根据地，打下了良好的基础。

刘伯承诙谐地说：“这次捉迷藏，我们又胜利了。在敌人拼死命追击中，我们战略初步展开了，开始站住了脚，但这才是第一个回合。”

第二节　纵横驰骋

1947 年 10 月 10 日，中共中央发表了《中国人民解放军宣言》和《中国土地法大纲》，提出了“打倒蒋介石，解放全中国”的口号，并且宣布了“党的八项基本政策”。同时还颁布了中国人民解放军口号和重新颁布了“三大纪律八项注意”。据此，中共中央中原局于 10 月 12 日发出了《放手发动群众，创建大别山根据地》的指示，要求在全区普遍宣传党的土地法大纲，立即发动群众向封建地主恶霸展开斗争，并决定成立鄂豫、皖西两个区党委和军区。由每个纵队各抽 1 个建制旅或 3 个团作军区基干武装，各抽调 1000 名至 2000 名干部和老区翻身战士去参加地方工作。

这时，集结在大别山北部的国民党军 6 个多师，妄图合击光山、经扶县地区的刘邓部队主力。

刘伯承、邓小平以一部分兵力在大别山北部牵制和迷惑敌人，主力即摆脱敌人合击，乘虚出鄂东、皖西，寻机歼敌。

第三纵队首先在皖西六安东南的张家店，抓住国民党军整编第八十八师第六十二旅，予以全部消灭。这是到大别山后在无后方依托条件下，第一次消灭敌人一个正规旅以上兵力的重大胜利。

第六纵队主力出击鄂东，以疾风扫落叶之势，扫荡了沿途分散孤立的敌军守备部队和地方反动武装，连克长江北岸的团风、浠水、广济、英山等城镇。至此，刘邓大军已控制长江北岸达200余里。

身在庐山的蒋介石，在江北的隆隆炮声中，日夜惶恐，生怕解放军渡江南进。急令第二〇三师从九江伸至江北岸的蕲春、黄梅，新编第十七旅在军舰配合下占领武穴。

10月24日，又有新的情报："现有敌整编四十师辖三十九旅（欠一个团）、一〇六旅和整编五十二师的八十二旅，共有5个步兵团的兵力，正奉蒋介石的急令，由黄安、麻城一直在我们背后盯梢，并兼程前进对我追截，妄图把我们压缩到长江北岸的湖沼地带，包围歼灭。"

刘伯承命令进一步查清敌情，同时了如指掌地说："这是两个战斗力较弱的敌人，整编四十师曾在平汉战役中遭受过我军歼灭性打击，这次孤军来追，正是我们求之不得的良机。"

当查明追敌确系孤军弱敌，正从浠水东犯广济时，他形象地说："老蒋的五个步兵团，真是送上门的大块肉。还是我们四川人称呼的'臀尖肉'啊！我们是吃定了。"

本来，部队沿长江一带展开后，拟争取半个月的时间解决冬衣问题。现在战机在手，决心立定，吃掉敌人再穿棉衣。接着就开始了一系列的准备工作。

55岁的刘伯承，拄着竹竿，翻山越岭去观察地形，选择战场，经常是汗湿衣衫。他登上浠水三角山顶，称赞这一带是能攻易守的好地形。他听说过去曾有军队在这里遭到过失败，就更加仔细察看。最后，决心选择地形险要、

高山铺战役前夕，刘伯承登上浠水三角山顶看地形

敌人必经的高山铺为设伏歼敌的战场。并指示要使用多种手段，造成敌人的错觉，助长敌人的骄傲，把他们牵到预定地区，歼敌于运动之中。

10月23日，华北清风店大捷的喜讯传到大别山，野战军领导机关在驻地浠水以东的范家湾召开祝捷会。刘伯承在会上宣读给晋察冀野战军的贺电，庄严地高声朗读说："我们将以新的胜利向你们祝贺，向中央报捷！"这实际上就是高山铺战役的有力动员。

10月25日，敌人进至蕲春东北的漕河镇地区。周围敌情无大变化。刘伯承、邓小平命令把分遣在长江北岸的部队立即作向心集结，决心打个歼灭战。行动计划如下：

一、攻克团风的第六纵队，由黄冈东北之上巴河、杨家祠地区，于26日进至洗马畈以西地区，尾敌东进，并以一部与敌保持接触，迟滞敌人，保障我部队的集结。

第一纵队攻克武穴的主力，由广济西南之彭家塘，于26日夜间，隐蔽地进至高山铺以东及东北、东南地区，构筑工事设伏。这两个纵队为第一梯队，由第一纵队首长统一指挥，完成对敌之包围，并置重点于西北及南面，防敌逃走。

二、第二纵队为预备队，限26日前，集结在黄梅西北后山铺地区。

三、第三纵队以四个团西进，在黄梅以北张家榜地区集结待命，准备参战，扩大战果。

四、皖西方面主力则积极活动，牵制住桂系军队，不使西援。

五、鄂豫军区部队积极活动，牵制罗田、宋埠之敌。

刘伯承更给予中原独立旅（归第一纵队指挥）特别任务，命他们装成地方游击队作诱饵，进至漕河镇、刘公河之间地区，前去和敌先头部队接触，沿公路进行运动防御，边走边打，诱骗敌人，把敌诱至我设伏地区，并千方百计阻滞敌人，争取时间，保障各参战部队能按时赶到。

野战军指挥部移到高山铺北面的胡凉亭。这儿，整个山村被浓荫覆盖，地形险要，人烟稀少，位置隐蔽，可以俯瞰、瞭望敌人必经之狭长山谷。

各部队不顾疲劳，日夜兼程，全都按时赶到指定位置。

战斗从中原独立旅的伪装牵牛开始。他们在大路铺地区与敌人稍微接触后，就撤到大王砦地区。敌人果然沿公路跟踪追击。

26日上午9时许，敌前卫部队抵高山铺，与第一纵队警戒部队接触。警戒部队退到马奇山。当时大雾弥漫，观察困难。敌错误判断刘邓部队兵力不多，是阻滞其前进，以掩护主力转移。因而，他们仅以少数兵力进行侦察，控制沿公路的小山，主力仍继续向广济推进。

这些佯装的行动，迷惑了国民党军。他们在一天之内，就放心大胆、趾高气扬地前进了60里。

刘伯承掌握着每时每刻的战报，称赞已取得的预期效果，一再叮咛各纵队指挥员说："一定要牵着敌人的鼻子走，叫他们照我们的指挥棒行动！"

进到洪武垴山的国民党军，遭到第一纵队的顽强阻击，被卡住了前进的道路。双方展开了激战。第一纵队第一旅第一团连续击退了敌人 13 次进攻，坚如磐石地守住了阵地。当夜，敌以整编第四十师退守清水河，以第八十二旅缩守高山铺，终于钻进了高山铺附近的口袋里。

27 日拂晓前，第一纵队主力及中原独立旅共 8 个团的兵力，割裂了高山铺与清水河之敌，并对清水河发起攻击。第一纵队第十九旅从黄花铺以西之陈家凹、牛角垴出击，占领父子坳，切断了高山铺敌人的退路，协同第六纵队攻击高山铺之敌第八十二旅。已进至漕水河以东地区的第六纵队兼程东进，赶到高山铺以西，一部控制该地西南的安山，一部在第十九旅的协同下围歼第八十二旅。第二纵队第四旅，进至广济西南的许家铺、新屋湾地区待命。第三纵队当日也进到了浈亭河附近，准备扩大战果。

高山铺战役中，我军山炮向敌人射击

这时，敌人才发觉已被逐个分割，陷入重围。他们迅即抢修工事，集中兵力和火力，猛攻洪武垴和马奇山，企图抢占有利地形，固守待援，但都被击退。

当日 9 时，刘伯承命令发起总攻。各路部队冒雨苦战，高呼："扎紧布袋口，不让一个敌人漏出去！"

在勇猛冲击和居高临下的密集火力射击下，敌沿公路拼命向西南逃窜，在高山铺西南的安山脚下，被预伏的第六纵队迎头截击，国民党军陷入水深过膝的稻田地带，无法运动。至下午 2 时，1 个师部、两个半旅共 1.2 万余人全部被歼灭，战役胜利结束。

已经是秋老冬至的时候了。刘邓大军的 10 多万健儿，都还不曾解决御寒的冬衣。无论行军、作战、站岗、放哨，人人都还是单衣、草鞋。

11月上旬，野战军指挥部移到了鄂皖边的刘家畈。群众把火盆、暖手笼、毡毯、棉被送到刘伯承、邓小平等的住室来。最初，他们坚决让警卫人员婉言送还。后来，由于扺不过大家的深意挚情，只好收下来，分送给执勤的战士和伤病员。

此刻，刘伯承、邓小平把解决全军的冬衣，作为战略问题提到日程上来了。

中共中央和毛泽东始终关怀着刘邓大军，打算从晋冀鲁豫根据地送冬装来，或者送银元来让部队就地采购，但缓不济急，一时难以送达。

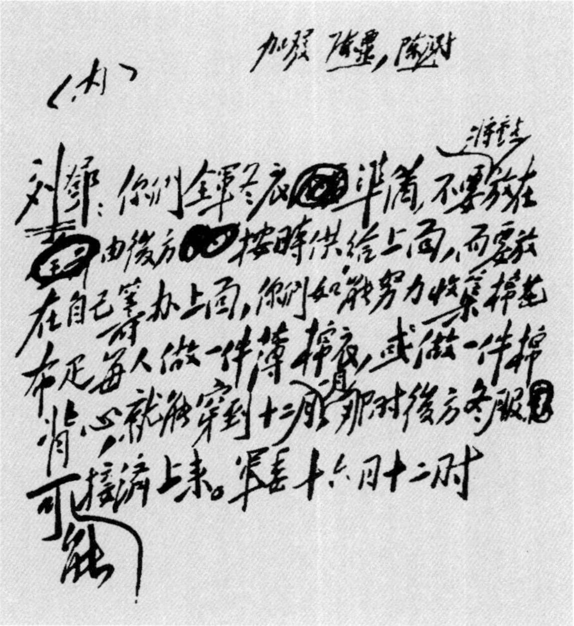
加发 陈粟，陈谢

刘邓：你们全军冬衣准备，不要等待由后方按时供给上面，而应放在自己筹办上面，你们如能努力收集棉花布匹，每人做一件薄棉衣，或做一件棉背心，就能穿到十二月，那时后方冬服可能接济上来。军委 十六日十二时

军委给刘邓关于自己解决棉衣问题的电文

刘伯承、邓小平决心就地筹划，他们找来了后勤部的负责人，商量打好“棉衣战”的问题。当后勤负责人向他们汇报有的部队已经按政策向群众买了一些棉花、布匹，准备找裁缝缝制棉衣，然后总结经验再向全军推广时，刘伯承语重心长地说：“部队的主动性和你们的想法都不错，可是现在又是闯险关，慢腾腾地要不得！只要我们下决心，不要中央和兄弟部队支援，自己动手解决问题，用最短的时间解决问题！”

邓小平强调说：“对，咱们要靠自己创造奇迹！”

“棉花、布匹各部队都动手，看来可以解决，就是大别山的妇女大都不会做针线活，裁缝师傅有些难找。”

没等后勤负责人把困难讲完，刘伯承一反平日的耐心说：“不能把眼睛只看着人民群众嘛！我们共产党人做的是前人没有做过的事，我们人民解放军也要有勇气和信心，去创造任何军队没有创造过的奇迹！我们部队的指战员，都是来自工农的子弟兵，他们中间有各种行家能手。咱们在敌后山沟里能办起兵工厂，能搞大生产运动，能挖窑洞盖房，出了多少木匠、铁匠、泥瓦匠，出了多少养猪、种菜、粮食‘状元’。现在，咱们要把部队的弹花、浆染、裁缝巧匠都找出来，以他们为骨干，在每个班、排都开起裁缝铺、被服厂。扛枪男儿汉，人人都来一面打仗，一面学女红，怎么样？”

说得大家都哈哈笑起来，没有谁再提什么困难。要下达全军自己动手解决棉衣问题的命令时，邓小平着重嘱咐说：“在筹集原料时，一定要注意工商业政策。就是地主、资产阶级的店铺，也要按价付款。人逃亡者，可留下借条，将来偿还。”

一个自制棉衣的行动，旋风般地在全军展开了。一个个小作坊在用竹鞭、树条弹棉花。有的学剪裁，有的学针线。

刘伯承、邓小平、张际春不停地从这个连队到那个连队，从这个“作坊”到那个“作坊”，亲自看望战士们穿针引线缝制冬衣。一天，司令部有个参谋，在用花布剪裁棉衣，据说是因为公家没有发染料。刘伯承感慨地说：“同志啊！革命不能靠发武器打敌人，我们的染料也不能等着发啊，把草烧成灰，不就是很好的染料吗？”

他还细心地研究出了裁棉衣的规律，不论棉袄棉裤，只要周围比单衣单裤宽一寸，套进棉花就合身；用吃饭的瓷碗作量具剪裁衣领。

只花了半个月的时间，崭新的棉衣就穿到了南征指战员身上。大家暖在心里，笑在脸上，自编的“棉衣曲”到处歌唱。

刘邓大军战略展开的第二回合又已胜利实现。与此同时，挺进豫皖苏地区的华东野战军主力和挺进豫陕鄂地区的陈谢兵团，都已胜利展开。三支大军在中原的“品”字形阵势已经形成。解放大军的矛头，戳到了蒋介石的卧榻之旁！

第三节　开辟中原

眼看着大厦将倾、覆灭不远的蒋介石，又从进攻解放区的前线调回了10个旅，纠合原在大别山的23个旅，达到了33个旅的兵力。整个围攻行动由国民党政府的国防部长白崇禧指挥。白崇禧于11月27日设立国防部九江指挥部，专事围攻大别山的刘邓大军。

局势是严重的。但是，刘伯承、邓小平从战略、战役的角度分析、衡量，坚定地认为敌人的疯狂，只是垂死挣扎、回光返照，实际上敌人已经没有战略进攻，只有战役进攻了。

个别目光短浅的人，对胜利的信心又有些动摇了，甚至把国民党军这次围攻同蒋介石“围剿”苏区的往事相提并论。刘伯承耐心地对大家说：“我们不要形式主义地看问题，不要像我们四川人说的蚊子咬菩萨，看错了人。敌人对大别山的‘围剿’，虽然形式上敌众我寡，同对中央苏区的‘围剿’相似，但实质上则完全相反。过去的围攻，是敌处于战略进攻，我处于战略防御的情况下进行的。现在则恰恰相反，敌人的围攻是我处于战略进攻，敌处于战略防御下进行的。我们早就说过，跃进大别山的战略意义，就是要吸引大量的敌人，我们吸引越多的敌人向我们进攻，我们背得越多、越重，对其他兄弟战略区进行大规模的反攻和进攻就越有利。我们应该越觉得光荣。不要忘记，全国下的是一盘棋啊！”

毛泽东十分关心敌人对大别山的围攻，发来指示说：“大别山根据地的确立和巩固，是中原根据地能否最后确立和巩固的关键，足以影响整个战局的发展。因此，南线三军必须内外线紧密配合。由大别山的刘邓野战军主力坚持现地斗争，由华东野战军和陈谢兵团向平汉、陇海线展开大规模的破击作战，寻机歼敌，调动和分散围攻大别山的敌人，直到彻底粉碎敌人的围攻为止。”

根据毛泽东的指示，晋冀鲁豫根据地及时增调了第十、十二两个纵队到大别山来，还派第十一纵队和华东野战军第十纵队护送来一批新战士和伤愈病痊归队的指战员，带来大批弹药、药品和银元，对粉碎国民党军的围攻，起了重大作用。11月27日，晋冀鲁豫军区副司令员李先念率第十二纵队到达大别山，与刘伯承、邓小平等会合。大家战地相逢，分外高兴。31日，王宏坤率第十纵队也来到了大别山。

12月上旬，刘伯承、邓小平决定采取内线与外线配合的作战方针，迅速实施战略再展开，在大别山立足生根。以第十、十二纵队西越平汉路，分别向桐柏、江汉两地区展开。由刘伯承和张际春率野战军司令部后方指挥部、中原局和第一纵队北渡淮河，向淮西一线展开，扩大根据地，发展游击战争，担负外线作战任务。邓小平和李先念、李达则率野战军司令部前方指挥部和第二、三、六纵队留在大别山坚持内线作战。这个分工经过了一番争论，结果是邓小平的意见被采纳，主要理由是刘伯承年纪比他大一轮，身体又不太好，需要稍好一点的环境。

分手的那天，邓小平冒着雨雪寒风给刘伯承送行。他们都不上马，并肩步行，一坡又一坡，一程又一程。尽管他们把分兵后可能遇到的问题都研究过，但都像有一肚子话要说。刘伯承担心，一旦敌人发现有部队转到外线去，邓小平身边的斗争形势会更加险恶，于是又一次提出坚决把警卫团给他留下，并叮嘱李达特别注意政委的安全。邓小平则要刘伯承保护“心灵的窗户”，晚上少用眼睛，并再三嘱咐管理处，无论如何要给刘伯承准备一盏美孚煤油灯。

直到夜幕降临，两人才互相道别。刘伯承翻身上马，一面走，一面吩咐身边的随员们说：“如果我们北上受阻，不幸被敌人冲散，大家就原路向南集中，到文殊寺去找邓政委。”并特别嘱咐电台，要按时和邓政委联络。从此以后，他增加了每天早晨向警卫员问话的内容，第一句话必定是：“政委在什么位置？几时取得的联系？他周围的敌情如何？我军的位置有什么变化？”

刘伯承分兵北去，白崇禧摸不清虚实。为了阻止刘邓部队在淮北得到补充和发展，也为了乘机扩充他自己的地盘和势力，他采取围攻和追剿并举的方针，令整编第十一、十、八十五师向淮河跟追。

12月13日，野司后方指挥部按照预定的行军路线，赶往光山县西南北向店宿营。

这晚，天黑得如墨似漆，伸手难见五指。刘伯承到达北向店附近的何小寨时，已经是后半夜，村子内一片寂静。他询问了警戒布置和叮嘱尽快与第一纵队取得联系后，就放心地歇息下来。拂晓，突然接到报告，旁边村庄发现驻有敌人。参谋和警卫部队的领导顿时紧张起来，他们十分担心刘伯承和指挥部的安全。刘伯承问明敌人并未发现自己部队，让大家不要慌，有秩序地进行转移，并命令警卫员速去通知中原局机关和野战军司令部直属队。在刘伯承沉着的指挥下，指挥部等安全摆脱了敌人，很快到达第一纵队第二十旅驻地。

等到敌人发觉，已晚了一步。刘伯承命令第一纵队第一、二旅坚决阻击敌整编第十一师，第二十旅负责掩护指挥部等。激战一天，终于打退了国民党军的进攻。一场不预期的遭遇战顺利地结束了。

12 月中旬，向桐柏、江汉地区出击的部队在风雪中通过汝河

事后，刘伯承诙谐地说："我带着野战军直属队、中原局机关一大摊子转移，真好比是李逵背娘，这一回我差一点儿当了李逵，让老虎把娘吃掉。可要记取教训啊！"

16 日，刘伯承率指挥部和第一纵队冒雪渡过淮河。21 日，刘伯承率指挥部移驻杨埠附近的韩老家，并下令在此休整一星期。司令部有位干部担心这里处于沙河与洪河、汝河之间，活动不便，不可久留。他找到刘伯承说：你一再强调背水作战，兵家所忌，这次为什么不怕背水了呢？刘伯承笑着告诉他，军事原则不能死套。我们现在已到淮北，这边的敌人是另一个系统的，我们住在敌人两不管的地方，很安全。

留置大别山的主力，在邓小平、李先念等的领导下，结合军区部队和人民武装，采取敌向内、我向外，敌向外、我亦向外，将敌牵到外线，以小部牵制大敌，以大部消灭小敌的方针，适时地集中或分遣兵力，内外线密切配合，粉碎了白崇禧的残酷围攻。经过一个多月的作战，共歼敌 1.1 万多人，收复了太湖、英山、立煌、广济、潜山、岳西、黄梅、礼山等 10 余座县城。与此同时，第十、十二纵队乘敌主力被吸引于大别山的有利时机，迅速向桐柏、江汉地区展开，横扫敌人保甲系统和土顽武装，占领广大乡村，建立起各级人民政权。至 12 月底，共歼敌 4000 余人，解放桐柏、枣阳、泌阳、唐河、新野、京山、钟祥、天门、潜江等县城。这一胜利，威胁到国民党军的长江防线和大巴山防线，迫使他们不得不急忙从大别山抽调部队回援，从而有力地配合了主力在大别山的反围攻斗争。

经过以上三个回合的斗争，刘邓大军终于在大别山站住了脚，扎下了根，胜利实现了毛泽东预料的最好的前途。在此期间，中原三支大军互相配合，机动作战，共歼敌 19 万余人，解放县城百余座，在江淮河汉之间建立了中原解放区。

第十五章　中原逐鹿

第一节　“这里就是逐鹿场”

1948 年 2 月 24 日，邓小平率野战军前方指挥部北渡淮河，进到临泉县韦寨，与刘伯承率领的野战军后方指挥部会合。邓小平关切地询问刘伯承的健康状况，刘伯承幽默地说：“没啥子事，这回大军出山，可要跟蒋介石、白崇禧好好周旋一番了。”

这时候，随着围攻大别山的失败，国民党军在全国其他战场上也迭遭严重打击。为了应付人民解放军越来越猛烈的攻势，蒋介石不得不收缩战线，由全面防御改为重点防御。除企图继续坚守东北、华北外，对于生命攸关的中原战场，更是尽力纠集重兵建立重点防御体系：津浦、陇海、平汉路之间的豫皖苏地区，有陆军总部徐州司令部顾祝同部 17 个整编师；大别山、江汉、桐柏地区有国防部九江指挥部白崇禧部 16 个整编师；陇海路潼关、洛阳段有西安绥靖公署胡宗南的 1 个整编师。共计 34 个整编师 54 万余人，约占当时国民党军作战部队三分之一的兵力。这些部队，主要活动在津浦、平汉、陇海三条铁路沿线，尤以这三线枢纽郑州、徐州、武汉为重点。

蒋介石之所以置重兵于中原战场，是由当时全国的战略形势和中原地区的特殊战略地位决定的。从 1947 年 7 月至 9 月，人民解放军发动战略进攻以来，战线步步向国民党统治区域推进，不断歼灭敌人的有生力量；解放区得到巩固和发展，人民解放军日益壮大。在中原地区，晋冀鲁豫南征野战军千里跃进大别山的壮举，把敌人这个既重要而又薄弱的战略后方变成了人民解放军继续前进的战略基地。刘邓、陈粟、陈谢三支大军驰骋于江淮河汉之间，南可进逼长江，瞰制南京、武汉，威慑国民党统治的中心；西可直出汉水、大巴山，叩击川东门户。因此，蒋介石唯有放弃围攻大别山的计划，回兵巩固铁道线与中等以上城市。

对于中原国民党军这种新的战略态势，刘伯承指出：“蒋介石是基督教徒，是要死在十字架上的。”“十字架”这个十分形象的比喻，是指陇海铁路与平汉、津浦铁路的交叉点郑州、徐州，预言国民党军的主力要在这些地方被歼灭。他还多次向部属指出：“古人说‘中原逐鹿’，现在这里就是逐鹿场。”

中原逐鹿，是人民解放战争中极为壮观的一幕。

中共中央军委为了使中原的野战军集中作战，指示刘伯承、邓小平率主力转出大别山，统一指挥晋冀鲁豫南征野战军及华东野战军陈士榘、唐亮兵团，打中等或大的歼灭战，并配合华东野战军副司令员粟裕率华东野战军一部准备挺进江南。

根据新的斗争形势和中共中央军委的指示，刘伯承、邓小平规定了中原区新的斗争任务：继续大量歼灭敌人，粉碎敌人的中原防御体系，发展和巩固中原根据地，使之成为人民解放军继续前进的基地。野战军主力迅速进行必要的休整、补充，逐步集中作战，寻机打几个中等的或大的歼灭战。军区各级地方武装做进一步整顿和发展，更好地坚持、巩固与扩大解放区，配合野战军作战。

为此，刘伯承、邓小平陆续将主力调出大别山，进至淮北和豫西，集结整训，并会合在这一地区活动的，由陈士榘、唐亮率领的华东野战军第三、八、十纵队和由陈赓、谢富治率领的第四、九纵队，寻机歼敌。

白崇禧察觉刘邓大军企图后，以第五绥靖区司令官张轸指挥整编第十师、二十师、五十八师组成临时兵团，并配属桂系整编第四十八师，进驻固始、潢川一带，企图截断刘邓大军主力转出大别山的通路；以胡琏兵团（辖整编第十一师和第三师）主力位于漯河地区，临视陈唐兵团和陈谢兵団。

中共中央军委为了迅速打开中原战局，直接指挥陈唐、陈谢两个兵团举行了洛阳战役。洛阳系九朝古都，位居秦、晋、豫三省要冲，历来为兵家必争之地。在当前，它是陇海线上的军事重镇，又是联结中原和西北的战略要点。本来蒋介石派有裴昌会兵团在潼（关）洛（阳）间守备，另遣青年军第二〇六师担任洛阳城防。3 月初，西北野战军宜川大捷，胡宗南告急，蒋介石将裴昌会兵团调往西安，令第二〇六师改隶郑州孙元良兵团。孙元良迫于陈唐兵团兵逼许昌、漯河一带，正忙于巩固郑州防务，无暇西顾，只派出少数兵力进至洛阳东面的黑石关担任警戒。这就造成了陇海线郑（州）潼（关）段的空虚。

陈唐、陈谢两兵团抓住这个有利时机，果断地发动了洛阳战役。3 月 7 日，参战部队冒雨突然行动。右路陈唐兵团第八纵队连夜插向洛阳以东，于翌日拂晓袭占黑石关要隘，准备阻击胡琏、孙元良西援；其第三纵队于当夜进抵洛阳以东及东南，准备攻城。左路陈谢兵团第九纵队于 8 日凌晨袭占新安、渑池，阻击裴昌会兵团可能的东援，第四纵队于当夜进至洛阳以西以南，协同华东野战军第三纵队形成了对洛阳的包围。9 日黄昏开始攻击。经五昼夜激战，于 14 日攻克坚固设防的洛阳城，全歼守军第二〇六师近 2 万人。俘虏少将师长邱行湘。

洛阳城头炮声骤起，蒋介石急令郑州孙元良和漯河胡琏火速援救。时值豫西山区春雨茫茫，胡琏兵团跋涉于狭路和泥泞之中，饱受风寒饥疲之苦，士兵叫苦不迭。孙元良是国民党军队里出名的保存实力“专家”，他前怕解放军在黑石关设伏，后怕郑州空虚有失，只派出小部队向西虚张声势。11 月，蒋介石闻报洛阳东门失守，饬各路援军加速行动。胡琏率整编第十一师强行军，但在登封一线遭到解放军阻援部队的节节抗击，至 16 日晚才进抵洛阳南郊的伊河岸边，不过为时已晚。胡琏企图连夜组织渡河，对洛阳实施包围。怎奈连日大雨，伊水暴溢，渡河器材无着。经通宵折腾，胡琏未能渡过一兵一卒。当时任整编第十一师第十一旅旅长的王元直，在日记中发出这样的哀叹："伊、洛两河在洛阳附近，原可随处徒涉，不料近日来天雨，山洪暴发……今年系特殊例外，天意欲失洛阳以助共军，岂人力能为！"

洛阳战役一打，中原敌军调动频繁、处处被动，原有的战略布局被打乱。

为摆脱国民党军增援部队的合围，解放军于17日主动撤离洛阳。当国民党报纸吹嘘"国军劲旅克复洛阳"时，所得到的不过是一座空城。4月5日，陈谢兵团再度攻占洛阳，歼敌整编第四十七军4600余人。洛阳从此回到人民的手中。

整编第十一师北上增援，平汉路南段敌情缓和，刘伯承、邓小平本拟乘势举行阜阳战役，以"吸打援敌"的战法，调动张轸兵团于淮西，争取在运动中歼其一部。尽管事先进行了周密的准备，部队也开始了行动。但当敌发觉刘伯承、邓小平的意图，企图以阜阳作为诱饵，调集19个旅的强大兵力合击攻城部队时，刘伯承、邓小平断然放弃了原定计划，调动部队就势西向袭取上蔡、汝南、驻马店、确山、遂平、西平等城镇，拆散了敌人的阵势。同时令仍在大别山的第三、六纵队乘机转至淮北。

4月中旬，刘伯承、邓小平率中原局、野战军领导机关进入豫西，获得了相对稳定的环境，在这前后，他们抓紧时机进行了整训和补充。

这次整训，主要开展了三查（查阶级、查工作、查斗志），三整（整顿思想、整顿组织、整顿作风）和三大民主的新式整军运动。重点是团以下部队。着重解决部队对新形势和战略任务的认识以及作风纪律问题。半年多来，部队进出大别山作战，经受了严重困难的考验，出现了普遍减员和战斗力削弱的状况，因此一些指战员对挺进大别山的重大意义不理解，只看到局部损失，看不到全局的伟大胜利，甚至发生纪律松弛、违法乱纪的现象。刘伯承、邓小平决心用整党整军来克服部队的思想障碍，以便使部队能担当起大战中原的新任务。他们除进行了一般部署外，还亲自深入第一、二、三、六各纵队进行思想发动。3月11日和4月17日，刘伯承分别给第二纵队和第三、六纵队连以上干部作了整训动员报告。他从挺进大别山三个回合的胜利，从大别山的斗争对中原战局乃至全国战局的影响，引导大家正确认识南征的意义。他强调指出：由于大别山牵制了敌人三分之一的兵力，因此东北才有大开大合的行动，西北和山东减轻了负担，逐步粉碎了敌人的重点进攻。这就是革命的车轮向前推，反革命的车轮则向后倒退直至消灭。革命的车轮已推到中原区来了，晋冀鲁豫野战军走在推车子的前头，这是很光荣的任务。下一步的任务是要与陈唐、陈谢兵团在一起，在中原战场歼灭敌人，创造解放区成为继续前进的基地。他要求各级领导通过三查三整和三大民主运动来提高部队的政治素质和军事素质，迎接新的更艰巨的斗争。

各部队按照刘伯承、邓小平的指示，自下而上地展开了三查三整和三大民主的新式整军运动。各级领导机关开办了整风集训队。基层连队边教育，边成立了士兵委员会、学习委员会、经济委员会。指战员按照查整和三大民主的要求，普遍展开了诉苦运动，进行了批评与自我批评，深入地揭发和克服了思想不纯、组织不纯和作风不纯等问题，从而大大提高了阶级觉悟和革命积极性，增强了斗志，加强了夺取中原斗争新胜利的信心。

在抓好部队整训的同时，刘伯承、邓小平为了尽快巩固和扩大中原中心解放区，进一步包围和孤立敌人的点线，缩小敌人的占领区，根据中共中央军委关于“新行动方向是豫西南、鄂西、豫西北以及整个汉水流域，歼灭分散之敌，调动平汉线以东之敌向平汉线以西，以利粟裕兵团行动”的指示，决心发起宛[①]西战役，攻取南阳西面邓县、镇平、内乡、淅川四县，以控制汉水中段，使豫西与桐柏连成一片。

4 月 19 日，刘伯承、邓小平召集各兵团首长制订宛西战役的行动计划。第二天，他们下达了《关于宛西战役的部署》。确定第二、四纵队和华东野战军第十纵队及桐柏军区部队主力为主作战集团，由陈赓统一指挥；另以第三、六、九纵队和华东野战军第三、八纵队为保障兵团，担任钳制打援的任务。战役自 5 月 2 日开始，参战部队采用远距离奔袭和突然包围的战术，一举奏效，至 17 日战役胜利结束。共歼敌正规军和保安部队 2.1 万余人，攻占宛西城镇 10 余座。当时国民党报纸报道：“宛西一战，别庭芳、薛炳灵经营 10 余年的团队垮台，中原的左侧，已成不可收拾之局。”

对于这次战役，刘伯承作了精彩的总结：“（一）本战役是在蒋匪新战法‘大的使我吃不消，小的使我吃不着’，与放弃次要据点抓紧主要补给要点及实行盯梢等情况下进行的。我们采用优势兵力突然袭击敌纵深薄弱分散的宛西四县的土蒋而不打南阳，避免了敌人向心集中增援，而我保障兵团强大，迫使敌人援兵不敢轻进，使主作战兵团取得了从容时间，圆满达成任务。（二）本战役主要敌人是土蒋，其在宛西有相当的反动社会基础与统治经验，情报灵通，人地熟悉，且在‘小的使我吃不着’的作战指导方针下，一经发现我主力和企图即会逃窜。我们采取了隐蔽秘密行动，由远距离突然奔袭包围即发起战斗，对溃散之敌实行猛追、穷追、搜剿等办法，以求得彻底消灭之。”由阜阳撤围到宛西突袭，典型地体现了“分遣与集结相结合，分遣以撕破敌人的合击阵势，集结以围歼可以歼灭之敌”的运动战原则。中共中央军委曾多次提到宛西战役，表彰为运动战的模范战例。

5 月 9 日，中共中央决定加强中原局的领导，以邓小平为第一书记，陈毅为第二书记，邓子恢为第三书记，以刘伯承、邓小平、陈毅、邓子恢、李先念、粟裕等 12 人为委员；并决定再建中原军区，任命刘伯承为司令员，邓小平为政治委员，陈毅为第一副司令员、李先念为第二副司令员，邓子恢为副政治委员、张际春为副政治委员兼政治部主任，李达为参谋长。中原军区下辖鄂豫、皖西、豫皖苏、豫西、桐柏、江汉、陕南 7 个军区。晋冀鲁豫南征野战军改名为中原野战军，下辖第一、二、三、四、六、九、十一 7 个纵队。

---

① 南阳古称。

中原局和中原军区领导在一起，左起：陈毅、刘伯承、张际春、李雪峰、李达、邓小平

中原局的加强和中原军区的重建，以及华东野战军与中原野战军的联合行动，标志着中原逐鹿的斗争进入了一个新的阶段。

宛西战役胜利结束后，豫陕鄂中心根据地得到稳固，中原局和中原军区领导机关有了一个比较可靠的后方。中共中央军委为了加强中原部队的力量，决定华东野战军粟裕兵团改变挺进江南的计划，南渡黄河，加入中原逐鹿的行列。因此，令中原野战军钳制位于临颍地区的敌胡琏兵团，使其不能东顾，以利于粟裕兵团南下。

刘伯承、邓小平认为钳制胡琏的关键，在于使其有南顾之忧，不敢放胆东开。于是决定发起宛东战役。首先佯攻确山，吸引、抑留胡琏兵团于漯河以南地区。同时吸引张轸兵团由南阳东援确山，在其运动于社旗镇、唐河以东地区时予以歼灭。战役的部署，以陈锡联指挥第一、三、六纵队组成东集团，佯攻确山；并以陈赓指挥中原野战军第二、四纵队和华东野战军第十纵队以及桐柏、豫西军区武装组成西集团，阻击从南阳来援的张轸兵团，并在适当时机协同东集团予以合击歼灭。

5 月 25 日战役发起，东集团以浩大的声势进占驻马店，包围确山。蒋介石顾虑平汉线南段被解放军切断，急令胡琏兵团从临颍地区南下增援，白崇禧也令张轸率所部三个整编师由南阳东援。刘伯承在宛东准备了战场，布置军区武装破坏了唐河、泌阳一线的公路，故意保留由南阳经社旗镇至驻马店这一通道。张轸以三师之众，成密集队形，直奔社旗镇。刘伯承见敌人行动一如所料，即将战役中心移向张轸兵团。28 日，改令华东野战军第三、八纵队和中原野战军第九纵队阻击胡琏兵团，而以东西两集团全力对进，决心在社旗镇地区围歼张轸兵团。当夜，中原野战军第四纵队在社旗镇以南的埠口以突然动作扭住了张轸兵团，引起了张轸的警觉。他一面令部队迅速向心集结，向社旗镇以南的解放军阵地作试探性的攻击；一面亲自用日语与信阳第五绥靖区司令部进行电话联系。当信阳司令部向他报告东线解放军主力西移，有参与合围的趋向，劝他不要继续东进，而应西退南阳时，他判明解放军的意图是“围点打援”，决心西退南阳，但却故意在电话中严词拒绝信阳司令部的建议，声言以5万精兵，完全可以冲过解放军的防线。并于第二天，以一部向东佯动。

刘伯承得到上述情报后，估计张轸有西窜的可能，于30日令西集团主力由南、北、西三个方向投入战斗，将敌主力向东压迫，以使东集团于野战中予以歼灭。并告诫西集团应严防敌西逃退入南阳。如敌仍在原地困守，则于6月1日由西向东投入战斗。他还特地鼓励部属：“此次作战关系整个中原战局，且敌已现慌乱情绪，我全体指战员，应以高度的坚决动作，不惜任何代价勇猛战斗，争取全歼张轸兵团，并防其在飞机掩护下突围。”为了及时掌握战场的演变情况，保证部署的正确执行，他于31日赶赴社旗镇以北的券桥，开设前方指挥所。

张轸向东攻击的行动迷惑了西集团指挥员，他们误认为敌人已入彀中，竟过早地率部东移，放松了西面的堵击。张轸见有机可乘，于31日拂晓突然率部掉头西退。及至西集团发现后再行追击与堵截，不免迟了一步，张轸主力大部遁去。在西集团勇猛冲击下，仅将后卫整编第五十八师师部及第一八三旅包围于南阳以东马刘营地区。退回南阳的敌前队虽在空军配合和大炮掩护下，全力回援，但遭到西集团第四纵队的坚决阻击，被歼一部。至6月3日，马刘营之敌遭到全歼，宛东战役宣告结束，前后歼敌万余人。

这次战役，实现了掩护华东野战军粟裕兵团南渡的目的，并截歼了张轸兵团一部，使其再不敢以一个兵团独来独往；但失掉了全歼张轸兵团的良好机会。刘伯承对此批评说：“乃因西兵团一部顾虑自己局部的伤亡，于29日脱离埠口之敌，向社旗镇北撤退，未将张轸抓紧，而西兵团又迷于敌人表面的现象误认为张轸东进，也没有照顾我东面有东兵团，将主力东进至羊册、郭集地区，欲由南北夹击并防敌东逃，因而放松了极重要的西面兜击，使张轸得于31日拂晓向西逃走，是日午逃到桥头，此为未全歼敌重大的失着，这是未能把握基本情况发展的规律，迷失战役指导方向的重大教训（要正确判断侦察到的材料，不可为某种片断材料所束缚）。”

5月末，粟裕兵团在中原野战军宛东战役的有力掩护下渡河南下，进入鲁西南，参加中原作战。中央军委要求华东野战军集中主力，寻歼敌第五军。指示中原野战军的作战重点是钳制南线敌人，予以配合。刘伯承、邓小平根据中央军委的指示，即令华东野战军陈唐兵团北上归建，以便加强华东野战军在豫东的作战力量。同时，计划于6月中旬在汉水流域发动强大攻势，歼灭老河口及襄樊地区之敌。

6月中、下旬，华东野战军接连发起开封战役和睢（县）杞（县）战役。为阻击平汉路敌人的增援，刘伯承相继组织了三次阻击战。第一次是阻击胡琏兵团北援开封。当华东野战军第三、八纵队突然发起开封战役，并一举攻克开封外城时，蒋介石唯恐中原枢纽有失，急忙亲飞开封上空指挥，一面令守敌固守待援，一面令第五军和胡琏兵团由东、南两面增援。东路的援敌由华东野战军负责阻击，南路的胡琏兵团则由中原野战军进行阻击。刘伯承见战情紧急，为了争取时间，采取大兵团梯次行进的方式，令第一、三纵队和华东野战军第十纵队为第一梯队，迅速赶至西平以东的东、西洪桥一线，构筑野战防御工事予敌以坚决阻击；以第二、四纵队为第二梯队，尾第一梯队前进，随时准备协同第一梯队作战。从6月15日至17日，胡琏兵团集中兵力和炮火，对东、西洪桥进行轮番攻击，企图一举越过阻击阵地。但在节节抗击下，两天仅前进了80里。18日，开封四关已被华东野战军攻克。蒋介石因胡琏兵团已救援不及，且有被华东野战军、中原野战军南北夹击之虞，即令胡琏退回汝南。至此，中原野战军顺利地完成了第一次阻击任务。

第二次阻击战是配合华东野战军睢杞战役第一阶段作战。6月下旬，经过宛东战役和西平阻敌援汴战斗之后的中原野战军第一、二、三、四四个纵队，正集结在襄城、叶县地区休整。6月27日，刘伯承接到粟裕电报：豫东睢杞作战开始，预计7月2日解决战斗。望迟滞胡琏、吴绍周兵团，阻其北援。刘伯承立即令全体部队分向郾城、漯河、遂平开进，预计歼击正由驻马店北进的吴绍周兵团（辖整编第八十五、十、二十八师）一部，吸引胡琏兵团西顾，从而达到阻敌北援的目的。华东野战军睢杞战役的目标是围歼西援开封的区寿年兵团。蒋介石、白崇禧鉴于上次胡琏兵团被中原野战军优势兵力拖住的教训，这次令张轸统一指挥胡琏和吴绍周兵团共五个整编师，全力北援。刘伯承按原定部署，以一部兵力牵制和阻击东路的胡琏兵团，集中主力攻击西路吴绍周兵团。6月30日至7月1日两天，主力与吴绍周兵团展开激战，用诱敌前进从翼侧反击的战法，使敌人暴露在原野上，从而予以重大杀伤。张轸恐吴绍周兵团被歼，遭受白崇禧的斥责，急调胡琏兵团折回西平与吴绍周兵团靠拢，停止北援。至此，中原野战军胜利地完成了第二次阻击作战。

第三次阻击战是保障睢杞战役第二阶段的作战。7月3日，刘伯承再次接到粟裕报告，说在歼灭区寿年兵团后，拟继续围歼孤军深入的黄百韬整编第二十五师，预计7日结束战斗，要求中原野战军阻击胡琏等部，使其8日不能到达太康地区。同时，中原野战军司令部获悉蒋介石复令张轸指挥胡、吴两兵团，排除万难，驰援黄百韬。刘伯承当机立断，令第一、二、三、四纵队全力东进，采取侧击、尾击的战法，在商水、东洪桥之线与敌激战。张轸由于上两次援救的失败，又怕陷入解放军的包围，因此采取惯用的密集队形齐头并进，这恰恰为中原野战军迟滞其行进速度创造了条件。蒋介石却不满张轸的稳步缓进，严令他赶往睢杞围歼华东野战军的所谓“疲弊之师”。胡琏企图邀功，自告奋勇率九个步兵团轻装北进。刘伯承立即派部队尾追。当胡琏刚刚赶到淮阳，华东野战军已胜利收兵。第三次阻击战也胜利结束了。

至此，经过半年的机动作战，国民党军在中原的防御体系已经支离破碎，它的机动兵力已经寥寥无几，大部分兵力困守在徐州、郑州等几个孤立战略要点。

“蒋介石要死在‘十字架’上”的趋势，越来越明朗化了，“中原逐鹿”发生了有利于人民解放军的根本性转折。

第二节　西出襄樊

刘伯承敏锐地注视着形势的迅速发展，精心领会、坚决执行中共中央军委、毛泽东的指示，不失时机地“把革命战争继续扩大和深入到国民党统治区去”。

6月5日，宛东战役结束的第三天，野战军司令部在河南南阳彰新庄召开纵队领导干部会议，刘伯承出席作军事报告。会场设在庄边的场院，周围浓绿掩映，凉风习习，很是惬意。同往常一样，刘伯承军容齐整、正襟危坐。他用犀利的目光环顾四周，见一张张熟悉的面孔都已到齐，便向两旁的陈毅、邓小平小声地征询了几句，然后示意主持会议的李达宣布开会。李达简要地讲了会议的内容和程序，然后宣布：“现在请刘司令员作报告。”一阵响亮的掌声过后，会场立刻静下来。与会者本来以为刘伯承先要作宛东战役总结，不料，一开头他就讲形势和任务：“同志们，我们中原区的任务是将战争引向蒋管区，利用敌人的人力、物力消灭敌人的有生力量，并把这个区域变为向东、向南、向西进攻的基地。”接着，他开始分析敌情：“敌五个集团[①]是战略布局上的五个点……白崇禧集团是其战略守势的最后防线，此点突破必将全盘瓦解。敌人有三怕：一怕进关，二怕过江，三怕入川。中原区就有敌人的两怕。在顾祝同、白崇禧、张治中集团联合防线上，汉水区是其最大弱点。此地既可渡江，亦能入川，且是敌之接合部，无法弥补。”紧接着，他结合地形提出战略目标：“中原区有三山（泰山、大别山、伏牛山）、四河（长江、淮河、黄河、汉水）。我们依托三山逐鹿中原，把四河变成我们的内河。黄河、淮河已变成内河，应背靠武当山向东南发展，白河、汉水流域是古战场。将郧阳、均县、房县划归豫陕鄂，南漳、保康、谷城划归桐柏，当阳、远安、荆门划归江汉，就是将汉水变为我们内河的开始。长江也会像黄河一样变为我们的内河。”随后，他讲到了对未来战场的精心选择：“我们有三个较好的战场：一沙河，二豫西，三豫鄂陕。三个战场中以豫鄂陕为最好，有伏牛山，武当山之依托，有桐柏、江汉的前进阵地，水寨较少，没有大山，适于部队运动和作战。在敌方因汉水、长江及大巴山之障碍，部队运动困难。”经过这样一番透彻的分析，中原野战军下一步的作战方向已十分清楚了。于是，刘伯承最后道出了他的打算：“下一个战役，向襄樊、老河口行动，先侦察情况，看准后突然捕捉守敌围歼之。”在形势任务、战略态势、战场地形的层层剖析中，一个战役计划就这样自然而然地推出来了。纵队领导既为他知己知彼、胸有成竹的风度所折服，又被他切实可行的

① 原指卫立煌集团、李宗仁集团、张治中集团、顾祝同集团、白崇禧集团。其中的张治中集团，应是西安绥靖公署胡宗南集团。张治中时任蒋介石的“西北行辕”主任，所辖新疆、甘肃、青海、宁夏四省不是主要战场。

计划所吸引。他们始而屏息静听，继则相顾微笑，尔后禁不住七嘴八舌纷纷议论起来。有的啧啧称赞刘伯承的神机妙算，有的急于猜测这回任务会落到谁的头上。刘伯承边笑边说："同志们，莫忙嘛。毛主席说'不打无准备之仗，不打无把握之仗'。以上方案还要请各位考虑提意见呢。"

会议进入热烈的讨论阶段。大家回顾在刘伯承、邓小平的领导下，千里跃进大别山，克服重重艰难险阻，终于在中原大地生根、发展，重建了中原解放区。3 月间主力转出大别山以来，辗转机动，拔城略地，屡克强敌，夺得了战争的主动权。如今敌人在中原纠集重兵，力图挽救颓势。如何能避实就虚，集中优势兵力，击破敌人的薄弱环节，消灭敌人有生力量，成了中原野战军面临的一个关键问题。因此，大家觉得刘伯承兵出襄樊这一招，既有战略眼光，又符合当前战场的实际，确实是个理想的作战方案。

刘伯承见大家意见渐趋一致，站起身来说：根据讨论情况，应做精神准备，尤其应注意吸引南阳援军，寻机歼灭之；老河口战役宜快，指挥联络第一，战役的关键是孤立整编第十一师并消灭弱敌，中原野战军主力应控制于南阳、驻马店间机动；统帅部基本企图应下达，各将领电话应竭力接通，部队应加强硬性，提倡钳击和分隔。

会议的最后阶段，刘伯承代表中原军区首长做结论。鉴于襄樊作战的方案已被大家所接受，他着重地讲了具体的部署："进行老河口战役，大家已一致，准备时间规定一周，先告陕南刘金轩准备并侦察，桐柏应侦察敌情及部队展开地区。把汉水变为内河是豫鄂陕及桐柏的任务。这是面对线的斗争，包括着很大的政治内容，望两区特别注意。"说到这里，他故意顿了一下，同时把语调放慢，以更加集中听者的注意力："我们在战略上是打强的，在战役、战术上是打弱的。打法是挟其额，揪其尾，截其腰，置之死地而后已。"随着铿锵有力的话语，他突然抬起右掌，往下用力地一劈，仿佛真的拦腰砍向敌人。然后，他又谆谆告诫说："打老河口虽然容易，但应谨慎，打死虎应看做活虎。战术的灵活建立在打的上边。""计划、命令是建立于最现实的情况上的，因此一切行动都应适应现实情况。但现实是辩证的，指挥也应是辩证的，因此指挥员应充分独断专行，我们名之谓机断行事。"听着这抑扬顿挫、从容有序的熟悉语调，纵队领导们深受感染和鼓舞，他们知道，一个新的胜利已在把握中了。

战役发动的时机更加体现了刘伯承的机敏和精明。6 月中旬，中原敌对两军主力分别相持于陇海路徐州、郑州段，平汉路郑州、信阳段，彼此都在酝酿着新的大战。国民党军相对放松了对次要方向的注意力。13 日，野战军司令部下达了老（河口）襄（阳）战役的作战命令，计划以第二、四纵队组成西兵团，以第六纵队和桐柏军区主力组成南兵团，于 6 月下旬向老河口、襄阳之敌发起进攻。正在这时，华东野战军发起了豫东战役。刘伯承、邓小平按照全局需要，下令暂停老襄战役，速调第一、二、三、四纵队赴平汉路钳制张轸兵团北援，却有意把这六纵队留在唐河地区待命。

当西平、周家口一线的阻击战激烈进行之际，第六纵队的指战员们心急如焚，他们不理解刘伯承为何将他们闲置在一边，纷纷发电报或提出书面申请，要求上前线参战。刘伯承复电令部队“好好休息”。唐河，是桐柏解放区的腹地，随时可东开平汉或南出老襄。他就是要使第六纵队处于箭在弦上、引而不发的地位。

6月21日，北线华东野战军攻克开封后，转兵于睢杞地区。华中“剿匪”总司令部总司令白崇禧判断中原野战军主力齐集豫东和豫中，下决心把所部主力向北集中，连驻南阳的整编第二十师也调至确山地区作后应。这样，老河口、襄樊守军完全陷入孤立状态。机不可失，刘伯承立即命令桐柏军区司令员王宏坤统一指挥第六纵队、桐柏军区主力及陕南第十二旅等乘隙发起老襄战役。待命部队早已养精蓄锐，跃跃欲战，一声令下，就像脱弦之箭，飞速向新野、均县等地开进。

老襄守军为国民党军第十五绥靖区，由国民党特务头子、中国三民主义青年团中央组织处长康泽任司令官，所属第一〇四旅、一六三旅及第一六四旅都是川军。为了便于统驭，康泽推荐川系将领郭勋祺任副司令官。他们以主力驻守襄阳，分兵守备老河口、谷城和樊城。

鉴于参战部队兵力与敌比较只占相对优势，不能同时分兵围歼老、襄两地之敌，刘伯承决定集中兵力，各个击破。临战前，他要求参战部队先“以突然和速的动作，向老河口捕捉奇袭”。

参战部队于7月2日开始第一阶段老、谷（城）作战。第六纵队冒着滂沱大雨自新野地区出发，以急行军神速隐蔽地向老河口突袭，一举获得成功。接着在陕南第十二旅等的配合下，又乘胜解放了谷城。守敌大部被歼，残部逃回襄阳。

战役转入第二阶段攻占襄阳的作战。桐柏第二十八旅进逼樊城，分兵西渡汉水；第六纵队司令员王近山指挥本部及陕南第十二旅、桐柏三分区部队进逼襄阳，分兵袭占南漳。从水陆两路切断了襄阳守敌的逃路。

襄阳是一座历史名城，依山傍水，地形险要。北面与樊城隔汉水相望，城南群山耸立，好似两道天然的屏障，易守难攻。历来兵家认为，欲夺襄阳必先夺南山；山存则城存，山失则城亡。白崇禧曾派整编第八十五师第二十三旅守备襄阳，在城南羊祜山、虎头山、十字架山等制高点，构筑了大量堡垒据点式工事，居高临下，凭险据守。康泽到任后，继续加以增修改建，并在交通要道、火力死角及开阔地带，密布地雷，构成坚固防御体系。自吹“铁打襄阳，固若金汤”。

外围战斗果然遇到了困难。开始，攻击按先外围后城垣的一般军事原则进行。从7月8日起，第六纵队第十七旅、陕南第十二旅及桐柏三分区部队向城南诸峰轮番攻击，虽陆续攻占了琵琶山、真武山、凤凰山、岘山等，但在守军依托永备工事和施用猛烈炮火、毒气的顽抗下，部队伤亡很大，弹药消耗过多。如继续攻击敌守备更严密的主峰虎头山、羊祜山，将付出更大代价，而且势必影响攻城的力量。刘伯承接连接到王宏坤请示下一步行动和王近山建议从东西关攻城的电报。他权衡战局，认为襄阳敌人兵力不大，康泽不善指挥，据内线报告守敌已异常恐慌动摇，应坚持打下去，因此下令王宏坤继续组织攻击，指示攻城各部“不许顾虑伤亡，不准讲价钱，以求彻底胜利”。13 日，王宏坤调整部署，以第六纵队担任主攻，桐柏第二十八旅和陕南第十二旅等担任助攻。王近山受领任务后，深知责任重大。多年来战火的磨炼和刘伯承、邓小平的培养熏陶，造就了他智勇兼备的品格。他眼看着外围攻山耗时耗力，因此早就在考虑采取更好的办法。他反复琢磨刘伯承战前一再强调的“现实是辩证的，指挥也应是辩证的。情况是辩证的，我们的作战方式也应是辩证的”指示，觉得跟敌人死打硬拼是不行的，要跟敌人斗智斗法。他召集各旅指挥员认真商议对策，对当前情况作了周密的分析研究。结论是：如与敌胶着于外围山地，过多消耗兵力，正坠敌人“拖延时间，固守待援”的诡计。为了争取战役的主动权，必须改换新的攻城途径。他提出：城南高地与汉水之间，有一条狭长的走廊直通西门，虎头山、羊祜山主峰敌火力不能直接对它造成封锁。由于中隔琵琶山、真武山，敌人也不会倾巢下山反扑。若将攻城重点置于西门，利用已攻占的琵琶、真武二山，切断主峰守敌下山的通路，打通城西走廊，可一举直达襄阳西关。他将这个新的想法报告了刘伯承，得到了刘伯承的赞同。

调整部署的当夜，第六纵队一部攻到了西关。与此同时，桐柏第二十八旅、陕南第十二旅也分别建立了东南角和东北角的攻城阵地。这样，三支部队就形成了马蹄形的攻城阵势。康泽闻报，更加彷徨无主，急令第一六四旅放弃樊城，全力固守襄阳。同时频频发电，惊呼“处境危殆”，向蒋介石和白崇禧求救。

蒋介石和白崇禧，本来都把注意力集中在豫东和平汉线。当得报襄阳被围时，他们认为不过是共军“声东击西的故伎”。待到襄阳城门告急，他们才感到问题严重。但对防守方案发生了分歧。蒋介石复电康泽：“共军必无远射炮与重武器，弃山守城，固守待援。”白崇禧却坚决反对弃山守城，认为这违背“居高临下，恃于形势”的军事法则，严令康泽夺回真武山，恢复城南防御态势。由于襄阳的战略地位十分重要，蒋介石令华中“剿总”进行援救。白崇禧虽对蒋介石指派亲信康泽坐镇襄阳久怀不满，对康泽的困境不甚关心，但他也深知襄阳失陷，不仅会危及他华中“剿总”总司令的声誉，而且将破坏他的战略后方的稳定。因此，他决定派兵援救。就白崇禧的兵力部署而言，南阳第十三绥靖区王凌云部离襄阳最近，所辖整编第九、第十五两个师也有一定战斗力。但白崇禧顾虑刘伯承“围点打援”的惯用战术，不敢从南阳出援。而张轸兵团尚在周家口一带，远水近火，无济于事。唯一可以动用的，是他驻信阳的桂系整编第七师和驻确山的整编第二十师。至于救援的路线，白崇禧又是煞费了一番苦心。按照蒋介石规定的原则，援兵“应取捷径，昼夜兼程”。整编第七师、二十师就近在确山集结，经泌阳、唐河、新野奔襄阳，路程较短，急行军五天可到。白崇禧认为，直路行军，途经解放区，共军极易发觉，且有唐河、白河之阻，敌前渡河，犯兵家之忌。他决定取远道，从驻马店、确山、信阳乘火车到孝感，再徒步经应城、京山、钟祥过汉水，由宜城向襄阳驰援。预计车运两天，步行五至七天。他颇为自得地对幕僚说：“这条路线所经多是我控制区，兵法云‘以迂为直’，且远敌渡河，安全有保障，定出共军意外；一旦襄阳不守，我又可先敌控制长江北岸沙市、宜昌一线，防共军南渡长江。”

这些，早在刘伯承的谋算之中。6月27日，他就令江汉军区适时在皂市、钟祥一线发动攻势，配合襄樊作战。7月13日，又令第二纵队以一部向南阳佯动，牵制南阳王凌云部不使南援。因此，逼迫白崇禧只得舍近就远，进行长距离增援。15日，敌增援部队先头整编第七师第一七二旅到达钟祥、京山一线，但不敢孤军冒进，停下来等待整编第二十师。这就造成了第六纵队等集中兵力攻击襄阳的有利态势。

15日黄昏，对襄阳的总攻开始了。担负突击任务的第六纵队第十七旅第四一九团第一营，以猛虎下山之势，在集中而严密的火力支援下，勇猛通过西关大石桥，5分钟即登上城头，连续打退敌人数次反扑，巩固住了突破口，后续部队乘势向纵深发展。西关的胜利突破，使城内守敌完全陷入混乱。在东关攻击的陕南第十二旅、桐柏第二十八旅乘机涉濠登城，投入巷战。几路部队协同一致，穿插分割，猛打猛冲，很快在敌司令部杨家祠堂胜利会师。康泽和郭勋祺这时尚龟缩在大炮楼里负隅顽抗。经劝降无效后，组织了最后的攻击。一阵猛烈的炮火过后，工事大半被毁，战士们英勇突进，生俘了康泽和郭勋祺。至此，襄阳这座被敌人蹂躏的古城，终于回到了人民的怀抱。是役，共毙伤敌3700多，生俘1.7万余人。

战后，刘伯承和陈毅，对康泽和郭勋祺等被俘高级军官进行了教育争取工作。郭勋祺早年同刘伯承、陈毅相识，彼此友谊很深。刘伯承、陈毅多次接见了郭勋祺。刘伯承回忆起1926年与郭勋祺在重庆莲花池国民党左派省党部一起开会的情景，感慨地说：“从那时分别到现在，一晃20多年过去了，这中间的变化多大啊！”陈毅与郭勋祺畅谈起1938年至1939年彼此在皖南融洽相处的往事。那时陈毅任新四军第一支队支队长，郭勋祺任国民党军第五十军军长。陈毅多次到第五十军，向该部官兵宣讲抗战救国的道理和游击战术，郭勋祺曾送给新四军第一支队一批步枪和子弹。郭勋祺向刘伯承、陈毅倾诉了在川军里屡受国民党中央系的排挤和早就想脱离国民党而又苦无机会的处境。刘伯承、陈毅劝他从现在做起，为人民立新功。郭勋祺表示十分感激和鼓舞。10月30日，刘伯承最后一次接见郭勋祺，布置他返回四川做川军上层人物的工作，为将来解放四川做准备，并指示中原野战军敌工部交给郭勋祺一定的活动经费和联络信物。郭勋祺欣然领命而去。

襄阳的捷报飞传全国。全国其他战场同样捷报频传。华北军区部队，经过50余天的连续作战，晋中战役得胜在先，平、津、保外围地区大量歼敌于后；华东野战军，自昌潍战役起在胶济、津浦两线及苏北地区转战两月，攻克战略要地兖州，总计歼敌10余万；连同中原战场的开封、睢杞和襄阳大捷，被称为震撼全国的“五路大捷”。这一连串的重大胜利，宣告了蒋介石“重点防御”战略的再次破产。中共中央给刘伯承、邓小平等的贺电指出：“这一汉水中游的胜利……对中原战局的开展帮助甚大。尤其是活捉康泽，更给全国青年受三青团迫害者以极大的兴奋。”朱德总司令批示说：“此战役是小的模范战役，以同等之兵力各个歼灭敌人于外城，最后夺取据点襄樊。估计正确，敌人指挥不强，其所率兵力少，战斗力弱，决心攻城后得最大胜利。”

刘伯承并没有陶醉于胜利之中，而是潜心于襄樊战役的经验总结。他深切地感到，战争形势的发展，把变换作战样式的问题又提到了中原野战军的面前。如果说，前一阶段主要是宽大机动实施分遣与集结相结合的运动战，而配合以阵地战；那么今后将转入主要的阵地战而配合以运动战。所以，他急于要把襄樊战役的经验总结出来，为今后的阵地战尤其是城市攻坚战提供新鲜经验。在他亲自起草的《中原野战军襄樊战役总结》中，提出了这样的原则：作战方向和时机的选择是战役胜利的基本条件；初战对战役发展影响甚大，必须慎重处理；攻城指导上是集中绝对优势兵力的钳形突击。他还提出对付敌人的火力优势，应集中主要兵力、兵器的主攻方向；构筑掩体以防敌炮弹杀伤；对地雷先要战前侦察其敷设地点，设法取出或标记所在而绕过避开。他特地表扬了王近山机动灵活的指挥，指出“鉴于虎头山、羊祜山之筑城不易攻下，襄阳城东西两面守备薄弱，乃变计以桐柏部队佯攻该两山之敌，以六纵队全力攻襄阳城西门”，“此乃襄阳全胜的关键”。同时他又认为襄樊战役只是全部中原战局的一个组成部分，谆谆告诫参战部队：“中原战场好比一个篮球场。你们在襄樊打了一个歼灭战，好比投篮得分，这是应该庆贺的。但要知道，你们有机会投篮，是由于其他对手在豫东和平汉方面被我方的其他队员卡住了。所以这两分的胜利，是我方全体人员共同努力的结果。”他的眼光，始终放在战争全局的高度上，力求通过自己部队的行动，达成战略上的有利态势。

第三节　大战前的整军

襄樊战役以后，蒋介石由于在各战场的惨败，不得不全面收缩战线，采取“放弃要线退守要点”的方针，裁并绥靖区，编成新的兵团，以加强各重要城市的守备力量和机动力量。在中原战场，经过洛阳、豫东、襄樊等一系列战役，徐州刘峙和华中白崇禧两大集团屡遭严重打击，不得不转攻为守，分别将主力猬集于徐州、信阳地区，同时加强了济南、郑州、南阳等要点的防御。中原野战军由此获得了休整的机会。中原野战军一年来转战江淮河汉，消耗极大，主力锐减。艰苦的环境使部分指战员的右倾情绪和无组织、无纪律、无政府的现象不断滋生，甚至发生过干部唆使战士逃跑和指导员擅自解散连队的严重事件。源源涌入部队的农民群众、青年知识分子和大批解放战士，亟待教育训练。战争形势的飞速发展，又要求部队的战术、技术水平必须有大幅度的提高，以进一步适应大兵团作战的需要。所以，中原军区决定自8月起，集中时间、集中精力，在部队开展一场大规模的整党整军运动。这实际上是春夏间新式整军运动的继续。

这次整党整军，主要抓住加强共产党的领导和开展军事民主这两个环节。在组织整顿的基础上，普遍建立营党委和纵队、旅直属党委，开始建立了军区、分区党委，对所属部队和地区实施一元化的领导。尔后，有组织、有步骤地开展对各种不良倾向的斗争。以团以上干部为整顿的重点。

7月初，邓小平奉召北上，参加中共中央将于9月召开的政治局会议。8月初，刘伯承和陈毅把中原全区团以上干部集中起来，专门部署整训工作。

8月7日，中原局、中原军区召开了整军动员大会。刘伯承首先作整军动员报告。他回顾了延安整风的伟大意义和成效，提出那次整风实现了"三层亮"："上有毛主席了解情况，中有同事知道自己情况，下有党校许多干部揭发错误。"向与会的领导干部指出，"要整首先从头整，从主要负责领导干部整，尤其军人，如不进行危险甚大"，"只有自我批评与批评才能教育干部"。他要求大家以延安整风为榜样，通过整党整军，解决三个主要问题：一是在革命局势发展，特别是在艰苦环境下的紧要关头，加强党的领导；二是把整党与士兵诉苦、三大民主相结合，抓好整军这个最基本的问题；三是在思想统一、组织保障、团结一致的基础上，提高军事素养，进行军队建设。

8月13日，刘伯承、陈毅由中原军区司令部驻地宝丰县皂角树村，前往第二纵队驻地方城县竹园庄，给第二纵队和桐柏、江汉、陕南军区的团以上干部作整党整军动员报告，因为驻地分散，这些部队的干部没有参加上次的动员会议。报告会开始，刘伯承请陈毅先讲。陈毅朗声笑起来，说："哪里话，你是最高司令官。"刘伯承说："不，现在是整党，你是党的书记，你不讲哪个讲？大家欢迎。"一阵热烈而欢快的掌声随即响起来。陈毅连连往下按着手掌，示意大家停止鼓掌，说："要得，我遵命。"他主要讲述了全国战局的演变和中共中央、毛泽东、朱德等对形势的估计，分析介绍了各战场的态势以及国共双方军事力量的消长，特别赞扬了刘邓大军带头中央突破，起了扭转战局的决定性作用。他强调指出：现在中原、华东两支野战军联合作战，逐鹿中原，我和伯承、小平同志都感到光荣之至！说到这里，他随口吟出两句诗："中原还逐鹿，投笔事戎轩。"扭头问刘伯承："好像是魏征的诗，是不是？"刘伯承微微一笑，答："你是文武双全的将才，不会记错，是魏征的。魏征是冀南馆陶人，正在陈再道原来管辖的地盘上呢。"

接下来，由刘伯承作报告。他主要讲了整党整军、总结作战经验和提高干部水平等问题，要求各级领导干部一定要把整党整军搞好，以高昂的政治情绪去迎接新的斗争。他勉励大家要加强学习，学政治，还要学军事，把形势和任务认清，把战略思想搞通，弄懂战役组织指挥和战术协同动作，克服勇敢有余、智谋不足的缺点，适应大兵团作战的新形势。

动员后，刘伯承、陈毅还参加了第二纵队党委扩大会议，听取了纵队领导的批评和自我批评，也当面指出了纵队有的领导之间的关系不够融洽等问题。他们的指示，推动了第二纵队的整党整军工作。

在这以后，中原军区团以上干部以纵队为单位，进行了半个月至20天的查整。按照刘伯承提出的"三层亮"的办法，开展了批评与自我批评。人人敞开思

刘伯承在中原军区整军动员大会上讲话

想，个个不留情面，将影响部队团结和进步的问题一一揭露出来。各纵队领导带头自我解剖，有的查出摆老资格、恃功自傲、放松纪律的错误；有的检查出不能正确认识坚持大别山斗争的意义，反而采取抱怨领导和消极避战的态度；有的检查出只想单独建功立业，不愿与主力配合作战的思想；有的检查出打胜仗就骄傲，遇挫折就消沉的不良情绪；还有的检查出领导班子不团结，抗上压下的现象。

刘伯承因势利导，既肯定了查整的成绩，又提出了新的目标。他在总结中说："今后的问题，是如何在这一基础上改善领导作风，巩固和发扬已有的成果，克服种种坏习惯、坏风气。"他还特别提醒大家："建设新的习惯和作风，比起破坏旧的习惯与作风，仍然不是容易的事，要有极大的坚持力才行。"

中高级干部进行这样痛快淋漓的自我批评和思想交锋，在中原部队历史上还是第一次。许多人放下了包袱，开动了机器，决心以新的姿态去迎接新的战斗。

中高级干部的深入查整，带动了部队的进步。各部队及时进行了时事教育和整顿支部的工作。时事教育以学习"人民解放战争两周年的总结和第三年的任务"为中心，经过讲解、报告，小组和连、营军人大会的讨论，战士们对胜利形势有了进一步的认识，斗志更为昂扬。整顿支部工作，也是采取批评与自我批评的方式，发动群众评议支部领导和党员。许多表现好的党员、干部受到了群众的表扬和鼓励，一些有缺点的党员、干部受到了批评。这样，使党员与非党群众都受到了深刻的教育，进一步密切了党群关系，切实改进了支部的领导作风。

在抓紧政治整训的同时，刘伯承大力抓了军事整训工作。7 月 28 日，他颁发了中原军区一个月整训工作大纲，明确规定了"步兵部队着重基本技术之精练与提高，即着重射击、投弹、刺杀，特等射手与普通爆炸手的建立，地形利用，工事构筑和单个战斗"。要求机枪手、炮兵、工兵、侦察员等专业兵员，各自完成本职基本技术的练习。对营以下各级指挥员，严格规定"除精密组织与检查部队实际训练外，应着重进行村落战、街市战、对防御敌人进攻诸攻坚战斗之研究与作业，并配合研究洛阳、昌潍、临汾、宛西诸战役的经验教训，在部队基本技术之训练告一段落时，则进行联合动作的实兵指挥与实战演习”。

他更重视指挥机关和指挥人员的训练。针对即将到来的大兵团作战，他指出：“作战由口令时代进到指挥时代，现在是组织时代。大兵团作战，如不健全司令部工作是不能操胜算的。”9月10日，他亲自起草和颁发了《中原军区野战军关于四个月指挥工作的命令》。命令指出：“我们处在由小规模的作战转变到大规模的各兵种协同动作的运动战、攻坚战的关头……我们野战军必须在战斗及其间隙中，在各级党委领导与首长集中指挥之下，在士兵委员会三大民主运动的基础上，进行下述的四个月（自10月至明年1月底）的指挥工作。”命令对作战、后勤、训练、司令部工作的进一步提高都提出了详尽的要求。在这个命令中，还特别批评了某些干部中存在的官僚主义倾向。认为这是妨碍部队提高训练水平和作战水平的大敌。指出：“现在我们各级干部有些是高高在上，闭户幽居，不深入所属部队，不了解实际情形进行研究，因而也不能对所属部队进行活生生的适应机宜的指导与帮助，更不能谈到在检查中做出正确的、简单明了、具体扼要的总结与改善工作。这样脱离群众的官僚主义，各级干部必须痛切反省与切实纠正。”

上述一系列的部署和措施，表明了他把训练当作即将进行的战略决战的最基本的准备。他常常批评有些干部不重视训练的思想和行为，反复指出，“不教而战是为弃之”。我们的指挥员只会一个字“冲”，究竟怎样冲法？敌人在哪里？一个娃娃长到十七八岁不容易，在一冲主义下白白送了命，怎么对得起革命，对得起人民？

在这些繁忙的领导工作的同时，刘伯承还潜心于战略战术的研究。他小屋里的灯光常常亮到夜阑更深。他认真学习、领会中共中央9月政治局会议提出关于争取五年胜利和继续发展外线进攻的新方针，仔细翻阅历年来的战役、战斗总结和敌情资料。他还选读苏军的报刊文章，借鉴苏军在第二次世界大战中实施大规模歼灭战的经验，在自己的笔记本上密密麻麻记下许多心得。在他的心中，正孕育大规模歼灭战的各种设想和新的战法。

从9月起，中原野战军和东北、华北、华东、西北野战军先后发起规模空前的秋季攻势。随后，及时地将秋季攻势转向就地歼灭国民党军重兵集团的战略决战。9月24日，华东野战军一举攻克战略重镇济南。中原战场战略决战的局势，开始显明起来。当天，华东野战军代司令员兼代政治委员粟裕向中共中央军委和华东局、中原局提出建议，乘济南战役胜利的余威，把战线向南推进，在陇海路东段和淮阴、淮安举行淮海战役。中共中央军委、毛泽东于25日致电粟裕和刘伯承、陈毅，同意进行淮海战役，并设想将战役分为三步：第一步作战，以歼灭黄百韬兵团于新安、运河之线为目标；第二步作战，歼灭两淮高（邮）宝（应）地区之敌；第三步作战，歼灭海州、连云港、灌云地区之敌。

刘伯承接到上述电报后，认真地考虑了发起淮海战役的必要性和战局将会出现的趋势。9月25日，他与陈毅、李达致电中共中央军委和粟裕，表示“同意乘胜进行淮海战役，以第一方案攻两淮，并吸打援敌为最好”。接着，他和陈毅、李达、陈赓、陈锡联等，又专门分析研究了当前的形势。他高瞻远瞩地指出，自济南攻克后，华北已放手大打，东北则先以一部配合华北解决北宁路范汉杰部19个旅，尔后华北全力打击傅作义，太原则已不很费力。东北及华北拟在今年解决问题。华东野战军在10月至11月也可放手大打。中央军委已令其稍事整补后，南下攻击徐州以东的黄百韬兵团，尔后直下两淮，以威胁南京。此两役如获成功，则苏北、苏中全入解放军之手，对解放军之补给解决了大问题。然后，他又谈到了中原野战军的任务：中原区及西北区在10月至11月上半月，仍然处在钳制地位。待华东两战役胜利完成后，就可放手大打，那时形势即将大变，故8月30日蒋介石说“今后三个月如不能在长江黄河间打开一局面，则非垮不可”。中原区所对付的敌人即为白崇禧的第十二兵团、第三兵团与第十四兵团。以上这两段话，清晰地勾勒出全国基本的敌我态势和中原战局，虽然这时关于淮海战役的概念还是比较狭小的，但他已经预见到“放手大打”的趋势，同时清醒地认识到目前中原野战军“仍处在钳制地位”。为了配合华东野战军发起淮海战役，他与陈毅、李达等当即作了相应的部署，命令第二纵队及桐柏、江汉军区主力，在平汉路武胜关以南发起攻击，采取耗散敌人的方针，牵制国民党军第十二兵团和第三兵团，防止其突然东调徐淮地区；令第一、三、四、六、九纵队等，在方城、叶县地区集结休整，以待战局的发展。

刘伯承一贯具有极强的全局观念，只要对全国战局有利，他就勇于主动承担艰巨困难的任务。这时他鼓励部属任劳任怨，积极作战，最大限度地把敌人吸引到自己周围，就是为了给华东野战军和其他战略区创造歼敌的有利条件。他最痛恨那种“你来我不来，腰来腿不来”的不顾大局的行为，一经发现，总是给予严厉的批评，使大家引以为戒。为了配合华东野战军作战，他提出中原部队要“牵制西面，保障东面”。

第二纵队等部在平汉路南段的积极破袭，激怒了白崇禧，他获悉华东野战军正在鲁南休整，鄂豫地区仅剩下中原野战军，以为有机可乘，于是在10月上旬集结了黄维第十二兵团和张淦第三兵团，浩浩荡荡杀奔豫西，企图寻找中原野战军主力决战。这正中刘伯承的下怀。他立即与陈毅、李达等采取“南北分兵、拖散敌人、寻机歼敌”的方针，以第六纵队加入钳制部队，与第二纵队及桐柏、江汉军区主力，陕南第十二旅等，伪装成主力，且战且走，将张淦兵团拉入大洪山区，把黄维兵团抑留于桐柏山区，使两敌远离交通要道，不能顺利东调，以利华东野战军在东面作战，主力则继续停留在禹县、襄城、叶县地区待机。

10月7日，刘伯承偕同陈毅、李达由中原军区驻地方城县独树镇，乘东来到第四纵队驻地方城县竹园庄，参加该纵队团以上干部会议。会议开始，他手持花名册一一点名，干部们见状十分诧异，不禁交头接耳，悄声议论。他严肃地说：列队、点名是军队最基本的课目，连这样的课目也感到惊奇，说明我们的头脑里一点没有正规化的观念。我们很快就要在中原放手大打，形势的发展对部队建设提出了更高的要求。过去那种稀稀拉拉、各自为政的游击习气，再也不允许存在下去了。大兵团作战，更要有严格的组织性、纪律性，今天首先从到会的团以上干部做起，以此带动部队的管理教育。然后，他又强调指出：干部首先应学习战术，总结经验，教育部队，借以提高战斗力。其次在战斗组织方面，相关干部一定要侦察敌情、地形，不能盲目蛮干，以致处置错误。这一席正颜厉色的话，使与会的干部们觉得，大战即将来临，确实有必要使自己的思想和行动提高一步，跟上形势的发展。第四纵队司令员陈赓，立即表示拥护刘伯承的讲话，要坚决把部队整顿好，随时准备执行艰巨的任务。

下午，与会人员参观第四纵队的军事演习。当战士们准确熟练地完成抛射炸药包、登城、架设浮桥等一连串的动作时，刘伯承、陈毅同大家一起报以热烈的掌声。陈毅连声称赞说：就是要练成这么个样子。每一个部队，既要能以多打少，又要能以少打多；不但要善于攻击，而且要善于防守。次日，刘伯承、陈毅、李达又驱车赶往第一纵队驻地，检查了该部的训练情况，与杨勇、苏振华商谈了备战工作。可见，他们的注意力，已经转到了大战前夕的实际准备。

这时候，东北辽沈战役自 9 月 12 日发起后，进展顺利，已切断了北宁路，孤立了锦州。蒋介石唯恐东北有失，正穿梭般往返于南京、北平、沈阳之间，希冀拿出新的办法，以挽救锦州、长春的危局。不料，徐州“剿总”连连告急，叫嚷“徐州会战大有一触即发之势”。蒋介石急上加急，迫于无奈，只得命令驻守郑州的孙元良兵团东开徐州宿县地区，加强津浦路徐州蚌埠间的守备。实际上是想集中兵力，固守徐州、浦口间的津浦路，以拱卫国民党的统治中心——南京。

为了破坏敌人的集结计划，保证淮海战役开战顺利，中共中央军委、毛泽东一面令华东野战军从容准备，待时机成熟再行发动攻击；一面令中原野战军主力攻击郑州、威逼开封、徐州，牵制刘汝明、孙元良兵团，不使其东调。刘伯承、陈毅与刚由西柏坡返回的邓小平立即遵照中共中央军委的命令，以休整待机的第一、三、四、九纵队北上郑州，准备以攻击手段吸引孙元良兵团回援。10 月 14 日，他们向中共中央军委报告攻郑部署：（一）我在华东野战军推迟攻势至 28 日发动不再变更的条件下，决以陈锡联兵团（率第一、三、九纵队）于 20 日开始转攻郑州，陈谢率部跟进加入作战。攻郑目的求得吸引孙元良兵团全部回援，或更吸引杜（聿明）邱（清泉）兵团一部向西，以达到协助华东野战军作战的目的。并同时影响南线黄（维）、张（淦）两兵团之一部北调，更为我南线部队创造战机。（二）攻郑方法，如能先攻郑州则首先攻占之；如攻势开始后孙元良已被迫回援，攻城急切难下时，则争取先于野战中歼击孙一部。如出现攻城与打援均不便利的情况，则让孙元良进入郑州，我军留在郑州附近钳制之。待华东野战军发动攻势后东面吃紧孙部再东进时，我军再举行歼孙战役。（三）南线王宏坤打吴绍周第八十五师如获胜（但亦有可能打不着），再看黄张两敌的行动变化决定第二、六两纵队的行动。刘伯承的作战部署，从来是依据任务、敌情、我情、时间、地点五项条件来决定的，而且又总是估计到情况的多种变化，从而制订出各种相应的方案。他的口头禅“五行不定，输得干干净净”，正是这种审慎周密、多谋善断作风的确切反映。

10月19日，攻郑部队开始行动。陈毅和邓小平亲赴前线指挥。刘伯承和李达则坐镇豫西。由于孙元良兵团在蒋介石的严令下已开赴宿县，维护徐蚌交通，邱清泉兵团远在砀山、黄口，郑州则变成一座孤城。守军整编第四十师等部见中原野战军兵临城下，仓皇弃城逃跑，被第九纵队全歼于郑州以北的老鸦陈地区。10月22日，郑州解放。开封守敌望风披靡，弃城东逃。10月24日，开封解放。中原、华东两大野战军主力会合在即，一场大战已是势在必打了。

第十六章　决战淮海

第一节　调虎进山

淮海上空战云密布，徐州四周大军云集。10月11日，毛泽东发出《关于淮海战役的作战方针》。这是继辽沈战役之后，人民解放军统帅部作出的又一个战略决战的果断决策。这个方针确定先集中兵力歼灭黄百韬兵团，完成中间突破，继歼海州、连云港之敌，尔后歼灭两淮敌人。蒋介石的注意力正集中在东北战场，图谋挽回东北的败局，根本没有估计到南线人民解放军有一鼓聚歼徐州国民党军的能力。10月中旬，蒋介石令徐州刘峙采取守势，利用陇海路阻止华东野战军南下；令华中白崇禧对中原野战军采取攻势。这种处置，说明他完全昧于形势，只是被动应付，国民党军在淮海战役中必败无疑。

刘伯承预见到战局的发展趋向，早已考虑以少数兵力牵制住华中国民党军主力，尽力将它拉向豫西山区。10月9日，他根据敌军动态，判断白崇禧有向徐州增援的可能，便向中共中央军委报告："白崇禧发现我军一部南下，令整编四十八师一三八旅接防确山，而整编八十五师回驻广水。令杨干才对襄阳、宜城采取活动守备。拟调整编二十、二十八师作机动使用。令王凌云以一个旅守南阳，其余部队归黄维指挥……以上说明敌人正调整部署，着重在徐州会战，防我进攻。孙元良已准备东开，黄维兵团亦可能于徐州战地呈现危机时东进。故白崇禧亦在计划掌握大的机动兵力，以应付变化。"

针对敌情的新变化，他又作了相应部署：令第二纵队及桐柏、江汉军区部队从13日起对平汉路武汉、信阳段继续发动攻击，并寻歼整编第五十八师、二十师等分散之敌，求得调动桂系回援武汉，钳制白崇禧的主力。

在中原野战军主力北上攻击郑汴之际，刘伯承一再电令第二、六纵队和桐柏、江汉军区部队大造声势，伪装主力迷惑敌人。要求第二纵队等部"拉住张淦兵团向西，特别是向南最为有利，而拉向南又以在江汉、鄂豫两地大肆活动有利"；要求第六纵队等部"将黄维兵团引向西去始于大局有利，因此须以强有力的侦察并指挥豫西地方武装主动接敌游袭，主力则在师冈、厚坡地带待机，准备适时移淅川、内乡间"。

刘伯承调虎进山之计果然奏效。白崇禧见中原解放军攻势突然增强，误以

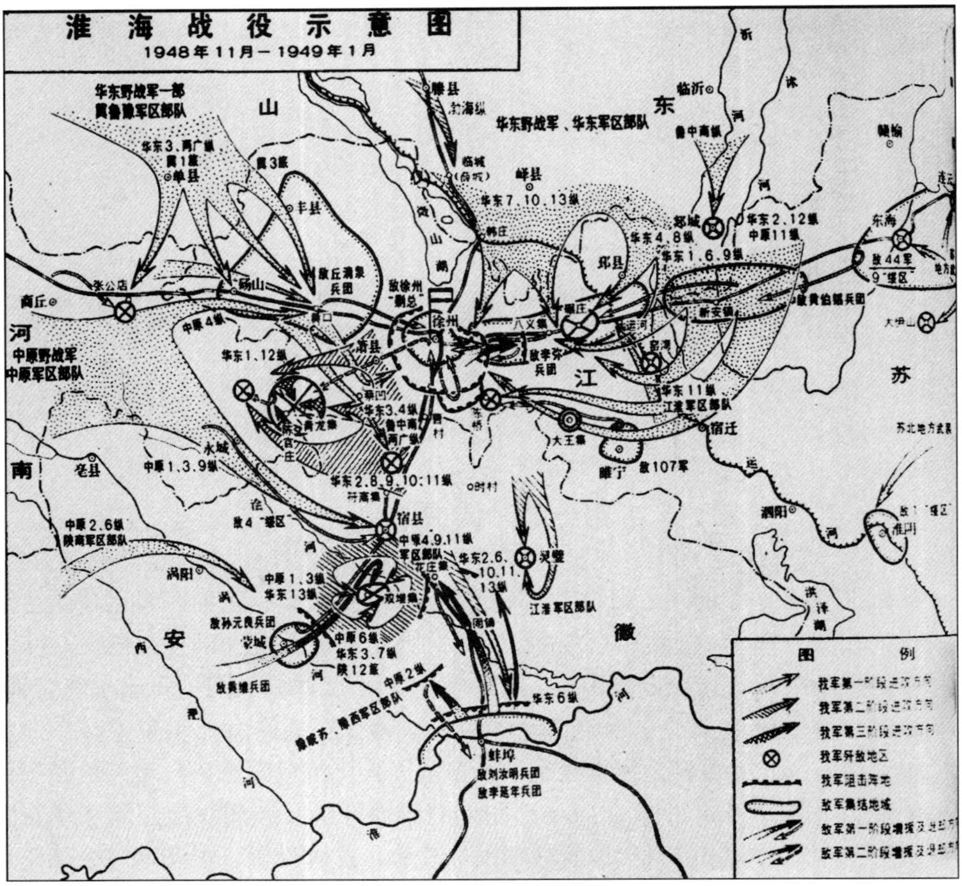

为刘伯承犯了分兵之忌，给了他用重兵围歼的可乘之机，因此，严令张淦和黄维“穷追到底”。张淦、黄维不敢怠慢，一个向南深入大洪山，一个向西深入伏牛山，艰苦跋涉于崇山峻岭之间，离开交通线越来越远。这就迟滞了华中敌军主力可能的东调，有力地配合了华东野战军在淮海战役第一阶段对黄百韬兵团的歼灭战。

10月末，蒋介石鉴于东北战场败局已定，转而想保持华东、华中不失，于是决定由华中“剿总”总司令官白崇禧统一指挥武汉、徐州两个集团，并要黄维第十二兵团东开阜阳、太和、上蔡地区，以配合徐州方向的作战。10月30日，白崇禧由汉口飞赴南京参加国防部军事会议，在会上表示接受蒋介石的新任命，不但满口同意将黄维兵团东调，而且主动提议由张淦第三兵团随同黄维兵团一起行动。蒋介石在北平得知这个消息后，十分高兴。不料白崇禧第二天忽然变卦，以武汉安全无法保障为由，提出将张淦兵团留守华中，而由黄维兵团单独赴援徐州。其实这是因为白崇禧不愿意接受蒋介石给他的烂摊子，又怕蒋介石事后推卸失败的责任。蒋介石勃然大怒，不容变更，白崇禧则固执己见，坚不相让。在顾祝同等的劝解下，蒋介石只得迁就白崇禧的意见。这说明，在军事形势日益暗淡的情况下，国民党统治集团内部已矛盾重重，蒋介石渐渐失去了驾驭桂系等杂牌武装的能力，不得不做出一些让步。白崇禧返回武汉后，先是令黄维回师确山，后又让他参加南阳作战。蒋介石愈加怒不可遏，索性直接电令黄维按计划行动。

中共中央军委指示刘伯承、邓子恢、李达，要求他们指挥部队牵制黄维兵团东调。刘伯承立即令第六纵队实行尾追，不让黄维兵团顺利东进，同时要求第二纵队协同第六纵队坚决拖住黄维兵团。指示他们："此次配合徐州方面之主作战，不仅关系中原战局之转变，即对推动全国战略形势之发展，争取早日打倒国民党亦属重要之关键，因此需动员全体指战员服从整体利益，不惜任何疲劳，不怕任何困难、消耗与牺牲，采取一切有效办法来截击、阻击东进之黄维兵团，迟滞其运动时间，以协助主作战达到胜利。为此，二纵应计算行程在6日黄昏以前赶到息县；六纵计算行程在6日夜赶到沙河店，并争取先敌于8日赶到上蔡、汝南间，对敌右侧适时阻击、腰击，利用诸河流方向阻敌也需注意。"

11月6日，黄维兵团喘气未停，连粮弹也未及充分准备，就仓促上路了。黄维为了争取时间，亲率第十八军、快速纵队及兵团司令部为右纵队，由确山出发，经正阳、新蔡趋阜阳；以第十军、十四军为左纵队，由驻马店出发，经汝南、顶城、临泉赴阜阳；以第八十五军附第十八军后调师第四十九师为第二梯团，于广水集结迅速车运确山，循兵团部行进路线至阜阳。他企图连渡洪河、颍河，直达蒙城地区。殊不知刘伯承已预作布置，中原野战军第二、六纵队先敌出动，豫皖苏军区地方武装和第一纵队第二十旅正在破坏道路桥梁和做阻击准备。

刘伯承布置已定，立即动身前往淮海前线。11月5日，他率随行参谋、警卫人员，携带电台两部，分乘一辆美式小吉普和一辆美式大卡车，由中原军区驻地宝丰县皂角树村出发。走不多久，汽车进入了黄泛区。这里仍是一片水沼泥潭。汽车沿着隆起的岗地曲曲弯弯地向前行驶，车上的人不时被颠得东倒西歪。坐在一旁的警卫员禁不住嘀咕了几句。刘伯承哈哈大笑起来，说："你们难道忘记了去年经过此地的情景吗？当时后有追兵进逼，前有泥淖阻隔，上有敌机轰炸，我们还不是闯过来了。现在是坐着汽车去追敌人，还有什么可埋怨的？"一番话说得大家愁眉顿展，笑逐颜开。走着走着，跟在后面的大卡车一下子陷进了泥坑。司机狠命加力，发动机发出刺耳的轰鸣，可车轮只是打着泥浆在原地空转。刘伯承见状，立即从前面吉普车上跨下来，踩着泥水快步走到卡车后尾，招呼大家一起推车。他说："时间很重要，耽误了时间，这一仗我们就打不上了。"

一出黄泛区，汽车顺着大道飞驰起来，不久便到了开封城。刘伯承一行刚想停车休息，迎面赶来了豫皖苏军区司令员张国华。他向刘伯承报告：黄维兵团已过汝河，正向洪河推进，临时配属的第一纵队第二十旅正沿洪河抢筑河防工事，豫皖苏军区部队则在第二十旅翼侧布防，预定下一步再赶到太和、阜阳一线的颍河岸边阻击。敌人前进途中的道路和桥梁，河流中的船只，已令各分区分别予以破坏或转移。刘伯承满意地点点头，指示他多依靠和发动群众，一定要设法拖住黄维兵团。

11月10日，刘伯承赶到河南枯城中原野战军前方指挥部，同陈毅、邓小平会合，互致问候。他问起前线情况，陈毅告诉他，华东野战军已完成了对黄百韬兵团的包围，现正一面分割围歼，一面阻击徐州方面的援敌。黄维兵团先头已到新蔡城，正在抢渡洪河，遭到豫皖苏军区部队和人民武装的顽强阻击。

11 月 11 日，中原野战军司令部接到第二十旅旅长吴忠的告急电报，说黄维已避开了他们设在洪河正面的防守阵地，绕至下游新蔡、李庄桥一线渡河，豫皖苏第八分区部队不支而退。刘伯承、陈毅、邓小平立即复电："我中野主力前往徐蚌线作战，黄维此举乃与我争夺徐蚌线。你们的战斗将直接影响战局的全局，望务必堵住黄维。"

为了确保第二十旅先敌到达阜阳，他们又令张国华赶赴界首准备船只，指挥第二十旅水运阜阳。第二十旅收到刘伯承的电报后，急如星火，当即展开了急行军，在夜色中飞速赶到界首。张国华也已把船只完全准备好了。指战员们飞身上船，立刻扬帆启航。一夜顺风顺水，第二天早晨全部到达阜阳渡口。这时，对岸响起了枪声。侦察员报告：敌人的先头部队靠上来了。一场激烈的阻击战在颍河两岸展开。指战员们深深懂得这场战斗的意义，顽强地抗住了敌人的猛攻，坚持了两天两夜，为主力部队的调动赢得了宝贵的时间。

黄维在阜阳渡口遭到顽强阻击，不得已又在下游迂回渡河，但已耽误了两天时间。黄维兵团 15 日渡过颍河，沿途道路、桥梁遭到破坏，又遭到豫皖苏军区部队和民兵游击队的不断袭击，12 万人马行如蜗牛，有时一天前进不到 20 里，至 18 日黄昏，才到达涡河南岸的蒙城地区。这时，中原野战军指挥部早已完成了阻击部署，第一纵队和兼程赶来的第二纵队、第六纵队，在涡阳、蒙城一线设置好了纵深防线。第十二兵团以步、炮、坦协同动作，向涡河北岸的中原野战军部队展开猛攻，企图一举进占宿县，然后向黄百韬兵团靠拢。可是，就在这时，刘伯承、陈毅、邓小平的口袋阵，又已经布设好了。

第二节　关门打狗

11 月 2 日，陈毅、邓小平发现孙元良兵团开向宿县，即致电中共中央军委和刘伯承，判断刘汝明兵团可能放弃商丘，退守砀山、黄口地区，邱清泉兵团则可能从砀山、黄口一线缩回徐州，似有转入东援黄百韬的模样。因此，他们提出了新的作战方案。中心意图是从西、南两个方向对徐州采取攻势行动，以牵制邱、刘两部。并打算以一部兵力攻占宿县、徐州中间地区，在孙元良北援时歼其一部。

刘伯承于 3 日复电陈毅、邓小平并告中共中央军委："蒋匪重兵守徐州，其补给线只一津浦路，怕我截断，故令孙元良兵团到宿县（今已全到），邱、刘两敌亦有如陈邓所料之趋势。只要不是重大不利之变化，陈、邓主力似应力求首先断截徐、宿间铁路，造成隔断孙兵团，会攻徐州之形势，亦即从我军会战重点之西南面斩断敌人中枢方法，收效极大。盖如此，则不仅孙兵团可能北援，便于我在运动中给予歼击，即邱兵团亦可能被迫南顾。减轻其东援对我之压力，对整个战役帮助较大，请陈、邓切实考虑，机断行事。"

在指令参谋人员拟稿发电的时候，他作了进一步的解释：斩断徐蚌线，是我们"关门打狗"的要着。当前的目标是拦腰切断敌徐州集团的后方补给线，把敌人的注意力吸引到徐州以南，减轻其主力东援黄百韬兵团的压力。最终的目标是隔断徐州战场与国民党南京大本营的联系，彻底陷敌于孤立，便于徐图各个歼灭。

11 月 6 日，淮海战役第一阶段打响后，陈毅、邓小平率中原野战军主力攻击商丘地区的国民党军刘汝明部，于 11 月 8 日解放了砀山，从西面进逼徐州。在淮海战役发起的当天，驻守徐州东北贾汪地区的国民党第三绥靖区副司令官共产党员张克侠、何基沣率两个军起义，为华东野战军主力插向徐州以东碾庄地区围歼黄百韬兵团，敞开了北门。

这时，蒋介石发现解放军的首要目标是吃掉黄百韬兵团。他连日召开官邸会报会议，商讨解救黄百韬兵团的办法。虽经多方计议，仍然拿不出什么良策妙计。最要命的问题是兵力不足，蒋介石已无战略机动部队可供使用。辽沈战役结束以后，华北傅作义集团须防备东北解放军南下，已无法向中原抽兵；白崇禧有意保存实力和造成蒋介石的困境，拒绝从华中调兵。因此，蒋介石只得指望淮海战场的军队自寻出路。他将邱清泉第二兵团、孙元良第十六兵团，分别由砀山、蒙城调回徐州；又电令黄维兵团加快行动，及早投入徐州战场；令李延年第六兵团、刘汝明第八兵团，从蚌埠向北增援，企图猬集主力于徐蚌之间，与人民解放军进行“徐蚌会战”。为了加强徐州刘峙集团的指挥力量，蒋介石让杜聿明重新担任徐州“剿总”副总司令兼前进指挥所主任，实际负责淮海战场的指挥。杜聿明原来就担任这个职务，因东北战场吃紧，被蒋介石调到东北任东北“剿总”副总司令兼冀热辽边区指挥部主任，东北失败后，又被调回，并被赋予更大的职权。

中共中央军委于 11 月 9 日至 11 日，连电中原野战军，要他们采取切实措施攻占宿县，切断徐蚌路。刘伯承于 10 日赶到淮海前线后，立即同陈毅、邓小平研究从速攻取宿县，截断徐蚌间敌人联系的问题，并于 11 日下达了徐蚌线作战的命令。以第三纵队和第九纵队一部攻取宿县；第四纵队和华东野战军第三纵队、两广纵队，沿津浦线宿县、徐州段向东向北攻击，钳制邱清泉、李弥兵团东援黄百韬；第九纵队及豫皖苏独立旅沿津浦线固镇、蚌埠段向南推进，阻击李延年、刘汝明兵团北援；第一纵队为预备队。同一天，中原野战军指挥部召集各纵队领导开会，进行了具体的部署。12 日，参战部队开始行动。中原野战军第四纵队和华东野战军第三纵队、两广纵队向宿县至徐州一线的敌人出击。孙元良兵团闻风北逃，在夹沟地区被歼一部。中原野战军第三纵队和第九纵队一部乘势包围了宿县县城，随即在宿县以南设置阵地，准备诱歼北援的李延年、刘汝明部，同时积极准备攻城。

宿县是一座古城，是津浦路徐州、蚌埠之间的一个要点，位处徐蚌战场的枢纽地带，扼南北交通要冲。国民党军徐州重兵集团在这里存有大量武器、弹药、被服、装具等军需物资，是他们极为重要的后方补给基地。因此，它的战略地位十分突出。

解放军围攻宿县的举动，震动了徐州和蚌埠的国民党军。但徐州的邱清泉兵团和李弥兵团，正东援被困碾庄的黄百韬兵团，无法倾力南下。位于蚌埠和固镇地区的李延年、刘汝明两兵团，兵力较弱，唯恐陷入解放军的重围，畏缩不前。宿县之敌陷于孤立。守敌仅有第二十五军第一四八师等1.3万余人。但他们仗着高墙深壕和坚固的工事，以及铁甲列车、装甲车等，力图固守。14日，第三纵队及第九纵队一部扫清外围，完成攻城的准备。第三纵队司令员陈锡联带领各旅领导进行了现地勘察，确定了主攻东门，南、北助攻的方案。15日下午发起总攻，经10个多小时的激战，至16日拂晓全歼守敌，攻占了宿县。与此同时，第四纵队和华东野战军第三纵队、两广纵队及豫皖苏独立旅等占领了固镇，控制了200里铁路及沿线两侧地区。

攻克宿县，打到了敌人的致命之处，造成了对徐州国民党军的战略包围，截断了他们南逃的退路。11月22日，淮海战役第一阶段胜利结束。23日，毛泽东致电刘伯承、陈毅、邓小平等："在战役发起前，我们已经估计到第一阶段可能消灭敌人18个师，但对隔断徐、蚌，使徐敌完全孤立这一点，那时尚不敢做这种估计。这种形势的造成，主观上是因为我华东、中原两大野战军会合并攻占宿县，客观上是敌人只有某种程度的防御能力，很少有攻击能力。"这里对攻取宿县的战略作用做出了恰当的评价。

事后，国民党报纸评论说："共军这个动作，一是截断徐州向南唯一而重要的补给线，二则为牵制徐州方面的孙元良、邱清泉两兵团，使国军不能用尽所有的力量，去解决东冀共军。此外，还有一个最重要的动机，就是阻止黄维兵团的北进。"① 然而，这种认识对于国民党军来说，未免太迟了。

第三节　围师不阙

为了统一领导中原、华东两大战略区和两大野战军的作战行动，统筹淮海战场的后勤供应，中共中央军委决定成立淮海前线总前委，于11月16日致电中原野战军、华东野战军并华东局、中原局、华北局："中原、华东两军必须准备在现地区作战3个月至5个月（包括休整时间在内），吃饭的人数连同俘虏在内将达80万人，必须由你们会同华东局、苏北工委、中原局、豫皖苏分局、冀鲁豫区党委统筹解决。此战胜利，不但长江以北局面大定，即全国局面亦可基本上解决。望从这个观点出发，统筹一切。统筹的领导，由刘、陈、邓、粟、谭五同志组成一个总前委，可能时五人会议讨论重要问题，经常由刘陈邓三人为常委临机处置一切，小平同志为总前委书记。"这里所提到的"谭"，即华东野战军副政治委员谭震林。

总前委成立后，刘伯承、陈毅、邓小平担负起全面指挥淮海作战的重任，但他们的指挥位置仍然在中原野战军一边，一切号令均通过中原野战军司令部发出。这时候，淮海战场交战双方的兵力都已集中。由于黄维兵团的到来，国民党

①《新闻天地》第53期。

淮海前线总前委成员，左起：粟裕、邓小平、刘伯承、陈毅、谭震林

军集结了共约 80 万人。华东野战军 16 个纵队，中原野战军 7 个纵队，以及周围各军区所属地方武装，总兵力有 60 余万人。

刘伯承和陈毅、邓小平根据中共中央军委和毛泽东的指示，分析了战场形势，认为当前的中心任务是完成围歼黄百韬兵团，各方向的作战必须为这个中心服务。他们见华东野战军既要集中力量解决黄百韬兵团，又要阻击由徐州东援的邱清泉、李弥两兵团，任务确实很艰巨，觉得必须给予有力的配合。他们指挥中原野战军牢牢控制淮海战场南线战局，对黄维兵团采取监视、拖住的方针，不使其到达宿县、固镇与李延年兵团会师，而后合力援救黄百韬兵团。具体部署是：以第一纵队在蒙城、宿县间做正面防御。以第二、六纵队组成突击集团打黄维之侧后。另以第三、四纵队阻击李延年兵团，诱其深入，寻机歼灭。以第九纵队阻击刘汝明兵团。

11 月 19 日晚，华东野战军以有重点的多路攻击手段，对黄百韬兵团发起总攻，激战彻夜，于翌日晨攻占碾庄圩，又歼灭该兵团部及第二十五军军部等万余人。黄百韬率残部东逃至第六十四军驻地大院上，继续顽抗。

战役发展到了重大的转折关头。第一阶段实现围歼黄百韬兵团的计划后，第二阶段主要歼敌目标指向谁呢？还在黄百韬兵团被围歼的过程中，中共中央军委与总前委、华东野战军领导曾有过多次电报磋商，先后提出过诱歼北线邱清泉、李弥两兵团；围歼南线黄维兵团；割歼由固镇北进的李延年兵团等多种预案。但由于当时黄百韬兵团还没有全部歼灭，战场内外的情况尚未十分明朗，因此中共中央军委决定，一切要待歼灭黄百韬兵团之后，根据当面敌人的情况再作决定。11 月 19 日黄百韬兵团即将被歼，总前委刘伯承、陈毅、邓小平在研究战场情势后，向中共中央军委报告，认为华东野战军经过连续作战已相当疲劳，“刀锋似已略形钝挫”，如不休整，接着歼灭比黄百韬更强的邱清泉、李弥兵团，殊非容易。而中原野战军 6 个纵队单独对付黄维、李延年、刘汝明 3 个兵团，困难颇多。如取正面防御，必兵力分散，不能歼敌，且有被敌透过一路增援徐州的危险；如取机动歼敌，虽可逐个歼敌，但对华东野战军作战不无影响。因此建议在歼灭黄百韬兵团后，不如“以七八个纵队钳制邱清泉、李弥，以六七个纵队先打黄维、李延年，似为上策”。中共中央军委采纳了这一建议，于 19 日当天指示中原野战军担负歼灭黄维兵团的任务，华东野战军除速歼黄百韬兵团外，以主力一部担负歼灭李延年兵团的任务。后来，又进一步要求华东野战军以一部协助中原野战军歼击黄维兵团，另一部负责阻击徐州和蚌埠方面的国民党军。

刘伯承、陈毅、邓小平积极创造围歼黄维兵团的条件。11 月 19 日，黄维兵团开始攻击渡河，以主力投入战斗，用猛烈的炮火开路。刘伯承、陈毅、邓小平鉴于第一纵队防御纵深薄弱，主力尚未赶到，涡河、淝河间地区狭窄，不便大军作战，故决心改在淝河、浍河之间歼灭敌人。21 日夜，令主力全线转移至浍河北岸布阵，各纵队只以小部接敌进行移动防御，以求消耗敌人，创造战机。

华东野战军方面，抓紧了对黄百韬兵团残余部队的攻歼，22 日予以全歼。淮海战役第一阶段作战胜利结束。

就在同一天，刘伯承、陈毅、邓小平在中原野战军司令部驻地召集中原野战军纵队领导开会。会上刘伯承表达了淮海战役第二阶段打黄维的意向，说华东野战军于日内即可结束徐东作战，现正分兵南下，钳制徐州和蚌埠之敌，保障中原野战军侧背的安全。中原野战军当前的任务，是设法将黄维兵团包围起来，而后分割歼灭。他强调指出，大家要充分认识围歼黄维兵团的艰巨性，打个不好听的比喻，这一仗好比是“瘦狗拉硬屎”。他这是针对双方的实力而言的，中原野战军 7 个纵队共 12 万人，与黄维兵团大体相当。但由于大别山的消耗和部分兵力留置，造成各纵队兵员不足，除第一、四纵队各有 9 个团外，其余均只有 6 个团，第九纵队甚至只到了 5 个团。武器装备方面，除了几十门野炮、山炮、步兵炮和 200 多门迫击炮外，基本武器只是轻重机枪、步马枪和手榴弹，而且弹药不足。与黄维兵团美械装备的坦克、重炮、自动步枪等相比，处于明显的劣势。邓小平要求大家拿出“倾家荡产”的气魄，他说，只要歼灭了南线敌人的主力，中原野战军就是打光了，全国各路解放军还可以取得全国胜利，这代价是值得的。各纵队领导纷纷表示了坚决打好这一仗的决心。

会议经过热烈的讨论，一致认为，在黄百韬兵团全军覆没之后，黄维兵团为避免孤立被歼的危险，必定会拼死向津浦路靠拢，以同李延年、刘汝明兵团合为一股。由于它机械化程度高，携带有大量辎重，又急于求进，估计会选择宿蒙公路为主要通道。而这里又只有南平集有座大石桥可以通过重炮、坦克。因此，有效地控制宿蒙公路，坚决扼守南平集，是实现阻击和包围黄维的关键。于是，刘伯承、陈毅、邓小平决定把南平集作为扼守要点，令陈赓率第四纵队坚守。

黄维见解放军全线撤至淝河北岸，误认为攻击得手，命令部队乘势攻击前进。但他手下的第十八军军长杨伯涛看出情势不妙，建议暂留蒙城观察一下再说，免得陷入圈套。黄维听了也感到言之有理，但又顾虑违拗蒋介石限期攻占宿县的命令，因此，犹豫不决，在蒙城周围徘徊了一天。这时，黄百韬兵团被全歼。蒋介石对黄维封锁消息，仍督促他继续北进。黄维只得又沿宿蒙公路向南平集攻击前进。

南平集的阻击战打得异常激烈。黄维志在必得。一连两天，他以主力第十八军担任主攻，动用大量坦克、重炮，轮番向南平集发动猛攻，镇子被打成一片火海，许多房屋被夷为平地。陈赓是位久经战阵的老练指挥员，他命令部队把阵地推进到南平集以南数百米的田野上，在正面构成以班、排为单位的集团工事，以减少炮火杀伤，增强独立作战能力。待第十八军冲到阵地前沿，即突然开火给予重大的杀伤。黄维所部付出了惨重的代价，但始终未能攻入南平集。

当夜，刘伯承、陈毅、邓小平向中共中央军委报告：李延年、刘汝明两兵团迟迟不进，黄维兵团远道而来，孤军冒进，态势突出，现在歼击黄维兵团时机甚好。因此决心放弃南平集，在浍河以北布置袋形阵地，诱敌深入，聚歼黄维兵团。24 日下午，毛泽东的复电来了，称："（一）完全同意打黄维；（二）望粟陈张遵刘陈邓部署，派必要兵力参加打黄维；（三）情况紧急时机，一切由刘陈邓临机处理，不要请示。"

刘伯陈、陈毅、邓小平立即按计划行动，指挥中原野战军完成纵敌深入、暗设口袋的新布势。他们以第四纵队第十旅和第九纵队一部吸敌就范，利用浍河将南岸的三个军隔断，然后集中第一、二、三、六、十一纵队两翼包围，予以攻歼。当中原野战军主动后撤时，引起了黄维的错觉，他以为第十八军的突击获得成功，于是下令该军经南平集过河，其余部队陆续跟进。正行进间，埋伏在东西两侧的中原野战军突然全线出击，枪炮声和喊杀声响彻浍河上空。第十八军唯恐孤军深入而被解放军割裂在浍河北岸，慌忙又缩回浍河南岸，这时，蒙城也被中原野战军占领。黄维发觉中了圈套，决定不向宿县前进，改道向固镇转移。24 日黄昏，中原野战军各路部队乘敌人动摇之机，展开猛烈的向心攻击。战斗力较弱的第十四军当即失去指挥，溃不成军。位于最南面的中原野战军第六纵队和第十一纵队，协力封闭了东南方向敌军的去路。黄维兵团被包围于以双堆集为中心、半径 15 里的地区内。第十八军第四十九师掉头南逃，被第六纵队第十八旅跟踪尾追，于 26 日夜在大营集一带歼灭。

蒋介石并没有料到黄维兵团会这么快落入解放军的包围圈。23 日，他召集刘峙、杜聿明到南京开会。由于黄百韬兵团的覆灭，会场里一片沮丧气氛。蒋介石为了振作士气，对黄百韬的顽抗到底吹捧了一番。当有人提到黄维兵团的处境时，他吹嘘黄维有十数万之众，装备精良，完全有独立作战和支撑的能力。因此，他决定徐州"剿总"的主力向符离集进攻，李延年兵团和黄维兵团向宿县进攻，南北夹击，打通徐蚌间津浦路的交通。刘峙、杜聿明也认为别无良策，这样似乎尚有一线希望，散会后即飞返徐州。飞机经过双堆集上空，杜聿明通过报话机与黄维通话。黄维焦急地说："当面敌人非常顽强，应想办法，这样打下去不是办法。”杜聿明回答：“今天老头子已决定大计，马上会对你下命令的，请你照令实施好了。”不久，蒋介石的电令果然传到黄维的司令部。同时，从杜聿明那里也传来徐州主力已大举南下的消息。黄维不禁面露喜色，以为转机来了。他下令仍向东南方向进攻，争取与李延年、刘汝明靠拢。

一连几天，黄维驱使各军轮番向解放军阵地进行猛烈的攻击，但在解放军的坚强阻击下，损兵折将，无法突破包围圈。北面的“徐州主力”，根本杳无音讯；南面的李延年兵团，更是毫无影踪。黄维再度陷入失望，连连向蒋介石求救。蒋介石此时正狼狈万状，手里已无兵可调。华北前线，由于东北野战军挥师入关，傅作义的55万人马已处于被包围的境地。西北胡宗南集团，自顾不暇。华中地区尚有张淦兵团和宋希濂兵团，但一来远水难救近火，二来白崇禧存心作梗，设置种种障碍，难以及时调到。蒋介石处于万般无奈之中，只得复令黄维兵团“固守待援”，并下令空军予以配合。命令传到双堆集前线，黄维及其左右的一班高级军官立刻哗然，他们业已感到局势的危殆，但又别无他法，只得准备作困兽之斗。

在中原野战军前线指挥所里，洋溢着热烈而紧张的气氛。刘伯承、陈毅、邓小平轮流在作战室值班，随时掌握着战役的进程。为照顾刘伯承的身体，邓小平常常主动连值两班，对准时来作战室接班的刘伯承说：“这一阵把你拖垮了，你好好去休息。我年轻力壮，应该多担点儿工作。有大事一定来叫你。”这一对老战友的革命友谊，在战火硝烟中与日俱增。

这时候，刘伯承、陈毅、邓小平的指挥部已移到宿县西北临涣集附近的小李家，离双堆集仅几十里。在这之前，他们的指挥部往来移动于临涣集周围的严家、周殷圩等村庄，到小李家后相对稳定。这个只有十多户人家的小村庄，从此成为名垂史册的纪念地。

黄维兵团的被围，中原野战军指战员感到十分欢欣。尤其是第十八军这个老冤家，终于落入罗网，这一回得好好跟它算总账了。但刘伯承毕竟比别人想得更深一层。他熟知黄维兵团尤其是第十八军，不仅装备精良，而且军官一律军校出身，士兵受法西斯教育极深，训练严格，讲究战术，要想歼灭它，并非易事。还是采取稳妥方针为好。经过与陈毅、邓小平研究，他们决定将围歼黄维兵团的作战划分为三个阶段：阻击作战阶段，紧缩包围、准备反击阶段，阵地歼灭战阶段。第一阶段，已经以黄维兵团的被围而告结束。

11月25日，刘伯承、陈毅、邓小平令部队加紧压缩敌人。最初两天，由于部队对敌人的防御能力估计不足，在作战上只是猛烈突击，造成较大伤亡。刘伯承、陈毅、邓小平根据这种情况，组织各部队进行火线总结，并及时传达了毛泽东的指示：“在战术方面，必须不是依靠急袭，而是依靠充分的侦察和技术装备（近迫作业、步炮协同等），去取得成功。”各级指挥员很快克服了急躁轻敌的情绪，认真总结经验，研究对付敌人的办法。对于弹药不足的问题，刘伯承立即命令后勤司令部组织前送。并指示：“此战本拟乘黄维立足未稳之时机开始攻击，但因我弹药未能及时大量前送（此点或可认为此战拖延时间之重大原因之一，后勤在现代规模战争中的重要性，诚不可忽视），故只好延迟。”设在商丘的交通司令部，马上调集了大量汽车和民工支前的大车、手推车，将弹药和粮食源源不断地运往淮海前线，保障了作战的继续进行。

连日来，中原野战军指挥部作战室里热闹非凡。刘伯承、陈毅、邓小平围着地图和沙盘，时而沉思，时而交谈。他们鉴于敌人成密集队形防守，逐村顽抗，很难割裂，曾考虑再使用“围三阙一”的战法，故意放开一个缺口，让敌军突进预设的袋形阵地，在运动中予以歼击。但联系到敌军这两天的战术，往往采取进占一村，巩固一村，逐步滚进的办法，想尽量扩占地盘，伺机突围。如果让敌人突出包围圈，在广阔的平原地形上不但无扭住的把握，而且敌人多占一村，可利用解放军原有工事组织防御，更可获得较多的民间粮食。他们在权衡了整个战场的形势后认为，徐州杜聿明集团所辖的邱清泉、李弥、孙元良三个兵团以及蚌埠方向的李延年、刘汝明两个兵团，已被华东野战军牢牢盯住，无法前来增援黄维兵团。歼灭黄维兵团只是时间问题。因此，他们一变“围师必阙”的常规，决心采取“围师不阙”的办法，“紧缩敌人于狭小范围以困饿之”。对装备强而粮弹难乎为继的黄维兵团，这种办法非常见效。11 月 26 日，刘伯承、陈毅、邓小平向中共中央军委报告：“截至现在止，我已将敌压缩在东西不到 20 里，南北 10 里左右的七个小村中，敌人始终企图向东南突围。今日在大量飞机、坦克掩护下，多次攻我阵地，均未得逞。其粮食已极困难，且无宿营地，但仍逐村顽抗，我们采取稳扎稳打、逐步压缩，利用炮击，最后歼灭的战术。华野二、六两纵刻在湖沟集南北阻援，亦无问题。全歼该敌，已大致肯定。”国民党军第十二兵团工兵营的一个军官 11 月 28 日的日记这样写道：“我们被困已 3 日了，‘住’、‘吃’、‘拉屎’都成了问题。遍地挤满了人，插足都没地方，哪还能拉屎？早饭吃了红薯后，经大段巡视，才找到一处略有隆起的地方蹲下了。另一战友告诉我：那是埋的死人，昨天炮弹炸死的。我赶忙变换阵地。”国民党军的狼狈之状，于此可见一斑。

在紧缩包围阶段，中原野战军还利用敌人急于突围的心理，给敌人以巨大的消耗。11 月 26 日以后，黄维见援兵无望，决定组织突围。在大量飞机、坦克的掩护下，采取成团成师的集团冲锋，妄图一举突破解放军的包围。刘伯承、陈毅、邓小平指示部队构筑大纵深工事，顶住了敌人的疯狂冲击。11 月 27 日，黄维集中了第十八军、第十军和第八十五军的四个主力师，向中原野战军第六纵队和陕南第十二旅阵地进行轮番的持续攻击。由于事先第八十五军第一一〇师师长廖运周向中原野战军通报了消息，第六纵队等预有准备，给突围部队以迎头痛击，粉碎了黄维的突围计划。

第一一〇师是以该师师长廖运周为首的中共地下组织控制的一支部队。早在 1948 年 7 月，刘伯承、邓小平就给该师的党组织下达了指示，要他们做好起义的一切准备。11 月 26 日，当廖运周得知黄维将于次日晨组织四个师突围的消息后，感到刻不容缓，立即设法派人前往中原野战军第六纵队，报告了这个情报，并要求乘突围之机举行战场起义。刘伯承、陈毅、邓小平指示第六纵队坚决支持起义，给廖师严密规定了行进路线和联络信号。次日晨，双堆集地区大雾弥漫，廖运周率两个团按指定路线，进入中原野战军规定地域。尾随的敌人以为一一〇师突围成功，即在飞机和大炮的掩护下纷纷涌进。这时，第六纵队等部以预伏的火力，向敌突围部队猛烈扫射，敌人在突然打击下陷入混乱。不久，黄维发现第一一〇师已经起义，又重新组织突围。然而，从此士气一蹶不振，毕竟是强弩之末了。

在围困国民党军的战斗中，中原野战军广大指战员浴血奋战，与敌人斗志斗法，涌现出许多可歌可泣的英雄事迹。威震敌胆的近迫作业和飞雷，就是在这艰苦的围困作战中创造、发展起来的。为了对付敌强大火力，在刘伯承的倡导下，战士们以“地平线下前进”的近迫作业，构筑成纵横几十里的战壕，迫近双堆集敌中心据点几十米处，形成了对敌攻防的有利阵地。飞雷，是第四纵队指战员们根据民间制爆竹的古老技术而发明的一种炸药抛射器，用迫击炮或汽油桶作装具，用于近距离摧毁敌人的碉堡和工事，效果显著。淮海战役前夕，刘伯承曾到第四纵队参观过飞雷的试验，他要求工兵继续给予提高、完善，说：“飞雷的创造经过了一个漫长而又曲折的过程，它的诞生，表明了人民战士的智慧是无穷无尽的。领导上热心地扶持着这种智慧的发展，就会变成无坚不摧的力量。”战后，许多俘虏心有余悸地说，解放军有三招最使我们害怕：一是近迫作业，往往一夜之间，新挖的战壕就逼近了我们阵地；二是阵前喊话，从相隔几十米远的交通沟里进行政治攻势，搅得人心难安；三是飞雷，在发起攻击前，像大西瓜一般的东西落在阵地上，把鹿砦、工事和死尸一起抛上了天，实在厉害。

被围困的黄维兵团，损耗巨大，弹药缺乏，粮食断绝。蒋介石派飞机空投，但包围圈日益缩小，很多物资都落入解放军手中。敌军所得甚少，杯水车薪，无济于事，黄维兵团已经陷入绝境。12 月 1 日，刘伯承、陈毅、邓小平向中央军委报告：“敌人已无饭吃，且已发生柴火困难，即使大量空投，亦不能解决问题。”“我们拟先攻其（双堆集）北端之三官庙、马围子诸村（十八师），而后将敌压缩于双堆集两里见方的地区，而以大量炮火猛攻之。”

蒋介石仍不甘心失败，竟孤注一掷，令杜聿明放弃徐州，率邱清泉、李弥、孙元良 3 个兵团，绕道肖县、永城南下，企图拊击中原野战军侧背，以解黄维兵团之围，尔后合兵南撤。令李延年、刘汝明合力北进，以为接应。11 月 30 日，杜聿明率 30 万人撤离徐州。粟裕当机立断，以 11 个纵队的强大兵力，进行多路、多层次的追击与拦击。至 12 月 4 日拂晓，将杜聿明集团全部包围于徐州西南的陈官庄、青龙集地区。

中共中央军委指示总前委对黄维兵团、杜聿明集团和李延年兵团，分别采取攻歼、围困、阻击的不同方针。在中原野战军指挥部作战室里，刘伯承随手将口杯、砚台、电文纸摆成三堆，接着对参谋们说：“这就像我们面临的三股敌人。军委电令我们吃掉已围的黄维兵团，围住南下的杜聿明集团，阻住北上的李延年兵团，这叫吃一个、夹一个、看一个。要保证夹着的掉不了，看着的跑不了，就必须吃掉黄维兵团，腾出手来，再歼杜聿明、李延年。”

从12月4日起，进入歼灭黄维兵团的最后阶段。刘伯承、陈毅、邓小平精细地计算了敌人兵力损耗的情况，判断除被歼和起义外，只有第十一师尚较完整，别的均残破不堪。于是决定使用总预备队华野第七纵队、第十三纵队，并调来华野特种兵纵队一部，展开总攻。刘伯承特别强调攻击阵地的编成和火力组织。他指出，“阵地的编成必须是无数的交通壕和地堡网，或单人的散兵坑（为防止敌炮火及坦克的摧毁，单人散兵坑比地堡更为适用），平行和纵横交织地从四面八方向敌人阵地前进，我们的工事迫近敌人愈近，就愈易奏效和减少伤亡”，“攻击的火力必须集中和严密分工”。根据敌人的防御态势，刘伯承、陈毅、邓小平决定以陈赓指挥第四纵队、第九纵队及豫皖苏独立旅为东集团，先歼灭双堆集以东之敌。以陈锡联指挥第一纵队、第三纵队及华东野战军第十三纵队为西集团，歼击双堆集西北之敌。以王近山、杜义德指挥中原野战军第六纵队、华东野战军第七纵队为南集团，歼击双堆集以南之敌。其中以东集团为重点，求得先攻占杨围子、杨庄、沈庄等地，将敌防御体系打破，并使黄维兵团部所在地之核心阵地完全暴露于攻击部队的火力威胁之下。

12月5日，刘伯承、陈毅、邓小平下达了对黄维作战总攻击的命令：

（一）敌黄维兵团经我半月作战，已损失总兵力至少三分之一，战斗部队至少损失五分之二，其主力十八军（包括十八师）亦已残破，这是我各部队英勇作战的结果。

（二）根据总的作战要求及当面实际情况，颁发命令五条如下：

甲、从明日午后4时半起开始全线对敌总攻击，不得以任何理由再事延迟。

乙、陈赓、谢富治集团务歼沈庄、张围子、张庄地区之敌，陈锡联集团务歼三官庙、马围子、许庄地区之敌，王近山、杜义德集团务歼双堆集以南玉王庙、赵庄及以西前周庄、周庄、宋庄之敌，并各控制上述地区，然后总攻双堆集，全歼敌人。

丙、总攻战斗发起后应进行连续攻击，直到达成上述任务为止，不得停止或请求推迟。

丁、各部应不惜最大牺牲保证完成任务，并须及时自动地协助友邻争取胜利。

戊、对于临阵动摇贻误战机的分子，各兵团各纵队首长有执行严格纪律之权，不得姑息。

（三）本命令用口头直达连队。

命令传到部队，指战员们欢呼雀跃。最后围歼黄维兵团的时机终于到来了！

12月6日16时30分，发起了总攻。各集团依靠周密的侦察和严密的组织，利用纵横交错的交通壕，充分发挥步炮协同的威力，向双堆集四周展开猛烈的攻击。敌人仍然作拼死的抵抗。6日晚至7日晨，解放军先后攻占双堆集周围的李围子、李土楼、小周庄、宋庄、东马围子等地，剥开了敌防御体系的第一层外壳，把战线推向敌人核心防御阵地。此后，各纵队普遍采用昼停夜攻的方法，避开敌人的火力，发扬近战夜战的特长，逐日取得了进展。敌人则在白天组织反击，以成团成营的兵力，在坦克、炮兵和空军的掩护下，四出平毁交通壕。但密如蛛网的交通壕从四面八方伸向敌人阵地，即使部分遭到毁坏，很快就被修复。12 月 9 日，刘伯承指出："敌现集于上千的地堡网内，故我只能稳步前进，只要交通壕迫近，加上密集炮火，必能成功。"各攻击部队根据这一指示，加强近迫作业，把交通壕尽可能延伸到敌人的阵地前沿，针对选好的攻击点，集中兵力兵器，一鼓作气压向敌人，往往取得成功。依靠这种稳步前进的战术，提高了歼敌效果，减少了自己的伤亡。11 月 10 日，在南集团的强大打击下，敌人第八十五军第二十三师残余部队在该师师长黄子华率领下投诚。敌人军心更加动摇。

12 月 12 日，刘伯承、陈毅以中原野战军、华东野战军司令员的名义，发出《促黄维立即投降书》。向黄维指出："现在你所属的四个军，业已大部被歼。八十五军除军部少数人员外，已全部覆灭。十四军所剩不过 2000 人。十军业已被歼三分之二以上。就是你所最后依靠的精锐十八军，亦已被歼过半。你的整个兵团全部歼灭，只是几天的事。而你们希望的援兵孙元良兵团，业已全歼。邱清泉、李弥两兵团业已陷入重围，损失惨重，自身难保，必遭歼灭。李延年兵团被我军阻击，尚在 80 里以外，寸步难移，伤亡惨重。在这种情况下，你本人和你的部属，再作绝望的抵抗，不但没有丝毫出路，只能在人民解放军的强烈炮火下完全毁灭。贵官身为兵团司令，应爱惜部属的生命，立即放下武器，不再让你的官兵作无谓的牺牲，如果你接受我们这一最后警告，请即决策。"这个文告，通过电台广播和喊话筒传播，反复传到敌人的耳中，进一步引起了敌人的惊恐和绝望。

由于黄维拒绝投降，刘伯承、陈毅、邓小平决定予以彻底歼灭。12 月 13 日，他们调整了部署，以华东野战军第三纵队和第十三纵队加入南集团作战，把作战重点改以南集团为主，由华东野战军参谋长陈士榘统一指挥，结合东西两集团，直捣敌指挥中心双堆集核心阵地。14 日，攻击部队四面多路会攻双堆集东侧敌核心据点——野战集团工事。这里距黄维兵团部仅有两里，是黄维兵团部的重要屏障。黄维指派号称"威武团"的第十军第十八师第五十四团据守。突击开始前，上百门火炮齐射，炮弹和飞雷倾泻在敌人阵地上，使敌人苦心经营的野战集团工事大部被摧毁，守敌非死即伤。中原野战军第六纵队第十七旅第四十九团"襄阳登城第一营"和华东野战军第三纵队第八师第二十三团"洛阳营"，分别从南面和东面突破敌人阵地。黄维急派其警卫团赶来增援，但已无法抵挡，一阵激战之后，仅剩百余人狼狈逃回。

黄维见大势已去，于 12 月 15 日下午决定进行最后的突围。他命令所有残余部队"四面开弓，全线反扑，觅缝钻隙，冲出重围"，实际上是让官兵四散逃命。黄维、胡琏、吴绍周各搭乘一辆坦克突围。黄昏，攻击部队乘敌人慌乱突围之机，分多路向双堆集实行穿插和割裂，终于将黄维兵团残余部队一一歼灭。黄维、吴绍周被生俘，只胡琏侥幸逃脱。至此，围歼黄维兵团的作战胜利结束。计歼敌 1 个兵团部、4 个军部、11 个整师和 1 个快速纵队，共 10 万余人，缴获武器弹药一大批。

12 月 12 日，毛泽东来电，请刘伯承在黄维兵团歼灭后，到中央商谈战略方针。要求刘、陈、邓、粟、谭五人开一次总前委会议，商好在邱、李歼灭后的休整计划，下一步作战计划及将来渡江作战计划，以总前委意见带到中共中央。据此，刘伯承、陈毅、邓小平于 17 日赶赴设在肖县西南蔡洼的华东野战军指挥部。粟裕一见到刘伯承，就感慨地说：“我们 17 年没有见面了！”他俩从 1932 年在红军学校分手算起，至今正好有 17 个年头了。随后，大家回忆起长征与南方 3 年游击战争的经历，又谈到当前淮海战场的胜利及今后向全国的大进军，气氛越来越热烈。然后，五人正式开会，按照中共中央军委和毛泽东的指示，商定了一系列的计划。会后，刘伯承、陈毅动身北上赶赴西柏坡。

经过华东野战军的英勇作战，杜聿明集团也在 1949 年 1 月 10 日被全歼。至此，声势浩大的淮海战役胜利结束，人民解放军华东、中原两大野战军协力歼灭了国民党精锐主力 5 个兵团，22 个军，56 个师，共 55.5 万余人，解放了长江以北广大地区。人民解放战争取得了决定性的胜利。

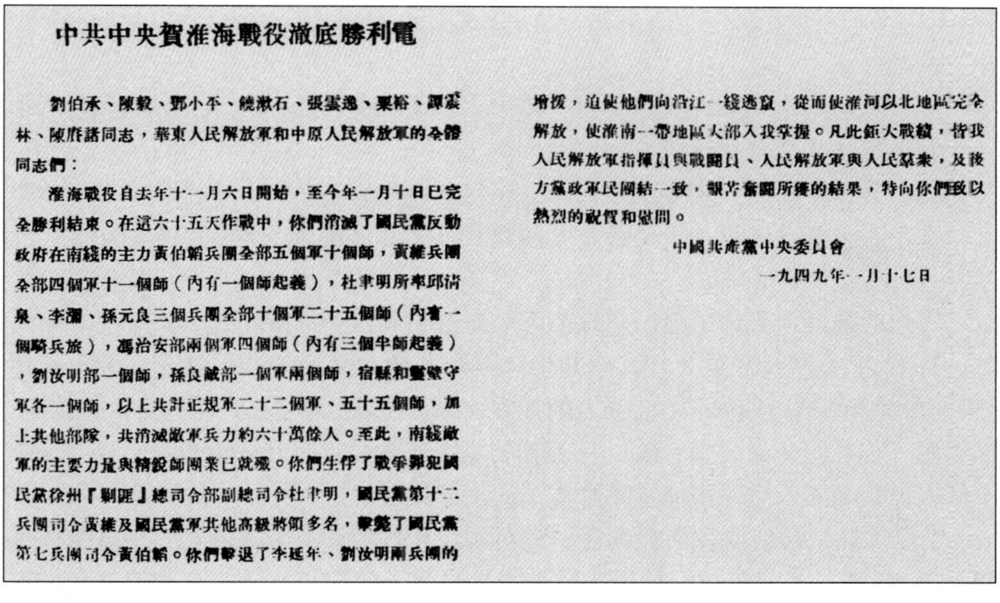
中共中央賀淮海戰役澈底勝利電

劉伯承、陳毅、鄧小平、饒漱石、張雲逸、粟裕、譚震林、陳賡諸同志，華東人民解放軍和中原人民解放軍的全體同志們：

淮海戰役自去年十一月六日開始，至今年一月十日已完全勝利結束。在這六十五天作戰中，你們消滅了國民黨反動政府在南綫的主力黃伯韜兵團全部五個軍十個師，黃維兵團全部四個軍十一個師（內有一個師起義），杜聿明所率邱清泉、李彌、孫元良三個兵團全部十個軍二十五個師（內有一個騎兵旅），馮治安部兩個軍四個師（內有三個半師起義），劉汝明部一個師，孫良誠部一個軍兩個師，宿縣和靈壁守軍各一個師，以上共計正規軍二十二個軍、五十五個師，加上其他部隊，共消滅敵軍兵力約六十萬餘人。至此，南綫敵軍的主要力量與精銳師團業已就殲。你們生俘了戰爭罪犯國民黨徐州『剿匪』總司令部副總司令杜聿明，國民黨第十二兵團司令黃維及國民黨軍其他高級將領多名，擊斃了國民黨第七兵團司令黃伯韜。你們擊退了李延年、劉汝明兩兵團的增援，迫使他們向沿江一綫逃竄，從而使淮河以北地區完全解放，使淮南一帶地區大部入我掌握。凡此鉅大戰績，皆我人民解放軍指揮員與戰鬥員、人民解放軍與人民羣衆，及後方黨政軍民團結一致，艱苦奮鬥所獲的結果，特向你們致以熱烈的祝賀和慰問。

中國共產黨中央委員會

一九四九年一月十七日

1949 年 1 月 17 日，中共中央关于淮海战役彻底胜利的贺电

战后，刘伯承在为中原野战军《双堆集歼灭战初步总结》的题词中指出：“淮海战役乃毛泽东军事学说中各个歼灭黄百韬、黄维、杜聿明三军的范例，而双堆集歼灭黄维军一战，则乃承先启后的关键。由于我在津浦西侧从黄维的外翼开始围攻，而杜聿明军则欲从徐州西南拊我外翼，以与李延年军协援黄维，因而被歼灭于永城东北地区。双堆集以运动战始，以阵地战终；以消耗敌人始，以围歼敌人终。我在转换关头上运用不同战法而持之以顽强，必须着重研究而发扬之！”这一精辟的见解，是他对淮海战役的科学总结，也是他在这场伟大的战略决战中指挥艺术的光辉记录。

第十七章　挥师过大江

第一节　敌前渡江

1948 年底，刘伯承与陈毅抵达中共中央所在地河北省平山县西柏坡。这时正逢吴玉章七十寿辰，12 月 30 日，他们联名写信致贺：

> 吴老：
>
> 我们北来中央开会，值你年满七十。党内外同志热烈庆贺。我们代表南线各同志共申贺忱。
>
> 你五十年来，以革命为职业，中国革命无役不从。每当革命运动受挫折之际，你临难不退缩，坚持奋斗的精神，更值得学习而示人以典范。

短短的祝词，表达了他们对这位老革命家的敬仰和友谊。

1949 年 1 月 6 日至 8 日，中共中央召开了政治局会议。毛泽东在会上作了《目前形势和党在 1949 年的任务》的报告，提出 1949 年的主要任务是：解放湘、鄂、赣、苏、皖、浙、闽、陕、甘等省的全部或大部；召开政治协商会议，成立中华人民共和国；进一步加强各野战军的正规化建设。

1 月 7 日，刘伯承在会上发言。针对渡江作战和夺取全国胜利，他着重讲了四个问题：（一）前年我们跃进式的进军是品字形的中央突破，这次渡江是一字长蛇阵齐头并进。在最后胜利时，稳健地集中使用兵力，真正讲起来是最快的。（二）开辟新区的组织问题。在未出动前最好即有一套地方党政及军区的配备，这是马上得天下，马上治天下。实行军政府、军事管制。（三）正规化。现在是转变关头，如何正规化，如何着手，看来只有首先从司令部着手，只有加强司令部才能组织战争。（四）野战军与后方问题。毛主席说过"补充在前线"，现在又提出"加强后勤工作"，这是不矛盾的。补给主要并尽可能取给予前线，但完全解决人力、物力、财力问题，还必须靠后勤。这次 170 万人南下江南作战，没有后勤，没有财政是不行的。

这四项意见，表明了他对渡江战役及夺取全国胜利的总体设想。这四项意见，涉及下一步向全国进军最为重要的作战指导思想、新区政权建设、军队正规化建设和野战军大规模的后勤供应等问题。其中“马上得天下，马上治天下”，是说的用军队和根据地的干部控制、管理新解放区的应急措施，是针对及时、有效地控制和开展新区工作而言的。根据大别山的经验，再加上可以预计的城市工作的大规模开展，因此，他主张未雨绸缪，预先准备好新区政权的干部班子，以便到时迅速组织起政府机构或军事管制机构，开展工作，然后再逐步过渡、完善到由各种政治力量组成的人民政权。

刘伯承在石家庄稍事休养后重返前线。2月11日，他回到河南商丘附近的张菜园中原野战军司令部，立即投入了紧张的渡江准备工作。

首先，他以主要精力主持部队的整编工作。2月间，根据中共中央军委的命令，中原野战军改编为中国人民解放军第二野战军，刘伯承任司令员，邓小平任政治委员，张际春任副政治委员兼政治部主任，李达任参谋长。以刘伯承、邓小平、张际春、李达、陈赓五人组成前委，邓小平为书记。部队以原有的第一、二、三、四、六、九、十一7个纵队为基础，加以地方兵团升级，补充新兵、俘虏等，扩编为第三、四、五兵团。第三兵团由陈锡联任司令员，谢富治任政治委员，王近山、杜义德任副司令员，闫红彦任政治部主任，王蕴瑞任副参谋长，钟汉华任政治部副主任。下辖第十、十一、十二三个军。第四兵团由陈赓任司令员兼政治委员，郭天民任副司令员，刘志坚任副政治委员兼政治部主任，胡荣贵任政治部副主任。下辖第十三、十四、十五三个军。第五兵团由杨勇任司令员，苏振华任政治委员、张霖芝任副政治委员，甘渭汉任政治部主任，潘焱任副参谋长，石新安任政治部副主任。下辖第十六、十七、十八等三个军。此外，还组建了特种兵纵队，由李达兼任司令员和政治委员。整个野战军实力达到28万余人，装备大大得到加强。

中国人民解放军第二野战军司令员刘伯承（左）和政治委员邓小平

通过整编，人民解放军达到了空前的规模，武器装备大大得到加强，它面临的建设任务也更为繁重。刘伯承在3月向毛泽东所作的工作报告中，围绕着部队整编工作，系统地表达了军队建设的意见，提出了组织调整、兵员补充和后勤建设等三个问题，并敏锐地把这些问题提高到正规化建设的高度。关于组织调整，他提出：要把部队按照新的编制和三三制的原则改编为兵团、军、师的建制，这里不仅是名称上的改变，而且是组织上的变动或扩大整编，这就必然牵动其他组织的调整。他强调指出：统率机关的司令部、政治部和后勤部，尤其是特种兵的组织，在正规化建设急需之中……应成为我们必须抓紧的一件大事。

关于兵员补充，他详细分析了补俘、补新兵、地方部队升级与归建等不同形式。认为中原野战军兵员补充的来源是复杂的，按地区有冀鲁豫、豫西、豫皖苏、鄂豫、皖西5个地区。俘虏也是各地各兵种来的，而且有许多老弱及警察、机关杂员、差役等非战斗兵。按时间说则是参差不齐的，整个整训期间都在陆续零星的补充中。政治觉悟极不齐，原来在中原野战军正规化建设中曾提出反对游击主义，现在又添加了这样一些因素，就必须在一个时期内加强政治教育，提高组织性、纪律性，巩固部队等指导责任。同时在正规化的口号之下，对那些指导不深入于部队实际活动中的官僚主义还是要反对的。

关于后勤建设，他继续发挥在中共中央政治局会议上的发言精神，认为时至大兵团作战的今日，必须建立起军械、军需补给与输送勤务等一整套的机构及制度，方能适应部队大纵深行动的需要。鉴于淮海战役前后数十万大军云集于狭小地域，道路不畅通，部队物资拥挤和一切需要同时要当地人民供应，造成人民负担过重的教训，他指出："正规军军械军需的补给……火车、汽车及其道路的整理，汽油站的设备，军械修理场的建立，应有计划地进行。但我们最主要的应照顾所处的环境条件，照顾政策，实事求是，尽量就各地已有物资与输送工具善于组织起来，供给军队急需，不可能者才仰给于后方，这应成为今后后勤工作的方针。"

经过辽沈、淮海、平津三大战役，国民党军的主力已基本丧失，残存的100多万作战部队，退守到长江以南及边远省份。为了阻止人民解放军南进，争取时间编组新的军队，以便等待条件成熟，进行新的反扑，国民党在美帝国主义的策划下，又一次玩弄起反革命的两手策略：一方面，蒋介石宣布"下野"，由李宗仁以代总统的名义出面，和中国共产党进行"和谈"；另一方面，搜罗残兵败将，加紧布置江防，企图以残存的军队凭借长江天堑阻遏人民解放军前进，梦想重复"南北朝"分江而治的历史。在上海至宜昌的长江防线上，国民党军兵力不敷使用，只得布置了两个重点防御集团：一个是京沪杭警备总司令部总司令汤恩伯集团的26个军共75个师，约45万人，主力置于京沪杭地带，以54个师担任湖口至上海段的沿江守备及控制江北各桥头堡，其余21个师配备在浙赣线、苏南、浙江、皖南纵深地区；另一个是华中军政长官白崇禧集团的14个军40个师，约25万人，其中27个师担任宜昌到湖口段江防和武汉地区守备，以13个师配置在长沙、南昌等纵深地区。此外，还调集其海、空军主力，投入长江防线：以镇江为基地的"第二舰队"辖舰艇89艘，归汤恩伯指挥，担任长江下游防务；以九江为基地的"江防舰队"辖舰艇44艘，受白崇禧指挥，担任长江中游防务。这就是当时国民党军拼命鼓吹的所谓"陆海空立体防线"。实际上由于战线长、兵力少，它已无法设置有效的长江防线，而只能采取这种东重西轻、顾此失彼、外强中干、点线脱节的处置。

对于这种虚张声势的防御态势，刘伯承一针见血地指出："长江布防，有所谓'直接配备'，即将其主力直接配备于长江南岸。有所谓'前进配备'，即将其主力前出于长江以北广大地区作战。有所谓'后退配备'，即以一部配合长江两岸要点强化侦察，而以主力分别配备于南岸纵深的机动地点，在判明我军主攻方向时，即抓住我渡江的困难适时出击。蒋介石长江防御的'前进配备'，大而言之，即其在黄河、长江之间的防御；小而言之，即其经常叫嚣的'守江必固淮'。这些都是因淮海战役基干兵力的丧失而无法实施。其'后退配备'，也因兵力少，江防宽，与南岸交通困难而不能做。如此，他就不能不着重于'直接配备'，但还是因兵力少而不容易做了。汉口以下长达 2000 余里的江防线及其必要的纵深配备太费兵力了，在长江向北岸鼓出的突出部如汉口、浦口等地点，也各只有两个基干军的机动兵力，遂使这样漫长的江防线成为一条不能动弹的'死蛇阵'，任人横斩。如其一处被斩断，则全线震撼。江防舰队在北岸没有掩护、航线极受限制的条件之下，到处易遭短兵炮兵的袭击，也不易起撞沉木船的作用。特别是蒋介石发动卖国独裁的反人民内战到了现在阶段，士气越发不振，守备越发困难了。"

尽管渡江战役的胜利已完全在预计之中，而且不会遇到敌人顽强的抵抗，但刘伯承一如往昔，认真地领导部队进行一系列的准备，采取一切可能采取的措施，以最大限度地减少障碍，降低兵员伤亡和物资损耗，求得任务的圆满完成。这不仅体现了他一贯的缜密仔细的作风，而且反映出向党向人民极端负责的精神。

3 月初，根据中共中央军委和总前委的部署，刘伯承指挥第二野战军 3 个兵团分由阜阳、沈丘、漯河地区，向湖口至贵池间的长江北岸挺进。以第三兵团为左路军，从阜阳直趋安庆；第四兵团为右路军，从沈丘移向望江；第五兵团为中路军，从漯河开赴桐城，尾第三兵团之后集结待机。并令第十一、十五两军为先遣军，先期到达预定地域，为主力开辟渡江前进阵地。为牵制迷惑华中白崇禧，又令桐柏、江汉军区部队向安陆、应城、天门之线宽大机动作战，威胁武汉侧背，吸引白崇禧部分兵力西顾。

当第十一、十五军冒雨疾进，跋山涉水，穿过了大别山区，将达江边时，刘伯承于 3 月 24 日下达了《关于渡江战术注意事项的指示》，对实施渡江作战规定了十项重要的战术原则。其中要求先遣部队"首先要把敌人在江北的掩护阵地扫除，直达江边，才能进一步做切实的准备"，"在扫除敌江北桥头堡、支撑点时，特别对妨碍我主要渡江点之敌，力求截断其退路，割裂其部署，予以速歼，不使其退守江南，增加以后的抵抗力"。为了保证先遣部队动作的突然性，他还布下了一系列的疑兵计：在桐柏、江汉军区部队佯攻的同时，电令刚刚配属第二野战军的第四野战军第十二兵团直出信阳，威逼平汉路南段，加大白崇禧集团的压力；令行经麻城、罗田的右路军第四兵团故意暴露行军企图，制造将出团风渡江，抄袭武汉的假象。白崇禧果然慑于鄂东空虚、九江受威胁，急将安庆守军第四十六军主力经宿松撤往黄梅、九江，增强该地防务。仅留下第一七四师附一个团退缩安庆及其周围要点固守。这时，第十一军就势进逼安庆及其东西沿江一线，控制渡口，征集船只，并做攻击安庆的准备。第三兵团率第十、十二两军即迅速跟进至桐城以南地区。第十五军也进展顺利，连克英山、罗田、太湖、望江诸城，先头第四十五师以迅速勇猛的动作，一举攻占华阳镇及其附近的敌桥头阵地，全歼敌第六十八军留守部队。于是，第二野战军完全占领了长江北岸的预定地域，开始转入直接渡江的准备工作。

为了集中力量进行渡江作战，刘伯承适时改变了攻取安庆的部署。安庆这个突出于长江北岸的历史名城，是著名的军事重镇，它曾经有过多次阻碍或牵制北方军队南渡长江的记录。刘伯承审时度势，认为当前人民解放军百万雄师陈兵千里江岸，国民党军防不胜防，个别孤立据点已起不到障碍作用了。但是安庆擅城坚濠深之利，攻击起来必然增加伤亡。因此，他命令第三兵团不加攻击，只作监视、封锁。

在这前后，刘伯承的精力转入以战役、战术的组织领导为中心的准备工作。部队开进时，他发现部分指挥员只注意行军进度和歼敌数字，忽略了及早着手进行各项实际的渡江准备，立即发出指示："关于侦察，渡江器材，渡江部署战术、技术诸问题，力求精确周密准备，尤应在行军中至渡江前着重对部队切实训练渡江战术、技术，万勿骄惰疏忽，误此大事。"在另外的一个电令中，他再三强调，"这是目前的重点工作，不可放松"。当两个先遣军兼程前进，第三、五兵团跟进到淮河一线时，他要求各部队就河川湖沼地形开展渡江军事训练。虽然这种训练的时间是短暂的，加上受地形条件和器材的限制，不可能收到很大的效果，但使广大指战员从思想上、行动上产生了一种紧迫感。通过训练，为全军江岸大练兵打下了基础。

第二野战军在长江北岸的待机出发地域，湖泊沼泽连绵，是理想的水战练兵场所。4月初，各兵团主力相继抵达渡江出发地。刘伯承及时发出指令，要求"各部队战斗准备工作必须善于搜集船只；善于组织部队作战斗渡江的演习；善于侦察南岸敌人的防御配备进行周密的研究，力求在宽正面同时渡江的情况下，针对敌人的弱点做出重点突击的部署；善于组织集中的炮火以支援渡江的步兵，使其不遭到敌人船队、炮兵和坦克的阻碍"。各部队遵照刘伯承的指示，立即展开了全面的准备工作和热火朝天的练兵活动。

水战，舟楫是基本的条件。尤其在长江这样宽阔的水面上进行大兵团作战，没有足够的船只和相应的器材，那简直是不可想象的。国民党军鉴于湖口至贵池一带，长江向南岸凸出的地形特点，着意在这里实行严密的军事控制，平毁村寨，驱逐居民，尤其将船只劫掠一空，企图增加人民解放军渡江的困难。第二野战军先遣部队横扫江北守敌，攻取江岸敌军桥头堡后，即依照刘伯承关于"抓紧船筏及其他渡江器材的搜集"的指示，全力投入筹集船只的工作。他们面对村寨残破、人烟萧条的困难状况，发扬人民军队人民子弟兵的优良传统，访贫问苦，救灾济困，宣传大军渡江对夺取全国胜利的巨大作用，很快取得了人民群众的信任。沿江居民在短短的几天内，就贡献出一批预先藏匿的船只，并提供了许多找船的线索。野战军主力全部到达后，根据先遣部队的经验，刘伯承指示各部队普遍与中共地方组织、政权机关组成船只管理委员会，专门负责筹集船只的工作。经过半个月的努力，共收集、打捞、修补船只1478艘，动员船工2000余名，加紧训练其成为渡江驾船的水手。结合水上训练，战士们制作出以稻草救生圈为主的救生器材，用15斤稻草，即可保证一人全负荷漂浮。舟楫之难，终于得到基本解决。

随着舟楫的解决，部队在内湖、夹江日夜展开了紧张的水上练兵。由于部队中北方籍战士居多，不谙水性，对滚滚长江，更有一种恐惧心理。虽经反复政治动员，思想认识、战斗意志有所提高，但克服天堑的信心仍然不足。刘伯承了解到这些情况后，指示部队：组织水上训练要由浅入深、循序渐进。开头着重消除大家的畏水心理，而后再进入战术、技术综合演练。各部队通过"谈水""看水""试水"等方法，请南方籍战士和当地居民讲解长江水性，组织北方籍战士座谈和轮流观察长江水流和敌岸情况，组织练习游泳、用船和试制救生圈等活动，使战士们逐渐摸熟了长江的特性，久扰于心头的畏水情绪逐渐消失。在此基础上，刘伯承要求部队加快训练进度和加大训练强度。各部队从上下船、船只操纵、救生器材试验和各类兵器的水上射击等一般性课目，转入到航渡队形、指挥联络、步炮协同及登陆突破等战术动作。水手的训练也在加紧进行中。要把数千名船工训练成勇敢、熟练的渡江水手，确实是一项艰巨的组织、教育工作。通过形势教育，使船工们认清了个人翻身与革命前途的关系；通过诉苦运动，启发了船工们的阶级觉悟，激发了他们在解放全中国的历史任务中贡献力量的光荣感。到4月中旬，各部队进一步举行了综合演习，在江沿湖沼找出相似地形，做出想定，反复演练。一时间，江汉湖面船行如梭，人涌如潮，呈现出一片繁忙的水上练兵场景，显示出人民解放军旺盛的斗志和必胜的信念。

在诸多的准备工作中，部队组织指挥又是刘伯承最为关心的。3月以来，他发出一系列渡江战术指示。当年开始战略进攻突破敌黄河防线时制定的《关于敌前渡河的指导》，及在开展军事民主基础上汇编而成的《渡江作战之研究》，都作为教材印发全野战军干部学习参考。尤其是他精心撰写的《关于渡江战术注意事项的指示》，全面地科学地规定了渡江作战的战术原则，从扫除敌人江北桥头堡到建立渡江前进阵地，从思想的、物质的准备到战术、技术的演练，从突破江防到纵深追击，都一一提出了明确的要求和措施。当这个指示传到第二野战军全体干部手中时，人人感到解决了组织指挥上的各种难题，战术思想得到了进一步的提高。后来，当时的一些指挥员，只要一提起第二野战军横渡长江之战，总会情不自禁地回忆起刘伯承所写的这十项战术原则，异口同声地称赞它"周到具体、简练管用"。

渡江准备工作中的战役、战术侦察，刘伯承也付出了大量的心血。从派出先遣军扫除敌人在江北的掩护阵地起，他就强调了侦察的重要性。以后他又直接部署了野战军的战略侦察和战役侦察，指示司令部通过各种手段，包括派人偷渡，尽力搜集长江南岸的敌情，实地研究长江地形、水情，绘制出渡江作战地图。对于长江的水位、流速、暗礁、浅滩、江洲、航线；天候的晦晴、风向；两岸的地势、土质；以及船只的航速、性能、载人量；人马上下船的时间，拖拉船只所需的时间、人力等，他都要求进行细密的观察、记载，实地试验，精确计算，并依据其结果制订出适当的计划和具体的动作。对各部队的战术侦察，他指示必须“派出干部观察，携带望远镜、察明江幅、江洲，尤其是南岸地形、工事、敌人配置，对于所发现目标在何地如何动作，都应登记下来，作为判断、决心的基础”。他认为“这种观察的侦察与战斗的侦察结合起来作用更大”。对于渡江的步、炮、工兵等组织协同动作，他也指示“应由相关干部在实地侦察中实施之”。根据刘伯承的指示，各级指挥机关组织了观察所，昼夜不停地进行观察，结合实地侦察，掌握到许多重要的敌情和长江水文地质情况，为实施渡江作战准备了可靠的资料。

3 月 31 日，总前委书记邓小平根据中共中央、毛泽东关于“和谈以揭露敌人，备战以实施渡江”的指示，结合国民党军江防情况和第二、三野战军的兵力配置，制定了《京沪杭战役实施纲要》。决定以第二野战军组成西作战集团，以第三野战军组成中、东两个作战集团，在靖江至望江段实施渡江作战，共同协力，求歼沿江防御之敌，夺取南京、上海、杭州，占领苏南，皖南及浙江全省，前出浙赣路，彻底摧毁国民党反动统治的政治、经济中心。另以第四野战军第十二兵团位武汉正面，在中原军区部队配合下，钳制白崇禧集团，策应第二、三野战军作战。战役计划分为渡江展开、割袭包围敌人前出浙赣路、分歼被围之敌三个阶段。邓小平强调指出，战役的关键在于东、中两集团迅速对进，打乱敌之作战体系，完成钳形合围，达成割袭包围敌人之目的。西集团着重密切协同第三野战军行动，适时以主力东进，担任攻占芜湖、夺取南京和杭州的任务，并以主力一部速出衢县地区，确实控制浙赣路一段及屯溪南北公路，断敌退路。

刘伯承遵照中共中央军委、总前委的指示，于 4 月 8 日下达了《第二野战军渡江作战基本命令》。他在分析判断了敌情多种变化的可能性后，指出：“敌人主要是扼守长江。只要我军渡江成功，无论敌人如何处置，战局的发展都将发生于我有利的变化，并有可能演变成敌人全部混乱的局面。故渡江战斗乃为京、沪、杭战役重大关键。我野战军当前江防之敌（刘汝明）较弱，又为蒋桂两系的接合部，而我军态势则处于蒋匪的侧背，成为有利的渡江突击方向。”为了便于战役进行得更为顺利，他决心以 3 个兵团并列在贵池至马垱间宽约 200 里的正面，以安庆东西地段为重点实施突破。具体部署为：第三兵团从安庆以东至棕阳段渡江，挺进歙县（徽州），截断徽杭公路，而后沿公路东向杭州；第五兵团在安庆以西至望江段渡江，而后速沿浮梁、婺源直出衢县，控制浙赣线，断敌退路；第四兵团于望江至马垱间渡江，而后沿江东进，接替第三野战军第九兵团监视芜湖敌人的任务，并准备夺取南京。各部队在成渡后，即派有力部队向两翼扩张，主动接应友邻登陆，协同作战。第四野战军先遣兵团主力位于武汉以东，并指挥桐柏、江汉、鄂豫军区部队积极活动，牵制白崇禧集团，策应第二、三野战军渡江。

第二野战军渡江对岸的国民党军，是第八兵团刘汝明所部三个军七个师，4 万余人。其第六十八军三个师位于湖口到吉阳镇一线，第九十六军两个师位于吉阳镇至乌沙闸一线，第五十五军一个师位于乌沙闸至贵池一线。绵亘 200 余里的

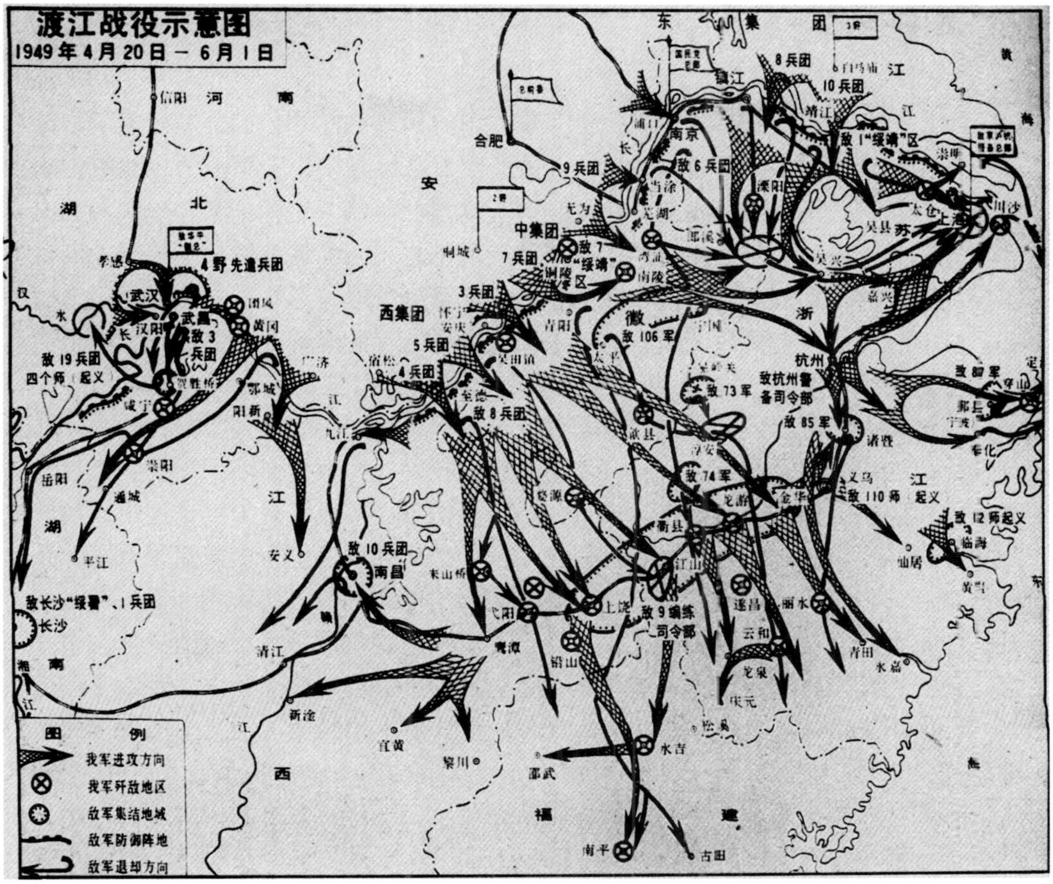

防线上，区区四万之众，面对兵精弹足的第二野战军，刘汝明自知难以抗拒，心中焦虑万分。刘伯承曾通过多种途径规劝刘汝明放弃无谓的抵抗，投到人民方面来。刘汝明执迷不悟，竟然加以拒绝。

4月20日，国民党南京政府撕下“和谈”假面具，拒绝在国共双方代表团拟就的《国内和平协定》上签字。毛泽东主席、朱德总司令随即发出“向全国进军的命令”，号召人民解放军“奋勇前进，坚决、彻底、干净、全部地歼灭中国境内一切敢于抵抗的国民党军队，解放全中国，保卫中国领土主权的独立和完整”。号令既出，第二、三野战军百万雄师，发起了声势浩大的渡江作战。第三野战军中突击集团于4月20日夜，首先在贵池至芜湖间突破，将敌长江防线拦腰斩断。第二野战军各兵团继于21日黄昏，同时在西起马垱，东至枞阳镇，约200里的宽正面上，有重点地对敌发起攻击。

第二野战军的渡江是在强大的炮火掩护下进行的。战前，刘伯承强调指出：“现代战斗的权威就是火力，而炮兵的火力就是要掩护步兵突击的成功。我们在突破纵深阵地的战斗中，必须在每一阶段完成每一任务时尽量造成火力的优势。各种炮兵有组织而有互相联系的射击与飞雷发扬高密度的一齐发射作用极大。”据此，野战军司令部适时强化和调整了炮兵编成，除留少量炮兵对付敌人的舰队、飞机外，主要炮火都集中在第一线支援渡江，特别是集中在安庆上下流由第三、五兵团组成的主要突击地段上，正面不到30里就放列各种火炮300余门。4

月21日16时，炮兵群开始试射，由于事先侦察周密和测算精确，急雨般的炮弹纷纷命中目标。17时30分，炮兵转入摧毁性射击，在安庆上下流的主要突击地段上，数百门大炮纷纷吐出火舌，发出震天动地的轰响。炮弹铺天盖地倾泻到对岸敌人阵地上，朵朵烟云倏忽间汇聚成浓黑的烟幕，不断地升腾和扩展着。经过整整一个小时的猛烈轰击，南岸敌人堡垒大部遭到摧毁，敌军的炮火显得极为微弱。18时30分，主渡突击基地响起了雄壮嘹亮的《人民解放军进行曲》的乐曲声。滔滔江面，霎时千船齐发，争入激流。指战员们与水手密切合作，橹翻桨飞，直冲对岸。惊恐万状的国民党军慌乱地进行抵抗，打出一些零乱的炮弹，在江面上掀起点点水花。数架飞机赶飞上空侦察投弹，几艘炮艇前来袭扰。但在人民解放军防空、阻截、压制各类炮火的坚决还击下，飞机、炮艇连忙逃窜，对岸炮火渐渐归于沉寂。船过中流，国民党军残存的火炮和机枪再次恢复了射击，企图作最后的挣扎。突击船队立即集中各式武器予以还击，直接掩护冲锋。勇士们发扬船自为战，舍生忘死的大无畏精神，冒着弹雨破浪前进，有的船只被击中击翻，他们边抢修边划行，有的甚至干脆跃入水中，进行泅渡。各部先头船，仅用15至30分钟的时间，即横渡长江，分头强行登陆，很快抢占了滩头阵地。由于准备充分，组织严密，第三、五兵团第一航次成功的6个步兵团，伤亡不到10人。第四兵团第十三、十五两军的突击队在彭泽上下流遭到第六十八军较为顽强的抵抗，伤亡稍大。

渡江作战部队突击队员渡江后跃出船头登陆的一刹那

渡江那天，刘伯承度过了一个不眠之夜。在作战室里，他不停地命令参谋们了解部队进展情况，计算航次、航速和过渡兵力。当第一航次报告成功时，他立即要求部队按预定方案行动，下令“一达南岸，首先是以足够兵力横扫敌人，扩大突破地段，接应友邻登陆，贯穿敌人纵深，截敌退路而兜击之”。成渡部队根据刘伯承的命令，一面分兵横扫沿江之敌，一面以主力向敌纵深挺进。后续部队则源源过江登岸，加入了对敌人的连续突击。至 21 日 20 时，已渡过了 16 个团，控制了宽 200 余里、纵深 10 至 20 里的登陆场。至 23 日，野战军主力全部渡过长江。

第二野战军和第三野战军在千里江面全线突破，使敌人防不胜防。汤恩伯眼看江防军一触即溃，有在沿江被分割围歼的危险，就于 22 日下午下令总退却。芜湖以西部队向浙赣路撤退，芜湖以东部队分别向上海、杭州两个方向撤退。从 22 日晚起，第二野战军当面之敌刘汝明所辖 3 个军，纷纷从殷家汇、东流和彭泽向浮梁、祁门、石埭溃逃。安庆守敌第一七四师弃城渡江南逃，随即被追歼于吴田铺地区。第二野战军部队乘胜进占青阳、高垣、至德一线和马垱要塞，迅速肃清了据守江沿的残敌。与此同时，第三野战军连克江阴、无锡、常州、芜湖等城镇，23 日，解放了国民党盘踞了 22 年之久的南京。至此，国民党军苦心经营三个半月的长江防线完全崩溃。第二、三野战军百万大军顺利地完成了渡江战役第一阶段的任务。

1949 年 4 月 23 日，国民党反动统治中心——南京解放。图为我军占领国民党总统府

第二节　千里追击

一连串的捷报传到第二野战军桐城指挥部，刘伯承望着作战地图上不断向南

延伸的红色箭头和小红旗，不禁露出会心的微笑。国民党军长江防线一触即溃，这完全在他的意料之中。但溃逃如此之快，似乎超出了预想。他判断：战局虽已急转直下，但敌人仍有继续组织顽抗的可能。国民党军成建制地向南狂奔，看来是想利用钱塘江、沪杭路和浙赣路，以皖浙边山区作为依托，构成新的防线。目前京沪铁路、京杭公路已被第三野战军切断，浙赣铁路和徽杭公路就成了敌人退却的唯一通道。想到这里，刘伯承的目光移开地图，回身叫作战参谋起草给总前委的电报。他边沉思边说："根据敌人在江防被突破演变为溃乱的趋势，黄山、鄱阳间的交通、粮食状况和我军渡江后的态势，可决定不以主力与第三野战军成交叉运动去南京地区，而以全力直出贵溪、上饶、徽州以指向浙赣路进贤至义乌之线，这样，即可以割断蒋桂两敌之联系，放松桂敌而以全力迂回蒋敌之侧背。"在总前委主持工作的陈毅、邓小平，立即复电同意他的意见。于是，取消第四兵团接管南京的任务，改沿第五兵团右侧出上饶东西地区，协同第三、五兵团歼灭浙赣线上的敌人，并视情况向东发展，扩大预定的京沪杭战役的范围。第三、五兵团仍向原定目标徽州、衢州追击，协同第三野战军钳击京沪杭地区之敌。他一再督促各兵团"排除困难，不怕疲劳，兼程前进，勿使敌逃脱"。

渡江战役的顺利进行和江南国民党军的狼狈逃窜，使指战员们十分鼓舞，但也影响到战术思想的正确运用。刘伯承在部署渡江作战的准备工作时，就预见到后一阶段的大纵深追击战是一个新课题，曾明确规定部队在过江后的作战指导上，"主力应放胆向指定地点透入挺进，贯穿敌人纵深，截敌退路而兜击之。不可为途中残敌（或掩护队）所抑留。这些残敌，只能由后梯队派出一部兵力肃清或封锁之"。他还就火力部署和侦察指挥等问题作了具体指示，"应有随伴炮兵与大量发扬飞雷与爆炸的威力"，"应向主要方向派出先遣支队，察明敌人纵深部署与我军前进道路之状况，最好以工兵带器材附与该支队，扫除地雷与修复道路"。在追击初期，恰恰在这些方面发生了问题。有的部队追上逃路的国民党军后，为敌少数掩护部队所迷惑，拘泥于查情况、调火器以及摆开架子再打等老一套战法，结果贻误了战机，使其主力逃掉。有的部队不敢进行大胆、机动的作战，不敢及时分遣，不敢长驱直入，不敢独立作战，因此错过了一些战机。还有的不注意侦察，不派出先遣部队开路，轻率冒进，反为敌所乘。刘伯承汇集了这些情况后，向各级指挥员重申了猛打、猛冲、猛追的方针，并强调指出："敌人已成崩溃之势，在布成新防线之前，不可能进行有效的抵抗。追击越深入，敌人越惊惶，胜利也越有保障。这是我军作战不同于以往任何时期的最根本的特点。为此，各部队应不顾一切疲劳，不为地形及天候所限制，勇往直前，大胆迂回包围，务求抓住其主力而歼灭之。"在战术上，他又具体提出了不应轻敌，加强机动，实行平行追击、跟踪追击和超越追击相结合，求得分遣与合围能运用自如，加强情报、通信工作和充分利用缴获的运输工具等一系列的要求，使各级指挥员较快明了追击不力的原因，及时调整了部署并改变了战术，大大加快了进军速度，扩大了追击战果。

暮春时节的江南大地，霪雨霏霏，芳草萋萋，山峦耸翠，九派透碧。战士们顾不得欣赏沿途的绮丽风光，昼夜兼程，飞速挺进。不管气候阴晖多变，不管道路崎岖泥泞，滚滚铁流直向敌人纵深卷去。所过之处，但见遍地狼藉，十室九空，国民党军奸淫掳掠的暴行更加激起了指战员们的无比仇恨。左路第三兵团的第一个攻击目标徽州，是徽芜（湖）、徽杭（州）、徽金（华）等多条公路的汇合点，为进出皖浙边山区的重要门户。人民解放军渡江前，国民党军以侯镜如兵团第一〇六军在这一带设防，企图控制皖浙边山区，掩护主力在浙赣线展开。第三兵团先头第十二军第三十五师师长李德生率部取山间捷径，一鼓作气插到徽州城下，接着迂回包围该城，迫使守敌仓皇弃城南逃，被歼6000余人。第三兵团第十一军随后进占屯溪。这就打乱了敌人在徽屯地区组织抵抗的部署。右路第四兵团，过江后一直对敌第六十八军紧追不舍，不使其有喘息的机会，终于在乐平西南石镇街歼灭该军一部。中路第五兵团也以疾风卷残云之势，迅速前出至婺源地区。至5月1日，野战军主力控制了屯溪、婺源、乐平一线，横扫敌第一〇六军、四十六军、九十六军等部，完全粉碎了刘汝明、侯镜如控制皖浙边山区、掩护其主力在浙赣线展开组织抵抗的企图。

第三野战军东、中两个集团，于4月27日将逃窜的国民党军5个多军包围在郎溪、广德地区，全部予以歼灭。其余敌人，则麇集沪、杭及其周围地区，妄图负隅顽抗。

5月2日，刘伯承和由总前委回到第二野战军的邓小平，根据毛泽东主席关于“二野应歼灭皖南、赣东、浙西之敌，开辟地方工作”的指示，给各兵团下达了新的任务：第三兵团向浙赣线义乌至龙游段，第五兵团向衢县至上饶段，第四兵团向横峰至东乡段进击，追歼溃散之敌并开辟地方工作。同时各兵团留置部分兵力于屯溪、浮梁、乐平等地清剿残敌，协助中共地方组织开辟新区工作。

各部队按规定路线和区域，冒雨向浙赣线挺进。第四兵团主力首先到达贵溪、横峰地区。第三、五兵团也紧接着攻占金华、衢县，第三兵团一部并东进至诸暨，与第三野战军由杭州西来的部队胜利会师。国民党军已呈解体状态，除拼命向浙赣线以南山区逃窜外，残敌纷纷向解放军投降。第二野战军控制了义乌至东乡长达800里的浙赣线，完全割断了汤恩伯、白崇禧两大集团的联系，胜利地完成了渡江作战第二阶段的任务。

5月3日，第三野战军一部解放杭州，主力准备发起上海战役。第二野战军为扩大战果，并密切配合第三野战军作战，刘伯承、邓小平于5月7日发出新的命令：“各部队抵达浙赣线之休止地区后，应分别以轻装师或轻装团附电台续向南猛追，寻歼逃窜之敌（近日某些部队日行百里左右，穷追逃敌之精神，应予发扬）。三兵团追击方向为永康、武义、宣平、遂昌、松阳地区，五兵团为龙泉、浦城、崇安地区，四兵团为铅山、资溪、临川地区。如四兵团能速以有力部队挺进到建阳截断敌人逃到福州之公路，则更好。”

在及时总结前一阶段作战经验的基础上，各部队战术更加机动灵活，采取了适时分遣合击、大胆迂回穿插的战术，并充分利用缴获的汽车等交通工具，大大加快了追击速度。各兵团一路所向披靡，连下丽水、青田、古田、南平等浙南、闽北重要城镇，前锋直达闽江、赣江，为第三野战军进军福建、第四野战军进军江西创造了有利条件。至此，第二野战军在渡江战役中共歼敌10万人，解放了安庆、歙县、金华、上饶等86座城市和皖南、浙西、闽北、赣东北的广大地区。

渡江战役的伟大胜利，不仅使国民党反动派丧魂落魄，而且使美帝国主义气急败坏。美帝国主义眼看着他们的在华利益即将丢失，对中国人民的胜利充满了仇恨。他们仍然企图玩弄帝国主义的强权政治，在中国东南沿海增调海军兵力，对人民解放军进行挑衅和恫吓。中共中央、毛泽东为了有效地对付美帝国主义可能的军事干涉，令第二野战军主力停止南进，在浙赣线集结待机，随时准备协同第三野战军粉碎美帝国主义的侵犯。根据新的形势和任务，5月14日，刘伯承、邓小平下达了《关于休整与备战的指示》，指出：渡江进军之作战，至现刻已告结束，为准备将来之机动或任务，特根据地形与经济条件和部分的作战任务，规定新的工作。新的工作包括调整休整地区和确定休整内容。休整地区，指定三兵团主力以金华、江山为中心，五兵团主力以上饶、弋阳为中心，四兵团主力以鹰潭、东乡为中心。基本地域在浙赣线两侧。休整内容，除大力展开城乡工作，收剿散兵游勇，安定社会秩序外，主要进行战后组织整顿，调配武器装备，总结作战经验和展开以山地、河川、稻田地战斗为中心的军事训练，认真进行政策纪律教育。

5月14日，第四野战军先遣兵团一部由蕲春、黄冈间渡江，迫使白崇禧集团放弃长江中游，向南撤退。当即解放武汉。5月16日，刘伯承令第二野战军第四兵团迅以主力出丰城、高安之线，配合第四野战军先遣兵团作战，并准备接管南昌。5月22日，第四兵团进驻南昌。第三野战军部队于5月27日解放上海。至此，渡江作战宣告胜利结束。

第三节　首任南京市长

随着人民解放军向全国进军的雄壮步伐，中国共产党的工作重心，开始由乡村移到城市。中共中央、毛泽东正确地把握着形势的这种新特点，指示全党全军“必须用极大的努力去学会管理城市和建设城市。必须学会在城市向帝国主义者、国民党、资产阶级作政治斗争、经济斗争和文化斗争，并向帝国主义者作外交斗争。既要学会同他们作公开的斗争，又要学会同他们作隐蔽的斗争”。并明确地规定了“军队不但是一个战斗队，而且主要地是一个工作队”。

中共七届二中全会期间，中共中央鉴于渡江战役胜利在即，国民党首都指日可下，便预先确定由刘伯承担任南京市首任市长兼市委书记。南京刚刚宣告解放，又任命他为南京市军管会主任。刘伯承在指挥第二野战军渡过长江、部署好挺进浙赣路的行动后，即率领第二野战军领导机关由桐城向南京进发。

4月29日，刘伯承一行风尘仆仆地抵达浦口码头。在苍茫的暮霭中，扬子江畔一片沉寂。道旁的店铺，几乎家家大门紧闭。偶或也见有门扉半掩的，但少人出入，显得十分萧条。被敌人丢弃的破车烂炮触目皆是。稍远处，黛色的群山渐渐失去光亮，间或传出凄厉的枪声和转瞬即逝的信号弹光。这一切，表明蒋军残余尚未肃清，南京城尚未安定；也预示着治理这座被蒋介石盘踞多年的城市，将经历一番艰巨的斗争。

过江的轮渡徐徐驶向南岸。人们兴奋地伫立船头，放眼灯火交烁的南京市区，期待着即将踏上"钟阜龙蟠，石城虎踞"的形胜之地。他们知道，自从蒋家王朝定都于兹以来，南京就成了旧中国反动政治的代名词。雨花台下，埋葬着多少烈士的忠骨；中华门内，铭刻着日寇大屠杀的奇耻大恨。22 年间，南京人民一直在苦难中呻吟。而今，人民军队旌麾南指，蒋家王朝顷刻瓦解，南京终于获得了新生。对刘伯承来说，他面临的最迫切的问题是，怎样把官僚的消费都市改造为人民的生产城市，他感到这个任务并不比指挥淮海战役轻松。

由于临行仓促，事先未及与南京警备部队联系，过江后，只好包租了一辆公共汽车乘坐。等到刘伯承上了车子，警卫员突然拍着额头大叫："哎呀不好，还没有叫人号房，这么大一个南京城，车子该往哪里开呢？"刘伯承一听，呵呵大笑，说："到了家门口，反倒找不着家了。"略一沉思，就果断地说："叫司机直开'总统府'，到了那里就好办了。"果然，一到伪总统府，很快就与南京警备部队联系上了。陈毅闻讯，亲自坐车赶来，把刘伯承安排到赤壁路一座原国民党要员的公馆里。两位老战友相见，谈起革命形势的飞速发展，兴奋得欢笑不止。第二天，刘伯承就投入了紧张的工作。

5 月 1 日，在南京"人民大会堂"里，中共中央华东局召开了解放区与地下党干部的会师大会。华东局和第二、三野战军的领导人邓小平、刘伯承、陈毅等出席了大会。会场里洋溢着热烈、欢乐的气氛，口号声、歌唱声此起彼落。邓小平、陈毅分别代表华东局和第三野战军发表了讲话，勉励第二、三野战军的干部和南京地下党的同志团结一致，同心同德，为建设一个崭新的人民的南京而共同奋斗。刘伯承代表第二野战军即席讲话，他说："国民党 22 年的反动统治被推翻了，中国人民渴望的日子到来了！然而，正像毛主席教导我们的：'这只是万里长征走完了第一步。'我们要把革命进行到底，要下苦工夫，花大力气，建设人民的新南京，建设一个全新的中国。"三位领导人的讲话赢得了经久不息的掌声。与会的许多人，尤其是地下党员们，这是平生第一次目睹他们的风采。原来心目中的叱咤风云的形象，加上眼前这种和蔼可亲的音容笑貌，使他们更加感到可敬可爱。会场里不断爆发出欢声笑语，高潮迭起。

当时，人们还缺乏管理城市的知识和经验，工作人员大多是刚放下枪杆的军人，对经济建设一窍不通。各项工作处于草创阶段，许多事情都需要刘伯承亲自决断、处理。那些天，各种会议接连举行，各种人物川流不息地来访或要求接见。刘伯承都一一出席或安排接见。还有众多的群众集会和座谈会，仅从 5 月 13 日至 18 日的 6 天之内，工人、学生、文化、工商各界座谈会就开了近 10 次。

各界人士出于对新市长的尊敬和爱戴，所有会议一律要求他出席，甚至提出到会见见面也好。身边的工作人员见他劳累不堪，一再劝他少参加一点会议。他回答说："从目前来讲，会议就是一种实施领导的形式，我作为南京市的主要负责人，怎么能轻易放弃自己的职责呢？群众要求见我，并不是我刘伯承有什么特别之处，而只是表达了人民对共产党和解放军的感情和希望。"他把出席工作会议和群众大会，当作宣传、解释党的方针政策的极好时机，总是一丝不苟地起草和准备发言稿。有时在办公室忙到曙色临窗，接着就开始第二天的工作。每天傍晚，他拖着疲惫的身子回到住处，大声招呼警卫员："装茶。"警卫员知道，这是他多年来用茶解乏的老习惯，只要喝下一大缸苦涩的浓茶，他又会显得精神抖擞，继续伏案工作。

5月9日，坐落在市中心的南京市人民政府的大院里张灯结彩，喜气洋洋。一块印着"南京人民政府"字样的闪闪发光的大牌子，被人们抬进办公室。明天，它就要悬挂到市政府大楼的门墙上，庄严宣告一个新政权的诞生。工作人员来向刘伯承汇报庆贺典礼的准备情况，他边点头表示同意，边微笑着诙谐地说："我这个市长走马上任，理当有一篇就职演说吧。"当天，他专门召集市政府局长以上干部开会，发表了一席精彩的讲话。他首先指出："南京在4月23日解放了，从这一天起，国民党的反动统治中心南京就成为人民的南京了，南京的人民大众在共产党领导之下，从这一天起由被统治者变成统治者了。国民党集中表现的帝国主义、封建主义、官僚资本主义的统治，在南京永远被消灭了，从此南京将永远成为人民的南京了。因此，23日这一天是一个划时代的日子。"接着，他对当前革命性质和有关政策作了深入的分析："今天中国的革命是无产阶级领导的，人民大众的，反帝、反封建、反官僚资本的新民主主义革命。""我们说无产阶级领导的，就是说无产阶级是司令员，是领导力量，没有无产阶级这个司令员来领导，革命就不会胜利。但是如果不依靠工农为基础，团结人民大众，人民民主专政就不能巩固。所以，如何组织工人、农民、革命知识分子，如何争取尽可能多的自由资产阶级与我们合作，是巩固人民民主专政重要的一环。我们所以要争取自由资产阶级与我们合作，不仅是使反革命孤立的问题，而且在于团结一致努力于恢复生产和发展生产，使中国由农业国稳步走向工业国，因此争取自由资产阶级及其代表与我们合作，要在思想上确定下来，工作上确定下来。谁要是忽视了百分之九十以上的人的问题，谁就会在工作上犯错误。记住我们的任务是反帝、反封建、反官僚资本，那就要严格地分清谁是敌人，谁是朋友，要明确认识自由资产阶级不是敌人而是朋友，即使有时也要进行必要的斗争，也是为了团结他们，绝不是打倒他们……我们在分清营垒及对有关政策问题处理之时，必须调查研究，谨慎小心。"

在谈到当前尖锐复杂的斗争时，他的语调变得严肃起来："现在我们是胜利了，敌人是失败了，但敌人失败不等于完全停止抵抗，相反的，是企图从各方面继续抵抗。现在敌人一般是由集中的公开的转为分散和隐蔽的斗争形式，来反对中国人民争取中国成为独立自主、富强繁荣的国家。尤其是南京解放不久，潜伏的敌特会用各种办法来反对人民的统治，如造谣破坏、挑拨离间，尤其是要利用各种合法名目一面掩护活动，一面破坏我们和民主人士的合作。所以在实行军事管制中必须加以警惕。不仅要注意公开的拿枪的敌人，而且要注意隐蔽的不拿枪的敌人，以确保人民民主秩序迅速建立。”

作为市军管会和市政府的主要领导，他着重讲述了人民政府的任务和职责，提出：“我们今后要做什么？首先要进行生产建设并作为中心工作。自然，我们军管会首先要把南京顺利地接下来才能好好地管，而管就要把官僚庞大消费的南京逐渐变为人民生产的南京，这就是如何实行毛主席指示我们的经济纲领中的发展生产、繁荣经济、公私兼顾、劳资两利。这里首先就要解决国民党在南京造成的失业问题，而发展生产与恢复生产必须依靠工人，要依靠工人阶级的觉悟性和组织性，从唯物史观去看事物。了解公私工厂生产情况，即原料制造、销路情况，如何恢复与发展生产，如何对国民生计有利，对工人有利，对资方有利。工厂恢复了，资方有利可图，工人生活有保障。工厂生产发展了，资方利润大了，工人就以劳资两利的方针适当地改善生活。同时农村也要恢复与发展生产。必须使城市供给乡村以必需的工业品，而乡村则供给城市以粮食和原料，且逐渐使之向工业方向发展。其次，要进行教育文化建设，培养大批知识分子科学人才，为人民大众服务，首先使之参加生产恢复与发展的工作以及政治、军事、文化各种建设工作极为重要。”

为了实现上述任务，刘伯承认为关键在于政府工作人员的政策和策略观念。他继续说：“用政策联系群众、依靠群众，向他们解释南京解放的意义，解释党的政策，经过群众路线，使其一道来执行党的各种政策，建设新的、生产的、人民的南京。应分头召开各界座谈会宣传与解释党的政策，耐心征询意见，特别欢迎他们对我们的各种批评，知道他们的问题的症结所在，并给以合理的解决，使人民大众从自己生活体验中认识今日的天下真是人民大众的，而来拥护我们，使政权巩固起来，而不要使他们把共产党看成恭敬的神像，犹之乎农民对玉皇大帝那样。如果玉皇大帝三年不下雨，农民也会把它搬出庙来晒太阳。假使共产党做事未为人民有利，就不会得到人民的拥护。我们说依靠工人、联系群众，但工人是否一定让你依靠，群众就一定让你联系，这就必须加以主观的努力，贯彻我党正确的政策，把工作做好，造福于群众才行。”他这是把人民军队为人民服务的宗旨引申到人民政权的建设上，并且深刻指出人民政府的生命力在于获得人民的拥护，否则会有被人民抛弃的危险。

为了进一步说明群众路线是人民政权的根本路线，他又指出：“联系群众、团结群众、依靠群众，就要解决群众必须解决的问题。古人说：‘为政不在多言，顾力行如何耳’，其意也在于此。我们要以毛主席的作风在群众工作中调查研究，实事求是，不要犯官僚主义的错误，把群众路线当做口头禅。须知脱离群众是非常危险的事，我们的敌人经常在窥伺我们，一发现我们脱离群众就要来攻击我们，企图打倒我们……同志们对此须再三警惕。”他还联系太平天国的历史教训说，“农民革命的首领洪秀全，他到了南京脱离了群众，自己腐化起来，就失败了”。

对于军队和政府工作人员中滋长起来的严重脱离群众、贪图享乐，甚至腐化堕落的现象，他毫不容情地批评说：“我们的干部一到南京，骄傲蜕化的现象已经在发生中……不要忘了我们的母亲是谁，敌人就隐蔽于我们的卧榻之侧，窥伺我们，挑拨我们，使我们脱离群众，以便打倒我们。我们一定要警惕起来，与这些恶劣倾向作斗争，尤其要以此作为教训，丝毫不能放松，让它们发展。”

他号召大家说：“由解放区南下的同志和南京地下党的同志，首先要紧密地团结起来，互相帮助，互相学习，做到组织上、政策上、思想上的会师，共同坚持党的政策，认真地联系群众、团结群众、依靠群众。果能这样做得好，我们就能把消费的南京建设成为生产的南京。”

最后，他以简洁的口号作为结束语：“学习毛主席的作风，调查研究，实事求是，虚心学习，不骄不躁，艰苦朴素，以树立新的人民作风。”

刘伯承平稳而又洪亮的声音，一再被热烈的掌声所打断。聆听者一致称赞这是一篇出色的“就职演讲”，人民政府的性质、任务、工作方法以至应注意克服的倾向，都全面而深刻地进行了阐述。来自第二野战军的干部觉得，刘伯承的施政报告一如他打仗时发布的作战命令，敌情、我情、任务、条件、薄弱环境，交代得清清楚楚，使人完全明白以后该怎样去执行和落实。另外一部分来自地下党的干部，则为他高超的政策水平和对政情民风的了解而深深折服。他们发出由衷的赞叹：南京市长遴选得人！南京的治理与建设大有希望！

恢复生产是一项最为繁重的任务。解放前，南京是蒋宋孔陈四大家族鲸吞豪夺的指挥中枢，久已形成畸形的、消费城市的特点。它的特点是工厂少，衙门公馆多；工人少，公务人员多。少数“国营”工业，多属官办消费性质，半殖民地色彩尤为浓厚。解放后，官僚企业陷入停顿，公务人员闲散街头，私营企业开工不足。致使失业人数急剧增加，要求就业、复业与救济的比比皆是。

在刘伯承主持下，南京市军管会和市人民政府首先抓紧接管和复工工作。接管主要是对官僚资本企业进行的。军管会一开始工作，就立即组建了财政接管委员会，对国民党政府的经济部、资源委员会、农村部等 12 个经济机构实行了全面的接管。通过深入的调查研究，自上而下地、有系统地了解各企业的情况，掌握了主动权。同时自下而上地发动工人积极参加接管，帮助整理、清点账本、物资，还尽力争取厂方人员给予必要的协助。刘伯承和市军管会副主任宋任穷等人，亲自参加各系统旧职员座谈会，宣传中国共产党的城市政策，讲解接管的意义，

首任南京市市长的刘伯承

宣布解放军约法八章及接管办法，较快地解除了这部分人的顾虑，使他们较积极地协助接管工作。由于深入发动和争取了公私企业劳资两方面的人员参加，接管工作进行得很顺利，历时一个月即告结束，为复工准备了有利条件。

对于有益于国计民生的官僚资本企业，财政接管委员会根据其现有条件，使接收工作与复工同时进行。华中矿务局等单位采取接收与复工并进的办法，工人、职员情绪很高。因为接收快就是复工快，他们即将有工作可做，生活也就有了保障。

对复工的全面领导工作，市军管会组织了生产设计委员会来负责。该委员会的成员以市政府指派为主，吸收职工代表和适当数目的工业资本家、工程技术人员参加，制订出三个月恢复生产的初步计划。刘伯承特别重视发挥工人阶级的领导和骨干作用，他多次深入到工人群众中去，宣传党的新民主主义总路线，讲解工人阶级的领导地位和历史使命。他还注意虚心听取工人群众的建议和意见。在一次工人座谈会上，他诚恳地提出四个问题请大家研究如何解决：（一）怎样从被统治者变为统治领导者来管理自己的城市。（二）怎样使消费城市变成生产城市。（三）怎样使城乡矛盾变为城乡结合互助。（四）怎样过物质生活和学习生活。这几个问题在工人群众中引起了极大的反响。工人们纷纷向他表示：我们一定要努力恢复生产，拿出主人翁的姿态，树立新的劳动观念和劳动纪律，争取生产出尽可能多的产品支援国家建设，支援解放军。

生产设计委员会成立后，立即组织硫铁矿、机械厂、兵工厂、被服厂复工，使之为战争服务。

由于公私企业的相继复工，解决了一部分人员的就业问题。但工厂企业少是南京的固有弊病，对于庞大的失业大军来说，仍然存在僧多粥少的矛盾。在刘伯承的直接关心下，生产设计委员会主要以组织转业与开办工人学校来解决就业问题。转业是为了调剂各劳动部门之间劳动力的不平衡。开办工人学校则是储备产业大军，以适应祖国建设事业的大发展的需要。

经过这样的综合治理，短短三个月内，主要工厂企业的生产基本得到恢复，失业问题也大体得到解决。不仅工人和市民群众皆大欢喜，而且一些民族资本家也感到满意。

紧接着是解决职工的工资问题。这个问题事关千家万户的切身利益。刘伯承坚持以维持现状为原则。对于解放前因通货膨胀造成的工薪差额，他主张在调查研究后依据实际情况做出决定，适当进行调整。这样，获得了工人、职员的普遍满意，同时也减少了职工之间的矛盾和市场物价的波动。复工、就业和工资三大问题的基本解决，标志着南京市政治理工作的初步成功。

在金融贸易问题上，经历了一场复杂的斗争。特务和奸商一面造谣惑众，一面大搞银元投机，曾一度造成市场的混乱。刘伯承加强了财政委员会和财政金融办公室的领导力量，选派得力干部去从事这项工作。财政部门在党的领导下，紧紧依靠工人阶级和人民群众，切实抓了禁止银元流通、发行人民币、掌握物价这三个环节。为了迅速处理和排除伪金圆券，5 月 2 日财政委员会公布了比价及限兑办法，不过8天时间，即基本兑换完毕。人民币的信誉确立了，物价也平稳了，敌人的破坏阴谋终究归于破产。

中共南京市委成立后，刘伯承兼任统战部长。他出色地完成了这项任务。

在恢复生产的过程中，南京的工商业界和文化科学界经历了从动摇到积极的变化。开始，由于帝国主义、国民党反动派采取经济封锁政策，使南京的工商业发生很大困难，工商业者普遍忧心忡忡。敌特散布的大量谣言，又使工商业者十分惧怕共产党进行清算斗争。在部分工程技术人员中，存在着对共产党领导经济建设能力的怀疑和对美帝国主义援助的幻想。刘伯承在同有关部门详细分析了这些现实状况后，认为应从宣传教育和解决实际问题入手，双管齐下，调动工商业者和文化科学界人士的积极性。他还亲自出面做动员教育工作，或出席座谈会慷慨陈词，或与有代表性的民族资本家和文化技术专家促膝交谈，较快、较好地解除了这部分人的思想顾虑。

在南京市市委、军管会、市政府联合召开的工商业代表座谈会上，刘伯承精辟地阐述了中国共产党"发展生产、繁荣经济、公私兼顾，劳资两利"的新民主主义经济纲要。他指出："为了执行这个纲要，就必须照顾到四面八方。公私是一面的两方，在新民主主义的经济建设中，国家（公营）经济是领导成分，而私营经济是占了第二位。单纯地发展公营企业，而不在原料、制造与推销上，去照顾私营企业，即等于在发展经济上去了一只脚。只有既顾公而又顾私，才能于国计民生有利，将农业国引向工业国的方向发展。劳资，这又是一面的两方，既要照顾到工人无法生活之苦，而改善对工人不合理的生活待遇，又要照顾到资方的有利可图。片面偏重哪一方，就不能发展生产，也就于人民无利。城乡，是另一面的两方，过去的城乡是矛盾的，是对立的，是城市剥削乡村的。今后应该是城市着重为农村服务，以合理的价格收买原料，以足够的工业品，合理的廉价供应农村。而农村则给城市以生活必需品，且将来也能向工业化发展。内外，又是一面的两方，即是在贸易问题上，既有对内的贸易，又有对外的贸易，以使物资、经济的交流得到合理的畅通。"他运用唯物辩证法，运用生动、贴切的语言，深入地分析了公私、劳资、城乡、内外等的对立与统一关系，活画出发展新民主主义经济的一幅蓝图，澄清了各方面人员的疑虑，使各种思想障碍迎刃而解。

针对工商业者害怕清算斗争的心理，他特别指出："共产党毫不隐讳地宣布，我们是为共产主义事业而奋斗的，我们是要在最后实现共产主义的。然而共产党人是唯物史观者，现阶段的革命，只能是属于新民主主义性质的。应该是百分之九十以上的人民做朋友，起来做主人。我们反对的，只是百分之十以下的反动统治者。这是根据今天现实社会的物质基础的条件来规定的。所以，只有照顾了这四面八方，才能达成发展生产、繁荣经济的目的。"刘伯承正确通俗地解释了党的政策，民族资本家的忧虑为之一扫。永利化学厂厂长感慨地说："在过去，要想在中国独立地发展民族工业，真是何其艰辛，内受封建主义、官僚资本主义的压迫，外受帝国主义的欺诈。现在已经是人民自己的世界了。我们要积极解决运输和电力困难，研究减轻成本，提高产量，为发展农业生产服务，这也是我们发展工业的唯一道路！”一家百货公司的经理也颇有感触地说：“往日国民党请我们商人的客，是要我们出钱。今天共产党的市长请我们的客，则是商量发展工商业，并且可以贷款发展生产，这是我们从来想不到的。”

在文化科学界座谈会上，刘伯承说：“今天文化科学界欢聚一堂，大家都是主人。我们都看到旧的中国即将完全打碎，我们建设新中国的任务，是繁重而又光明的。在这个建设中，无论是自然科学或社会科学方面，都需要大量人才，希望共同工作，开展南京市的文化科学建设。”与会的文化科学界知名人士听了非常感奋，一致表示：决不辜负共产党和人民政府对文化科学专家的高度重视与殷切期望，一定要为建设新南京贡献各自的力量。当场有许多专家、教授对南京市各方面的建设提出了建议和意见。刘伯承代表市委、军管会、市政府表示热忱欢迎。原中央大学医学院一位教授，概括了与会者的心情说：“与君一席谈，胜读十年书。人不能专为生活而生活，生活就要工作。在人民政府教育下的知识分子和技术人员，必能人尽其才，为新社会服务。”

刘伯承一贯重视教育工作，特别是重视对青年一代的教育。在南京市学生代表座谈会上，他即席向学生们讲解了五个问题：（一）我们的胜利是中国百分之九十以上的人民大众反对百分之十以下的帝国主义、封建主义、官僚资本主义者的胜利。（二）目前的斗争要看清敌人由反人民的公开斗争，变为隐蔽破坏的斗争。（三）我们要进行生产与文化科学的建设工作。（四）学习为人民服务的态度。（五）在学习中要预见困难与克服困难。他深入浅出、循循善诱的语言，博得与会者衷心的欢迎，激发了一颗颗奋发向上、报效革命的心。

6月下旬，刘伯承以中共中央华东局委员的身份，赴上海参加了华东局会议。这次会议的主要议题是反对帝国主义、国民党的封锁和发展城乡生产。7月9日，他在南京市支部书记和军队团级以上干部会上，结合华东局会议精神，作了题为《关于反封锁与城乡生产的互助和交流问题》的长篇报告。在这篇报告中，他详尽地总结了南京市各方面的工作，肯定了恢复生产、文化教育和处理失业、疏散人口、维护社会治安的成绩，指出了干部中存在调查研究、政策学习、组织观察、群众路线等方面的缺点。对怎样打破敌人的封锁，他从执行党的工商业政策、进行城乡互相交流、搞好宣传教育、实行精兵简政等方面作了系统的回答。

就在这个报告中，刘伯承提出了进军西南的任务，指出：第二野战军干部一部要继续留在南京，坚持经济战线上的斗争，另一部将到西南去进行军事战线的斗争……不论留在南京的或要到西南的，都要服从党的决定……我们向西南发展，去消灭敌人残余力量，建立西南国防，乃是完成全国彻底胜利的光荣任务。不要因“此间乐”，就“不思蜀”了。此后，他就离开南京市的领导岗位，去筹划进军西南的工作了。

第十八章　解放大西南

第一节　大迂回，大包围

经过渡江战役，国民党军不断被歼灭，主力丧失殆尽，残存的全部兵力仅剩150万人。这些部队纷纷溃退到华南、西南和台湾等地。蒋介石在美帝国主义的支持下，以白崇禧、胡宗南两个集团为骨干，进行最后的挣扎。他以为西南地区的地理和政治条件可资利用。秦岭、大巴山和武陵山山脉，像一道天然的围屏，隔断了川黔与内地的联系；盘根错节的封建势力和遍地林立的军阀土匪，是他的反动统治的基础；地处边陲，便于取得帝国主义的直接援助。他的部署是：第一步，以白崇禧集团及粤军余汉谋部组织所谓湘粤联防，阻止解放军向两广进军，作为他部署西南的掩护；同时以嫡系胡宗南集团等扼守天险秦岭、大巴山、武陵山，阻止解放军入川。第二步，白崇禧部退入广西，与四川的胡宗南互为呼应，联络去贵军阀，负隅顽抗。

5月23日，中共中央军委和毛泽东发出关于向全国进军的指示，其中明确指出："胡宗南全军正向四川撤退，并有向昆明撤退消息。蒋介石、何应钦及桂系正在做建都重庆割据西南的梦，而欲消灭胡军及川康诸敌，非从南面进军断其退路不可。"9月12日，又进一步指示第二野战军和第四野战军：对白崇禧和西南各敌均取大迂回动作，插至敌后，先完成包围，然后再回打之方针。基于这样的方针，对第二野战军的行动又先后作了具体的规定：第二野战军第四兵团归第四野战军指挥，担任大迂回任务，由赣南就势于10月出广东，尔后再由广西兜击云南，彻底截断敌军逃窜国外的退路。第二野战军主力，待广州解放和国民党政府迁至重庆后，在第四野战军发起广西作战的同时，以大迂回的动作，取道湘西、鄂西，挺进叙府（即宜宾）、泸州、重庆之线，直出贵州，切断胡宗南集团及川境诸敌退往云南的道路及其与白崇禧的联系，以位于宝鸡地区的第一野战军第十八兵团等部，在贺龙、李井泉指挥下，积极吸引、抑留胡宗南集团于秦岭地区。待第二野战军将川敌退往康滇的道路切断后，即迅速占领川北及成都地区，尔后协同第二野战军聚歼胡宗南集团，并迅速扩占全川。这就是大迂回，大包围的决策。

为了领导西南的全面工作，建设西南，中共中央还决定由邓小平、刘伯承、贺龙等24人组成中共中央西南局，以邓、刘、贺分任第一、第二、第三书记。

按照中共中央、毛泽东的部署，第二野战军全军立即转入了进军西南的准备工作。

在中共中央军委下达进军指示的次日，刘伯承、邓小平就召集了第二野战军前委扩大会议，讨论进军西南的部署和加强部队政治思想工作以及后勤工作等问题。会后颁发了《关于进军西南的指示》。指示要求各级党委在部队和全体指战员中立即开展三项工作：一是进行进军必要性的教育。向大家指明敌人的残余力量还存在，企图垂死反抗，广大待解放的人民正热望人民解放军前去协助解放，全国各野战军的进军任务尚未结束。不继续进军，残敌就不能最后消灭，革命就不能彻底胜利。要发扬以往将革命进行到底教育的成绩，提高全军政治认识，鼓舞全军战斗意志，与各野战军共同继续进军，消灭残敌，解放全中国。二是明确进军的目标。指明这次解放西南广大地区，解放 7000 万人民，以及西南在国防地位、军事、政治、经济上的重要意义。正确地介绍西南一般地理、交通、军事、政治、经济、社会情况，消除一切骄惰、怕苦、保守、松懈、厌倦等不良情绪。三是大力加强进军的实际组织工作。在树立进军西南的光荣感和明确任务艰巨性的基础上，做好一系列的保障工作，包括走路、吃饭、穿衣、宿营、运输，保持部队健康，巩固部队情绪，争取沿途居民，团结兄弟野战军，熟练山地、河川作战，习惯西南生活等。指示强调各级领导干部必须实行科学分工和随时了解、掌握部队情形，严格督促检查工作，深入下层进行教育，与士卒同甘苦，以此来保证新的进军任务的胜利实现。

7 月 26 日，刘伯承去到第三兵团，对团以上干部作了关于进军西南的动员报告。接着在第二野战军直属队党代表大会上发表讲话。他指出：每一个共产党员，都必须知道我们的路是很长的。经过新民主主义还要走向社会主义、共产主义。我们要时时刻刻检查自己是否合乎毛泽东思想，揭发和纠正现存的各种错误思想和行动，对于进军西南是一个关键。

针对某些干部中开始滋长起来的骄傲自满、功臣自居、停顿不前和贪图享乐的情绪，他尖锐地提出了批评：我们第二野战军现在最重要的错误倾向是骄傲，不是我们的战士和下级同志骄傲，而是大干部骄傲，所以危险性也更大。毛泽东主席再三指示我们要不骄不躁，我们的胜利只是万里长征走完了第一步。应该把骄傲的包袱放下，免得使我们犯错误。第二野战军有些同志背着一个功臣的大包袱，自以为有功劳，该得大赏……如不把这个思想弄清楚，无法接受工作与进军西南的任务。

他告诫大家：我们的胜利是由于党中央和毛主席的正确领导，以及党的群众工作和农村的土地改革工作，国民党统治区的地下斗争，相配合而得来的，不可以为全靠枪杆子打出来的。自以为了不起，特别是以为个人了不起，这是军人非常可怕的思想，要经常警惕。否则，小则犯错误，大则不可设想，更甚可看到张国焘之流的榜样。

经过自下而上的党代表会议，部队充分发扬了民主，开展了严肃认真的批评与自我批评，艰苦奋斗的正气更加上升，居功骄傲、违法乱纪的歪风受到打击。因而大大激发了党的各级机关和广大党员的积极性，提高了指战员的阶级觉悟和政策水平，加强了部队进军西南、建设西南的信心和决心。

8 月 19 日，刘伯承、邓小平发出川黔作战的基本命令。命令规定：第二野战军主力（除第四兵团）的任务在于攻略贵阳及川东南，以大迂回动作，先进击宜宾、泸县、江津地带之敌，并控制上述地带以北地区。以使宋希濂、孙震及重庆等地之敌，完全孤立于川东地区。而后聚歼这些敌人，或运用政治方法解决之，以便协同川北贺龙部队逐次解决全川问题。具体行动分为三个步骤：首先，第三兵团以车运由浦口经徐州、郑州到武汉，再徒步至常德、江陵、枝江地区集结就补，第五兵团由上饶车运到樟树，再徒步经长沙到邵阳、武冈、湘潭线集结就补。其次，第三兵团攻取遵义、彭水、黔江线，第五兵团攻取贵阳。最后，第三兵团直出泸县、江津，第五兵团直出宜宾、纳溪，顺势迂回重庆，控制川东，完成南面兜击的任务。

9 月初，第二野战军开始向湘西、鄂西开进。第三、五兵团按预定路线，分别乘车、乘船或徒步，急驰集结地域。配属第四野战军的第四兵团，也于 9 月下旬由赣西向赣粤边挺进，执行广东战役任务。

9 月 7 日，刘伯承动身去北平，参与了开国大典的一系列活动。在中国人民政治协商会议第一届全体会议上，刘伯承代表第二野战军全体指战员，发表了热情洋溢的讲话，衷心祝贺新中国即将胜利诞生。他回顾了人民解放军 22 年的光荣历程，表示要迅速解放西南，并准备竭尽全力保卫新中国。

10 月 1 日，中华人民共和国宣告成立，刘伯承作为中央人民政府委员登上了北京天安门城楼。毛泽东主席庄严宣告：中华人民共和国成立了，中国人民从此站立起来了。随着这传向全国、传向全世界的雄伟声音，他的心潮犹如大海的怒涛，汹涌激荡。面对迎风招展的五星红旗、威武雄壮的受阅队伍，他不禁想起长征的铁流，抗战的烽火，解放战争的硝烟，以及千千万万为革命事业英勇献身的战友、部属和民众。他聆听着朱德总司令宣布的《中国人民解放军总部命令》："我们的战斗任务还没有最后完成。残余的敌人还在继续勾引外国侵略者，进行反抗中华人民共和国的反革命的活动。我们必须继续努力，实现人民解放战争的最后目的。"他觉得，这既代表了人民解放军全体将士的意志，也表达了他和第二野战军几十万指战员的心声。

10 月 21 日，刘伯承和邓小平刚刚开完中国人民革命军事委员会第一次会议，便带着会议作出的继续向全国大陆进军的决定，匆匆乘车南下。第二天，他们赶到徐州，登上第二野战军司令部西进列车的指挥车厢，立即投入紧张的工作。10 月 23 日，他们发出了进军川黔的作战命令，要求第三、五兵团加快准备，提前实现基本命令规定的目标。

为了阻止解放军入川，国民党军以主力川陕甘边区绥靖公署主任胡宗南部 14 个军约 16 万人布防于秦岭、汉中、川北一带，对北面做重点防备。另以国民

刘伯承（前排左三）等陪同毛泽东（前排左二）、刘少奇（前排左一）在天安门城楼检阅游行队伍

党西南军政长官张群所辖23个军约30万人布防巴东一带，其中川湘鄂绥靖公署主任宋希濂部8个军约10万人，控制于巴东、恩施、咸丰之线，作为西南防守的前进阵地。川陕鄂边绥靖公署主任孙震部3个军约4万人，控制巫山、巫溪及万县、忠县之线，屏障川东北。其余兵力则散布于川滇黔各地。

敌人的这种配置，是解放军佯攻秦岭、威逼巴山的结果。第二野战军开进之初，第十八兵团曾对秦岭之敌发动攻势，牢牢吸住了胡宗南集团。活动在陕南和鄂西北地区的中原军区部队，也积极佯动，造成通过大巴山进击四川的声势，致使蒋介石发生错误判断。认为解放军入川的主攻方面在川北，这里有中原进川的传统要道，交通和补给都方便。在川黔边方面，由于地势险要，交通不便，大兵团行动困难，而且白崇禧集团又集结在湘、桂地区，解放军不会舍近求远，更不会冒腹背受制的危险。因此，他制定了上述以秦岭为主、巴东为辅的防御部署，并抽调东线的罗广文兵团北移，加强川北防线。

在中央军委的统一部署下，刘伯承决定将计就计，以第二野战军的行动进一步迷惑敌人。他命令野战军领导机关率第三兵团经津浦、陇海铁路公开乘火车西进。行至郑州，他特意出席群众欢迎大会，宣布大军即将入川。而部队则秘密南下，直奔湘、鄂西。同时令第五兵团乘第四野战军进行衡（阳）宝（庆）、广东战役的机会，就势隐蔽地到达湘西集结。这样，一方面是第四野战军浩浩荡荡、势吞两广；一方面是第二野战军潜形匿迹，迂回西南。进至武汉，刘伯承曾高兴地对部属说："毛主席就是要这种气氛，这很好。"

10月间，第四野战军主力及第二野战军第四兵团已胜利结束了衡宝战役和广东战役，分别歼灭桂系白崇禧集团主力四个师和粤军余汉谋大部，正乘胜挺进广西，直捣桂系的巢穴。第四野战军分派部分兵力加入川黔方面的行动。

11月1日，进军川黔的作战发起。刘伯承、邓小平在北路以第三兵团主力和第四野战军第四十七军为左集团，直出彭水、黔江地区，协同第四野战军第五十军、四十二军及湖北军区部队所组成的右集团，会歼宋希濂集团于彭水以东地区。在南路以第五兵团及第十军，实行大迂回，直入贵州，夺取贵阳、遵义，进击宜宾、纳溪、泸州，断敌逃往云南的退路。由于第二野战军主力的行动方向完全出敌意外，敌川黔防线很快被突破。第五兵团及第十军，不到十天即挺进到贵州境内，连续解放了镇远、三穗地区，直插贵阳、遵义。第三兵团主力与第四野战军部队也在宋希濂集团的两翼突破，跨越武陵山，深入到秀山、酉阳一线。国民党军在慌乱中急忙调整部署，黔境之敌拟西撤毕节、贞丰之线，阻挡解放军西进；东援的罗广文兵团和西撤的宋希濂集团拟会合在彭水、黔江地区，依托乌江，进行顽抗。

刘伯承、邓小平电令南部第五兵团和第十军加速迂回行动，在占领贵州后，休息时间不得超过3天，即应继续挺进，并强调指出："当前战役的重心，仍在隔断宋希濂四个军、罗广文三个军向云南退却，并力求在长江南岸歼灭。"他们虑及部队连日冒雨行军，艰苦跋涉于大山险峰之间，特意嘱告："望注意鼓励士气。使用现洋，保障战士的给养和健康，千万不要因小失大。每人每天的四钱油盐和一斤蔬菜绝不可少。至要至要。"同时电令北路的第三兵团主力和第四野战军部队，排除万难，加速猛进。还号召所属各部，充分运用渡江追击作战的经验，加强政治思想工作，坚决执行党的新区政策，巩固部队，团结人民，利用旧乡保人员，求得进军的顺利。

在刘伯承、邓小平的正确指挥下，各路部队克服了天候、地理和敌人破坏所造成的重重困难，勇往直前，所向披靡。有的部队甚至日夜兼程近200里。11月15日，南路第五兵团和第十军解放了贵阳、思南等地。16日，北路左集团解放了彭水，直逼乌江东岸。19日，北路右集团将西逃之敌宋希濂所部第十四兵团，一举围歼于咸丰东北地区。

贵阳的解放及第十四兵团的就歼，使敌人的所谓大西南防线陷于崩溃，白崇禧和张群两大集团被割裂。蒋介石见大事不妙，急令胡宗南加速南撤，令第一军开赴重庆"保回"，令孙震、宋希濂、罗广文等赶快收缩，以求合力突围。

战役到了关键的时刻。刘伯承运筹帷幄，牢牢掌握着战场的主动权。21日，他和邓小平再次指示部队，迅速切断胡宗南及川境诸敌退路，是当前作战的关键。令南路第五兵团除留第十七军在贵州境内进行城乡接管、肃清残敌、维护交通外，兵团主力和第三兵团第十军沿毕节、遵义一线采取连续的攻势行动，直插川南，控制叙永、赤水、宜宾、泸州一带，坚决截断敌人退向云南的后路。他们精确地估算了国民党撤退的路线和行程，判断其主力将在綦江集结后分别向泸州、叙永、盐津逃窜，并判断他们可能到达的时间为：12 月 1 日到叙永，12 月 6 日到盐津。为此，他们电令第十六军于 12 月 2 日左右赶到叙永或盐津，第十八军迅速跟进，三天后到达；第十军于 12 月 2 日赶到赤水。同时，又令北路第三兵团主力和第四十七军，强渡乌江，力争合围宋、罗两敌于南川及其以东地区。如敌后撤綦江，则应稍缓攻击动作，待第五兵团和第十军迂回到预定位置，再全力出击。

南路军先头部队，为了先敌占领川南要津泸州、宜宾，在黔北山区日夜冒雨急进，不顾泥深路滑、山崖陡峭，指战员们毅然轻装前进。最险峻处甚至要鱼贯爬行，时速只一里，有的指战员不幸坠入深渊。就这样，一路打垮了国民党军的抵抗。第十军占遵义、渡赤水；第十六军克毕节、下叙永，直逼长江，提前到达指定位置；北路第三兵团主力和第四十七军，分由龚滩、彭水等地强渡乌江，以钳形攻势向南川合击。敌人进退失据，顷刻瓦解。解放军奋勇冲击，分割穿插。激战至 28 日，将宋希濂集团和罗广文兵团 3 万余人，聚歼于南川山地，乘胜解放了綦江、涪陵、江津诸城。重庆已直接暴露在北路军矛头之下。

刘伯承决心乘势夺取重庆。当即令第三兵团主力和第四十七军，不顾疲劳，宽正面地分路挺进，控制东至木洞、西至江津百余里的长江南岸，伺机渡江。与此同时，电令第五十军从涪陵、丰都段北渡长江，向垫江推进，兜击重庆侧背。当解放军多路渡江成功，先头部队冲向重庆近郊白市驿飞机场时，蒋介石于 30 日凌晨，慌忙爬上飞机逃往成都，重庆守敌也弃城西逃。当日，国民党政府的所谓陪都重庆，回到了人民手里。

12 月 8 日，刘伯承、邓小平率野战军领导机关进驻重庆。在这里，刘伯承曾经度过保卫共和、军阀混战和最初投身革命的年代。现在，他亲率人民的雄师解放了桑梓大地，内心充满了感慨。第三天，他在重庆市工人座谈会上，发表了情感灼热的讲话，他说：作为一个解放军军人，一个政府工作者，尤其是作为一个共产党员，与人民大众，尤其是与工人同志在解放了的重庆如此见面谈心，是何等高兴啊！我又想到在大革命时代，我们就在重庆遭到“三三一”惨案。我们顺泸起义失败的老工友、老战友、老同学们被蒋介石打散了。我们分别了 22 年，而今天竟在重庆见面了，真是无穷的高兴呀！12 月 15 日，他在另一次座谈会上又说：感慨万端，不知从何说起。这次战友们在重庆会师，像嘉陵江与扬子江两江在朝天门的合流，流向大海。大海就是新民主主义。在未合流之前，被两江之间一条浮图关的山脉隔断了，就是说，国民党的统治把我们隔断了。

重庆一解放，刘伯承的眼光就盯住残敌猬集的成都。由于重庆及川东、川南广大地区的迅速解放，蒋介石不得不再次收缩兵力。他命令由重庆及其以北地区西撤之敌，在正面迟滞解放军行动；命令胡宗南、张群等部，悉数退向成都，企图向西康和云南逃窜。这时候，华南方向的广西战役取得重大胜利，白崇禧集团主力在桂粤边境被第四野战军及第二野战军第四兵团歼灭。西南境内的国民党军更加孤立和气馁。

刘伯承、邓小平坚决不给敌人以喘息的机会，决定乘势发起成都战役。12月6日，令第五兵团主力及第十军抢占乐山、青神、浦江等地，从南面兜击敌人，并强调指出："这个战役的关键在于占领乐山，完全截断敌人退往西昌、会理、云南的公路线。"又令第三兵团主力迅即攻占简阳、邛崃、大邑等地，从东、西两面向敌人推进。同时，电告贺龙、李井泉率领所部越过秦岭，兼程南下，由北面压向敌人。

在军事打击的同时，政治争取也取得了极大的成功。在中共中央、中央军委的统一领导和部署下，刘伯承、邓小平积极开展了对敌政治攻势和策反工作。11月21日，他们向西南国民党军政人员提出四项忠告，号召他们停止抵抗，投向光明，改过自新，立功赎罪，并明确规定了政策界限，对业已起义和投诚的武装，一律暂不编散，不收缴武器，指定地点集中，听候处理。这在国民党军中产生了巨大的影响。12月9日，川、康、滇国民党高级军政官员卢汉、刘文辉、邓锡侯、潘文华等，分别率部在昆明、雅安、彭县宣布起义。12月10日，国民党军第十九兵团副司令官王伯勋率部在贵州盘县起义。12月11日，第二十二兵团司令官兼第七十二军军长郭汝瑰率部在宜宾起义。这些，加速了西南国民党军的分化和瓦解。

解放军各路大军浩浩荡荡汇向成都盆地。第一野战军第十八兵团等部沿着"难于上青天"的蜀道，勇闯剑门关、朝天驿，以破竹之势直下绵阳、新都，追歼逃敌8万余，进逼成都。第二野战军第三兵团第十二军连克邛崃、大邑。胡宗南妄图作最后的挣扎，严令第二十七军、六十三军、九十军等攻占邛崃高山镇，夺路逃命。第二野战军第三兵团第十二军第三十五师顽强阻击，以寡敌众，扛住了国民党军的多批次集团冲锋，牢牢守住了高山镇，封死了敌人西逃的通道。消息传到野战军指挥部，刘伯承高兴地说："十二军已占邛崃，至此胡匪向康滇逃窜之路业已截断，势必依托成都周围作困兽之斗。"

刘伯承司令员（右）、邓小平政委（左）、张际春副政委在第二野战军指挥部

20日，刘伯承和邓小平、张际春、李达等在作战室再三研究，认为目前已将胡宗南集团压缩成一个核桃，追击战已告结束。当前的注意力应放在精心组织指挥、大胆分割穿插、逐个击破上面，要严防轻敌乱碰。对胡宗南集团，绝非一两个冲锋

所能消灭。渡江作战以来所采用的猛追、猛打、猛冲的战术，不一定能奏效。必须依敌情、地形、群众条件等的变化，及时转变战术。为此，他们致电第三、五兵团："须知敌尚有反击的力量和局部进攻的可能。我们必须十分慎重，尔后各军应就现地调整态势、掌握部队、恢复体力、调集火力、鼓励士气、瓦解敌军。特别加强对敌作精密的战术侦察，提出你们的作战意见。今后的作战方式，仍用先打弱点和集中力量割开敌人，一点一点吃的战法。千万不可进行无准备无把握的战斗……免伤部队元气，至要。"刘伯承特别指令杨勇、杜义德两人统一指挥第三、五两兵团作战，并明确指出："新津有敌 4 个军的番号，令十一军暂时停止攻击该敌，集中十、十一、十二、十六军，有准备地攻歼敌人，进行一场胜利结束的大战。"在野战军指挥部里，参谋人员不断收到前线胜利的捷报，不免个个喜形于色。刘伯承却严肃地说："越在胜利的时候越要兢兢业业，切不可粗心大意。"

12 月 21 日，董宗珩率第十六兵团在金堂地区宣布起义，这是成都敌人趋于瓦解的开始。胡宗南为稳定军心，于 22 日在新津召开了军以上指挥官紧急会议，他声嘶力竭地叫喊"要团结一致，抵抗到底"，还煞有介事地声称"本人亦抱定为党国牺牲的决心"，拼命鼓动部属顽抗到底。可是，会议的第二天，他却紧步前几天逃走的蒋介石的后尘，悄悄乘飞机溜之大吉。蒋介石、胡宗南的相继逃跑，使成都守军陷入极度混乱。24 日，胡宗南的亲信、第五兵团司令官李文，怀着绝望的心情，集中了 7 个军，由崇庆、新津地区向西南突围，被击溃。这一失败加速了敌人内部的瓦解。25 日至 27 日，敌第十五兵团司令官罗广文、第二十兵团司令官陈克非、第七兵团司令官裴昌会、第十八兵团司令官李振，相继在彭县、德阳、成都地区宣布起义。刘伯承、邓小平致电表示慰勉。李文仍然执迷不悟，组织残余兵力，向邛崃、大邑一线展开猛攻，企图夺路逃命，再次遭粉碎。26 日，参战部队指战员在"打好大陆上最后一仗"的口号声中，勇猛地向敌军冲去。激战竟日，全歼残余国民党军，生俘第五兵团司令官李文以下 5 万余人。27 日，由于敌第十八兵团在成都以东地区起义，解放军不战而下成都，成都战役遂告胜利结束，进军西南的战役也就胜利结束。

刘伯承在给第二野战军第三兵团《西南进军作战经验汇集》的题词中，集中地概括了进军西南的经验，他写道："西南进军是在毛主席的战役指导下，在全国胜利的局面上进行的。在部署上为出敌不意，突然拊其侧背，断其逃路。在行动上，则猛打猛追，使敌人无喘息余地，更来不及变动原来部署，被动应战。在政策上，尤以本军委布告的八项切实执行，收效很大。"

第二节　西南军政委员会主席

1949 年 12 月 2 日，中央人民政府委员会第四次会议，任命刘伯承为西南军政委员会主席。

12 月 31 日，毛泽东发布了《祝贺新年告前线将士和全国同胞书》，提出

1949年12月，刘伯承任西南军政委员会主席

1950年的新任务是“解放台湾、海南岛和歼灭蒋介石匪帮的最后残余，完成统一中国的事业，不让美帝国主义侵略势力在我们领土上有任何立足点”。同时提出要逐步转入和平建设，医治战争创伤，克服战后的财政经济困难，恢复工农业生产和交通事业。

1950年元旦，即成都战役结束后的第五天，刘伯承出席重庆市庆祝西南解放大会，发表入川后的第一次长篇演讲。他开宗明义地提出了建设新西南的三项任务:“第一项是，建立革命的秩序，维护治安。西南区是全国最后解放的地方，也是蒋介石匪帮盘踞得最久和他在大陆上最后覆灭的地方。因此，治安问题，更加复杂，亟待解决的社会问题也很多。”“目前首先就是对分散隐蔽继续造谣破坏的特务匪徒，和流窜在农村的土匪特务武装，必须人人一致警觉起来加以彻底肃清。对散兵游勇，必须进行登记，集中训练，妥善处理。只有这样，城市与农村的社会秩序才能安定下来，人民才能各自好好生产，经营工农商各业。这是解放后第一个要解决的关键问题，不然，生产、文化教育等一切工作无从做起，即使做了也无安全保障。”

关于第二项任务，他指出：“恢复和发展生产。这是共同纲领中的基本问题，也是使我们国家由农业国变成工业国、建立新民主主义社会的基本问题。”他解释这项任务的必要性和艰巨性说，“西南区蒋介石匪帮统治最久，经济遭受摧残最深，解放以前为蒋匪依靠作卖国内战的基地，所受兵灾也最深，临败走时该匪又有计划地进行了疯狂的破坏。恢复和发展生产，目前困难很多，而首先是如何有步骤地恢复生产的问题。我们必须切实执行毛主席的‘公私兼顾、劳资两利、城乡互助、内外交流’的四面八方政策，以达到发展生产、繁荣经济的目的。这是一切任务所围绕的中心工作”。

关于第三项任务，他说：“毛主席说过，生产建设即物质建设与文化教育即思想建设是相辅并行的两个车轮，缺一不可。同时，文化教育更主要的是为生产建设而服务，是以生产为中心来进行的。”对西南区开展文化教育工作的特殊意义，他强调指出：“重庆是蒋介石匪帮首脑机关长期盘踞的地方，曾经大规模地开办各种训练班，印发反动的报纸书籍，进行反革命的宣传，灌输封建的、买办的、法西斯主义思想，蒙蔽毒害青年知识分子和人民；同时摧残进步文化，封闭进步的学校和文化机关，屠杀进步的文化教育工作者和青年学生，使进步的思想输入困难。我们现在必须发展科学的、民族的、大众的文化，坚决肃清封建的、买办的法西斯主义思想。新的文化教育是为人民服务的。人民大众文化水平的提高，对于生产建设及其他建设，必然要起更大的推进作用。”

刘伯承鞭辟入里的演讲，博得了与会广大群众的热烈欢迎。会场里掌声不绝，欢声四起。他在川中素孚众望，这次发表的政见，表现了高度的政策水平，又完全切合西南的现状，也符合人民渴求新生活的强烈愿望。

解放后的西南情况极为复杂，建设任务极为艰巨。当时，西南区人口有7000万之多，物产资源丰富，当然是进行和平建设的有利条件。另外，西南区域辽阔，地形起伏多变，与内地交通阻塞。对外与巴基斯坦、印度、尼泊尔、不丹、缅甸、老挝、越南等国接壤，边防线达数千里之长，直接涉及外交方面的事务。这里少数民族众多，历史遗留下来的民族矛盾和民族内部纠纷，一时难以拆解。开发和治理确非易事。最严重的问题是封建势力强大，国民党反动派长期统治，荼毒人民，为害至酷。在解放军大兵压境时，一些上层人物迫于大势所趋，受到共产党政策的感召，纷纷起义投诚，减少了流血和破坏。然而，封建势力却原封不动地保存着。广大的乡村仍置于他们的控制之下。封建迷信组织如哥老会、青洪帮、大刀会等及大量匪特武装，还掌握在他们手中。国民党军被俘虏、起义、投诚的达90万之多，其中不少将领系西南封建势力的代表人物。他们中有的静观形势变化，继续招兵买马，扩充实力。蒋介石早在淮海战败后，即派遣大批特务进入西南区，与本地封建势力共同策划了“应变计划”，梦想建立“反共复国”的基地；并在川、黔等地举办“游击干部训练班”，训练了5000多名反动分子，作为其发展匪特武装、破坏人民经济恢复和建设的骨干。他们乘群众尚未发动，串联地主恶霸，勾结反动武装，裹胁落后群众，啸聚山林，打家劫舍，制造谣言，煽惑群众，挑唆起义部队叛变，阻挠解放军开展地方工作。一时间，匪患猖獗，成为危害社会治安和人民生命财产的一大祸害。

刘伯承清醒地认识到，要实现建设西南的任务，还需要努力奋斗，克服当前的许多困难，例如城乡人力、物力、财力，都大量地被敌人摧毁破坏，帝国主义者的封锁，大批城乡失业者的存在，大批的旧公务人员亟待安置，众多的散兵游勇亟待收容，特务土匪的活动亟待肃清，以及要把以前帝国主义、封建主义、官僚资本主义统治的经济结构，改变为新民主主义的经济结构，把战时的经济结构，改变为和平建设时期的经济结构等，困难都是不小的。他领导西南军政委员会，进行了艰苦细致的工作，一一克服了这些困难。

中共中央西南局于2月初召开了全体会议，研究了西南局的工作任务和西南军政委员会的组成问题。刘伯承作为西南局统战部长，提出了遴选党外人士参加军政委员会的意见。他说：“西南军政委员会对党外人士提名，亦采取德、才、资的干部政策。不过党内德、才、资是统一的，而党外人士德、才、资是有矛盾的。功过折算谓之德，有代表性是谓资。按照德、资提名，量才分工。”会议采纳了他的意见，使军政委员会组成比例和人选问题得到了顺利地解决。中共中央在得到西南局关于遴选军政委员会党外委员的方针的报告后，立即表示赞许，并批转其他地区参照执行。

1950 年 2 月 8 日，西南军政委员会宣告成立。这一天，多雾的重庆出现了罕见的晴朗天气，旭日的光芒驱散了山城上空的阴霾。西南各界代表沐浴着春晖，兴高采烈地聚集到重庆市人民路西南军政委员会的驻地。刘伯承主席，邓小平、贺龙、王维舟、熊克武、刘文辉、龙云等副主席，亲切地同委员们一一握手相见。成立仪式热烈而庄重。刘伯承作了西南军政委员会成立经过和基本任务的报告。他说：在西南工作由接收转入管理，并且建立集中统一管理的时候，军政委员会急需建立，也利于各方面的代表人物迅速安位。但由于情况了解不够，够格和适宜的人选需要酝酿讨论，所以军政委员会的建立相对延迟。关于军政委员会的基本组织原则，既能保证党的领导，又能团结各方面的人士，委员中党内外人士大约各占一半。还考虑到照顾地区，照顾党外各方面的人物：起义军人、工商界人士、文教专家、少数民族、民主党派。这个人选比例，主要依据代表性适当放宽了尺度，但又是宽而不泛。比如工人委员，暂时选不出合适的人选，便没有硬凑，因为共产党员就代表了工人阶级。鉴于部分委员因事或外出没有出席，刘伯承对军政委员会的基本任务只是重申了剿匪和征粮工作。总的任务，他说留待全体委员会议再去确定。

西南军政委员会主席、副主席合影，左起：刘文辉、龙云、熊克武、刘伯承、贺龙、王维舟、邓小平

西南军政委员会成立后，相继建立了各个机构，认真选拔了一批贤能人才，分别承担各个方面的领导管理工作。

对西南区所属的云南、贵州、西康、川北、川南、川西、川东七个省区以及下属的各级政权建设，刘伯承根据中共中央的指示和西南局的决定，采取了军队“分区包干”的办法，即将一定建制的部队，固定在一定地区，在同级党委领导下，负责城市接管和农村工作，建立党的组织，建立政权，发动群众，建立工会、农会和其他民众团体，建立军区、军分区和人民武装力量。肃清土匪，征收公粮，帮助农村春耕，恢复和发展生产。

刘伯承号召驻西南全体部队说：艰巨的任务正安排在我们面前，90 万起义、投诚、俘虏的部队急需改造，7000 万的群众尚待发动，土地改革必须在明冬后春完成。而当前的肃清匪特、巩固治安和急不待缓的征粮工作，都有待于以军队为主去参加完成。当我们战败了武装的蒋介石集团后，彻底消灭封建的战略任务已经放在我们当前的日程上了。

各部队紧紧抓住了剿匪这个当务之急，坚决执行“野战军地方化”“领导一元化”的指示，和“军事清剿、政治攻势、发动群众三结合”的剿匪方针，首先在腹心富庶地区与交通线两侧，集中兵力重点围剿肃清危害最大的匪帮。西南军区所属的川东、川西、川南、川北、西康、云南、贵州 7 个军区，采取灵活机动的战术，或对集团匪徒进行围剿、进剿，或远途奔袭，直取匪特巢穴，或对流窜匪特穷追不舍，不歼不止。至 1950 年 8 月底，西南全区共歼土匪 40 万余，有力地打击了匪特的凶狠气焰。8 月后，剿匪斗争转入大规模边沿围剿和深山进剿。以后，在西南军区司令员贺龙、政治委员邓小平的领导下，全体指战员英勇战斗，积极发动群众，依靠群众逐步完成了艰巨的剿匪任务，从而根除了大西南严重的匪患。

刘伯承出身农家，熟知西南农村的状况和农民的疾苦。旧社会剥削阶级的反动统治，灾荒频仍、兵连祸结，以致千里萧条、民不聊生。他决心以强有力的组织措施迅速恢复和发展农业生产，使广大城乡人民的生活有一个较大的改观。他在抓好城市生产的同时，抽出足够的力量逐步把工作重点放到农村。除要求所有驻军起到工作队的作用外，还抽调了许多干部，动员了大批工人、学生，到农村去开展工作。明确要求农村工作必须从基层做起，省、区以下各级领导机关在春耕期间，只留少数人员处理日常工作，大部分人员逐级下去督促、指导农业生产，并结合进行清匪治安、生产救灾、合理负担、反恶霸地主、改选旧保甲，以实际行动取得广大农民群众的信赖和拥护，然后适时地筹建农民协会，向封建地主势力夺回农村的统治权，为而后的土地改革创造条件。

经过各级党委、政府的认真领导和广大干部、农民群众的努力，西南地区农村的面貌发生了较快的变化，1950 年的春季作物获得了丰收。在 6 月中旬的中共七届三中全会上，刘伯承报告说：“在农业生产方面，一般的年景是很好的，达到了七成收成，这个现象已是很好的了。由于我们西南军政委员会把生产指示和减租减息政策一公布，又有少奇同志‘五一’干部大会关于经济问题的讲话，农民群众表现出了极大的生产热情，这在西南地区取得了很好的效果。”

对西南军政委员会的全面工作，刘伯承于 7 月 27 日在第一次全体会议上所作的《西南区的工作任务》的报告中，进行了这样的总结：“西藏还待解放。其他地区在解放后曾经猖獗一时的匪特活动，又受到致命打击，大部地区业已净化。但在边沿山地，仍然活跃，需要努力加以肃清。物价虽已稳定，但财政经济状况尚未获得基本好转。开支暂时不能减少，而公粮征收仅达 1949 年的百分之六十，故赤字浩大，目前仍赖中央补助。此种情况如不在收入方面加紧努力，很难继续下去。由于我们在经济方面的努力，调整公私商业关系已见成效，市场开始活跃，城乡内外交流开始舒畅，人民币开始下乡，成渝铁路开始兴筑，整个工商业已显现好转的境况。但公私工商业困难仍多，国营企业只有少数开工，绝大部分还在维护状态，私营工商业恢复和发展的条件，尚待继续创造。农村手工业和副业在长期反动统治压榨下，遭受到严重的破坏，亟待政府予以扶植。农民已有初步的组织和发动。他们在长期的封建反动统治、压迫、剥削之下，已陷于极端贫困的地步，迫切要求减租减息、退押和实行土地改革，并从恶霸地主统治下解放出来。城市工人失业需要妥善地加以救济和安置，社会上的广大失业群众需要在经济的恢复和发展中谋求出路，少数民族热烈地欢迎和拥护人民政府和人民解放军。”这一段总结，既说明了军政委员会短短五个月的工作成绩，也如实地反映了存在的问题和困难。表现出刘伯承仍然保持了战争年代那种实事求是、谦虚谨慎的作风，对成绩不溢美，对问题不回避。到 10 月下旬他奔赴新的工作岗位时，虽然西南区的清匪反霸、减租退押和各项经济建设都已取得基本成功，西南军政委员会的工作已初具规模，他还是谦逊地说：“西南军政委员会的工作没有达到应有的程度，我的责任是不可推卸的，补课的工作还请大家来做。”刘伯承总是用很高的标准衡量自己的工作。

第三节　统战工作的模范

在进军西南之前，刘伯承就在国民党川军中做了许多工作。1946 年 11 月滑县之战，国民党军第一〇四旅旅长杨显明、副旅长李克源被俘。这两人系川军旧人，刘伯承亲自接见，并设宴招待。交谈中刘伯承向他们询问蜀中故旧，指出蒋介石利用内战消除杂牌军的阴谋，勉励他们返回四川，为桑梓做一点有益的工作。杨李二人深感刘伯承和蔼可亲，语重心长，表示铭记刘伯承的忠告。原国民党第十五绥靖区副司令官郭勋祺被刘伯承指派回川后，积极劝说潘文华、邓锡侯等人弃恶从善，对他们发动起义起到了一定的作用。

进军西南之前，为了争取四川的国民党军起义，刘伯承在南京通过关系，找到川军第九十五军军长黄隐的侄子、黄慕颜之子黄实，要他辗转返回四川，向川军邓锡侯、黄隐以及川军故旧黄慕颜、韩伯诚等打招呼，说明共产党不念旧恶，欢迎及时弃暗投明、将功赎罪的一贯政策。并指示黄实，将在成都建立共产党、解放军交通站，告邓锡侯等部与其联系，还将直接派联系人员去黄隐部开展工作。不久，刘伯承通过情报部门派出一位干部，携带电台联络讯号和密码，经过重重险阻，间道黔江、涪陵，于 10 月间到达成都。这位干部通过黄实找到邓锡侯、黄隐、黄慕颜等人，当场传达了刘伯承、邓小平对川军故旧的问候和希望，指出第二野部队进川在即，川军不应作蒋介石的殉葬品，而应早做准备，归向革命阵营。考虑到四川的现状和邓锡侯等人还有顾虑，刘伯承、邓小平提出了三个方案供他们选择：一、解放军未到即宣布起义；二、解放军迫近时才宣布起义；三、不公开宣布起义，但负责保护好地方仓库和公共财产。这既体现了共产党人顾全大局和宽大为怀的胸襟，又体现了设身处地地为川军人士着想的实际态度。邓锡侯、黄隐等深为感动，种种疑虑为之一扫，遂决心起义。雅安刘文辉方面，刘伯承同样派人做了联络工作，沟通了电台通讯。国民党军政人员的纷纷起义和投诚，减少了解放西南的阻力。

对蒋介石嫡系胡宗南等部，刘伯承、邓小平也没有放松争取工作。在军事上坚决打击的同时，在政治上坚持做到仁至义尽，及时争取了裴昌会、陈克非、罗广文等部的起义和投降，避免了更大的破坏和损失。

四川解放后某些上层人物利用起义为政治资本，在筹建人民政权时争权争位。刘伯承依靠党组织和人民群众，同他们进行了有理、有利、有节的斗争。有人提出“川人治川”的口号，意在排斥共产党的领导。刘伯承在民主党派和工商界人士座谈会等场合，毫不留情地予以批驳，他用四川解放前军阀连年混战，人民饥寒交迫的事实，说明在反动阶级政治之下，无论刘湘、杨森、张群，还是别的什么人，都不可能治理好四川。只有在共产党的领导下，四川才能由乱到治，才有了大发展的希望。

起义、投诚部队的中下层人员，由于受到国民党特务的蛊惑、欺骗，普遍担心算旧账。特别是在诉苦运动中，部分军官惶惶不安，害怕过不了关。刘伯承亲自出面做宣传解释工作。他在一次会议上说：“我们接收了大量的旧公务人员、起义军人、投诚和俘虏人员。他们是后至者，他们要由消极因素转变为积极因素。我们要管饭，要改造，要录用，要整编。毛主席说：‘禹王治诸侯，后至者诛。这个政策是错的。’后至者诛，谁还敢回到中国大家庭一起为人民大众做好事呢？今天我们只要于人民事业有利，只要进步，只要愿意改造，为大众服务，就可以一齐来干。”这一席话，安定了原国民党军政人员的情绪，使改造和整编工作得以比较顺利地进行下去。

减租退押，遇到了西南封建地主阶级的严重抗拒。从原国民党旧军人、工商界人士和民主党派的头面人物，到农村的中小地主，大都反对共产党的这个政策，因为这直接损害到他们的经济利益。而农村工作能否真正开展，广大农民群众能否发动，完全取决于减租退押政策的能否落实。刘伯承始终坚持了共产党的原则立场，在减租退押问题上跟反对者进行了坚决的斗争。他一再强调减租退押跟清匪、反霸一样，是改造旧社会、建设新社会不可缺少的步骤。他鲜明地指出：“西南地区，特别是四川，土地甚为集中。军阀官僚、土豪劣绅等封建势力，用巧取豪夺的方式集中土地的过程，也就是农民破产失业的过程。农民迫切地要求土地，并从地主恶霸的统治之下解放出来。但是由于西南解放较晚，封建势力特别强大，群众尚未普遍发动与组织起来，实行土地改革的条件尚未成熟。故在今冬明春期间，应以清匪、反霸，减租、退押为中心。这个步骤不但可以初步解除农民的痛苦，为恢复与发展工、农、商业创造初步的条件，而且也是为明冬后春开始的土地改革运动打下坚实的基础。”在西南军政委员会第一次全体会议上，有些党外人士对减租退押采取抵制态度。他们有的强调西南地区民穷财竭，地主实际不富，租、押一时难以减退；有的声称会引起诸多纠纷，不要自找麻烦；有的说押金已按年扣租，不该退还；有的借口土改将行，何必多此一举。更有的甚至重弹地主养活农民的老调。一时间议论纷起，人心不定。这股歪风在党内也产生了影响，个别党员干部表现了动摇，乃至站到地主阶级立场上说话。在西南局的领导下，刘伯承坚决执行共产党的政策，团结认识较好的党外人士，严厉批判了反对减租退押的谬论。他针对封建地主代表人物的错误言论，斩钉截铁地说：“减租减息作为土地改革的准备条件，这是共同纲领明文规定了的，也是全国政治协商会议决议了的，西南人民必须为此而努力奋斗……减租本身就是一场严重的阶级斗争。如果不打垮封建地主阶级的统治，如果不充分发动农民群众，如果不保障农民的佃权；其结果必然是明减暗不减，或先加后减等现象的普遍发生。同时恶霸地主和特务分子必然千方百计地造谣破坏，制造混乱，乃至组织所谓‘游击战争’，以达到破坏减租的目的。”刘伯承大义凛然的态度，震慑了某些上层人物反对减租退押的嚣张气焰，博得了军政委员会大多数成员的热烈赞同。

刘伯承又在小组讨论会上和个别交谈中做积极的说服教育工作，规劝持错误观点的人抛开一己的私利，而着眼于国家、民族的兴旺。他亲自说服弟弟刘叔禹带头减租退押。党外人士反映共产党不是盛气凌人，而是以理服人；既坚持了原则，又避免了刺激。熊克武率先表示原来认识有偏差，共产党确实是为人民大众谋利益的。民主人士胡子昂、旧军人但懋辛关于拥护减租退押的发言，起到了良好的作用。他就及时予以鼓励，调动了进步人士的积极性。

8 月 8 日，他在上报中共中央的《关于西南局统战经验的报告》中说：“由于地主阶级在军政委员会会议上的攻击，可以看出封建地主虽然遭受了打击，但势力仍然强大。而这次会议有组织地进行反攻，因此使我们坚定了两个坚决：一是坚决退押，二是坚决团结一切可以团结的人们，以孤立地主阶级。因不如此，不能发动农民打垮封建，巩固人民民主专政。”这些话，表现了他掌握党的政策的原则性和灵活性。中共中央充分肯定了这个经验，特将这个报告批转各大区参考。

团结、教育民主党派，是党的统战工作的一项重要内容。对此，刘伯承采取了积极慎重的方针。西南区民主党派，在反蒋反美的民主运动中，曾起过积极的作用。但到了解放前夕，由于国民党反动派的打击、渗透和利用，成都、重庆等地的民主党派变得组织涣散，成分复杂，内部矛盾，意见分歧。解放后，某些民主党派的领导人拉队伍、搞武装，擅自接收反动报社和敌特财产，以扩展自己的势力。刘伯承根据中共中央统战工作的方针和部署，有计划、有步骤地抓了整理、人事和工商方面的工作。整理工作，又区分了四类情况：一是对机构健全、成分大体整齐的党派，帮助他们学习共同纲领等文件，着重于提高思想认识。二是对机构建立虽久，但其中成分较复杂，领导思想不纯的，进行组织整理。在尊重其独立性的基础上，帮助其调整领导班子，开展批评与自我批评，加强其自身的团结。三是对刚建立机构的，则进行登记审查，先集中学习，着重共同纲领及民主党派性质任务的教育。四是对尚未健全机构的党派，帮助他们做调查了解，发现和物色领导骨干，逐步建立起较完善的机构。经过这样既具体指导又不包办代替、既坚持团结又不放松必要的斗争的整理工作，西南区各民主党派都得到了健康发展。

人事工作的重心是配合有关部门安置民主党派人士。除在西南军政委员会安排相关人士当委员外，各委、部以及省、区及行署以上单位，也量才录用了一批民主党派负责干部和工作人员。这使民主党派十分满意，对团结各方面的力量，搞好各级政权建设，起到了促进作用。

但是，在部分人员中出现了两种不良的倾向。一些党员存在关门主义偏向，错误地认为“烈士血迹未干，他们又骑到我们头上了”。有的甚至居功骄傲，不服从党外人士的领导。刘伯承对此进行了有力的批评。他教育大家说：“做好民主人士的工作，可以争取一大片人。作为一个党员干部，应该是统战工作的模范。”

也有一些担任政府职务的民主人士，自高自大，脱离群众，官僚作风，轻视共产党的干部。针对这些情况，刘伯承利用会议和个别谈话，进行了适当的批评教育，指出人民政府与旧官僚衙门的根本区别，人民政府工作人员是人民的勤务员，而不是骑在人民头上的老爷。教育、启发上述人士注意思想改造和作风转变。他的这些工作，促进了人民政权中党内外人士的民主合作。

解放初期，西南工商界曾一度对共产党的经济政策持疑虑、观望态度，有资金不愿大胆投用，反而要求政府救济。更有的向政府要求订货、贷款、收购产品、供给原料，限制工人提出工资要求，并一再声称：“贤明政府，定能办到”，言外之意如办不到，便不是贤明政府。刘伯承和邓小平亲自参加工商界人士座谈会，诚恳说明共产党对民族资产阶级团结、利用、改造的方针，说明了工商界只有接受人民政府的领导，为新中国建设事业服务，才有出路。刘伯承说：“公私兼顾，并不是偏顾，尤不可顾私不顾公。劳资两利并不是单利，而是劳资两面都利。城乡互助，而不是矛盾，必须使城市、农村生产内外交流，而不是梗阻。”

对少数民族工作，刘伯承也给予了极大的关注。1950 年春，冕宁解放后，刘伯承即指示驻军到大凉山彝族居住区查找当年帮助过红军的沽基小叶丹等人。小叶丹的妻子从山洞里取出珍藏的“中国彝民红军沽基支队”的红旗，并向亲人解放军含泪诉说了 1935 年红军离开后的悲惨情景。由于彝族沽基家帮助红军顺利通过了冕宁地区，国民党军队即对彝民进行了残酷的报复，叫嚣：“非把沽基家杀尽不收兵！”彝民财产被抢掠，男女老幼被驱赶到深山野林。在那艰苦的岁月里，小叶丹总是教导他的儿子和家人：“不要紧，刘伯承会回来的！”后来，小叶丹被国民党反动派残杀了。但是，小叶丹的后代和同胞并没有屈服，他们始终珍藏着当年刘伯承送给彝族沽基家的红旗——“中国彝民红军沽基支队”队旗，当作激励革命信念的强大动力。在记者为报道沽基家情况而访问刘伯承时，他亲自讲述了15年前这一段动人的故事，指示部队应该继承红军的光荣传统，大力做好民族团结工作，为加强西南边防创造良好的条件。

解放西藏，是西南军政委员会面临的一个艰巨而棘手的任务。西藏内部由于生产力极其低下，生产关系极其落后，仍然处在农奴社会，并保存有奴隶社会的残余。藏族人民在内外反动势力的统治、压榨下，境遇非常悲惨、贫困。

1950年2月，为了迅速粉碎内外反动势力分裂中国神圣领土西藏的阴谋，刘伯承、贺龙、邓小平联名颁发了《进军西藏政治动员令》。动员令说："我们必须将革命进行到底……完成统一中国的事业，不让美帝国主义侵略势力在我们的领土上有任何立足点。我们的光荣任务是进军解放西藏，把五星红旗和八一军旗插到喜马拉雅山和雅鲁藏布江，解放和建设巩固祖国的边疆。"这个动员令，还对进军西藏的伟大政治意义、亲密团结康藏人民、必须树立长期战斗的思想等问题，进行了明确而详尽的说明。这个动员令，给了进军西藏的全体指战员以巨大的鼓舞。

随后，刘伯承协同邓小平、贺龙等加紧部署了进藏的各项准备工作。组织部队对西藏情况进行调查研究，收集整理现有资料，派出先遣支队分赴甘孜、巴塘等地调查了解，为进军西藏开辟道路。为了保障进藏部队的后勤需要，还调集了一批工兵和步兵部队，抢修雅安到甘孜段公路，为进军西藏准备了交通条件。

5月14日，刘伯承专电西藏班禅堪布会议，规勉其"当本西藏人民大团结之精神，一致协力，以求达成解放西藏之目的"。

6月，西南军政委员会为了争取西藏上层集团，发布了对藏的四项政策，既严肃阐明了西藏属于中华人民共和国的神圣领土，不容任何人分裂的原则立场，又表示了承认西藏权力结构的现状，以西藏地方政府为谈判对象的灵活态度。对西藏上层统治集团起到了一定的团结争取作用。西康甘孜白利寺活佛格达，当年红军路过甘孜时，曾给予积极的支援，这次又热情地投入和平解放康藏的活动，主动向刘伯承表示竭诚拥护中央政府和西南军政委员会，被遴选为西南军政委员会委员和康定军管会副主任，在康藏上层统治集团中产生了较大影响。西藏地区的反动派对他恨之入骨，竟下毒手残害了他。刘伯承坚决支持格达活佛的正义行动，对特务们的无耻行径表示了极大的愤慨和藐视，他亲自为格达活佛写了一副挽联："具无畏精神，功烈永垂民族史；增几多悲愤，追思应续国殇篇。"表达了他对少数民族上层进步分子的肯定，推动了对少数民族上层集团的争取团结工作。

西藏地方政府，在英帝国主义的支持下，积极在藏东昌都地区部署军事行动，妄图阻止解放军进军西藏。在中共中央的统一部署下，刘伯承、邓小平、贺龙于1950年10月间，发动了昌都战役。经过进藏部队神速而勇猛的进攻，藏军6个代本（相当于小团）全部和3个代本大部被歼，1个代本起义。昌都总督阿沛·阿旺晋美站到了人民方面来。上述工作和作战为西藏的和平解放奠定了基础。

第十九章　治军必先治校

第一节　“还是让我去办学校吧”

1950年10月27日，刘伯承乘飞机离开他熟悉的山城重庆，前往北京，去担负筹建陆军大学的新工作。飞机越过大巴山，江汉平原尽收眼底。俯瞰着脚下的锦绣河山，他不由得想到了新中国建设的灿烂前景，想到了军事教育事业即将出现的繁荣春天。这次工作岗位的转换，是时代的需要，是党和人民的召唤，也是自己心甘情愿的要求。随着思绪的滚动，他感到了一种从未有过的振奋。

6月间，他得知中央军委开会决定，在战争年代创办的各类学校的基础上，改建适应现代战争条件的正规学校。各军兵种要新建自己的各级专业技术学校，全军首先创办一所教育训练中、高级干部的陆军大学。他心中立即萌动起投身院校教育的念头。他清楚地知道，全国解放之后，随着全党工作重心由农村转向城市，由主要领导革命战争转向领导大规模经济建设，人民解放军的建设也进入了一个崭新的发展阶段。革命战争年代，军队主要是为了夺取政权而战斗；而今后，将主要是担负保卫和巩固人民民主专政的职责。这就给军队提出了进行正规化、现代化建设的新课题。过去由于客观环境、条件的限制，使军队建设一直处于比较低级的阶段，即兵种单一，装备落后，编制、制度非正规化，作战指挥不集中、不统一及带游击性等。这些在过去处于敌强己弱、长期忙于应付战争的情况下是必然的、不可避免的，新中国成立以后，客观条件发生了很大变化，有了全国统一的政权，掌握了城市工业和全国资源，有了强大而可靠的经济基础。在这种情况下，就要求军队进到建军的高级阶段，即建设诸军兵种合成军队和掌握现代军事科学技术的阶段。这是人民解放军面临的又一次伟大转变。为了适应这个转变，创办、扩建以陆军大学为首的一批军事院校，自然就是顺理成章的事了。刘伯承正是有鉴于此而主动请求来办军校的。

就个人而言，刘伯承一贯主张“建军必建校”“治军必先治校”。从泸顺起义举办军事政治学校，到中央革命根据地主持红军学校，以及领导红四方面军、红二方面军红军大学，再到担任抗日军政大学副校长，直至兼任中原军区、第二野战军军政大学校长和政委，他不但为人民军队的发展壮大，培养造就了一批又一批的骨干力量，而且积累了丰富的教学经验和管理经验，也逐步激发了对军事教育事业的热爱。

刘伯承想去办学校，还有另外一个方面的考虑——

当时，有人向他透露，中共中央准备调他进京，出任中国人民解放军总参谋长一职。

他听了之后，幽默而风趣地说："我年纪大了，跑不动了，还当啥子总参谋长。总参谋长我已经当过四次了，总没有当好嘛！这次就不要再去当啰。我还是去办学校，搞教育，当教书先生吧！"

这一件事，中共中央曾经非正式地征求过他的意见。他明白，这是中共中央领导人对他的关怀，他们总想着要为他安排一个合适的职位。但实事求是地考虑，自己年事已高，身体又不好。总参谋长这个第一线上的重要职务，最好让年富力强的人去担任，自己应该另谋所向，做一些力所能及的工作。他认为：潜心钻研学术，办学校培养干部，这对自己来说倒是最合适的。于是，他提笔给中共中央写了一封信，请求辞去中共中央西南局第二书记、西南军政委员会主席的职务，去参与筹建陆大。在信中，他恳切地写道：

"要建设一支现代化的军队，最难的是干部的培养，而培养干部最难的又是高级干部的培养。我愿意辞去在西南担任的一切行政长官的职务，去办一所军事学校。战争已经结束了，我年龄这么大了，还是让我去办学校吧！"

中共中央很快批准了刘伯承的要求，决定委派这位身经百战、德高望重的著名军事家去办学校、搞教育，把他那丰富的作战、建军经验传授给全军中、高级干部，从教育与训练上更好地完成人民解放军向正规化、现代化建设的转变。毛泽东和朱德给他写了亲笔信，让他把西南的行政工作移交给邓小平、贺龙负责，尽快到北京领导筹建陆大。

这，既是刘伯承的心愿，也是中共中央经过慎重考虑后作出的重要决定。归根结底，则是历史的抉择，是历史把创建正规化现代化高级指挥学府的使命，放在了刘伯承的肩上。

中共中央对给刘伯承递交信件这件事也很重视，特地委托代理总参谋长聂荣臻办理。聂荣臻决定派遣华北军政大学副教育长陶汉章专程前往重庆送信。他对陶汉章说："你在红二方面军时就认识刘伯承同志，所以送信的差使让你去。"陶汉章到达重庆，在北碚见到了刘伯承，递上毛泽东、朱德的亲笔信。

刘伯承看完了信，摘下眼镜，一边擦一边高兴地说："古语说得好，'君命召，不俟驾而行'啊！请你转告聂老总，就说我愉快地接受了这个任务。我把这里的工作给小平同志和贺老总交代一下就走，不日即到京复命。"

几天后，当陶汉章向刘伯承辞行时，刘伯承再次请他向聂荣臻转述自己坚决服从调动，愿意去办学校的愉快心情。还托他捎回一些四川榨菜、豆瓣酱之类的土特产食品，说："朱老总、聂老总都是四川佬，这些东西又便宜又好吃，他们一定喜欢。"

在刘伯承待命的这段时间里，陆大的筹建工作在中央军委的直接领导下，已经展开了。中央军委向全国各大军区（也称战略区）抽调领导干部，组建了陆大筹委会，并派人到东北等地勘察地形，选择建校地址，准备动工兴建陆大校舍。

这一年，朝鲜战争的形势日益紧张起来。6 月 25 日，朝鲜内战爆发。美帝国主义随后宣布武装援助南朝鲜，同时派遣海军进入台湾海峡，侵占中国的领土台湾。9 月 15 日，美国侵略军在仁川登陆，大举向北朝鲜进犯，并把战火烧到了中国东北边境。为了支援朝鲜人民的抗美战争，保家卫国，10 月 19 日，中国人民志愿军雄赳赳、气昂昂，跨过鸭绿江，开赴抗美援朝战争的前线。前线需要大批干部，而大批干部又需要加速培养，需要系统的教育与训练。形势逼人，创办陆大已经刻不容缓。

就在志愿军入朝作战的第四天，毛泽东给刘伯承发了一个急电："伯承同志，此间恩来、总司令、荣桓、荣臻和我，希望你速来京主持筹建陆大，你意如何？"

他接到这封电报，在重庆再也坐不住了。他把西南的繁忙公务迅速交代完毕，便登上了飞往北京的客机。

飞机一路穿云破雾，把万水千山一股脑儿地抛在身后。几个小时后，太行山脉和燕山山脉相继闯入眼帘，逶迤奔腾在峰峦之间的长城，显现出一派非凡的气势。刚刚见到紫禁城里金碧辉煌的建筑群，飞机的机身已缓缓地降落在北京西郊机场的跑道上了。刘伯承步出机舱，见朱德正向他挥手。他急步跨下舷梯，与朱德的手紧紧地握到了一起。

第二节　中南海的灯光

刘伯承一到北京，便领导陆大筹委会加紧筹建工作。

首先是确定陆大的校址。以前，中央军委曾考虑把校址建在东北。后来因为抗美援朝战争爆发，又决定把校址建在北京或其他省市，具体地点授权刘伯承决定。

11 月，北京已是北风呼啸的初冬季节。一天上午，刘伯承和军训部长萧克等人，乘车出阜成门，直奔石景山地区。不一会儿，朱德也来了。他们会合在一起，从石景山向北到八大处，再向西到永定河沿岸，最后向东折回到八里庄忠烈祠，周行 70 余里。他们不顾风沙扑面、寒气袭人，几次登上山冈，兴致勃勃地察看这一带的地形、水源，选择营建陆大的合适地点。但是，由于当时这一带供水供电困难，只好放弃。

第二天一早，刘伯承又乘车出西南门，来到圆明园勘察。圆明园位于京郊西北，以西与颐和园、玉泉山遥遥相对。这个曾盛极一时的清朝皇家园林，1860 年遭到了英法联军的焚毁，至今只剩下一片废墟。然而，它占地广阔，环境幽静，地理位置十分优越，确实是办学校的理想场所。但是，他考虑到圆明园遗址是帝国主义列强侵华的历史见证，对于教育后代，激发人们的爱国主义精神具有重要的意义，军队不应该占用。于是又把在这里建校的想法放弃了。

经过两次勘察校址，刘伯承考虑到，国家财政经济状况还没有根本好转，抗美援朝战争正在进行，百废待举，百业待兴，财力、物力都很紧张。要兴建这样一个大型的军事学校要花很多的钱，更需要一定的时间。为了早日开学，培养懂得现代战争的干部以支援朝鲜前线，也为了减轻人民的负担，他建议：陆大的校舍暂时不动工兴建，先找一个可以办学的地方把学校办起来再说。他的意见得到筹委会的赞同。

刘伯承把目标投向了华东军区军政大学。华东军大设在南京城的东南隅，原国民党中央军事政治学校和国防部的院内。占地约 3 平方公里，房屋面积达 47 万平方米，各类设施也较齐全。早在 1949 年 5 月，刘伯承主政南京的时候，就曾经去过那里，详细查看过那里的房屋、设施情况，并向中共中央专门作过汇报。那时，他就考虑过将来在那里办学校培养干部的问题。所以，他现在毅然决定向中共中央提出报告，建议把陆大暂时设在南京。

中共中央始终关注着陆大的筹建工作。在筹备期间，政务院总理、中央军委副主席周恩来三次会见了刘伯承和陆大筹委会的成员，传达了毛泽东对办好陆大的指示，提出了陆大临时党委的组成方案、干部配备和组织机构等问题，研究确定了教学方针和教学内容，对如何办好这个学校作了重要指示。

第一次是在 11 月初，周恩来特意把刘伯承等人请到中南海。

刘伯承与周恩来久已相熟，从南昌起义到中央苏区第四次反“围剿”，他曾与周恩来共事，襄助戎机、擘画军事，两人相得益彰，也由此建立了深厚的革命情谊。刘伯承对周恩来一向十分敬佩。周恩来对刘伯承也很尊重，常对人称赞他博学强记，通晓古今，总是亲切地称他“刘老”，喜欢和他交谈，倾听他的见解。

当刘伯承等人来到中南海西花厅总理办公室的时候，周恩来刚刚起床，还没有吃早饭。他和大家一一握手问候，并亲切地对刘伯承说：“刘老，你来了。我起晚了。”

刘伯承知道，周恩来日理万机，经常通宵达旦地工作，常常不能按时睡觉。他深情地说：“总理，你多睡一会儿吧。我们昨天是睡久了。听说你每天要工作到早晨三四点钟才休息，太劳累了！”

周恩来说：“不要紧，我习惯了。”

一会儿，工作人员端来了早餐，周恩来跟大家打个招呼便开始用餐。趁此机会，客人们环顾了主人的住所：这里是会客室兼着办公室。房间陈旧，设备简陋。靠墙排满了书柜，三张方桌接成一个长会议桌。最显眼的是那张又宽又长的写字台，上面放满了摞得很高的文件和书籍。再看主人的早餐：三块烤馒头片、一碟咸菜、一杯牛奶和一个煎鸡蛋。看着这一切，刘伯承和同来的人都很感慨：住进北京城中南海的周恩来，仍然保持着战争年代那种艰苦朴素的作风。

周恩来用完早餐，谈话开始了。

“总理，我接到毛主席的电报就来了。”刘伯承微笑着向周恩来报到。

“你这个人组织性纪律性是非常强的，只要中央有命令，你马上就会来。”周恩来用非常满意的口气回答。

“我来是来了，就是怕搞不好。”刘伯承谦逊地说。

“你搞得好，搞得好的。你有几个特长：有学问，有搞教育的经验，又非常严格，严师出高徒嘛！”周恩来笑着鼓励他。

“总理，可不能那么讲，我是能做一点就做一点。我能力实在不足，过去搞红大，那个好搞，两三个月就过去了。现在搞现代化，我也是没有经验的。你看能不能给我找几个好助手？”刘伯承向周恩来诚恳地表达自己的心情和要求。

周恩来代表中共中央提出了陆大临时党委的组成方案，并和刘伯承一起，详细研究了陆大的组织机构和一些领导干部的人选问题。

几天以后，周恩来第二次会见了刘伯承等人，传达了毛泽东关于办好陆大的指示。基本精神是，陆大的方针仍然是延安抗大总校的方针，要在人民解放军建军传统的基础上，认真学习外国军队的先进经验。周恩来还告诉他们，为了办好陆大，毛主席已经聘请了一批苏联顾问来帮助工作。

一提到顾问问题，刘伯承很自然地想起当年与共产国际派来的军事顾问李德的交往。李德那种独断专行、飞扬跋扈的霸道作风，曾给中国革命造成巨大损失，也在他的心中刻下了一道深深的伤痕。

以往的教训，记忆犹新。他向周恩来建议：“总理，我考虑了很长时间，叫顾问不如叫专家好。顾问，顾问，就是要‘顾’我们的‘问’。叫专家就超脱了。你当你的专家，我们干我们的工作。我请你，你就讲；我不请你，你就不要‘顾问’我嘛！”

周恩来还和刘伯承等人研究了筹建工作的一些具体事宜：一是校名问题。鉴于将来要开办海、空军科，刘伯承建议将陆大更名为军事学院。二是校址问题。为了早日开学，减少国家的财政支出，刘伯承提出把校址暂时设在南京华东军大所在地。以后有条件营建新校舍再行搬迁。三是干部问题。当时朝鲜前线急需干部，新建立的各军兵种及其领导机关需要干部，地方上各条战线也需要军队干部去支援，使军队的干部不够用的问题显得很突出。所以，从全军调干部很困难。刘伯承请求以华东军大和华北军大的一部分干部为基础，依托华东军区组织起军事学院的各级机构。这些意见，周恩来完全赞同。

当谈话结束，刘伯承等人起身准备离开的时候，周恩来再次亲切地问道：“刘老，你看还有什么事情吧？”

刘伯承用试探的口气说：“总理，我想，校址既然设在南京，能不能让陈老总来兼政委呢？”

“我明白你的意思，陈毅是华东军区司令员，你让他兼政委，找他要人、要钱、要房子就好说了，是这个意思吧？”周恩来坦率地点穿了刘伯承的心思。

“是啊！我是有这个意思。”刘伯承一面回答，一面有点不好意思地笑了。周围的人也哈哈大笑起来。

第三次会见是在一个晚上。周恩来围绕如何办好军事学院问题，和刘伯承等人作了三个多小时的长谈。

他们首先研究了教学方针和教学内容。在大体确定军事、政治、文化各课的课程后，周恩来特别强调要搞好文化教学，指出军队的干部文化低，这是历史造成的。只有学好文化科学知识，才能掌握现代军事科学技术。接着，又研究了教员问题。刘伯承提出，选调教员非常困难。现在有一批起义、投诚和解放过来的原国民党军官，他们当中有的人有较高的文化水平和军事学术素养。周恩来表示，可以让这些人当教员，团结教育他们为新中国的国防建设事业服务。以后，再从每期毕业学员中选留一些人员任教，逐步改变这种状况。是后，周恩来勉励刘伯承说，搞现代化军队建设，许多东西我们都没有经验。虽然刘老是个老教育家，搞了很久了；但搞现代化的军事学院，也还要不断地学习外国的先进经验，学习现代军事科学，研究现代战争的特点，把丰富的作战、建军经验加以总结提高，传授给全军中、高级干部。

谈话结束了。周恩来将刘伯承等人送出西花厅，一一握手告别。

这时，夜已经很深了。中南海显得格外宁静、安谧。但是，这里，那里，一座座庭院仍然放射出明亮的灯光。中共中央的领袖们还在埋头筹划着治党治国治军的方略。

刘伯承等人沿着中南海湖畔的砖石甬道向大门口走去，瑟瑟寒风吹在他们身上，他们却感到心里是热乎乎的。

第三节　创建军事学院的意见书

根据周恩来三次谈话的精神，刘伯承和筹委会的同事们一起研究起草了《关于创建军事学院的意见书》。

11 月 13 日晚，刘伯承带着这个意见书，又一次来到中南海总理办公室，向周恩来和有关部门的负责人聂荣臻、萧克等作详细汇报。

汇报会由周恩来主持。他读一条让大家讨论一条，遇到有修改补充的地方，随手记下来。

刘伯承起草的《关于创办军事学院的意见书》，除校名和校址按他原先的建议，定名为中国人民解放军军事学院，暂设南京外，主要内容是关于组织机构和训练方针。

关于组织机构。学员与班次：共设陆军本科、陆军速成科、空军速成科、海军速成科、情报参谋训练班、俄文训练班 6 个学习单位，及一个陆军函授科的业务机构。陆军本科定额 370 名，收团、营级及部分优秀的连级干部，有初中文化水平，年龄在 30 岁左右者。陆军速成科定额 500 名，收军、师、团及个别兵团级干部，具有高小文化水平者。情报参谋训练班，由总参情报部选送学员 50 名。俄文训练班，由中央军委俄文编译局负责选调 50 名相当于大学文化程度、有俄文基础的人员再予提高，并授以军事知识，以解决军事翻译及俄文教员的缺额。函授科定额 150 名，收在职团级至兵团级干部，有自学能力者。学制，陆军本科两年，陆军速成科、情报参谋训练班、俄文训练班均为一年，陆军函授科一年半。海、空军速成科暂缓成立。

领导机构：全院设训练部、政治部、院务部和干部管理处。并设立战史、战役战术、司令部工作、后方勤务、通信联系、政治经济、文化外语等15个教学组织，以及学术研究室和翻译室。

所需干部：除已决定调作学院领导干部的促其到职外，拟再由全国各大军区调25名军、师级及个别团级，有相当文化程度及实战经验，有培养前途的军政干部来院培养，作各教学组织和各学员科的领导。学院各级行政领导干部及工作人员，由华东军大和华北军大选调。

关于训练方针，确定为：在人民解放军现有素质及军事思想的基础上，熟习与指挥现代各技术兵种，并且组织其协同动作。同时熟习参谋勤务与通信联络，以准备与美帝为首的侵略集团作战。

《关于创办军事学院的意见书》由周恩来主持修改后，上报中共中央。3天后，毛泽东亲自批准了这个报告。此后，开始了筹建工作的新阶段。如果说，以前的工作主要是研究起草军事学院的创办计划，那么，以后的工作则是把这个创办计划付诸实施，把蓝图变成现实。

11月21日夜晚，刘伯承乘火车赶赴南京，投入紧张的建校和教学准备工作。

第二天上午，刘伯承便开始办公。首先根据周恩来的指示，成立中国共产党军事学院临时委员会。临时党委由刘伯承、陈士榘、陈伯钧、钟期光、刘忠5名委员和两名候补委员组成。接着，召开第一次会议。当时，除刘忠之外，其他委员都已到职。但说来也巧，正当会议进行时，原任西康军区司令员的刘忠千里迢迢赶来报到了。

刘忠原是第一二九师和第二野战军的干部，见到刘伯承倍觉亲切。他一面向刘伯承立正、敬礼，一面气喘吁吁地说："刘司令员，我……我来晚了。"

刘伯承从座位上站起来，快步走到刘忠跟前，紧紧握住他的手，风趣诙谐地说："刘忠同志，你来得不晚，来得正好。你看，就差你这一脚（角）了嘛！"

11月30日，中央军委正式任命刘伯承为中国人民解放军军事学院院长。同时，任命陈士榘为训练部长，陈伯钧、陶汉章为副部长，钟期光为政治部主任兼干部管理处主任，刘忠为院务部部长。

这个领导班子是中央军委从全国各大军区抽调干部组成的。其中，陈士榘、钟期光来自华东军区，陈伯钧来自中南军区，刘忠来自西南军区，陶汉章来自华北军区。这些人，除陈士榘1952年调军委工程兵部工作外，其他的都跟随刘伯承在军事学院度过了八个春秋。他们在以刘伯承为书记的学院党委的领导下，团结一致，努力工作，为军事学院的创立与壮大，为全军教育与训练事业的不断发展，付出了艰苦的劳动，做出了积极的贡献。

领导班子组成之后，刘伯承连续主持召开了院务工作会议、团以上干部会议和教学工作人员大会，号召全院同志"组织起来""行动起来"，把"组织起来"

作为军事学院开宗明义的“第一乐章”。

从 11 月下旬开始，奉中央军委命令，由全国各大军区调给军事学院担任领导工作的干部陆续报到了。但是，原定调的 25 名，只到了 11 名。其他大部分因种种原因没有到任。刘伯承只好先以这 11 名干部充任各教学组织和各学员科的领导，然后把从华东军大、华北军大调来的干部分配到机关各科室、各基层分队工作。另外，又把新入伍的 1000 多名青年学生编成一个教导团，下设步兵、炮兵、工兵、装甲兵和通信兵 5 个营，专供演习使用。就这样，初步建立起了军事学院的组织机构。

在选拔和使用干部上，刘伯承坚决服从中央军委的决定和总政、总干的安排，坚持五湖四海、任人唯贤的原则。他说：“我办军事学院，是把华东军大和华北军大‘两块银’镶嵌在一起了。”

从 12 月开始，学员们陆续从全国各地前来军事学院报到。根据报到学员们的实际情况，刘伯承重新调整了各个学员科的组成和学制。把原来的情报参谋训练班改为情报科，学制两年。把原来的陆军本科、陆军速成科分为 3 个科：一个训练团及部分优秀的营级干部，学制两年；一个训练师、团级干部，学制一年；一个训练师以上高级干部，学制也是一年。

对于各个学员科和教学组织的名称，刘伯承字斟句酌，反复推敲。训练师以上高级干部的学员科，有人提议叫“将官班”，他认为这个名称不好。国民党陆军大学就曾经设有“将官班”，那是蒋介石为了分化瓦解国民党内部的各个派系，收买拉拢各派将领而设立的，根本不是传授军事学术的组织，而且早已声名狼藉。经过反复思考，他决定将它定名为高级速成科。训练师、团级干部的定名为上级速成科，训练团级及部分优秀营级干部的定名为基本科。

对于教学组织的名称，刘伯承也翻书查典，很动了一番脑筋。他查阅了俄汉辞典、露和辞典和原版俄文辞典等好几种工具书。最后，看到露和辞典上有一个词：“Кафелра”，俄文原意是讲坛的意思，是教授们进行学术交流的场所。他非常欣赏这个词。他认为，作为给学员传授知识的教学组织，应该是一个有充分学术民主和学术研究空气的宽松和谐的组织，不应该把它搞成一级行政组织机构。于是，他根据露和辞典这个词，把军事学院的教学组织定名为“教授会”。他解释说：“教授会，教授会，顾名思义，是‘教之以理，授之有术’，是教授们开会的组织。”

对于报到的学员，刘伯承按照中央军委规定的入学条件进行了严格的复查，将“少数师团干部，因身体残疾不能坚持学习者，及一部分营级干部，军事基础太浅，无实战经验，非优秀干部，确无造就前途者”，一概退回。但是，由于当时干部的文化程度普遍很低，对学员文化程度的审查则不得不适当放宽尺度，只要求有高小甚至初小文化水平就可以了。

报到学员共 900 多名。经过复查，不符合入学条件，退回或转送其他学校的有 140 多名，军事学院只招收了 758 名学员。刘伯承说，这样做的目的，是把好钢用在刀刃上。选拔一个合格的学员入学，就要出一个合格的产品交给国家。

12 月 15 日，刘伯承颁布了军事学院训练工作大纲。大纲规定："中国人民解放军军事学院的目的，在于训练和培养高级和上级指挥员及参谋干部。在实施训练之后，以能培养完全忠实于共产党领导下的中央人民政府与中国人民事业，且善于组织与指挥现代化团、师及诸兵种合成部队，在战场上进行诸兵种协同动作的指挥员。"大纲还规定了基本科、上级速成科、高级速成科、情报科的训练内容和训练方法，规定了军事、政治、文化教育的时间比例。军事训练占 70%，政治教育占 12%，文化教育占 18%。

不久，刘伯承又颁布了政治工作大纲。大纲规定："学院政治工作要掌握在我军现有基础上去建设现代国防的指导思想。掌握联合兵种的作战本领，必须是和总结我们过去的作战经验相结合。应当强调学习新东西，但不能脱离我们中国革命战争的实际情况。"大纲还指出："一方面应当说明我们现在迫切需要迅速掌握现代化的军事科学；又一方面又应根据学员实际情况，协助改进教学方法，巩固与提高学习信心与学习情绪。同时，反对骄傲自满、懒惰松懈，闹个人主义以及无组织无纪律等现象。"这两个大纲，体现了中央军委关于创办军事学院的方针，明确了军事学院训练工作和政治工作的基本方向和任务。

工作起来，刘伯承仍是战争年代那种雷厉风行的作风。尽管组织机构尚未健全，但他已着手进行各项具体的教学准备。他主持召开了军事学院第一次训练准备会，很快拟订出基本、上级速成、高级速成和情报四个科第一学期的教学计划；确定了这四个科军事基本课目的教授方法和野外作业实施方法；并组织了对一些重要课程的集体备课和试教工作。

这一年的最后一天，刘伯承向全体教员、学员和机关工作人员，作了题为《学习任务与学习任务的保障》的动员报告。他说："全国人民在今天抗美援朝、保家卫国、反对帝国主义的怒潮中，筹建了我们的军事学院。也就是说，我们中国人民解放军军事学院是在国家被侵略的斗争状态之下筹建起来的。这是有着重大意义的。"

接着，他历数美国侵略者的罪行，赞扬了中国人民志愿军在朝鲜前线取得的伟大胜利，勉励全院同志努力工作，尽快把军事学院创办起来，为建设一支"如虎添翼"的新型的正规化、现代化人民军队而奋斗。

在抗美援朝的炮火与硝烟中，刘伯承和全院人员用心血与汗水，谱写了军事学院光辉历史的第一章。大家以满腔的革命激情，迎接军事学院的正式诞生。

第四节　火红的校旗

1951 年 1 月 15 日晨，风平雾消，红日高照。军事学院在这一天举行了盛大的成立典礼。刘伯承领导学院全体人员经过了紧张艰苦的工作，仅仅用了 48 天时间，筹备工作就大体就绪。基本科、上级速成科、高级速成科和情报科第一期，已经在 1 月 8 日开始上课。

校园里披上了节日的盛装。大门口扎起了彩坊，大路旁插上了彩旗，一些楼房上悬挂着大幅的标语，到处呈现出一派喜气洋洋的景象。

校园里的中心广场，布置得更加庄严肃穆。检阅台粉刷一新，上面悬挂着一颗巨大的“八一”军徽，在阳光下熠熠生辉。两侧搭起了参观台和来宾席，再往外还竖立了两个横向标语牌，一边写着“学习先进的军事科学提高自己的军事水准”，另一边写着“掌握现代的技术兵器指挥各兵种协同动作”。广场的中央矗立着一根银白色的旗杆和一个金黄色的标语塔，上面写着：“全学院教职学员团结努力，为完成学会战胜敌人的军事学术的任务而斗争。”

中央军委为军事学院开学发来了祝词。祝词全文是：

“中国人民解放军军事学院刘院长并全体指挥员、政治工作人员、教员、学员同志们：

兹值军事学院开学之际，特向你们致贺！望全院同志们努力学习，总结我军作战经验，发扬我军的优良传统，学习苏联的建军经验，掌握正规化的军事科学与指挥艺术，根据马列主义的建军原则与毛泽东同志的建军思想，从我军现有基础上，为建设更强大的中国人民的国防军而奋斗！”

毛泽东为军事学院成立题词：“努力学习，保卫国防。”

朱德为军事学院成立题词：“为建设近代化的强大的国防军而奋斗！”

中央军委送来了贺幛，上写：“为建设正规化现代化的国防军而奋斗”；并派华东军区司令员陈毅、军训部长萧克和总政副主任萧华三人为代表，出席成立典礼。军委各总部、各军兵种、各大军区、中国人民志愿军和一些野战军，以及华

刘伯承院长（左）在军事学院成立典礼上致词

东党政机关，也送来了贺幛，并派代表参加这规模宏大的盛典。

上午8时，刘伯承身穿黄呢军服，精神矍铄，步履稳健地走上检阅台，向中央军委代表报告典礼开始。这时，军乐队奏起国歌，一面五星红旗在广场中央的银白色旗杆上冉冉升起。

首先举行授旗仪式。陈毅代表中央军委授旗并讲话。他说：

“今天，中国人民解放军军事学院举行成立授旗阅兵式。我代表中央人民革命军事委员会，将我们中国人民解放军伟大的光荣的‘八一’旗帜，授予刘院长伯承同志和军事学院全体同志。这面旗帜，代表我中国人民解放军在伟大领袖毛主席和伟大的中国共产党领导之下，克服困难，英勇战斗，为人民服务的光荣传统。这是常胜的旗帜，它强有力地庄严地显示几十年来中国劳动人民能以自己的武装，英勇地战胜帝国主义和国内反动派。我希望军事学院全体同志在刘院长领导之下，保持和继承我军的光荣传统，去完成毛主席、中央人民革命军事委员会所给予的通晓马列主义军事科学、通晓毛泽东军事思想、通晓组织与指挥现代化作战、负责训练与培养高级指挥员的光荣教育任务！我相信在刘院长领导下的军事学院，将能在我国的军事建设中以及在保卫祖国、保卫世界民主和平的伟大斗争中起重要作用。”

陈毅讲话之后，刘伯承用标准的军人姿态，正步走到军旗前面，先跪下一条腿，双手捧着军旗的下角，吻了一下，然后站起身来，接过军旗致答词。他说：

“我接受了我们军事学院的战斗旗帜之后，让我在您面前，向我们中央人民政府和军事委员会提出保证：我们全院人员将永远保持这面尊严的富有光荣的斗争历史传统的旗帜，作为我们军人的英勇与荣誉的象征。”

“军事委员会给予军事学院的任务，是在人民解放军现在素质及军事思想的基础上，训练出在中国共产党领导下，忠实于中央人民政府及人民事业，能熟悉与指挥现代各技术兵种并组织其协同动作，同时

在军事学院成立典礼上，刘伯承接受中央军委授予的“八一”军旗后走下主席台

熟悉参谋勤务与通信联络，以准备与美帝为首的侵略集团作战的指挥人员。我在此向您提出保证：我们刚成立的军事学院的学员、教员、政治人员、行政人员，一定能团结努力，发扬高度的组织性，为如期完成这一光荣任务而斗争。”

刘伯承讲完话，双手擎着军旗，走下检阅台，登上一辆敞篷吉普车。在两名头戴绿盔、手握钢枪的警卫战士的护卫下，乘车绕场一周，把军旗向全场展示。然后，交给在仪仗队前面站立的军旗手。

接着，举行阅兵式和分列式。刘伯承同陈毅、萧克和萧华，乘敞篷吉普车，检阅了由学员、教员和机关工作人员组成的各个方队，然后回到检阅台。

在登检阅台的时候，刘伯承、陈毅互相礼让。刘伯承请陈毅先上，陈毅推刘伯承先上。最后，两人挽臂携手，一同走上检阅台。这两位野战大军的统帅，过去，在硝烟弥漫的战场上，曾赤心相扶、协力筹策，结下了深厚的革命情谊；今天，在国防现代化建设事业上，又紧密团结、并肩战斗了。他们站在检阅台上，不时地举手还礼，向接受检阅的各个方队致敬。

各个方队以“八一”军旗为前导，迈着整齐的步伐，呼着嘹亮的口号，渐次通过检阅台。在他们中间，在土地革命战争时期、抗日战争时期和解放战争时期入伍的各级指挥员。对于阅兵，都曾经历过多次。但是，他们感到这一次有着不同寻常的意义。他们不仅是通过军事学院成立庆典的检阅台，而且是在通过人民解放军从低级阶段向高级阶段发展的转折点；他们不仅是行进在普通的操场上，而且是行进在人民解放军正规化、现代化建设的宽阔大道上。

当晚，在南京市人民大会堂举行了军事学院成立庆祝大会。刘伯承致开幕词。他首先对各单位前来参加成立典礼的代表们表示欢迎，对华东军区、华北军区参加筹建工作的人员以及华东党政各机关表示感谢。他重申了中央军委赋予军事学院的训练任务，要求学员要拿出过去打败敌人的战斗精神来攻读所学的课业，日有进益，像过去历次战斗胜利成功一样，获得学习的胜利成功。

陈毅代表中央军委在会上讲话。他阐述了在人民解放军优良传统的基础上学习现代军事科学的重要意义，号召全体学员“要用苦功从事学习，要有克服困难的决心，要打破轻视学习的情绪，要打破自高自大不求进步的情绪，要克服拒绝吸收新知识的保守倾向，要把战场上的突进勇气转到学习上去”。

萧克、萧华、学员代表、高级速成科班主任杨勇，也先后在大会上讲了话。萧克说：我是和学员同志们坐在一条板凳上的。军训部和军事学院一样，都有研究学术的任务。刘院长不仅是军事学院的老师，也是我们的老师。我愿意和军事学院的同志们一起，在这位老师的指导下，共同学习。萧华强调：学习同打仗一样，只要有决心，只要勇敢顽强，没有学不会的东西。杨勇表示：我们学员大多数出身于工农，又加上长期处在战争环境中，学习机会很少。我们一定要在这次学习中克服种种困难，克服可能产生的保守观点和狭隘经验主义，努力完成学习任务。

他们的讲话，表达了全军广大干部努力学习与掌握现代军事科学的坚强决心，激起了全场一阵又一阵的热烈掌声和此起彼伏的口号声。

第二十章　向正规化、现代化进军

第一节　建立正规制度

军事学院成立之后，刘伯承在院党委会上提出了开头三个月的中心工作：完成解放战争经验总结的任务；为学习新兵种学术而奋斗；在学习、工作中建立军事学院的队列生活、政治生活的秩序；在学习、工作中加强计划性、组织性、准确性和纪律性。后来，他又把这几项工作概括为"建立正规制度""学习新兵种学术"两项，指出这不仅是开头3个月的中心工作，而且是军事学院建设的基本要求和长期任务。

1951年1月下旬，刘伯承以中央军委给军事学院的赠词"为建设正规化现代化的国防军而奋斗"为题，在华东军区和军事学院高级干部会议上作了一个报告。他指出：现代化就是新兵种及其学术的建设。新兵种，指步兵以外的其他诸兵种，包括各种辅助兵种；学术，指诸兵种的战斗条令，应用技术、战术，在各种情况下的协同动作。正规化主要是军队正规化生活秩序的建设，具体地说，就是严格地制订与执行各种条令、条例，一切按条令、条例办事，使军队像一部大机器一样，车间与车间，这一齿轮与那一齿轮，能有准确的规律，向共同的生产目标协同动作。

他还指出：现代化与正规化，二者是相辅相成、缺一不可的。现代化必须正规化，正规化是实现现代化的重要条件。有了新兵种及其学术的建设，还要有正规化国防军队生活秩序的建设，才会有计划性、组织性、准确性和纪律性。否则，无组织、不准确，就无正规可言，更无诸兵种协同动作可言。

刘伯承和学院的其他领导干部一起，深入基层，调查研究，以勇于探索的精神，首先研究制定学院的各种规章制度，使各项工作逐步走上正轨。

一天上午，刘伯承来到基本科学员住的宿舍楼前，正好学员们下课回来。只见百十号人的队伍竖不成行、横不成列，三人一伙，五人一群，又说又笑，杂乱地走着。

看到院长站在楼前，带队的值班员不知道喊"立正"口令，不知道整队向院长报告，而是用手摸着脑袋，嘿嘿嘿地笑着，结结巴巴地说："院长，您……有事吗？"

“唉！”刘伯承叹了一口气，摇了摇头，走进了学员的宿舍——

多数房间还比较整洁，可有的就显得又脏又乱。水壶、牙具到处乱放，书、本、地图横七竖八，摆满了桌面。床下塞着一团团的脏衣服、臭袜子，发出一股难闻的气味。

“看看你们住的这个屋，真像是个乱鸡窝！”刘伯承满脸不悦，扔下一句批评就走了。

几天之后，刘伯承主持一个训练工作会议。在会议进行之中，他无意间看到这样一幅情景——

会场的一边坐着两个苏联顾问。他们军装笔挺，姿态规正，神情专注地听着汇报。会场的另一边坐着学院的十几个干部。他们多数衣冠不整，风纪扣松着；有的人还敞胸露怀，双手在身上搓泥搔痒。这种鲜明的对比和反差，使他的心里很不舒服。

刘伯承又深入各单位，专门调查了解全院存在的自由散漫、无组织无纪律的现象——

有的学员无故不出操、不上课，想来就来，想走就走；有的学员上课时跷着二郎腿，回答教员提问也懒得站起来；有的学员听报告、看电影，正门不走爬窗户，或从铁栅栏上跳进跳出……

机关里也存在自由散漫的现象。有的部门人浮于事，各自为政，工作无计划，职责不分明，办事效率很低；有的干部值班睡大觉，交接班时草率敷衍，出了问题互相推诿。

这种种现象使刘伯承意识到，建立正规制度，不仅在于制订一些有约束力的行为规范，而且更重要的是，必须同战争年代的游击习气，同小生产者自由散漫的劣根性，同长期以来形成的旧的习惯势力进行斗争。

这时，正好周恩来交给刘伯承一项任务，让他审查修改中国人民解放军的三个共同条令草案：《内务条令》《队列条令》《纪律条令》。这三个条令是周恩来、朱德和聂荣臻指示军训部，依据中国人民解放军原有的传统法规，吸取了外国军队的先进经验而制定的。

刘伯承初步阅读后，认为内容基本正确，是完全可行的。于是，他决定让全院都来学习讨论这三个条令，借这股“东风”，进行一次作风纪律的检查与整顿。

一天，刘伯承再次来到基本科。在学员大会上，他首先重申了院党委提出的“建立正规制度”“学习新兵种学术”两项中心工作。强调指出：这两项工作概括起来，一个是学“礼”，一个是学“法”。“建立正规制度”是学“礼”，就是学习一个革命军人应该遵守的礼仪、礼节和礼貌。“学习新兵种学术”是学“法”，即学习各兵种的技术战术知识及其协同作战的法规法则。学“礼”与学“法”犹如一个人的两条腿，缺一不可。如果我们学习了现代化的军事学术，而生活作风还是自由化、散漫化，也一定要打败仗的。

接着，刘伯承列举了全院存在的种种自由散漫、无组织无纪律现象，高声告诫大家说："我们要搞现代化，首先思想要跟上时代，也要现代化。我们的学员、教员和工作人员，都是来自各个野战军，有的还干过游击队。以后，来自野战军的不可再'野'了，干过游击队的也不可再带'游击习气'了。有的人自由主义，违犯纪律，国防部、毛主席都知道。真是'搞臭了南北两京'，光着腚推磨盘——转着圈丢人。"

最后，刘伯承要求从基本科做起，来一场思想革命，人人都用三个条令对照检查自己，制订出整改措施。他把这种做法叫作"结旧账开新支，割下麦子种晚稻"。

全院结合学习讨论三个条令，进行了一场严肃认真的关于作风纪律的检查与整顿。

在此基础上，刘伯承因势利导，领导建立了军事学院的队列生活、行政工作和训练工作制度。

队列生活制度包括早操制度、内务卫生制度、交接班仪式、升降国旗仪式和典礼阅兵仪式等。刘伯承强调，从军事学院毕业的学员，应该具有良好的军人仪表和军人举止。他经常在起床号刚刚吹响的时候就来到操场，检查学员的队列训练。发现无故不出操者，马上命令值班员去找，及时进行批评教育。

刘伯承还深入学员宿舍，检查内务卫生，教育学员要爱清洁、讲卫生，做到工作有定时，生活有秩序，着装整齐干净，军人仪表良好。为此，他指示院务部建立了一个洗衣房，专门为学员拆洗被服，受到了学员们的欢迎。

除此之外，还建立健全了其他一些队列生活制度。每天清晨和傍晚时，交班和接班人员要按一定的仪式和程序，严肃认真地交接工作。每当新的学员科成立，新学员入学或老学员毕业时，都要举行盛大的典礼和阅兵，请中央军委代表或由院领导检阅并讲话。

从 1951 年秋开始，军事学院每年都要选派一批学员参加首都的国庆阅兵。当这些学员赴京训练前，刘伯承总要先检阅一次，检查他们的训练情况，要求他们以雄伟气概走出国威军威，做正规化的表率。1951 年的首都国庆阅兵，就是由高级速成科班主任杨勇高举着军事学院的校旗，带领军事学院的方队，走在整个阅兵队伍的最前列。他们以整齐划一的动作，雄健有力的步伐通过天安门广场，受到全国人民的交口称赞。

行政工作制度包括会议制度、请示报告制度和分工负责的岗位负责制等。刘伯承强调建立健全各级领导机关的工作职责，充分发挥机关工作人员的作用，改变战争年代一切由领导者"包打包唱"的现象。为此，他提出了"统一集中领导，单刀直入基层"；"集中领导，分工负责"；"共同学习政治，各自钻研业务"三个口号。这三个口号概括了他对于机关建设的三个基本思想：机构要精干，职责要分明，业务要精通。

建院之初，有的领导干部片面强调"大而全"，在机关"三部一处"（即训练部、政治部、院务部和干部管理处）下面设二级部，二级部下面设科，有的科下面还设股。另外，由于缺乏经验，各学员科也照搬机关的编制，设立相应的机构，使得一个学员科就有行政管理人员 20 多人。造成机构庞大，层次过多，学员与教职员比例严重失调。

刘伯承对这种状况作了尖锐的批评，把它称作“叠床架屋，骈枝丛生”，好比人的手上长了六个手指头。遇有问题时，参谋、干事靠科长，科长靠部长，部长又靠院领导。就像京剧《法门寺》里告状一样，状纸一层一层往上递，官司总也打不了。他多次强调：我们现在是在城市环境中办学校，不是战争年代在农村分片办学。领导方法要适应这一变化，要学会“弹钢琴”，克服“单打一”的现象。

为此，刘伯承采取了有力的措施——

裁并编制，砍掉多余的“一指”。把重叠的组织机构合并，把不必要的中间层次裁去，精简各级行政管理人员。首先，将机关“三部一处”改为训练、军事科学研究、政治、干部管理、队列、物资保障六部和秘书、保密、财务三处。这“六部三处”下面一般都不再设第二层的机构。同时，裁减各学员科的行政管理人员，改设协理员协助科主任工作。并撤销了专供演习使用的教导团。这样，使得学员与教职员的比例由最初的 1∶8 下降到 1∶2.3，而领导作风进一步深入，工作效率进一步提高了。

制定各级干部的工作范围和工作职责，使他们在各自的岗位上有职、有权、有责，使整个机关在统一集中领导之下，经纬交织，协同动作。刘伯承把这种做法叫作“执事者各司其事”。他说：我们四川有一种风俗，办婚丧嫁娶等红白大事的时候，总要找一个聪明能干的人当司仪，统管各项事务。每当举行仪式，司仪照例高喊一声：“执事者各司其事。”于是，奏乐的奏乐，摆宴的摆宴，接待的接待。因事设人，各尽其责，有条不紊，忙而不乱。

要求机关工作人员努力学习与本职工作有关的各种知识，成为精通业务的专家。刘伯承指示有关部门开办文化夜校、理论学习班、俄语集训班，举办各种讲座、报告会，让机关工作人员学文化、学政治、学科学、学管理，“钻研业务，精通一门，向专门家方向发展，不能满足于‘万金油’式的项项都懂一点，而项项不精通的现象”。

对于院校来说，最重要的是训练制度。训练制度包括训练部组织系统、各教授会的工作、训练时间的配当，以及在施训受训中的纪律与秩序等。刘伯承强调“以教学为中心”，围绕教学活动对整个训练工作做出科学合理的安排。既注意全面、系统，又注意重点突出、中心明确，做到有主有从、穿插配当、纵横连贯、密切协同，使教、学、保障工作三个方面构成行动的统一，克服“单打一”和紊乱无章的现象。

刘伯承领导制定了《训练组织及其工作暂行规定》，以此作为军事学院建立正规的教学制度的依据。

这个暂行规定，严格规定了学院训练系统各个部门的工作纪律和各级干部的工作职责；规定了教员在编写讲义、想定，组织课堂教学、课题讨论和作业讲评等方面应注意的事项；也规定了学员在课堂、现地作业和野外演习中应该遵守的各项纪律。

暂行规定中关于学员的学习时间，尊重苏联顾问的意见，规定每天授课6小时，即连续上6节课，每节课50分钟，休息10分钟。另外，还要进行3小时的自学。共为9小时。

关于考试问题，规定每一主要课程学完之后都要进行考试，还有学期考试、学年考试和毕业考试。考试时要成立各级考试委员会。学制两年以上的完成科毕业考试，要成立国家考试委员会。考试方法有笔试和口试两种：笔试闭卷答题，口试抽签答题。由一个主考官和两个陪考官主持进行。

对这种课业制度和考试制度，有人赞成，有人反对。这就是军事学院成立后，院内院外议论纷纷、莫衷一是的所谓“6小时一贯制”和“三堂会审”问题。

尽管如此，暂行规定作为军事学院训练制度的一个雏形，在当时还是起了很重要的作用。以后，院党委在总结创建初期的工作时，刘伯承曾经形象地说：1951年1月15日以前，一切均无基础，好比是“气体时代”；自1月15日到3月底，有是有了一些，但尚不健全，未走上正轨，好比是“液体时代”；到了4月,《训练组织及其工作暂行规定》颁布之后，组织才渐趋健全，训练才走上正轨，才成了型，才进入初具规模的阶段，气体变成液体又凝固成固体了。

在建立与改进行政工作制度的实践中，刘伯承深深感到，院校编制的最大特点是“横宽纵短”。因此，领导院校工作就要实行团一级的、面对面的、单刀直入基层的领导方法。

有人对刘伯承说：“团一级的领导方法太低了，与最高学府的地位不相称。”

刘伯承幽默地回答：“团的领导方法有什么不好？周总理出国访问，不就是代表团的团长嘛！”

第二节　学习新兵种学术

各项正规制度的不断建立与完善，使军事学院像一部庞大的机器一样，和谐地、有规律地运转起来。

与此同时，刘伯承领导全院学员努力学习军事、政治和科学文化知识，掌握诸兵种协同作战的指挥本领，向现代军事科学的各个领域进军。

教育训练，必须与科研相结合。1951年2月，为了给教员、学员搞学术研究提供一个阵地，刘伯承决定在军事学院创办一个刊物——《八一杂志》。他将此事向毛泽东作了书面报告。不久，毛泽东在刘伯承的报告上批复：中央军委准备出版一个刊物，已定名为《八一杂志》。你们的刊物就叫《军学》好了。并题写了“军学”二字。于是，军事学院的院刊就定名为《军学生活》报。后来，“军学”就成了军事学院的代名词和显著标志而一直沿用下来。

有了学术研究的阵地，还需要建立学术研究的组织与机构。在刘伯承的倡议下，学院成立了学术研究会和学术研究室。前者是由全院教员、学员参加的群众性的学术研究组织，后者是院长领导训练部长、各教授会主任进行学术研究的工作机构。

在学术研究会和学术研究室成立会上，刘伯承提出了军事学术研究的方向是：

一、以毛泽东理论与实际结合的思想方法去学习斯大林的军事科学，并先从条令着手，有步骤地使学员学会现代诸兵种协同作战；

二、以毛泽东历来的几个时期的著作，去帮助学员收集自己的经验，加以研究整理而做出经验总结；

三、研究中国人民志愿军在朝鲜作战的经验以及美军的作战方法，用以教育学员。

这三条，不仅是军事学术研究工作的方向，也是学院训练工作的方向。

根据这三条，刘伯承首先组织学员以马列主义、毛泽东军事思想为指南，认真学习研究苏联红军各兵种的战斗条令。刘伯承认为，由于现代诸军兵种装备众多，技术复杂，要想协同动作，必须要有条令、条例。条令、条例是军队行动组织性、准确性的具体体现。否则，无组织、不准确，就无正规可言，更无诸兵种的协同动作可言。因此，学习新兵种学术，就要结合我军的实际情况，从学习研究条令、条例入手。这是部队教育与训练的要项之一。

当时，人民解放军的一些技术兵种刚刚建立，全军上下还没有一本诸兵种协同动作的战斗条令。于是，中央军委军训部把校译《苏联红军野战条令》的任务交给了军事学院。刘伯承对此事非常重视。他让科研部组织专门班子，把这本条令的1948年、1952年、1953年三个版本全都译出来。并多次对参与这项工作的人指出：现代战争是诸兵种的合同战争，这就要求各兵种在战争中应有严格的、和谐一致的协同动作。因为只有各兵种和谐一致的努力，才能取得胜利。由此可知在集中统一指挥之下各兵种协同动作的组织工作，是何等繁剧，何等紧张，却又不能不落在指挥员的肩头之上。所以有人说，指挥员的组织能力，就是军事学术。这句话是有道理的。我让你们仔细地准确地翻译这本野战条令，其意就在于此。

一个月之后，《苏联红军野战条令》译出来了，并据此编写了相应的教材供学员学习。科研部领导感到这项工作总算比较圆满了，可以向院长交差了。可刘伯承仔细地看了译稿，并不满意，嫌它粗糙。他对科研部领导说："这本野战条令是学院最基本的教材，一定要译得十分准确才行，不能有丝毫差错，不能有任何含糊其辞的地方。现在全军正在进行正规训练，武器装备也大大改善了。如何使用这本条令，结合我军的现实情况来学习新兵种及其学术，这是解决教育与训练理论联系实际的一个重要问题。这件事还没有结束，我还要亲自校正译稿。将来你们还要帮助我做好这件事！"

经过一段时间条令、条例的学习，学员们初步掌握了诸兵种协同作战的一般理论概则。这时，刘伯承又带领他们到海军、空军和其他技术兵种部队参观见学，了解这些军兵种的技术与战术，为下一步组织实施协同作战的野外作业和实兵演习打下基础。

刘伯承不辞辛苦，和学员们一起，到南京大校场空军机场参观飞行训练；到驻长江口的海军部队学习舰艇知识；到驻徐州的装甲部队观摩坦克打靶。从坦克的履带、舰艇的舵轮和飞机的引擎学起，熟悉它们的技术性能和战术动作。

在海军部队参观见学时，刘伯承对海军术语"破雷卫"的确切内容搞不大清楚。于是，他就请教海军的一位干部，这位干部告诉他，由两艘军舰拖索破雷的工具叫作"破雷卫"。他听完之后非常高兴地说："你是专家。我从你这里学到了知识，以后还要向你请教。"

在空军部队参观见学时，刘伯承却遇到了一件很不愉快的事。当他提出让学员看看进口的苏制米格战斗机时，空军部队的负责人支支吾吾地说，这件事他做不了主，需要征求苏联顾问的意见。结果，苏联顾问不同意，飞机没有看成。

这件事使刘伯承很气愤。了解他的人都知道，他是不爱发脾气的。但是，这一次，他却真火了，非要把这位负责人找来当面质问不可。

这位负责人自知理亏，不敢再见刘伯承，让一位副手去。

刘伯承毫不客气，严肃地批评说："你们空军究竟是中国人当家，还是外国人当家？飞机我们已经花钱买来了，已经是我们自己的了，为什么组织学员参观还要外国人批准呢？"

参观见学活动，使学员们初步了解了海、空军等军兵种的技术与战术知识。为了在人民解放军作战经验的基础上，学习现代诸兵种联合作战的组织与指挥，刘伯承又召开了战例编写会议，决定以各军区和各野战军为单位，把学员组织起来，成立战例编写小组，由战史教授会和学术研究室派人辅导，以个人写作和集体写作相结合的方式，首先编写第三次国内革命战争时期的战例。他要求全体学员积极行动起来，人人动笔动口，参加编写工作。

在刘伯承的发动下，编写战例的活动蓬勃开展起来。许多学员利用课外时间，废寝忘食地工作。他们找资料、绘地图，座谈讨论，反复修改。经过五个多月的努力，共有100多人编写出了82个战例。从类型上，有运动战、攻坚战、阻击战，以及渡海登陆作战等；从内容上，有著名的三大战役中的一些战斗，还有石家庄战役、太原战役、兰州战役、上海战役、粤桂边追击战斗和海南岛登陆战斗等一系列战役战斗。

当这些战例汇集起来送给刘伯承审阅的时候，他非常高兴地对训练部的干部说："我们要从原有基础上学习现代军事科学，学习诸兵种协同作战，就必须珍惜我们过去流血的经验与创造，发挥战例的积极作用，把它用到训练中去。"他指示训练部赶快汇编成册，铅印出版，发给全院学习。并挥笔写下了"战例汇集——刘伯承题"八个字，作为封面。

第三次国内革命战争时期的《战例汇集》，一共分4集陆续出版，它的意义重大。对于教员来说，给他们提供了许多生动的实战经验，充实了教学内容，提高了教学质量；对于学员来说，使他们注重理论与实际结合的学习方法，有利于在总结自己作战经验的基础上去学习现代军事科学和指挥艺术；而对于刘伯承来说，这只是他理论联系实际领导教学的开始。下一步，他又在考虑如何学习与总结正在战斗着的志愿军的作战经验，并把它运用到军事学院的教学之中去。

第三节　来自朝鲜前线的汇报

从志愿军一入朝，刘伯承就密切注视着抗美援朝战争的每一步发展。他指示宣传部门利用多种形式宣传抗美援朝的伟大意义，指示训练部门认真收集整理、学习研究志愿军的战役和战斗经验，贯穿到学院的教学中去。1951 年，军事学院举行了 3 次抗美援朝作战经验报告会，以后又请志愿军第九兵团第二十军军长张翼翔、赴朝慰问团负责人陈沂，以及朝鲜人民军访华代表团的成员，报告五次战役等的作战情况。他赞扬这些报告给全院“上了一堂生动的政治课，上了一堂实际的军事课”。

刘伯承还通过被调到朝鲜前线指挥作战的高、上级速成科学员，直接了解朝鲜战场上的发展变化和最新经验。

军事学院成立后两个月，由于朝鲜前线需要，志愿军司令员彭德怀从高、上级速成科直接调走了 44 名学员。这些人好学上进、勤奋刻苦，具有丰富的作战经验，正当年富力强之际，是很有培养前途的中、高级指挥员。

刘伯承十分喜爱这些学员，把他们的提前调离比喻为“鸡雏尚未孵出，鸡蛋即已取走”，为他们未能完成学业而深感惋惜。

这一年 5 月，彭德怀提出，再调 50 名学员和一些院、系的领导干部，充实志愿军各级指挥机构。

刘伯承十分支持朝鲜前线的急需，按要求选调了一批正在学习的学员和在职干部。当这些学员离开学院时，刘伯承叮嘱他们要多写信回来，介绍朝鲜战场的现实情况，并希望他们在战争结束后，再回到学院深造，完成未竟的学业。

不久，志愿军第三兵团第十五军军长秦基伟从朝鲜前线来信，谈到了他率领部队参加第五次战役的情况。还谈到了作战指挥、通讯联络、后勤保障，以及战斗的整体性、机动性和争取时间等有关战术思想的一些问题。

之后，志愿军第十九兵团司令员杨得志也从朝鲜前线给刘伯承来信，谈到了五次战役后，在西线指挥两个军担任防御作战的情况。信中说：“我军在攻防战术上亦有进步，首先从干部思想上扭转了不愿指挥特种兵的问题。现在都嫌炮兵配属太少了。在步炮协同与炮火运用上，组织严密，发挥了炮火的威力。现在我军在技术上基本克服了零敲碎打的现象，并以坦克炮及山炮抵近打点，对摧毁敌工事也起很大作用。”

信中又说：“在防御战斗中，近来出现了不少典型战例。如某连一个排，在冶洞阻击战中，由于阵地选择适当，工事伪装良好，使山头、山腰、山脚的配备密切结合起来，构成绵密火网，曾打退敌两个步兵连在 18 辆坦克掩护下的集团冲锋，以伤 3 亡 1 的代价，毙伤敌 100 余名，而且阵地寸土未失。”

刘伯承看了杨得志的这封来信，非常高兴，立即指示学术研究室加以整理，刊登在学院《军学生活》报上，作为研究朝鲜战争的一个重要资料，供全院学习。《军学生活》报在刊登时，他还指示要加按语。按语指出：“所有这些经验对于我们学院目前的训练工作是有极大参考价值的。如果过去有人认为所学与朝鲜战场不符合的话，现在应该得到解决。全体学员教员应该接受我志愿军在朝鲜作战中所取得的宝贵经验，来努力加以研究，争取学习的胜利。”

7 月 1 日，在学院举行纪念中国共产党成立 30 周年大会上，刘伯承作了关于抗美援朝战争与军事学院训练工作的长篇报告。他着重强调了军事科学与战争实际的特殊联系，指出：“军事科学的理论必须是与实战相结合的理论，它是直接地、明显地受着战争胜负、流血多少的检验的。《孙子兵法》第一句就说：‘兵者，国之大事，死生之道，存亡之地，不可不察也。’从这里也可以看到军事理论与实际结合的重要。”

然后他从理论的高度概括了志愿军在朝鲜对美军作战迫切需要解决的四个问题。

（一）军事上要大大提高一步。侵朝美军不但有制空权与制海权，而且其陆军的装备也占优势。目前中朝军队的装备与这一敌人比较起来，则是劣势。然而在五次战役中，敌人都被打败了。这是因为中朝方面是正义的战争，因而它能够军民一致奋斗，军人能以自我牺牲的勇气作战，其统帅则能在现实的条件之下发挥其主观的能动性以取得胜利。可以想象，如果他们已成为正规化、现代化的军队，则困难必少，代价必小，而胜利的日期也必早。因而志愿军体会到必须适应新的情况，在军事上大大提高一步。

（二）兵器物资要送得上去。朝鲜是一个半岛，地形狭长，岛上河川很多，在敌人掌握着制空权与制海权的情况之下，铁路、公路不能畅通，物资等的前送、后送常受限制。因而部队战斗必需品与生活必需品的供应就发生了困难，他们站在全世界反对侵略、保卫和平的最前线，在这样困难的条件之下，在残酷斗争之中取得了不断的胜利。但由于供应困难，却使他们受到了不可想象的艰苦。我们军事学院做的事，就是研究他们的斗争情况，以改进和充实自己的学习。这里就要求我们大力学习后勤工作。

（三）兵器物资要用得上去。在兵器物资拿上去之时，志愿军同志便考虑如何用得上去的问题，这就明确地给我们提出了如何学习现代军事科学知识，如何组织与指挥诸兵种协同动作等问题。我们学员的战斗经验是很丰富的，但是对于现代化的某些新的技术兵种，则缺乏应有的知识。毛主席给军事学院的题词是“努力学习，保卫国防”，并且为我们聘来了许多军事科学专家，就是让我们学习以上问题的。我就是带头学习的人。我们必须专心学习，而且一定要学好。

（四）前方与后方要密切协同。现在来看一看我们抗美援朝的前方与后方是不是密切协同呢？我们说是协同的，但是未达到密切的程度……今后在学术研究工作上更要进一步研究朝鲜战争中各方面的经验教训，写成材料。各教授会则应将有关的经验加以仔细研究和科学分析，融化于上课、作业之中，有些情况还应做出模型陈列于专修室内，以求学习得合于实际。

为了更好地把教学同朝鲜战争结合起来，加强教学的针对性和效果，刘伯承连续派出了赴朝见学团，到朝鲜前线实地考察、参观见学，吸取这场现代化战争的丰富养料。

第一次是在 1952 年 3 月，由陈伯钧任团长，带领 12 名领导干部到朝鲜进行了为期 3 个月的参观见学。刘伯承反复强调，出去的目的是为军事学院“搭个桥”“接上气”“填好空子”，把抗美援朝战争的经验学到手，并运用到学院的训练工作中。

见学团到了朝鲜，先在志愿军司令部听了彭德怀关于朝鲜战场形势的报告，然后分头到各个部队见学。当他们来到杨得志所在的第十九兵团兵团部时，杨得志花了 4 个钟头，将敌我双方战术特点及其演变情况，作了一次详细报告，使见学团收获很大。

见学团在朝鲜，既见学志愿军的战役战术，也见学志愿军的政治工作。学院政治部副主任仲曦东写的专题调查报告，全面总结了志愿军的思想政治工作经验。至今，专题调查报告仍保存在军事博物馆里。

见学团还在阵地上办学讲课。合同战术教授会主任陈庆先，多次给志愿军团以上干部讲授现代诸兵种协同作战的理论概则与指挥艺术，受到志愿军中、高级干部的热烈欢迎。

第二次赴朝参观见学是在 1953 年 9 月。见学团由军事学院和总高级步兵学校联合组成，以军事学院训练部副部长戴润生为团长，以系和教授会的领导干部为主。主要是学习志愿军上甘岭防御战役和金城战役的经验。见学项目包括战役战术、司令部工作、后勤保障，装甲兵、炮兵运用等许多方面。这是朝鲜停战以后，刘伯承组织的一次规模较大、范围广泛的战地参观见学活动。

见学团 11 月 10 日回到南京。戴润生等人向刘伯承汇报说，在朝鲜的两个月中，所到之处，看到志愿军的许多干部都在学习军事学院的教材，力求按教材的基本观点指挥作战和指导训练。一些在学院学习过一段时间的志愿军中、高级干部，也向见学团反映，所学的内容对他们有很大帮助。

听了戴润生等人的汇报，刘伯承感到十分欣慰。过去，他曾经为那些未完成学业就被调到朝鲜前线的干部感到惋惜。现在，他又为这些干部经过初步学习之后，即能将所学知识运用到战争实践中去而感到莫大的鼓舞。

这两次见学之后，刘伯承组织和指导见学团编写了《朝鲜战地见学报告》和《朝鲜作战经验汇集》。并组织和指导这一年暑期入学的志愿军学员编写了《志愿军抗美援朝战争战例汇集》，一共有 10 余册，100 多篇文章。这种前线与后方的密切合作，部队与院校的相互交流，既升华了志愿军的作战经验，也给军事学院的教育训练带来了生机和活力。

第四节　送“金钥匙”的人

1952年，根据中央军委关于部队训练以科学文化教育为主的指示，一场声势浩大的学习运动犹如一次伟大的战役一样，很快在全军打响了。很短时间，全军就调配教员5万多人，开办速成小学200多所，速成中学60多所。200多万干部战士投入学科学、学文化的战场。

这一年，军事学院的科学文化教育则以新成立的海军系、空军系、政治速成系以及高级速成系第二期为重点进行。刘伯承决定对这四个系实行半年预科制。首先补习半年文化，然后转入正科学习军事和政治。对在职干部，则开设文化补习班，实行半日工作半日学习。

在教学准备会上，刘伯承对教员们说：“工农出身的学员，他们的文化都是从战争年代的识字牌上学来的，数、理、化从未学过。这就给他们了解世界、认识世界带来了困难。世界好比一间大房子。里面博大精深、万物皆有。但是，这间房子是锁着的。没有开门的钥匙，只能从门缝窥视。这样看就很狭窄。有了开门的钥匙，就能打开房门，走到里面去看，就能看得宽广，看得深远，看得全面。什么是开门的钥匙呢？科学文化知识就是开门的‘钥匙’，是了解世界、认识世界的‘金钥匙’。我们要把这个‘金钥匙’送给学员，让他们打开房门，入室登堂，去攀登现代军事科学的高峰。”

其实，从军事学院一成立，刘伯承就坚持把科学文化教育作为“入门教育”和“基础教育”，以此推动整个训练工作。当时，学员们来自“胜利之师”，都是经过血与火考验的中、高级干部。他们有两个突出的特点：一是作战经验比较丰富，二是文化水平普遍较低。这两个特点使得一部分学员对学习科学文化知识的重要性认识不足。他们以“大老粗”为荣，以没进过“洋学堂”为荣，认为国防现代化，主要是武器装备的现代化，用不着多高的“文化水平”。

刘伯承很快察觉到这是学院训练中的重大障碍。他在大会小会上多次语重心长地指出：“不懂科学，没有文化，是旧社会在工农身上刻下的愚昧伤痕，是套在工农头上的一副枷锁。这是我们的耻辱，而不是我们的光荣。我们要奋起医治这个伤痕，打碎这副枷锁。我们如果只在政治、经济上翻身，而在文化上不接着翻身，不能掌握科学，不能以军事科学保卫国防，要实现‘工人阶级领导，工农联盟为基础’是有困难的，是建设不了社会主义的，建设不了现代化国防的。”

刘伯承还深入学员中间，给他们讲述1905年日俄战争史，帮助他们正确认识学习科学文化对于实现国防现代化的重要意义。他说，那时，沙皇俄国尽管花费了亿万卢布购买和建造军舰，但由于俄军的统帅和将军们都是些不懂科学、不学无术的庸碌无能之辈，军官和士兵们缺乏训练、愚昧无知、目不识丁和孤陋寡闻，结果被日军打得大败。正如列宁在《旅顺口的陷落》一文中所指出的那样：“在不会使用现代军舰的情况下，在缺少能够熟练地利用军事技术的最新成就的人才的情况下，这些花费是没有用处的。”“因为现代战争也同现代技术一样，必须有质量高的人才。”

通过反复教育，学员们认识到了学习科学文化知识的重要性，稳定了学习情绪。但是，在课程进行当中又出现了问题：有些学员对军事课、政治课感兴趣，能坐得住，听得进去。而对文化课，特别是数、理、化课，一讲什么公式、定理、结构式、方程式就头疼，尤其是念那拗口绕舌的各种外文字母，更是感到如同念“天书”一样难。慢慢地，学员们开始叫苦了，坐不住了，听不进去了。课堂上也乱哄哄地不成样子了。

刘伯承认真分析了出现这种情况的原因。他感到主要是学员们对学习数、理、化没有产生兴趣。而产生兴趣的关键又首先是坐下来、学进去。于是，他坚持到课堂上和学员们一起听课，实际上是进行“督阵”。

老院长来听课，犹如一鸟入林压百音，课堂的秩序与往堂大不一样了。思想“开小差”的没有了，交头接耳的没有了，念外文字母出怪声的也没有了。学员们个个坐得端端正正，教员讲课也格外有劲。慢慢地，学员们从坐不住到坐得住了，从学不进到钻进去了，逐步产生兴趣了，感到学有用处了，因而学习的劲头也越来越足。

看到课堂上的变化，学员们学习上的变化，刘伯承愉快地笑了。有人问他是用什么办法促使学员们发生这种转变的，他风趣地说：“我这是砂锅炖肉，炖不烂而蹲烂了。”

1952 年 8 月，毛泽东批准了总政治部关于全军科学文化教育座谈会的报告，肯定了报告中提出的全军文化教育应该采取“速成的，联系实际的，但又是正规的”方针。

根据这一方针，刘伯承进一步调整了军事学院的部署，强调要抓住重点实施教学，在打基础上下功夫。即“按正规的理论系统，以速成的方式，结合部队实际，养成学员科学文化的基本知识，以适应其学习军事科学及政治理论的需要”。

在具体实施中，刘伯承要求按照学员的文化程度安排恰当的教学内容。并注意有所取舍，“重点课目要窄而深，非重点课目要宽而浅，不重要的课目索性删掉”，以突出基础理论和基本知识的教学。整个教育要在半年（速成系）或一年（完成系）时间内，使学员从原有文化程度基础上提高二至三级，力争使所有学员都达到初中毕业的水平。这是根据当时学员的实际情况，以及当时学习军事科学对文化程度的起码要求而提出来的。

刘伯承还针对学员在学习上听强于看、说强于写、理解力强于记忆力等特点，强调在教学方法上也要改革，要贯彻“练多于训”的原则；即教员少讲、精讲，学员多作业、多练习、多实验，求得融会贯通与熟练运用。他亲自听课、参加讨论、批改作业，在实践中总结了语文、数学和理化课的教学方法。对语文课，他建议采取“精读、广看、常写文章”的原则；对数学课，他总结了“边讲、边练、边研究、边总结”，四个方面统一结合的方法；对理化课，他归纳了“讲解、实验、总结”六个字，强调讲解与实验相结合的重要性。为了上好理化课，他还帮助文化外语教授克服许多困难，开设了理化实验室，使学员都能普遍进行理化实验，增强感性知识。实践证明，这些都是“速成”教育的好方法。

有一段时间，教学难度较大，学员当中产生了畏难情绪，叫嚷“时间少、内容多、消化不了”。有的主张学点容易的，难的就不要学了；有的要求取消考试，学多少算多少，掌握到什么程度算什么程度；还有的总想走“捷径”、找“窍门”，从教员身上打主意，希望教员给予“照顾”，评个及格，弄一张文凭了事。

一些教员也产生了急躁情绪，为学员们达不到标准而着急。有一个教员竟无原则地迁就照顾学员，把考卷上本来答错的题也悄悄地打了分。这件事虽然“秘密地”出现在考卷上，却没有瞒过刘伯承的眼睛。根据学员们的反映，他亲自查阅了考卷，并把这个教员和教务部长找来，严肃地批评说：“学员学得不好，却给高分，这或许对他提职有利，但对他增长知识有什么好处呢？对部队建设有什么好处呢？放松要求、降低标准、迁就照顾、弄虚作假，只讲‘速’不讲‘成’，这不是我们的方针。我们的方针是既要‘速’又要‘成’。因为‘成’才是我们的目的。如果只有‘速’而没有‘成’，那么这个‘速’还有什么实际意义呢？当然，‘成而不速’，任其自由发展而不加时间限制是不行的。但是，‘速而不成’则更是错误的，是贻害于国防建设大业的，是最要防止的方面。我们应该做到求‘速’又求‘成’，一定要把住质量关。”

为了克服学员的畏难情绪，进一步提高教学质量，刘伯承多次召开学员座谈会，亲自做学员的思想工作。他说：学习中遇到困难，正如翻山过关，松不得劲。坡要一步一步地爬，坎要一个一个地迈，一锄头挖个金娃娃的事是没有的。针对个别学员自己不努力，光想找“窍门”的思想，他强调：“学习的窍门就是努力加方法。自己身上痒自己抓，看别人吃饭永远是不会饱的。教员要辅导、要帮助，但必须有主导，主导就是靠自己努力。学习是不能投机取巧的，有多大的劳动量才可能有多大的收获量。”

刘伯承不仅在深入教学中归纳总结了一些教学方法，同时归纳总结了一些通俗易记、切实可行的学习方法，给学员以具体的指导和帮助。他针对当时大多数学员听得懂而记不住的困难，提出了许多加强记忆的方法。他说：“凡钻研一门学科，大都是：一面是以理解力开道，另一面以记忆力收成。两者又要相互为用，切实检验学科的思想体系，以求获得真正的有系统的知识。而在提纲挈领之处，尤须多用功夫。”

怎样才能加强记忆呢？他指出：一要处理好学与习的关系。课堂上学，课后就要习。“习有几种，每种必具有目的性。例如：每日温习的主要目的在熟悉，适时练习的主要目的在熟练，适时实习的主要目的在运用。”二要处理好听讲与融化的关系。课堂上听课，课后就要融化。融化分随时随地的融化，如教室自习、作业之时；大小关节的融化，如课题讨论、测验、期考和年考之时；整个系统的融化，如学完每门学科乃至毕业，整个课业都能分析综合，都能以理论联系实际运用之时。他把这些方法形象地统称为“反刍消化”，就像牛羊吃了草料之后，慢慢地、细细地、长时间地咀嚼消化一样，既能加深理解，又能增强记忆。

刘伯承还特别强调作业与考试的作用。把做作业叫作“结疙瘩”，做一次作业结一个“疙瘩”，增强一次记忆。以此循环，就能结无数个“疙瘩”，串联起一门知识的主要内容。把考试叫作“打收条”，通过教员评卷打分，看看自己能够向教员交回去多少知识，看看“接收”与“交回”之间还存在多大的差距。

这些方法，既通俗易记，又切实可行，学员们都能看得见、摸得着、用得上。总结推广这些方法之后，大大增强了学员的理解力和记忆力，提高了教学质量。

在刘伯承直接领导下，军事学院科学文化教育结出了丰硕的果实。通过半年到一年的教学，有 27% 的学员达到了高中毕业的文化水平，有 71% 的学员达到了初中毕业的文化水平。在职干部通过文化补习班、文化补习夜校的学习，也取得了很大成绩。这样，就为广大中、高级干部学习现代军事科学奠定了基础，创造了条件。

全院一致称赞刘伯承院长是给大家“送金钥匙的人”。

第五节　临淮关演习

1951 年 6 月 20 日清晨，安徽省凤阳县临淮关镇笼罩在一种不同寻常的气氛之中。军事学院正在这里组织一次较大规模的实兵演习。

刘伯承和华东军区司令员陈毅一早就登上了参观台。7 点整，刘伯承下令演习开始。

突然，三颗信号弹腾空升起。只见一门门火炮从农田的“谷垛”里推出来，一辆辆坦克从路旁的“土堆”里开出来，向河对岸猛烈射击。一会儿，伴随着一

刘伯承在宣布演习方案

阵轰鸣声，三架轰炸机飞临河滩上空，向地面投下了一连串炸弹。霎时间，河滩头、河对岸火光闪闪，浓烟滚滚……

这次陆军师江河进攻战斗实兵示范演习，是在高级速成科开学一年多以后举行的，目的在于使他们学习了一般的技术、战术知识和理论后，进一步从实践中掌握诸兵种协同作战的指挥艺术。

刘伯承像当年指挥大规模的战役一样，有条不紊地指导着这场演习。他自任总导演，组织了演习指导部，主持拟订了演习实施计划和演习训练计划。

在演习的准备阶段，刘伯承多次到现场指导训练，重点抓陆、空之间与各兵种之间的协同动作。

一天上午，刘伯承来到演习场，首先巡视了渡河先遣分队的阵地。指出：先遣分队前出时，一定要保持疏散的战斗队形，不能密集，连、排长的指挥位置也要适当。接着，又巡视了炮兵和装甲兵阵地，要求这两个阵地一定要伪装好，不能暴露。坦克行进路线要做出标记，互相之间不能太近，又不能距离步兵太远。当他看到通信报话所的位置离坦克固定发射点比较近，就提醒说："这样近能听清楚吗？要注意避免干扰。"

在酷热的阳光下，刘伯承从一条堑壕走进另一条堑壕，从一个阵地来到另一个阵地，连续步行四个小时。汗水顺着脸颊往下流淌，浸湿了军帽，浸透了军衣。随行的人员热得实在受不了，就解开领扣，摘下军帽，拿在手里一左一右地扇起来。但是，刘伯承一直不解领扣，不摘军帽，始终保持着良好的军人姿态。

临走的时候，刘伯承对演习指导部的人员说："这次演习，中央军委和全国各大军区、各军事院校都要派代表来参观学习。因此，这次演习有建军的政治意义。不仅单独为着学员，同时也是为着训练部队，为着部队的现代化建设。"他要求在组织工作方面，要防止"五霸强，七雄出"[①]的局面，加强集中统一领导，严格各项制度和纪律。在安全工作方面，要做到不死一人，不出重大事故，而且要防奸保密，警惕阶级敌人的破坏活动。

正式演习前，还组织了预演。刘伯承对预演进行了讲评，指出了工事伪装、步坦协同和战斗队形变换等几个方面存在的问题，提出了三点要求：要求严格，防止松劲散漫；要求切实，防止形式主义；要求协同一致，防止各自为战。并提出在原案中增加一个佯渡口，并要求把"敌人"空军情况加进去。他说："过去，二野挺进大别山，过沙河、汝河和淮河，不论哪一次，都有敌人空军袭扰。演习等如实战，一切都要力求与实战相同，才有示范指导作用。"

到了演习正式进行的这一天，一切都显得紧张而有秩序。演习开始后，在"我方"第一次火力急袭之后，渡河先遣分队的战士们从隐蔽地点向渡河地点飞速前进，第一航部队也向渡河器材集结地挺进。"敌人"开始疯狂反扑，以炮火封锁河岸，以飞机俯冲扫射，阻击地面部队渡河。"我方"又组织了第二次、第

① 语出宋代儿童启蒙读物《三字经》。这里是借用来说明防止互相争强、各自为政之意。

刘伯承（左二）和陈毅（左一）在演习指挥所观看演习

三次、第四次的火力急袭。高射炮向“敌机”射击，各种火炮和坦克向“敌人”阵地继续猛烈射击，轰炸机再次向敌人阵地投弹。在飞机、大炮、坦克的掩护下，先遣分队登陆，第一航部队泛水，第二航部队向河岸开进。接着，先遣分队占领“敌人”滩头阵地，第一航部队登陆，第二航部队乘木排、竹筏、葫芦等各种就便器材泛水。接着，水陆两用坦克也开始渡河。工兵分队一边架设浮桥，一边用铁舟、门桥漕渡各种武器。因指挥所乘船向对岸转移，并发出向“敌人”纵深阵地进攻的信号。“我方”几架运输机飞过之后，天空中开出一大片银花，空降部队在“敌人”后方降落，并迅速集结起来，占领了有利地形。接着，第二航部队登陆成功。一辆辆坦克、一门门火炮通过浮桥，到达冲击位置。团指挥所发出全线冲击信号。步兵在坦克的掩护下向“敌人”发起猛烈冲击，占领“敌人”阵地，与空降部队会合。演习经过两个多小时，胜利结束。

在演习进行之中，刘伯承头戴军帽，腰扎皮带，在骄阳下正襟危坐，全神贯注在演习场上。当他看到有的学员穿着衬衣、戴着草帽，有的还把草帽拿在手里扇来扇去，不觉转身对陈毅喟然叹息道：“我们的干部现在养娇了，怕把脸子晒黑了嘛！”

演习胜利结束之后，举行了总结讲评大会。刘伯承作了总讲评。他主要讲了三个问题：

第一，我们是江河进攻战斗的演习。我国地形是西面多山、东临大海，能成为交通障碍的大的河流，一般是自西向东入海。因此，在将来抵抗帝国主义的入侵中，江河战斗占着重要地位。我国历史上江河战斗的战例和经验是很多的。但是现代化、正规化诸兵种协同动作的江河战斗，还应在原有的基础上作进一步的学习，尤其是反抗现代装备的美帝国主义集团，我们更应在保卫国防任务上进行有的放矢的学习。这次渡淮河的战斗演习就是在这样一个想定之下进行的。

第二，我们是以现代各兵种协同动作进行师的渡河进攻战斗的实兵演习。此次演习有步兵，有炮兵，有坦克，有水陆两用的汽车，有空军与空降部队，有工兵，还有火焰喷射器、烟幕，各种应用的制式的渡河器材，各种通信工具等。我们系用这些兵器在师的江河进攻战斗课题下，组织协同动作的实兵演习。现代诸兵种合同战斗就要靠诸兵种在一个共同目标之下一致努力，特别在它们协同动作之中各自发挥长处并获得其他兵种的帮助以弥补自己的缺点。例如各兵种协同动作先求得克服河川障碍，渡过河去再打击敌人。此时敌人就容易乘我兵力在渡河中或分在两岸时的困难，施行反击。这样我们先头部队就要控制对岸登陆场，掩护着我们主力集结与组织另一个协同动作，继续进攻以突破敌人防御地带。这就显得战斗的计划性、组织性、准确性和纪律性特别重要。

第三，我们是以高级速成科为训练对象，组织战术的现地作业与实兵演习结合进行。高级速成科学员都是有丰富的战斗经验的高级干部，刚在教室与野外完成师一级战术的综合训练，现在又到此来做师渡河进攻的现地作业与实兵演习。其目的在组织与指挥各兵种渡河进攻的具体的、生动的协同动作，以使学员获得深切一致的战术见解。在现代战斗中如何组织各兵种协同动作构成顺畅的通信网，如何集中地面的与空中猛烈的火力射击必要之点，如何布置疏散的战斗队形，如何构筑掩护的工事，如何施行切合现地的伪装等必须学会。

陈毅也在大会上讲了话，高度评价了这次演习所取得的成绩。

临淮关演习，不仅演练了诸兵种的协同作战，也演练了人民解放军的政治工作。这突出表现在参加演习的部队在临淮关训练中受到了深刻的阶级教育，继承和发扬了拥政爱民的光荣传统。

临淮关所在的凤阳县，是全国闻名的花鼓之乡，也是历史上闻名的重灾区之一。黄河曾经从这里夺淮入海，造成淮河连年泛滥。解放初期，这里的农民依旧十分贫困。演习部队来到这里，看到群众住的是黑暗矮小的草房，铺的是破破烂烂的芦席，吃的是黍面粥加野菜，心里十分难受。刘伯承指示政治机关要及时搞好阶级教育，激发训练热情，并教育部队严格遵守三大纪律八项注意，处处维护群众利益，做好群众工作。许多干部战士拿出衣服，捐出零用钱，节省出口粮支援群众，在训练之余帮助群众锄地、拾粪、收割麦子。演习结束后，刘伯承又指示一定要做好善后工作，不能让群众利益受到一点损害。各个分队在驻地普遍召开村干部会、群众大会征求意见。对在演习中损害的庄稼认真进行丈量，照价赔偿。由于与群众关系密切，部队撤离时，群众敲锣打鼓，一直送出许多里地。

第二十一章　尊师重道

第一节　“任”“教”并重

刘伯承常说：搞剧团要有梅兰芳那样的名演员，开医院要有手到病除的高明医生，办学校则要有一支精通业务的高水平的教员队伍。他把周密的计划、完善的教材、精通业务的高水平的教员队伍这三者，称作是学院教育训练工作的三要素。

军事学院成立初期，教员非常缺乏。人民解放军的干部绝大部分出身于工农家庭，文化水平一般都比较低，而且长期处于革命战争艰难困苦的环境之中，没有进学校学习深造的机会。这种特定的历史条件，给刘伯承从军队干部中选拔调用教员带来了很大困难。在困难面前，刘伯承坚持“任”“教”并重的用人之道，不仅利选拔调任，更重训练培养。为了造就一支政治思想好、业务水平高的又红又专的教员队伍，他做了大量深入细致的工作，耗费了无数心血和汗水。

军事学院担负训练任务的部、系和教授会的班底，主要是由华东军政大学和华北军政大学的一部分领导干部和教员组成的。这两所经过战火考验的学校，集中了一批抗日战争、解放战争时期投身革命的知识分子，其中一些人具有一定的实践经验、理论水平与教学能力，可以胜任教员工作。但是，这部分人毕竟是为数不多，远远满足不了军事学院正规化教学的需要。于是，刘伯承请聂荣臻从全军范围内给他物色教员，并派人到北京、重庆、上海等地的部队中访贤问能，寻找合适的教员人选。这样做的结果，依然是杯水车薪，不能从根本上解决问题。最后，刘伯承继然采取了三项措施：一是从做训练工作的干部和从军队院校毕业的学员中间，挑选有一定文化水平的改任为教员；二是从地方大专院校招聘一定数量的知识分子和青年学生，到军事学院边工作边学习，培养作教员；三是从起义、投诚和解放过来的原国民党军队的军官中，筛选政治表现好、有较高文化水平和军事学术素养的留用当教员。他决心以这三部分人为基础，立足于自力更生，自己动手培养造就军事学院的教员队伍。

对于从做训练工作改行当教员的人员，刘伯承严格要求，言传身带，手把手地教，放心大胆地使用。为了使他们尽快走上训练岗位，他从一开始就采取了召开训练准备会的方法，把各教授会主任、副主任及一些准备作教员的训练工作干部组织起来，以分类负责和集体讨论相结合，审查了教材，研究了 4 个科的教学计划，统一了一些重点军事课业的教授方法，还到野外进行了演习与想定作业的准备工作。

这次训练准备会是应急性的，很仓促。刘伯承风趣地说是“热锅炒、热锅卖，十天就出台”。但它为军事学院正式开学奠定了教学基础。

1951 年的暑假，刘伯承又主持召开了第二次训练准备会，研究高级兵团战术的基本部分——军进攻战术概则。南京是全国闻名的三大“火炉”之一，这时的气温高达 40 摄氏度，屋子里就像蒸笼一样，坐着不动，也会汗流浃背。他带领大家冒着盛暑工作，讨论研究课目的理论与教授方法，并完成了 10 个想定作业、13 个集团作业和两个军事导演，为高级速成科在 10 月学习这门课程做了充分的准备。

开学之后，为了统一学术思想，了解各个教授会的学术水平和授课能力，刘伯承还对全院各教授会主任、副主任，各学员科主任及全体军事教员进行了一次诸兵种合成战斗概则的理论测验。测验分两次进行，第一次是进攻战斗概则，内容包括战术、炮兵、装甲兵、航空兵、工兵、通信、后勤和情报 8 个部分。第二次是防御战斗概则，内容包括战术、炮兵、工兵、通信、情报和后勤 6 个部分。他亲自主持了各教授会主任、副主任和各学员科主任的考试。考试时间前后达一个多月，参加人员共有 200 多人。

类似这样的训练准备会和对各教授会成员的考核，刘伯承前后主持举行了十多次，每次都取得了较好的效果。以后，他把这种形式固定下来，并发展成为培训教员和考核选拔教员的一系列制度。

从 1952 年 7 月开始，刘伯承选拔任用教员的范围更宽了。这一年，军事学院高、上级速成科第一期学员毕业。刘伯承从中挑选了一批年龄结构、文化程度和理论水平都合适的留校任教。此后，这种做法逐步形成了制度。选留任教的学员绝大多数能服从革命需要，甘愿投身教育事业，边教边学，迅速成长为学院教员队伍中的中坚力量。但也有个别的不愿意当教员，主要是嫌工作烦琐，发展慢，不如在部队里当指挥员发号施令痛快，升迁快。一个原任师长的学员有军事地形学方面的特长，学院决定把他留下来当军事地形学教授会主任，但他坚决不同意。刘伯承亲自做工作，跟他反复讲明院校教育在军队正规化、现代化建设中的重要作用，从事教育工作是十分神圣而光荣的，这位学员仍然不肯服从分配。刘伯承根据纪律条令的有关规定，把他关了“禁闭”，并给予了纪律处分。后来，这个学员在组织的帮助下，认识了自己的错误，表示愿意接受分配。刘伯承得知后很高兴，风趣幽默地说：“说服说服，心悦诚服；如若不服，那就要‘阿弥陀佛’，绳之以纪律了。我们的口号是‘教之以政治，绳之以纪律’。其目的就在于团结起来，办好院校嘛！”

对于从地方大专院校招聘的知识分子和青年学生，刘伯承尊重他们，热情关怀他们，把他们视为加强院校建设的“宝贵财富”。军事学院成立之后，他想方设法，通过多种途径，从南京市和华东地区的大专院校招聘了近百名知识分子和青年学生到军事学院当教员。

开始，这些人由于不熟悉部队生活，缺乏军事知识，在使用上受到局限。为了充分发挥他们的作用，刘伯承采取多种办法，如让他们下部队当兵代职，到海、空军及各特种部队参观见学，观摩规模较大的实兵示范演习和现地作业，参加在职干部的短期军事集训等，使他们在政治上、军事上都受到了锻炼，树立了献身国防教育事业的思想，积极把所学专业与军队现代化建设的需要挂起钩来。

在教学实践中，刘伯承不断启发教员从部队需要出发，从学员的实际出发，走理论联系实际的正确道路。他让有关部门认真填写教学卡片，及时把学员的意见、要求反映给教员。当每一门课程结束时，他都要求搞好评教评学，总结经验，写出专门材料。对这些材料，他非常重视，经常亲自审阅并及时批示，肯定好的经验，指出不足之处。他曾在基本科第一学期的一个教学总结上批道："此总结很好。其中好的经验应如何普及，其中缺点应如何改正，特别是'几点体会'，请注意研究。至于对学员教课，应深入浅出，力求改进，要以学员了解得正确与否作为评定教学之根据……教员与学员打成一片，声应气求，非常重要。"

第二节 "打败仗的教打胜仗的"

刘伯承还以一个无产阶级革命家特有的胆略和气魄，大胆起用起义、投诚和解放过来的原国民党军队的军官，从他们中间挑选一些人留用当教员。

建院初期，经中央军委批准，调到军事学院任教的原国民党军官，达600人，约占当时教员总数的70%。其中有原国民党陆军大学的教官，有国民党军队师以上的高级指挥官，还有原国民党政府国防部的厅长、陆军副总长。这些人有较高的文化水平和军事学历，在指挥作战中有失败和成功的实战经验，有的人还经历过若干政权更迭的政治风波。当时，人们都称呼他们为"旧军官教员"。这种做法，有着当时的特殊原因。由于军事学院采取边建边开课的办法，以加速训练朝鲜战争和新形势下部队建设急需的干部，而解放军里一时难以选到足够数量的教员人才，因此刘伯承决定先将这批原国民党军的军官用起来，然后再逐步用自己培养的教员来补充替代。

这些"旧军官教员"为能在名扬中外、德高望重的刘伯承领导下，在全军最高学府里工作，感到非常高兴。但是，他们在思想上还存在着不少的顾虑：怕提起过去，怕不被信任，怕做不好工作。

刘伯承十分理解他们的心情。每当他们来军事学院报到时，不管是一二十个，还是一两个人，他都专门去看望他们，和他们亲切交谈，有时还请他们吃饭。他风趣而又诚恳地说：

"你们来，我们非常欢迎。不管是请上梁山的，逼上梁山的，还是捆上梁山的，过去走错了路不要紧，改过来就行了嘛！对大家要求不高，遵守共同纲领，认真转变立场，好好为人民服务。在课堂上你们可以讲讲国民党军队打败仗的教训，也可以讲讲人民解放军受挫的例子。通过你们对比来讲，一定更加生动深刻。今后，诸位都是人民军队的教员了，要站在人民的立场上，千万不要背过去的历史包袱。”

然而，任何事情都不是一帆风顺的。这些“旧军官教员”在工作中遇到了不少困难，最突出的是与学员之间的矛盾。从“旧军官教员”方面说，由于政治立场不可能一下子转变过来，表现在军事学术思想上比较陈旧机械，有的崇拜英、美，有的迷信德、日，还有的在介绍战例时，不自觉地使用过去惯用的贬低人民军队的语言，引起了学员们的强烈反感。从学员方面说，一些人对“旧军官教员”很不尊重，认为让他们讲课是“打败仗的教打胜仗的”；个别人甚至在课堂上当面顶撞：你懂什么！老子当年就是这样打的，还不是照样打胜了！

刘伯承觉得这个矛盾不解决，将直接影响教学的进程。在一次全院教、学员大会上，他十分严肃地说：

“我们学院，有不少人看不起出身旧军官的教员同志。今天，我坦率地告诉大家，我也是旧军官出身，也当过四川军阀嘛！我和朱老总都是半生军阀半生革命。毛主席说过，革命不分早晚，不计先后，站到革命队伍中的就是志同道合的同志。这些‘旧军官教员’是经毛主席、周总理批准，由我把他们请来的。他们当中，有的已经转变了原来的立场，有的正在转变。他们积极为我们传授军事科学和文化知识，就是我们的老师。我们就要尊重他们，协助他们搞好教学。大家都是中国人，要团结起来，共同为新中国的国防现代化建设奋斗。”

像一块石子投入了一池静水，这些感人肺腑的话给学员很大震动，在“旧军官教员”的心中更是激起了层层涟漪。他们抚今追昔，感慨万端。既敬佩刘伯承严于律己、宽厚待人、胸无宿物、光明磊落的名将风度；同时，也从刘伯承这些赤诚相见、团结合作的言行中，看到了共产党统一战线政策的光辉，看到了自己参加革命队伍后的光明前途。

这次讲话之后，刘伯承深入学员中间，首先教育学员正确对待“旧军官教员”，正确认识“打败仗的教打胜仗的”问题。

刘伯承反复给大家讲述党的统一战线政策的重要性，并联系苏联红军和中国革命战争历史上利用旧军官搞教育训练的事例，说他在苏联学习时，教员中就有沙俄军队的旧军官。至于国内的例子更是不胜枚举。中央苏区第四次反“围剿”活捉的陈时骥，就到红军学校当了教员。华北、西南军政大学专门罗致了一批原国民党军官任教。他语重心长地告诉学员：“从现象上看，是‘打败仗的教打胜仗的’，但从实质上看，则是我们改造‘旧军官教员’，‘旧军官教员’接受我们的改造，发挥其特长来教我们，这对于我们建军有啥子不好嘛！”

对那些骄傲自大、不尊重教员的学员，刘伯承毫不客气地给予批评，他说：“大家明白了道理，就要坚决去做。今后，谁要再顶撞教员，在课堂上给教员难堪，就开谁的党小组会，执行党的纪律。我们都是共产党员嘛，要有长江、黄河那样宽广的胸怀和度量，切不可摆‘胜利之师’的架子，总以为天下是老子打下来的，而容不得别人。”

在对“旧军官教员”尊重爱护、鼓励的基础上，刘伯承也注意加强教育，帮助他们克服旧思想，改变旧观念，把立足点转到无产阶级和劳动人民一边。针对他们不少人受资产阶级军事思想影响较深，常常自觉不自觉地夸大军事科学的纯学术性，把军事科学与阶级利益、政治立场对立起来的种种表现，一再要求他们努力学习马克思主义理论和无产阶级军事思想，并且亲自作报告，启发和指导他们在世界观的根本改变上下功夫，用思想改造带动军事上的提高，用真实的本领为人民服务，成为人民军队里称职的教育人才。他还以平等的态度，商讨的形式，组织这些人座谈，引导他们自己教育自己。他运用蒋百里和杨杰的经历，具体、生动地阐明政治立场与军事科学的关系。蒋百里历经清王朝、北洋军阀和国民党三个时期，任过若干军事要职，在作战实践和军事理论上都产生过相当的影响。杨杰曾任国民党陆海空军总司令部参谋长、陆军大学校长等职，是国民党军中有声望的人物，晚年参加反蒋爱国活动，遭蒋介石派遣的特务暗杀。刘伯承肯定他们军事上学有所成，研有所见，但指出他们在为反动统治阶级服务的情况下，不可能充分发挥自己的才智，获得真正的成就。

通过一系列严肃而又生动的教育，使“旧军官教员”感触很深，认识到了思想改造的重要意义，坚定了自我改造的信心，任教的积极性也大大提高了。

在军事学院创办初期，“旧军官教员”发挥了重要作用。他们编写与翻译了大量教材，承担了技术兵种和文化教学中 90% 以上的授课任务，参与组织实施了许多次规模较大的实兵演习与现地作业，为军事学院的训练工作贡献了力量。同时，他们自己也在政治上有了不同程度的提高，有的后来还加入了中国共产党。以后，他们陆续转业到地方工作，不少人成为人民政协的骨干，为祖国的统一大业，为振兴中华继续努力工作。每当他们回顾在军事学院的那段生活时，都十分怀念刘伯承院长，怀念当时党内党外赤诚相见、互相信任、团结合作、宽松和谐的那种政治环境。

第三节　给教员行“加冕大礼”

1951 年 5 月 5 日，是军事学院建立的第一个学习节。在欢庆学习节的大会上，刘伯承提出了著名的“尊师重道，教学相长”的口号。他对此解释说：“我们的学员、机关工作人员要尊重教员，协助教员搞好教学。当然，教员也要向学员学习，帮助学员总结作战经验。不管是教员，还是学员，都要认真学习马列和毛主席著作，用马列主义、毛泽东思想之道统帅‘教’与‘学’，使‘教’与‘学’两个方面互相促进，共同提高。”

针对那种“金教员、银学员、破铜烂铁是机关”的说法，他断然予以批驳：“这个说法对不对呢？显然是不对的。我们的教员、学员和机关工作人员都是党的干部，是没有高低贵贱之分的。但是，在学校里，教员起五更，睡半夜，工作是最辛苦的。应该提高教员的地位与待遇。教员是学校里的无冕之王，就像李太白，遇官高一级嘛！今后，每年的学习节首先要表彰教员，给教员行加冕大礼。最高学府应该树立这种尊师、敬师的高尚校风，才能培养出高质量的人才。”

讲到这里，他走到台前，举手向全场的教员们行了一个军礼。顿时，全场响起了一阵雷鸣般的掌声。刘伯承在台上侃侃而谈，风趣幽默，深邃透彻；教职员工们在台下细细聆听，点头称赞，喜形于色。他们就像品尝一杯香醇美味的露酒，心里感到无比舒坦。这种心与心的贴近，情与情的交融，是对尊师重道的共识，是全院上下献身教育事业的交响乐章。

望着刘伯承朴实、诚挚的笑容，大家想起了他关怀教员、尊重教员的一桩桩往事——

院办公室的秘书想起了院党委“编外委员”的故事。有一个从南京工学院招聘来的教员，不仅科技课讲得好，还编写了一套通俗易懂的军事科普教材，深受学员们欢迎。刘伯承对这个教员十分尊重。每当召开全院大会时，他就指示院办把这个教员请到主席台上，和院的领导干部坐在一起。人们都亲昵地称这个教员为院党委的“编外委员”。

训练部的参谋想起了“二两米”的故事。建国初期，全军实行供给制。当时学员的供给标准是每人每日 28 两（每斤 16 两制）米，而院校教员和干部只有 26 两米。为了这二两米的差别，刘伯承签发了一个给中央军委的报告，建议院校教员和干部的待遇应与学员一样，“即若因财政困难，则将学员与院校工作人员一同日领 26 两米也好”。

政治部的干事想起了电影票的故事。开学不久的一个周末，文化俱乐部的干事们正在给全院分发电影票。这时，突然接到了刘伯承打来的一个电话，嘱咐他们给每个正在上课的教员多发一两张票，以便他们偕同爱人、孩子一起欢度周末。这件事使干事们深受教育。以后，他们把刘伯承的这一指示变成一项制度，每逢周末和节假日发电影票、演出票时，都对教员实行优待。

院务部的助理员想起了写字台和皮椅子的故事。这一年的春天，营房部给全院配发营具时，按标准，团以上干部才能发一张写字台和一把皮椅子。刘伯承指示营房部，对教员要打破级别限制，每人都发一张写字台和一把皮椅子，以照顾他们工作上的需要。在刘伯承的支持下，军事学院还实行过一段“教员补贴费”制度，即每月增发给教员一些钱，让他们购买学习进修的书籍杂志。

这一件件、一桩桩的往事，乍看起来似乎微不足道。但是，它如同一盆炭火，温暖着每个教员的心房；如同绵绵春雨，滋润着每个教员的心田。

由刘伯承提出并身体力行的“尊师重道”的口号，将永远镌刻在人民解放军院校建设的史册上。

第四节　“水龙头”与“重工业”

一天，刘伯承收到了周恩来的一个批件。批件上写着：

伯承同志：

从国外来京的高明翻译6人，本拟以两人分往军事学院。但他们坚决反对分开，并反复声明不懂军事，不愿任军事译员而专往党和国家机关工作。因此，无法劝他们前往军事学院。

实情如此，特复，并致以敬礼！

读完批件，他长长地叹了一口气。他明白，解决眼下事关训练全局的翻译问题，需要另寻蹊径了。依他的指导思想来说，办好军事学院，固然要立足于本国的实际，认真学习与总结中国革命战争的经验，但是，只学习总结本国的经验是不够的，还要学习与借鉴外国军队先进的军事科学技术和先进的军事理论与作战经验。眼下，军事学院所缺的，正是这方面的教材。学员上课使用的教材，都是“热锅炒、热锅卖”，即先组织一些人把外军的有关教材翻译出来，然后加以改写而成的。因此，精通外文而又懂得军事的译员，在学院的教学与科研工作中有着举足轻重的作用。一个多月之前，刘伯承在北京开会时，听外交部的人讲，有六名外国语言专家即将来京专任翻译工作。于是，他提笔给周恩来写了一封信，请求将其中的两名分给军事学院，以解教学上的燃眉之急。没想到，他的这个请求落空了。

既然从上面调不来，只好自力更生、依靠自己的力量解决问题。

刘伯承决定从地方大学外语系选调十几名青年知识分子，来军事学院边学习边工作，培养他们做军事译员。

当这些青年人高高兴兴来军事学院报到的时候，刘伯承亲切会见了他们，给他们讲述做军事译员的重要性，希望他们勇于实践，边干边学，争取经过一段时间的磨炼，由一般的外文翻译成长为军事科学的翻译，即学术翻译。

这些青年人见德高望重的老院长这样和蔼可亲，平易近人，也就无拘无束地与他交谈起来。

有个人对他说，自己喜欢文艺，不大愿意做军事翻译。他风趣地说：“你喜欢文艺，这很好。但学点‘武艺’也很好嘛！要知道，军事战线是保卫祖国的一条极其重要的战线。”

另一些人向他反映：现在是学俄语吃香，英、法、德、日等语种好像不怎么时兴了。

他耐心地加以开导：“你们青年人，无论学习、工作、为人处世，都要牢牢记住毛主席的话，要有实事求是之心，不要有哗众取宠之意。不要追时髦、赶浪头。我们要建设一个新中国，要学习外国先进的科学技术。要与世界各个友好国家交往，需要掌握许多国家的语言。俄语需要，英语、法语、德语、日语同样需要。它们都是重要的工具。你们有精力的话，应该学第二外语、第三外语。要把眼光放远一点，看长一点嘛！”

刘伯承还根据自己20余年搞军事翻译的经验，对这些青年译员在业务上进行具体指导。他指出：做一个好的军事译员，必须具备三个方面的基本功，一是外文的基本功，二是中文的基本功，三是军事素质的基本功。这三个方面是相辅相成的，“三套本领，缺一不可”。他强调要学好语法，从根本上掌握语言的基本规律。现身说法介绍他当年在苏联学俄语的体会：“单词就像一个个铜钱，语法就像一根钱串子，积累了许多单词，就像积累了许多铜钱，但如果没有一根钱串子，就不能把它们提起来。”为此，他开列了当时中华书局出版的《俄语句法》《俄语常用语例解》等语法工具书，让训练部购买，发给他们学习、使用。

在中文方面，刘伯承强调要学点语法修辞，加强中文修养，提高表达能力。他指示训练部邀请专家学者，专门给这些青年译员开设现代汉语语法修辞讲座，每人发一本《新著国语文法》。他还多次嘱咐他们阅读鲁迅的小说、杂文和中国优秀的古典文学作品，说：“读书利于叙述，读杂文利于论辩，而读《水浒传》《西游记》《红楼梦》《三国演义》《儒林外史》《老残游记》之类的优秀文学作品，可以熟知中国人如何说话，如何使中国人听得懂、记得住。”

在刘伯承的精心培养下，不到一年时间，这些青年译员的外语水平和中文水平有了明显的提高，能比较流畅地翻译外国军事教材和其他军事著作了。但是，他们的军事知识还比较缺乏，军事素质还比较差。反映在他们的译稿中，则常常出现错译的现象。例如，把“包围”译成“周围”，把“混成旅”译成“杂种旅”，把“海军陆战队”译成“水陆两用战斗队”，把“设置障碍物”“排除障碍物”译成“盖房子”“拆房子”等。

每当看到这样的译文时，刘伯承都忍俊不禁，对人说：“你看看，这些娃娃兵，真拿他们没办法。月亮坝头耍刀——明砍，巷巷里头扛竹竿——直进直出，拐不得一点儿弯嘞！”

怎么办呢？刘伯承决定再给他们接上军事知识“这一条腿”，让这些青年译员和从地方大专院校招聘来的青年教员一起，下部队当兵代职锻炼，到各军兵种部队参观见学，观摩实兵示范演习和现地作业，参加在职军事干部短期集训班等，给他们补上军事这一课，把军事“这一条腿”接起来。

为了勉励他们深造，刘伯承还为他们挥笔题词：“军事科学的翻译：在经验上，在理论上，必须有军事基本知识，才能钻研军事科学的本质；在俄文修养上，必须有掘发军事科学本质的能力；在中文修养上，必须有表达军事科学本质的能力。”这个寓意深远的题词，进一步给这些青年译员指明了努力方向。

刘伯承大力抓军事译员的培养，目的就是通过他们的工作，了解外国军事科学技术的发展，掌握世界军事斗争的形势，从而编写出高质量的教材。他经常把翻译工作称为学术研究的“水龙头”，把教材编写称为学院建设的“重工业”。他多次对军事译员们说：常言道“他山之石，可以攻玉”，你们的工作就是取‘他山之石”，其目的就是学习借鉴外国先进的军事科学技术和作战经验，提高我军的军事理论水平，提高我军在现代化战争中的作战能力。从这个意义上讲，没有好的翻译就没有好的教材。翻译这支“水龙头”必须灵敏、畅通而不堵塞，全院的“重工业”建设才能面向未来，才能充满生机和活力。

为此，刘伯承领导翻译室的译员和各教授会的教员，以马克思主义为指导，以苏联红军的一些教材为基础，结合世界军事科学技术的最新发展，依照人民解放军现有武器技术装备状况，编写学员上课使用的各类教材。

这项工作是十分繁重而又艰苦的。以军事教材为例，从团到军、再到集团军和方面军，从军兵种知识到军兵种技术、战术，从各军兵种战术到合同战术，从合同战术概则到想定作业，再到想定作业指导法，多达二三百种，是一个庞大的教材体系。

对这个庞大教材体系中的一些重点教材，刘伯承亲自审阅，仔仔细细地修改。对每句话、每个词，甚至每个标点的使用，他都反复推敲、认真琢磨，考虑如何表达才能做到准确无误。他在给训练部长陈伯钧的一封信中谈道，自己之所以要花大气力做这些细微的工作，是因为诚恐马克思主义军事科学为老百姓或半军人的曲解，从而以讹传讹，误人子弟，贻害国防建设之大业。

刘伯承在审阅军事教材

从1951年下半年开始，刘伯承在审阅修改教材当中，颇感头疼的一件事是使用军事术语不统一、不规范，致使学术思想混乱芜杂。他感到，作为全军的最高军事学府，军事学院有责任做好统一军事术语的工作。一方面，需要对传统的军事术语，包括人民解放军使用的军事术语加以整理；另一方面，则需要引进一大批新的现代的军事术语。

如何统一军语？刘伯承提出，首先要“正本清源”，从翻译做起。在确定军语译名时要做到：（一）根据军事科学实质正确命名；（二）文字表达清晰通俗，不使互相混淆；（三）中国原有军语，尤其是人民解放军用过的军语，尽量引用，如有不统一者，则统一它。

根据这三条原则，学院修订了一系列重要的军语名词，如把“工兵”改为“工程兵”，把“战车”改为“坦克”，把“有生力量”改为“生动力量”，把“驱逐飞机”改为“歼击飞机”，把“统率机关”改为“领率机关”，把“河川地战斗”改为“江河地战斗”。

在修订过程中，翻译们对“自动推进火炮”这个词拿不准，对“门桥”不会解释。刘伯承告诉他们：对一些军语名词的翻译，不能片面命词。“自动推进火炮”也可以“自动推退”嘛！倘若如此，也可以叫“自动推退火炮”啰！这样译不行，还是译“自行火炮”更确切。对“门桥”这个名词，刘伯承解释说：这个词是从日本传来的。日本河流多，造桥费事又不便于船只航行，于是，就用许多平面舟连接在一起，架成浮桥，中间留一个缺口，让来往船只航行。人和车辆过河时，又用平面舟把缺口封闭，让人和车辆从上面通过。所以，缺口的地方叫“桥门”，桥之门也。封闭缺口的平面舟叫“门桥”，门之桥也。军队渡江河，常将若干个制式的平面舟结合起来，用以渡送车辆、火炮、坦克等，也借用这个词，称这些平面舟为“门桥”。

听了刘伯承的纠正和解释，译员们的疑问全消除了。他们心里暗自佩服，忍不住从内心发出赞叹：“老院长做学问，钻研问题真是细致入微啊！”

第五节　清凉山——紫金山

1951 年 6 月，临淮关陆军师江河进攻战斗实兵示范演习结束不久，刘伯承又组织指挥军事学院高、上级速成科学员实施军首长——司令部野外演习。这次演习胜利结束后，军事学院即全面完成了 1951 年的训练任务，开始了 1952 年的各项工作。

1952 年，是训练任务更为繁重的一年。年初，刘伯承作了军首长——司令部野外演习的总讲评，写出了《关于军（师）司令部野外演习的总结》。2 月，组织了军事学院第一批赴朝见学团，赴朝鲜前线参观见学。然后，投入创造海军系和空军系的工作，并把原有的基本、上级速成、高级速成和情报四个学员科也改名为学员系。

5 月 30 日，海军系和空军系正式成立。这样，军事学院就成为一所名副其实的训练陆、海、空三军中、高级指挥干部的综合性军事学府。

在创建海、空军系的同时，刘伯承按照预定的教学计划，又领导高、上级速成系学习最后一门课程——集团军进攻战役。这门课程学完，高、上级速成系所学课程即告全部结束，学员们开始复习考试。

这时，刘伯承召集院、系和各个教授会的领导干部总结了这两个系第一期训练工作、政治工作和后勤保障工作的经验教训，起草了给毛泽东主席的《关于高、上级速成系第一期训练总结报告》。

在报告中，刘伯承分析了第一期 347 名中、高级干部在军事素养、政治觉悟和文化水平等方面的基本特点，指出了有些学员重战术、轻技术，只愿意学作战指挥，不愿意学司令部工作和后方勤务的不良倾向。总结这一期训练工作的主要做法是：“先进行新兵种兵器和技术见学，以增进对新事物的感性认识。教授的顺序是：先理论概则，后各兵种应用战术，再做想定情况，进行图上作业，把诸兵种串联组织起来，锻炼学员分析综合、判断情况与组织合同战斗的能力。随后又由课堂到野外现地作业，以至实兵演习，结合实地证明理论原则。这样以战术为经，技术为纬，纵横连贯，组织起来，是最实际有效的方法。”

毛泽东在新中国成立初期日理万机的情况下，时刻关怀着军事学院的建设。从 1951 年 3 月 15 日起，刘伯承每两个月都给中央军委和毛泽东作一次军事学院两月工作综合报告。对这些报告，毛泽东都仔细阅读，亲笔批示。对刘伯承提出的意见和建议，也都及时批转给周恩来、聂荣臻和其他有关领导人办理。

这一年的春天，毛泽东到南方视察，路过南京时，让刘伯承和总高级步兵学校校长宋时轮，到他下榻的地方，汇报两校的情况。这一天，正赶上刘伯承不在南京，而在上海治疗眼疾，改由副教育长陈伯钧和政治部主任钟期光代为汇报。

毛泽东听完汇报，说了一句意味深长的话："延安有个清凉山，南京有个紫金山。"

延安，清凉山，这是说的抗大啊！当年在抗大当过训练部长和第二分校校长的陈伯钧，心里顿时感到热乎乎的。他一下子想起了毛泽东关怀抗大的许多往事：

毛泽东曾为抗大教员题词："忠诚党的教育事业"；

毛泽东曾用《西游记》中小白龙马的故事勉励抗大的教员，说，"你们别小看了那匹小白龙马，它不图名、不图利，埋头苦干，把唐僧一直驮到西天，把经取回来了"；

毛泽东还曾到窑洞里和抗大的教员们促膝谈心，说：你们在抗大当教员教学员，每个队七八十人，如果他们都当连长，就是七八十个连，如果他们都当营长，就是七八十个营，如果当团长、师长呢？教育工作就是革命工作，要树立死在延安，埋在清凉山的决心。

延安，清凉山，这些激动人心的往事，一直留在陈伯钧的心头，留在许多抗大干部的记忆中。

几天后，刘伯承从上海回到南京。陈伯钧、钟期光把毛泽东接见的情况向刘伯承作了汇报。刘伯承很快向全院作了传达，要求大家以南京比延安，以军事学院比抗大，学习抗大干部的献身精神，不图名、不图利，一辈子忠诚于党的教育事业，最后"死在南京，埋在紫金山"。从此，"死在南京，埋在紫金山"这句话，就成了军事学院教员和工作人员的口头禅，成为他们献身于党的教育事业的座右铭。

1952 年 7 月，高、上级速成系第一期 347 名学员经毕业考试后胜利结业。

7 月 10 日，毛泽东给军事学院发来了热情洋溢的训词。训词高度评价了军事学院业已取得的成绩："军事学院的创办及其一年多以来的教育，对于建设正规化、现代化的国防部队，是有重要贡献的。这是刘院长的努力，全体苏联顾问同志的努力，以及全体指挥员、政治工作人员、后勤工作人员、教员和学员共同一致努力的结果。"

训词正确地分析了革命战争时期，军队建设一直处于低级阶段的客观原因和表现，要求全军和军事学院必须利用已经变化了的条件，进行现代化、正规化建设："我们现在已经进到了建军的高级阶段，也就是进到掌握现代技术的阶段，客观条件已完全具备了这种可能，只需加上不疲倦的主观努力，就一定可以实现。与现代化装备相适应的，就是要求部队建设的正规化，就是要求实行统一的指挥、统一的制度、统一的编制、统一的纪律、统一的训练……必须加强整个工作上、指挥上，而首先又应该是从教育训练上来培养的那种组织性、计划性、准确性和纪律性。”

训词还强调了在现代化、正规化建设中具有重要意义的司令部建设，指出“为了组织这种复杂的、高度机械化的、近代的战役和战斗，没有健全的、具有头脑作用的、富于科学的组织和分工的司令机关不可。过去那种不健全的、效率不高的、甚至是极不胜任的司令机关，今后就必须大大的加强起来；过去那种只重视政治工作（重视政治工作是对的，今后也还必须重视），而忽视参谋工作的现象，必须加经坚定的改变；过去把一些比较弱的、缺乏组织能力的、甚至是犯了一些错误而积极性不高的人来做司令机关的工作，因而也或多或少地影响到对司令机关的缺乏威信，影响到若干指挥人员不愿意当参谋长，不愿意当参谋，这种现象必须加以根本上的改正。今后必须挑选优秀的、富于组织和指挥才能的指挥员到各级司令机关来，以创造司令机关新的作风和新的气象”。

7 月 12 日上午，军事学院隆重举行高、上级速成系第一期毕业典礼。刘伯承在大会上庄严宣读了毛泽东的训词，给毕业学员颁发了毕业证书，给 15 名品学兼优的优等生颁发了奖状奖品。下午，在南京市人民大会堂举行了热烈的庆祝

刘伯承在军事学院高、上级速成系第一期毕业典礼上致词

刘伯承向毕业学员颁发证书

大会。刘伯承在致词中反复强调了毛泽东训词的重要意义，向毕业学员提出了三点希望：理论联系实际，不断地学习，不断地克服保守观念，把所学知识运用到实践中去；在党的领导下作为人民服务的工具，但这个工具必须是有用的工具，是机器工业时代的工具，是现代化的工具；谦虚谨慎，不骄不躁，到各自的岗位上努力工作。

军训部长萧克也在会上讲了话。他说：高、上级速成系第一期学员毕业是全军的一件大喜事。这个大喜事是人民解放军现在有了一批学过现代军事科学知识的干部。他们对全军的正规化、现代化建设将起带头作用和骨干作用。

高、上级速成系第一期347名毕业学员，是新中国成立以后，人民解放军高级指挥院校培养出来的具有现代战争知识的第一批干部。它标志着人民解放军经过正规院校培养提拔干部的时期已经开始，也标志着军事学院的初创阶段业已结束。在毛泽东训词的指引下，走上了全面发展的新时期。

第二十二章　三更灯火五更鸡

第一节　几番心血一堂课

从军事学院成立的那一天起，刘伯承就始终如一地教育全院干部忠诚于党的教育事业，安心院校工作；勉励全体教员当辛勤的“园丁”，以“三更灯火五更鸡”的奋发精神，做好培养人才的工作。

他自己在这方面，正堪称全院的楷模。

每天，当东方泛白，晨曦微露的时候，他就起床了。先到阳台上做一套广播体操，活动一下身体，接着就到书房里看书，或打开录音机，大声朗读俄语。由于他学习俄语较晚，再加上受四川语音的限制，口语会话一直是个薄弱环节。陈毅看到他学习俄语这样用心，就送给他一台钢丝录音机。他把苏联顾问请来，给他朗读《联共（布）党史简明教程》的一些章节，用录音机录下来。每天早晨，他就跟着录音机一句一句地读，纠正自己的发音，提高口语会话能力。

两个小时之后，他来到楼后的小树林中散散步，接着漱口、洗脸、吃早饭，然后坐车到学院，开始一上午的紧张工作。中午，他只在办公室的长沙发椅上稍微休息一下，下午又继续工作。

晚上，回到住所北极阁，他仍旧一个人静悄悄地在书房里度过，手不释卷地读书，一丝不苟地编写、修改教材，经常工作到夜阑人静、万籁俱寂。一次，他书房里的一根电灯线不知怎么烧着了，哧哧地冒着烟，他却一点儿也不知道。警卫员赶紧跑进去，把他拉了出来。

他每天很少休息，几乎没有什么娱乐活动。他把全部精力都花在钻研马克思主义的军事科学上，把全部心血都倾注在培养中、高级干部的事业上。

他学而不厌，勤读不辍，用古今中外的军事科学知识丰富自己的头脑。他一如往昔，对《六韬》《尉缭子》《司马法》《吴子兵法》《李卫公问对》等古代兵书，对《东周列国志》《三国演义》《水浒传》等描写战争的古典文学作品，十分喜爱，常读常新。对《孙子兵法》更是特别珍爱，几个版本都有，里面的许多章节，越背越熟，而涉及谋算和筹划的《计篇》《谋攻篇》《势篇》《虚实篇》《军争篇》《九变篇》等，理解得尤为深刻，并有自己独到的见解。他说：“中国古代有许多了不起的军事家，也有许多了不起的军事著作和军事题材的小说。”

他也注意研究毛奇、拿破仑、苏沃洛夫、鲁登道夫等外国著名军事家的业迹和指挥艺术，注意研究古罗马战史、拿破仑战史、日俄战争战史和第一次世界大战战史等外国的战争经验；认真阅读苏沃洛夫的《制胜的科学》、克劳塞维茨的《战争论》等外国著名的军事著作，以及列夫·托尔斯泰的《战争与和平》、法捷耶夫、西蒙诺夫等人描写战争的文学作品。为了提高语言水平，他还读鲁迅的杂文和莎士比亚的剧本。

他刻苦钻研第二次世界大战的战例和战争经验，尤其是苏德战争后期，苏联红军继斯大林格勒会战和库尔斯克会战之后，从 1944 年 1 月起在一年内接连发动的列宁格勒—诺夫哥罗德战役，第聂伯河西岸和乌克兰战役，克里米亚战役，维堡和斯维里—彼得罗扎沃茨克战役，白俄罗斯战役，利沃夫—桑多梅日战役，雅西—基什尼奥夫战役，波罗的海沿岸战役，东喀尔巴阡、贝尔格莱德和布达佩斯战役，佩特萨莫—希尔克内斯战役等十个战略性进攻战役的宝贵经验，即所谓的“十次打击”。

读书之外，一般的娱乐活动他是不参加的。但是，对于战争题材的电影，他却很喜欢看。有一次，他去参加一个会议，会议结束时放映苏联电影《伟大的转折》。这个电影在当时已经放过多次了。秘书劝他不要去看了，在房间里好好休息一下，但是，他坚持去看，而且兴致勃勃地从头看到尾。回来后还对秘书说：“这个电影好得很嘞！看一遍有一遍的收获。你不去看，真是太可惜了。”

他每次到北京，都要抽空到王府井国际书店转转，看看有没有外国最新出版的军事书籍。中共中央警卫处为了他的安全，不同意让他去。他据理力争，说：“小平同志能去，陈老总能去，我为什么不能去？”

他还托驻印度大使袁仲贤从国外给他买军事书籍；找重工业部代部长何长工要当年红军大学的教材。为此，何长工和他订了一个君子协定：红大教材可以拿走，但是，军事学院出什么教材也要送一套来。

在刘伯承身边的工作人员，都知道他爱书如命。一看到有价值的军事著作，就主动给他买回来。一次秘书在外文书摊上看到一本介绍苏沃洛夫生平的小册子，马上买回来交给了他。他拿到手高兴极了，连连称赞秘书有眼光，说这本书买得好。他一口气就把这本小册子读完了。是时，正值苏沃洛夫逝世 152 周年，为了纪念这位伟大的俄国军队的统帅，他把苏沃洛夫关于士兵修养、品格、学习、训练、纪律等十项著名军事法则译成中文，用毛笔端端正正誊抄一遍，刊载在《军学生活》报上。

对于教学，他更是献出了自己的全部热情和智慧。本来作为德高望重的国家和军队的高级领导人，又是军事学院的一把手，而且年大体残，工作上只需原则指导就可以了，但他始终活跃在教学第一线。1952 年 5 月，他亲自给高、上级速成系学员讲授“集团军进攻战役”。这一课，是系统研究集团军进攻战役的组织、准备与实施问题，亦即战役法理论问题。这是兵团以上高级指挥员和高级领率机关参谋人员的必修课，也是军事学院教学中的“重头戏”。起初，学院训练部委托苏联顾问草拟了一个讲课提纲，他看后感到没有反映出战役法理论的实质，尤其没有体现出中国人民解放军战役法理论研究的特点，便决定自己动手编写提纲。是时，南京已是暑气逼人的夏初了。他夜以继日、汗流浃背地伏案工作，钻研毛泽东的军事论著，查阅苏联红军战役法资料，结合中国革命战争实践和未来战争的发展趋势，进行综合分析，从中阐发自己的观点。经过 18 个日日夜夜的紧张工作，他编写出 3.7 万多字的讲课提纲，然后征求各教授会的意见，反复修改。第一遍用墨笔改，第二遍蘸蓝墨水改，第三遍用红墨水定稿。讲稿上面红字夹蓝字，蓝字套黑字，红、蓝、黑相间，密密麻麻一大片，字字句句都凝结着他的心血和汗水。

刘伯承亲自为学员上课，讲授苏联卫国战争史

讲课那一天，大礼堂坐得满满当当。听课的除了高、上级速成系的学员和全体教员之外，还有中央军委高干集训班的 28 名高级干部，以及华东军区和南京地区军队院校的领导干部。他们将敬聆这位大军事家的讲授。

刘伯承从集团军在现代进攻战役中的地位、作用讲起，讲到集团军在现代进攻战役中的战斗编成、战役规模、战役准备，所采用的各种机动样式、战役布势及梯次配备的纵深，战役实施进程中的炮火保障、坦克兵装甲兵的运用、快速兵团进入突破口的原则和在战役纵深内的动作，以及集团军在现代进攻战役中的工程保障、通信保障、后勤保障和防空保障等一系列问题。他整整讲了六个小时，条分缕析、深入浅出，举出了一个个生动的战例，描绘了一幅幅规模宏大的战争图画，从理论与实践的结合上深刻阐述了集团军现代进攻战役的理论概则和许多学术问题。

这一课在军事学院产生了很大影响，在军事理论界也引起了震动。它标志着人民解放军战役法理论研究已经进入一个新的阶段。学员们普遍反映，听了老院长的课，增长了见识，开阔了眼界；教员们都衷心佩服老院长理论水平高，学术造诣深，表达能力强。一个教员向刘伯承请教讲课的诀窍。刘伯承笑了笑，风趣地说："我这是几番心血一堂课，18 天准备 6 小时讲完。如果说有什么诀窍的话，那就是四个字：'昼夜不息'。"

刘伯承在军事学院有很高的威望，学员们称呼他是"功高德劭的老院长"，教员们赞誉他是"最高学府的学术权威"。但是，刘伯承自己从来不这样看，他经常对学员们说："我是个老兵，海、空军我不懂，许多军事理论我不行。我号召你们学习，我也要带头学习。"

一天，他接到中共中央宣传部寄给他的一封信。信中写着：

刘伯承同志：

兹寄上苏联大百科全书"刘伯承"小传稿一件，请你详细补充和修正其中所叙事实……

他打开稿件，看到开头几行字是这样写的："刘伯承（生于 1892 年），四川开县人，革命军事家。中国共产党中央委员会委员。"

他微微沉思了一下，然后拿起毛笔，把"革命军事家"五个字中的最后两个字勾掉，添上了一个"人"字。

秘书站在旁边，一边看他改一边读："革命军事家——革命军人。"觉得这样写不合适，忍不住表示意见，说："你这样改不行，人民解放军每个成员都是革命军人。人家这是写你！"

他抬起头来，看着秘书，很严肃地说："我又怎么样？我也是革命军人嘛！我们都是在毛主席领导下打胜仗的。革命军队是个'大家'，不要说自己是军事家嘛！"接着，他又对稿件做了几处事实上的更正，让秘书誊写清楚，寄给了中央宣传部。

这一年的"八一"建军节前夕，刘伯承从北京开会回来，在大礼堂前散步。这时，学院俱乐部的几个干事正在布置会场，张贴标语。其中有一条标语上写着"攻书求实用，应如攻坚求战果"。这是刘伯承在 5 月 5 日学习节为《军学生活》报出版两周年的题词。他马上对这几个人说："快把这条标语撤下来。我的话怎么能够写到标语上去呢？不行，不行，快把它换掉！"

这位中外著名的军事家，始终把自己看成是人民解放军的普通一兵，时刻把自己置身于革命军人的行列之中。

第二节　大连休假

自 1952 年以来，由于过度劳累，刘伯承常感身体不适。他右眼早已致残，看书写字全靠视力微弱的左眼。时间一长，就头昏脑涨，夜不能寐。再加上战争年代的其他旧创也不时发作，使得他的健康每况愈下。

高、上级速成系第一期毕业后，卫生部门几次劝刘伯承外出疗养一段时间，但是他一拖再拖。1953 年春，为了迎接全军正规训练的热潮，他又领导军事学院开展了一次规模很大的提高与普及军事科学思想的教育运动，主持召开了教、学员代表会与座谈会，研究改进教授法与学习法，并组织审查修改了66种教材。就这样，一直到这一年夏天，学员们开始放暑假的时候，他才决定去大连休假。

8月的一个早晨，刘伯承来到下关轮渡码头，与送行的人员一一握手告别。这时，人们突然发现他身后还跟着两个人，一个是翻译室主任，另一个是学术编辑部的编辑。

"院长休假，带他俩去干什么呢！"大家都有些疑惑不解。

刘伯承看到大家的这种神情，开口笑了，风趣地说："他俩是跟我要账的。等到了大连，我还他们的账。"

原来，刘伯承很早就想抽出一段空暇时间，把军训部交给他审定的《苏联红军野战条令》校译一遍。这本条令，总结了苏联卫国战争的经验，阐述了诸军兵种合成作战的概则，在当时有一定的参考与借鉴作用。于是，他决定利用这次假期，带这两个助手共同完成这项任务。

刘伯承等人乘渡船到达浦口车站，坐上了北去的列车。在车厢里，刘伯承向协助他工作的两个助手交代说："这本条令我搞过好几遍了，但总是不大放心，因为它是全院最基本的教材。这次，我们把它从头到尾认真校译一遍，要从翻译角度上，从军事学术、军事术语和文字表达上，一字一句仔细推敲，做到内容准确、文字清通。这样，才能使学的人容易接受下来，教的人也可避免以讹传讹，贻患于后。我们争取一个月左右搞好，再向中央军委写个报告，请示正式颁布使用。"

车到大连，刘伯承住进老虎滩疗养院。说是疗养，其实只是换了个工作场所。每天清晨，他到海滩上散一会儿步，吃过早饭就投入工作。他把俄文版的条令反复阅读，然后与译稿对照比较，检查译得准确与否。发现有矛盾、有出入的地方，就和两个助手一起研究，共同磋商，看看如何表达才准确恰当。

刘伯承作风民主，学术上更是善于取长补短。他积极鼓励两个助手开动脑筋、独立思考，敢于争论问题，而不要有任何顾虑。他们说对了，他会豁达地哈哈大笑，说："你们说得对，我钻牛角尖，钻进去出不来，被你们一句话点破了。"他们说错了，他也从不责怪，总是笑着说："恐怕不是这个意思，你们再想想看。"遇到疑难之处，他和他们反复推敲。有时他还讲些历史典故和战例，启发他们思索，寻求一致满意的正确答案。如果各执己见，谁也说服不了谁，他就把问题"挂起来"，让他们各自准备材料，找出根据，次日再讨论。有时夜深了，他还披衣起来，到两个助手的房间，和他们继续探讨白天争而未决的问题。

刘伯承治学态度严谨，钻研问题细致入微。他对每一个军事术语的译法，都反复思索，仔细推敲。既考虑到它的准确性，又注意做到深入浅出，通俗易懂。他常说："什么文章也没有军事文章更具有美学价值。因为每个字都关系到战场上的胜负，关系到军官和士兵的生死存亡。所以不能轻易下笔，笔重千钧啊！"他很赞赏近代翻译家严复提出的理论，一篇好的翻译文章应该做到三个字："信、达、雅"。但是，对这三个字，他融进了自己的解释。他认为，"信"就是准确无误，忠实于原著；“达”就是讲究修辞，讲究语法；“雅”就是文字隽永，行文似流水。他还把做翻译工作形象地比喻成是做两国文字“结婚”的工作。两国文字“结婚”，应该生出一个漂亮的“混血儿”，不应该生出一个“丑八怪”来。他与两个助手在讨论条令中关于陆军与海军舰队的协同动作时，对“以火力协助陆军濒海翼侧的部队”中的“濒海”一词，就是把它与“滨海”“临海”“沿海”“近海”等几个词反复研究比较，最后才确定用上去的。把沿用多年的“冲锋”改成“冲击”，也是在这次校译中定下来的。

日复一日，刘伯承一手拿着放大镜，一手拿着毛笔，整天伏案工作。时间一久，他仅存的一只眼睛就不住地流泪，眼球上也布满了血丝。但是，他毫不松懈，坚持把20多万字的条令一字字、一句句、一章章全部校译出来。为了指导学员学好这本条令，他还写了一个6000多字的“中文译本说明”，在总结军事学院教学和吸取抗美援朝战争经验的基础上，有重点地阐述了院校教学和部队训练中存在的一些问题：如何理论联系实际，学习外国的先进经验；如何重视集中统一，组织诸兵种协同动作；如何以毛泽东的《中国革命战争的战略问题》等著作为指针，从中学习关于军队建设和军队指挥的思想方法；等等。

不知不觉，一个多月过去了。其间，刘伯承对协助他工作的两个助手，照顾得十分周到，让他们与自己一同就餐，一桌吃饭。天气凉了，还给他们送去毛衣。

偶有余暇，刘伯承也陪两位助手游览大连的公园和名胜。在旅顺口的高岗上，他遥望要塞四周，见这里地势险要，设施完备，进出港湾的海上通道细如咽喉。他手指着旅顺要塞，向随行者问道：“你们看过《旅顺口》[①]这部小说吗？这部小说反映了日俄战争中的一些战役战术特点。”接着，他根据小说的内容，对照现地讲起了当年日俄战争的情况。

夏去秋来。刘伯承写完“中文译本说明”之后，又拟定了给中央军委的关于请示出版此书的报告，还题写了书名——《苏联红军野战条令（草案）》，规定了版本样式、印刷规格、封面装潢等具体事宜。最后，要求两个助手认真做好校对工作，不要错一个字，并嘱咐说：“这本条令是军训部组织译出来的，封面上一定要印上‘军事训练部译稿’，然后再印‘军事学院校译出版’。”

9月底，在大连度假的刘伯承完成了他预定的20多万字的译稿。他感到“还了账”。胸中流露出真正的轻松和无比的愉快，身体似乎也比过去好多了。走在松软的海滨沙滩上，步履也显得格外轻捷有力。大海是多么宽阔，大自然是多么美丽啊！这时，也只有在这时，如释重负的刘伯承，才真正享受到了度假的欢娱。

第三节　在全军高干会议上

从1953年下半年开始，在全军范围内开展了统一的、正规的、以军事为主

①《旅顺口》是反映1904年到1905年间，日、俄两国军队反复争夺中国旅顺口的一部小说。

的训练。这一年，为配合全军正规训练，军事学院实施了十几次军事演习。演习之多，甚至在一个月内就接连实施过三次。其中规模较大的，有“步兵团对预有防御准备之敌进攻战斗的实兵示范演习”，“陆军师行军遭遇战斗实兵示范演习”，“师防御及转入进攻战斗的炮火保障与航空兵轰炸示范演习”，“师进攻战斗后方组织与物资保障示范演习”，“工兵渡河器材示范演习”，“军指挥所示范演习”等。

对演习工作，刘伯承一向抓得很紧。从第一次临淮关演习起，每次重大演习他都亲自主持制订实施方案，亲临现场指导作业。他认为，“实兵演习最接近实战”，“经常实施各种不同的实兵演习，以贯通理论知识，以教会学员这种训练军队的方法，应为军事学院今后采用的训练方式，进而求得在全军中开展”。

这些演习，中央军委组织了各军区、各院校的干部近万人参观见学，对刚刚起步的全军正规训练起到了很好的推动作用。

11 月 24 日，在结束军指挥所示范演习后，刘伯承接到中央军委的通知，赴京出席全国军事系统党的高级干部会议。会议是为总结全国解放后军事工作的经验，确定军队建设的总方针和总任务，讨论军队的组织编制和加强部队训练，以及实行义务兵役制、薪金制、军衔制等重大问题而召开的。

12 月 7 日会议正式开幕。由国防部长彭德怀主持，朱德总司令致开幕词。

在会议的发言中，刘伯承全面、系统地回顾了军事学院创建三年来的工作。他指出，三年来，在训练方面虽然取得了很大成绩，但也存在一些问题，需要报告中央军委讨论解决：

一是学制要正规。三年来，各个系学制不统一，学员入学、毕业时间不一致，造成了学院工作的混乱状态。今后要把学制确定下来，速成系两年，预科半年，正科 1 年半；完成系 4 年，预科 1 年，正科 3 年。学员入学和毕业均应在寒、暑假进行。

二是入学早查和毕业考试要严格。要挑选政治、文化、身体等方面合格而有培养前途者入学，不能把犯了错误或文化水平低、年龄大、身体差的干部塞进学院。学习期满，速成系要进行学院考试，完成系要进行国家考试。考试合格者，毕业后要尽量分配做教育训练工作，发挥种子作用。不能让他们担任公路局长、体育大队长、人民检察署长等职，或长期住招待地闲置不用。

三是增强学院与部队的联系。中央军委各相关部、各军兵种要加强对学院的指导和支援，要建立经常的联系，提供必要的器材，派领导干部到学院讲课，作报告，以增强训练效果。还要适当提高教员的级别、待遇，使学员、教员与部队干部一致起来，从而鼓励教员钻研学术，热爱教育工作。

四是增设战役系，培养训练全军高级干部；增设研究生院，从完成系中选拔若干品学兼优的毕业学员做研究生，经考试授予学衔学位。

刘伯承还提出，三年来每次举行较大的实兵示范演习，都要临时抽调部队，调拨器材，来往电报不胜其烦。学院要派人前往接收，要组织训练指导作业。而担任演习任务的部队，既要完成演习任务，又要完成原来担负的工作任务，无形之中加重了学院与部队的许多负担。为了改变这种状况，建议调一个现代化装备的建制师，长期驻在南京附近，专供军事学院和总高级步兵学校演习之用，并建立一个专门制造演习使用的弹药和器材的工厂。

刘伯承（前排左二）与出席全国军事系统党的高级干部会议的代表合影

刘伯承把上述问题，整理成《关于学院三年来训练干部的概况和向军委高干会议的建议》的文字材料，作为 1953 年 11 月、12 两月向中央军委的综合工作报告和向这次会议的书面报告，提交大会秘书处。

亲自动手，给中共中央、中央军委和毛泽东主席写报告，这是刘伯承多年的习惯。军事学院成立以来，他仍然坚持执行 1948 年中共中央关于建立报告制度的决定，每两个月都给中央军委、毛泽东作一次“两月工作综合报告”，从未间断。

这些报告绝大多数都是刘伯承自己动手写的。他不愿意让工作人员代笔，只让他们提供情况、问题和典型事例。特别情况下由别人起草时，他也要提出详细提纲，写好后他再左一遍右一遍地修改，有时修改得原稿的字句所剩无几。

如果有哪一次报告没有按时送上，刘伯承都严肃地申明原因。比如，他在 1952 年 5 月 29 日给中央军委所作的 3 月、4 两月工作综合报告的后面就写着：“因为忙于自己准备战役法教材上课，脑眼又病，所以这个报告迟误到现在才做出来，谨此申明。”如果一段时间他因病或因其他情况没有直接领导军事学院工作，他就委托主持工作的陈伯钧教育长或钟期光主任给中央军委写报告。在报告后面注明“刘伯承（病假）、陈伯钧或钟期光（代行）”。

对中共中央和中央军委的指示，刘伯承总是认真贯彻、坚决照办，从来不打折扣、不讲价钱。他曾经谦虚地说：“我这个人政治上不怎么行，但在组织上我是服从的。”

有一个时期，刘伯承听到有人反映，说军事学院因为有德高望重的刘伯承院长，不认真执行总参、总政、总干和军训部等几总部的指示。这个反映虽然无必属实，却引起了他的重视，他更加严格地教育部属不许打着他的旗号对上级领导机关讲价钱、推客观、请求额外照顾。

当时，总参、总政、总干和军训部等领导机关经常派工作组到军事学院调查研究、检查工作，刘伯承每次都指示有关部门热情接待，如实汇报情况，主动配合他们搞好工作。他还亲自向工作组汇报，征求对学院、对他本人的意见。

遇到这种情况，工作组的成员感到很不好意思。刘伯承笑着说："有啥子话就说嘛！你们是代表上级领导机关的，站得高，看得远，掌握着全局，要把意见留下来，不要带走嘛！"

军事学院的重大工作，诸如训练大纲、教学计划、开办各军兵种学员系、开展各项运动等，刘伯承都事先向中央军委请示，事后向中央军委报告。

1954 年 1 月 15 日，刘伯承在全军高干会议上作了长篇发言，题目是《我在学习党的总路线中对国防现代化的一些见解》。这篇发言的内容分五个方面：

（一）关于国家工业化与国防现代化的关系。他认为，党在过渡时期的总路线，一是实现国家工业化，一是实现国防现代化。也就是建设社会主义与保卫社会主义的两大任务。在党的统一集中领导下，地方主要是"一化三改"，即逐步实现国家社会主义工业化，并逐步实现国家对农业、对手工业和对资本主义工商业的社会主义改造。而军队主要是在国家统一规划下，实现国防现代化。也就是为建设正规化现代化的国防军而奋斗。只有国家工业化，国防现代化才有物质基础；也只有国防现代化，国家工业化才有保障。忽视任何一面，都是不可容许的。

（二）在国防现代化中加强党的统一集中领导，坚持政治工作制度。他强调，国家工业化与国防现代化必须在党的领导之下才能实现。任何人不管是有意地无意地离开了党的领导，伤害了党的领导，破坏了党的团结，将来就会造成历史上不可容许的罪恶。现在我们必须保持发扬人民解放军的优良传统，如官兵一致，军民一致，思想领导，群众路线，并在此基础上不断有所发展，才能实现正规化现代化的目标。国防建设中有三大问题——兵员问题、军械军需问题、干部问题，都必须在党统一集中领导之下军队与地方合作。将来实行义务兵役，也需要在中共中央统一集中领导之下，从中央人民政府、各大行政区到省、市、县的民政部门与军队密切配合，才能实行得好。

（三）现代化国防军在统一集中指挥协同动作下的组织与训练问题。他指出：现代化国防军，人数众多，装备复杂，必须统一意志、协同动作，这部机器才能正常运转，发挥功能。根据中央军委拟定的全军干部训练制度草案，他强调，训练就是教战，也就是多流汗少流血的备战工作。训练有军队训练，有干部训练，而干部训练尤为重要。为此，就要建立健全各类各级干部学校，包括培养指挥干部、技术干部、政治干部、行政干部的学校，而且各自又应分为初、中、高不同的层次，形成一个院校网，使全军干部训练全面开展起来。

（四）国防现代化与培养高级将领的重要性。他提出：我们党高级的政治干部、将领干部都是国家栋梁之材，安危所系的人物，在领导国家工业化与国防现代化中都是如此。我们党在组织上、训练上培养高级将领干部太重要了。为此，他提出军事学院准备开办战役系的打算，并诚恳地点出了杨得志、张爱萍、萧克、萧华、邓华、李达、叶飞等 10 个人的名字，希望他们都能来战役系学习。

（五）理论与实际结合，学习外国先进军事科学。刘伯承阐述了理论与实际结合，学习外国先进军事科学的意义，强调“理论与实际结合的最大关键，还是要在实践之中。此时只能教以主观与客观符合的思想方法”。这个观点，就是刘伯承一再强调的：在贯彻理论与实际结合的方针时，着重点应有所不同，学员入学时鼓励学进去，反对经验主义；学员毕业时提倡去实践，克服教条主义。首先是学进去，而后是扯出来。

这个“见解”，是刘伯承对于国防现代化所作的全面、深刻，有代表性的一篇发言。发言所阐述的一系列观点引起了强烈的反响。与会同志一致认为，他想得深、看得远，所提建议是完全可行的。对国防现代化建设中许多争论不休与混淆不清的问题，画出了一个解决的轮廓。

1 月 26 日，全国军事系统党的高级干部会议闭幕。朱德致了闭幕词，彭德怀作了总结发言。

这次会议之后，军事学院的训练工作和全军的训练工作一样，进入一个兴旺发达的“黄金时期”。

第四节　组织国家考试

全军高干会议结束之后，刘伯承在北京又出席了党的七届四中全会。这是揭露和批判高岗、饶漱石反党分裂活动，增强党的团结统一，保证过渡时期总路线贯彻实施的一次重要会议。

会议期间，刘伯承和陈毅、贺龙，都住在北京东交民巷原法国驻华大使馆的房子里，他们对高岗、饶漱石分裂党的阴谋活动十分愤慨，白天一起出席会议，晚上经常交谈到深夜。

在进行大会发言时，由于发言的人很多，大会秘书处要求发言要简短，最好能在 10 分钟之内讲完。为此，秘书先后给刘伯承准备了两个稿子。但是，他都没有采用。在事关党的团结统一的重大问题上，他要自己动笔写发言稿，表示自己鲜明的立场和态度。写好后，他让秘书拿给他的老战友、中共中央政治局委员邓小平提意见，帮助修改。然后，让秘书看着表，他照着稿子念了好几遍，琢磨着在 10 分钟之内讲完用什么速度合适。在做这件事的时候，他就像一个恪守校规的小学生那样认真严肃、一丝不苟。

2 月 8 日，刘伯承在全会上发言。他首先指出居功自傲、个人主义是妨碍党的团结统一的根源。接着，联系自己的经历说：“我个人原是小资产阶级出身，又是从熊克武旧军队那里出来的。后来在入党时我的誓词是‘绝对服从党’。此后即经常自勉：我是党领导下的革命军队的高级干部，必须对党尽无限的忠诚，并以身作则，教育所带军队完全接受党的统一集中的领导，而成为光荣的党的工具……我个人向党保证，愿在自己的工作中确实遵守党的决议，并为党的团结而尽最大的努力和做必要的工作。”

2月14日，刘伯承回到南京。根据中共中央的指示，召开军事学院第一次党员代表大会，宗旨就是“把党中央提出的总路线、七届四中全会决议、全军高干会议决议贯彻到训练工作中，完成培养德才兼备的干部的任务”。

当时，在学员中存在的主要问题仍然是骄傲自满、以功臣自居和狭隘经验主义。军事学院党委曾经在精简整编、三反、整党、提高与普及军事科学思想教育等运动中多次进行整顿。

党代会期间，刘伯承又花了很大气力解决这些问题。他给海军、空军、炮兵和装甲兵四系学员，给全院党员干部，给全体教职员工，作了一次又一次报告，宣传党在过渡时期的总路线，宣传党的七届四中全会关于增强团结的决议。同时，严肃指出骄傲自满如不克服而任其发展的严重危害：从骄傲开始到“骄惰”，学习、工作懒得去干，甘当思想懒汉；其次到“骄奢”，贪污腐化，忘记了人民群众的利益，忘记了油、盐、柴、米的价钱；再次到“骄横”，个人居于党之上，把自己领导的地区或部门看成是“独立王国”，最后走上反对党、分裂党的危险道路。

各个学员系根据刘伯承的报告，普遍进行了一次思想整顿，借高、饶事件的教训检查清理骄傲自满的各种表现，并重点批评教育了一些人员。最后，刘伯承拿着一大摞整顿的总结材料，在全院大会上高兴地说：“好，这才是马列主义。各路诸侯来到军事学院，都讲自己如何过五关斩六将，这不行。高岗就是因为骄傲、有野心，才犯了错误。党中央是核心，我们都要团结在党中央周围。”

这一次思想整顿，对全体学员教育很大。特别是对即将结业的基本系和情报系第一期学员，教育更为深刻。基本系和情报系是完成系。第一期学员从1951年1月入学，到1954年3月，所学课程全部结束，进入毕业考试阶段。

3月下旬，中央军委任命朱德为主席，刘伯承和总政治部副主任甘泗淇等为副主席，组成国家考试委员会，对军事学院毕业学员进行严格的考核验收。

所谓国家考试，就是由国家统一命题，由中央军委、总政治部领导任主考官，对毕业学员实施军事（理论与想定）、政治课程的考核。军事理论考试主要是口试，军事想定则进行图上作业。口试的方法是抽签答题，即把试题写在试题签上，放在试题盒内。应考学员可以从盒内任抽一签，根据签上的试题准备10至15分钟时间，然后对主考官做出回答，除了试题签上的试题之外，主考官还可以提出其他有关问题，学员也必须做出回答。最后，由考试委员会按5级分制评定考试成绩。

3月25日，甘泗淇来到军事学院，首先主持了政治理论国家考试。接着，学员们又进行了军事想定作业的国家考试。

4月19日，朱德来到军事学院，亲自主持基本系、情报系第一期军事理论国家考试。

对于朱德的到来，刘伯承心里十分高兴。在长期的革命战争中，两人相知相亲，友情甚笃。刘伯承对朱德一向十分敬重和爱护。在一次涉外招待宴会上，一些外宾和外国军官，出于对朱德的敬佩，争先恐后向朱德敬酒，弄得朱德招架不住。刘伯承主动上前应酬，代替朱德把外宾的敬酒左一杯、右一杯都喝了。他本来不会喝酒，一下喝了这么多，结果宴会一散就虚脱了。第二天，秘书和警卫员都埋怨他不会喝酒不该“逞强”，他却幽默地说：“你们知道啥子嘛！我这是代朱老总领功，替朱老总受奖，是很光荣的啰！不然的话，朱老总可就承受不住嘞！”

这次，他亲自带领学院的领导，到下关轮渡码头迎接朱德，陪同朱德检阅了由学员组成的陆、海、空三军仪仗队。仪仗队军容严整、军威雄壮，受到朱德的高度赞扬。

1954 年 4 月，刘伯承陪同朱德检阅军事学院学员队伍

第二天，刘伯承又陪同朱德视察了军兵种教授会的专修室。专修室布置一新，整洁明亮。墙上挂着一些兵器的照片、图表，地上放着这些兵器的实物或模型，桌子上摆着沙盘和其他教具等。朱德饶有兴趣地看着墙上的照片和图表，指点着一些兵器，和他愉快地交谈着。他告诉朱德，这种专修室每个教授会都有一个，全院共有几十个，为教学和学术研究提供了方便。朱德称赞专修室建得好，并建议内容要不断更新，不断充实；要把它们充分利用起来，为教学和学术研究服务。

4 月 25 日，基本系和情报系进行最后一门军事理论的国家考试。考场所在的大楼布置得焕然一新，外墙正中悬挂着一颗金色的国徽，两边垂放着大幅标语，一边写着“国家考试就是我们向党向国家向毛主席报告训练与学习的成绩”，另一边写着“保证参加国家考试的学员争取优秀成绩是当前全院共同的任务”。考场外面还贴上了醒目的考试规则。

考试从上午 8 时开始。应考学员排着整齐的队列进入考场大楼，按顺序先到各个候考室等候，听到点名后进入应考室。应考室正中坐着主考官，两旁是陪考官和苏联顾问。应考学员先向主考官报到，接着就抽签答题。整个考试程序正规、严格，整个考场气氛紧张、严肃。这就是当时人们所称的“三堂会审”。

这一天上午，刘伯承陪同朱德视察了整个考场的情况。朱德还亲自考了两个学员。下午，朱德听取了陈伯钧教育长和学院首席顾问罗赫里斯基的汇报，并接见了全院教授会主任以上的干部，发表了即席讲话。他热情地赞扬了军事学院创办三年多来，在“传授先进军事科学”“为全军培养高、上级干部”方面，所取得的成绩。告诫学员要把技术与战术同等重视起来，“只有学会善于驾驭现代装备的技能，才能在战场上创造出奇迹来。必须注意好好学习技术”。他极口称道学院组织学术委员会和学术研究协会的创举，要求学员毕业后把这个办法推广到部队中去，倡导部队研究学术风气，提高全军学术素养。强调指出，“军事科学是最高深最精密的学术”，“科学第一，没有科学我们就不能前进”。他明确提出要提高教员的待遇，提高教员的荣誉。要把当教员看作光荣的事业、豪迈和荣耀的事业。

朱德（立者）向学院各级领导讲话（朱德左侧第一人为刘伯承）

朱德这番讲话，说到了与会者的心坎上，受到了大家的热烈欢迎。

基本系和情报系第一期国家考试，前后进行了 9 天。参加考试的 324 名学员均获得比较好的成绩，其中得 5 分的占 30%，得 4 分的占 50%，有 45 名学员各门课都是 5 分，被评为学院的优等生。

5 月 1 日，在全院欢度国际劳动节的热烈气氛中，军事学院举行了基本系和情报系第一期毕业典礼。刘伯承和军训部长萧克等人，在雄壮的军乐声中检阅了毕业学员的队伍。然后，由萧克宣读中央军委准予324名学员毕业的命令，再由刘伯承致训词。

刘伯承走上讲台，望着台下坐得整整齐齐的毕业学员，心里很不平静。这两个系的学员大多数是团级干部，年富力强，学习刻苦，充满着革命朝气。刘伯承很喜爱他们，尤其喜爱基本系，把基本系称为“学院的心脏”，倾注了更多的心血。三年零四个月来，这两个系的学员从入学到毕业，度过了一段紧张的学习生活，而学院的教学工作也经历了一段艰难曲折的道路。

基本系和情报系第一期学员入学时是427人，而毕业的只有324人，计4个人入学只有3个人合格毕业。这使刘伯承想起在北京出席全军高干会议时，毛泽东问他的一个问题：“究竟是培养人才快些，还是国防工业建设快些？”

刘伯承回答说：“我还要算算这笔账。”

毛泽东告诉他：国防工业比培养人才快。我们的国防工业是日日有进步。我们的空军建设，技术进步很快，海军建设，技术进步也很快，而人才培养还赶不上。苏联曾经提出“技术决定一切”，后来又提出“干部决定一切”。我们是平行战役，一边工业化，一边培养干部。干部训练，特别是高级干部的训练很重要。“十年树木，百年树人”，需要进行艰苦细致的工作。

现在，刘伯承深深体会到，培养人才确实不容易，确实需要进行艰苦细致的工作，需要花费无数心血和汗水。

想到这里，他觉得对毕业学员既要鼓励，更要鞭策，促使他们进一步成长。在讲话中，他简单地回顾了三年零四个月训练工作的基本情况，对毕业学员提出了要求：毕业不是学习的终结，而是进一步到实践中去学习的开始。要把在学院所学的知识拿到实践中去，创造性地加以运用发展，推动军事科学思想不断前进。他特别指出，在这次国家考试中，有些人只知道背诵条文，回答问题时还不能很好地联系中国革命战争、苏联卫国战争和抗美援朝战争的实际来阐发自己的观点。因此，必须警觉不要有教条主义发生。最后，他还对留下当教员的56名学员提出了希望。希望他们记住朱德总司令的话，把留在学院当教员视为最大的荣誉，为全军正规化现代化建设作出贡献。

刘伯承致完训词，向全体毕业学员颁发了毕业证书、证章、奖状和奖品。当这些毕业学员从老院长手里捧过毕业证书的时候，心情无比激动，有的甚至眼噙泪水。他们深深感到，在自己取得的每一分成绩里面，都有老院长的心血和汗水，有院党委和全院教职工的心血和汗水。三年零四个月的时间，过去总觉得很长，现在却一下子逝去了。他们真有点舍不得离开学院，舍不得离开老院长！

基本系和情报系第一期参加国家考试的324名学员，以优良成绩结束了在军事学院的生活。他们像一颗颗种子一样，撒到了全军广大指战员之中。今天，在军队高级领导干部的行列中，在军事院校和军事科学研究的领导岗位上，都可以找到他们的踪影。

第五节　培养高级将领

1954 年 5 月 16 日，刘伯承坐上了向北京奔驰而去的列车。他此行的任务是领导全军高级干部进行“集团军防御战役”集训。

这是继 1952 年 5 月，“集团军进攻战役”集训后，又一次全军范围的在职高级干部短期军事集训。

这次集训，是在刘伯承的积极倡议之下举行的。全国解放后，刘伯承在给中央军委的报告中和在许多会议上的讲话里，在强调训练一般干部重要意义的同时，特别强调训练高级干部对于人民解放军实现正规化现代化的极其重要的意义，提请中央军委把这一工作逐步开展起来。

中央军委十分重视刘伯承的意见。除按期选调一部分中、高级干部入军事学院离职学习外，还采取多种方法训练大多数在职中、高级干部：一是批准军事学院开设了高级函授系，招收一批学员进行函授教育，在开学和毕业考试时到军事学院短期集中，其他时间则在职学习，由军事学院发给教材讲义，并派出教员巡回辅导。二是在军事学院举行较大规模的军事演习时，组织全军中、高级干部参观见学，从中学习诸军兵种合成作战的组织与指挥。三年多来，全军共有一万多名中、高级干部参观见学。三是利用军事学院的教学力量和教学条件，组织高级干部短期集训，每次学习研究一个专题。

5 月 18 日，中央军委以军委办公厅、总参作战部和军事学院三家组成集训班秘书处，以副总参谋长张宗逊为集训班班主任，负责日常行政事务，而集训班整个训练工作则由刘伯承以军事总导演的名义领导实施。参加集训的正式学员有各大军区、志愿军，军委各总部、各军兵种、各军事院校的领导干部，以及军事学院高级速成系第二期学员，共 138 人，还有旁听学员 113 人，总数为 251 人。

5 月 19 日，集训班正式开课，刘伯承把整个身心都扑在集训班的工作上。他吃、住都在集训班。白天，和学员们一起听课，参加课题讨论。晚上，听取各个小组汇报，检查学习进度和学习情况。他还担任了“集团军防御战役原则”一课的讲授任务，并组织指导了集团作业和室内半示范演习。

对于参加集训的高级干部，刘伯承严格要求他们遵守纪律，遵守各项规章制度，努力学好军事科学与指挥艺术。他对学员们说：“学习军事科学不是一件容易的事情，大家要多流点汗水，我是要提问大家的。”在他的领导和模范作用的影响下，学员们学习刻苦、作业认真，晚上经常加班到十一二点钟，有时星期天也不休息。整个集训班充满着刻苦钻研军事科学的浓厚空气。

6 月 19 日，集训结束。刘伯承作了学习总结和学术总讲评。他首先指出：集团军进攻与防御战役集训，统称为战役法集训，是学习研究现代战役法一般准则，即组织战役、指挥战役的领导艺术。这是兵团以上高级指挥员及其领率机关参谋人员必须掌握的。接着，他结合军事导演三个阶段的实施过程，阐述了集团军防御战役中关于战役计划的拟制，集中主要力量，实施反冲击、反突击和反攻等若干军事理论问题。根据丰富的实践经验和对于现代化战争的不断探索，把集团军防御战役这样一个大兵团作战的战斗编成、战役布势和指挥方法等各个方面讲得十分清楚透彻，使这次集训的理论水平大为提高。

各个学习小组在总结时都说：集训内容生动丰富，集训方法灵活多样，准备工作周到细致，教员讲课系统熟练，军事导演组织严密、指挥得当，在集中兵力和协同动作方面更有独到之处。他们还一致谈道，刘伯承院长的模范作用、严格要求和不断督促检查，砥砺和鞭策了大家，推动了学习的深入。

这次集训结束后，各大军区、各军兵种仿照这次集训的内容和方法，也普遍进行了一次战役法集训，从而掀起了全军高级干部学习军事科学的热潮。

这次集训也使刘伯承在训练高级干部方面迈出了新的一步。回到南京，他又趁热打铁、马不停蹄地组织筹备规模空前的“集团军进攻转海岸防御首长——司令部演习”，即山东半岛演习。

10 月 17 日，刘伯承以演习指导部部长和军事总导演的名义，发布了演习动员令，指出这次演习是培养高级指挥员的作战指挥能力、加速军队正规化现代化建设的一次重要演习。所有参加演习的人员和部队都要充分认识演习的重要意义，牢固树立为参观见学人员服务、为高级干部的教育与训练服务的思想，积极做好思想、组织、训练诸方面的准备工作。

11 月 17 日，刘伯承来到山东平度县张戈庄，现场组织指导这次演习。

演习地域宽 30 公里，纵深 300 多公里，包括当时山东昌潍、莱阳等专区及青岛市的 10 个县、100 多个主要村庄。演习部队有步兵、工兵、炮兵、装甲兵、通信兵，还有海军和空军参加。连同表演人员、保障人员等，总计有 8000 多人。全军共有 264 名中、高级干部参观见学，其中兵团级以上干部就有 21 名，他们分别见学了集团军司令员，集团军参谋长，集团军作战、情报、通信、防化等部门首长以及快速集群、航空兵、炮兵等特种部队指挥员的演习作业。整个演习分 3 个阶段实施，到 11 月 30 日结束，历时 14 天。其规模之大、地域之广、时间之长，不仅在军事学院是第一次，在全军来说也是第一次。这次演习更为深远的意义是，它为 1956 年中共中央军委组织实施的辽东半岛抗登陆大演习提供了极其丰富的经验。

几年来，刘伯承在军事学术上一直致力于现代大兵团攻防作战的战役法研究，他编写战役法教材，讲授战役法课程，主持战役法集训，组织指导集团军战役演习，为发展和完善人民解放军的战役法理论进行了不懈的努力，为使全军高级干部掌握现代大兵团作战的组织与指挥付出了辛勤的劳动。

1955 年，军事学院开办了战役系，并开始筹建中国人民解放军高等军事学院。

关于开办战役系问题，刘伯承和陈伯钧、钟期光曾在 1954 年 7 月，联名向中共中央军委写了报告。报告中说：“学院党委曾向军事系统高干会议提出，在军队改装备、各级学校成立之后，建议开办战役系，加强高级将领的训练，第一期学员名额，拟宜适应国防工作最低的要求，至少为 30 至 40 名兵团及其以上高级将领。”

刘伯承在张戈庄演习后做讲评

中共中央军委批准了他们的报告，调杨得志、韩先楚、陈锡联、廖汉生、张震等 52 名高级干部入战役系学习。

见到杨得志等人来军事学院学习，刘伯承打心眼儿里高兴。他对学院训练部的负责人说："我年纪大了，要培养年轻将领。杨得志同志是志愿军副司令员，他来学习，和我们一起研究学术，这很好。他们都是中国革命几十年斗争保存下来的党的宝贵财产。将来，在我国遭受帝国主义侵略时，要靠他们来掌握局面、指挥作战。"

同时，刘伯承也强调不要放弃领导。他指出："唯其是高级干部更应加强领导。对他们放松了，就会差之毫厘，失之千里，相因成习，积重难返。我们对他们的最大照顾，是保障他们能学到东西。"

为此，刘伯承召开会议，与有关人员一起分析战役系学员的一般特点，研究战役系的训练计划。他认为，战役系学员思想水平高，党的观念强，具有丰富的作战经验和工作经验，有独立分析、解决问题的能力。根据这些特点，战役系的训练计划应当以学习高级兵团的战役为主，以学习组织指挥及其思想方法为主；训练方法应当贯彻"精讲多练"的原则，提倡学术研究和学术争鸣，把理论与实际紧密结合起来。

为了执行这个训练计划，刘伯承还深入战役系学员中间，听取他们的意见和要求。他给他们详细地讲述了关于训练计划的几个问题，亲切地对他们说："讲的目的，主要是打通思想，达到上下通气，并让大家出主意，共同解决。大家可以考虑一下，把意见反映上来，领导研究统一后，再让大家讨论。因为这个计划包括施训与受训两个方面。"

1955 年 9 月 1 日，战役系 52 名高级干部学员开始了为期两年的正课学习。

刘伯承多次为他们讲课，组织指导他们实施室内或野外作业与演习。他还亲自批阅他们的考卷，并为杨得志、秦基伟、刘震、张震等人的考卷写过中肯的评语。

对战役系学员，刘伯承始终寄予厚望，倾注了自己更多的心血。战役系学员在他的领导下，刻苦学习，认真钻研，一直保持着旺盛的学习情绪，给全院学员做出了榜样。

战役系的开办，使军事学院学员系增加到 10 个，学员增加到 3000 多人。刘伯承幽默地称军事学院是全军院校的“托拉斯”。

这时，刘伯承又在考虑分建学院的问题。军事学院成立之初，他积极创办了各军兵种学员系，主动承担了为各军兵种培养训练干部的任务。现在，各军兵种的建设已经初具规模了。为了培养出更多更好的专门人才，为了更集中地培养高级将领以适应各军兵种飞速发展的需要，他向中共中央军委提出了分建 6 个学院的建议：以战役系、高级速成系为基础，建立高等军事学院；以海军系、空军系、炮兵系和装甲系为基础，分别建立海军学院、空军学院、炮兵学院和装甲学院；以基本系、情报系为基础，继续开办南京军事学院。

刘伯承和陈伯钧、钟期光等反复研究了在北京建立高等军事学院的方案。其中包括招生定额、组织编制、教员和干部调配、建校地点和校舍建筑计划等一系列问题。

经过多次研究，刘伯承领导起草了“高等军事学院编制表”和“高等军事学院房舍筹建计划”两个报告，派教育长唐延杰和院务部长刘忠两人携带这两个报告到北京，向中共中央军委作详细汇报，并了解各军兵种领导机关筹建各军兵种学院的情况。

唐延杰、刘忠两人走后，刘伯承想到还有一些问题没有交代清楚，于是，他又给中共中央军委、国防部和总参写了一个报告，对高等军事学院的校址、组织机构以及建立各军、兵种学院提了建议。

不久，唐延杰、刘忠两人返回南京，向刘伯承报告说，所有问题均获中共中央军委批准，高等军事学院和海军学院、空军学院、炮兵学院、装甲兵学院的筹建工作在中共中央军委统一领导之下，即将全面展开。刘伯承听了以后万分高兴，全军训练高级干部的事业又将大大向前迈进一步，这是多么令人鼓舞啊！

1955 年，军事学院教育训练的形势和人民解放军正规化现代化建设的形势，都是令人鼓舞的。

这一年，刘伯承在北京出席中国共产党全国代表会议和七届五中全会时，曾向毛泽东主席反映：由于学员系不断扩大，学员人数不断增加，军事学院教员队伍已经出现严重缺额。在朝鲜停战和大军区改划[①]之时，本想从全军选调，但未

---

① 1955 年 2 月，中共中央军委和国务院决定将原来的东北、华北、中南、华东、西北和西南六大军区（也称战略区），改划为沈阳、北京、南京、广州、成都、济南、武汉、兰州、昆明、内蒙古（后划归北京）、西藏（后划归成都）和新疆部队（后改称乌鲁木齐部队），以后，又组建了神州部队。

能如愿。因此，刘伯承请毛泽东批准从军事学院毕业学员和其他军队院校的毕业学员中间选留一批做教员。

毛泽东风趣地说："这个办法很好。但是，你为什么不早喊呢？"

刘伯承回答："我很早就喊了嘛！每次给中央和军委的工作报告，都论及此事。"

毛泽东说："你喊的声音还是不大嘛！"

刘伯承高兴地笑了，说："那好，以后我就大声喊。"

回到南京，刘伯承很快就向中共中央军委和毛泽东作了《关于军事学院情况及提请补充教员的报告》，提出："为了解决学院教员队伍严重缺额的情况，请军委授予我一个权力，不管是从哪里来的学员，只要学有专长，能胜任教学工作，我都可以选留做教员。"

毛泽东很快批准了这个报告。

刘伯承采取了果断的"行动"。当军事学院基本系、情报系第二期学员毕业时，他从毕业的400多名学员中，一下就留了200名当教员；又从军事工程学院、后勤学院、总高级步兵学校和测绘学校等的毕业学员中选调了100多名当教员。这样，就较好地改变了军事学院教员队伍的构成，提高了教员队伍的质量。不仅适应了当时教学工作的需要，同时也为后来分校建院准备了师资力量。

刘伯承还从基本系第二期选拔10名品学兼优的年轻的毕业学员做研究生，加上1954年从基本系第一期选拔的5名，从政治系第一期选拔的两名，以及后来从空军系第一期选拔的3名，从地方大学本科毕业生中选调的3名，共有军事科学研究生23名。他领导制定了研究生的培训计划、专业课目分工，公布了指导教师名单，并组织指导1954年选拔的7名研究生着手撰写学位论文。

9月23日，第一届全国人民代表大会第22次常委会通过决议，授予刘伯承中华人民共和国元帅军衔和一级八一勋章、一级独立自由勋章、一级解放勋章。同一天，中华人民共和国主席毛泽东根据这个决议，发布了授予刘伯承元帅军衔和勋章的命令，以表彰他在领导创建人民军队，创建革命根据地，在第一、二次国内革命战争、抗日战争和解放战争中为党为国为民立下的巍巍功勋。

佩戴勋章的刘伯承元帅

11月29日，刘伯承出席了

南京军区和南京地区军队院校的授衔授勋典礼。他代表毛泽东主席、周恩来总理和彭德怀国防部长，授予176名高、中级军官以各级军衔和勋章。军事学院战役系52名学员中，有5人被授予上将军衔，23人被授予中将军衔，24人被授予少将军衔。战役系成为名副其实的“将官系”。

第六节　建院五周年

光阴荏苒，斗转星移，军事学院很快度过了五个春秋。

在军事学院庆祝成立五周年前夕，1956年1月11日，毛泽东和陈毅、谭震林、罗瑞卿等中共中央领导人，来到军事学院视察。

毛泽东向刘伯承详细询问了学院组织、训练等方面的情况，亲切地接见了院和各部、系、教授会的领导干部。

1956年1月，刘伯承（左一）陪同毛泽东主席（左三）接见军事学院的教职员代表

接见时，毛泽东十分高兴，让刘伯承一一介绍，他一一握手问候。当刘伯承介绍宣传教育部部长郭奇时，毛泽东说：“我认识你，你是延安的大哲学家。”[①] 介绍战史教授会主任方正时，毛泽东诙谐地说：“你是方针（方正的谐音）啊！那好，我们应该跟你走。”介绍政治经济教授会主任朱庆云时，毛泽东说：“政治经济学是上层建筑，你在我们上头。”

接见之后，毛泽东高兴地对大家说，党中央派刘伯承当军事学院院长是知人善任。希望大家在刘伯承领导下，把军事学院办得更好，把培养训练全军中、高级干部的工作做得更出色。

---

① 郭奇原是北京大学哲学系的学生。1937年春投身革命，到延安后，曾任抗日军政大学教员。

毛泽东还兴致勃勃地视察了军事学院校园。当他看到院内有一个设备完善的室内游泳馆时，立刻“游兴”大发，入水畅游了一个多小时。出水后，他兴犹未尽，对刘伯承说：“传达我的命令，大将除外，从上将到少校，都要学会游泳。明年和我一起横渡长江。”

毛泽东和中央领导人的视察，为军事学院成立五周年增添了光彩。整个学院沉浸在一片喜气洋洋的欢乐气氛中。

1 月 15 日，军事学院举行了规模盛大的校庆活动。

这一天，刘伯承发布了建校五周年嘉奖令，授予战术教授会写作组等 13 个单位以集体奖励；授予杨得志、张震等 33 名同志以一等奖；授予廖汉生、吴克华、林浩等 118 名同志以二等奖；授予孙继先、左良等 494 名同志以三等奖，以表彰这些教员、学员和机关工作人员在各自的岗位上刻苦学习，努力教授，积极做好训练中的组织工作、政治思想工作与保障工作，为军事学院建设作出了突出贡献。

这一天，军事学院隆重召开了成立五周年纪念大会。全院学员、教员和机关工作人员欢聚一堂，听取刘伯承作《五年来的基本总结》的报告。

在总结报告中，刘伯承用十分清朗、欢快的语调，给大家列举了一连串数字，展示了军事学院五年来一系列发展变化：

五年来，学员系和学员人数不断增加。学员系由最初的 4 个发展到 10 个，现正筹备成立战史系和化学兵系。学员人数由 758 人发展到近 3000 人。

五年来，教员队伍不断壮大，质量不断提高。学院成立时，有教授会 11 个，教员 290 多名。其中，大多数是起义、投诚和解放过来的原国民党军官，在军事教员中共产党员只占 8.9%。现在有教授会 50 个，专修室 86 个，教员 1300 多名。在军事教员中共产党员已占 63%。已经从毕业学员、在职干部和青年知识分子中培养出一支具有较高政治理论水平、具有现代军事科学知识、忠诚于党的教育事业的无产阶级教员队伍和科学研究队伍。

五年来，政治工作不断深入，发挥了巨大作用。学院政治工作始终坚持以保障训练为中心，贯彻了理论联系实际，在人民解放军现有素质与军事思想基础上学习外国先进军事科学，反对经验主义、防止教条主义的指导方针，用中共中央、中央军委的决议、指示和毛泽东主席、朱德总司令的训词进行了连续的政治思想工作，先后搞了十次思想整风。不断批评骄傲自满、个人主义等错误思想，提高了学员、教员的理论水平和政治觉悟，保障了训练任务的完成。

五年来，教育与训练工作取得了可喜的成就。教材建设从一无所有发展到现有军事、政治、文化、外语等各方面教材上千种。以军事教材为例，从团到军，再到方面军；从技术到战术，从各军兵种战术到合同战术，再到原子化学条件下的战役战术；从理论概则到想定作业，再到想定作业指导法共 350 多种。已经成龙配套，形成了科学的完整的体系。举办了四次师资训练班，以及各种程度的军事、政治、文化、外语集训班。派出了 3 批赴朝鲜前线参观见学团，出版了战例汇集、作战经验汇集、军语划一、军语释要等多种军事著作和军事学术研究著作。

实施了 35 次实兵示范演习、首长——司令部演习和 12 次规模较大的现地作业。

五年来，培养了一大批德才兼备的中、高级干部。已经有上级速成系第一期，政治速成系第一期，高级速成系第一、二期，基本系和情报系第一、二期共 1008 名学员毕业。他们已经把在学院学到的知识运用到部队的工作中。海军系、空军系、炮兵系、装甲兵系、高级函授系第一期，政治速成系第二期，高级速成系第三期，基本系和情报系第三期共 1200 名学员即将毕业。

这些数字，记载着军事学院从小到大不断发展的历程；记载着在学院党委和刘伯承院长领导下，全院教职员工奋发图强、励精图治、艰苦创业的历史。

这一天，军事学院还举办了建院五周年校史展览。在展览馆里，展出了中共中央、中共中央军委以及党和国家领导人给军事学院的祝词、题词、训词和各种指示信、批复件；展出了党和国家领导人以及一些外国国家元首、外国军事代表团视察、访问、参观军事学院时的照片。同时，也展出了军事学院五年来编写、翻译的各种教材，发表、出版的各种学术论著，以及军事学院历届优秀毕业学员的名单和他们的考卷、作业与学习笔记本。一份份文件、一帧帧照片、一本本书刊、一张张图表，使前来参观的学员、教员和干部们受到了深刻的教育。

其中，最使他们感动的是刘伯承院长撰写、翻译和校正的大量教材。在密密麻麻、端端正正的蝇头小楷上面，间或有用红墨水和蓝墨水反复修改的笔迹，加起来足有上百万字。这是右眼受伤致残、左眼视力也极其微弱的老院长，在多少个不眠之夜写下的啊！许多人看着这些教材，都禁不住流下了泪水。院长把自己的精力、心血和汗水融进了一页页教材，奉献给一期又一期的学员。他是用整个身心办学，用整个身心培养干部啊！

军事学院成立五周年的校庆活动，不仅使全院学员受到了教育和鼓舞，同时，也牵动了广大毕业学员怀念刘伯承院长、怀念母校的缕缕情思。

在南京附近的毕业学员，专程赶到军事学院，参加校庆活动。战斗在朝鲜和海边防前线的毕业学员，在野战部队、地方部队、公安部队担任领导工作的毕业学员，在中共中央军委各部、各大军区机关和各军事院校做训练工作的毕业学员，纷纷发来了贺电、贺信和贺词，汇报他们的工作，表达他们的心情。

志愿军代司令员杨勇从朝鲜前线给刘伯承院长和全院同志发来了贺电。

志愿军一位副军长给刘伯承及其他院的领导人来信说："我于 1954 年 12 月份毕业后回部队工作。在这短短的一年里，在指导部队正规建设和战斗训练方面，深深体会到：由于学院的培养，自己是大大提高了一步，特别是军事学术的收获更显著些。因而，在组织指导部队指挥员和参谋人员训练方面奠定了一定的基础，解决了各项工作中的很多问题。我之所以能够在这短短的时间里取得这样大的收获，完全有赖于党的关怀和母校卓越的工作。"

志愿军一个军的 4 名领导干部联名给刘伯承来信说："一年来，我们深深体会到在学院所学的东西，对于指导实际工作的重要意义。过去所学的理论，帮助我们在工作上解决了许多困难，使我们在许多问题上能够正确地贯彻执行建军方针，服从建军利益。如果说我们离校后在工作上稍有成绩的话，这就是学院对我们教育的结果。”

野战部队一个师的领导干部来信说：“全师部队都在修建营房，未进行全训，只是干部进行了各级指挥员和各级司令部图上和现地作业。进行作业时，我在母校所学的东西是完全用得上的，在组织与领导作业时更大有用处，这就使我体会到学与用是完全可以结合的。”

海军陆战师的一个领导干部来信说：“我们这里正在进行登陆作战演习。我有几个不懂的问题，向院首长请教。”

许多毕业学员来信，要求军事学院将攻防战斗概则，各兵种战斗概则，江河战斗、遭遇战斗、山地战斗以及后勤保障等方面和教材讲义发给他们一套，便于他们继续学习和指导部队训练。

刘伯承读着这一封封来信，心中感到莫大的安慰。军事学院五年来的训练工作究竟如何，事实已经做出了最好的回答。五年来用心血与汗水浇灌的“桃李”，已经结出了累累的“硕果”。为国防现代化建设而奋斗的共同愿望，已经把他和成百上千个毕业学员的心紧密地联系在一起了。如今，这位严谨、勤勉、谦和的“园丁”，已经“桃李满天下”了。

五年来，刘伯承为了办好军事学院，为了训练好全军中、高级干部，起早睡晚、废寝忘食、殚精竭虑、呕心沥血，工作比战争年代还要繁重、更为辛苦。过度的劬劳，使得他多病的身体越来越衰弱了。他的夫人汪荣华说：“在我们共同生活的数十年中，我看到他这一时期的学习和工作是最辛苦的，身体也是最不好的。”

第二十三章　一九五八年的风波

第一节　风波的缘起

历史的发展从来都不是径情直遂的。

正当刘伯承领导军事学院不断前进的时候，1958 年开展的所谓反对教条主义的斗争，他受到了不公正的对待，也使军事学院乃至全军的军事训练遭到严重的挫折。

这场斗争从军事学院开始，进而波及军队各个院校，并蔓延到各部队和机关，使全军的军事训练走了一段大的弯路，从而大大延缓了人民解放军正规化、现代化建设的进程。

1956 年 2 月，苏联共产党召开第二十次代表大会，赫鲁晓夫在会议期间作了全盘否定斯大林的“秘密报告”。当时，中共中央和毛泽东认为，全盘否定斯大林是不对的。同时认为苏共二十次代表大会在破除对斯大林的个人崇拜，揭露其错误的严重性方面具有积极意义。因此，中共中央坚持全面评价斯大林的正确立场，又以斯大林的错误为鉴戒，探索中国建设社会主义的正确道路。

4 月 5 日，《人民日报》发表了根据中共中央政治局扩大会议的讨论而写成的编辑部文章《关于无产阶级专政的历史经验》。

4 月 25 日，毛泽东主席发表了《论十大关系》的重要著作，提出了探索适合中国国情的社会主义建设道路的任务。同时，他提出了“必须有分析有批判地”向外国学习，“不能盲目的学，不能一切照抄，机械搬运”，并明确地指出“学术界也好，经济界也好，都还有教条主义”。

6 月，中共中央发出关于学习《改造我们的学习》等五个文件的通知，要求全党认真学习《改造我们的学习》《整顿党的作风》《反对党八股》《关于若干历史问题的决议》《关于无产阶级专政的历史经验》五篇文章，“克服实际工作中的主观主义即教条主义和经验主义，特别是克服学习马克思列宁主义和外国经验中的教条主义倾向，克服学术研究、报刊宣传、教学工作中的教条主义、宗派主义和党八股”。人民解放军总政治部也发出了贯彻中共中央指示的补充通知。

军事学院反对教条主义的运动，就是在上述国际、国内背景下开始的。

早在这一年的 5 月，刘伯承在中共军事学院第二次代表大会上，在全面总结学院工作的同时，就提出了防止与反对教条主义的问题。

8 月，刘伯承赴京出席党的七届七中全会和“八大”预备会议，从北京三次写信给院党委，明确地表示：“我们学了五年多的东西，总算有了几条，教条主义的思想有些发展（即将苏联经验搬用过来），这是合乎情理与事实的。在学习五个文件中，反主观主义（即教条主义与经验主义），着重反教条主义是对的。”

9 月 4 日，刘伯承又一次写信给院党委，提出反对教条主义的方法。他说：“在检讨时必须发扬民主，进行恰如其分的批评和自我批评，肯定哪些是对的，就继续发扬；否定哪些有错误和缺点的，就改正。不要过分追究个人责任，作过火的斗争……如说有错误，那是院长、政委主要领导者的责任。”

由此可以看出，刘伯承对于反对实际工作的教条主义倾向，态度是明朗、诚恳的，是实事求是的，也是勇于承担责任的。

从 9 月 10 日开始，军事学院党委学习五个文件，进行思想整顿。10 月上旬，刘伯承在出席中共“八大”会议之后，回到南京，主持召开了院党委扩大会，总结检查全院工作。并召开战役系学员座谈会，听取对学院工作的意见。

当时，学员反应比较强烈、意见比较集中的问题有两个：一个是“六小时一贯制”的课业制度，感到不符合中国人的生活习惯，吃不消；一个是“三堂会审”的考试制度，感到太紧张，太严格。当初，刘伯承坚持制定这两项制度，出发点是对学员严格要求，让学员学得更多一些、更好一些。他考虑，学员都比较年轻，大部分在 30 岁左右，应该让他们多学点东西，这于国防事业，于他们个人成才都有好处。后来，在执行过程中，由于学员们一再提出意见，刘伯承曾多次派人到地方高等院校调查，不断加以改进。例如，在上午四小时课后加一餐点心，解决“吃不消”的问题。这次，根据学员们的意见，对这两项制度做了更大的改动，把“六小时一贯制”的课业制度改为八小时学习制，在考试方法上，进一步增加了考查学员理论联系实际能力的内容。还对教材内容、讲授方法进行了改革，受到学员们的普遍欢迎。

类似这些实际工作中的问题，在当时的历史条件下是在所难免的，一经发现，也是能够很快纠正的。关键是要有个实事求是的态度。在院党委和刘伯承的领导下，军事学院学习五个文件的初期，纠正实际工作中的教条主义倾向，正是坚持了这种态度，所以取得了较好的效果。

由于在长期革命战争中身体受到严重摧残，加之 6 年来创办军事学院於日夜操劳，64 岁的刘伯承越发感到精力难支，脑子、眼睛都出现病症。于是，他向中共中央军委请假治疗，并建议由陈伯钧代理院长，钟期光代理政委。

11 月 6 日，刘伯承赴上海就医。临行时，他对学院的其他领导人感慨地说：“看来，今后我只能当个名誉院长啰！”

治疗过程中，刘伯承仍念念不忘军事学院的工作。他拖着病残的身体，多次给院党委和陈伯钧、钟期光等人写信。在信中，他或提议：“战史系的训练计划，必须靠我们本身根据目的、对象做出，不要多靠顾问”；或嘱咐：“对《原子化学条件下的战役战术》一书，请组织翻译，准确译出，我可做校正，这于国防事业的研究太重要了。”

早在1954年12月初，他曾应苏联红军的邀请，与国防部长彭德怀等人一起，赴苏联参观苏军“在使用原子弹条件下军进攻战斗的实兵演习”。在整个演习过程中，他看得十分仔细认真，对一些有疑问的地方还直接用俄语向苏军有关人员询问。因为他感到，自从1945年美国在日本长崎、广岛投掷原子弹以后，原子化学武器的研制和使用已经进入了新阶段，对未来战争必然产生极其重要和深远的影响。回国后，他给军事学院的全体教研人员和高级系、战役系的学员作了长篇学术报告，介绍苏军原子化学武器的装备状况，阐述在原子化学条件下诸军兵种协同动作的重要性，强调在原子化学条件下作战，尤需加强集中统一指挥，提高各级指挥员的军事、政治素质。他还把从苏联带回的这本《原子化学条件下的战役战术》一书及其他一些资料交翻译室，让他们翻译出来。由于各种原因，这件事一直没有完成。这时他在病床上突然想起来，就立即写信催促。拳拳之心，可叹可钦。

在1956年12月下旬的一封信中，他又就开展学术研究，以及反对教条主义等项工作提出意见与建议。他指出：“科学研究在军事上，若从继承和发扬优良传统出发，即从适应现代国防要求出发，我们似乎应着重研究‘战史’，尤其是研究毛泽东的持久战和抗美援朝战争的经验。同时，我们似应着重研究我们所学现代战争的原子化学条件下的战役战术。以上两种研究又必使之结合起来，以求适应于今后战争可能发展的情况。”并就此联系到反对教条主义问题，强调：“我们反教条主义，提高马克思主义的思想方法，正是为了善于学习，善于致用。现代国防需要的科学知识，我们实在太差，所以毛主席指示学院‘努力学习，保卫国防’……党的‘八大’政治决议要我们解决主要的矛盾，即‘人民对于经济文化迅速发展的需要，同当前经济文化不能满足人民需要的状况之间的矛盾’，那我们只有在提高国防科学水平上去努力吧！”

这封信长达2000字。在信的末尾，他署名之后这样写道：“1956年12月26日眼花手抖书此。”

他这种为了党的事业而忘我工作的精神，实在令人感动。

这一年的年底，原军事学院上级速成系第一期学员，反调回志愿军第十五军第四十五师任师长的崔建功，来医院看望刘伯承。

刘伯承看到自己的学生在朝鲜前线打了胜仗回来，心里是非常高兴的。他招呼崔建功在小客厅坐下，和他拉起了家常，亲切地询问他的工作、生活和家庭情况。

谈到上甘岭战役时，刘伯承意味深长地说：“军事原则，不论是资本主义国家，还是社会主义国家，不论是过去，还是现在，古今中外吧，百分之七八十是基本相同的，一致的。如集中优势兵力消灭敌人，谁不这样说？关键是要活用原则，根据中国革命战争的特点来运用，与当时当地的实际情况相结合。你在上甘岭打得好，但军事学院并没有教给你怎样打上甘岭战役，只教给你一些基本原则。到了战场上，就要靠你结合当时当地的实际情况，灵活地运用。”

刘伯承还举例印证说：“同一孙子兵法，马谡的用法就是教条主义，孔明就不是；庞涓、孙膑同师鬼谷子，可是一个是教条主义，一个不是教条主义；王明和毛主席读的同是马克思、列宁的经典著作，一个是教条主义，一个不是。所以，教条不教条，重点不在先生，而在学生；重点不在学，而在用。”

刘伯承这一番话，再次说明了反对教条主义的目的，是更好地贯彻理论与实际结合的原则，更好地学习马克思主义的理论和外国经验；而不能否定一切，采取“左”的一套做法，采取虚无主义的态度。显然，这是针对当时正在全军开展的反对教条主义的运动而言的。

这一年，为了发展军事科学研究事业，刘伯承向训练总监部代理部长叶剑英作了关于制定中国人民解放军学位学衔章程、学位论文答辩与学位学衔授予章程，以及学位学衔审定委员会组织章程等一系列重要报告，以促进研究生的培训工作和军事科学研究工作不断向前发展。

这一年，刘伯承还领导创建了战史系和化学兵系。至此，军事学院计有战役、战史、高级速成、高级函授、政治速成、基本、情报、海军、空军、炮兵、装甲兵、化学兵 12 个系，有学员 3125 人。成为一所既有陆军，又有海、空军；既有军事，又有政治；既有速成，又有完成；既有面授，又有函授的全军最高综合性军事学府。这是军事学院发展的鼎盛时期。

第二节　原则的争论

从 1957 年春开始，军事学院反对教条主义的运动，进入一个新的阶段。

2 月下旬，国防部来人到军事学院检查工作。3 月初，向中共中央和中共中央军委写了专题报告。报告中说：“军事学院自 1950 年成立以来，经过全院同志的积极努力，克服困难，取得了许多工作成绩，首先是比较系统地介绍了苏联的军事学术，并进行了传授，虽然不是介绍和学习了全部，但是一般的内容都已经学习了，也有了一定程度的理解。其次是正由于对苏联军事学术有了一定的了解，使整理我军的经验，编写我军的条令、教范，具备了更好的条件。再次是建立起来了一个相当规模的军事学院……并为海、空、炮、装等兵种分别成立学院准备了基础，这是经过该院全体同志艰苦经营缔造的结果。最后就是为部队、机关、学校培养了一批干部，这些干部对于合成军队和技术兵种的作战指挥、组织训练、战术和技术，都具备了一定的知识。这些成绩是显著的。”

报告接着说：“但是在过去几年的教学中，存在一个很大的缺点，就是教学工作中的教条主义相当严重。最主要的表现是教学内容和我国我军当前的实际情况不大相适应。在教材和作业想定中，对于我军党委集体领导和首长分工负责相结合的制度，对于我军的政治工作制度照顾少，多半是采用了‘一长制’的精神。编写教材和作业想定的根据，没有注意我军现有的装备技术条件以及我军最近的将来可能达到的装备技术水平，而是把苏军已经高度机械化的装备技术条件作为依据。在战术演习中，除了注意到一般地形条件下的攻防战术之外，很少针对我国大部分沿海地区山地多、河流多、水田多的特点，忽视了我军长期在复杂地形条件下所采用的渗透、穿插、迂回、包围等战术活动，把大部分演习都设想在一般起伏地带，都设想为大规模的正面攻防战。这样教学的结果，固然一方面可以使干部取得一些现代技术条件下的战争规律知识，但是，另一方面就包含着一个危险，这便是一旦发生了战争，我们的军队就可能不会以劣势的装备去战胜优势装备的敌人，也可能不会在山地、水网、河川地带进行作战，将使我军的战争初期遭受不必要的损失。”

报告在分析产生错误的主、客观原因时说：“在军事学院产生这些缺点，是有客观原因的。在学院开办的最初几年，没有适合我军情况的现成教材，因此许多教材不得不请苏联专家替我们编写；学院人力不足，忙于应付施教，不能兼顾研究我军自己的经验；我军的各种条令迟至今日没有编写出来，使教学无所依据。这都是可以理解的……从学院方面来说，在成立了 6 年多之后，对于结合我国我军的实际情况进行教学，仍然没有引起应有的重视。特别是经过 1956 年 9 月全院学过五个整风文件，学院中的许多同志已经感到有反对教条主义必要之后，而院党委仍然徘徊、犹豫、拖延，未能下定决心，就使党委领导在教学工作上落后于客观实际了。”

这个报告，对军事学院建院以来取得成绩与存在缺点的评价，显然是不符合历史事实的。报告在肯定学院成绩时，并没有明确指出成绩是主要的，只是说“取得了许多工作成绩”；在批评学院缺点时，武断地说“教学工作中教条主义相当严重”。对于学院成立以来一直坚持党委制、政治工作制，编写了我军的战史教材和战例汇编，三次派见学团去朝鲜学习志愿军的作战经验，以及在军政课程中都贯穿了毛泽东著作的学习等均未提及，而是批评军事学院的教材和想定作业中“多半是采用了‘一长制’的精神”，批评没有注意我国的地形条件和我军现有装备技术条件，忽视了我军的传统的战术。断信一旦发生战争，我军“可能不会以劣势的装备去战胜优势装备的敌人”，“在战争初期遭受不必要的损失”。最后，不提军事学院在学习五个文件、反对教条主义中工作有何改进，有何成绩，而是批评院党委“对反教条主义，仍然徘徊、犹豫、拖延，未能下定决心”。这样，就把军事学院实际工作——有的已经改正过来，有的正在改正之中的缺点，上纲上线为院党委和学院主要领导人指导思想上的教条主义路线错误。

国防部的这个报告，打乱了军事学院正常的教学秩序。院党委和各部、系都不得不成立中心组，全体学员停课一周，学习贯彻报告精神，大张旗鼓地开展反对教条主义。同时，国防部的这个报告，也为 1958 年中共中央军委扩大会议发动全军范围的反教条主义运动定下了基调，做了理论上、思想上的准备。

刘伯承对这个报告采取了积极、慎重的态度。他虽因脑部旧伤复发一直在上海治疗，但仍指示陈伯钧、钟期光召开院党委扩大会议，学习贯彻报告精神，并作出了关于深入开展反教条主义的决定。这个决定，明确提出“学院成立以来的工作成绩是基本的、主要的”，认为缺点和错误的性质是“在学习马克思列宁主义和外国经验中的教条主义倾向”。对于国防部报告中关于教学工作中教条主义相当严重的批评，委婉地陈述了自己的看法。指出，军事学院的训练方针、训练内容和对解放军经验的估计，对苏联先进经验的学习，基本方向和原则都是正确的，应该充分肯定。工作中出现的一些缺点错误，是属于贯彻执行中具体措施方面的问题。

在当时反对教条主义已经形成气候，军事学院承受着首当其冲的巨大压力的情况下，刘伯承和党委一班人，只能用这种曲折婉转的方式，来表达自己的原则立场。

7月3日，刘伯承曾倾注过无数心血的战役系52名学员毕业了。他们经过3年的正规训练，在文化知识、政治理论水平及军事指挥艺术等方面都有很大提高，成为全军正规化、现代化建设的栋梁之材。

战役系学员毕业后，军事学院开始了分校建院的工作。7月底，中共中央军委任命刘伯承为高等军事学院院长兼政委。然而，刘伯承的健康状况使他实在难以担任此职。他于8月6日写信给毛泽东和彭德怀，呈请免任高等军事学院的领导职务。信中写道：

“原来就是残衰多病的身体，勉任六年学术工作，极感吃力。自1953年患虚脱症以来，脑力、眼力、神经和创伤诸旧病反复纠缠，已经难以看书提笔，休假也多；因而不能时常参加教材编审工作，不能更多参加思想提高工作，而深入基层的民主生活、纪律生活和实习工作也逐渐减少以至于无。这是整顿三风所不允许之事，也是忝列此职成为疚心之事。据此，请求免任我以高等军事教育这么更重要的新职，并请在移交南京军事学院职务之后，乘间疗养一个时期。一俟病愈，再赴北京专任军委委员参加实习机关工作。”

刘伯承的这个请求，后经中共中央军委批准。

9月13日，军事学院召开大会，欢送刘伯承离任，欢迎新任院长廖汉生到职。

几千名教员、学员和机关工作人员，怀着难以形容的心情，倾听钟期光致词。刘伯承由于在上海治疗，未能出席大会。但是，钟期光仍然满怀深情，讲起了刘伯承创建军事学院的功绩。他动情地说：

“刘院长关怀国防建设，以国事为己任，60岁高龄，常带头学习；且战略眼光远大，常以有备无患，干部应向科学进军，学多学深一点作号召；特别谦虚谨慎，日夜工作，制军语、译外文、校条令、写教材、上大课，无一不是以身作则，特别关心与指导政治思想工作的进行，尤其注意检查效果。十次整风，常称‘为党做好事，开路单子，向何处去，过社会主义关’；在反对高、饶反党联盟整风时，他就以此作警语来教育干部。这些模范行为，永远是我们学习的榜样。”

这番话，犹如一股暖流，在几千名与会者的身上涌动着。这是军事学院党委对刘伯承创办军事学院6年工作的实事求是的鉴定与评价。它，道出了广大教职员工的心声。

令人惋惜的是，这位人民解放军的缔造者之一，人民解放军院校建设的奠基人之一，国内外著名的军事家、军事理论家和军事教育家，竟从此离开了他浇灌过无数心血的军事学院，而且实际上也离开了整个军事教育与训练工作的领导岗位。

几个月之后，训练总监部代理部长叶剑英来到军事学院视察，在向2000多名教职员工发表讲话时，专门讲了一段赞誉刘伯承的话。他说："我们刘伯承同志40多年的战场生活、军队生活，俄文、中文、战斗经验，像他这样是很少的，很红、很专，但就是不健。他曾八九次受伤，为革命、为人民流了很多血，是我们国家和人民的宝贝，应该很好地维护他的健康，负责国家大事。"

正当反对教条主义之风已经"起于青蘋之末"，即将"盛怒于土囊之口"的时候，作为刘伯承的老战友，从领导"八一"南昌起义以来就一直与刘伯承一起，为中国人民的解放事业并肩战斗；全国解放以后，又一直与刘伯承一起，为人民解放军的正规化、现代化建设共同工作的叶剑英，在大庭广众之中，讲的这番充满革命激情的话，显然是意味深长的，是发人深思的。军事学院2000多名教职员工报以最热烈的掌声。

这一年，刘伯承病痛与忧虑交加。在医院的病房里，他对自己的身体状况作了这样的描述："感觉残老身体就像一部长久用损的汽车，小修未好又经几年过分使用之后，遂成一部难好易翻的破车……左脑后部与两太阳穴处常作胀痛，眼复流泪水至头部昏眩。"反教条主义运动更像一块压在他心头上的大石块，使他日益担心刚刚走上轨道的军队正规化、现代化建设被迫中止。医生为了减轻他的病痛和缓解他的焦虑，建议他外出游览疗养。这年深秋，他前往风景绝佳的皖南黄山。面对巍峨耸峙的奇石，苍劲多姿的青松，变幻缥缈的烟云，涌突流淌的清泉，他感到无比振奋与陶醉。他进而联想到在这块雄伟秀丽的土地上曾经有过的革命风云，一种抑制不住的激情涌上心头，欣然吟诗一首：

抗日之军昔北去，大旱云霓望如何。
黄山自古云成海，从此云天雨也多。

沉浸在对往昔如火如荼斗争生活的回忆里，他似乎忘却了眼前的病痛和烦恼。

第三节 怀仁堂的掌声

1958年春，中共中央在南宁、成都，连续召开了工作会议，继续大批所谓"反冒进"。结果，党内不切实际、急于求成的"左"倾思想迅速发展起来。各地区、各部门"大跃进""放卫星"的计划争先恐后地提了出来。

5月5日，中共八大二次会议召开。会议根据毛泽东的提议，通过了"鼓足干劲、力争上游、多快好省地建设社会主义"的总路线，并轻率地改变了八大一次会议做出的关于国内主要矛盾已经转变的正确分析，断定当时国内主要矛盾仍然是无产阶级同资产阶级、社会主义道路同资本主义道路的矛盾。5月25日，中共八届五中全会增选林彪为党的副主席。

就是在这样的形势之下，中共中央军委于5月27日至7月22日，召开了有高级干部1000多人参加的扩大会议，把反对军队工作中的教条主义的斗争推向了高潮。

中共中央副主席、中共中央军委副主席林彪，从会议一开始就煽风点火、含沙射影、暗箭伤人，起了推波助澜的恶劣作用。他说："有人一提起学习就想到外国，专学外国的东西，以为只有外国的东西才是好的。这就是迷信，一定要打破迷信观点"，"不要一谈到外国的东西就津津有味，把本国的东西看作是'土包子'"，"我们的经验很丰富，不能把黄金当黄土甩掉了"。

他还耸人听闻地说："有的单位不把毛主席军事著作作为军事基本教材，只作为参考材料，是不对的。有的单位连参考也没有列上，就更不应该。"

林彪所指责的这些问题，事实上哪个单位也不存在。他这样说完全是别有用心，是不点名地攻击军事学院和训练总监部，攻击主持这两个单位工作的刘伯承和叶剑英。

6月23日和29日，毛泽东在中南海听取汇报和召集有关人员座谈时，就一系列问题发表了意见。在谈到形势时，他说："赶上英国不要五年，两年三年就可以了。五年可以赶上苏联，七年——最多十年就可以赶上美国。有了粮食、钢、机械，十年内又不打仗的话，人民解放军就大有希望，威力会大大地加强。"

在谈到军事工作中有无教条主义的时候，他说："现在有四种说法：一种是说没有，一种是说有，一种是说很多，一种是说相当多。说没有教条主义是不存在的。究竟有多少，这次军委会议要实事求是地加以分析研究，不要夸大，也不要缩小。要坚持真理，修正错误。"

在谈到军队院校工作时，他批评说："现在学校奇怪得很，中国革命战争自己的经验不讲，专门讲'十大打击'，而我们几十个打击也有，却不讲。应该主要讲自己的，另外参考人家的。"

在谈到军事学院和训练总监部的问题时，他又批评说："不知道军事学院、训总到底有多少马克思列宁主义。马列主义本来是行动的指南，而他们当做死条条来啃，马克思、列宁在的话，一定批评他们是教条主义。"

毛泽东还讲了一些错误评论刘伯承功过的话。

会议根据毛泽东的指示精神，采取大鸣、大放、大字报、大辩论的方式，批判军队工作中的所谓教条主义路线、资产阶级军事路线、反党宗派活动等，开展所谓的两条军事路线的斗争。

军委扩大会议开始后，在外地治病疗养的刘伯承，接军委指示，到北京出席会议。在赴京的头一天，他思绪翻滚，一夜没有成眠，左眼球红红的。在火车上，又呈失眠状态，左眼球更红了。到了北京，他得了青光眼，眼压高达73度，不得不住进北京医院，一面治疗，一面准备检查材料。

对刘伯承是否要在会上作检查的问题，毛泽东曾关照说："让刘伯承同志好好休息，可以不来参加会议作检讨，表示个态度就可以了。"

中共中央总书记邓小平也说："刘伯承同志工作积极认真，对组织是尊重的。他今年已 66 岁了，又有病，不要搞得太紧张。"

豪爽、耿直的陈毅，看到刘伯承这个样子，心里更是难受。他赶到北京医院，对刘伯承说："你写啥子检讨嘛！要写，我替你写，写一百个字就行了。"

但是，在当时那种政治气氛之下，刘伯承不得不带病出席，在会上作检讨。

刘伯承（右）与徐向前在 1958 年军委扩大会议上

7 月 10 日，中南海怀仁堂座无虚席，1000 多双眼睛凝神注视着主席台上的动静。当执行主席宣布大会开始时，鸦雀无声的会场上，笼罩着一种极其严肃而又令人压抑的浓重气氛。由人搀扶着，迈着蹒跚的、沉重的步子的刘伯承，刚刚出现在主席台角的时候，全场立即掌声大作，延续了大约半分钟，才逐渐停息下来。许多人鼻子酸了，眼睛潮了，眼窝里贮满了泪水。这掌声，这泪水，饱含着热烈的欢迎和由衷的爱戴，也伴合着会心的谅解和深情的叹息。

年近古稀而又残病交加的刘伯承被扶到讲台前，宣读自己的检讨。他表示拥护毛泽东主席的指示，感谢同志们的批评。严于律己、严于责己是刘伯承几十年来的一贯作风，这次，在"左"的思潮统治一切，上面点名批评、下面有人非议的情况下，自然更免不了对自己过分苛责，说了一些过头的、违心的自我批评的话，这是可以理解的。但是，实事求是同样是刘伯承几十年来的一贯作风。他在发言的前半部分，仍然客观地说明了一些事情的真相，全面总结了军事学院的工作。

刘伯承说，军事学院创办之初，中央军委即给予明确指示，军委发来了祝词，毛泽东主席批准了训练方针。"据此，我们就抓住三个环节：（一）传统教育（党史、政治工作、战史、战例，并专设了战史系）；（二）现代作战训练（战术、战役、海军、空军、炮兵、装甲兵和化学兵等）；（三）实行正规制度：即统一的指挥、统一的制度、统一的编制、统一的纪律和组织性、计划性、准确性和纪律性（毛主席训词），四大制度，四个共同条令。这三个环节以我军传统教育为基础，使之贯彻到现代作战训练和实行正规制度上面去。"

刘伯承还具体地说明了在传统教育方面，"教了毛主席著作，且经常以毛主席思想方法和中央决议整风和做思想工作，教党史，教政治工作，编讲战史，并曾经三次组织赴朝鲜学习作战经验，和组织学员编出许多战例，汇集作为课业之用。成立战史系主要学党史，毛主席军事著作”。刘伯承还说，在校正苏联红军1944年野战条令时写了序言，着重阐述了以毛主席《中国革命战争的战略问题》的思想方法，作为学习外国经验的指针。

最后，刘伯承强调指出，在训练内容、训练制度方面，如“6小时一贯制”和考试方法等具体工作中的缺点错误，“在学习五个文件以后，在军委指示之下，在院内学员抵触和院外批评之下，大体改正过来”。

总之，刘伯承用大量事实说明，军事学院的各项工作，是遵照中共中央军委和毛泽东的指示去做的。并不是自己的经验不讲，专门讲“十大打击”；更不是如林彪所说的“专学外国的东西，以为只有外国的东西才是好的”，“把本国的东西当做‘土包子’”，“把黄金当黄土甩掉了”。

军委扩大会议后期，“温度”越来越高，过火的批评斗争越来越凶。训练总监部被说成是“教条主义的司令部”，军事学院被说成是“教条主义的大本营”，许多主管院校教育与训练的领导干部，被说成是“资产阶级军事路线的代表人物”而遭到批斗，有的甚至被打成“反党宗派集团”而开除党籍，清除出军队，或遣送边疆劳动改造，致使一些同志后来竟含冤死去。许多院校教授会、教研室主任一级的干部，甚至一些从事军事教学多年的老教员，也被指为“传播资产阶级军事路线的媒介”而被调离院校，改行做其他工作或处理转业。

这样，就严重打击了院校干部和军事训练干部的积极性，使得他们不敢抓院校工作，不敢抓军事训练，不敢学习外国经验，不敢开展军事学术研究活动。新中国成立以后刚刚起步的全军正规化、现代化建设受到严重挫折。这，就是这次军委扩大会议反对教条主义，开展所谓的两条军事路线斗争的结局。在这场斗争中推波助澜的林彪，于这次会议之后的1959年9月，当上了国防部长，开始主持军委日常工作。

林彪上台后，打着革命旗号，以极“左”的面目出现，继续发展反对教条主义运动的恶果，更使军队建设遭到严重破坏，直至“文化大革命”的空前浩劫。全军院校被砍掉100多所，军队正规化、现代化建设濒于夭折。其损失之大，是难以估量和无法挽回的。

军委扩大会议结束之后，刘伯承回到南京。

1959年1月19日，刘伯承携眷从南京移居北京。离开南京的那一天，军事学院的许多领导干部到江边为老院长送行，并要送过江去，一直送到浦口火车站。

刘伯承执意不肯，他抢先上了船，向送行的人挥手告别。

渡船徐徐向对岸驶去了，而停留在东岸的人们久久不肯离去。他们远远地望着渡船，望着站立在渡船上的老院长的身影，默默无语。渐渐地，渐渐地，渡船看不见了，老院长的身影看不见了。

这时，军事学院新任院长廖汉生，慨然说出了这样一句话：“这个老首长，没有少受罪！”

这位指挥百万雄师过大江，出任过新中国第一任南京市长；又在南京创办了全军第一所高等军事院校的老元帅，就这样孤单单地离开了虎踞龙盘的石头城。

历史毕竟有着它自己不可更易的规律。一切颠倒的真伪、善恶、是非，终将回复它们的本来面目，得到应得的评判。1978 年以后，随着中国共产党指导思想和路线的根本转变，对一系列历史冤案、错案进行了实事求是的平反昭雪。1980 年秋，邓小平代表中共中央明确指出：1958 年“那次反教条主义是错误的”。这个重要结论，最终解除了套在刘伯承身上的政治枷锁，也解放了当年跟他一起遭到冲击和批判的一大批人，更重要的是对人民解放军一段辉煌的发展史作出了正确的评价。

第二十四章　有口皆碑

第一节　“编外参谋”

1959 年 9 月，中共中央军委成立了战略小组，任命刘伯承为组长，徐向前为副组长。战略小组办公室主任由副总参谋长杨成武兼任。从此，刘伯承又以全部精力，夙兴夜寐地为国防建设特别是战备工作操劳。他撑着残弱的病体，深入部队，深入边防，调查研究，了解情况，实事求是地分析问题，亲自动手给中共中央军委写报告。从世界战略形势到未来反侵略战争的战场准备；从一种武器的研制、一条铁路线的修筑，到每个战士负荷的减轻，无不精心擘画和周密思考，并及时向中共中央军委和总参、总政、总后提出建议。他常常说自己是一名“残废军人”，是军委的“编外参谋”，所提建议仅供军委和各总部决策时参考。他一再反对人们把他的话当作什么指示。但是，实际上，他的一系列深思熟虑、远见卓识的建议，总是受到军委和各总部的重视，在加强国防建设和保卫边疆的斗争中起到了重要作用。

在担任战略小组组长期间，刘伯承所做的一件重要工作，就是参与指导了中印边境自卫反击作战。

这次战争发生在 1962 年 10 月。印度政府为了通过武力侵占中国的领土，经过了长期的密谋和准备。从 1959 年夏、秋之际开始，在中国的西南边疆，印度政府不断出动军队，进入中国境内，非法侵占中国领土，以武力片面改变边界状况，并多次制造流血冲突事件，使中印边境地区的局势变得十分紧张。

1962 年 6 月，印军在中印边境东段，越过非法的麦克马洪线[①]，入侵西藏山南的扯冬地区；在西段的中国领土上，非法设立了侵略据点。10 月 20 日，印军在中印边界东、西两段，同时向中国边防部队发动了大规模的武装进犯。

中国政府以国际和平和中印友谊为重，一直主张通过和平谈判，公正合理地解决边境领土争端，并为此采取了一系列缓和边境紧张局势的积极措施。但是，

---

① 英帝国主义为侵略中国西藏，于 1914 年 3 月 24 日，在印度西姆拉，由英国人亨利·麦克马洪用阴谋诡计，与西藏地方代表秘密换文，炮制了一条所谓中印边界线，把该线以南 9 万多平方公里的中国土地，划归英属印度。但中国历届政府从未承认，并多次提出抗议。

印度当局却把这些行动视为软弱可欺，反而得寸进尺、变本加厉，走上了大规模军事侵略的道路。在忍无可忍、退无可退的情况下，中国政府命令西藏、新疆边防部队奋起抵抗，从而拉开了中印边境自卫反击作战的帷幕。

早在这年5月，刘伯承就预见到中印边境的冲突势必发展成为一场相当规模的边境战争。根据西藏特殊的地理条件和当年人民解放军进藏的经验，他最为担心的是部队后勤供应和道路问题。他对总后勤部的负责人说："看印度最近的反华态势，后勤工作要有充分准备。去西藏有康藏、青藏、新藏三条路，康藏路和青藏路战略意义重大。"又说："后方基地要注意隐蔽，要钻沟，要挖洞，要伪装，防止敌人对我后方基地实施空袭。"

10月10日至17日，针对印军对中国领土的不断进犯，刘伯承又多次提出详尽的意见。他要求作战部队抓紧战前训练，确实熟悉地形道路，"要用夜行晓袭、出敌不意战术，集中优势首先击毁敌人的要害（如指挥中枢或主要集团等）"，"全部文章要作在'速战速决'四个字上，切忌力量分散"。

10月18日至19日，刘伯承又专门对新疆部队的作战提出了重要意见，他说："如何才能达到彻底、干净、全部歼灭敌人，按照毛主席的思想，要想办法把敌人分散开打。我很担心的是啃骨头……战术不是死的东西，土办法能打胜仗，就是好战术。"

10月20日，自卫反击作战同时在中印边境东、西两段发起。在东段，实施主要突击的右翼部队，迅速攻克了枪等、卡龙、扯冬等地；左翼助攻部队密切配合，相继攻下沙则、仲昆桥，同时迂回到章多。至当天下午，印军大部被歼，一部分溃逃。以后，边防部队又兵分五路，乘胜追击，直取达旺。各地印军仓皇向达旺河以南逃去。昌都、林芝、山南的边防分队，也向当面入侵印军实施反击，先后拔除了呷林公、林卡、拉木多等地印军侵略据点，进占了易古通、哥里西娘等地。

在西段，新疆边防部队对加勒万河谷、红山头的入侵印军实施反击，经1小时激战，全歼守敌。接着又乘胜扩大战果，扫除了班公湖两岸及其以北地区的印军侵略据点。

第一阶段自卫反击作战胜利结束。在东段，中国边防部队越过麦克马洪线，进驻达旺，全歼印军第七旅，俘虏第七旅旅长达尔维准将。在西段，共清除印军侵略据点37个。

10月24日，中国政府为了维护中印两国人民的传统友谊，缓和印度当局制造的边境紧张局势，郑重发表声明，提出了停止冲突、重开谈判、和平解决边界争端的三项建议。边防部队遂停止追击，就地休整。

刘伯承在北京看到第一阶段作战的捷报之后，十分高兴。他估计印军决不会善罢甘休，战役还会继续打下去，便抓紧时间阅读有关资料，对照地图研究战事的发展趋向。他打电话给总参，询问参战部队休整情况、当面印军的动向、印军反扑可能使用的兵力、战区的交通状况、哪些河流能通航等。他要总参告诉前线部队："通向前面的道路要急速加修。立即组织专人调查所控制地区内的地形、道路和居民点情况，部队到哪里，哪里的这些情况就要搞清楚、弄准确，兵要地理的问题不能忽视。这一点搞不好，就等于失去了作战指挥。”重视地形和道路问题，主要是为了保障运输畅通和后勤补给跟得上。因此，他再次关切地指出：“印军后缩，运输条件比以前好了，而我们运输补给要困难一些，印军可能用空军封锁我们，应预先做好防护准备。”“有些同志往往把后方补给作为第二等工作去处理。其实，打仗首先要考虑到用、吃、穿。”他总结了第一阶段反击作战的经验，反复向部队强调：“山地战要避免正面硬顶。有三条经验值得注意：一是只要有道路迂回，即使多走一些路，也在所不惜。二是无路可行，也可以利用山沟（两山脊间的洼地）插进去，一般山地沿山沟运动最终是能够翻过山梁的。三是顺山背夹背而进，相互策应。沿河流攻击应由两岸并进，不要只顾一面而遇到敌人的侧击。如迫不得已必须正面攻击时，就要坚持勇猛地打出去。‘狭路相逢勇者胜’，这时候就不能有丝毫犹豫。”

11 月中旬，印军果然调集了更多的兵力、武器，准备继续向中国军队进攻，并置重点于中印边境东段。为了遏制中国军队的正面反攻，他们在西藏山南地区的西山口一带作了前重后轻式的分段部署，形成外线较强、侧后较弱的配置。这个特点一下子让刘伯承抓住了，他指出：“照我看，目前敌人的配置，东段敌人兵力的重点在西山口、邦迪拉方向上，该敌配置特点是：铜头、锡尾、背紧、腹松……从西北向东南摆成一字长蛇阵对我组织防御。在西山口方向，敌人左翼就是它的肚子，从这里开刀，要比砍背容易些。”他要求部队采取迂回包围的战法来加以对付，并说：“分进合击是军事原则，是一个重要的战法；正面攻击和迂回部队，远距离迂回和近距离包围迂回的部队，这个方向和那个方向的部队，步兵和炮兵等，都要切实协调一致地动作。”在指挥上，他特别关照部队指挥员：“一是道路，作专门调查，抓好这一点就抓住关键；二是统一的时间、计划都有了，要确保其实施，还应采取一些相应的措施，对影响部队开进和运动的各种因素，事先都要做好仔细的考虑；三是各方向的部队要有独立作战能力。这几点搞好了，分进合击就有把握。”

刘伯承身在北京，心在前线，几乎把作战部队可能遇到的问题，全都想到了，而且提出了一连串切实可行的对策。真可谓运筹帷幄之中，决胜千里之外。

11 月 14 日和 16 日，印军再次发动进攻。

11 月 16 日，中国边防部队坚决还击，自卫反击作战第二阶段的战斗打响了。在东段西山口方向，根据刘伯承“打头、击背、剖腹、切尾”的指示，西藏边防部队采取钳制正面，夹击两翼和迂回腹背的战术，一举形成对印军的合击态势。18 日，发起了总攻，先后攻占了西山口、申隔宗、略马东、德让宗、邦迪拉等地，击毙印军第六十二旅旅长辛格准将。在东段的另一方向瓦弄地区，边防部队主力同日晚直插印军纵深，拔除了他们的据点，把他们赶得一路南逃。21 日，逼近了中印边界传统习惯线。山南、林芝边防分队顺势进击，很快到达了预定地区。

在西段，新疆边防部队，拔除了班公湖地区入侵印军残存的 6 个侵略据点，并将印军赶回到传统习惯线印方一侧。

11 月 21 日，中国政府发表声明，决定在中印边境全线停火，并从 12 月 1 日开始主动回撤。为了表示中国政府的诚意，中国边防部队还奉命将作战中缴获的大批武器、车辆及其他军用物资，全部交还给了印度，并释放了全部被俘人员。

中印边境自卫反击作战，在军事上、政治上都取得了伟大的胜利，使全世界支持正义的国家和人民了解了中印边境争议的真相和中国政府的正确立场，提高了中国的国威军威，进一步巩固了西南边防。

刘伯承在担任军委战略小组组长期间，另一项重要活动就是深入东北边防一线视察，了解边防建设和战略工作情况。

1964 年 7 月 4 日，他带领几名参谋人员先到沈阳，而后经吉林省延边朝鲜族自治州北上，到达牡丹江市。他接见了黑龙江省委和公安纵队负责人，乘船巡视了镜泊湖周围的地形，参观了一个军工厂。他还专程到中苏边境城市绥芬河视察，饶有兴趣地寻访他在 1930 年从苏联回国时的路线。只是由于 30 多年的沧桑变化，绥芬河的市容已全部改观，当年他冒着生命危险越境返国的途径也不能辨认了。他向大家风趣地述说了化装回国的经过情景，流露出不胜今昔之感。

就在这时，《人民日报》、《红旗》杂志联名发表了《关于赫鲁晓夫的假共产主义及其在世界历史上的教训》（九评苏共中央的公开信）。他听了广播，并在拿到报纸后的当天，从下午 2 点钟一直看到 6 点。他知道，自 1957 年以来，中苏矛盾逐渐激化，至今两党、两国关系已经彻底恶化，随之而来的，必然是两国边境局势的紧张。他这次出行，正是想通过实地巡视和考察，掌握东北边境地区的实际情况，找出加强防卫的有效办法来。由于连日旅途劳累，加上每到一地，看书、看报、看地图，进行调查研究，同当地领导人商谈工作，使他的眼病又一次发作，终日头晕目眩。但他未予理会。

7 月 16 日，他由牡丹江赴哈尔滨。在哈市，他听取了黑龙江省军区负责人的工作汇报，详细观看了省军区的农、林、牧、渔场分布形势图。回到住地，他结合边防情况进行了分析，然后向随行参谋提出："你们研究一下，若是像新疆那样组建生产建设兵团，按照黑龙江边境地区现有农场数目，在实际需要上够不够。哪些地区是战略要点，如何建设生产兵团，让沈阳军区考虑，请他们最近提出意见来。"他还视察了军事工程学院，在学院的书店里买了俄文书籍。在翻看这些书时，感到视力更加减退，头痛更加厉害。他不顾随行人员的劝阻，仍然决定到海拉尔去，现地勘察中苏边境布防情况，完成预定的视察计划。

7 月 20 日，刘伯承继续北上，途经齐齐哈尔市，视察了两个军工厂。在观看试制的火炮、炮弹图样和实物样品时，他说："现代战争机动性很重要，我们既要生产大口径的火炮，同时也要研究和生产轻便的、便于机动的、多种用途的火炮和炮弹，适用于山地、丛林作战，拆卸灵便，能打空中飞机、海上的轻型舰艇、陆地上的坦克和碉堡。"

7 月 24 日，刘伯承到达他东北之行的最后一站——内蒙古自治区海拉尔市。

刘伯承亲自察看当年日本关东军修筑的地下工事

在市郊北山，他认真察看了当年日本关东军修筑的地下工事群。先是结合周围地形，详细研究了工事外部的结构和体系。而后亲自下到工事里边，对其内部结构，包括进出口通道、射界范围、离地高度、抗击能力，以及容量、厚度、生活卫生设施等，都一一作了细致的观察。由于天气酷热，坑道内潮湿霉烂，臭味扑鼻，加之整整一个上午没有休息，钻出工事时，随行人员都汗流浃背，疲劳不堪。可是他始终兴致盎然。一出工事，他就对海拉尔军分区负责人说："听说苏军在这里进攻时，日本人死了不少，许多人是死在洞里的。苏军也受到很大的伤亡才占领了工事。你们要很好地研究一下，苏军是怎样打下来的，日军是怎么被歼灭的。据说苏军最后是用了水淹法才解决问题的。把实际情况弄清楚，调查研究后向军委写个报告。"他还对随行的参谋说，"我看了地下工事，又研究了日本军队当时总的布局。日军在满洲里、海拉尔这个方向上，可能是一个师团。以满洲里为前线阵地，布置有一个大队或者一个联队。海拉尔附近地域为基本阵地，布置有一个联防，预备队为一个联队。在海拉尔北山构筑了地下和地面相结合的碉堡工事：东面可能是弹药库，西面是指挥部，方向对着满洲里。这样的布势，可以研究参考"。

在返回海拉尔市的路上，刘伯承结合未来反侵略战争的需要，谈了他对国防工事构筑的设想。他说：我考虑我们的国防工事，要地面与地下结合。弹药库、油库可放在地下，人员只能少部分隐蔽在地下。如把过多兵力放在洞里，就限制了兵力的机动，造成被动局面。打起仗来，从洞里出来再展开，就来不赢了。他看过沿海坑道，有的太长，进出口太小，战斗设备太差。原子弹打来了，不是被炸死，而是被压死。因此，怎么保存自己、消灭敌人，怎么发挥火力、隐蔽身体，要好好考虑。切不可把工事当作包袱背起来。进出口要多，要构成"丁"字、"之"字或"蛇腹"形进出口，以利于防御和机动。

视察中，刘伯承还就地调查边境少数民族的生产和生活情况，到蒙古包里做客，与牧民群众谈心，合影留念。向少数民族同胞宣传共产党的民族政策，鼓励

刘伯承（右六）在视察内蒙古时与当地牧民合影

他们热爱祖国，反谍防特，军民联合巩固边防。

7 月 29 日，刘伯承返回哈尔滨。在 25 天的行程中，他和当地党、政、军的领导干部现地磋商，就工事构筑、武器制造、边防建设、战备工作、军事训练等问题提出了明确而切实可行的见解，为中共中央军委、总部制订战略计划提供了重要依据。不幸的是，在胜利结束这次视察活动时，他的眼病加重，眼压又高达 70 多度，最后确诊为青光眼急性发作，不得不专车返京，入北京医院。从此以后，他那赖以读书、看报、审阅文电、从事著译的左眼，视力急剧下降，虽经多方治疗，竟再也无法恢复到原有的水平了。

第二节 “眼不见心也烦”

1966 年 5 月，中国大地上发生了一场名为“文化大革命”的大劫难。中共中央军委战略小组办公室被撤销，战略小组名存实亡，实际上中止了工作。从此以后，刘伯承不再有实质性的工作可做，完全处于赋闲状态。但是，他依然把国防建设、部队的战略训练，把党和国家的前途命运挂在心上。他以自己衰残多病的身体，在力所能及的范围内，协助和支持陈毅、叶剑英、徐向前、聂荣臻等元帅的工作。对革命事业忠心耿耿，一如往日。

这年秋，刘伯承不堪城里住所周围造反声浪的干扰，搬到京郊西山住下。不久，叶剑英和聂荣臻也搬到这里。陈毅、徐向前经常来看望他们。于是 5 位元帅在西山时有会晤，一起谈论“文化大革命”的形势，商讨保持军队稳定的办法。

一天，陈毅驱车来到这里，先去看望刘伯承。他一进书房，就向刘伯承亲切问候：“刘帅，你好啊！”

刘伯承放下手中的放大镜和一本大字号的《参考资料》，笑着回答：“是陈老总来了，快坐快坐！”

陈毅快走几步，紧紧握住刘伯承的手，说：“怎么样，老同乡，最近身体可好？”

刘伯承摇摇头，叹息道：“不行啰！这不，我刚想试着看看‘大参考’，用了放大镜，还是模模糊糊，啥子也看不清楚。看样子，我这只左眼也快要瞎了。”

“瞎了倒好！常言道，眼不见心不烦嘛！”陈毅往沙发上一坐，气冲冲地说。

刘伯承和陈毅是肝胆相照、无话不谈的挚友，他最了解陈毅的豪爽性格，更知道陈毅说这句话的含义，便接过话题说：“眼不见心也烦嘞，谁叫我的耳朵还不聋呢！这也是怪事，眼睛不好，耳朵反倒灵敏起来。你听，又叫开了。”说着，他用手指了指东面的窗户。

原来，造反派的宣传车正在山下吼叫。刘伯承恼火地接着说：“每天这个时候就来‘上课’。要不是山下有警卫，他们的大标语说不定会一直刷到山顶上。到天黑，北京大学的高音喇叭骂大街，这里听得清清楚楚。”

陈毅吐出一口长气，看来，这里也并非清静之地。

“快讲讲，城里怎么样？听说国防部大楼也被冲了，这还得了！还有贺胡子，你这两天见到他没有？少奇、小平同志也还好吗？……”刘伯承一下子提出了许多问题。

陈毅告诉他，贺龙的日子很不好过，林彪、江青骂他“不是好人”，康生诬陷他搞“兵变”；刘少奇、邓小平的日子更是不好过，林彪、江青已经给他们扣上了“资产阶级反动路线”的政治大帽子。至于冲国防部大楼的事，等一会儿问问刘志坚就清楚了。

“文化大革命”期间，刘伯承和陈毅两位老帅促膝交谈

1966 年 1 月，时任中央军委副主席的刘伯承

这时，秘书进来向刘伯承报告：叶剑英、徐向前、聂荣臻三位元帅，以及总政治部主任萧华、副主任刘志坚都来了。

在会客室里，陈毅对刘志坚大声招呼道："志坚呐，冲国防部是怎么一回事啊？"刘伯承也催促说："是呀，现在恐怕只有你还有点发言权，快讲讲吧！"

刘志坚望着在座五位元帅焦急的面容，心里很是感动。他详细汇报了个别军队院校造反派冲击国防部制造事端的全过程。会客室里笼罩着一种令人压抑的沉闷空气。

现在，党的各级组织已经被冲乱了，政府各个部门也已经被冲乱了。人民解放军一定不能乱。如果把军队也冲乱了，后果将不堪设想。五位元帅心急如焚。

1967 年 1 月 5 日，以王洪文为首的上海造反派，在张春桥、姚文元的阴谋策划与指挥下，篡夺了上海市的党政大权。一时间，"一月革命"的夺权之风在全国各地刮起。

军队决不能夺权，军队必须保持稳定，解决这个问题已是刻不容缓。1 月中旬的一天晚上，徐向前、叶剑英、陈毅、聂荣臻和刘伯承，又聚在一起谈到深夜。他们一致认为，在非常时期要使用非常手段，必须搞出几条命令才行。应明确规定军队不准夺权，不准随意揪斗各级领导干部，不准成立所谓的战斗组织等。最后，他们一起研究商定了八条命令，上送毛泽东审批。1 月 28 日，"中央军委八条命令"经毛泽东亲自签发，迅速传到全军。

然而，斗争远远没有结束。从"文化大革命"一开始，林彪、江青等人就把这几位元帅视为篡党夺权的最大障碍。他们一直在窥测方向，寻找时机，图谋把这几位元帅整倒。

2 月中旬，陈毅、叶剑英、徐向前和聂荣臻等人，由于对"文化大革命"的许多错误做法强烈不满，在中南海怀仁堂召开的中共中央碰头会上，与林彪、江青等人发生了激烈的冲突。林彪、江青蓄意歪曲事实真相，颠倒黑白，把元帅们的抗争诬蔑为"二月逆流"，随即发动了一连串的批斗与围攻。不久，聂荣臻病倒了，住进了解放军总医院。

正在总医院治疗眼疾的刘伯承闻讯，不顾左眼接近失明，摸索着来到聂荣臻的病房。他紧紧握住聂荣臻的手，千言万语一时不知从何说起。良久，才说出一句："老兄，你受苦了。"这在平常情况下只是普通的一句安慰话，可在那种险恶的政治环境下，它的意义和力量是难以估算的。事过19年后，聂荣臻还满怀感激地说：当时我身处逆境，"老战友的这种安慰是多么珍贵"！

7月，刘伯承眼疾加重，经周恩来总理批准，赴济南治疗。

后因济南社会秩序混乱，住地很不安宁，在济南军区司令员杨得志的建议下，又转赴南京、上海治疗。治疗期间，他常常对前来看望他的部队领导干部说，军队一定要保持稳定，一定要防止过火的行动，内部要团结、不要出乱子。他还用历史上内忧外患的事例反复强调：内忧与外患总是联系着的：没有内忧，必无外患；如有内忧，终有外患。最要紧的是内部要一致，时刻警惕帝、修、反钻空子，在混乱中搞我们。

10月，刘伯承回到北京。随着"文化大革命"的发展，他"眼不见心也烦"的事情越来越多了。

1968年3月，林彪、江青等人制造了所谓的"杨、余、傅事件"，诬陷代理总参谋长杨成武、空军政委余立金、北京卫戍区司令员傅崇碧"武装冲击中央文革"，"为'二月逆流'翻案"，"是'二月逆流'的新反扑"。并罗织罪名，撤销了杨成武、余立金、傅崇碧所担任的一切职务，将余立金打成"叛徒"予以逮捕。对于这样一个重大事件，作为中共中央军委副主席的刘伯承，事先竟毫不知晓。对此，他感到非常意外和难以理解。于是，便坐车到叶剑英那里了解事实真相。叶剑英告诉他，由黄永胜等人把持的军委办事组，已经取代了军委常委会。今后，军委常委将不会再开会了。听罢叶剑英的话，他默然不语，低头陷入了沉思。

1969年10月18日，林彪背着中共中央和毛泽东，擅自发出"关于加强战略，防止敌人突然袭击的紧急指示"，黄永胜等人以"林副主席第一个号令"的名义，把中共中央和中共中央军委的许多老同志强行疏散到外地。陈毅到石家庄，聂荣臻到邯郸，徐向前到开封，叶剑英到长沙，刘伯承则到武汉。

接到通知的当天，刘伯承向周恩来提出，如果真的要打仗，我愿意留在北京，给军委和总部当个参谋。如不行，就服从组织决定。10月20日，他处理了文件资料后始去武汉。以后，又由武汉转赴上海。在上海，他继续治疗视力极其微弱的左眼。

1970年5月，刘伯承创建的南京军事学院、北京高等军事学院与政治学院、后勤学院合并，成立中国人民解放军军政大学。校址设在高等军事学院院内。他得知这个消息后，把自己珍藏的2000多册军事理论教材与书籍，送给了军政大学图书馆。"九一三"林彪出逃殒命事件之后，他对前去看望他的军政大学校长萧克说："我现在年纪大了，眼睛也不行了。这些教材和书籍留给你们吧。希望你们把学校办好！"

1972年1月6日，是刘伯承极为悲痛的一天。他情深谊厚的挚友陈毅，由于受到林彪、江青等人的打击迫害，不幸离开了人世。对老战友的深切思念，使他沉浸在无比悲痛之中。这时，他的左眼视力已完全丧失。他让人搀扶着来到医院，人未进门，哭声先传了进去。他只恨自己双目失明，不能最后见一见老战友的遗容。他走近床边，俯下身去，以手代眼，颤抖着从老战友枯瘦的面颊一直抚摸到冰冷的胸部，嘴里发出痛切的呼唤："陈老总啊，我刘瞎子离不开你这根'拐杖'哟！"在场的人看着这位八旬元戎肝胆欲裂、痛不欲生的模样，无不潸然泪下，呜咽失声。

1971年林彪垮台后，中共中央撤销了由林彪死党黄永胜等人把持的军委办事组，成立了由叶剑英主持的军委办公会议，负责军委日常工作。叶剑英指示总参谋部，将刘伯承自1960年以来的讲话汇集起来，印发军委各总部、北京军区及各有关部门参照执行。

1972年2月，叶剑英主持召开军委扩大会议，批判林彪的反革命罪行，研究加强军队建设的大政方针。这时，刘伯承给叶剑英写了一封长信，信中说："林彪主持军委日常工作期间，我的身体渐趋不好。但是，从关心党的事业，关心军队建设出发，凡是他们愿意问我的，或者我想到了的问题，我都以参谋的身份向他们提出来。当然，我的那些意见，都是些老经验、老生常谈的东西，不一定适合新的情况，而他们基本上是听了算了，很少给回过话。现在，我是个老弱残废的人了，又总是休息不好，精力很差。对这次军委扩大会议，也想尽一份力量。但是，力不从心，难能给你们当个参谋了……为了给会议研究问题提供点资料素材，我请作战部的同志，把我1960年以来说过的一些话（限于精力和时间未加校对），把那些'古董货'翻出来，作为一孔之见，即送你们一份，供研究参考。"

刘伯承交给中共中央军委的材料，概括了他对军事训练、院校建设、参谋工作、政治工作、后勤工作，对海空边防建设、国防战备工事构筑，对未来反侵略战争的战略方针和作战指导等一系列问题的看法和建议。这些千锤百炼的经验之谈，深谋远虑的战略决策，是刘伯承60年军事生涯的结晶，也是他向党、向人民所作出的最后一次奉献。

第三节　帅门家风

在长期的革命斗争中，刘伯承自奉俭薄、廉洁奉公，始终保持着无产阶级艰苦朴素的革命本色。对子女、对亲属，他也严格要求，言传身教，让他们永远和人民群众同甘苦，艰苦奋斗，自强不息。他的革命家风，一直被人们所称颂。

进城初期，刘伯承就对夫人汪荣华说，战争年代，我们与人民群众同甘苦，一打仗，就把孩子寄养到老百姓家里。我们许多老干部的孩子，都是吃乡亲们的红薯干和小米粥长大的。现在解放了，国家还很穷，人民的生活也不富裕。我们的生活，特别是子女的生活，决不能特殊，要与人民群众的生活大体相当才是。

1951 年，刘伯承全家从重庆搬到南京，住在城东北北极阁一幢二层小楼里。当时，实行的是供给制。他经常检查家里的伙食账，看看有没有超出国家规定的供给标准。他还关照炊事员说："黄瓜、西红柿这类蔬菜在刚上市的时节，不要买来吃。"他家孩子多，刚来南京时，有四个孩子：长子太行，二女儿弥群，三女解先，小女儿雁翎。到南京后，汪荣华又生了两个儿子：阿蒙和太迟。全家八口人，住房比较紧张。军事学院营房部多次提出给他加盖房子，或把房子改建一下，都被他拒绝了。后来，营房部趁他到北京开会的机会，在他家的楼房后面加盖了两间平房。他从北京回来，严肃批评营房部说："你们总说我住房紧张，我一家人住着一幢小楼，老百姓有这种条件吗？你们不能让我太特殊了！"后来，他坚持把这两间房分配给了他身边的工作人员住。

刘伯承和夫人、子女合影

刘伯承对用车问题要求更为严格。他自己用车从来不讲究、不挑剔，而且也很节省。当时，他用的是一辆旧轿车。车管部门为了他的安全，提出给他换一辆吉姆车。他坚决不同意。他平时喜欢步行，外出开会、办事，只要路程不远，时间来得及，他总是安步当车。

他的车一般不准家属子女坐。他的夫人汪荣华上下班，一年四季都是骑自行车。每年放寒、暑假，他的孩子们从外地回来，开学时从南京走，他都不准用车接送，而让他们坐公共汽车。有一年冬天，南京下了一场罕见的大雪，汪荣华很晚还没有回家。司机不放心，瞒着他悄悄地把车开出去，从半路上把步行回家的汪荣华接了回来。这件事还是被他发现了。第二天早上，他就批评司机不该私自出车。司机解释说，天气不好，又是晚上，汪荣华骑不了自行车。他说："骑不了车可以走回来嘛！为什么非要开小车去呢？你要记住，车是国家配给我办公用的，家属子女不能随便坐，办私事决不能用公车。”

刘伯承给子女们立下这样一条规矩：结婚以后一律搬到自己的工作单位去住，不要再和他住在一起。儿女们都理解他的这番用心：父母这里生活条件优越，各种待遇优厚，这是党和国家为了照顾他们为革命所作的贡献而给予的。自己结了婚、成了家，应该独立生活，而不应该再沾父母的光。

1970 年以来，刘伯承的六个子女先后结婚，他们都同本单位的职工住在一起，节假日才回家看望父母。

太行同工人的女儿肖玉兰结婚后，住在工作单位分配给他的一间 9 平方米的房子里，厨房、厕所公用。肖玉兰生了孩子，她的妈妈从湖南老家来照顾她。房子实在住不下，领导上给他们调换了一个 18 平方米的套间，厨房、厕所依然公用。

一天，汪荣华和朱德的夫人康克清，一起去看望太行一家人。太行在延安上幼儿园时，由康克清照管，太行是喊着“康妈妈”长大的。肖玉兰的妈妈对来看望的两位大姐说：“您看这么挤，没地方坐，没地方站。”汪荣华拉着亲家的手说：“单论住房子，城里甚至不如乡下，现在群众还有三代人同住一间房子的哩！”康克清也笑着说：“这比延安时候好多了。那时候我把太行从幼儿园领回来，还不是我和朱老总睡床，他就睡在拼起来的椅子上。”

肖玉兰在北京西郊的一所军队医院工作，每天上下班的路上得用 3 个多小时，太行工作单位离家较远，不能天天回来，生活上很不方便。她要求搬到医院去住，但是医院解决住房也有困难。肖玉兰见自己提出要求不管用，想请婆婆出面。汪荣华听了态度很坚决：“这种事我不能管！”

刘伯承的二女儿弥群结婚时，只有机关举行了简单的婚礼。事后，刘伯承提出用一个星期天，全家欢聚，庆贺弥群夫妇新婚。不巧，弥群所在单位利用那个星期天组织义务劳动。弥群有些为难地把这事告诉了父亲，刘伯承风趣地说：“家规依从国法，个人服从组织嘛！”

刘伯承的三女儿解先入党前，她所在单位的党组织派人到家里来征询刘伯承的意见，刘伯承非常认真地说：“如果你们要了解她在家里的表现，我可以向你们介绍；但你们问我她能否入党，那完全是党组织的事，我不能发表任何意见。”

刘伯承的长孙降生时，他已双目失明，年满八旬。他非常高兴地给孙子起了名字，并催着汪荣华赶快把名字告诉儿媳妇。家里人每次把小孙孙抱到他面前，他都慈祥地抚摸着孩子胖乎乎的脸蛋。但就是对全家的这个宝贝疙瘩，刘伯承夫妇也严格要求，使他和普通人家的孩子没有什么两样。孩子在妈妈医院的幼儿园里长大，在一所普通小学上学，随后又考进西郊一所普通中学，口袋里揣着月票，脖子上挂着钥匙。

刘伯承对子女处处严格要求，为的是培养他们健康的思想和良好的品德。他常常对子女们说：“勤能补拙，俭以养廉，廉洁的品行要靠平时俭朴的生活养成。只有工作上廉洁奉公，政治上才能无私无畏。”

老年刘伯承与家人合影

在家里，刘伯承冬天经常穿着袖口磨破、领口洗得发白的旧衣服，穿一双家制的黑色布棉鞋。他的一件毛衣，袖肘都破了，还一直穿在身上。夫人汪荣华看到这件毛衣实在不能穿了，便给他买了一件新的。他接过新毛衣，看了看，又放在桌上，说："我这件旧的，补补还可以穿嘛，何必花钱买新的。"仍然舍不得把旧毛衣脱下来。

刘伯承孩子的衣服，往往是老大穿了老二穿，缝缝补补给老三。老五刘蒙上中学了，穿的还是姐姐穿过的女式黄军装。有一天，阿蒙放学回到家里，嘟着嘴对汪荣华说："妈妈，以后我不穿姐姐的黄军装了，同学们都笑话我。"

汪荣华仔细端详着儿子：挺高的个头，穿一身女式黄军装，模样确实很滑稽。她忍不住笑了起来，说："是啊，你长大了！等这件衣服穿破了，妈妈再也不让你穿姐姐们的衣服了。"

生活上刘伯承对子女严格要求，学习上更是毫不放松。他一再勉励子女们刻苦读书，掌握真本领，脚踏实地为人民服务，但不一定要当官。他严肃地告诫子女："没有那个大德大才就不要去当那个官，即使当上了，也不能很好地为人民服务。"

1962 年，他看到教育部的一个通报后，写信给长子太行说，这次教育部通报了一个高等学校的调查，"成绩优良者 10 人中有 8 个是高级知识分子的子女，一个是农民的儿子，一个是右派之子，而干部子女则一个也没有——可能这是不全面的调查，但是要警觉。干部子女生活优裕，自由散漫，看不起人，认为学习没有意思，自甘落后。这必须大力教育，扭转某些落后的干部子女的坏意识，才能继承发扬革命传统"。就在这封信中，刘伯承问太行："谦虚谨慎习惯在修养否？"

刘伯承经常对子女们说："我打了一辈子仗，身边没有什么私人财产好继承。你们也不能靠着我刘伯承这块牌子生活。你们自己要自尊自立，自强不息。"他双目失明以后，有一次让幼子太迟扶着他在院子里散步。突然间，他挣脱了太迟的手，自己摸索着向前走去，边走边对太迟说，"这叫什么，这就叫自强不息。我 80 多岁还要自强不息，你们年轻人更要自强不息，自强不息啊！"然后，他又语重心长地告诫太迟，"我们是打扫舞台的，把三座大山推倒了，把舞台整理好了，唱戏要靠你们。你们要想唱好戏，就要好好学习，唱戏要靠真本事"。

刘伯承的六个儿女没有辜负父辈的期望。他们都读完了大学，在各自的岗位上为四化建设贡献自己的才智。长子太行是哈尔滨军事工程学院 1964 届的毕业生，毕业后分配搞科研工作。他业务熟练，安心本职，曾主动放弃到部队当高级指挥官的机会，始终坚持在科研工作岗位上，现任空军指挥学院学术研究部副部长。二女弥群是空军司令部业务部门的一名领导干部，以吃苦耐劳、勤于钻研著称于同事之中。曾多次立功、受奖，荣获全国"三八红旗手"称号。三女解先、四女雁翎是医生。五子阿蒙在高级军事机关当参谋，幼子太迟在军事机关工作。

刘伯承夫妇爱子深切，教子有方，博得了人们的广泛称颂。汪荣华被评为北京市 1986 年度的"好家长"。

第四节 "十万军帐哭刘公"

1972 年刘伯承双目失明之后，健康状况日渐下降，不得不住院进行长期治疗。战争年代，他创伤遍体，头、眼、腿、脚等都留下了不同程度的残疾。解放后，为培养全军中、高级干部，为国防建设和部队的战备训练，他经常超负荷地工作，又使得左眼失明，伤残破损的身体更是每况愈下。

中共中央对刘伯承的身体状况十分关怀，周恩来 3 次亲临医院探视。医护人员也尽了自己的努力。因个别医生诊断失误，药不对症，致使病情逆转。毛泽东得知后亲自过问，周恩来迅速做出"停药，以养为主"的指示，才使他的病情得到控制。

然而，由于刘伯承年事已高，残弱多病的身体终于不能恢复而长期卧床不起。

1973 年以后，刘伯承丧失了思维能力。

1975 年以后，刘伯承丧失了自理生活的能力。

1980 年 8 月 17 日，五届人大三次会议批准了刘伯承关于辞去人大常

1981 年时的刘伯承

委会副委员长职务的请求。

1982 年 8 月 6 日，中共十一届七中全会通过了《给刘伯承同志的致敬信》。信中说："由于年龄和健康状况，您不能再参加即将召开的党的第十二次全国代表大会，也不能再继续担任党和国家的领导职务。您对中国革命的贡献和崇高的品德，将为我们全党所永远怀念和敬佩。"

1986 年 10 月 7 日 17 时 40 分，94 岁的刘伯承终因久病不治而与世长辞了。

10 月 14 日，北京一个平常的秋日，凉风瑟瑟，阴霾满天。京西万寿路人民解放军总后勤部礼堂前厅，被设成黑纱缠绕圆柱、挽幛悬挂横梁的庄严肃穆的灵堂。

刘伯承静卧在鲜花翠柏丛中，鲜红的中国共产党党旗覆盖着他高大的身躯。人民解放军战士持枪肃立，守护在灵柩两旁。

邓小平率全家最先来到这里。他向刘伯承深深地三鞠躬，然后久久凝视着昔日的老搭档、老战友的遗容。太行山的烽火，大别山的险阻，淮海大地的硝烟，万里长江的怒涛，西南边关的征尘，一幕一幕地在他眼前闪现……慢慢地，泪水模糊了他的视线。

聂荣臻右臂套着黑纱，坐着轮椅车，由工作人员推着攀上 40 多级台阶来到大厅。刘伯承卧病在床之后，聂荣臻多次到医院看望他，总希望他有所恢复，能跟他说上几句话。如今，物是人非，聂荣臻悲从中来，两行清泪潸然滚落腮边。

杨得志、秦基伟、王平、洪学智、萧克、宋时轮、阵锡联、张爱萍、杨成武、陈再道、尤太忠、向守志等人民解放军的高级将领，以及三总部、各军兵种、北京军区、国防科工委、军事科学院的干部战士，列队缓缓地走进大厅，默默地将右手举到额角，向人民解放军的缔造者、功勋卓著的老元帅致最后的军礼。

张震、李德生，带领全军最高学府——中国人民解放军国防大学，以及驻京其他军事院校的教员、学员和工作人员，迈着沉重的脚步，怀着无比沉痛的心情，向军队院校的奠基人、最高学府的老院长作最后的告别。

中共中央机关、国务院机关、各民主党派、人民团体和北京市等部门的领导与群众，以及少数民族的代表，步入大厅，向共和国大厦的创建人鞠躬志哀。

…………

大厅里哀乐阵阵，1500 多人依次出入，呜咽声、哭泣声响成一片。

徐向前挥毫记下了首都军民沉痛哀悼刘伯承的感人场面——

日暮噩耗遍京城，泪雨潇潇天地倾。
垂首山川思梁栋，举目九天觅帅星。
渊渊韬略成国粹，昭昭青史记殊荣。
涂就七言染素绢，十万军帐哭刘公。

10 月 16 日，刘伯承的追悼会在首都人民大会堂隆重举行。3000 多人聚集在一起，沉痛悼念这位伟大的无产阶级革命家、军事家、杰出的马克思主义理论家、军事教育家。邓小平主持了追悼会，胡耀邦致悼词。悼词简要概括了刘伯承一生的光辉业绩。在长达70余年的革命生涯中，他既为推翻帝制、保卫共和英勇斗争，又为创建人民军队、实现社会主义艰苦征战，也为推进现代化、正规化革命军队的建设进行了不懈的努力。悼词高度评价了刘伯承一生的卓著功勋。指出他对党无限忠诚，几十年来成为全党、全军广大干部特别是高级干部的榜样；他的高超的指挥艺术和作战谋略，他的精辟独到的军事论著，是毛泽东军事思想的重要组成部分；他功高不居功，位尊不恋位，权重不擅权，始终不脱离群众，保持了劳动人民的本色；他自奉俭薄，克己奉公，严格管教子女，廉风、家风，堪称社会的楷模。悼词热情赞扬他功高德重，深受全党、全军和全国各族人民由衷的爱戴和尊敬。

追悼会上，胡耀邦、邓小平、陈云、李先念、彭真、徐向前、聂荣臻等献了花圈。中共中央、全国人大常委会、国务院、中央军委以及北京市和四川省等领导机关，献了花圈。

这一天，天安门广场、新华门和外交部，都下半旗向刘伯承志哀。行人路过，纷纷驻足静默，向他们敬爱的一代元戎寄托自己的哀思。

中国古人有这样两句诗："劝君不用镌顽石，路上行人口似碑。"说的是人生一世，做了好事善事，自有众人称颂传扬，用不着自己去立功德牌坊。刘伯承一生的光辉业绩，在全国各族人民的心中，在全军指战员的心中，矗立了一块不朽的丰碑。

刘伯承逝世后，他的夫人汪荣华给中共中央写信，要求把刘伯承的骨灰撒向祖国各地。

1986年10月21日，刘伯承的长子太行、四女雁翎、幼子太迟一行人，手捧父亲的遗骨，告别母亲和兄弟姐妹，去执行抛撒骨灰的神圣任务。飞机载着他们穿过重重云层，翱翔在祖国的万里长空。和着徐徐的清风，刘伯承的骨灰落在了太行山，落在了淮海大地，落在了南京，落在了重庆，落在了开县赵家场的黄槲树林。

这位从贫苦农民家庭走出来的一代名帅，最后又回到了养育他的故土，回到了祖国山河大地的怀抱之中，回到了他指挥千军万马战斗过的地方，与长眠在那些地方的无数烈士，永远在一起，永远在一起了！

生平大事年表
（1892—1986）

1892 年　诞生

■ 12 月 4 日（清光绪十八年壬辰十月十六日）出生于四川省开县赵家场张家坝。

1897 年　5 岁

■ 入私塾读书。

1903 年　11 岁

■ 读完私塾。随应县试的父亲刘文炳赴县城，目睹父亲因出身吹鼓手家庭被逐出考场，切身感受到社会的不公。

1904 年　12 岁

■ 转入灯草坝“汉西书院”读书，开始接触数学、理化、地理等现代科学知识。

1905 年　13 岁

■ 考入开县高等小学堂。进一步接受新式教育，初步孕育了资产阶级民主主义革命思想。

1906 年　14 岁

■ 考入夔府官立中学读书。

1907 年　15 岁

■ 春　因父亲病故，家庭经济发生困难，被迫辍学，回乡务农。

1910 年　18 岁

■ 从万县乘江轮出川到上海，试图寻找工作，未果，仍返回家乡。

1911 年　19 岁

- 年末　到万县参加响应辛亥革命的学生军。有人劝他不要去从军冒生命危险，而应去经商谋个人发达，他慨然回答："大丈夫当仗剑拯民于水火，岂顾一身之富贵！"

1912 年　20 岁

- 2 月至 12 月　考入重庆蜀军将校学堂受训。因成绩优异被选入速成班。毕业后分配到川军第五师熊克武部任司务长。

1913 年　21 岁

- 夏　由司务长改任排长，随部队参加四川讨袁（世凯）战争。在綦江打了第一仗。因有勇无谋，只顾自己一人向前冲，没有指挥士兵跟上，结果败退了下来。
- 8 月　在寒坡场战斗中智勇结合，对士兵进行了动员和组织，并率先冲锋，率部一举攻占敌方阵地。因功擢升为连长。

1914 年　22 岁

- 四川讨袁战争失败。为免遭四川反动当局的缉捕，避居上海。加入孙中山组织的中华革命党，继续致力于反袁斗争。

1915 年　23 岁

- 受孙中山派遣，以中华革命军的名义回川进行革命活动。

1916 年　24 岁

- 年初　为响应云南护国军的入川行动，与王维纲在涪陵新妙场集合原第五师部分人员和当地革命党人、农民群众 400 余人，举行起义。被编为川东护国军第四支队，负责截断北洋军的长江交通。
- 3 月　与革命党人张明安领导璧山县丁家坳农民起义，将起义队伍编为义勇军。指挥义勇军伏击北洋军的辎重部队，缴获两连人枪，军装 5000 套。
- 3 月 20 日　在丰都攻城战斗中，头部中弹，颅顶受伤，右眼致残。
- 秋　回到第五师，任第九旅参谋长。

1917 年　25 岁

- 10 月　参加护法战争。代表第五师到泸州与云南护国军谈判，结识了滇军旅长朱德。

1918 年　26 岁

■ 2 月　随第九旅参加讨伐依附北洋政府的四川督军刘存厚的战争。临难受命改任营长，率部强渡涪江，协同友邻部队攻克战略要点射洪县太和镇。

■ 3 月　升任由熊克武任督军的四川督军署警卫团副团长。

1920 年　28 岁

■ 8 月至 10 月　升任第五师第二混成旅第一团团长。率部参加川军为驱逐滇黔军而发动的“靖川”战争，在保卫成都和克复重庆的战斗中，担任主力，连建奇功，被上级表扬为“千里转战，凌厉无前”。

1921 年　29 岁

■ 8 月至 9 月　率部参加川军援鄂战争。以出敌不意的战法，先后歼灭和击溃北洋军各一个团。

1922 年　30 岁

■ 夏　率部参加四川新旧军之间的“一、二军之战”。采取伏击战法歼灭第二军杨森部主力第三十六团，继而协同友邻部队重创敌第九师。

■ 8 月　升任两团制的第二混成旅第一路指挥官。

1923 年　31 岁

■ 3 月至 4 月　参加由孙中山发动的讨伐北洋军阀的“讨贼战争”。率部与敌苦战，掩护主力撤退，并以奇袭手段击溃临阵叛变的一个旅。

■ 4 月 14 日　因不满有功不赏，反遭人忌妒、诽谤的处境，向上司提出辞呈，未获批准。

■ 5 月　率部反攻被敌夺占的成都城。在成都近郊龙泉驿重创敌一个旅，并协同友邻部队夺回成都。

■ 本月　率部以远距离奔袭的战法一举歼灭甘军 12 个营。

■ 8 月　在作战时右大腿负重伤，随即赴成都治疗、休养。

■ 秋　通过吴玉章结识了杨闇公。在这两位四川早期马克思主义者的引导和影响下，思想开始转向共产主义。

1924 年　32 岁

■ 1 月 13 日　对劝他加入中国社会主义青年团的友人说，如果一见旗帜就拜倒，觉得太不对了。因为对于各派都没有十分的研究，极力深研后才能决定自己的道路。

■ 9 月　断然拒绝熊克武等人以升官为条件让他重返军队的劝诱，表示愿追随杨闇公、吴玉章考察四川内外的国民革命形势，探讨救国救民的真理，走一条新的人生道路。

- 10月至12月　随吴玉章出川，经贵州、湖南到上海。沿途感受到国共合作后出现的大好革命形势——农民运动和工人运动在各地都有了很大的规模和声势。

1925年　33岁

- 2月　随吴玉章从上海到北京，见到了中共北京地委负责人赵世炎，从而了解到全国革命形势及中国共产党的活动情况。
- 5月　随吴玉章从北京到上海，亲身经历了震动全国的“五卅运动”，对帝国主义及其走狗买办资产阶级剥削、压迫中国工人阶级的贪婪性、残暴性，对工人阶级巨大的斗争力量和不甘屈服的斗争精神，有了较深刻的印象。
- 6月　随吴玉章由上海经香港到广州，目睹了省港大罢工和英、法帝国主义制造的“沙基惨案”，进一步感受到了中国工人阶级的觉醒和中华民族不可遏制的反帝怒潮。

1926年　34岁

- 5月　由杨闇公、吴玉章介绍，加入中国共产党，实现了由民主主义者到共产主义者的转变。
- 7月　同吴玉章从重庆到上海，向中共中央负责人汇报四川军事运动情况，提出策动部分军阀部队起义，支援国民革命军北伐的设想，得到了中共中央的同意。
- 9月　在广州以国民党四川省党部“特务委员会”名义，主持同四川各军阀代表谈判，签订了《六条协定》，促使川军各派脱离北洋军阀系统，参加国民革命。
- 10月　经吴玉章提议，被国民党中央执、临联席会议委任为中央党部特派员，全权负责处理四川军事问题。
- 11月　根据中共中央指示，与杨闇公、朱德组成中共重庆地委军事委员会，统一领导全川军事斗争。
- 本月　与中共重庆地委书记兼军委书记杨闇公同赴合川的川东江防军黄慕颜部，策划起义事宜。
- 11月27日　在国民党（左派）四川省第一次代表大会上作《军事报告》，总结了四川军事运动的开展情况和基本经验。强调指出，国民革命不完全靠革命军的力量，更重要的要靠民众的参与和支持。在会上当选为国民党（左派）四川省党部执行委员。
- 12月9日　在顺庆（今南充）果山公园主持召开庆祝原川军第五师大部和江防军黄慕颜部起义胜利大会，宣布就任国民革命军川军各路总指挥，下辖第一、二路。随后指挥起义军抗击四川反动军阀部队的围攻。

■ 12月　为避开优势敌军的进攻，率起义军撤离顺庆，转移开江整顿。

1927年　35岁

■ 1月　在万县出席中共重庆地委军委会议，与杨闇公、朱德分析研究北伐战争的进程和组织起义军进行策应等问题。

■ 1月24日　在泸州发布《国民革命军川军各路总指挥部布告》，昭告全体军民听从指挥和服从整顿。

■ 2月上旬　在泸州主持召开起义军誓师大会。在会上发表讲话，宣布起义军指挥部成立，下辖第四、五、六路；号召军民团结一心，跟反动军阀斗争到底。

■ 4月中旬　主持召开军民大会，声讨刘湘、蒋介石制造重庆“三三一”惨案和上海“四一二”大屠杀的罪行。

■ 4月21日　向武汉国民政府发出《呈请讨伐刘湘》的呈文，历数刘湘先后投靠北洋军阀和蒋介石，反对、破坏国民革命和爱国民主运动的罪行，表示愿率所部与刘湘等反动军阀进行决战。

■ 4月　严密部署各路起义军进行防御，亲临第一线指挥作战，先后击退敌军数十次进攻。

■ 5月上旬　被武汉国民政府任命为国民革命军暂编第十五军军长，所隶起义军各路番号不变。

■ 5月16日　在外有强敌围攻，内有将领谋叛的情况下，按中共党组织决定，偕参谋长韩百诚等从龙透关秘密出走。

■ 7月11日　偕参谋长韩百诚等历尽艰险，绕道陕西、河南，抵达汉口。

■ 7月下旬　向武汉国民政府军事委员会请假调养，将军长职务交副军长黄慕颜代理。以称病告退作掩护，秘密转赴南昌，参与擘画南昌起义。

■ 7月28日　受中共前敌委员会书记周恩来委托，协助第二方面军代总指挥贺龙制订南昌起义计划。

■ 7月底　奉派向中共江西省委负责人宛希俨、黄道等，传达中共中央关于南昌起义的决定和对江西省委的要求。

■ 7月　参加由中共中央军事部长周恩来召集的川籍有关人士座谈会。支持周恩来关于共产党的武装力量要向广东发展，而不是像有些人希望的那样西退四川的主张。

■ 8月1日凌晨　协助起义代总指挥贺龙指挥第二十军攻占南昌旧藩台衙门，消灭了驻在该地的国民党军第五方面军总指挥部及其下属部队；与代前敌总指挥叶挺指挥的第十一军第二十四师等一起，完成了预定的歼敌任务，取得了南昌起义的胜利。

■ 同日上午　出席特别委员会召开的国民党中央委员及各省、区、特别市和海外党部代表联席会议。被会议决定产生的中国国民党革命委员会任命为军事参谋团参谋长。

■ 同日晚　出席军事参谋团会议，参与拟订起义军撤离南昌、进军广东的行动计划和开进路线。

■ 8月29日至30日　协助叶挺指挥第十一军攻克会昌城，取得了南进途中的重大胜利。

■ 9月中旬　在福建长汀出席军事参谋团会议，讨论攻取东江的行动计划。与多数人议决先占领潮汕海口，取得国际援助，然后再行西进，夺取惠州。

■ 10月3日　在广东普宁县流沙镇参加革命委员会领导人和起义军将领最后决策会议。会议根据中共中央的指示，决定武装人员尽可能收集整顿，开往海陆丰作长期斗争；非武装人员愿留的留，不愿留的就地分开，由当地农会派人带路向海边疏散，然后走水路撤往香港或上海。

■ 10月上旬　与贺龙等乘船到达香港。

■ 11月　由香港到达上海，向中共中央汇报南昌起义的有关情况。

■ 本月　受中共中央派遣，赴苏联学习军事。

■ 12月　经海参崴到达莫斯科，入高级步兵学校学习。

1928年　36岁

■ 6月至7月　在莫斯科参加中共第六次全国代表大会。继周恩来作军事问题报告后，作《对军事问题补充报告》。在报告中分析了中国现存军阀制度产生的原因、性质及其必然崩溃的趋势，提出了在军阀部队里进行军事运动的基本方针、方法和策略。

会议期间，被大会指定为南昌起义委员会委员。在关于南昌起义的研究会上，作《南昌暴动始末记》的报告。简要地叙述了南昌起义的经过，总结了起义的经验和失败的教训，着重指出没有形成共产党对军队的坚强领导，没有对部队实行有力的政治教育和军事训练，没有把军事斗争与工农运动结合起来，是南昌起义“根本的弱点”，同时指出了作战指挥不统一、组织纪律松散、财政政策动摇不定等方面的问题。

■ 8月　转入伏龙芝军事学院学习。

1929年　37岁

■ 春　跟同学屈武交谈国内革命斗争情况，认为毛泽东、朱德依靠农民、武装农民，走红色割据的道路是完全对头的，表示很想立即返回国内，同毛泽东、朱德一起战斗。

1930年　38岁

■ 7月底　由苏联经东北回国，到达上海，被委任为中共中央军委参谋长。

■ 8月　在中共中央负责人李立三部署南京、武汉等中心城市的暴动工作时，委婉地建议应放弃向国民党统治力量较强的东方发展，而改向他们统治较薄弱的北方发展。同时提醒李立三，即使中心城市暴动成功也很难巩固，像南京，据提供的力量计算，最多“可固守一个月”。但这些意见未获采纳。

■ 9月　受中共中央委派，到武汉任中共中央长江局军委书记兼参谋长。在长江局主席团会议上，传达了中共中央政治局常委兼中共中央军委书记周恩来对长江局工作的指示，停止了武汉暴动的计划。

■ 9月24日至28日　由武汉回到上海，任中共中央军委委员，协助周恩来处理中共中央军委日常工作。

1931年　39岁

■ 协助周恩来举办短期军事训练班，训练中共省、特委负责人和中央机关干部，增强他们开展武装斗争的能力。负责为训练班讲授暴动方略和游击战、运动战战术。

■ 为中共中央军委翻译了《苏军步兵战斗条令》，校译了《苏军政治工作条例》《游击队怎样动作》等材料。这些材料发到各革命根据地，促进了中国工农红军的早期建设。

1932年　40岁

■ 1月　由上海经香港、汕头转到江西中央革命根据地，任工农红军学校校长兼政委。

■ 2月1日　主持红军学校第二期开学典礼。

■ 5月25日　向中革军委发出红军学校的工作报告，强调学校的训练要紧密联系战斗实际，不能本本主义地全套应用苏联红军的战斗条令和军事教程，而反动的军队的典范和教程，更不能照搬照用。

■ 5月　组织教员编写教材，提出编写战术教材的根据是：目前红军的编制、现在的火器装备、红军作战的对象，学员的文化程度、作战区域的地理条件，以及数年来开展游击战争所取得的宝贵经验等。

■ 6月6日　奉中革军委命令，兼任瑞金卫戍司令。

■ 10月3日至8日　列席中共苏区中央局全体会议，支持了中央局多数人不同意毛泽东留在前方指挥的错误意见。

■ 10月10日　主持召开红军学校第三期毕业典礼，并发表了讲话，鼓励学员把所学到的知识和技能带到红军中去，改进红军的工作，创造铁的红军，以英勇战斗的精神领导红军战士去消灭敌人。

■ 10月中旬　调任中国工农红军总参谋长。

■ 10月　发表《永阳战斗》一文，介绍了红军地方部队结合游击队，在永阳地区彻底、干净地歼灭国民党正规军1个团的模范战例，总结了这一仗的成功经验，在于对敌采取了先疲后打，突击与包围相结合的正确战法。

1933年　41岁

- 2月至3月　协助红军第一方面军总司令朱德、总政委周恩来指挥中央革命根据地第四次反“围剿”，在黄陂、草台岗两战两捷，歼敌近3个师共万余人，取得了反“围剿”的巨大胜利。
- 6月　摘译苏军教材《骑兵的奔袭和抄袭》，以提高红军骑兵的战术水平。
- 7月　在中国工农红军总政治部主办的《革命与战争》报上发表《论战术战略的时代性与我们红军目前对于战术战略的认识问题》一文，系统地阐述了战术战略概念的历史发展，介绍了苏联红军关于战术战略的理论，提出红军各级干部应加强战术战略的学习与修养。
- 10月　摘译苏军教材《退出战斗》。把撤退也是一种作战样式的观点介绍给红军指战员，纠正在红军中存在的忽视撤退动作，不会按作战要求部署撤退的现象。
- 11月　翻译发表苏军的一篇理论文章《战术、战役、战略在理论上的范畴》，介绍军事学上这三个既互相联系又互相区别的概念，使红军干部明了这三者各自研究的对象及其对战争各层次的指导意义，以促进红军干部在军事学术上的提高。

1934年　42岁

- 5月　写出《现在游击队要解答的问题》一文。针对红军游击队在实际斗争中缺乏统一的指导方针和没有发挥出应有的作用等问题，就游击队的性质、任务、组织、编制、战术、政治工作、群众工作等，提出了20条系统而具体的意见，强调了游击队“向敌人远后方，特别向其策源地开展游击战争”，“有战略上的意义”。
- 9月　写出《到敌人后方开展游击战争的几个教训》一文，针对游击战争实施中出现的一些问题，提出了解决的十项原则和方法。主要是要加强游击队的领导，游击队要敢于深入敌军后方活动，配合正规军粉碎敌军对根据地的“围剿”，以及游击队在敌后活动的种种办法。
- 10月　因不满共产国际派来的军事顾问李德的专横跋扈和对自己的排斥，与李德发生争论，被撤销红军总参谋长职务，降为第五军团参谋长。
- 本月　在第五军团长征动员会上讲话，对中央革命根据地第五次反“围剿”的失败进行了委婉的批评，指出：一年来的战争证明，我们红军的广大干部和战士是英勇善战的，但是我们的战略战术有问题，需要改变。
- 10月10日　中央红军开始长征。
- 10月至12月　随第五军团行动，担负红军长征的殿后任务。协助第五军团军团长董振堂制订后卫行动计划，并具体组织实施。以部队轮番开进和交替掩护的战法，指挥第五军团顺利地通过了国民党军设置的四道封锁线，完成了后卫任务。

■ 12月18日 在中共中央政治局黎平会议后，调回到中革军委恢复总参谋长职务。

1935年 43岁

■ 1月6日 奉中革军委命令，兼任红军军委纵队司令员。

■ 1月7日 指挥第一军团第二师第六团利用俘虏诈城智取遵义。

■ 1月8日 指挥第二师第四团攻占娄山关。

■ 1月9日 率军委纵队进驻遵义。奉命兼任遵义警备司令。

■ 1月15日至17日 在遵义参加中共中央政治局扩大会议。在会上发言，坚决支持毛泽东的正确主张；并与聂荣臻一起提出中央红军下一步应打过长江去，向川西发展的建议，得到会议的采纳。

■ 1月19日 军委纵队奉命改为中央纵队，仍兼任司令员。

■ 5月4日 指挥干部团利用俘虏巧夺皎平渡，组织工兵就地取材，用竹、石等搭建浮桥，使红军主力顺利渡过金沙江，摆脱了国民党军的围追堵截，赢得了战略转移中的主动权。

■ 5月上旬 致信川军旧部、驻守德昌的国民党军第二十四军刘文辉部旅长许剑霜，劝说其不要阻击北上的红军。许剑霜借口红军势大，率部由德昌撤往西昌。红军得以顺利通过德昌。

■ 5月中旬 致信驻守西昌南部的刘文辉部旅长、彝族事务指挥官邓廷秀，晓以利害，说明与红军作对只能徒损实力，劝其给红军让道。邓廷秀见信后率部撤往冕宁。红军顺利绕过西昌。

■ 5月20日 被中革军委任命为红军先遣司令，负责指挥第一军团第一师第一团等进行战略侦察，并准备抢渡大渡河。

■ 5月22日 与先遣队政委聂荣臻率先遣队和第一军团工兵连进入大凉山彝族居住区。正确执行共产党的民族政策，在冕宁彝家海子边与沽基族首领小叶丹歃血为盟。中央红军顺利通过彝民区。

■ 5月24日 与聂荣臻指挥第一团在安顺场强渡大渡河，打开了红军北上的通路，粉碎了蒋介石企图把红军堵歼在大渡河以西的阴谋。

■ 5月26日至29日 率第一师第一团、干部团等沿大渡河东岸向北急进，与河西的第二师等夹河并行，一路打垮国民党军的阻拦，直扑泸定城，掩护第二师第四团抢夺了具有战略意义的泸定桥。中央红军全部安全转移到大渡河以东地区。

■ 6月26日 列席中共中央政治局两河口会议，拥护中共中央关于北上甘肃南部，创造川陕甘根据地的决议。会后参与制定了松潘战役计划，准备以红军主力进击川西北松潘地区。

■ 6月30日　与李富春、王稼祥、李维汉等组成中共中央慰问团，到红四方面军进行慰问，帮助传达、贯彻两河口会议决议。

■ 7月21日　参加中共中央在芦花召开的会议，听取四方面军的工作汇报。会上，批评了张国焘反对北上，主张南下向四川、西康边境退却，并向党争权的错误。

■ 8月初　出席中革军委在毛儿盖召开的军事会议。因松潘地区敌驻有重兵，凭垒固守，红军屡攻难克，会议决定放弃攻打松潘的部署，改为实行夏（河）洮（河）战役计划，突破敌军的包围，进军夏河、洮河地区，创造甘南根据地；同时决定红军分两路行动，以红一方面军的第一、三军，红四方面军的第四、三十军及军委纵队的大部分等编为右路军，以红四方面军的第九、三十一、三十三军，红一方面军的第五、三十二军及军委纵队的一部分编为左路军。

■ 8月　与朱德、张国焘率领左路军北上，准备经草地到阿坝，再到班佑与右路军会合。

■ 9月初　为揭穿张国焘借口葛曲河夏季涨水不能通过而要拖着左路军南下的阴谋，亲自渡过葛曲河，向指战员们表明左路军改北上为南下的方针，不是由于葛曲河的天然障碍造成的。

■ 9月中旬　参加张国焘在阿坝召开的中共川康省委扩大会议。在会上发言，支持中共中央关于红军北上的方针，陈述全国形势和左路军面临的困境，说明南下是没有出路的。

■ 9月　为《苏军司令部野外勤务条令》译文写了前言。

■ 10月5日　参加张国焘在卓木碉召开的高级干部会议，抵制张国焘另立中央的分裂主义行动，在发言中强调红军面临的形势相当困难，只有加强团结，集中力量，才能战胜敌人，争取好的前途。

1936年　44岁

■ 2月　被张国焘撤销总参谋长职务，降为红四方面军红军大学校长。

■ 6月　奉朱德命令任先遣司令，率第三十二军一部与第六军团先头部队在理化以南的甲洼寺会合。

■ 7月初　到第二方面军给干部作打敌人骑兵的战术报告，提出了提高信心、接敌处置、利用地形、武器运用等方面的基本要则，讲解了打骑兵的队形、追击、有组织的后移以及平时加强演练等问题。

■ 7月　在甘孜参加第二、四方面军领导人会议，与朱德、任弼时、贺龙、关向应等据理力争，使张国焘同意第二、四方面军共同北上同中央红军会合。

■ 本月　随第二方面军行动，任第二方面军红军大学校长。

■ 8 月 7 日　探悉国民党军第二十九军副军长孙震因对红军作战失利受到蒋介石的处分，致信孙震，提出“联盟抗日”“互不侵犯”的建议。
■ 9 月 20 日　写出《我从实战中联想到我军教育要注意的事项》一文，从军事和政治方面提出了训练、教育的要求，特别是提出了进攻、防御、迂回、行军、宿营、警戒以及野战等一系列战术要则与训练方法。
■ 9 月 30 日　在甘肃成县与红军女干部汪荣华结婚，彼此成为终身伴侣。
■ 10 月　红军三大主力在甘肃会宁会师。
■ 10 月 28 日　奉命就任红军前敌总指挥部参谋长。
■ 12 月　被任命为中革军委委员、红军总参谋长、红军大学副校长。

1937 年　45 岁

■ 2 月 7 日　随周恩来由延安乘飞机到三原，与国民党西安行营主任顾祝同商谈联合抗日事宜。
■ 2 月 27 日　被任命为援西军司令员，与政治委员张浩准备率部救援在河西走廊遭国民党军围攻的红军西路军。
■ 2 月　因西路军失败，援西军解除了救援任务。与政治委员张浩一起领导援西军开展对张国焘错误的批判。
■ 3 月 20 日　与张浩共同发出《致中央政治局扩大会意见书》，向 3 月 27 日至 30 日在延安召开的中共中央政治局会议提出关于实现第二次国共合作，建立抗日民族统一战线的意见，认为“把一切可能抗日的力量都组织起来，以打击最主要的敌人日本帝国主义”。
■ 4 月 4 日　主持西路军回归干部座谈会，了解西路军英勇征战的经历，听取他们对工作安排的意见。
■ 7 月 7 日　日本侵略军在卢沟桥发动事变，抗日战争爆发。
■ 7 月 22 日　出席红军前敌指挥部会议，讨论红军改编等问题。在会上作了发言，指出卢沟桥事变具有世界大战的性质；强调共产党在抗日民族统一战线中必须坚持自己的原则立场，与国民党是平等地位，是为抗日而合作，不是依附的、无条件的合作。
■ 8 月 22 日至 25 日　出席中共中央政治局在洛川召开的扩大会议。会议讨论通过了毛泽东代表中央政治局所作的关于军事问题与国共两党关系问题的报告和《关于目前形势与党的任务的决定》等重要文件，从而正确地确定了党的全面抗战路线，以及实现这一路线的政治纲领和各项政策及具体任务。
■ 8 月 25 日　中共中央军委发布中国工农红军改编为国民革命军第八路军的命令，任命朱德、彭德怀为正副总指挥，叶剑英、左权为正副参谋长，任弼时、邓小平为政治部正副主任。八路军下辖第一一五师、第一二〇师、第一二九师三个师。

■ 9月6日　在陕西三原县石桥镇主持八路军第一二九师改编誓师大会，就任第一二九师师长。下辖第三八五旅和第三八六旅。

■ 9月30日　率第一二九师先遣队第三八五旅第七六九团由富平县庄里镇出发，开赴山西抗日。除第三八五旅旅直及第七七〇团等奉命留守陕北外，第一二九师其余部队随后东进。

■ 10月10日　率第七六九团进抵太原附近，奉命向原平县东北山地挺进，执行侧击日军后方的任务。

■ 10月18日　在太原会见国民党第二战区司令长官阎锡山，商谈两军配合作战问题。

■ 10月19日　第七六九团夜袭代县阳明堡机场，焚毁日军飞机20余架，歼日军100余人，减弱了日军的空中支援力量，有力地配合了国民党军的忻口防御战。

■ 10月25日　向策应娘子关方向国民党军作战的第三八六旅旅长陈赓发出指示，要以小部队应付日军大部队，而以主力打它的小部队；应大力破袭日军的铁路交通线；必须加强对日军的政治攻势。

■ 10月26日　命令第三八六旅第七七二团在娘子关以南七亘村设伏，歼日军300余人，缴获骡马300余匹和大批军用物资。

■ 10月28日　命令第七七二团再次设伏七亘村，歼日军百余人，缴获骡马数十匹。创同一地点“重叠待伏”的成功范例。

■ 11月2日　指挥第三八六旅在昔阳以东黄崖底设伏，歼日军300余人。

■ 11月5日　在广阳会见美国记者史沫特莱。

■ 11月7日　率第一二九师部队与第一一五师部队协同作战，在广阳、户封地区重创日军主力一部。

■ 11月10日　在和顺县武家庄召开干部会议，在会上作游击战术报告。讲解了共产党、八路军开展抗日游击战争的必要性和可能性，结合第一二九师出征山西以来的作战经验，阐述了伏击、袭击以及破袭敌交通线等游击战术的运用。

■ 11月13日　与张浩在和顺县石拐镇召开第一二九师党员、干部会议，传达毛泽东关于创建以太行山为依托的晋冀豫抗日根据地的指示，并部署全师分散到各地发动群众，开展游击战争，开辟根据地。

■ 11月8日　在辽县作《抗日游击队四个基本任务》的演讲。

■ 12月6日　出席中共中央军委华北分会会议。会议分析了华北抗战形势，部署了敌后游击战争。

■ 12月7日　在辽县作《抗日自卫队三个基本任务》的演讲。

■ 12月22日至26日　指挥第七七二团、七六九团、汪乃贵支队等，粉碎了日军的“六路围攻”。

■ 12月27日　在干部会上作《在我们今天击退正太路南进敌人的战术观

察》的演讲，总结了日军围攻八路军的战术特点，提出了对付日军的战术手段。

1938 年　46 岁

■ 1 月 6 日　邓小平接替张浩任第一二九师政治委员。

■ 2 月 6 日　在第一二九师团以上干部会上，作太原失守以来的军事工作报告。

■ 2 月 22 日　指挥第三八六旅以吸打敌援的手段，在长生口伏击日军出援部队，毙 130 余人，俘少佐等 5 人。

■ 3 月 16 日　指挥第一二九师主力设伏于潞城东北的神头岭，歼敌 1500 余人。

■ 3 月 31 日　第一二九师政委邓小平与副师长徐向前指挥部队设伏涉县、黎城间响堂铺地区，毙伤日军运输部队 400 余人，烧毁汽车 180 辆。

■ 3 月　在《战术研究资料》上发表《论游击战与运动战》一文。

■ 4 月 4 日至 16 日　率部与第一一五师部队及国民党军协同作战，粉碎了日军发动的“九路围攻”。在长乐村对敌实施急袭，毙伤日军 2200 余人。

■ 4 月 23 日　与邓小平召开团以上干部会议，根据中共中央、毛泽东关于在河北、山东平原地区发展游击战争的指示，部署进军冀南、豫北等平原地区。

■ 4 月 26 日　徐向前率第七六九团第三个主力团开赴冀南，开辟冀南根据地。

■ 5 月 13 日　命令部队对平汉铁路进行第一次总破击。以后又陆续实施了 12 次总破击。

■ 7 月 17 日　作《第一二九师抗战一周年军事工作报告》，系统地总结了抗战一年来本师作战、教育、训练、管理等各方面的经验，提出了今后作战和军队建设的方针。

■ 7 月 19 日　在干部会上作《本师现在要确定或恢复的教育工作》的报告。强调了军队教育的意义和作用，提出了军政教育的课目与实施办法。

■ 8 月 20 日　赴长治与河北省政府主席鹿钟麟谈判合作抗战问题。

■ 8 月 27 日至 9 月 26 日　第一二九师部队与冀鲁豫军区部队联合组织实施了漳（河）南战役，共歼伪军 2700 余人。

■ 9 月 3 日至 4 日　在黎城停河铺给第一一五师第三四四旅干部作战术报告。

■ 10 月 1 日　命令第三八五旅、独立支队等部破击正太路，并以一部兵力进到正太路北，配合晋察冀军区反日军围攻。

■ 12 月 7 日　率师机关和直属队进驻涉县赤岸村。

■ 12 月 21 日　率第三八六旅等部，进到平汉路东，直接领导冀南和鲁西北平原地区的斗争。

1939年 47岁

■ 1月16日 发布反"扫荡"作战命令，以第一二九师在冀南的主力与地方武装组成5个作战集团，实行分区作战。

■ 1月22日 发布《第一二九师关于目前作战纲领给各集团的指示》，要求主力部队隐蔽集结于适当地点，伺机伏击和奔袭敌人，避免打硬仗；地方部队则积极开展游击活动，发动民众，配合主力作战。

■ 2月10日 指挥第三八六旅及第一一五师所属第六八八团在威县香城固全歼日军一个加强中队，毙大队长以下200余人。

■ 2月17日 发布《第一二九师关于坚持平原抗战的指示》，阐明了坚持平原游击战争的方针及相应的游击战术。

■ 4月3日 率师主力大部在黎城县上赵栈村接受八路军总指挥朱德的检阅。

■ 5月9日 参加师轮训队第一期结业仪式，并讲了话。

■ 6月25日 在师政治部召开的党的活动分子会议上作《目前部队工作的报告》，系统地讲述了发挥共产党的核心领导作用以及军事工作各方面的工作状况与经验。

■ 7月3日 领导军民抗击日军5万余人对晋冀豫根据地进行的大"扫荡"。

■ 7月11日 指挥部队在辽县石匣设伏，毙伤日军300余人。

■ 8月13日 向记者发表《关于平原游击战争诸问题》的谈话，强调了开展平原游击战争的群众条件和可能采取的战术。

■ 8月22日 在师军事研究会上作《第一二九师抗战第二周年的战术报告》。深入地分析了日军对付抗日根据地的战略战术特点，全面地论述了开展敌后游击战争的一系列战术原则，尤其对袭击、伏击、急袭、吸打敌援、断敌交通等，进行了详尽而具体的解说和发挥。

■ 8月31日 召开各旅及晋冀豫边区纵队等单位的供给会议，统一了全师的供给体制和标准。

■ 10月30日 作《关于现在紧急动员中河北军区的建设工作》的报告，正确地阐明了军区在战争中的地位、作用，指出它既是蓄积武力的机关，又是使用武力的机关。

■ 11月26日 与邓小平向八路军总部发出《为确保太行山阵地我军部署的报告》，提出准备应付国民党顽固派的进攻。

■ 12月8日至25日 指挥部队进行了邯（郸）长（治）战役，歼日伪军760余人，收复邯长公路沿线多处重要城镇，改变了太行根据地受敌顽夹击的不利局势。

■ 12月 阎锡山制造"十二月事变"，采用阴谋手段分化瓦解由共产党创建和掌握的山西抗战决死纵队中的部分队伍。

1940 年　48 岁

■ 1 月 1 日　参加师直属队元旦团拜会，并讲了话。

■ 1 月 18 日　向各部队发出《第一二九师关于摩擦情况及我各部队加强戒备的指示》，指出主要打击对象应指向日军，但对国民党顽固派也必须提高警惕，以免陷入前门拒虎、后门进狼的危险境地。

■ 1 月 19 日　陈赓率第三八六旅主力进入太岳区，统一指挥该区八路军、决死队，反击蒋阎军的进攻。

■ 1 月下旬　赴冀西与国民党军政头目第九十七军军长朱怀冰、新二一四师师长张东凯、冀察游击第二纵队司令夏维礼和鹿钟麟等谈判，争取他们团结抗战，不与八路军搞摩擦。

■ 1 月　与邓小平向部队发出《第一二九师对顽斗争方针》。指出对国民党顽固派应区别不同对象不同表现，采取打击、孤立、团结、争取的不同方针。

■ 2 月 2 日　发出《第一二九师关于冀南反顽战役基本命令》。指示部队集中力量消灭摩擦最力的国民党军第三十九集团军石友三部，作战方法是各个消灭石军突出部队和薄弱环节，特别要注意创造运动歼敌的条件。

■ 2 月 9 日至 18 日　冀南军区部队和冀中警备旅、晋察冀挺进支队等进行了冀南反顽战役，歼灭顽军石友三部 2800 余人。

■ 2 月 12 日　到师轮训队上军事课，讲战斗组织和游击战术问题。

■ 2 月 13 日　给师轮训队上政治课，讲解《联共党史》的结束语。

■ 2 月 25 日　制定《磁（县）武（安）涉（县）林（县）地域作战计划》，预计消灭侵入太行根据地腹地的国民党顽固派朱怀冰部。

■ 3 月 4 日至 11 日　冀南军区部队和冀中警备旅等进行了卫（河）东战役，毙伤顽军石友三等部 3600 余人。

■ 3 月 5 日至 8 日　邓小平率第一二九师等部队进行了磁武涉林战役，歼灭顽军朱怀冰部等万余人，恢复了被侵占的根据地。

■ 4 月　在黎城出席中共中央北方局高干会议。会议提出了建党建军建政的任务。在会上作《党军建设问题》的报告，提出了军队建设各个方面的指导原则，特别是提出了“敌进我进”的作战方针。

■ 5 月 5 日至 8 日　与邓小平指挥太行、太岳军区部队进行了白（圭）晋（城）战役，歼日军 350 余人，彻底破坏白晋铁路北段的路轨、桥梁等，挫败了日军用交通线和据点分割、控制根据地的“囚笼政策”。

■ 6 月　根据北方局黎城会议决定的建军方针，对所属部队进行了整编，统一编成 11 个旅、34 个团。

■ 8 月 1 日　冀南、太行、太岳行政联合办事处（简称冀太联办）在涉县东辽城成立。

■ 8 月 16 日　向部队发出《第一二九师关于正太战役的作战命令》。

■ 8月20日至9月10日　指挥部队进行了破击正太路战役（又称百团大战）第一阶段作战。协同晋察冀军区部队破毁正太铁路三分之二以上，攻占沿线大部分据点。

■ 9月20日　写出《第一二九师百团大战第一阶段战役总结》。

■ 9月23日至30日　指挥部队进行了百团大战第二阶段榆（社）辽（县）战役，攻占榆辽公路大部分据点，粉碎了日军利用榆辽公路深入“扫荡”，蚕食晋冀豫根据地的阴谋。

■ 10月3日　对新华社记者发表关于百团大战的谈话，盛赞百团大战对推进全国特别是华北抗战的作用及取得的巨大战果。

■ 10月6日至11月15日　指挥部队进行了百团大战第三阶段反“扫荡”作战。其中在关家垴歼灭日军一个大队中的400余人。至此第一二九师所属部队在百团大战中共歼日伪军8000余人，破坏根据地内外的铁路、公路共500余公里，攻克和收复城镇据点共60余座，取得了巨大的战果。

■ 12月　写出《我们怎样从1940年向1941年迈进》的报告，全面、系统地总结了1940年第一二九师及晋冀豫军区的作战与建设情况。

1941年　49岁

■ 1月26日　参加太行军区召开的武装干部会议，主持制订了民兵发展计划和民兵职责条例。

■ 1月31日　致电中共中央，请缨南下援助在皖南事变中遭受严重损失的新四军。

■ 1月　开办第一二九师第一期参谋训练班。

■ 2月1日　在太行军区扩大会上作《关于太行军区的建设与作战问题》的报告。

■ 4月15日　发布《第一二九师、太行军区联合命令——对军分区建立野战军队管区的指示》，规定太行军区所属5个军分区分别隶属于师和各旅管辖。

■ 5月19日　电令太行军区，为配合晋南国民党友军作战，向洪洞南北侧同蒲铁路进行破击。

■ 5月24日　发出《第一二九师关于强化游击集团的命令》，要求各级健全、强化地方武装与人民武装相结合的游击集团，对敌展开全面全力的斗争。

■ 6月4日　与邓小平发出《第一二九师关于乘机开展晋南太岳中条山局面的指示》。指示太岳军区乘国民党军队被日军逐出中条山的有利时机，迅速派部队进入其间开辟新的抗日根据地。

■ 6月30日　发布《第一二九师关于游击集团的训令》，明确规定了游击集团的组成、作用与指挥系统等问题。

■ 7月7日　晋冀鲁豫边区政府成立。原冀太联办的辖区增加了鲁西33个县。

■ 8月31日至9月2日　指挥部队进行邢（台）沙（河）永（年）战役，攻克敌据点、碉堡60余座，歼日伪军1300余人。挫败了敌人利用平汉铁路阻隔太行根据地与冀南根据地的计划，打通了山地与平原的联系。

■ 9月18日　第一二九师举行全师运动大会，检阅了4个月整军的成效。

■ 10月31日　向部队发出《第一二九师反对敌人大“扫荡”的战术指示》，针对日军强化政治、经济、军事、文化等“总力战”和采取铁壁合围、辗转电击、捕捉奇袭等新战术，指示各部队结合民兵和人民群众，发挥游击集团的作用，粉碎日军发动的秋季大“扫荡”。

■ 10月31日至11月20日　指挥部队进行了秋季反“扫荡”作战，共歼敌1300余人。

■ 12月　写出《第一二九师关于1941年的军事工作总结报告》，总结了全年的战况和作战、队务、训练、管理等方面的经验，提出了新的一年的工作方针。

1942年　50岁

■ 1月3日　颁发《1942年军事工作实施纲要》，规定了部队军事工作者方面的工作任务。

■ 1月15日　与邓小平颁发《第一二九师关于实施精兵建设的命令》，要求部队必须坚决贯彻中共中央关于精兵简政的指示，并规定了各部队精简兵员的任务与办法。

■ 2月3日至3月3日　指挥太行根据地军民进行了春季反“扫荡”，歼日伪军3000余人，迫敌比原计划提前一个月结束“扫荡”。

■ 3月17日　发布《关于武装工作队初次到敌占区工作的指示》，提出了相应的政策要求和战术原则。

■ 3月25日　发出《第一二九师、太行军区关于武装工作队的组织及任务的指示》。

■ 4月　写出《总结太行军区二月反“扫荡”的军事经验教训》，分析了敌军“扫荡”的规律和战术特点，有针对性地提出了抗日军民反“扫荡”的主要战斗动作。

■ 5月12日　发出《第一二九师关于准备反“扫荡”的命令》，指示太行军民积极行动起来，粉碎日军的夏季“扫荡”。

■ 6月9日至20日　指挥太行军民进行了夏季反“扫荡”。率领师指挥所和直属队突出敌人合围圈。

■ 7月27日　在师政治部驻地王堡作《武工队在敌后活动的战术问题》的报告。

■ 8月1日　写出苏军《合同战术》译版序言，指出学习苏军战术必须以八路军自己的战术为核心。

■ 8月19日　在《新华日报》（华北版）上发表《怎样把政治攻势变为物质力量》的谈话，就开展对敌政治攻势的意义、效果和方法，作了简明的解释。

■ 8月　作《太行军区1942年夏季反“扫荡”的军事总结》。针对日军“扫荡”抗日根据地所采取的新的方针和战术，总结出了以主力实施圈外突出和小部队圈内坚持相结合等一整套反敌合围的战术原则。

■ 9月2日　在太行军区各分区参谋长会议上，作《关于配合晋察冀反“扫荡”与太行反“扫荡”的准备问题》的报告，提出军事打击与政治攻势、反蚕食与反“扫荡”、基干军队与游击集团等相互配合等反“扫荡”要旨。

■ 10月10日　在武装干部测验会上发表训词。就民兵的组织、职责、任务与战术提出了指导性的意见。

■ 12月16日　太行军民隆重集会庆贺刘伯承师长五十寿辰。朱德、叶剑英、陈毅等发来了贺词、贺诗，邓小平等发表了贺文。

1943年　51岁

■ 1月17日　发出《第一二九师关于1943年生产、工作计划的训令》。

■ 1月25日至2月20日　在涉县温村出席太行分局召开的高干会议。会议讨论通过了邓小平所作的《五年来对敌斗争的概略总结与今后对敌斗争的方针》等报告。

■ 1月30日　颁发《第一二九师1943年营兵（包括正规军、游击队）训练工作纲要》。

■ 3月5日　与邓小平等发出《太行分局、第一二九师关于加强人民武装工作的指示》。

■ 3月25日　参加晋冀鲁豫边区政府召开的日军士兵代表大会暨日本反战同盟大会。在会上讲话，赞扬日本反战同盟和反战士兵所取得的巨大反战成绩，鼓励他们展开进一步的反战活动。

■ 4月12日　与左权合译的《苏军步兵战斗条令》第一部出版，写了《译版序言》，强调部队武器使用的训练与指挥员现实战术的学习，都应成为军事教育的基本内容。

■ 7月7日　在延安《解放日报》发表《敌后抗战的战术问题》一文。论述了抗战以来敌我双方的战术变化，着重阐明了“敌进我进”“群众性游击战争”“交通战争”等方针的形成、发展与成效。

■ 8月1日　发布《第一二九师关于生产节食、度过灾荒、迎接胜利的命令》。号召全体指战员与人民群众共患难，加紧生产，有计划地节食，反对浪费，军民亲密团结共度灾荒，迎接反攻胜利。

■ 8月3日　与邓小平发出《第一二九师林（县）南战役实施纲要》，要求部队迅速、坚决地消灭林南日伪军，建立豫北新根据地。

■ 8月18日至26日 指挥第一二九师部队和冀户警备旅等部进行了林南战役，歼灭日伪军7000余人，解放人口40万，开辟了豫北、太南广大新区。

■ 9月 与彭德怀等赴延安，参加中共中央组织的高级干部整风学习。

1944年 52岁

■ 2月29日 接邓小平来信。信中介绍了太行区生产和根据地发展情况。

■ 4月30日 在第一二九师和晋冀鲁豫区干部座谈会上，作《晋冀鲁豫抗日民主根据地现状的报告》，系统地介绍了晋冀鲁豫根据地形成和发展的过程，全面地总结了根据地建设和军事斗争的经验教训。

■ 5月21日 参加中共六届七中全会第一次会议。

1945年 53岁

■ 4月20日 参加中共六届七中全会第八次会议。会议讨论通过了《关于若干历史问题的决议》等文件，并决定了“七大”主席团名单和大会日程。

■ 4月21日 出席“七大”开幕式。

■ 5月10日 代表晋冀鲁豫区在“七大”会上发言。就本区执行游击战战略方针，不断得到发展、壮大的历史，作了系统的发言。

■ 6月9日 在“七大”会上被选举为中央委员。

■ 8月10日 与邓小平政委、滕代远副司令员电令晋冀鲁豫各军区迅速夺取敌占城市，破坏交通线，准备打击北上抢占华北的国民党军。

■ 8月20日 任晋冀鲁豫军区司令员。

■ 8月25日 与邓小平等从延安乘飞机返回太行区。

■ 8月28日 在晋冀鲁豫军区直属机关干部会上作上党战役动员，指出这是中华民族两条道路、两种命运又一次激烈搏斗的开始。号召大家坚决打好这一仗，以实际行动支持毛泽东主席在重庆与国民党蒋介石的谈判。

■ 8月29日 与邓小平等向中共中央发出报告，决心集中太行、太岳、冀南三区主力共2.8万人，发动上党战役，坚决消灭入侵上党的国民党军。

■ 9月3日 与邓小平等向晋冀鲁豫军区发出指示。要求该军区抓紧时间，继续向中小城市进军，破坏铁路并控制平汉线一段，为平汉战役做准备。

■ 9月5日 向部队发出《晋冀鲁豫军区关于上党战役中某些战术问题的指示》。要求部队从组织上、战术上尽快适应由分散的游击战向集中的运动战的战略转变，并提出了关于城市战斗的战术指导和野战（运动战）的战术指导。

■ 9月7日 与邓小平发出《晋冀鲁豫军区作战字第一号命令》，决定以太行、太岳、冀南军区主力编成三个纵队，参加上党战役。

■ 9月9日　率晋冀鲁豫军区前方指挥部开赴潞城县中村，指挥上党战役。

■ 9月10日至10月12日　率部进行了上党战役。此役经三个阶段作战，共歼国民党军阎锡山部13个师3.5万余人，其中俘军长史泽波以下3.1万余人，有力地支持了毛泽东等在重庆与国民党蒋介石的谈判。

■ 10月7日　发出编组野战军的指示，将冀鲁豫、冀南、太行、太岳四个军区主力依次编成晋冀鲁豫野战军第一、二、三、四纵队。

■ 10月16日　发出《晋冀鲁豫军区作战字第八号基本命令》，决心集中第一、二、三纵队和冀鲁豫军区部队，于漳河以北、邯郸以南的平汉路东侧，组织平汉战役，歼击北犯的国民党军。

■ 10月17日　发出《晋冀鲁豫军区关于战术上某些问题的指示》。规定了平汉战役的战术原则，其中提出了"攻弱则强者也弱，攻强则弱者也强"的著名观点。

■ 10月24日至11月2日　指挥部队进行了平汉战役。此役歼国民党军2个军，争取了国民党第十一战区副司令长官兼新编第八军军长高树勋率部起义，俘国民党军第十一战区副司令长官兼第四十军军长马法五以下2.3万余人，有力地打击了国民党军集结华北、增援东北的阴谋，掩护了东北人民军队的战略展开。

■ 11月10日　出席中共中央晋冀鲁豫局在峰峰召开的全会扩大会。会议决定动员全区军民坚决打击国民党军的进攻，并确定了军队建设和财政经济等方面的原则。

1946年　54岁

■ 2月19日　向新乡停战执行小组发出《为驳斥美蒋诬蔑致执行小组公函》，严正驳斥国民党所谓晋冀鲁豫解放区违犯停战协定的诬蔑，据实揭露了国民党军伙同伪军向晋冀鲁豫区进犯的真相。

■ 2月26日　赴新乡参加国民党、共产党、美国三方军事调处执行小组谈判。

■ 4月4日　与邓小平发出《晋冀鲁豫军区命令——本区目前军事斗争纲要》，要求所属部队加紧训练，准备执行大的自卫作战任务。

■ 6月2日　在晋冀鲁豫军区政治部主办的《人民的军队》报上，发表《大家发奋整军练兵》一文。

■ 6月中旬　出席中共中央晋冀鲁豫局在邯郸召开的高干会议。会议讨论了时局、土地改革及战争准备等问题。会议期间，亲率旅以上干部打靶，对大家说要打掉部分干部，特别是高级干部头脑中的和平麻痹思想。

■ 6月25日　向部队发出《关于战术问题的指示》。就作战准备、打击重点、兵力运用、应敌变化以及游击战配合等方面，系统地阐明了自卫作战的战术原则。

■ 6月26日　国民党撕毁与共产党签订的停战协定，发动了全国规模的内战。

■ 6月28日　在第三、六纵队爱国自卫作战誓师大会上发表讲话。号召全体指战员听从中共中央的号令，英勇作战，夺取爱国自卫战争的胜利。

■ 8月初　率晋冀鲁豫野战军主力由邯郸地区开赴鲁西南，准备发动陇海战役，配合中原部队反击国民党军的进攻。

■ 8月10日至21日　指挥部队进行了陇海战役，歼国民党军1.6万余人，攻占陇海中段城镇、车站多处，控制铁路300余里，掩护了中原军区部队的突围行动。

■ 8月14日至9月1日　第四纵队及太岳军区进行了同蒲战役，歼国民党军1.2万余人，控制同蒲铁路270余里，配合了陇海战役。

■ 9月3日至8日　指挥部队进行了定陶战役。以局部集中兵力打敌一部然后扩大战果的战法，歼敌主力1个整编师，俘中将师长赵锡田，重创2个整编师，共歼敌1.6万余人。

■ 9月15日　发出《报军委转东北关于夜间作战经验》。就夜间村落攻坚战的各个环节和战术运用，做了详尽的介绍。

■ 9月29日至10月7日　指挥部队在龙固集、张凤集地区进行了巨野战役。歼国民党军五大主力之一的整编第十一师一个加强团，重创另一个五大主力之一的第五军，打击了敌嫡系精锐部队的猖狂气焰，取得了对强敌作战的经验。

■ 10月29日　指挥部队进行鄄（城）南战役，以杀“回马枪”的战术，一举围歼追敌中突出孤立的一部9000余人。

■ 11月4日　在濮阳县白衣阁召开团以上干部会议，在会上作军事报告，总结了自卫战争开始以来4个月的作战经验。

■ 11月18日至21日　指挥部队进行了滑县战役，以远距离奔袭的手段，歼敌3个旅1.2万余人。

■ 11月20日　向新华社记者谈蒋军致命弱点，指出蒋介石指挥的国民党军在政治上与人民根本对立，造成在军事上守备兵力大大多于机动兵力，因而处于被动挨打的局面而不可解脱。

■ 12月6日　向新华社记者再谈蒋军致命弱点。

■ 12月11日　写出苏军《合同战术》译版再序。要求高级指挥员在大兵团作战的现实条件下，必须重视学习现代战术。

■ 12月9日　与邓小平向部队提出七大主张、七项反对，要求指战员树立正确的政治信念，加强团结、纪律等观念。

■ 12月30日至次年1月16日　指挥部队进行了巨（野）金（乡）鱼（台）战役，歼敌正规军3个团及地方部队一部共2.8万余人。

1947年　55岁

■ 1月24日至2月11日　指挥部队进行了豫皖边战役，共歼敌1.6万余人，收复了陇海路南北广大地区。

- 1月30日　在上报中共中央的一个报告中，提出“攻敌所必救，消灭其救者；攻敌所必退，消灭其退者，是求得打运动战歼灭敌人的好办法”的著名战术原则。
- 3月23日至5月25日　指挥部队举行豫北反攻战役，歼敌4.5万余人，解放了豫北广大地区。
- 4月19日　跟记者谈采访和写作。称“文学作品，在于用丰富的感情，说得合情合理、头头是道，才能令人五体投地，无可非议，那才是好作品”。
- 5月15日　在冶陶出席中共中央晋冀鲁豫局会议。会议讨论了转入战略进攻的各项问题。
- 5月　在晋冀鲁豫区干部会上，作《关于自卫战争10个月来的形势报告》。
- 6月5日　颁发《晋冀鲁豫野战军司令部关于敌前渡河的战术指导》，对战略进攻中突破敌黄河防线的作战，规定了具体而周详的战术原则。
- 6月30日至7月28日　指挥晋冀鲁豫野战军主力在张秋镇至临濮集间突破敌黄河防线，并就势进行了鲁西南战役。此役共歼敌9个半旅、4个整编师师部6万余人。
- 8月1日　写出重校《合同战术》译文上部前言。号召各级指挥员既要向自己军队的实际战例学习，又要向一般的军事理论学习。
- 8月2日　在各纵队领导干部会上宣布提前挺进大别山的决心。
- 8月7日　率野战军主力分三路向大别山挺进。
- 8月24日　在汝南埠附近指挥部队以“狭路相逢勇者胜”的气势，打垮了敌人的重兵堵击，胜利地突过了汝河，克服了南进途中的一大险阻。
- 8月26日　亲自探测淮河水位，及时组织部队徒涉，胜利进入大别山区。
- 8月30日　与邓小平发出《关于创造巩固的大别山根据地的指示》。
- 9月27日　与邓小平在商城县王大湾召开旅以上干部会议。在会上发表讲话，号召全体指战员增加斗志，反对右倾情绪，克服纪律松懈现象，实现创建新根据地的光荣任务。
- 10月25日至26日　指挥部队进行了高山铺战役，在运动中歼敌1个整编师另1个旅共1.2万余人。
- 10月　在干部会上作《关于提高信心加强斗志的报告》。
- 12月17日　率中原局机关和野战军后方指挥部北渡淮河，开辟淮西区，进行新的战略展开。邓小平率野战军前方指挥部指挥主力继续在大别山内线坚持斗争。

1948年　56岁

- 1月19日　向中共中央、毛泽东发出关于南下后的军事情况的报告。

■ 2 月 8 日　发出《关于大别山形势与今后部署向中共中央的报告》。报告提出：中原战场，东依山东，南傍大别，西靠伏牛，立足策应，非常重要。

■ 2 月 24 日　率野战军后方指挥部与邓小平所率的前方指挥部，在临泉县韦寨会合。

■ 2 月 26 日　向中共中央军委发出《关于与华东野战军、陈（赓）谢（富治）兵团协同作战的意见的报告》。报告提出，改变中原形势的关键，在于打几个歼灭战。

■ 4 月 16 日　与邓小平在叶县郭店镇召集陈赓、唐亮等开会，研究野战军主力与陈谢兵团、华北野战军陈（士榘）唐（亮）兵团协同作战的问题。

■ 4 月 17 日　在野战军直属队及第三、六纵队干部会议上，作《关于形势和整党整军动员报告》，对中原战局的发展趋势和部队的行动方针，提出了精辟的见解和指示，并对整党整军工作进行了部署。

■ 5 月 2 日至 17 日　指挥部队进行了宛西战役。以远距离奔袭和突然包围的战法，攻克宛西多座重要城镇，歼敌 2.1 万余人。

■ 5 月 9 日　中共中央中原局和中原军区正式成立，任中原局常委和中原军区司令员。邓小平任中原局第一书记和中原军区政委。陈毅任中原局第二书记和中原军区第一副司令员。

■ 5 月 28 日至 6 月 3 日　指挥部队进行了宛东战役，歼敌万余人，策应了华东野战军粟裕兵团南下加入中原作战的行动。

■ 6 月 5 日　在南阳彰新庄高级干部会上，作《关于中原区的任务和行动的报告》。

■ 6 月 17 日至 7 月 5 日　为保障华东野战军进行豫东战役，在平汉路上蔡、西手地区连续组织了三次阻击战，使华中敌军未能实现增援豫东战场的目的。

■ 7 月 2 日至 16 日　中原野战军第六纵队，桐柏、陕南军区部队进行了襄樊战役，攻克汉水中游重镇襄阳，歼敌 1.1 万余人，俘敌十五绥靖区中将司令官、国民党特务头子康泽等高级将领。

■ 7 月 7 日　译出《论苏军合围钳形攻势》一文，并写了《编译后言》。要求高级干部在学习毛泽东的十大军事原则和总结自己的作战经验时，借鉴苏军军事理论中有益的东西，更有效地指导作战。

■ 8 月 7 日　在团以上干部会上作《关于整军工作的动员报告》。报告阐述了开展整党整军运动的目的和意义，提出了整党整军的工作要求。

■ 8 月 16 日至 23 日　与陈毅到第二纵队指导整党整军工作，在团以上干部会上作报告。

■ 9 月 2 日　中原军政大学成立，兼任校长和政委。

■ 9 月 10 日　发出《中原野战军关于四个月指挥工作的命令》，要求各级指挥机关大力加强作战、训练、后勤等的建设和切实发挥各自的指导作用。

- 9月25日　与陈毅、李达致电中共中央军委及华北野战军代司令员、代政委粟裕，同意粟裕关于举行淮海战役的建议。
- 9月26日　命令第二、六纵队及桐柏、江汉军区积极破袭平汉路确山至孝感段，吸引华中敌军的注意力，以配合华东野战军在北线发动淮海战役。
- 10月7日　与陈毅到第四纵队检查指导工作，在团以上干部会作关于建军及秋季作战准备与工作的报告。
- 10月14日　与陈毅、邓小平向中共中央军委报告攻击郑州的计划，打算以此吸引淮海战场敌部分兵力，协助华东野战军作战。
- 10月17日　到中原大学给学员和工作人员作形势报告。
- 10月22日　与邓子恢、李达电示第二、六纵队及江汉、桐柏军区主力，以攻势行动牵制华中敌军主力张淦、黄维兵团，配合华东野战军发动淮海战役和中原野战军主力攻击郑州。
- 11月2日　与邓子恢、李达电令第六纵队侧击、尾击敌黄维兵团，阻遏其增援淮海战场的行动。
- 11月3日　与邓子恢、李达致电中共中央军委及陈毅、邓小平，建议先行截断徐（州）宿（县）间铁路，割断徐州与南京的联系，形成对徐州的战略包围。
- 11月6日　淮海战役第一阶段开始。
- 11月10日　由豫西到达淮海前线，与陈毅、邓小平研究攻取宿县的计划。
- 11月15日　第三纵队及第九纵队一部攻克宿县，实现了控制徐（州）蚌（埠）间广大地区，孤立徐州敌人的战略目标。
- 11月16日　奉中共中央军委命令，与陈毅、邓小平、粟裕、谭震林组成淮海前线总前委，统一领导华东野战军、中原野战军进行淮海战役。邓小平任总前委书记。
- 11月18日　与陈毅、邓小平一起，指挥中原野战军主力在蒙城地区阻击黄维兵团，不使其驰援正遭华东野战军围歼的黄百韬兵团。
- 11月19日　与陈毅、邓小平致电中共中央军委，建议在淮海战役第一阶段华东野战军歼灭黄百韬兵团后，第二阶段以中原野战军为主围歼黄维兵团。
- 11月22日　淮海战役第一阶段结束。与陈毅、邓小平召开中原野战军纵队首长会议，部署围歼黄维兵团的作战。
- 11月23日　淮海战役第二阶段开始。
- 11月25日　与陈毅、邓小平指挥中原野战军主力将黄维兵团包围于宿县双堆集地区。
- 12月5日　与陈毅、邓小平发出对黄维兵团总攻的命令。
- 12月12日　与陈毅发出《促黄维立即投降书》。

■ 12 月 15 日　淮海战役第二阶段结束。中原野战军在华东野战军一部配合下，全歼黄维兵团 12 万余人，俘中将兵团司令官黄维、中将副司令官吴绍周等多名高级将领。

■ 12 月 17 日　与陈毅、邓小平到肖县蔡凹华东野战军指挥部，会同粟裕、谭震林开总前委会议，研究决定了渡江作战及华东野战军、中原野战军共同经营东南等计划。

■ 12 月 18 日　与陈毅出发去西柏坡，向中共中央军委汇报下一步作战计划。

1949 年　57 岁

■ 1 月 6 日至 8 日　参加中共中央政治局会议。7 日在会上发言，谈渡江作战及新解放区政权建设的设想。

■ 1 月 10 日　淮海战役全部结束，共歼敌 55.5 万余人，实现了中共中央提出的在长江以北歼灭国民党重兵集团的预定目标。

■ 2 月 5 日　按中共中央军委 1 月 15 日命令，中原野战军改编为第二野战军，下辖 3 个兵团 9 个军。被任命为第二野战军司令员。

■ 2 月 10 日　由石家庄返回驻在商丘附近的第二野战军司令部，主持整编和渡江准备工作。

■ 2 月 11 日　根据中共中央军委决定，与邓小平、张际春、陈赓参加中共中央华东局，为委员。

■ 3 月 24 日　向部队发出《关于渡江战术注意事项的指示》，提出了渡江训练和作战的十项原则。

■ 3 月 31 日　总前委发布《京沪杭战役实施纲要》，决定第二野战军在马垱至贵池间，第三野战军在贵池至芜湖及扬中至江阴间，实施渡江作战。

■ 3 月　奉中共中央命令任中共南京市委书记兼市长。

■ 4 月 8 日　发出《第二野战军渡江作战基本命令》，正确地分析判断了敌人的江防部署，规定了第二野战军渡江的任务和战役要旨。

■ 4 月 15 日　在第二野战军司令部驻地桐城召开师以上干部会议，部署渡江作战。

■ 4 月 17 日　发出《第二野战军渡江作战部署》，规定了 3 个兵团的渡江作战任务，以第三、五兵团分别控制浙赣铁路和徽（州）杭（州）公路，截断江防敌军的退路；以第四兵团协同第三野战军监视芜湖，攻取南京。

■ 4 月 21 日　指挥突击部队按预定计划开始渡江。

■ 4 月 23 日　经总前委批准，局部调整了第二野战军渡江后的作战计划，取消第四兵团东进任务，改与第三、五兵团一起南下。

■ 4 月 28 日　奉中共中央命令就任南京市军事管制委员会主任。

■ 5 月 5 日　向中共中央、华东局电告南京市军管会组织机构及工作打算。

■ 5 月 7 日　电令各兵团组织轻装部队，向浙赣线以南追歼逃敌。

■ 5月9日　在南京市局长以上干部会上作报告，阐明了人民政府的根本性质、任务，提出了市政府的施政纲领。

■ 5月23日　中共中央军委指示第二野战军待机进军西南。

■ 5月27日　渡江战役结束。

■ 6月5日　向毛泽东发出渡江作战情况报告。

■ 6月18日　以第二野战军军政大学校长的身份到该校给第三期学员作报告。

■ 6月25日　赴上海出席中共中央华东局会议。

■ 7月9日　在南京市党员干部会上作报告，讲反对帝国主义封锁和城乡生产的互助交流问题。

■ 7月　被中共中央任命为西南局第二书记，准备与第一书记邓小平、第三书记贺龙分别率第二野战军主力和华北第十八兵团、第一野战军一部进军西南。

■ 8月1日　为第二野战军司令部《双堆集歼灭战初步总结》和《渡江战役战斗经验汇集》题词。

■ 8月19日　与邓小平发出《进军川黔作战的基本命令》，给第三、五兵团部署了攻取贵阳及川东南，协同贺龙所部解放全川的计划。第四兵团已随第四野战军进军广东，尔后直出云南。

■ 9月7日　与第三野战军司令员陈毅由南京赴北平，参加创建新中国的一系列活动。

■ 9月　出席第一届中国人民政治协商会议，当选为中央人民政府委员和中国人民革命军事委员会委员。在会上代表第二野战军发言。

■ 10月1日　参加中华人民共和国成立典礼，与毛泽东等登上天安门城楼检阅游行队伍。

■ 10月22日　与邓小平由北京南返徐州，登上第二野战军司令部指挥列车，西进指挥川黔作战。

■ 11月　指挥第三兵团等部歼敌宋希濂和罗广文部，第五兵团等部进占贵阳等地，挫败了川黔敌人西退云南、逃往国外的计划。

■ 12月2日　被中央人民政府任命为西南军政委员会主席。

■ 12月9日　国民党云南省主席卢汉和西康省主席刘文辉，西南长官公署副长官邓锡侯、潘文华，分别在昆明和雅安宣布起义。

■ 12月10日　发布川黔作战40天战绩公报：共歼敌1个兵团部、10个多师7.6万人，解放了重庆、贵阳等132座城市。

■ 12月13日　出席重庆市各校学生座谈会并发表了讲话。

■ 12月18日　出席重庆市工商界座谈会并发表了讲话。

■ 12月21日至27日　与邓小平指挥部队进行了成都战役，围歼敌胡宗南部5万余人。进军西南作战胜利结束。

1950 年 58 岁

- 1 月 1 日 出席重庆市庆祝西南解放大会，并发表了讲话。
- 1 月 8 日 与邓小平向中共中央、毛泽东报告进军西藏的部署。
- 1 月 16 日 为第三兵团《西南进军作战经验汇集》题词。
- 1 月 17 日 在第三兵团团以上干部会上作报告，提出了提高第二野战军等 60 万部队，改造 90 万国民党起义投诚部队，发动 6000 万基本群众的任务。
- 1 月 22 日 与西南军区司令员贺龙、政委邓小平等致电中央军委，报告进军西藏的准备情况。
- 1 月 23 日 出席重庆市第一届各界人民代表会议，在会上作《为建设人民的生产的重庆而斗争》的报告。
- 2 月 6 日 与邓小平分别为《解放西藏进军纪念册》题词。
- 3 月 22 日 与贺龙、邓小平发布《西南军政委员会、西南军区布告》，提出了剿匪的十项规定。
- 5 月 4 日 与贺龙、邓小平致电西藏班禅堪布会议，勉励其为解放西藏做出积极努力。
- 5 月 14 日 就任西南人民革命大学校长，出席该校开学典礼，发表了讲话。
- 6 月 6 日 在北京出席中共七届三中全会，在会上报告了西南区的工作。
- 7 月 27 日 出席西南军政委员会第一次全体会议，在会上作关于西南区的工作任务的报告。
- 7 月 致函中央军委，要求去办军事学校。
- 8 月 1 日 在《人民日报》上发表《庆祝英勇无敌的人民解放军二十三周年》一文。
- 8 月 22 日 为被西藏上层反动势力杀害的康定军管会副主任格达活佛题送挽联：“具无畏精神，功烈永垂民族史；增几多悲愤，追思应续国殇篇。”
- 9 月 7 日至 11 日 出席西南军区第一次英模代表会。在会上发表讲话。
- 9 月 应邀为恽代英纪念馆题词。
- 10 月 7 日至 25 日 西南军区进藏部队进行了昌都战役，歼反动藏军 10 个代本 5700 余人。
- 10 月 12 日 发表《纪念左权同志》一文。
- 10 月 20 日 向西南各省、行署发布《对 1950 年农业税征收工作的指示》。
- 10 月 27 日 从重庆抵北京，参加中国人民解放军陆军大学的筹建工作。
- 11 月 13 日 向中共中央、毛泽东提出《关于创办军事学院的意见书》，建议将陆军大学更名为军事学院，校址暂设南京，并提出了训练方针。
- 11 月 21 日 从北京到南京，着手组织军事学院的工作机构和筹备开训。
- 11 月 30 日 任中国人民解放军军事学院院长。
- 12 月 15 日 颁发军事学院训练大纲，规定了训练目的、对象和训练内容等。

■ 12月20日至30日　主持军事学院第一次训练准备会，召集教学领导人员研究决定教学内容、教学计划和教授方法。
■ 12月31日　主持召开军事学院教、学员和工作人员大会，在会上发表讲话，动员大家以积极、热情的态度投入教学工作。

1951年　59岁

■ 1月6日　颁发军事学院第一期政治工作计划大纲。
■ 1月8日　军事学院高级速成科、上级速成科、基本科和情报科第一期开学。
■ 1月9日　在军事学院学术研究会和学术研究室成立会上讲话，提出了学术研究的方向、任务和方法。
■ 1月11日　接到中央军委为军事学院开学发来的贺词。
■ 1月15日　军事学院举行开学典礼。在典礼上致开幕词。
■ 1月27日　发布对军事学院各教授会主任和军事教员进行军事测验的命令。主要目的是了解这些人的军事学术水平和教授能力。
■ 1月下旬　在华东军区高级干部会议上作报告，着重阐述了人民解放军进行正规化、现代化建设的意义和内容。
■ 1月　受政务院总理、中央军委副主席周恩来委托，主持审查修订中国人民解放军《内务条令（草案）》《队列条令（草案）》《纪律条令（草案）》。
■ 2月1日　主持军事学院战例编写会议，决定指导学员编写解放战争的战例。
■ 2月4日　奉命兼任军事学院政委。
■ 2月上旬　向毛泽东报告出版军事学院学术杂志，毛泽东批复杂志定名为“军学”，并题写了刊名。
■ 3月15日　向毛泽东发出《关于1951年1、2月工作综合报告》。自此，每两个月向毛泽东呈送一次工作报告。
■ 3月31日　颁发《军事学院训练组织及其工作暂行规定》。
■ 3月　领导军事学院开展土地改革、镇压反革命和抗美援朝运动的思想教育。
■ 4月14日　出席军事学院首届政治工作会议，并作了讲话。
■ 5月4日　任中央军委机关刊物《八一杂志》指导委员会委员。
■ 5月5日　为第二高级步兵学校开学题词。
■ 5月10日　在一份报告中提出“尊师重道，教学相长”的口号。
■ 6月9日　在军事学院教授法、学习法研究会上讲话，提出了教与学的具体方法。
■ 6月18日　赴安徽凤阳县临淮关镇，现地组织指导步兵师江河进攻战斗实兵演习。

- 6月23日　致函邓小平、贺龙，介绍军事学院的训练情况。
- 7月1日　在军事学院庆祝中国共产党成立30周年大会上讲话。
- 7月23日　在军事学院第一期训练工作总结会上讲话。
- 8月3日　主持军事学院第二次训练准备会，研究军进攻战斗课目的教学。
- 9月7日　主持军事学院训练工作会议。在会上提出，学术研究与教材出版工作是院校的“重工业建设”。
- 10月中旬　赴京出席中共中央政治局扩大会议和中央军委整编工作会议。
- 11月10日　向毛泽东报告整党教育和整顿组织编制的情况，提出“统一集中领导，单刀直入基层”；“集中领导，分工负责”；“共同学习政治，各自钻研业务”三个口号。
- 12月17日　根据中央军委关于加强部队文化教育的指示，向中央军委提出报告，建议增加学员的文化学习时间，在各系开设文化预科，为期半年。

1952年　60岁

- 1月7日　赴江苏句容县，现地组织指导高级系学员进行军首长——司令部野外演习。
- 2月17日　主持召开军事学院党员代表会议，在会上作总结报告。
- 2月19日　召见军事学院第一批赴朝鲜参观团全体成员，指示他们要认真学习、总结朝鲜战场的新鲜经验。
- 2月23日　参加军事学院和华东军区苏联顾问团座谈会，并讲了话。
- 2月25日　参加军事学院第一期师资训练班总结会。
- 4月中旬　在《军学生活》报上发表苏沃洛夫十项军事原则译文手迹。
- 5月下旬　颁发军事学院高级函授系章程。
- 5月30日　军事学院海军系、空军系成立。在海、空军系第一期开学典礼上讲话。
- 5月　给高级速成系学员讲授集团军进攻战役原则。
- 6月21日　在《解放军文艺》第八期上发表关于文艺工作的谈话，阐述创作与生活的关系，如何掌握褒扬与批判的尺度等问题。
- 7月1日　为成渝铁路通车题词。
- 7月10日　毛泽东为军事学院高、上级速成系第一期学员毕业发来训词。
- 7月22日　向毛泽东报告军事学院实行新编制的情况。
- 9月26日　向毛泽东报告高、上级速成系第一期训练工作情况，提出“以战术为经，技术为纬，纵横连贯，编组起来”的教学方法。
- 9月　军事学院炮兵系、装甲兵系和高级函授系成立。
- 10月28日　与贺龙联名发电嘉奖康藏公路筑路部队和职工。
- 11月8日　参加军事学院海、空、炮兵等5个系的开学阅兵式，并讲了话。
- 12月15日　为河南新乡市烈士纪念塔题词。

1953年　61岁

■ 1月1日　为《通信战士》复刊题词。

■ 1月21日　向中央军委发出《军事学院向苏联军事专家学习的情况报告》。

■ 3月3日　组织指导步兵团对预有防御准备之敌进攻战斗的实兵示范演习。

■ 4月上旬　组织指导步兵师行军遭遇战斗的实兵示范演习。

■ 5月5日　为《军学生活》报出版两周年题词。

■ 5月19日　对中央军委人民武装部负责人谈兵役法草案的制订。

■ 5月25日　在一份报告中提出组织演习是和平时期训练军队收效最好的方法。

■ 5月26日　指示训练部门组织在职干部学习军事。

■ 6月11日至12日　赴南京市郊汤山镇，组织指导军事学院、总高级步校和南京军区炮兵联合实弹射击和航空兵轰炸示范演习。

■ 7月4日　在中共军事学院委员会扩大会上发表讲话，阐述提高与普及军事科学的必要性和途径。

■ 8月1日　在《军学生活》报上发表纪念建军26周年题词。

■ 8月　赴大连疗养。在疗养院坚持校完《苏军红军野战条令（草案）》，并写了“中文译本说明”。

■ 9月10日　指示军事学院和总高级步校联合赴朝见学团，到达朝鲜前线后必须勉力进行调查研究，每个成员都要写出经验性的总结文章。

■ 9月14日　视察大连第一海军学校，并作了题词。

■ 9月28日　在一封信函中提出编译教材是院校教学工作的“水龙头”。

■ 10月　组织指导步兵师进攻后勤实兵示范演习和工兵渡河器材示范演习。

■ 11月　颁发军事学院学制计划（草案）。

■ 12月初　赴北京出席全国军事系统党的高级干部会议。这次会议从12月7日开始，至次年1月26日结束。

■ 12月　向毛泽东报告军事学院3年来的训练概况。

1954年　62岁

■ 1月15日　在高干会上作题为《我在学习党的总路线中对于国防现代化的一些见解》的发言，系统地提出了有关军队现代化建设的意见。

■ 2月6日　出席中共七届四中全会。在会上发言，批判了高岗、饶漱石分裂党、妄图夺取党和国家最高权力的阴谋，强调要维护党的集中统一领导，增强党的团结。

■ 3月5日　组织指导军队铁道运输实兵示范演习。

■ 3月10日至22日　主持召开中共军事学院第一次代表大会。在会上致开幕词和闭幕词。

- 3月12日　组织指导军队汽车输送实兵示范演习。
- 3月　提出军事学院在课业训练中加强军人德行的培养教育，并具体规定了八项德行标准。
- 4月19日　中央军委副主席朱德来军事学院主持国家考试。国家考试是由刘伯承提议，经中央军委批准，在军事学院设立的正规考试制度。由朱德任国家考试委员会主席，刘伯承和总政治部副主任甘泗淇等任副主席，并由中央军委各部负责人任主考官，对毕业学员进行考核验收。
- 4月24日　朱德向基本系、情报系第一期毕业学员致训词，充分肯定了军事学院创办以来所取得的成绩。
- 5月1日　出席军事学院基本系、情报系第一期毕业典礼，并讲了话，勉励学员要学以致用，不断前进。
- 6月2日　被中央人民政府委员会第三十二次会议任命为中央军委副主席。
- 7月1日　向中央军委提出开办战役系的报告，拟招收部分兵团以上高级将领入学。
- 7月18日　出席军事学院政治速成系第一期一班结业典礼，并讲了话。
- 7月　在北京组织领导全军在职高级干部集团军防御战役军事知训班，任总导演，并讲授“集团军防御战役原则”课目，作学术总结和学习总结。
- 9月15日至28日　在北京出席第一届全国人民代表大会第一次会议。会议通过了《中华人民共和国宪法》等重要文件。在会上当选为人大常委会委员，并被任命为国防委员会副主席。
- 10月上旬　与中共中央军委副主席贺龙、副总参谋长粟裕陪同苏联专家视察上海、青岛等地。
- 10月15日　向毛泽东发出《1954年第三季度综合报告》。自此，将原来每两月一次报告改为每季度一次。
- 10月31日　被中共中央、中共中央军委任命为训练总监部部长。
- 10月　批准军事科研部颁发研究生章程。
- 11月　在山东省平度县张戈庄，组织指导集团军进攻转海岸防御首长——司令部演习。中共中央军委各部、各大军区和各军事院校的领导干部参观了这次演习。
- 12月初　赴苏联参观苏军在使用原子弹条件下军进攻战斗的实兵演习。
- 12月7日　给军事学院战役系、高级速成系全体学员以及华东军区军以上干部、驻宁军事院校领导干部作赴苏参观的军事学术报告。
- 12月8日　出席军事学院高级速成系第二期毕业典礼，并讲了话。
- 12月17日至29日　在北京出席中共中央军委扩大会议。会议研究讨论了实行义务兵役制、军官服役条例、军官薪金制和全国军区划分问题。在会上就上述议题作了发言，并汇报了军事学院创立以来的工作情况。

1955年　63岁

■ 1月15日　为军事学院创建四周年在《军学生活》报上发表题词。

■ 2月7日　复函训练总监部，谈划一军语和军队标号问题。

■ 2月18日　出席军事学院第二届政治工作会议，并讲了话。

■ 3月2日　向中共中央军委、国防部、总参谋部提出筹建高等军事学院和分建各军、兵种指挥学院的建议。

■ 3月21日至31日　在北京出席中共全国代表会议。会议听取和讨论了关于发展国民经济第一个五年计划及高岗、饶漱石反党问题的报告，讨论决定成立中共中央和地方监察委员会。

■ 4月4日　出席中共七届五中全会。会议批准了党的全国代表会议通过的各项决议和中共中央监察委员会人选等事项。

■ 4月23日　出席军事学院学业指导委员会成立会议。在会上以主任委员的身份发表讲话。

■ 5月2日　出席军事学院中共党员代表会议，致开幕词。

■ 6月10日　颁布军事学院学业指导委员会、军事科学研究协会章程（草案）。

■ 7月1日　颁布《军事学院章程（草案）》。章程规定了学院的训练目标、任务和组织机构及其工作职责等。

■ 7月5日至30日　在北京出席第一届人大第二次会议。听取周恩来等关于经济、国防、外交的报告。

■ 7月18日　向国防部长彭德怀提出建立战史系的报告。

■ 9月23日　被授予中华人民共和国元帅军衔和一级八一勋章、一级独立自由勋章、一级解放勋章。

■ 10月4日至11日　在北京出席中共七届六中全会。会议讨论通过关于农业合作化问题和召开党的第八次全国代表大会的决议。

■ 10月31日　向彭德怀提出请求补充教员的报告，建议从全军范围及院校毕业学员中选调。

■ 11月14日　向毛泽东报告军事学院肃清反革命分子的斗争情况。中共中央随即批转全国参考。

■ 11月29日　出席南京军区授衔授勋典礼。代表毛泽东、周恩来、彭德怀，授予176名军官以各级军衔、勋章。

■ 12月5日　出席军事学院基本系、情报系第二期毕业典礼，并致训词。

■ 12月13日　会见来军事学院参观的德意志民主共和国政府代表团，并在群众大会上致欢迎词。

1956年　64岁

■ 1月11日　毛泽东及陈毅、谭震林、罗瑞卿等中央领导人到军事学院视察。陪同中央领导人接见院和部、系、教授会领导干部。

- 1月15日　出席军事学院五周年纪念大会，在会上作《五年来的基本总结》报告，并给13个单位和645名个人发了奖。
- 1月21日　向总干部部提出报告，拟吸收一批工农出身的优秀高中毕业生，经一年入伍训练后转基本系学习，以改变学员的文化构成。
- 3月6日至15日　在北京参加中共中央军委扩大会议。会议讨论了战略方针、国防建设及其他问题。
- 3月13日　向彭德怀报告解决院校人员的待遇及建立考核制度等问题。
- 3月中旬　为政治学院开学典礼题词。
- 4月9日　主持军事学院战役系和高级速成系学员座谈会，在会上作关于改进训练工作的讲话。
- 5月4日至9日　主持召开中共军事学院第二次代表大会。在会上作总结发言，阐述了教学、科研的指导方针和实行党的民主集中制等问题。
- 6月15日至30日　在北京出席第一届人大第三次会议。会议听取国务院副总理李先念、陈云等关于国家预算、商业工作的报告。
- 8月22日至9月13日　在北京出席中共七届七中全会。会议讨论通过了七届中央委员会准备向第八次全国代表大会提出的三个报告，以及关于发展国民经济第二个五年计划的报告。
- 8月31日　军事学院化学兵系成立。至此，军事学院已有12个系，成为名副其实的综合性高等军事学府。
- 9月15日至27日　出席中共第八次全国代表大会。毛泽东致开幕词，刘少奇、邓小平、周恩来分别作了报告。会议通过了相应的决议。
- 9月28日　出席中共八届一中全会，在会上当选为中央政治局委员。
- 10月30日　参加中共军事学院常委会学习中共中央规定的五个文件的会议，在会上发言，强调必须努力发扬党的三大作风。
- 11月8日　到上海治疗脑病。经中共中央军委批准，在治病期间，由副院长陈伯钧、副政委钟期光分别代理院长、政委职务。

1957年　65岁

- 2月上旬　彭德怀和副总参谋长陈赓、总政治部副主任谭政到军事学院检查工作。彭德怀在检查工作后肯定了军事学院的成绩，同时指出“教学工作中的教条主义相当严重”。
- 2月底　在铁道兵司令员王震、中共广东省委书记陶铸陪同下，视察了海南岛榆林舰艇部队。
- 3月6日　中共军事学院委员会召开扩大会议，学习、贯彻彭德怀的指示，决定全体学员停课一周，开展反对“教条主义”的运动。
- 3月30日　中共军事学院委员会向中共中央军委发出《关于深入开展反对教条主义的决定》，肯定了学院创办以来的基本成绩，检讨了对教条主义的严重性、危害性认识不足，但认为问题的性质只是“学习马列主义和外国经验中的教条主义倾向”。

- 7 月 9 日　国防部发出通知，以军事学院炮兵系为基础，在河北宣化成立中国人民解放军炮兵学院。
- 7 月 30 日　在《解放军报》上发表题为“继承和发扬我军光荣传统”的谈话，强调“学以致用是我们的原则”，用历史的和现实的事例说明教条主义的含义和表现。
- 8 月 6 日　致函毛泽东和彭德怀，因健康原因请免任高等军事学院院长兼政委职务。
- 8 月 22 日　国防部命令，以军事学院战役系、战史系为基础，在北京成立中国人民解放军高等军事学院。
- 9 月 20 日至 10 月 9 日　在北京出席中共八届三中全会。全会听取中共中央总书记邓小平和陈云、周恩来关于开展整风运动、改进国家行政管理体制和劳动工资等的报告，并做出了相应的决议。
- 9 月 23 日　经国防部批准，以军事学院海军系为基础，在南京成立中国人民解放军海军军事学院。
- 9 月 27 日　奉国务院总理周恩来的命令，改任中国人民解放军高等军事学院院长兼政委。
- 10 月 31 日　在《解放军报》上发表《苏联军队是世界各国人民军队的榜样》一文。

1958 年　66 岁

- 1 月 15 日　在《解放军报》上发表关于红与专问题的谈话，阐明了红与专的辩证关系。
- 4 月 17 日　武装力量监察部部长叶剑英到军事学院视察。在全院人员大会上讲话，高度评价了刘伯承历史和现实的功绩。
- 5 月 26 日　国防部命令，以军事学院装甲系为基础，在山西大同成立中国人民解放军装甲兵学院。
- 5 月 27 日至 7 月 22 日　中共中央军委在北京召开扩大会议。会议对军事训练工作中的所谓“教条主义”，进行了不适当的过火批判。
- 7 月 10 日　抱病在军委扩大会议上作检讨发言。
- 8 月 13 日　中共高等军事学院和军事科学院委员会联合召开扩大会议，贯彻中共中央军委扩大会议精神，进一步开展反对教条主义运动。
- 9 月 12 日　国防部命令，以军事学院空军系为基础，在北京成立中国人民解放军空军学院。至此，军事学院分建为高等军事学院、军事学院和海军、空军、炮兵、装甲兵学院六所高级军事指挥学院。
- 11 月 17 日　奉国务院总理周恩来命令，免去高等军事学院院长兼政委职务。

■ 11月28日至12月10日　在武昌出席中共八届六中全会。会议通过《关于人民公社若干问题的决议》等决议。

1959年　67岁

■ 1月19日　携家眷由南京迁到北京。

■ 3月17日　在成都与杨闇公弟弟杨尚仑等人谈1926年至1927年的四川泸顺起义及重庆“三三一”惨案。

■ 4月2日至5日　在上海出席中共八届七中全会。会议听取毛泽东关于工作方法的谈话，通过了1959年国民经济计划草案等决议。

■ 4月18日至29日　在北京出席第二届人大第一次会议。会议听取周恩来的政府工作报告及其他相应的报告。会议选举刘少奇为中华人民共和国主席，朱德为全国人大常委会委员长，决定周恩来为国务院总理。在会上当选为人大常委会副委员长，并被任命为国防委员会副主席。

■ 8月2日至16日　在庐山出席中共八届八中全会。会议决定反击所谓“右倾机会主义”，批判彭德怀为首的“反党集团”。在会上作书面发言。

■ 9月　任中共中央军委战略小组组长。

■ 10月22日　在《八一杂志》第二十期上发表《回顾长征》一文。

■ 11月9日　出席中共中央军委战略小组会议，并讲了话。

1960年　68岁

■ 1月22日至2月27日　在广州出席中共中央军委扩大会议，在会上就战略方针和国防建设问题作了发言。

■ 3月30日至4月10日　在北京出席第二届人大第二次会议。会议听取周恩来、李富春、李先念、谭震林等的报告，讨论通过了《1956年到1967年全国农业发展纲要》。

■ 10月28日　与副总参谋长张爱萍谈动员工作问题。

1961年　69岁

■ 1月14日至18日　在北京出席中共八届九中全会。会议听取邓小平关于1960年11月在莫斯科举行的各国共产党和工人党代表会议的报告，并通过了相应的决议。会议决定对国民经济实行“调整、巩固、充实、提高”的方针。

■ 3月　陈赓逝世。任陈赓治丧委员会委员，参加追悼会。

■ 5月19日　在南京接见军事学院各部、系以上领导干部。

■ 6月12日至7月14日　在北京出席中共中央军委扩大会议。会议着重研究了应付突然事变和军队建设中的一些问题，并讨论通过了若干条例和规定。

■ 7月10日　对总参谋部有关人员谈拟制作战计划问题。

1962年　70岁

■ 1月11日至2月7日　在北京参加中共中央扩大的工作会议，即七千人大会。会议总结了新中国成立12年来的工作经验，进行了一定程度的自我批评，对纠正“大跃进”和“反右倾”的错误起了积极作用。

■ 3月27日至4月16日　出席第二届人大第三次会议。会议听取周恩来的政府工作报告，并做出了有关的决议。

■ 6月21日　在《人民日报》上发表《我们在太行山上》一文。

■ 6月　对东南沿海的战略工作，向中共中央军委、总参谋部提出了一系列重要建议。

■ 10月20日至11月21日　参与指导中国边防部队进行中印边界自卫还击作战。正确地分析了印军防御配置“铜头、锡尾、背紧、腹松”的特点，提出了正面攻击和翼侧迂回相结合的作战指导意见，并对部队的开进、运动、协同动作以及后勤保障等作了一系列的指示，对自卫还击作战的胜利起到了十分重要的作用。

1963年　71岁

■ 4月10日　在《人民日报》上发表《千里跃进大别山》一文。

■ 10月13日　对总参谋部有关人员谈战争动员问题。

■ 11月2日　对总参谋部有关人员谈编制装备问题。

■ 11月17日至12月3日　在北京出席第二届人大第四次会议。会议听取了有关国民经济计划和国家预算的报告，做出了相应的决议。

■ 12月　罗荣桓逝世。任罗荣桓治丧委员会委员，参加追悼会。

1964年　72岁

■ 1月14日　跟总参谋部有关人员谈战场准备问题。

■ 2月10日至11日　对总参谋部和中共中央军委战略小组办公室有关人员谈东南沿海战备问题。

■ 4月17日　到安徽六安地区及设在该地的军械库视察。

■ 5月14日　听取总参领导汇报全军比武情况，随即作了指示，肯定这种群众性的练兵运动。

■ 7月至8月　到东北各地视察，对未来反侵略作战的指导原则，军事、交通、工事构筑及边防建设等，提出了重要的建议和意见。

■ 12月20日　对总参谋部有关人员谈加强特等射手训练问题。

■ 12月21日至次年1月4日　在北京出席第三届人大第一次会议。会议听取周恩来所作的政府工作报告。在会上当选为人大常委会副委员长，被任命为国防委员会副主席。

1965 年　73 岁

■ 1 月 5 日　跟福州军区副司令员皮定均谈沿海设防和设立、使用预备队问题。

■ 4 月 6 日　对中共中央军委战略小组办公室人员谈防毒气问题。

■ 9 月 16 日　为徐州淮海战役纪念馆题词。

1966 年　74 岁

■ 1 月 8 日　经中共中央政治局决定，增补为中共中央军委副主席。

■ 8 月 1 日至 12 日　出席中共八届十一中全会。会议通过了《中共中央关于无产阶级文化大革命的决定》（即十六条）等文件。

■ 8 月 9 日　与中共中央军委副主席叶剑英一起，对部队围垦生产问题作了指示。

1967 年　75 岁

■ 1 月　支持主持中共中央军委日常工作的叶剑英等制定中央军委八项命令，对军队开展“文化大革命”作了必要的限制和规定。

■ 7 月　经中共中央军委和周恩来批准，赴济南、上海等地治疗眼疾。

■ 10 月　由外地返回北京。跟有关人员谈“文化大革命”问题，强调内部要团结统一，不要因内忧引起外患。

1968 年　76 岁

■ 3 月　对“杨（成武）、余（立金）、傅（崇碧）事件”感到很不理解，到叶剑英住地交换看法。

■ 10 月 13 日至 31 日　出席中共八届十二中全会（扩大）。会议通过了对刘少奇的专案审查报告，决定将其永远开除党籍，撤销其党内外一切职务。

1969 年　77 岁

■ 3 月　对东北边防部队进行的珍宝岛自卫反击作战极为关切，多次打电话向有关部门询问情况，对部队作战行动提出建议。

■ 4 月 1 日至 24 日　出席中共第九次全国代表大会。会议讨论通过了林彪所作的政治报告及其他人的报告。在会上当选为中央委员。

■ 4 月 28 日　出席中共九届一中全会。在会上当选为中央政治局委员。

■ 10 月　林彪发布“紧急指示”。根据指示被疏散去武汉。

1970年　78岁

■ 7月　由武汉赴北京、上海治疗眼疾。

1971年　79岁

■ 2月　由上海返回北京。对军队战略、训练工作向有关部门提出了建议。

■ 9月中旬　到解放军总医院探视住院的陈毅，谈起“九一三”林彪自我爆炸事件，共同感到十分欣慰。

■ 10月　叶剑英指示总参谋部，将刘伯承自1960年以来的指示汇集成册，印发中共中央军委各总部及北京军区参照执行。

1972年　80岁

■ 1月　陈毅逝世。前往北京医院向陈毅遗体告别。

■ 10月　将保存多年的2000余册教材赠给中国人民解放军军政大学。

1973年　81岁

■ 5月　因病入解放军总医院治疗。

■ 8月24日　抱病出席中共第十次全国代表大会开幕式。在大会和十届一中全会上被选为中央委员和中央政治局委员。

1974年　82岁

■ 1月20日　周恩来到医院探视，并对治疗工作作重要指示。

1975年　83岁

■ 1月　在第四届人大第一次会议上当选为人大常委会副委员长。

1976年　84岁

■ 7月　因唐山地震波及北京，由医院转回家中治疗。

1977年　85岁

■ 8月　在中共第十一次全国代表大会和十一届一中全会上当选为中央委员、中央政治局委员。

1978年　86岁

■ 3月　在第五届人大第一次会议上当选为人大常委会副委员长。

1980年　88岁

■ 8月17日　向第五届人大第三次会议提请辞去人大常委会副委员长职

务。会议批准了他的请求。

1981 年　89 岁

■ 2 月 4 日　中共中央、国务院、中共中央军委领导人宋任穷、耿飚、韦国清、杨勇等到家中看望。

■ 11 月 23 日　副总参谋长张震在全军防化战备会议上讲话，指出："邓主席去年说，'那次反教条主义是错误的'。"

1982 年　90 岁

■ 1 月 25 日　中共中央、国务院、中共中央军委领导人胡耀邦等到家中看望。

■ 8 月 6 日　中共十一届七中全会通过《给刘伯承同志的致敬信》，高度评价了他的卓著功勋和杰出的军事才能。

1983 年　91 岁

■ 2 月 11 日　副总参谋长张震、总政治部副主任黄玉昆、总后勤部副部长张祥等代表三总部和全军干部战士到家中看望。

1985 年　93 岁

■ 2 月 15 日　总政治部副主任甘渭汉等代表三总部和全军干部战士到家中看望。

1986 年　94 岁

■ 2 月 5 日　中央军委副秘书长洪学智率领副总参谋长徐惠滋、总政治部副主任郭林祥、总后勤部副部长赵南起等代表三总部和全军干部战士到家中看望。

■ 10 月 7 日　久病不治，与世长辞。

■ 10 月 14 日　在总后勤部礼堂举行刘伯承遗体告别仪式。邓小平率全家前往告别。聂荣臻前往告别。杨得志、秦基伟、李德生、萧克、陈锡联、陈再道、张震等领导人及 1500 多名各界代表前往告别。

■ 10 月 16 日　在北京人民大会堂举行刘伯承追悼大会。3000 余人参加。邓小平主持追悼会，胡耀邦致悼词。悼词简要概括了刘伯承一生的光辉业绩，正确评价了他的军事思想和军事教育思想，热情称颂了他高超的指挥艺术和作战谋略。

后　记

《刘伯承传》是根据中共中央书记处和中央军委的决定编写的。经过12年的努力，终于完稿付梓，并作为《当代中国人物传记》丛书之一与读者见面。

小平同志对本书的编写十分关心，并为本书题写了书名。

从1980年3月编写组成立开始编写，到1992年修改成书，在整个编写过程中，我们特别注意坚持以下三条原则：

一、据实直书而不拘于定论。以历史唯物主义为指针，以确凿的历史资料为依据，实事求是地秉笔直书，而不拘泥于已有的结论或评论。

二、材料丰富而不至于芜杂。采用真实可靠的具有历史价值的材料，摒弃那些似是而非、查无实据或无关宏旨、可有可无的材料。

三、文字生动而不虚构、浮夸。对传主的生平业绩，力求写得生动活泼，如见其人。

当然，主观愿望是一回事，社会效果又是一回事。良好的愿望能否变成现实，取得良好的社会效果，还有待于广大读者的鉴定。

这是一部集体创作的历史传记。

编写人员先后采访了300多位同刘伯承一起战斗、工作过的战友、同事和了解情况的人。其中主要有刘华清、张震、杨白冰、薄一波、宋任穷、李德生、陈锡联、萧克、何长工、郭述申、李达、李聚奎、林浩、郭林祥、尤太忠、向守志、钟汉华、曾绍山、孔石泉、孙毅、韦杰、孙继先、陈明义、鲁加汉、肖永银、马忠全、卢仁灿、黄鹄显、徐斌洲、仲曦东、鲁瑞林、吴忠、刘昌毅、孔庆德、陶汉章、王智涛、王义淮、刘明辉、赵遵义、党必刚、刘叔禹等。还有原国民党将领杜聿明、黄维、刘伯涛、文强等。他们提供了大量的珍贵资料。有些人还对本书的撰写提出了指导性的意见。

刘伯承的夫人和战友汪荣华，不仅提供了珍贵的文献资料，而且给予编写工作大力支持和帮助。

中央档案馆、解放军档案馆、军事博物馆、解放军画报社、全国政协文史资料研究委员会、山西省档案馆、四川省政协、重庆市政协、南京市档案馆、军事科学院图书资料处和国防大学图书资料馆等，为编写工作提供了大批历史文献资料，使传记有了可靠的依据和凭证。

本书于1983年4月写出送审稿。全书分为22章，42万字。从拟定纲目到成文，都是在李曼村指导下进行的。具体分工是：陈石平写青少年时期，宋科写土地革命战争时期，柯岗写抗日战争时期和解放战争前期（1945年8月至1947年7月），曾克写解放战争中期（1947年8月至1948年1月），薛洪兴写解放战争后期及建国初期（1948年2月至1950年10月），齐生平写军事学院时期，李曼村写1958年以后。先由各人写出初稿，然后逐章逐节进行集体讨论、修改，最后由李曼村、宋科、薛洪兴三人统稿。

王文治、王济民、刘蒙、朱玉、谢武申等，也参加过编写工作，对本书的撰写作出了贡献。

后汲收各方面意见，对书稿进行修改，于1992年4月写出修改稿，扩展为24章，50万字。新中国成立前的18章由薛洪兴执笔。新中国成立后的6章由齐生平执笔。全书经薛洪兴加工润色，最后由李曼村、黄玉章审阅修订。

《当代中国》丛书国防军事卷办公室、国防大学科研部第一编研室，对《刘伯承传》的编写工作进行了卓有成效的指导与帮助，并两次主持召开书稿讨论会，使书稿逐步改进，得以顺利出版。

由于水平所限，书中不当之处，请读者批评指正。

最后，对于所有帮助、支持本书编写工作的单位和个人，致以衷心的谢意。

中国人民解放军国防大学《刘伯承传》编写组